社工机构成长运营案例研究

SHEGONG JIGOU CHENGZHANG YUNYING ANLI YANJIU

——主要以广州市为例

张兴杰　张木明　主编

中国社会出版社
国家一级出版社·全国百佳图书出版单位

图书在版编目（CIP）数据

社工机构成长运营案例研究：主要以广州市为例／张兴杰，张木明主编．—北京：中国社会出版社，2020.4

ISBN 978－7－5087－6328－6

Ⅰ.①社…　Ⅱ.①张…　②张…　Ⅲ.①社会工作－研究－广州　Ⅳ.①D632

中国版本图书馆 CIP 数据核字（2020）第 045204 号

书　　名：社工机构成长运营案例研究——主要以广州市为例
主　　编：张兴杰　张木明

出 版 人：浦善新
终 审 人：尤永弘
策划编辑：孙武斌
责任编辑：李新涛

出版发行：中国社会出版社　　　**邮政编码**：100032
通联方式：北京市西城区二龙路甲 33 号
电　　话：编辑部：（010）58124841
邮购部：（010）58124848
销售部：（010）58124845
传　真：（010）58124856
网　　址：www. shcbs. com. cn
shcbs. mca. gov. cn
经　　销：全国各地新华书店

中国社会出版社天猫旗舰店

印刷装订：北京虎彩文化传播有限公司
开　　本：185mm×260mm　1/16
印　　张：25
字　　数：510 千字
版　　次：2020 年 9 月第 1 版
印　　次：2020 年 9 月第 1 次印刷
定　　价：58.00 元

中国社会出版社微信公众号

编委会

主　　编　张兴杰　张木明

撰写人员　（按所写章节为序）

雷梓霖　杨嘉玉　徐玉霞　伍敏君　尚庆文

梁国勇　卢雪儿　李健龙　胡　燕　李月丽

李小峰　陈玉宇　戴佳宇

前言

社工机构是社会工作机构或社会工作服务机构的简称，一般是指民办社工机构，因为绝大部分社工机构都是民办的。

2009年10月，民政部以民发〔2009〕145号文件印发的《关于促进民办社会工作机构发展的通知》指出，社工机构“是以社会工作者为主体，坚持‘助人自助’宗旨，遵循社会工作专业伦理规范，综合运用社会工作专业知识、方法和技能，开展困难救助、矛盾调处、权益维护、心理疏导、行为矫治、关系调适等服务工作的民办非企业单位”。2014年4月，民政部以民发〔2014〕80号文件印发的《关于进一步加快推进民办社会工作服务机构发展的意见》再次指出，社工机构“是以社会工作专业人才为主体，坚持‘助人自助’宗旨，遵循社会工作专业伦理规范，综合运用社会工作专业知识、方法和技能，开展困难救助、矛盾调处、权益维护、人文关怀、心理疏导、行为矫治、关系调适、资源链接等服务的民办非企业单位”。民政部这两个文件对社工机构的界定大同小异，都强调社工机构是“民办非企业单位”。

2016年3月，第十二届全国人民代表大会第四次会议通过的《中华人民共和国慈善法》，用“社会服务机构”取代了我国民间组织三大类别之一的“民办非企业单位”。此后，社工机构一般不再被称为“民办非企业单位”。目前，社工机构是我国“社会服务机构”的主要组成部分之一。

社工机构是吸纳社会工作人才的重要载体，是有效整合社会工作服务资源的首要平台，是提供社会工作专业服务的主要阵地，是参与社会建设和社会治理、促进社会公平正义不可或缺的必要力量。

2006年10月，党的十六届六中全会通过《中共中央关于构建社会主义和谐社会若干重大问题的决定》后，广东省的社会工作逐渐获得了快速发展，社工机构如雨后春笋般地涌现出来。截至2018年底，全省已有社工机构1486家，占全国社工机构总数9000多家的六分之一左右，而广东的社工机构主要集中在珠三角地区，其中仅广州市就有407家。

本书选择了珠三角地区尤其是广州市10余家典型的社工机构，对其成长运营的各个方面进行了深度剖析，比较全面地呈现了广州市社工机构发展的现状，系统深入地探讨了多方面存在的问题及原因，有针对性地提出了相应的解决对策。本书适合高校社工专业师生、一线社工尤其是社工机构管理者、相关政府部门管理者以及相关研究者参考。

本书是集体智慧的结晶。除一位作者是社区服务管理专业硕士毕业生外，其他作者均为MSW毕业生。各章撰写者分别是：

第一章雷梓霖（中山市古镇镇社会事务局科员）；

第二章杨嘉玉（社会工作师，广州市爱德公益发展中心培训专员）；

第三章徐玉霞（社会工作师，广州市穗协社会工作资源中心评估及培训专员）；

第四章伍敏君（社会工作师，中山市启创社会工作服务中心片区主任）；

第五章尚庆文（社会工作师，广州大学市政技术学院教师，广州市花都区绿叶社会工作服务中心理事长、总干事）；

第六章梁国勇（社会工作师，北斗星社会工作服务中心理事长、总干事）；

第七章卢雪儿（广州原象信息科技公司职员）；

第八章李健龙（助理社会工作师，广东海洋大学海运学院讲师、北斗星社会工作服务中心理事）；

第九章胡燕（社会工作师、二级心理咨询师，广州市广爱社会工作服务中心副总干事）；

第十章李月丽（社会工作师，广州市越秀区思媛社会工作服务中心督导助理、广州市六榕街社工服务站副主任）；

第十一章李小峰（广州民航职业技术学院飞机维修工程学院教师、北斗星社会工作服务中心理事）；

第十二章陈玉宇（深圳市机场股份有限公司职员）；

第十三章戴佳宇（心理咨询师、社会工作师，佛山职业技术学院工商管理学院教师、北斗星社会工作服务中心理事）。

张兴杰（华南农业大学公共管理学院教授、北斗星社会工作服务中心创始人和治理委员会主任）、张木明（博士研究生学历、副教授、社会工作师、华南农业大学公共管理学院社会工作专业硕士研究生导师）联袂提出了本书的篇章结构，筛选、删改了相关文章，负责出版事宜。

谨向为本书选题和修改付出辛勤劳动和智慧的房亚明、史传林、王建平、程启军、李锦顺、张沁洁、李颖奕、张开云等专家学者，以及中国社会出版社孙武斌、李新涛同志，各章参考文献作者致以诚挚的谢意和敬意！

本书作者均为青年人，他们都具有社会工作的知识、理论和技能，大多数还具有比较丰富的社会工作实务经验。但由于汇编时间仓促，特别是由于我们水平有限，因而本书可能还存在这样那样的不足甚至错误，恳望各位读者不吝赐教（来信请发：185759620@qq.com），以便我们再版时修订。

张兴杰　张木明

二〇二〇年三月三十日于羊城

本书作者均为本[illegible]，我们期望[illegible]社会工作[illegible]，[illegible]文[illegible]
[illegible]
[illegible]，能[illegible]的[illegible]
[illegible]

[illegible]

[illegible]二〇二〇年四月三十[illegible]

目　录

第一章　场域理论视角下社工机构的发展路径

——以广州市H机构为例

雷梓霖[①]

社会工作服务机构作为一个新生的事物，必须从既有的社会结构中进行生发。探清作为新兴事物的社会工作机构的生发机理、逻辑以及所使用的资源，能够为社会工作机构的未来发展提供建议与模式。本案例选取广州市H机构为具体研究对象，梳理H机构的生发历史，得出其发展的渊源，在历史话语当中理解H机构由企业向社会服务机构转向的动力与逻辑。H机构的历史发展是偶然的，是在集体企业、家政企业以及服务社的过程中不断摸索前进的，是非意识选择的结果。本案例在场域理论的指导下，将H机构的诞生、发展历程在场域、资本以及惯习三个关键概念下进行分析，总结出其能够快速发展的因素与条件。

一、本案例研究概述

（一）为什么要研究社工机构发展路径

1. 社工机构发展路径的研究背景

作为社会工作服务机构的H机构，是以作为集体企业的广州市B区供销总公司为背景创立的。2009年11月，为了统合B区供销总公司的社区服务中心的工作，由B区供销总公司为出资方，H社会工作服务社以“民非”身份正式成立。

2011年，H机构响应广州市政府当年开始推动的家庭综合服务中心的建设工作，承接了第一个家庭综合服务中心。2011年至今，其所负责的家庭综合服务中心已经达9个，建立了多个知名的专项服务，并向少儿教育、社工培训等上下游服务不断地推进。

在H机构的孕育过程中就充满着本土社会结构的特色，作为集体企业的供销总公司是其生发的背景；在服务的动机上，与西方的宗教服务动机、社会正义的服务动机不一样的是，H机构的服务动机是乡土取向的、情感取向的；在社会工作的专业化过程中，是由不知社工是为何物到社会工作服务专业化的一个过程。

---

① 雷梓霖，社会工作硕士，现为中山市古镇镇社会事务局科员。

2. 研究目的

本案例试图通过以 H 机构作为研究个案，兼以分析其生发的背景，探索与回答以下几个问题：第一，H 机构作为集体企业的一个部分，是如何由经济价值认同转变到社会价值认同，从而与社会工作服务结合起来的，其中的机理和逻辑是如何存在与成立的；第二，集体企业背景给 H 机构带来了哪些社会资源与资本，以及 H 机构是如何使用这些资源与资本来完成根植于本土的机构发展的；第三，H 机构的生发背景会给 H 机构本身带来哪些发展上的惯习影响，以及在未来可能会对其产生的正负面影响。

3. 研究意义

首先，在研究的理论意义上，本案例所选用的个案描述了社会工作机构的生发背景以及发展机理，并基于本土意义、中国社会特色的资源机制进行分析和阐述，这有助于同类的组织和机构借鉴其发展方式和路径，找到适合自身所拥有的资本与社会结构位置的发展模式。

本案例将在场域理论的关键概念如场域、资本与惯习的引导下，对 H 机构作详细的剖析，在既有的文献与访谈转录文本基础上梳理出 H 机构这个具有典型特色的社会工作服务机构的实践逻辑，揭示其中的实践理性所在。实践理性所揭示的逻辑所在，有助于其他研究者更好地理解以中国社会与文化特色为背景的社会工作机构的生发与发展，回答本土化社会工作服务机构是如何“从本土而出、从本土而成、从本土而长”的问题。

目前学界对社会工作机构的发展模式的研究已经形成一定的规模，但对于具体某个社会工作机构或某一类型的社会工作机构的研究是缺乏的。这种缺乏体现在两个方面，第一是缺乏基于类型学的研究，没有对社会工作机构的基本属性和生发背景进行类型学的分析与研究，缺乏对特定机构、特定类型的机构进行优势分析、局限揭示的研究；第二，缺乏深入的、持续性的跟踪研究，目前的研究基本是综述性的研究，缺乏系统性以及经验性的研究。因此，本案例将在前人的基础上，补充此方面的研究。

其次，在实践意义上，集体企业为社会所提供的服务自然是营利性的，而且其本身所司职的工作与社会工作在字面上并无明确的关系。在这种情况下，这些非社会工作服务的资源是如何进入社会工作服务的领域中的？其路径是如何的？回答这几个问题，厘清其动员的资源优势、网络优势与资金优势，就可以为社会各界的资源进入社会工作服务领域提供个案的借鉴。

在个案的研究当中，可以为社会工作服务界的同行展现一个基于本土概念而生、植根本土的社会工作机构的存在方式。在文中展现其“从本土而出、从本土而成、从本土而长”的实践逻辑和理性，对于需要进行本土化或使用本地资源的社工机构而言，显然具有较大的推广意义。

（二）研究设计

1. 研究对象

本案例的研究对象为 H 机构的发展历程。在分析 H 机构的发展历程当中，作为 H

机构的生发背景与重要的发展支持因素的B区供销总公司、B区供销社也会作为重要的因素进行分析。由于H机构的发展如果离开了这二者根本不可想象，所以对以上二者的列举与讨论的必要性是毋庸置疑的。如果要理解、研究H机构的发展，就必须要将以上二者的行动理性与利益取向加入共同的叙述框架中进行阐述，否则脱离了母体的H机构将无法进行被分析和认识。

由于H机构是以集体企业为背景生发的社会工作服务机构，且其发展道路的探索、机构的发展都是在全国领先的。在这个意义上来说，H机构在以集体企业为背景而生发的社会工作机构中具有典型意义。

2. 研究方法

本案例主要采用个案研究方法。个案研究是通过对个案进行“深描”，深入地把握案例的细节，从而发现与发掘案例中所隐含的社会关系与社会过程，最后通过归纳总结，得出对特定社会事实的认识和评价。

在总体的研究思路上，研究的方法遵循费孝通的“类型比较法”。所谓类型比较法，是将个案视作基于主要相同条件所构成的某种类型的代表，通过“类型”比较可以从个别逐步接近认识更大的整体。这种将个案视作类型代表的依据有两个：一是源自生物学类比，解剖一个动物可以认识其所属物种的属性（费孝通，1990）；二是基于人类学的整体论，由于文化和教育机制的存在，人文世界中的“个别是整体的复制品”，所以通过个案研究可以认识其所属的整体人文世界（费孝通，1996）。

3. 资料收集方法

本案例的资料收集方法主要为文献分析法、访谈法以及参与式观察法。文献分析除了对该研究领域的书籍、硕士博士学位论文、期刊以及各种公开刊物的总体性分析以外，还包括对H机构内部文件、章程以及发展记录等的第一手资料的分析；访谈法主要是对H机构内部的与机构发展有密切相关的关键人物进行访谈，收集其在H机构发展中的经历以及机构发展关键事件的来龙去脉（相关访谈记录在文中以楷体字体标出）；笔者因为专业实习的缘故，所以在H机构的总部以及其下属的三个家庭综合服务中心都有相关的工作经历，在这个过程中已经进行了沉浸式的、参与式的观察，收集到了较多的主观感受与认知。

4. 理论视角

场域理论在理论的渊源上可以追溯到黑格尔的辩证法、马克思的斗争哲学、胡塞尔的现象学，还有结构主义方法论上；作为实践理论谱系中的一员，布迪厄的场域理论脱胎于葛兰西的实践哲学以及萨特的实践观。理论的创立者布迪厄为了批判笛卡尔式的二元论以及关系主义方法论而重新建造了一套新的话语体系以及学术用词——分别为场域、资本以及惯习——以避开以上方法论所导致的偏颇认识。布迪厄认为，“在人为地造成社会科学分裂的所有对立之中，最基本、也最具有破坏性的，是主观主义和客观主义的对立。”（皮埃尔·布迪厄，1980）

布迪厄认为，笛卡尔式的二元论在当代社会科学研究中也普遍存在着，它表现为相互对立的观点和方法之间的彻底分离，如主观主义知识模式和客观主义知识模式、符号性分析和物质性分析、理论研究和经验研究、结构和能动作用、微观分析和宏观分析等。在布迪厄的时间理论中，他对二元论的批判主要集中在代表客观主义的结构主义流派，以及代表主观主义的存在主义流派上（洪进，2000）。

场域理论包含三个主要的概念，这三个概念相互联系并相互解释，形成了一套新的解释社会现实的视角。在实践理论当中，布迪厄将社会实践的空间概括为“场域”概念；将社会实践的工具概括为“资本”概念；将社会实践的逻辑概括为“惯习”概念。

传统社会学概念与布迪厄的社会理论的概念可以作一个表格式的对比，见表1－1（宋跃飞，2011）。

表1－1　传统社会学与布迪厄社会学概念对比

传统社会学概念	布迪厄的实践理论概念
宏观层次	场域（结构和文化再生产）
中观层次	阶层（无意识）
微观层次	身体、惯习（策略）
社会	场地域（位置、资本）
个体	身体（惯习）

布迪厄是这样定义场域的：“从分析的角度来看，一个场域可以被定义为在各种位置之间存在的客观关系的一个网络，或一个架构。正是在这些位置的存在和他们强加于占据特定位置的行动者或机构之上的决定性因素之中，这些位置得到了客观的界定，其根据是这些位置在不同类型的权力或资本的分配结构中实际的和潜在的处境，以及他们与位置之间的客观关系。”（皮埃尔·布迪厄、华康德，1992）而场域的意义与机械的、还原的社会惯习以及社会结构之间没有任何联系，宫留记（2009）认为，场域不等于某个固定的社会结构，也不等于某个现成的社会关系，同样也不等于不同的社会地位所构成的框架，场域的灵魂是贯穿于社会关系中的力量对比及其实际的紧张状态。

作为社会服务机构的H机构的机构发展背景是集体企业。显然以社会公平（Fairness）、社会良善（Good）以及人类发展为价值的社会服务组织与以获得利润最大化为终极目标的企业，是分别处于两个不同的场域当中的。处于以获得最大经济价值为标的的企业是以什么动机、什么路径或以什么样的转移逻辑，将自身的资本通过一定的转化，进入以获得社会价值为标的的社会服务领域呢？理论的逻辑不能代替事物的逻辑，不同场域之间的转化过程，存在着布迪厄所阐述的实践理性。由此，在机构发展的路径与追求上，布迪厄的场域理论显然具有较好的拟合度和解释性。

二、H 机构的发展历史

（一）H 机构的背景：集体企业

作为 H 机构的生发背景，B 区供销总公司有着深厚的历史沉淀。因为其特殊的集体企业背景，B 区供销总公司的发展沿革可以嵌入中国社会主义历史中进行话语叙述。其企业的前身最早可以追溯到 1953 年 10 月成立的 B 区供销社。当时 B 区主要的经济生产模式为农业，B 区供销社是广州的四大农村供销片区中的一块，服务“三农”是 B 区供销社的宗旨与使命。B 区供销社一方面吸纳农民入股入社，另一方面承担政府下达的镇一级商品流通的任务。在计划经济年代，B 区供销社在乡镇一级的生产、流通服务范围覆盖了 B 区人民生活的方方面面——包括副食店、药店、饮食业、加工厂、农副产品加工、农副产品采购、资源回收等。在供销社系统全盛时期，B 区供销社中的雇员总计有 6000—7000 人。

在历史上看，供销社通过在体制中承担重要的社会经济职能的同时，不仅获得了政府的信任，而且把供销社这块牌子打造成民众可以信任与信赖的符号。在长期服务“三农”的过程中，供销社形成了为农服务的基础与传统。

改革开放改变了供销社在社会物资供应与流通中的地位与模式，供销社提供的物资不再具有唯一性。在市场开放的浪潮下，供销社系统经受了巨大的冲击——供销社内部僵硬的体制、僵硬的管理不再能适应新的社会发展要求，再加上队伍的老化、退休工作支出巨大等因素，供销社不断亏损。在 20 世纪 90 年代末，供销社系统面临崩溃。为了谋求生存和发展，供销社实施了企业收缩策略。在人员上，供销社不断进行减员增效，对雇员进行清退与缩减。对于体制所遗留的退休工人，通过向劳动部门支付费用的方式进行社会化养老与医疗。在经营范围上，供销社不断缩减其经营范围，从全方位覆盖社会经济生活的旧思路中抽离，于 1999 年全面退出商品流通。在资产上，供销社实施了纯资产剥离，以应对债务偿还需求以及退休工人养老与医疗社会化的大笔支出。

通过缩减人员、收缩经营范围以及进行资产剥离三步走的策略，B 区供销社将职工队伍从 6000—7000 人降到 100 人左右。以 2000 年为分界点，B 区供销社系统实现转亏为盈。由于 B 区供销社以往的实际经营范围与职能已经通过各种手段进行了剥离，不再参与社会生产与社会流通，所以实际上在迈入新千年之后，供销社的实际盈利点在于经营供销社原有的固定资产。在共和国的发展里程中，B 区享受广州这个一线城市的城市化发展以及经济发展的溢出效应，城市化的速度比一般农村地区的城市化速度要快得多。B 区享受溢出效应的实际结果是，其物业的价格水涨船高。在 2000 年，B 区某供销基层社仅凭物业经营收入可达每年数百万元。

在迅猛的城市化过程中，B 区大多数的农民已经洗脚上田成为居民，供销社服务“三农”的使命已经渐渐式微。在市场化的浪潮中，供销社已经退出了市场，不再参与竞争。缺乏实际经营项目的供销社系统，被当时的广州市政府评价为“收租子、守摊子、混日子”。来自政府的压力和来自供销社内部的自我价值危机感共同营造了一种紧张氛围。供销社系统急需在社会发展与转型过程中找到自己的位置和方向。

（二）H机构的起点：家政服务

作为B区其中一个供销社基层社，X供销社的主任PC深感压力。B区的供销社系统已经在1999年全面退出流通领域，重回商品流通领域与灵活的个体户、体量巨大的国际零售业大亨进行同台竞争几乎没有任何优势可言。所以重新捡起商品流通业务的可行性不大。但是主任PC认为，中国的经济社会发展已经进入一个新的发展阶段，社会的矛盾十分突出，新形成的城市社区亟须配套的服务。

“有一个偶然的机会，我跟XS社的一个科长聊天、喝茶，他说社区服务，政府要弄啊，当时是2006年。我已经查了一些资料，已经开始做社区服务了。我说行啊，我有人，但是我们没事干，上级要我们干，我们就尝试。”（主任PC）

PC认为X供销社未来的方向要面向社区，决定开始探索社区服务领域，并在这个市场领域当中寻求盈利点。X供销社在市场探索的初衷上是盈利导向的。

依靠供销社系统与政府长期合作的关系网络，PC计划与基层的街镇政府合作，在社区层面提供社区服务。2006年7月，HF家政信息咨询有限公司由X供销社出资成立，与B区XS政府进行合作，开办了首个社区服务中心——XS社区服务中心。

同年，《中国共产党十六届六中全会公报》指出，中国“要建设一支宏大的社会工作人才队伍”。也在这一年，B区供销联社主任LY与X供销社主任PC等人到香港等地进行考察后，提出要改变观念，学习香港社区服务经验，并依托XS社区服务中心的服务模式，大力发展社区综合服务业务。

社区服务中心的主要功能繁多，只要居民有需要的服务，社区服务中心基本上都提供——包括保姆、钟点工、家教介绍；家电维修服务；办理牌照以及代记账。在随后的时间中，供销社利用自有物业优势，进一步与更多街镇政府进行合作，将社区服务中心进一步扩张到B区的JG镇、JH街道以及SJ街道。在社区服务的过程当中，积累了很多社区服务的探索经验。但是对于一个以利润最大化为原则的营利机构而言，这个社区服务中心是不合格的。提供社区中介服务所能获得的利润甚至不能抵支社区服务中心雇员的薪金支出。在做社区中介服务这条道路上走不通，PC接纳了来自人社局、民政局的建议，转向劳务服务行业。

2007年1月，HH人力资源公司在X供销社的出资下成立。业务主要分为三个部分，分别是：劳务代理，针对中小企业，为中小企业代办社保、医保、工伤保险等业务；职业中介，通过对接劳资双方，解决招工难用工难问题；提供职业培训。在劳务服务市场的开拓中，X供销社实现了良好的创收。

2008年1月，B区完成“一区一社”的供销社改革部署，撤销了所有的乡镇一级供销社，合并整理成B区供销联社。根据“社企分开”原则，在供销联社的背景下成立B区供销总公司承担经营业务。B区供销总公司在成立之初就确定了未来发展的“四轮驱动”战略，其中的一轮就是根据2006年开始的社区服务尝试而制定的发展“社区综合服务产业”战略。

（三）H机构的转身：社区服务

早在2006年，X供销社已经在主任PC的领导下，进行了社区综合服务产业的探索并获得了很多有益的经验。在供销社合并之后，去执行“社区综合服务产业”战略的主要负责人，主任PC也就成了不二的人选。从利益最大化的企业角度出发，B区供销总公司面对社区综合服务这个全新的探索领域是有顾虑的。在止损意识的指导下，B区供销总公司给主任PC探索“社区综合服务产业”的时间是3年，如果在3年内不能探索出一定的成效，那么探索将会中止。

“何主任给我3年时间。我当社区部经理的时候他跟我谈，给我3年时间，行就上去，不行的话就拉倒。那个时候我的压力就大了。”（主任PC）

“举个例子吧，就当它是30万左右的目标，那一年只能完成到9万10万而已。所以对于总公司来说，你探索了一整年，你十几人，才做了9万10万的东西出来。如果你明年再是这样的话，就需要撤销掉这个社区服务部了，就不再探索了。”（主要负责人HJ）

2009年，在向B区民政局进行相关的社区服务合作洽谈时，民政局的相关人员建议主任PC可以聘请社会工作专业毕业生担纲进行服务。主任PC接受了这一建议，聘请了供销社系统内首批社会工作专业毕业生共2人。

同年9月，《中共广州市委广州市人民政府关于学习借鉴香港先进经验推进社会管理改革先行先试的意见》，意见中明确提出：“开展政府购买服务项目试点。选择家庭及儿童、老年、青少年、残疾人服务、社区发展、社区矫正、劳动关系协调、就业培训等八大类社会服务项目进行政府购买服务试点。采取适应我市社会管理事业发展的方式，向非营利性社会组织购买服务。”

同年11月，H机构以社会服务机构身份成立。当时H机构只有2名社工和其他人员共18人，开展的活动主要为社区家政服务、代办牌照、兴趣培训以及社区活动等。在2009—2010年，H机构所开展的与社会工作相关的社区服务都是探索性的、零散性的。包括在社区服务中心内开展青少年社会工作相关的项目，如四三零学堂、暑期少儿活动等；与社区服务中心所在地的居委会进行合作，在节日期间举办社区活动；与白云图书馆、周边的中小学进行合作，在社区服务中心内建立图书室并提供阅览服务；广州亚运会期间与白云团区委进行合作，提供志愿者招募、培训服务；与白云团区委合作，发动与组织志愿者关爱空巢老人活动。

具有突破意义的是，2010年H机构与B区JX街达成合作共识，共同筹建JX街社区服务中心，将居家养老服务、文化建设、娱乐休闲、社工进社区等内容进行相互结合，力图打造B区示范性社区服务中心。在没有提出政府购买服务之前，与街道合作筹建社区层面上的服务组织，是领先于政策步伐的。

值得指出的是，H 机构在社区的前期切入为日后社区服务项目的承接获得了事实优先权。

（四）H 机构的发展：承接家庭综合服务中心

2010 年，广州市政府开始进行社区家庭综合服务中心的试点工作。当时广州市政府虽然将部分街镇纳入试点名单当中，但由于社会工作的概念在当时并未为人熟知，而且街镇甚至不知道应该向哪些机构寻求服务的合作，所以很多街镇没有将政府的试点工作落到实处。为了解决这个服务需求方与服务提供方信息不对称的问题，广州市在 2010 年举办了首次政府购买服务供需见面会。在见面会上，B 区 J 街的领导发现原来 B 区内有 H 机构这个社会工作服务机构，并与 H 机构的赴会人员交换了联系方式。

由于在政府购买服务供需见面会上获得了 B 区 J 街的需求资讯，H 机构准备发挥自己在 B 区中的本土优势，展开投标。2011 年 3 月，H 机构成功承接了机构成立以来第一个政府购买服务项目——B 区 J 街的家庭综合服务中心项目。B 区 J 街的家庭综合服务中心也是广州市 20 个列入试点家庭综合服务中心的其中之一。

2011 年 7 月，广州市委、市政府下发《中共广州市委广州市人民政府关于全面推进街道社区服务管理改革创新的意见》。家庭综合服务中心作为意见中要求建设的“一队三中心”其中的一个中心，各个街道都必须在意见所规定的 2012 年上半年全部完成。这就意味着在意见下发后，全市 100 多个街道都将要展开家庭综合服务中心项目的招标工作——巨大的政府需求使得广州地区的社会工作服务机构如雨后春笋般建立与发展起来。

2011 年 8 月，中共中央总书记、国家主席胡锦涛在广东省委书记汪洋、省长黄华华等人的陪同下，前往参观视察服务广州市保障房社区的 JS 街家庭综合服务中心。此行后，H 机构在包括行政系统、供销社系统以及非营利组织在内的社会各界中建立了巨大的声誉与知名度。

面对来自上级机关的家庭综合服务中心项目招标工作任务，各街镇政府有完成招标工作任务的压力。作为街镇政府本身，存在作为行政利益主体的考虑——应该顺利、高效地完成上级传达的招标任务，并形成一定的业绩效果。而拥有本地社区社会服务历史、机构背景经济实力强大、值得信赖的 H 机构可以解决 B 区内所有街镇政府的利益考虑。所以在 2011 年下半年到 2012 年上半年的家庭综合服务中心全面推开期间，H 机构在 B 区中共投得了 7 个家庭综合服务中心的政府购买服务项目。

（五）H 机构的壮大：稳中求进

在 2012 年的高速扩张时期，除了让 H 机构快速发展以外，还给其留下了巨大的隐患——机构迅速扩张所带来的管理制度缺失、专业人才缺乏、机构体制管理落后、资金流动困难等一系列的问题都在考验着 H 机构。在 2011—2012 年的家庭综合服务中心评估年度中，H机构所承接的服务项目的评价均在良好以下。H机构的企业的生发背景以及不尽如人意的评估成绩，都让H机构在一段时间内成为业界热议和争议的焦点。

针对机构面临的困境，H机构在2013年度实施机构内部整顿与制度建设，提高了机构的专业化程度以及整体的服务质量。

“2013年是休整期。因为你需要做一个人员上、制度上的安排。2012年整体来说是对外的，2013年的整体年度计划或重点是对内的。对内是包括制度上的，人员的培训，人员的素质管理。因为2012年扩张得太快了，人员的素质是跟不上的。虽然2012年来了很多人，但是2013年的流动率很高。就是因为很多都不稳定。扩展得太快的话，人就会参差不齐。而且2012年到2013年开始要求要多少个社工以上，持证率要多少，就是在内部出台一些新的政策，谁拿到证了就会奖励一点钱之类的，激励大家去学习。所以2013年属于休整期，那一年也没有怎么去扩张，因为也觉得差不多够了，已经需要去抓内部的质量管理了。”（主任PC）

2012年所承接的家庭综合服务中心政府购买项目到2015年合约到期。H机构辖下的8个家庭综合服务中心全部再次承接家庭综合服务中心的服务项目。以新一轮的家庭综合服务中心政府购买服务项目的结果来看，H机构的服务质量与服务成果得到了政府与民众的肯定。

三、场域理论视角下对H机构发展的分析

要对H机构的发展历程进行分析，首先要对其生发的背景和其发展所用的资源进行梳理与分析。以场域概念对H机构进行分析，可以得出从企业到服务社的发展导向的实践理性逻辑；以资本概念对H机构进行分析，可以梳理总结并分解出H机构的优势与长处；以惯习概念对H机构进行分析，可以理解H机构的整体运营模式的内在机制。

（一）场域：从企业到服务社

H机构的生发，实质上是经营实体的经营场域转换的产物。H机构从原有的企业背景中生发出来，所处的场域是营利部门场域，所追求的场域游戏标的是经济利益，是经济人理性。而在场域转换后，H机构所处的场域是非营利部门场域，所追求的场域游戏标的是社会效益，是行政人或公益人理性。H机构的生发以及场域的变化背后是机构总体经营思路与理念的变化。

1. 场域转换的动力逻辑

作为非营利企业的H机构的生发背景是以营利为导向的企业。在布迪厄的场域分类中，企业可以纳入“以利益作为分类标准”的场域——经济利益是企业在营利部门场域内的游戏手段，同时也是企业在营利部门场域内的游戏标的。而非营利组织所在的非营利部门场域内的游戏手段和游戏标的是社会效益。两个不同的场域当中的转换以及价值的改变，需要一种动力来推动场域之间的转换成为可能。其中推动场域进行

转换的逻辑是值得探究的。

作为企业而言，B 区供销总公司自 2008 年成立以来所作的所有决策的导向都是面向营利部门场域的。在供销系统业务贫乏、活力减弱的大背景下，作为 B 区供销联社经营实体的 B 区供销总公司提出“四轮驱动”发展战略——以资产经营为基础，以商贸流通为依托，重点发展再生资源回收与利用产业、社区综合服务产业。四个经营与发展的战略中都指向营利部门场域中的经济利益。H 机构作为 B 区供销总公司“社区综合服务产业”战略中的一个实施单位，在总体的企业营利目标中占据一定的地位并扮演特定的角色。特别是在 H 机构的发展初期，其未来的发展与定位没有完全明确的时候，机构在业务上还会包含代办牌照与兴趣培训之类的营利项目。

“我们在讲投入产出的时候，最初它（B 区供销总公司）也要求有经济回报的，因为企业的逻辑来说，即使我们说企业社会价值好，也只是白讲而已，对于企业来说，是不会介意钱赚得多的，但是它会介意钱赚得少的。”（总监 BP）

作为总公司发展战略的重要一环，H 机构在发展中得到了母公司 B 区供销总公司在物质层面上的大力支持。H 机构在承接第一个家庭综合服务中心的政府购买项目时，服务中心的场地装潢费用是 B 区供销总公司垫付的；在 JX 街与政府合作筹建的 JX 社区服务中心，B 区供销总公司向 H 机构支援近 200 万元的场地装修费用；H 机构在 JH 街与街道合作提供社区服务，B 区供销总公司无偿提供服务场地。要清晰认识到的是，B 区总公司的投资是作为一系列寻求市场回报、培育市场为目的的举动。B 区供销总公司向实施“社区综合服务产业”战略的主任 PC 约定的战略验收期是 3 年，在 3 年内如果做不出成绩，则会撤销该战略实施项目下的各部门。

在 2009 年、2010 年两年间，H 机构的发展并不尽如人意。B 区供销总公司对 H 机构的大量投入没有收到对等的利益或体现对等的利益潜力。但在 2011 年，一个非预期性事件改变了 B 区供销总公司对 H 机构的经济利益导向的总体要求，促使 H 机构彻底从营利部门场域中转变到非营利部门领域中。

“探索几年都是先投资，扔了很多钱进去，入不敷出。2009 年到 2010 年很辛苦。在 JH 街和 JX 街做服务，是要比 JS 要早的，只是没有政府购买服务而已。2011 年接了 JS 街之后就有了政府购买服务，胡锦涛同志来了，我们就松了一口气。三年里的最后一年成功了。如果再不出成绩的话，我们就要解散了。”（主任 PC）

国家最高领导人对特定地区的访问是一个非预期性事件，没有任何人能预期此事情的发生。但是由于这个非预期事件的发生，在发展历程上影响了 B 区供销总公司对于 H 机构战略部署的要求和定位。在国家最高领导人的考察与访问后，H 机构在行政系统以及业界内收获了巨大的关注与声誉。关注与声誉通过子公司与母公司之间的联系进行体系性的反馈，进一步对 B 区供销总公司的业务发展、企业声誉起到了促进作用。在这种正向的回馈当中，B 区供销总公司调整了对 H 机构的整体要求——对于作为社会服务机构的 H 机构而言，其最优的发展方向并不是以追求利润为目标，而是追求社会效益。

非预期事件所带来的巨大实际利益成为一种推动力，将作为企业的B区供销总公司的发展眼光推出了自身场域外的视野。在场域内的社会关系力量对比与其实际的紧张状态发生了一定的扰动，场域转变的逻辑就成为可能。值得强调的是，这种场域的转向并非是人为设计的结果，是作为场域中的参与主体在特定的历史时空下作出的实践选择的结果，完全是无意识的产物。

2. 场域转换的利益导向

促使以经济利益为导向的企业将其公司的体系伸展向其他领域，并将营利部门场域的资本向非营利部门场域中进行转移的，是在转移过程中所能增加的资本的总量。这种转移从企业经营的角度出发，事实上的运作模式是通过现有的资本进行资本的生产和再生产。从单一场域而言，作为企业的B区供销总公司消耗一部分经济资本向非营利部门场域进行投资，完成营利部门场域资本向非营利部门场域资本的转移。但从复合场域来分析，事实上是增加了B区供销总公司体系下各个场域中各种社会资本的持有量。

从企业的角度出发，通过经济资本在场域之间的转移，B区供销总公司的知名度与影响力得到了巨大的提升。

“在这个位置上，他一定会要求一些利益的。问题是利益是什么呢？是我们讲的实体的经济利益，还是社会公益和慈善呢，很多时候是关系的投资，又叫影响力投资。……很多时候我们叫作企业良心或者叫作企业品牌的一个影响，这是一个投资，也就是说当是卖广告你也要去做的一个事情。”（总监BP）

“（H机构）作为供销社一个企业形象、一个社会责任的彰显，一个品牌的提升，它不希望你挣钱，但是实际上也赚不到钱。不过供销社是一个几十年的老企业，对于社会责任、一些公益的事业有义务去参与。就是这样的一个定位。”（理事长BL）

从供销社系统的角度出发，通过经济资本在场域之间的转移，B区供销社系统内的主要领导负责人得到了政绩并得到了行政上的擢升。

“第一方面我这些资金可以投入去作一个尝试，第一个是影响力，第二个也是政绩的一个东西。之前区供销总公司的一个领导，他做了社区服务上的一些东西之后得到了省和国家供销社的认可，马上提拔到市里面做一个处级的干部。所以每个人除了会考虑工作上的一些事情外，还会考虑他公司的规划，要抓住一些先机和要有一些先见之明，我要有投入才会有回报。有回报并不是一种金钱上的东西，可能是对公司的回报和自己的回报。”（主要负责人HJ）

从实施“社区综合服务产业”战略的主任PC个人的情怀角度出发，通过经济资本在场域之间的转移，其个人的情怀与价值得到实现。

“所以为什么我们有这个服务呢，就是一直为政府为农民，是在做一个传承。”

“企业的中高层领导都经历过供销社的历程，现在的日子好过了，要有回报，一方面回报社会，另一方面，对得起下岗的同事们。不能他们走了，你们现在光享受不做事。”

“就是我们内部已经有文件决定了，我是57岁，我们企业这个级别的就可以退休了。刚好是2010年，我们内部前辈已经有人走了。我如果2010年干不出成绩我就退休了。后来2010年出台了政策，JX社区服务中心已经做开了，JS家庭综合服务中心马上就要投入了，总公司总经理LY就发现，有起色了，就内部做了一个延迟一年退休，我就延迟一年退休。延迟了一年以后，胡锦涛来了。干脆我后面的全部都取消了。不用57岁退休了。”

“我个人来说，对荣誉没有一点兴趣，要升官，我（当时）已经（要快）退休了，还要什么官呢？要发财也没有，不可能有发财的机会。”（主任PC）

布迪厄认为，实践除了服从“利益最大化”这一内在的经济逻辑有其机械性的起因和有意识的意图，以保证最大可能地发挥效用以外，实践还有其他原因，还要遵循其他的原则。把行动者的行为简化为机械的反应或有意图的行为，这一有关实践的“合理性”的狭隘的经济主义思想，忽略了行动者历史、经济和社会的制约性，根本不可能清晰地解释人类所有的实践活动（宫留记，2007）。

总体而言，B区供销总公司所拥有的经济资本通过场域之间的转移过程，进行了有效的增值。在企业发展与社会工作机构发展的角度来看，增加了企业的影响力、壮大了作为社会工作机构的H机构；在政府治理与社会福利的角度来看，B区供销总公司进行的跨场域资本转移协同了政府管理、增进了社会整体的福利。

（二）资本：本土网络与资源

H机构作为一个新建立的社会工作机构，在单一的机构层面上所拥有的资源是无法支撑其快速发展的。但作为H机构的生发背景，B区供销总公司可以向处于非营利场域的H机构转移资本、分享资本。H机构在实践中之所以具有重大的优势，是因为通过与母公司B区供销总公司之间的关系，占有了作为社会实践工具的各类型资本。

1. 社会资本——渠道与网络

社会资本是特定范围内的社会单元中各种正式和非正式作用的连接、渠道与网络系统。系统包括人与人之间的交流、人与人之间的义务关系、人与人之间的信任。其网络构成不限于个人，并以个人为原点进行发散推演。渠道与网络作为一种非竞争性的资本，B区供销总公司以无损的方式从营利场域中转移到非营利场域中来，并向H机构进行共享。

渠道与网络的构建是复杂的社会互动的函数的积分，只能在长期的社会实践中完成。作为在B区扎根且提供服务有60多年历史的B区供销社，在长期的社会实践中构建了多样而复杂的渠道网络。

从交流与合作的履历上考察B区供销总公司的社会资本，在历史的发源上，供销社系统与政府行政系统的渊源十分深厚。计划经济时期，供销社作为体制设计中承担农村地区商品流通的枢纽和主要抓手。

“我们也跟政府部门很熟，有人际关系，有这样的网络。供销社的管理是双线的，由全国总社到省市县镇，有这一条线。在党的关系里面，就接受地方领导。比如，我2005—2006年是XS供销社主任，我又受XS街党委的管理。我又接受地方党委领导，我们设总支，党委就管我们。联席会议，也找我们去开会，政治学习、党的生活也要报给他们街道，就是双重管理。由于这个双重管理，我们就跟街道、镇的领导很熟了。跟有关科室，那些村啊居委啊都很熟的，所以有这个优势，就跟他们接触起来，比如职能部门区民政局。党的那条线是政府序列的。我们供销社的主任是组织部长任命的，是区组织部委任的。”（主任PC）

从信任程度以及信任期望上考察B区供销总公司的社会资本，在事实的合作中，H机构因为其机构背景获得了来自政府的无条件的信任。

“广州市2011年铺开20条街之后，要求全市130多条街都完成。区民政局也要完成任务啊，那你要在B区找新的力量呢，又很弱，又没有底，有是有的，他们（政府）也不放心。但是对我们供销社下的H机构就很放心。”（主任PC）

虽然目前B区供销社的事业功能与实体经营功能已经通过独立法人注册的公司进行拆分，但是事实上整体的管理隶属关系并没有发生根本性的变化。在H机构与B区供销总公司或B区供销社之间进行的社会资本的转移、传递之所以成为可能，是因为三者在管理关系上存在紧密的纽带性。

2. 经济资本——资金与场地

宫留记（2009）认为，布迪厄的经济资本概念是对经济学上的资本概念的一种社会学转写。经济资本在营利部门中作为游戏工具与游戏标的而存在。作为以利润为经营标的的企业，经济资本是B区供销总公司能给H机构提供的最基本的支持。在经济资本可以充足而相对廉价地获得时，H机构在前期的探索和中后期的发展中都得到了有力的保障。

在H机构的业务还处于萌芽期的时候，H机构所有的经营投入都来自B区供销总公司。在H机构的人员薪酬开支上，B区供销总公司全额进行支付。H机构在2009年成立并开始向“社区综合服务产业”探索，其使用的办公场地即为B区供销总公司在JH当地的自有物业，使用方式是无偿提供；在H机构尝试与街道政府进行合作，筹办社区服务中心时，中心场地装潢所需的所有资金是B区供销总公司无偿支付的；H机构承接了第一个家庭综合服务中心政府购买项目——JS街家庭综合服务中心时，中心场地的所有装潢是B区供销总公司先行无偿垫付，机构在政府相关资金到账后再进行返还的；2012年，H机构在一年内中标7个家庭综合服务中心的政府购买服务，面临的新中心开拓的服务中心装潢、人员爆发式增长以及机构的经营现金流问题，都在B区供销总公司的支持下得到了解决。

作为服务购买方的街道政府对资金支持充足的H机构表示了欢迎，其原因在于，服务购买资金从政府财政下拨到服务提供方存在一定的时间差，有能力提供场地并先垫付部分资金的社会工作服务机构，就意味着能够赶在上级政府规定的时间前提供服务。从购买方的立场进行考察，是符合以政绩为导向的行政思维的。

“我们做了一两个试点之后，他们觉得我们自己的确是做得不错的。当然好啦，我们的装修费，比如JS他（当地街道办）出一部分，我们出了很多钱的，几十万。但是那些其他的小的弱的机构哪里能做得到呢？无缘无故扔几十万出来，JX家综所有装修是我们给的，过两百万的装修费是我们给的。JH场地都是我们的。本来场地应该是政府给的，不要说装修了，场地都是我们的。就是我们有这些条件。”（主任PC）

在资金流上，B区供销总公司能够通过短期拆借的方式，向H机构补充暂未到位的政府购买服务款项。H机构的企业背景为其提供了较为充足的资金支持，不仅在周转资金上有良好的保障，在获取周转资金的成本上也较为低廉。资金链的连续性保证了薪资支付的可靠性，相比起其他运营资金单一且主要依赖政府购买服务款项的社会工作机构而言，具有巨大的优势。

“对其他机构来说，仅仅靠政府的拨款，政府一旦延迟一点，员工就得不到工资了，或者要滞后。H机构，有供销社这个企业作为背景呢，我的一些资金的周转啊，财务上有供销社的一个补足。比如政府的资金是没有到位的，我供销社可以借给你。借款的时候给一点点利息就可以了。因为财务制度是这样的。”（理事长BL）

3. 符号资本——企业声誉

符号资本又称为象征资本。作为一种资本，符号资本难以通过数字或者模型加以量化，只能通过描述与归纳而显现出符号资本的存在——符号资本在属性上与可以量化、具象的、符合日常生活经验的经济资本有重大的差异。宫留记（2007）认为，象征资本是用以表示礼仪活动、声誉或威信资本的积累策略等象征性现象的重要概念。声誉或威信资本有助于加强信誉或可信度的影响力。

B区供销社在B区提供服务的历史可以一直追溯到1953年，在60多年的地区服务中，B区供销社系统在地方积累了良好的口碑和打造了优秀的企业品牌。在长期服务“三农”的过程当中，供销社在农民心目中建立了声望，形成了广泛的认知度与坚实的信任感。在城市化的过程中，农民成为居民，但其对供销社的基本认识并没有发生改变。改革开放前，供销社系统作为体制的一部分，承担着政府下达的商品流通的任务。由于在历史上曾经与政府的紧密合作关系，供销社在这个合作的过程中获得了一定的权威溢出效应。

“还有由于供销社有这样的一个历史，在地缘，供销社一直都有很好的口碑。在诚实经营上，卖的东西都是有质量保证的，没有造假的。在这个区域里，口碑很好，一提到供销社，从政府部门到市民，现在叫市民，当时叫村民，都认可。供销社在乡镇一级相当长的一段时间里面都是‘金字招牌’。而且有些不认识的，一知半解的，还以

为供销社是政府部门，其实我们是企业。”（主任PC）

由于H机构与B区供销社在背景上存在着强大的连接，H机构在企业形象、企业成绩上的符号资本都可以与B区供销社进行互通、共享。

（三）惯习：企业的运作思维

布迪厄认为，惯习来自个人和群体长期的实践活动，一旦经过一定时间的积累，经验就会内化为人们的意识，去指挥和调动个人和群体的行为，成为人的社会行为、生存方式、生活模式、行为策略等行动和精神的强有力的生成机制（宫留记，2007）。作为企业的经营思路从集体企业进入非营利企业，是通过来自集体企业的机构高层来完成其物理传达以及延伸的。即使身处的场域发生了变化，但是作为具体的个人与社会各界的交往方式以及发展思路已经融合对事物本质以及事物发展的认识，从而在机构治理和经营上，对H机构产生巨大的影响。

1. 企业治理逻辑的复制

H机构作为一个社会工作服务机构，内部机构治理的逻辑可以总结为其生发背景的企业的治理逻辑的一种跨场域传递。它们在对组织的治理理念上是一脉相承的——讲求效率、讲求激励、讲求绩效。

在实践中，H机构是在机构发展与扩张当中，从企业治理的思路来发展其自身的机构治理工具的。

“（管理）一个社工机构跟管理一个企业是一样的。对人员的考核、工资绩效、团队的管理、企业文化等，这跟企业有很多相似的地方。你不能脱离企业的一套。……其实不同于企业的就是，企业是以经济效益为第一，但是我们是以服务质量，能够完成我的服务指标为最大的目标。”（理事长BL）

在绩效考核方面，H机构所选用的方法是在企业常用的绩效方法KPI（Key Performance Indicator）的基础上，在社会工作与理念上进行的一个改革。在兼顾政府购买服务所规定的指标任务分配、员工个人素质评价、员工关系以及优势价值发展四个维度后，通过将评估权力分配到多个参与主体中进行评估过程，最后得出员工的绩效成绩。在绩效评估上的整体思路是，除了要实现社会工作专业领域的员工价值评估的效度与信度以外，也要鼓励和体现员工工作的积极性与参与性。在组织效率效能和专业价值体现中，H机构通过自己的实践得出了一个可接受的平衡点。

“如果你用原先KPI的那一套的话，也能把这些东西包括进去的。但是这套系统是一个死的机制，我们希望有的是一个活的机制。……其实有时候绩效是一个指引，给同事一个自己成长的方向，而不是说你要给他一个框框，检查他是否做了这么多事情。……因为你很难对人去计算，如果你真的计算的话，他们就会发展成去抢个案，或者抢（服务）对象。”（总监BP）

在员工激励方面，H机构基本遵循企业的激励方式与原则对员工进行激励。孙越（2008）认为，“将非营利组织成员看作是公益人，强调其自愿为人民服务，自愿为社会进步贡献自己的时间和精力，重视对其进行精神激励，忽视物质激励”是一种对非营利组织以及其员工价值认识的错误。在物质层面上的激励，是作为企业背景的H机构所重视的。在目前的非营利组织中，H机构大胆地将营利机构的治理思路运用到非营利组织治理上，实属领先。H机构通过完善的薪酬管理机制以及评价合理的绩效机制，达到保持员工队伍稳定性、培养长期从业人员的目的。

“我付出了要有合理的回报。我的队伍里面的人都要吃饭的，他们也要讲福利的。我经常都是，带兵要爱兵。社工也是人，跟着你，整天讲奉献，不讲福利、不讲报酬、不讲尊重，谁跟你？队伍稳定性就低了。这就是带队伍。所谓爱兵不是仅仅画饼给他，而是真正把福利给他。”（主任PC）

“有些机构避开跟同事聊薪酬啊奖金啊，甚至有很多高校老师都认为社工机构不应该发奖金的，我认为这是很愚蠢的。我两餐无忧，我什么都不缺，我就可以奉献。好像你们这些男生，没有5000元以上你也生活不了。我仅仅说是生活而已，还没有说要娶老婆，还没说其他东西。”（总监BP）

社会工作者作为一种职业，其本身走向专业的道路亟须去道德化的过程。这就意味着道德获得感能够作为薪资不足的一种补充，但不能替代薪资本身。作为H机构的主要负责人没有从宏观的角度对去道德化问题作一个部署，但在事实上却通过企业的惯常逻辑对这个问题在机构内部进行了解决。

2. 企业经营思路的延伸

H机构在经营思路上，可以体现出明显的企业特性与特质。

作为社会服务机构的H机构在经营的事业上，有深厚的商业经营哲学作支撑——类似于商业互动中的“交换”思维在H机构的经营中有重要的位置和巨大的作用。H机构在与各方进行合作时，由于其对于利益定义的空间和维度是基于对未来预期一个综合考虑，所以在短期合作上的非对等的利他投入获得了他者的信任，从而在长期的合作过程中获得更多资源调动能力和合作优先权。需要注意的是，相比起其他背景的社会服务机构，这种经营思路的实现是基于H机构的企业背景的资源为基础的。

“我某些时候愿意为你承接一些没有利润的难做的项目，你政府要做的一些工作，没有人肯帮你做的，没有利润的，我愿意帮你做。但是有肥肉的时候，你又要记得我。我是做企业的，要用企业的思维。例如这个生意，我没有钱赚，我可以帮你讲一下义气，有些产品利润高的时候，你要让一点出来。所以我做生意的时候，我的合作伙伴（的关系是）很好的。至今为止，有些合作伙伴还出来喝一下茶。我就用这个理念做生意。我不是做一单，我跟你做长期的生意。”（主任PC）

在作为社会服务机构的发展与经营上，H机构的运营手法是基于企业视野的。在社会工作概念未被普及之前，政府购买服务未曾进入社会视野中时，H机构在社区中探索社区服务已经使用了基于企业视野的运营手法——无偿服务结合低偿服务。这种结合是社会话语与社会实践没有得到很好匹配的产物，体现了实践理性的紧迫性、不可预见性。对其实践活动进行考察，其实践行动具有超前性。在社会服务机构日益依赖政府拨款的今天，H机构在诞生之初就已经开始探索自身的造血功能与能力。H机构的探索在受场域结构推动的同时，也受作为其企业背景的惯习所影响，其自身并没有意识到这是企业视野的运作手法，也没有对“造血功能”有自我认知。总体而言，是惯习融汇于对事物的认识中，是无意识的产物。在对无意识产物进行总结、归类后，H机构将无意识选择具象化为有意识选择。其主要措施包括对社会工作理念和工作方法与有偿服务结合的探索，以及成立有盈利功能的分支公司或组织以承担提供发展性资金的功能。

“做了尝试一期收费的正面文化，都惨败了。开始尝试收费，如果你不推出去的话就永远推不出去，或者市场的认受度还不够，但是你还是要培养市场，我也要培养导师，我的导师培养出来，但是他还没有练够，所以两样东西都要去做。”（总监BP）

在H机构成功承接第一个家庭综合服务中心政府购买服务后，其面向社区的非社会工作类型的低偿服务基本完全退出。而最开始作为探索社区综合服务产业而成立的HF家政信息咨询有限公司的实际功能已经被HH人力资源有限公司与H机构所取代，其不再承担具体的职能或事务。HF家政信息咨询有限公司实际上作为H机构与HH人力资源有限公司之间的关系与枢纽，将H机构与HH人力资源有限公司统合成实际功能类似于社会企业的实体——在资金上，作为企业注册的HH人力资源有限公司向H机构输送部分营利所得以补充其H机构的发展需要，作为民非注册的H机构向HH人力资源有限公司提供合作平台和合作机会以扩大其影响力。自2011年以来，H机构与HH人力资源有限公司已经结合形成了事实上的社会企业。

“我们H机构是专门做社工的，HH就是做人力资源的。HF家政信息咨询有限公司就是一个企业的编制。这几个公司，人员的协调，资源的共享，是互为补充的。就是刚刚说H机构，不同于其他机构的，就是有一些造血功能。其实就是靠这些公司来做内部的资源人力财力的调剂，因为你开展相关的业务，你一定要有资质才行的。因为你H机构这边不是每一样东西都可以做的。所以在业务上，人财物上，都会有相互协调，相互补充。”（理事长BL）

历史的遗留以及企业的背景，在主体的无意识下造成了事实上的社会企业。这个思路得到整理后，进一步具象化为有意识的发展尝试——成立有盈利功能的分支公司或组织以承担提供发展性资金的功能。

“这就是社会服务机构向公益机构转变，或者向自己企业路径靠的一些有益的尝试。包括我们做分支机构RX也是。我们自己求发展自己求生存，你想到一些东西的话就要开始尝试。分支机构RX是集资的，在我们一些主要骨干里面进行集资。这里一看你就知道，这是一个企业才能有的思维，不是（一般）社工机构能有的。我们H机构

（背景）作为企业的优势就在于，我们的灵活性，我们对于资源的敏感度，对于利润的看法。”（总监 BP）

无论是经营的哲学、经营的惯习遗留，还是未来发展经营的意识导向，都体现了H机构的企业背景的影响与影子。

3. 企业文化价值的传递

有着集体企业背景的H机构，在企业文化上存在着背景公司所传递的价值与文化。

H机构所持有的价值观念是作为母公司的集体企业所传递的。在城市化的过程中，以第一产业作为主要经济来源的B区向第二产业和第三产业发展，大量农业人口转变为城市居民。在这个过程中，供销社从服务“三农”的工作重心转向了服务“社会”，而工作重心的转向则催生了H机构的成立——H机构事实上承担着供销社的部分服务功能、践行着供销社的部分宗旨，在“服务人群”的大概念上、从集体企业到社会工作服务社的价值是一脉相承的。

作为新时期产物的社会工作机构，其所追求的价值是对具有浓重本土色彩、中国特色的母公司的一个继承。价值观念需要在历史话语和历史沿革中找到材料以及依据，其建构才成为可能。相比起其他生发背景的社会工作服务机构，H机构的价值观念可以在融汇长久的历史话语中进行叙述，其价值观念的形成是有根源的。在抽象的“社会正义”“社会公平”话语面前，有具体历史感的价值观念在实践中更容易被理解与接受，在使用与传播的时候更具有竞争力。

H机构所持有的机构文化是作为集体企业的母公司所传递的。在B区供销社、B区供销总公司经营模块上进行考察，作为社会服务工作社的H机构在其“四轮驱动”板块的部署中。H机构的机构文化建设所使用的话语、符号、内容都源自供销社系统。

值得注意的是，H机构与B区供销社之间的纽带与关系，不是以董事会组成人员的身份与立场使得其连接成为可能，而是通过价值的认同度与文化的共同性来进行纽带与关系的确认。

四、场域理论视角下H机构发展路径的梳理

（一）植根本土的机构生发特质

H机构的生发是本土的，特质在于其生发的场域、使用的资本以及沿用的惯习都具有历史性。基于历史条件、历史话语所建构的机构宗旨、机构使命最终将社会本土的资源向社会工作领域进行引导并转移，最终诞生H机构。总体而言，H机构的生发应该归结为其机构本身的三个特性：乡土性、地域性以及回馈性。在理解H机构的发展路径时，必须把握住这三个特质并带入其生发的过程与历史中进行考察，才能真正把握住其发展的实践理性与逻辑所在。H机构的发展和壮大也离不开这个总体大环境与话语。

1. 乡土性

H机构的生发背景是具有强烈乡土特质的当地供销社，供销社系统在该地的发展历史中有重要的参与位置并持续发挥着一定的作用。H机构在实际操作中不仅作为当地供销社系统在社会服务领域的具体存在物，而且继承与分享了供销社系统在当地的网络以及影响。在对“乡土”概念的认同之中，H机构被政府与民众双方认同为“B区自己的社工机构”，此处可以体现H机构和背后的供销社在B区社会结构中的位置——在长期与政府合作中建立的互信关系、在长期的商品流通中与民众建立的信任关系。供销社跟随社会发展进行转向，从服务“三农”转向服务“居民”，服务对象以及服务方式都在随着时代的变化而进行革新。在服务方向发生变化的同时，乡土之间的关系与情感是贯穿于服务理念中最隐秘、最关键的一环。如果缺少服务动机、服务的出发点这一环，其发展逻辑则不能成立。这也成为H机构开展服务的最初理由与基本点之一，也是H机构与其他不同生发背景的社会工作服务机构本质的区别。在乡土话语下，H机构的价值就可以与中国文化所内生的、基于本土关系的道德、伦理形成一种耦合关系，最终得出一种事实上与以外国社会话语条件所形成的社会工作价值有显著区别的产物。

换言之，H机构的源头是乡土的，其身处的社会结构是乡土的，服务对象也是乡土的。源自基层、植根于基层、服务于基层的本色是其乡土性的最终体现。而H机构的乡土性也决定了H机构是地域性的而不是广泛性的，决定了H机构是回馈性的而不是普惠性的。

2. 地域性

乡土性的重点在于其网络与关系是具有地域性的。没有特定的、具体的地域作为条件，乡土性则失去了存在的实质性内容与容器。在理论上进行推断，乡土性特质决定了H机构在地域性上具有一定的排他性，没有地域的排他性则不能构成地域边界，乡土的定义与范围则不能成立；在实际上进行总结，乡土性决定了H机构在地域上是以本地为发展的根基与重点，实际上H机构在发展上一直从本地出发。因此，H机构的地域性特质可以从两个方面展开叙述——身份认同上的地域性以及物理空间上的地域性。

在身份认同上，H机构的地域认同以及其自身的发展轨迹与本地历史的高度重合共同决定了H机构在民众与政府的“他者和我者”认同区隔中的“我者”一侧。事实上，作为H机构生发背景的供销社为H机构提供了历史建构的溯源机制，H机构在本地的历史具有宏大的背景可以进行叙事。在本地身份认同以及本地身份建构方面，H机构的供销社背景与使命为其提供了地域身份认同的素材。在H机构从供销社背景生发的过程中，存在身份符号的共享与传递，因此H机构享受了与其生发背景同样的身份符号待遇。

在物理空间上，H机构是一个具有强烈地域性的社会工作机构。与其他大型的、大服务范围的社会工作机构不同的是，其服务范围主要为B区。地域性是H机构与B区相互选择的结果——在2011年广州市家庭综合服务中心政府购买服务开展投标时，B区各个街道都向H机构发去投标邀请。H机构考虑到其团队扩张能力有限以及质量保证问题，仅对其中一部分投标邀请作出应答。

2011年H机构承接了第一个家庭综合服务中心政府购买服务——JS街家庭综合服务中心项目，这也是广州市家庭综合服务中心政府购买服务20个试点之一。2011—2012年，在相关文件的推动下，广州市各街镇展开家庭综合服务中心政府购买项目招标，H机构成功投标获得7个项目，其中6个在B区。H机构在B区辖下共计7个家庭综合服务中心项目，占B区家庭综合服务中心总数的32%左右。H机构所承接的单项项目服务共计7个，其中5个项目专门服务于B区。

表1-2　H机构家庭综合服务中心推进发展年表

年份	家庭综合服务中心名称	所在行政区	先后次序
2011	JS	B	1
2012	JX	B	2
2012	JAH	B	3
2012	TH	B	4
2012	XS	B	5
2012	YP	B	6
2012	JUH	B	7
2012	XH	T	8
2015	XG	H	9

地域性不仅是H机构目前服务工作重心的一个反映，而且是广州市社会工作业界对H机构的一个基本认识。

3. 回馈性

H机构的回馈性是与其生发背景的历史沿革有重大的关系的。作为H机构生发背景的B区供销社，其生存以及发展都依靠于B区政府的帮助与B区群众的支持。没有B区政府在改革时期给予B区供销社的帮助，B区供销社将会资不抵债，成为名存实亡的体制遗留；没有B区群众对供销社的信任和支持，供销社将不能发展到今天的地步。随着城市化的不断推进，B区供销社的自有物业在享受着城市化所带来的价值溢出效应的同时，也考虑将其获得的价值溢出向当地政府与居民进行反哺。H机构就是在这种回馈性的情感下引导而生的产物，关键个人对其的影响十分深重——在机构的建立、机构的服务方向以及机构的服务宗旨等方面，关键个人对机构的实际走向、机构发展的影响是巨大而深远的。

在理解H机构的回馈性时，必须将考察的视野聚焦在具体的关键个人身上——对

H机构的生发以及发展起关键作用的个人的情感以及生命历程的审视对回馈性的理解是有益的。作为H机构的共同开拓者，前总负责人主任PC在B区供销社工作41年，目前总负责人理事长BL在B区供销社工作26年，其本土的情怀与情结是深厚的。二者的生命历程紧紧地融合在B区的发展以及B区供销社的跌宕历程中，其回馈的情感足以从个体的实践中萌发。

H机构的乡土性与地域性通过回馈性形成了一个逻辑闭环，回馈性的传递与认同不断加强着H机构的乡土性。

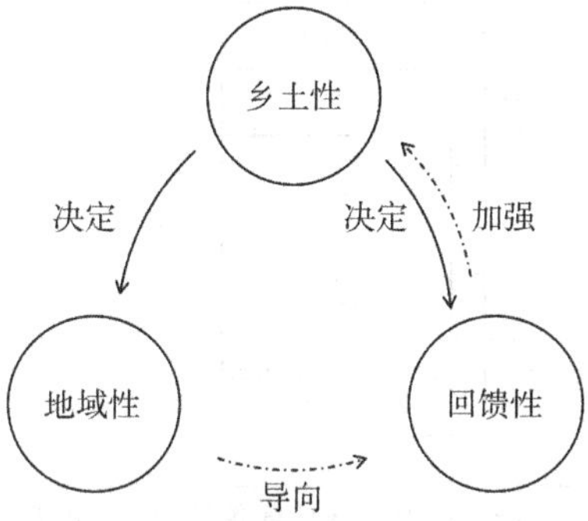

图1-1　H机构生发特质之间的关系

由乡土性特质作为逻辑原点出发，以地域性特质作为排他性条件，通过回馈性特质促进乡土性特质的再生产。三种特质的相互结合，形成了根植于本土资源、本土逻辑以及本土社会结构的社会机构的诞生、发展以及壮大的发展路径，其中的核心要义在于作为社会服务机构的H机构通过为本地居民提供社会服务完成了乡土性的生产与再生产。

（二）发展路径的优势与局限

综合前文，可以发现在讨论H机构的生发与发展的同时，不可避免地要加入对B区供销社和B区供销总公司的讨论。各种案例也说明了H机构并不是一个完全独立的机构——在运作过程中，必须要依赖作为背景的企业去处理部分实际问题；在发展的过程中，因为其背景给H机构所带来的路径依赖和思维方式也对其形成了很大的影响。

H机构在发展过程中对其生发背景的依赖是一把“双刃剑”，既给H机构带来了优势，也带来了局限。

1. 优势：资源与路径

在网络与关系的层面上进行考察，H机构与B区供销社、B区供销总公司的相互结合存在优势共享，在依赖、结合的过程中产生了“1+1>2”的加和效应。

首先，B区供销总公司能够为H机构提供足够的体制能量与政策敏感度。作为事业单位的供销社，与党政机关的合作更加紧密，其行政距离也更加接近。一方面，供销社与H机构名义或实际上存在的连接，为政府给予社会工作机构的信任提供了担保；

另一方面，H 机构服务居民的业绩可以作为供销社服务社会使命的体现。相互需要、相互依赖的关系使得二者的结合关系更加稳固。

其次，B 区供销总公司作为地区性的大型企业，拥有多个不同的经营板块，板块之间存在着相互合作与相互补充的关系。H 机构作为 B 区供销总公司战略部署中的一员，可以有效地使用 B 区供销总公司辖下的其他公司的财力资源、人力资源与渠道资源，促成合作与互补以达到增强工作效果的目的。结合 H 机构的具体项目，可以寻求 B 区供销总公司相关板块的专业人士进行强有力的合作。

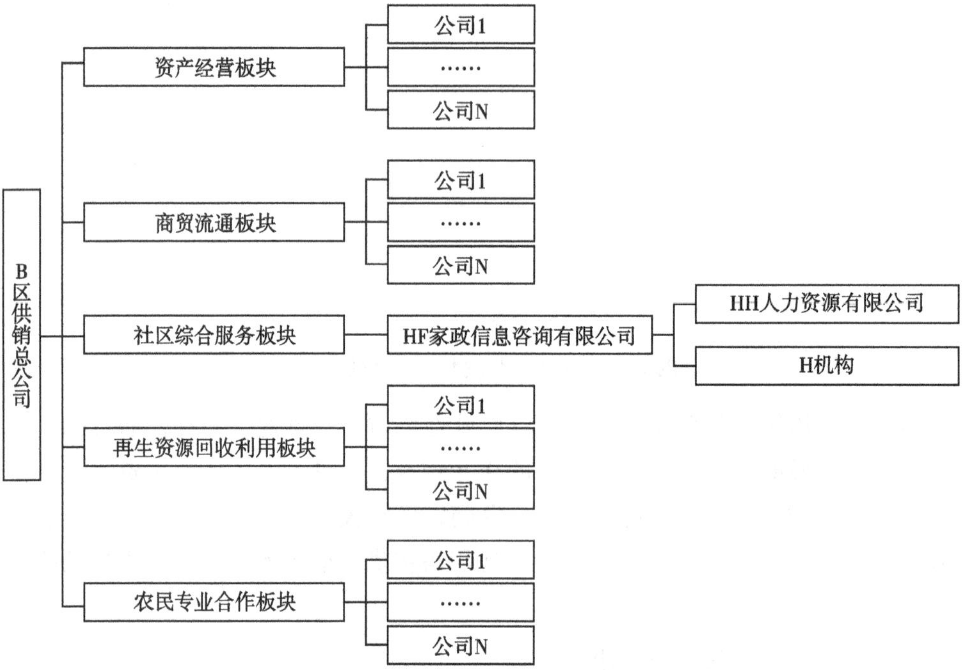

图 1-2　B 区供销总公司服务板块示意图

以资本转移的角度进行考察，H 机构在 B 区供销总公司的战略部署中相当于一个“公共关系管理部门”的角色。一方面，H 机构通过与 B 区供销总公司之间的关系与纽带，不断向 B 区供销总公司输送知名度、社会声誉等符号资本。另一方面，作为公共关系的成本支出或资本转移的成本，B 区总公司向 H 机构提供资本支持——包括低成本的资金拆借、每年向 H 机构提供的人力成本补贴等。在对独立个体的考察中，可以发现 H 机构与 B 区供销社在资本转移的过程当中达到了互利互惠。

在 H 机构与供销总公司这对关系的内部进行考察，B 区供销总公司与 H 机构在合作关系的互动过程中使得总体的资本收益有了提升；在社会总体福利的增进与提高上进行考察，B 区供销总公司与 H 机构的互动关系更有效地利用了社会资源并提供了更多的社会服务。在资本优势的共享过程中，不但产生了良好的经济效益，而且产生了良好的社会效益。在二者的平衡中，资本优势的共享产生了双赢的结果。

H 机构生发自营利部门场域，其主要负责人都在营利部门场域有深厚的资历。而营利部门场域核心的竞争要件就是经营的效率。对于效率的重视与认识通过主要负责人作为载体，注入H机构的总体经营哲学中。

在机构的总体发展上，H机构创业之初，社会工作的投入和产出概念就已经成为H机构的一个重要考核指标，针对可能遇到的不可逆的风险或者发展困难，机构有资源回撤的期限与计划；在机构的内部治理上，H机构通过建立了一套行之有效且符合机构实际情况的员工绩效体系，让每一个参与社会服务的社会工作者都能获得有效的激励，从而积累机构的发展能力、提高人力的使用效率。

从经营手法的角度进行考察，H机构不同于其他生发背景的社会服务机构，在经营的手法上更加多元、更加开放。这与H机构的生发背景以及发展路径有很大的关系。目前一般的社会工作机构的经营思路是非市场化的，甚至对市场化的筹资模式有天然的抗拒。但H机构在经营的选择上则敢于开拓创新，尝试多元的筹资模式以支持机构的服务和机构的发展。

其经营手法的开放性来源有以下几点：首先，机构的主要负责人在营利部门场域有深厚的资历，对社会实践以及社会运行的方式上比单一专业背景的机构负责人的理解要更丰富。因此，其负责人在经营手法的可选视野上要比其他没有相关经历的机构负责人更为宽广。其次，H机构在发展的初期，广州地区社会机构发展的环境还没有完全成熟，政府全额购买社会服务的“广州家综模式”还没有出现，所以H机构出于机构生存与发展的考虑，在经营上已经摸索出“政府资金投放与自筹资金”的混合型筹资模式。在日后“广州家综模式”成熟后，H机构在原有的基础上推出“低偿服务与无偿服务相结合”的服务体系，有着自然的实践路径可以遵循。最后，H机构在员工的专业背景构成上更加多元，在员工参与机构经营的过程中能够迸发出更多单一专业背景的机构所不能触及的火花与想法。在变化日益频繁的现代信息化社会，机构的单一背景往往不能很好地适应外部环境的更迭。内部人员背景多元化的优势有助于机构应对外部环境的挑战并抓住机遇。

2. 局限：认同性与独立性

首先是认同性缺乏问题。在认同性的缺乏上，可以分为两个方面进行叙述。在认同性缺乏的第一个方面，是H机构面临着非营利部门行业中的认同缺乏。H机构虽然能够由其生发背景获得很多的支持与帮助，在资金与网络的优势上得天独厚，但是作为以营利部门场域为生发背景的非营利机构，在外界的印象中不能脱离营利部门的固有属性——资本的逐利性。在非营利部门行业的认同中，H机构被认为是某种“他者”的存在。其“他者”认同的来源主要有两个。首先，H机构在某些具体的议题中有不同于其他机构的处理方法，例如对机构结余或利润的使用方法问题、对员工的激励性管理方法问题，以及是否使用低偿收费发展模式等。其次，H机构是生发自营利性机构。

认同性缺乏的第二个方面，是H机构在专业性符号上的缺乏。相比以高校、政府为背景所生发的机构而言，H机构的生发背景不能给H机构带来专业性符号的背书。对以生发背景或以专业性资源从依托的关系进行顺序排列，H机构始终会在排列中处于末尾。从生发背景的局限而言，以企业为生发背景的H机构的先天劣势就是其非专业性符号标签。

新生的事物必须建立在已有的社会结构之上，并带有相应结构所代表的符号与意义，这是新生事物在建立之初就带有的初始属性且对其有深远的影响。H机构的生发背景给H机构所带来的认同性缺乏，与心理学上的刻板印象有很大的相似之处——对于某个机构的印象与属性的认知，在特定的时空和条件下与其生发的背景有巨大的关系。

其次是运营资金缺乏独立性问题。H机构的局限也来自自身对于B区供销社、B区供销总公司的依赖。虽然H机构是由独立法人注册成立的社会服务机构，但由于H机构的生发背景与其本身的关联性非常强，因此H机构自身的独立性处于一种微妙的平衡状态。

H机构在运营资金上不是独立的。即使H机构成立至今已经7年，年总收入达到千万元级别，但仍然需要B区供销总公司每年向其提供一定的运营资金以及人员薪资补助以填补支出的缺口。

再次是机构发展方向不稳定性问题。H机构在管理上不是完全独立的。H机构整体的独立性是基于目前B区供销社、B区供销总公司的领导层与H机构的负责人达成的某种战略共识，所以H机构得以在营利部门的支持下，遵循社会工作机构的发展路径，发展非营利的服务与事业。这是作为集体企业背景的H机构得天独厚的优势。由于H机构在机构管理上不是完全独立的，作为其背景的企业对其有很大的影响力，一旦其企业背景要求或影响H机构向逐利方向发展，其自身的优势将会消失殆尽——机构管理的独立性不足的劣势在于，B区供销总公司领导层的人员更替以及战略方向的变化会对H机构产生不可预测的影响。

最后是受行政力量影响问题。由于H机构的生发背景不仅有企业属性，而且有事业单位属性，所以在某种程度上与以事业单位为主线而存在的供销社系统存在潜在的被影响关系。在某些比较关键的利益取向中，H机构在作出选择时必须考虑与接受来自母系统的影响。

H机构在成功地将机构的知名度与影响力建立起来后，供销社系统希望H机构可以将影响力与知名度复制到其他同样以地区供销社背景而建立起来的社会服务机构中。其复制的方式是，各地区供销社以自身所处的地区名称与H机构的机构名称相结合组成新的机构名称并进行注册。对于这种来自供销社母系统的知名度与影响力的复制，囿于系统内部的关系与张力，H机构没有更多的拒绝权和商议的余地。所导致的结果是H机构的知名度成果被系统内部所稀释，H机构所建立的符号特征会承担更多的品牌风险。

（三）中国特色资源的发挥与创造

在社会工作理念进入国家规划后，社会工作机构通过原有的社会生态背景萌发并成长起来。新事物的发展不是凭空的，而是从原有的社会结构和社会资源的基础上进行演化并在未来的社会结构中占据一定的位置——其中H机构的生发是中国特色资源在新时期的一个发挥与创造。

在硬件条件上，作为在当地具有优势的集体企业能够为社会工作机构提供充足的资金投入、场地支持以及后续的资金链保证；在软件条件上，供销社系统在当地耕耘数十年所获得的信誉、口碑，以及与当地各种组织建立的各种网络，可以马上应用到社会服务的资源链接中。在这个分析上进行评价，以集体企业为背景而生发的社会服务机构是得天独厚的——社会服务机构既能很好地履行、体现集体企业的集体性质、服务社会性质，也能从市场角度上为企业提高企业形象与社会认知度。在特定时间内的特定个人，在实践的引导下将传统的供销社集体企业与新兴的社会服务机构进行了契合。在实践中进行的生发作用，将宗旨与价值相近的二者共同组织起来，形成了良好的化学反应。

简而言之，供销社系统作为地区性的集体企业是中国特色的产物，掌握着地域性的优势资源。随着在国家政策层面上对社会工作的推动，B区供销社系统把握住了关键的政策窗口期并发挥自身优势，向社会工作领域进行了拓展。在场域、资本以及惯习的引导下，B区供销社成功地催发出在地区上有强大影响力并具有多重辐射能力的H机构。

参考文献

[1] 陈蓓丽．上海社工机构发展之制度困境及发展路径研究［J］．华东理工大学学报（社会科学版），2011（4）：27－31.

[2] 陈丽彦，李卫湘．供销社变革：投身社会服务——集体企业背景下的社会服务机构转型与运营［J］．中国社会工作，2013（25）：29－31.

[3] 陈宇光．论布尔迪厄社会实践理论的三个核心概念［J］．南通职业大学学报（综合版），2003（4）：43－46.

[4] 戴尧，李慧鹏，李建业，等．民办社会工作机构发展路径探索［J］．智富时代，2015（11）：145.

[5] 方英．企业背景社工机构发展分析——以广东为例［J］．社会工作与管理，2015（2）：5－9.

[6] 付森茂．广东省社工机构发展现状分析［D］．桂林：广西师范大学，2013.

[7] 洪进．论布迪厄社会学中的几个核心概念［J］．安徽广播电视大学学报，2000（4）：8－12.

[8] 李明．嵌入式发展：文化兼容与社会工作本土化的路径选择［J］．社科纵横，2016（3）：83－85.

[9] 李全生．布迪厄场域理论简析［J］．烟台大学学报（哲学社会科学版），2002（2）：

146 - 150.

[10] 李太斌．浅谈政府推动与社会工作机构发展之间的关系［J］．上海青年管理干部学院学报，2007（2）：36 - 40.

[11] 李伟，张昱．中国社会工作发展路径研究：回顾与反思［J］．理论月刊，2015（10）：134 - 139.

[12] 李妍．供销社系统的发展现状及对策［J］．经济问题探索，1996（12）：24 - 25.

[13] 李迎生，方舒．中国社会工作模式的转型与发展［J］．中国人民大学学报，2010（3）：101 - 108.

[14] 刘拥华．布迪厄的"终生问题"［J］．社会学研究，2008（4）：113 - 137.

[15] 刘喆．布迪厄的社会学思想研究［D］．武汉：武汉大学，2005.

[16] 陆鹏飞．布迪厄惯习概念研究［D］．哈尔滨：黑龙江大学，2009.

[17] 裴仁伟．走近"习性""资本"和"场"——读《布尔迪厄访谈录》［J］．贵州师范大学学报（社会科学版），2001（1）：31 - 34.

[18] 彭善民．上海社会工作机构的生成轨迹与发展困境［J］．社会科学，2010（2）：54 - 61.

[19] 宋跃飞．"实践感"与理解个体行动——对布迪厄实践理论的分析［J］．武汉科技大学学报（社会科学版），2011（1）：75 - 79.

[20] 苏巧平．高校专业背景之社工服务机构运作策略——以广州市北斗星社会工作服务中心为例［J］．社会工作（上半月）（实务），2010（3）：11 - 12.

[21] 孙迪亮．新农村建设中供销社的价值与困境［J］．郑州轻工业学院学报（社会科学版），2010（3）：25 - 29.

[22] 王思斌．中国社会工作的嵌入性发展［J］．社会科学战线，2011（2）：206 - 222.

[23] 王思斌．试论我国社会工作的本土化［J］．浙江学刊，2001（2）：55 - 60.

[24] 卫小将．土生化：中国社会工作发展路径之构想［J］．中南民族大学学报（人文社会科学版），2014（6）：108 - 111.

[25] 闻英．官办社会工作机构的状况及发展策略［J］．郑州轻工业学院学报（社会科学版），2009（5）：59 - 62.

[26] 闻英．社会建设背景下社会工作机构的功能分析及发展路径［J］．社会工作（上半月）（实务），2009（8）：48 - 52.

[27] 肖小霞，张兴杰．社工机构的生成路径与运作困境分析［J］．江海学刊，2012（5）：117 - 123.

[28] 邢晓雯．供销社孵出"社会服务的蛋"　政府购买服务催生的广州供销社转型样本［J］．广东合作经济，2013（2）：36 - 39.

[29] 熊化军．构建供销社发展的新框架［J］．中国商办工业，2003（2）：12 - 14.

[30] 徐旭初，黄祖辉．转型中的供销社——问题、产权与演变趋势［J］．浙江大学学报（人文社会科学版），2006（3）：117 - 124.

[31] 徐盈艳，黎熙元．政府购买服务规制下的社会工作机构发展——广东四个城市试点项目的比较研究［J］．当代港澳研究，2012（4）：15 - 23.

[32] 许小玲，彭华民．资源与权力：多元互动中社会工作机构发展模式研究［J］．内蒙古社会科学（汉文版），2015（5）：177 - 184.

[33] 易松国．大学教师创办社工机构的背景、问题及建议［J］．社会工作（实务版），2011

(2)：5－7.

[34] 易松国．民办社会工作机构的问题与发展路向——以深圳为例 [J]．社会工作，2013 (5)：21－25.

[35] 银平均．布迪厄的实践理论：从理论综合到经验研究 [J]．思想战线，2004 (6)：66－69.

[36] 张子曦．探索新颖的研究视角：基于社会工作本土化的文献综述 [J]．社会工作（下半月）(理论)，2010 (1)：10－13.

[37] 周冬霞．论布迪厄理论的三个概念工具——对实践、惯习、场域概念的解析 [J]．改革与开放，2010 (2)：192－193.

[38] 朱国华．场域与实践：略论布迪厄的主要概念工具（下）[J]．东南大学学报（哲学社会科学版），2004 (2)：41－45.

[39] 朱国华．习性与资本：略论布迪厄的主要概念工具（上）[J]．东南大学学报（哲学社会科学版），2004 (1)：33－37.

[40] 朱健刚，陈安娜．社工机构的NGO化：专业化的另一种思路 [J]．华东理工大学学报（社会科学版），2014 (1)：28－37.

[41] 广州市供销社．把握政策契机 创新社区服务——广州市恒福社会工作服务社承接政府购买服务情况 [J]．广东合作经济，2014 (2)：33－35.

[42] 广州市白云区供销社．创建社会工作服务社 延伸供销社服务功能——广州市白云区供销联社开展社区综合服务案例 [J]．广东合作经济，2013 (4)：34－36.

[43] 任长宾．恒福系：开辟城市供销合作社融城新路——广州市社打造城市供销合作社社区服务新模式纪实 [J]．广东合作经济，2014 (5)：32－34.

[44] 广州市白云区供销社．紧跟城市化步伐 开辟社区服务的“蓝海”——白云区供销联社关于社区综合服务社建设情况介绍 [J]．广东合作经济，2011 (5)：43－45.

[45] 广东社会工作发展现状调研组．社会治理创新背景下社会工作本土之路——广东专业社会工作发展路径调研报告 [R]．广东广州：广东省社会工作师联合会行动与研究中心，2015.

[46] 毕天云．布迪厄的“场域－惯习”论 [J]．学术探索，2004 (1)：32－35.

[47] 宫留记．布迪厄的社会实践理论 [D]．南京：南京师范大学，2007.

[48] 柳拯，黄胜伟，刘东升．中国社会工作本土化发展现状与前景 [J]．广东工业大学学报（社会科学版），2012 (4)：5－16.

[49] 皮埃尔·布迪厄．实践感 [M]．南京：译林出版社，2016.

[50] 华康德，皮埃尔·布迪厄．布赫迪厄社会学面面观 [M]．台北：麦田出版社，2008.

[51] 李炯标．潮汕地区社工机构的组织特征与发展路径．韩山师范学院学报 [J]，2019 (1)：31－37.

[52] 吴巧敏．新时代社工机构的发展路径思考 [J]．中国社会工作，2019 (6)：40－41.

[53] 陈思懿，张瑞凯．“场域－惯习”视角下政府与社会服务机构的合作——以鄂尔多斯市的实证研究为例 [J]．内蒙古农业大学学报（社会科学版），2019. 21 (1)：80－84.

[54] 单鑫．民办社会工作机构成长过程中的治理逻辑与政策构想——基于一个草根样本的观察 [J]．成都理工大学学报（社会科学版），2019. 27 (1)：34－39.

[55] 刘锦楠等．内地中小城市社工服务机构发展问题的对策分析——以洛阳市为例 [J]．智库时代，2019 (11)：129－130.

第二章 社会资本视角下小型社工机构的发展策略

——以广州市Z机构为例

杨嘉玉[①]

在社会工作机构数量不断增加的同时，有不少社会工作机构因运营资金不足、专业人才欠缺等问题而被迫关闭。可见，社会工作机构既面临着机遇，也面临着挑战。因此，社会工作机构如何提高资源整合的能力，获取充足的社会资本，从而实现更好的发展是一个十分有意义的命题。本研究选取广州市发展态势比较好的小型社会工作机构Z机构作为研究对象，从社会资本的视角研究小型社会工作机构的具体发展策略。

一、本案例研究概述

（一）为什么要研究小型社工机构发展策略

1. 研究背景

第一，党和政府支持社会工作机构的发展。

2013年党的十八届三中全会通过的《中共中央关于全面深化改革若干重大问题的决定》指出，要激发社会组织活力，推进社会组织明确权责、依法自治、发挥作用[②]。2014年民政部发出的《关于进一步加快推进民办社会工作服务机构发展的意见》要求民政系统各部门要加大对民办社会工作服务机构的扶持力度，鼓励社会力量支持和参与民办社会工作服务机构发展，营造民办社会工作服务机构发展的社会环境[③]。由此可见，党和政府大力培育发展社会工作机构，不断完善扶持社会工作机构发展政策措施，为社会工作机构的发展提供了良好的发展契机。

---

① 杨嘉玉，社会工作师、社会工作硕士，现为广州市爱德公益发展中心培训专员，兼任蒲公英志愿讲师团正式讲师、华南农业大学社会工作与社会政策研究中心研究人员，具有多元化的社会服务经验。

② 《中共中央关于全面深化改革若干重大问题的决定》，网站来源：http：//www. gov. cn/jrzg/2013 - 11/15/content_2528179. htm。

③ 《关于进一步加快推进民办社会工作服务机构发展的意见》，网站来源：http：//www. mca. gov. cn/article/zwgk/fvfg/shgz/201404/20140400622265。

第二，社会工作机构成为社会发展的重要力量。

2014 年民政部发出的《关于进一步加快推进民办社会工作服务机构发展的意见》明确指出，民办社会工作服务机构是社会工作专业人才发挥作用的重要平台，是整合社会工作资源、提供社会工作服务的重要载体，是承接政府社会服务职能的重要依托。发展民办社会工作服务机构，对于加强现代社会组织建设、促进转变政府职能、引导社会力量有序参与社会治理、建立健全社会服务体系具有十分重要的意义。广东社会工作机构提供的服务涉及社会生活的多个方面，如教育、扶贫、环保、职工帮扶、医疗卫生、灾害救援等。由此可见，社会工作机构在社会发展中的角色日趋重要。

第三，社会工作机构发展问题逐渐显现。

2016 年广东省民政厅发布的《广东省社会工作十年发展报告》显示，广东社工队伍建设不断加强，已有社会工作服务机构 1163 家①。但是在社会工作机构数量不断增加的同时，社会工作机构发展依然存在规模较小、服务能力不足、扶持力度不大、规范管理不够等问题，甚至有一些社会工作机构因为运营资金不足、专业人才欠缺等问题而被迫关闭。

2. 研究目的与意义

Z 机构是一个拥有优秀资源整合能力和丰富社会资本的小型社会工作机构。所以本研究希望从社会资本的角度揭示机构的发展策略，以推广到更多类似的小型社会工作机构中，为它们的发展提供参考。

运用社会资本理论进行发展策略研究，可发现社会资本研究的新视角，在一定程度上拓展社会资本理论的研究范围，丰富社会资本理论的应用，为理解我国小型社会工作机构发展策略提供有强解释力的理论方案。

在行动上，Z 机构主要通过与内部执行团队（包括正式员工和实习生）、政府、社区居民、基金会和党支部等主体进行互动的方式构建社会关系网络、信任和规范，进而获取支持组织运转、发展所需的人、财、物等方面的资源。在一定程度上，Z 机构的发展提示小型社会工作机构能够通过构建社会关系网络、信任和规范等形式的社会资本的方式进行机构建设，促使机构更加理性地看待本机构与其他社会主体的关系。

（二）研究设计

1. 主要概念界定

第一，“小型社会工作机构”概念的界定。

学者玉苗（2015）认为，社会组织的一个分类标准为按组织规模分类，同一类别的社会组织其潜在功能的大小也因组织规模的差异而不同，建议“将组织规模操作化为组织年收入、组织的活动范围、组织人数（全职工作人员或会员数量）三个具体的指标，纳入分类标准，划分出小型、中型、大型和巨型四种组织规模类型”。

---

① 《广东省社会工作十年发展报告》，网站来源：http：//www. gdsgs. org/news/gd/2260. html。

民政部在《2015 年社会服务发展统计公报》中公布，截至 2015 年底，全国（港澳台除外）共有社会组织 66.2 万个，吸纳社会各类人员就业 734.8 万人[①]。平均每个社会组织提供约 11 个就业机会。唐国平（2012）对广州市 36 家行业协会人力资源进行调查，发现平均每个协会的工作人员为 4.36 人。就广州市天河区而言，平均每个民办非企业单位有专职员工 23.45 人[②]。

根据《中小企业划型标准规定》，中小型企业划分为中型、小型和微型三种类型。在“其他未列明行业”中，规定“从业人员 10 人及以上的为小型企业”，“从业人员 10 人以下的为微型企业”[③]。这里对中小企业的划分对确定何为“小型社会工作机构”具有借鉴意义。

综上所述，本研究认为，拥有约 10 人的社会工作机构具有小型的特征。换句话说，拥有约 10 人的社会工作机构就叫小型社会工作机构。

Z 机构是依法在广州市民政局正式登记注册的民办非企业组织，以社会工作专业人才为主体，坚持“助人自助”宗旨，遵循社会工作专业伦理规范，综合运用社会工作专业知识、方法和技能，致力于解决流动人口城市融入问题的社会工作机构。目前，Z 机构只有 7 名正式员工（约 10 人），所以笔者认为 Z 机构是小型社会工作机构。这类小型社会工作机构在我国广泛存在，与有众多分支机构的大型社会工作机构相比，具有人员规模小、资源整合能力不足等特点，因此在机构发展中会遇到比较多的问题。但学术界对此类小型社会工作机构研究较少。

第二，“发展策略”概念的界定。

布林克霍夫认为，策略“可以理解成一个国家、部门、组织如何运用其环境以达到目标的方法”（约翰·黑利、伊恩·斯迈利，2005）。这个界定简单而清晰，符合本研究对“策略”的理解。因此，本研究将社会工作机构的发展策略界定为在发展过程中，社会工作机构积极利用机构内外部环境资源以达到组织目标的方法。这一界定契合本研究从机构的内部发展策略和外部发展策略来讨论小型社会工作机构发展策略的框架。

2. 社会资本理论视角

社会资本理论拥有许多理论分支，不同的学者从不同的研究领域及对象进行研究形成了多样的理解。本研究主要介绍布迪厄、科尔曼和帕特南的观点。

法国著名社会学家布迪厄从社会网络的角度最早提出“社会资本”概念。布迪厄

---

① 《2015 年社会服务发展统计公报》，网络来源：http：//www.mca.gov.cn/article/sj/tjgb/201607/20160700001136.shtml。

② 《广州市天河区深化社会组织服务管理与创新发展研究》调研报告，来源于天河社会工作委员会与广州开元社会组织研究中心组成的课题组。

③ 《中小企业划型标准规定》，网络来源：http：//www.gov.cn/zwgk/2011－07/04/content_1898747.htm。

把“社会资本”看作是一种制度化的社会关系网络，与某一特定的社会团体的会员制密切相关，当个体拥有了某一社团公认的会员资格或身份，这意味着个体获得了网络内的非物质或物质利益的“凭证”。布迪厄认为社会资本是“实际或潜在资源的集合，这些资源与相互默认或承认的关系所组成的持久网络有关，而且这些关系或多或少是制度化的”（曹沛霖，2003）。

在布迪厄的基础上，美国学者科尔曼（1999）从结构功能的角度进一步拓展了社会资本的概念，在学理上第一次比较完整地对社会资本的内涵进行阐述。科尔曼提出了社会资本的五种形式：信息网络、规范与有效惩罚、权威关系、义务与期望及多功能社会组织和有意创建的社会组织。社会资本是指嵌入社会结构及人际网络的社会联系中，并为个人或组织所控制与利用，有助于实现其行动目的的显性与隐性的各种资源。

而美国哈佛大学教授帕特南（1994）在《使民主运转起来》的著作中指出，社会资本指的是社会组织的某种特征，如信任、规范与网络，它们可以通过促进合作来提高社会效率。帕特南对社会资本的概念是目前认同度最高的社会资本定义。帕特南还指出，社会资本以信任为核心，而互惠规范和公民参与网络是社会资本的两大来源。信任是社会资本最重要的要素和表现，而规范和网络的建立和完善又是信任产生的基础（王爱华，2015）。

本研究赞同帕特南关于社会资本的定义。社会资本能促进合作，从而提高组织的效率，那么提升机构的社会资本就具有了现实意义。本研究意在通过结合帕特南的社会资本理论，构建本研究的社会资本研究理论框架，以解释和分析小型社会工作机构的发展策略。

3. 研究方法和资料收集方法

本研究采用个案研究方法，主要从微观层面出发，展示Z机构与内部执行团队、政府以及社区居民的互动关系，分析其在发展过程中所运用的具体性的策略并进行解释。

本研究资料收集方法有三：

一是文献收集法：笔者主要通过网络期刊数据库和图书馆的渠道，收集与社会资本相关的和与社会工作机构相关的文献资料，搜索社会工作领域的相关法律、法规和政策，深入研究社会资本理论，力求掌握国内外研究动态和发展趋势，吸取现有的研究成果。

二是参与观察法：Z机构从2014年开始向社会提供服务，有丰富的文本记录资料。笔者曾在Z机构中进行为期约一年的专业实习（2015年6—9月，2016年6月—2017年3月），跟踪调查机构的发展状况，负责跟进机构项目，参加机构座谈会等，记录了许多一手资料，并且对观察结果进行反思。

三是访谈法：本研究主要采用半结构式访谈的方式，笔者曾经对Z机构的理事长、秘书长、2名实习生、1名授课老师和1名社区党支部书记等对象进行深入访谈，从而获得了关于机构发展历程、机构管理、机构主要活动和机构社会关系网络等重要信息。

4. 研究框架

本研究是在社会资本视角下研究我国小型社会工作机构的发展策略，并以Z机构为个案对机构的具体性发展策略进行分析和总结。本研究把社会工作机构的社会资本界定为信任、关系网络和规范，并详细对社会工作机构信任、关系网络和规范的构建进行分析。

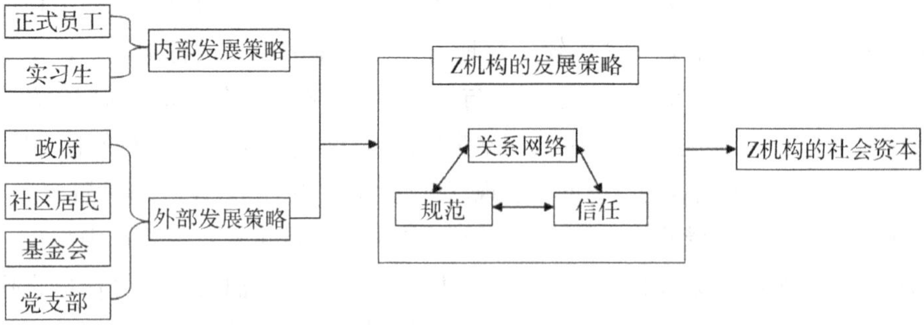

图2-1　Z机构发展策略研究框架

二、社会资本视角下Z机构内部发展策略

关系网络、信任和规范是社会资本的三个基本要素。本部分从Z机构的内部关系网络构建、信任构建和规范构建三个方面分析Z机构的内部发展策略。

（一）Z机构概况

1. Z机构的基本情况

Z机构成立于2013年，是一家致力于推动流动人口城市社区融合的5A级小型社会工作机构。Z机构有独立办公场所和三个品牌项目，曾被《人民日报》、人民网、新华网、《广州日报》等媒体多次报道。

2016年底，Z机构共有7名正式员工和34名注册志愿者，其中注册志愿者主要是机构培育的社区骨干和社区党支部积极分子。广州两家高校以Z机构为实习基地和研究基地，每年派送学生到机构实习。

2. Z机构的主要活动

现阶段，Z机构的服务领域聚焦在流动人口的社区教育和社区融入。

第一，Z机构以社区教育为切入点，力求通过服务的开展，提高社区流动人口的发展能力和生活质量，培育流动人口的社区公共参与意识，提升他们与本地居民的和谐相处能力，从而促使他们更好地融入社区。

第二，Z机构在提供服务的基础上承接与流动人员融入相关的调查研究，将专业化的知识转化为能解决政府所关心治理问题的专业建议，不断进行社区治理探索。

（二）Z机构内部发展策略之关系网络构建

Z机构的内部关系网络构建主要涉及机构正式员工和实习生两个层面。机构正式员工是社会工作机构的骨干力量，员工的素质和专业化水平直接体现机构专业化程度，与机构的服务质量和活动水平密切相关。而实习生作为机构人力资源的重要补充力量，直接参与机构的活动，也影响着机构的发展。所以Z机构十分重视机构队伍建设合理化，积极进行人才储备。Z机构在内部关系网络的构建中采取了以下策略。

1. 结构设置：坚持设置高质量多元化的员工网络

Z机构发展的核心动力是人才。Z机构W理事长具有丰富的本土实践经验，但因为不懂外语，在早期错失了许多与外国优秀思想碰撞、获取所需信息和扩大视野的机会，所以在机构刚成立的时候，已经规划好“人才结构必须高质量多元化”的目标。2016年底，Z机构共有7名正式员工，具体情况见表2－1。

表2－1　Z机构正式员工情况

职位	性别	学历	学习或工作经历
理事长兼机构创办人	女	大学	国家二级心理咨询师、高级政工师、华中师范大学兼职教授、著名公益人
秘书长	女	硕士	武汉大学法学学士、韩国首尔大学法学硕士、律师
品牌总监	女	大专	北京某学院新闻中心原主任、《广州日报》某品牌推广中心项目主任
专业社工	女	本科	北京外国语大学汉语言文学、英语语言文学双学士学位
专业社工兼研究员	女	硕士	武汉大学社会学学士、中山大学社会工作专业硕士
行政人员	女	大专	南华工商学院行政管理专业学士
财务人员	女	本科	广东商学院金融学学士

与其他社会工作机构相比，Z机构的人员素质是比较高的。其共同特点是都接受过良好的高等教育，部分员工还拥有在其他机构或企业工作的经验。教育是人力资本的重要组成部分，通过上大学、攻读高级学位、“活到老、学到老”来开发人力资本是成功的关键因素（Baker W，2000）。总体上看，Z机构的人员构成是呈现多元化态势的。员工专业多样，包括心理学专业、法学专业、社会学专业、社会工作专业、金融学专业等。员工背景多样，包括律师行业背景、传媒推广背景、学术研究背景等。员工学历多样，包括英语汉语双学位、社会学社会工作双背景的人才。

人才知识结构相互交叉，不同学科思维相互碰撞，能促使员工在讨论问题时提出更为全面的方案。机构人员执行能力高，有利于带动机构做出好的项目，建立机构的核心品牌，促使机构更好地筹资，从而利于机构的发展。Z机构秘书长S1有海外留学背景，曾经是有丰富工作经验的律师。机构人员的外语素养普遍比较高。所以在秘书长S1的带领下，机构在进行研究调查的时候，都会通过网络、图书馆等途径搜索和阅读海外的文献资料，使得机构的研究能够结合国际视野与本土经验，从而带动机构专业化的发展。

Z 机构每年的人员增幅比较稳定，大概每一年增两至三个人。大多数小型社会工作机构是通过开发社会关系网络来挖掘人才的。Z 机构主要有两个招募人才的渠道：机构内选拔和机构外选拔。机构内选拔包括机构高层在机构活动中发掘人才和内部员工人才推荐等，机构外选拔包括通过自媒体推送招聘信息，与高校合作输送和公益合作伙伴链接等。Z 机构正式员工主要是通过机构内选拔的招聘而来的，如现任的其中一名专业社工就是在参加机构活动过程中被 W 理事长挖掘的。

“我们机构招聘的都是精英，尽管机构规模小，但是人员能量大。”（W 理事长）

2. 能量补充：长期招募和培养实习生

实习生是补充 Z 机构人力资源的重要途径。Z 机构把实习生看作“短期”员工。Z 机构的执行团队主要有 7 名正式员工。所以，有一部分工作是采取 1 名正式员工 + N 名实习生的小组结构去开展的。一般情况下，正式员工担任组长，负责制订计划和分配任务，而实习生主要负责执行。

第一，Z 机构常年招募实习生。在 2016 年 9—12 月共有 17 名实习生到 Z 机构实习。笔者对实习生的情况进行统计，数据如下：按学历分类统计，如图 2－2 所示，17 名实习生中有 64.71% 为本科生，17.65% 为硕士研究生，11.76% 为大专生；按专业分类统计，如图 2－3 所示，17 名实习生中有 58.82% 为社会工作专业，23.53% 为行政管理专业，17.65% 为其他类专业。可见机构的实习生大多受过高等教育，以社会工作专业为主，符合机构的需要。

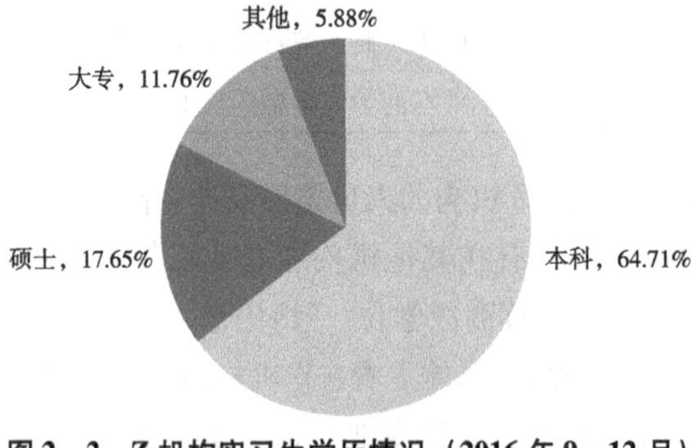

图 2－2　Z 机构实习生学历情况（2016 年 9—12 月）

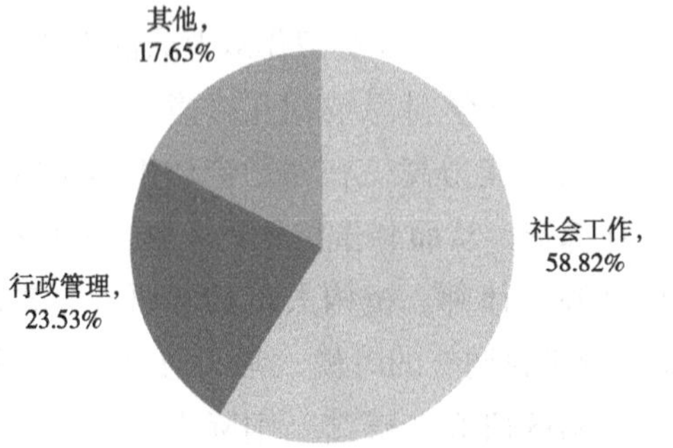

图 2－3　Z 机构实习生专业情况（2016 年 9—12 月）

Z机构的实习生主要有三类：一是研究类实习生（研究员），主要职责是参与社区基线调查，协助派发问卷、参与个案访谈和座谈会等实地调研活动；二是项目类实习生（社工），主要职责是协助开展针对流动人员的社区服务，如活动后勤准备，撰写课程观察记录，协助组织社区活动等；三是传播类实习生（推广员），主要职责是协助撰写传播方案，策划执行宣传活动，设计制作项目宣传资料等。

第二，Z机构信任实习生并愿意耐心培养他们的能力，促使他们与机构共同成长。为了规范管理实习生，Z机构制定的《实习生管理制度》涵盖了实习生管理的各项内容，如录用信息发布渠道、录用流程和团建规划等。

一般来说，实习生只在机构停留1—3个月，实习期完毕就会离开机构。所以大部分机构管理者不会愿意在实习生身上投入资源。但是Z机构管理者认为招募实习生是人才储备的一个重要途径，看中实习生带来的远期利益。所以Z机构会给每名实习生配备一名督导。这名督导会定期（频率根据工作性质确定）与其进行沟通交流，及时了解其在机构的实习情况，并向秘书长反馈，尽可能提供相应支持。Z机构允许实习生参加正式员工的团队能力建设和专题交流，也会把重要的任务交给实习生完成，培养实习生的能力。

“他们离开机构之后，去上博士，去上研究生也好，只要是人才在我这个机构工作了，他走到哪里，他的心都向着我这个机构。”（W理事长）

“刚到Z机构，W理事长就给我和实习生S3安排了一个重要的任务，那就是组建社区志愿服务队。说实话，刚接到这个任务的时候有点手足无措，但是居委会、流动党支部书记S5、W理事长都给予了我们很多支持，同时也在其他同事的共同努力下，完成了这个任务。在这次活动中，我体会到在Z机构，实习生不是来打杂的，上司们愿意相信我们，在了解我们的意愿之后把任务分配给我们，让我们亲自来策划并且执行自己的想法。”（实习生S2）

3. 能力提升：开展员工能力培训

培训是实现组织和员工双赢的良好方法（李思林等，2019）。世界在不断变化之中，如果机构不为员工提供充足的培训和学习机会，那么员工的能力和知识就会停滞不前。落后的知识满足不了社会工作机构专业化的需要。Z机构注重机构内部团队能力建设。

第一，Z机构注重机构入职培训。Z机构《员工管理制度》规定员工入职前必须进行入职培训，培训内容主要为机构理念、价值观、规章制度、项目管理流程及所承担项目工作介绍等。Z机构力求让员工能迅速熟悉社区和工作环境，所以员工入职后的第一次培训，通常是以了解社区、了解机构基本情况为主，主要内容包括机构介绍、走社区、相互认识、告知相关制度和达成基本共识等。

员工入职后都有权参加机构安排的培训活动，也会有相关规定。首先，在培训活动结束后，培训资料交由办公室存档；其次，凡参加海外培训或国内重要培训的员工培训期超过一个月（含一个月），需要与机构签订培训协议，双方约定服务期；最后，受训员工如未能按培训合同的规定完成服务期，机构有权按照培训合同的约定，要求员工赔偿。

第二，Z机构会链接专家资源给员工提供专业培训。Z机构曾经请来香港大学的社会学博士为员工开展社区调研技巧的培训，系统地讲授了解社区的途径、社区调研的主要方法和社区调研会涉及的技术问题等，完善社区一线调查人员的专业知识缺口，也曾经邀请专业人力资源培训师对机构员工进行职业发展培训，让员工更能了解自己的职业能力。Z机构也会外派员工去参加公益伙伴的培训项目。在这一过程中，机构负责员工的交通费、住宿费，也会提供一定的餐饮补贴。2015年，Z机构派出一名财务人员参加某著名慈善基金会在上海举办的能力提升培训。

第三，为了提高机构员工的公益敏感度，Z机构还会定期组织与流动人口融入相关的专题讨论交流，也会围绕公益热点话题开展讨论。根据项目进展，机构团队围绕具体执行项目进行针对性的圆桌话题小组交流等。Z机构通过提供多样化的培训活动，不断完善员工的能力结构。

（三）Z机构内部发展策略之信任构建

信任是组成社会资本的三要素之一。帕特南认为在意大利公共精神发达的地区，信任是伦理道德的核心组成部分，它促进了经济的发展，维持了社会的稳定。组织信任是一种非常重要的社会资本，会对整个组织以及组织成员的行为产生巨大的影响（韦慧民，2012）。

1. 权益保障：提供高于行业平均水平的薪酬和福利

马斯洛需要层次理论指出，人的需要主要有五种，从低层次向高层次发展，分别是基本生存的需要、人身安全的需要、社会交往的需要、获得尊重的需要和自我实现的需要。在低层次的需要得到满足之后，下一层次的需要才会产生。

人才队伍发展最为关键的就是待遇（王常华等，2019）。在现实生活中，只有当一个人的基本经济来源得到保障，基本生存需要得到满足的时候，才会有心思和精力投入工作中。社会工作机构的员工也是社会生活中的个体，需要通过劳动力获得满足其基本生存的资源。如果员工在机构中所获得的薪酬满足不了最基本需要的时候，再崇高的精神追求也会被现实生活的压力所打败。

第一，总体来说，Z机构的工资比行业普遍工资要高。Z机构员工工资由三部分构成，分别是基本工资、岗位工资和年终奖金。基本工资是经过考核员工的综合能力而定。岗位工资是依据岗位职责、技能高低而定。年终奖金是机构根据机构当年运营状况和员工的工作能力、工作量、工作态度和工作效率等情况决定，通常是年末发一次双倍薪酬。Z机构实行职务等级岗位工资制，管理人员以现任职务确定工资等级，员工以现岗位纳入相应工资等级。管理人员职务发生变动、员工工作岗位发生变动，其工资随之调整。机构每年年末都会根据当年的成效和员工的绩效、出勤等情况，确定下一年度员工工资的升降幅度。

第二，机构给正式员工购买五险一金，逢年过节的时候会发放福利物资，如中秋节发月饼和水果，每年组织1次集体出游等。机构还帮资深员工购买公益人家庭综合保险，这款险种适用于员工及其两名直系家庭成员。赔偿额度是重大疾病10万元，意外身故15万元。机构大部分的员工都不是本地人。购买这种商业保险，能保障员工个人及其家人的健康，转移员工及其家庭潜在的健康风险，在Z机构保障员工薪酬福利的同时，也提升了员工对机构的信任程度，促使员工更加积极地工作，从而促进机构的发展。

“机构有一个口号就是：‘让我们的员工有体面的生活，体面的工作。’第一，他有尊严；第二，他快乐；第三，他在这个地方感到成长；第四，他的待遇。”（W理事长）

2. 因才适用：注重员工能力和岗位的匹配

第一，Z机构招募正式员工是以“精确化用人”为原则的，要求根据机构的项目计划明确实际用人需求，以实现员工和机构需求的匹配。如研究员或者研究助理的任职要求，Z机构要求是研究生以上学历，熟练运用数据分析软件，具有良好的英文阅读和翻译能力，优先考虑具备社会学、心理学、公共政策、城市研究等相关学科背景的。而推广员的任职要求，Z机构并没有要求必须是研究生以上学历，而是优先考虑热爱公益传播并有自己的见解和思想，有较好文字功底和沟通能力的求职者。可见，从员工招聘开始，Z机构就已经在考虑员工的专业能力与岗位的匹配程度。

W理事长在招聘她所选中人才的时候，通常会先与那名人才进行深入的对话，了解清楚对方的未来职业规划及工作兴趣点。如果对方的规划与机构寻找的岗位匹配的话，W理事长就会持续努力地说服那个人，主要采取以“情”动人的方式。她会向人才表达出信任其能力和渴望其加入的信息，通常有以下五点：一是机构对人才的赏识和渴望；二是机构会时刻关注员工的成长；三是机构会努力使员工获得“体面”的工作，即在工作一段时间之后，可以获得一定的社会地位；四是机构会给予人才发挥能力的空间和机会；五是机构会努力解决人才的后顾之忧，即提供双方满意的薪酬和福利。

第二，Z机构尊重每名实习生的个性，在录用实习生的时候采取择优选取的原则，所以Z机构通常招募到的实习生都是能胜任本岗位工作要求的高素质人才。录用流程主要有三个环节。一是简历筛选：通过专用邮箱接收简历，由行政人员负责整理统计，并转发给理事长、秘书长及其他相关人员。对于符合招募需求的简历，在三个工作日内回复并告知面试时间。二是面试环节：借鉴性格测试等方法，以面谈为主，重点了解实习生的实习意向、实习时间、兴趣方向和个人能力等，由面试人员记录面试内容，向理事长、秘书长反馈，协调机构用人需求与实习生意向。三是决定录用后，由机构向实习生发送正式邀请函或实习协议文书，正式入职后签实习协议，相关负责人在一定时间内根据具体情况和实习生共同制订合适的实习计划。

第三，Z机构要求应聘者必须了解和认同机构的理念和价值观，热爱公益事业。

社会工作作为一种特殊的服务型专业，有较强的伦理价值取向和公益关怀取向，有较强的福利性和利他性，这就对社会工作者的伦理价值素养提出了较高的要求（高万芹，2019）。在面试过程中，Z机构也会注重了解清楚应聘者的未来职业规划及工作兴趣点。当应聘者的规划与机构寻找的岗位匹配的时候，Z机构才会考虑招聘这名应聘者。Z机构正式员工的试用期为1—2个月（视合同期限和合同类型具体来定）。在此期间，Z机构会根据岗位的要求考核试用者的能力。任何一项考核达不到要求，机构均有可能与其解除劳动合同。在员工正式入职后，Z机构会提供岗位调整的机会，通过考虑员工的个人实际能力与表现，适当调整其工作内容或工作岗位。

“在分配工作的时候，讲究因才适用。我让学公共管理的人去协助调查研究，让他们去做访谈和开座谈会。他来完善机构的调查研究，也满足他来这里工作的期望和需求。因为他关注的是社区治理。调查研究、访谈、议事会类的工作，我们没有让学社工专业的人去做，除非他自己感兴趣。”（W理事长）

3. 展示包容：给予员工试错的机会

创新是社会工作机构发展的推动力量，但是创新不代表结果一定是成功的，而可能会是失败的。Z机构的创始人是社区治理的实验者，特别重视项目和活动的创新。所以Z机构希望通过研究和总结服务来提高服务的质量和水平，从而促进机构的发展。

Z机构高层管理人员认为：“创新就是试错，并不是一个完备的过程。成功是无数次失败中的最后一次成果。”2016年，Z机构的社工策划了首届外来工商务英语班。这次的英语班是由高校老师和国际大学生组织的志愿者共同开发的实验性课程。

英语班的课程创新性地分为两部分：第一部分是由高校老师进行传统授课，共14节课；第二部分是由大学生志愿者分组对学员进行口语训练，见表2－2，共7节课。为了配合外来工的工作时间，上课时间为每周二和周四晚7—9点。在口语训练课中，外来工学员获得了直接与外国志愿者进行口语对话的机会，广受好评。但是在项目实施过程中，机构发现因为学员的英语基础比较薄弱，每个小组必须配备一名监督员去引导小组练习的进程，即每一个小组都需要配备一名工作人员，所以最后每个小组的人员构成大概是“1名外国志愿者＋1名中国志愿者＋1名Z机构工作人员＋1—2名学员”。这样的小组结构比较冗余，而且机构为了英语班的顺利进行，每节课堂必须安排6—8名工作人员加班，这样就造成机构人力成本的大幅度提升。所以，从项目复制推广的角度上说，这一次英语班的探索是以失败告终的。但是机构高层管理人员并没有停止探索，也没有责备负责策划的社工，而是鼓励社工在总结吸取首届英语班教训的基础上继续创新。

表2-2　外来工商务英语班外教课情况

时间	2016年7月19日至8月12日，每周二、四晚上7：00—9：00
授课方式	小组教学
服务对象	黄某、陈某、李某、杨某、吴某、周某、彭某、于某
志愿者	俄罗斯Oles（助教李某）、印尼Far（助教彭某）、伊朗Ali（助教丁某）、波兰Mosi（助教陈某）、马来西亚Pe（无）、伊朗Moein（助教邓某）、俄罗斯Alex（助教李某）、印尼Nina（助教杨某）
工作人员	杨某、袁某、黄某、叶某、陈某、刘某、侯某、刘某
授课主题	破冰、自我介绍；印名片和交换名片；纸张尺寸、类型、价格表；支付方式；数字、时间（年月日、星期、具体时刻）；电话沟通；生活场景对话

“机构允许失败啊。我经常跟员工说，你们不要想每样事情必须要很完美，我们就是一个实验基地，有什么好的想法可以来实践。虽然实践不一定能成功，但是教训也是我们的财富。”（W理事长）

（四）Z机构内部发展策略之规范构建

帕特南认为，在组织内外部，人们通过遵守规范，能够增强社会信任，从而降低交易成本，促进合作，解决集体行动问题。互惠是一种重要的规范，主要指参与者在合作中能获得各自所希望得到的利益，最终实现共赢。Z机构在帮助员工实现自身价值的同时，员工也通过高效完成工作内容去推动机构的发展。

1. 适当激励：给予员工物质激励和情感激励

专业组织中的员工也是社会人，具有社会人的属性，有不同的需求和追求。要达到专业工作的水平，就需要对员工进行刺激和激励（高洁，2012）。Z机构对员工的激励主要是采取适当的物质激励和情感激励。

第一，Z机构给予员工物质激励。Z机构在物质方面给员工的激励可以分为三类：首先是奖金奖励，包括绩效奖金、项目奖励和年终奖金等；其次是活动奖励，包括活动参观、户外拓展和节日派对等，这些活动能增强机构凝聚能力和员工归属感；最后是福利保障，包括为员工提供餐补、交通补助和意外保险等。2016年，机构参加了腾讯99公益网络众筹活动。当时，Z机构需要在3天内完成60万元的众筹任务。Z机构为了鼓励员工的参与，设立了捐款排名，并且规定筹款累计总额最多的前三名各奖励200元、150元和100元，还设立了一个最佳朋友圈人气奖，即拉动最多人参与的员工获得奖金100元。机构通过捐款金额排名，点燃了员工间相互竞争的欲望，极大地激发了员工的参与积极性。

第二，Z机构重视情感激励。根据马斯洛需求理论，参与非营利性组织活动的人员是为了满足一种自我实现的精神追求，所以对他们进行精神激励非常必要。而且Z机构的正式员工和实习生平均年龄在20—35岁，正渴望获得别人的认同和肯定。Z机构通过对他们的行为进行肯定，激发他们的工作动力，从而促进机构的发展。Z机构通常会给予员工支持和鼓励，向员工表达愿意一起承担责任、共渡难关的决心。

“在Z机构实习近四个月，让我看清了我自己。第一次知道，我可以抛弃紧张和不安，做一个能hold住全场气氛的主持人。第一次在认为自己十分失败的时候，有人对我说你很棒。Z机构是我得到最多肯定和鼓励的地方。”（实习生S3）

2. 关怀员工：实施人性化的管理制度

在社会工作机构开发人力资源的过程中，需要贯彻“以人为本”的理念，重视人自身利益的保护和需要的满足，以调动和激发员工的积极性、主动性和创造性，使其成为机构发展的可靠保证。

当机构刚开始发展的时候，因为人员比较少，机构高层和员工都“疲于奔命”，没有精力去思考和总结管理的经验。但当机构进入发展稳定阶段的时候，Z机构的管理人员意识到人性化管理的重要性，开始注重员工需求的满足，与员工一同协商制定机构的制度。

第一，Z机构与员工协商下班时间，允许员工在子女放假期间带子女到机构办公。在机构内有部分员工属于双工薪家庭，需要自己承担照顾小孩的责任，而广州的小学和幼儿园放学时间比较早，考虑到这一需要，员工可以在入职的时候，与机构进行协商，提前一个小时下班接送子女。而且Z机构允许员工在子女放学或者放假期间把子女带到机构办公。考虑到员工需要休息，在临近公众假期的时候，Z机构愿意为员工整合假期或者允许他们提前请假回家。

第二，Z机构注重营造轻松自由的氛围环境。创造力是可以管理的。人在高生产率的工作场所比在低生产率的工作场所要更加努力。一些科学实验室甚至还改变了实验室和办公室的布局，来鼓励随意的交流、谈话和意外发现（Baker W，2000）。

Z机构鼓励员工进行沟通分享，鼓励员工在行动中学习，鼓励员工进行观察并提出建议，鼓励员工以开放包容的心态去面对团队成员的差异化专业和成长背景。Z机构的讨论主要采取开放式讨论，参与讨论的人员可以针对主题畅所欲言，积极表达自己的观点。开放式讨论鼓励着员工积极思考，努力创新，同时员工也在讨论中不断增强自身的责任感和机构向心力。而且Z机构员工的办公位置不拘一格，虽然机构为每一名员工提供了固定的位置，但是员工可以按照自己的喜好自由地挑选位置办公。如当研究人员觉得办公室噪声影响研究的时候，可以自主选择在比较安静的闲置活动课室去办公。Z机构从员工的角度出发考虑问题，营造宽松舒适的工作氛围，设计人性化的管理制度，从而激发了员工的创造性，提高机构的工作效率，促进机构的发展。

“在Z机构我感到很温暖，我感觉我们就像是一家人一样，大家为着共同的目标一起努力的感觉很棒。有时候虽然工作会很多，但是因为有大家在，所以一点也不会觉得孤独，不会觉得只有自己一个人在奋斗。真的很喜欢这里的人文关怀。”（实习生S3）

三、社会资本视角下 Z 机构外部发展策略

（一）Z 机构外部发展策略之关系网络构建

机构需要不断地与环境进行资源交换，获取环境中的资源，从而支持机构的生存和发展。所以，社工机构需要构建广泛而坚实的社会关系网络，满足机构业务上的合作、资金上的可持续和其他专业的支持等。Z 机构在外部关系网络的构建中采取了以下的策略。

1. 个人资本运用：运用机构负责人的社会资本

社会工作机构负责人是联系组织内部和外部社会资本的纽带，其自身的社会资本积累是社会工作机构社会资本的重要组成部分。负责人关系网络的拓展会直接或者间接地影响机构的关系网络拓展。

第一，W 理事长拥有深厚的个人公益关系网络。退休前，W 理事长是湖北某市的厅级干部。有 21 年从政生涯的她积累了丰富的政府人脉，熟知政府体制的运作逻辑。退休后，她积极投身公益，曾在北京一家社会组织和广州一家基金会担任高层管理人员，认识了许多公益大咖，积累了丰富的公益实践经验。而且她的个人魅力吸引了各界专业人士参与 Z 机构的公益活动。她成功邀请到 211 高校的教育学教授成为外来工化妆班的公益授课老师。

第二，W 理事长的个人社会资本推动 Z 机构顺利地登记、注册和选址。W 理事长与某政府部门的工作人员建立了良好的合作关系。在注册成立之后，Z 机构拿到的第一个项目就是某政府部门的“异地务工人员服务组织体系建设调查”。因为调查研究的需要，该政府部门的领导带着 Z 机构的调查团队在广州全市开座谈会。在这一过程中，W 理事长把握契机，在广州市选点设址。在来到 S 街道开座谈会的时候，W 理事长向到场的 S 街道基层干部介绍了 Z 机构发展的规划，S 街道的基层干部对 Z 机构表示欢迎。

一般来说，社会工作机构的发展离不开社区，只有扎根在社区才能获得社区的资源。所以，机构与社区、街道等基层政府部门积极沟通，取得部门负责人的信任和认同就显得十分重要。Z 机构致力于解决城市流动人口的融入问题。所以，Z 机构设定了两条选址标准：第一，必须是流动人口聚居的社区；第二，社区当地街道负责人必须要支持 Z 机构的设立。在确定 S 街道负责人愿意接纳 Z 机构后，W 理事长考察了 B 社区的服务对象，发现这里的流动人员大部分来自湖北，而 W 理事长的家乡也是湖北，有地缘优势，所以 Z 机构选址就定在 S 街道 B 社区。因为得到基层政府部门的支持，Z 机构在入驻 B 社区之后，在做社区调研的时候能较为方便地获得社区总体情况的数据，在社区中遇到纠纷时能比较迅速地获得帮助。

在机构初创阶段，W 理事长的社会资本对机构的发展起着重要作用。但是仅靠理事长个人的力量不能实现机构的可持续发展。机构的可持续发展必须依靠全体员工的能力，所以 Z 机构特别注重培养机构员工的能力。

“在机构进入社区的时候，不管是个人的魅力也好，还是个人的特质也好，特别是跟政府打交道这一块，我个人发挥了一些作用。”（W 理事长）

“Z 机构为这个社区带来了新的观点，他们对已有的事情看法不一样。”（B 社区居委会主任 S4）

2. 社区平台打造：成为社区与其他组织的连接点

社区既是社会工作机构的服务对象，又是社会工作机构的重要资源（郭景萍，2015）。学会整合利用社区的资源对机构的发展意义重大。

第一，Z 机构在 B 社区搭建社区大学的活动平台，满足居民的发展需求。Z 机构以社区大学为载体，为外来工提供一个活动平台，从而拓宽外来工融入城市的途径。Z 机构在社区基线调查的基础上，针对居民的需求，开设职业发展与就业准备教育、环境与可持续发展教育、人文与市民精神素养教育和社区社会组织能力建设等核心模块课程。Z 机构通过开展社区大学的活动，让机构稳固地扎根在 B 社区。经过 3 年的培育，社区居民都十分愿意参加 Z 机构的活动。

第二，Z 机构为其他组织搭建资源中介的平台，在链接社区居民资源的同时，也把外部资源（如资金、师资和服务等）链接到社区里为居民服务。社会上存在一些机构承接了项目，但因为没有扎根于社区，所以找不到服务对象的情况。而 Z 机构依托自身的群众基础给这些组织搭建资源中介平台。例如 Z 机构在开展幼儿早教班的同时，也同步与 S 基金会合作开展家长课堂。

Z 机构通过搭建社区大学的平台，一方面让社会各界关注外来工，链接社会的资源，一起为外来工服务；另一方面，也让外来工能通过参加活动，形成他们自己的社群，培育社区的骨干。从活力社区到社区大学到融合学堂，Z 机构给外来工提供进阶课程。Z 机构把服务作为切入点，让社会逐渐接纳外来工，与此同时也让外来工在接受服务的过程中获得改变。

“只要是有学习和上课的时候，都是到 Z 机构那里。Z 机构的服务很受外来工的欢迎。W 理事长也经常住在这个社区，跟我们的大姐、阿姨在一起，鼓励她们参加活动，积极地把我们的所思所想跟政府反映。”（党支部书记 S5）

3. 资金渠道多元化：保持机构在合作中的话语权

资金是组织生存和发展的重要基础。社会工作机构如果单一地或绝大部分地依赖单一渠道的资源，不可避免地会产生对单一渠道的依附性，导致在面对一些有悖于社会工作价值观念的要求时不能有力拒绝，从而在关系网络的构建中丧失机构的独立话语权。

根据资源依赖理论，组织的自主性越强，意味着组织拥有越多的其他组织生存和运作所需要的重要资源，从而可以使之在从其他机构中获得自身生存和发展所需要的资源的同时，减少对其他组织的依赖（唐文玉等，2011）。

Z 机构资金结构比例大概是政府∶基金会∶市场 =1∶1∶1。Z 机构从企业渠道获得的资金比较少。在政府资金方面，Z 机构通过参加项目活动和承接调查研究来获得政府的资金。2016 年，Z 机构申请了广州市第三届公益创投的资助和承接了民政部中央财政支持社会组织示范项目。在基金会方面，Z 机构一直与国内各个基金会保持良好的合作关系。在市场集资方面，Z 机构参加了 2016 年腾讯 99 公益网络众筹活动和支付宝众筹。

一般来说，政府项目配资要求有多个资助方，如政府的公益创投项目申请要求机构自筹一定比例的资金。政府希望通过设定配套资金的条款，从而促使机构资金多样化。政府项目资金通常只能用于开展项目活动，不能用于人员支出和培训支出。与政府资金使用要求不同，基金会资助的资金是可以用于整个机构的能力建设上的，即资金用途不限定。基金会除了能给予机构资金支持之外，还会支持机构进行能力建设，如指导机构制定战略和提供免费的员工能力培训。但是想要向基金会申请项目，机构必须拥有良好的项目策划能力和项目执行能力，申请的项目必须质量高而且有创新性。

社会工作机构资金的良性运行是社会工作机构可持续性发展的前提条件。社会工作机构如果只有单一渠道筹集资金，那“断粮”的风险就比筹资渠道多元的机构大，而且也不能在关系网络的构建中保持自己的话语权，所以机构必须保持资金结构的多样性。

“资金要保持多元化。对于机构来说，不能就抱着这一棵树。那万一这一棵树断资源了，你不就不能活命了。只要是跟我们工作能连接上的，我们都要去努力尝试对接资源。”（W 理事长）

（二）Z 机构外部发展策略之信任构建

信任是一切合作的基础，互动双方展示的信任越多，其信任度也就越大，合作也更为频繁。与此同时，合作本身也会带来信任。因此，频繁地加强合作，增强信任，长此以往，就能形成一种良性循环，促进组织社会资本的稳步发展。

1. 组织合作：利用基层党支部的社会资本

2014 年 7 月，W 理事长在参加社工委项目的时候认识了时任 JC 流动党支部书记的 S5。JC 流动党支部是 2009 年广州市和湖北省某市两地的党委为了便于服务和管理外来工，以计生为突破点成立的一个党支部。它是一个双向管理的组织，讲求“以外管外”，即来自湖北省的外来工出现问题，由湖北省的党支部牵头解决。在 B 社区，JC 流动党支部的主要工作是调解社区矛盾。JC 流动党支部在社区外来工群体中有比较大的影响力，大部分社区外来工都信任并拥护党支部的领导，而且 JC 流动党支部也与基层政府部门保持良好的关系。

W 理事长在决定选点 B 社区之前，就已经与党支部书记 S5 进行过沟通。W 理事长向党支部书记 S5 表明了 Z 机构扎根在 B 社区为社区外来工服务的决心。JC 党支部和 Z 机构都致力于为社区外来工提供服务，所以在服务内容上存在重合之处。在 Z 机构刚进入社区的时候，党支部的一些骨干党员对Z机构有竞争之心，不愿意与Z机构合作。作为党支部领头人，党支部书记S5耐心地与党员解释，最终才打消了大家的顾虑。

“Z机构有好的团队和高层次的（资源），很多政策能够接轨，我还做不到这一点。我只有一些为大家奉献的心，当W理事长来找我的时候，她也是一个人来的。当时一聊就知道了，原来W理事长也是湖北人。我们想为外来工做一些服务。社会工作机构能来到这里给我们提供培训是一件十分好的事情。”（党支部书记S5）

刚开始，Z机构的社区宣传得益于JC流动党支部已有的人脉和社区影响力。Z机构在入驻社区之后，第一个活动就是依托党支部举办了一场中秋晚会。这一场活动让社区外来工认识了Z机构，而且因为活动得到了党支部支持，所以也提高了社区外来工群体对Z机构的信任。

另外，Z机构的员工也会自发地去社区公共场所练太极扇，融入社区中并吸引社区居民的注意。而且当Z机构在S街道正式落地的时候，Z机构召开了一个类似于新闻发布会性质的会议，邀请了许多有社会影响力的社区同人、专家学者、政府官员和村民代表参与。通过积极的宣传推广，Z机构逐渐提高了知名度，让社区居民知悉机构。

2. 需求瞄准：开展满足相关方需求的活动

第一，Z机构多渠道聚焦政府热点，开展满足政府需求的活动。

政府是问题导向型的，每一项政策都是为了解决某一个社会问题而制定的。跟政府打交道，社会工作机构必须要先了解政府的焦点和痛点。政府当前关注的焦点就是当下政府谈论最多、出台政策最频繁的内容。政府当前关注的痛点就是社会的主要矛盾，即在社会上什么问题最尖锐、尖锐到政府不得不解决的问题。政府非常关注的问题通常涉及一个地区的稳定，涉及社会经济的发展，涉及整个社会的安定。

首先，Z机构在申请政府项目的时候，运用与政府相同的语言体系。在申请政府项目的时候，Z机构都会提前了解项目出资部门的业务范围和支持重点，如申请公益创投项目，Z机构就通过各种渠道去了解民政部门的业务，了解民政部门在社会救助、社会事务和社工服务等方面关注的重点，了解民政部门主要的资助方向。

其次，Z机构还注重把握政府的需要。Z机构要求员工关注国家大事，关注国家的新闻，把握国家的政策走向。因为政策走向预兆着国家下一步的行动，所以社会工作机构必须认真研究政府的行动。

当今，有许多外来工来到城市很多年了，但是他们的党组织关系仍在农村。在城市里没有组织安排他们过政治生活，而他们也不会再回农村。这批党员就成为口袋党员。外来工党员管理的问题成为各级党委政府部门关注的焦点。Z机构把握到党委政府希望找方法解决外来工党员管理问题的迫切需求，就推动S街道组建来穗人员党支部。这一举措受到基层组织部门的关注。在基层组织部门了解Z机构推动党支部成立的具体情况后，就派相关人员到Z机构学习，还打算与Z机构进行进一步的项目合作。这就是Z机构善于抓住政府痛点，满足政府的需求，从而增进政府对机构的信任，建立了良好合作关系的表现。

“我天天在关注国家大事，哪一位领导发表了什么，政府出台的规划、计划、政策等。只要涉及城镇化、流动人口的，我必看。我要了解政府的走向。”（W理事长）

第二，Z机构了解居民需求，开展满足居民需求的活动。

社区服务需求调研，是开展社区服务最重要的前期工作，在服务规划、项目评估、行动研究及专业深化等方面扮演着不可或缺的作用（周文坤，2019），而Z机构非常重视调研在了解居民需求上起的作用。

2014年，Z机构在进入社区前，针对S街道（包括B社区）的居民做了一次需求分析调查。调查一共回收有效的173份外来工人员问卷和60份本地居民问卷，召开了4场座谈会，分别是外来女工座谈会、外来工青年群体座谈会、外来工党员座谈会和本地居民党员座谈会。调查报告显示，S街道内本地户籍人口与非户籍外来人口的比例约为1∶1，而在B社区本地户籍人口与非户籍外来人口的比例约为1∶2。数据表明，B社区居民主要分为两类，即社区中的外来工和本地居民。在B社区内提供服务，Z机构需要充分协调好外来工和本地居民的关系，特别要关注外来工的需求。

调查报告还显示，外来工的社区活动参与率比不上本地居民，但是在参与社区活动的态度方面，外来工却比本地居民积极。本地居民的社区归属感强于外来工对社区的依赖。社区居民选择不参加活动的原因大多是没有时间、不感兴趣和没有回报。对于外来工而言，免费健康体检、健康知识讲座、职业技能培训、性安全教育、演讲与口才培训、电脑培训、理财技能、孩子生活安全和孩子兴趣班的需求均在九成以上。根据调研结果，Z机构选择以社区教育为核心向社区居民提供公共服务。

Z机构非常重视调研主要有以下三方面的原因：一是从机构愿景的角度看，Z机构的愿景是成为一个智库型的机构，所以调研与Z机构的理念是相呼应的，而且调研能提升项目设计的视野；二是从项目评估的角度看，“基线调查+追踪调查”的模式，既能够挖掘出机构在社区服务中应该把握的需求重点，又能够进一步反馈机构的服务绩效；三是从募资的角度看，当今有许多大型基金会在对社会服务类的项目进行支持之前，需要募款机构提供翔实的需求调研或关于服务项目必要性的论证。所以依靠基线调查的调研成果，Z机构能顺利地论证机构项目的合理性及科学性，从而帮助机构筹集更多的资金。

W理事长长期驻扎在社区实地调研。在Z机构进入B社区的第一年，W理事长就在社区里租了一套房子。下班之后，W理事长会有意识地在社区闲走，观察居民的生活状况，并且经常到社区党支部与外来工聊天，从对话中寻找挖掘他们的需求。根据居民的需求，Z机构成立了社区大学，通过提供优质的服务获得居民的信任。

“很让我欣赏的一点是，Z机构真的会做很多的调查和访谈，以此来了解服务对象的需求。这是很多机构都缺乏的，一切以服务对象的需求出发，这样做出来的服务才是有效的。看到英语班、化妆班的反响这么好，我感到很高兴，也觉得这是必然的，

因为这是老乡自己的需求，有Z机构提供这么个平台给他们，他们定会好好珍惜。”（实习生S2）

3. 精神支持：向服务对象展示人文关怀

社区是人群生活的共同体，其中人口是构成社区的首要部分，这就决定了人力资源是这些资源中最宝贵的资源（周学娇，2016）。相对于其他机构提供的服务类课程，Z机构提供的课程更注重向服务对象展示人文关怀，即从服务对象的角度，了解他们的需求，承认他们的价值，并对他们表示认同和接纳。这有利于建立起机构与服务对象之间的信任。

2015年第一期外来工写作班开课，任课老师把写作班定位为压力宣泄的平台。但是W理事长跟任课老师商量后，决定要宣传正能量。于是写作班就换了一个视角，鼓励大家向前看，向光明的地方看。Z机构鼓励大家抛开生活和工作的不满。Z机构认为：“不满并不是外来工特有的。不管从事什么职业，来自什么背景，生活在社会上的个体都会有不满。”在写作班初期，Z机构并没有选择第一时间向外来工提供职业规划辅导。Z机构的写作班更多展示的是对外来工的理解和认同，甚至是赞扬外来工的创业精神和拼搏精神。

“我当时教他们写文章的时候，上网买了几本已经出版了的由外来工自己写的书。事先我没有告诉他们书的背景，就让他们对书进行评价。他们指出了很多缺点，然后还有学员下结论说，我能写得更好。那我说，你们不需要对自己有任何怀疑了。你们有资格出书了。”（写作班老师S6）

通过这样的做法，Z机构建立起了外来工对于写作的自信心。在课堂之外，Z机构还组织了许多的团队建设活动，如组织珠江夜游、小组活动等，使写作班内部出现了几个紧密的小团队。当团队人员互相说起家庭事的时候，他们很多时候会发现，原来大家的经历都是类似的。这些沟通不仅拉近了团队间的距离，让学员间产生了相互的友谊、信任，也拉近了学员与机构的距离，形成了信任。

（三）Z机构外部发展策略之规范构建

帕特南将互惠分为均衡的互惠与普遍化的互惠两种形式。而科尔曼的“义务与期望”等同于帕特南的“互惠规范”，都是指当一个行为主体为另一个行为主体提供帮助与服务时，如果能坚信接受帮助的人会对自己有所回报，那么他就拥有了一种社会资本。互惠规范存在于个人或组织的关系网络中，发挥着稳固双方关系的重要作用。

1. 服务对象受益：培养服务对象的能力

Z机构注重提高居民公共参与，真正培养居民的能力。社区参与是受益人影响项目的实施及项目方向的一种积极主动的过程（Paul，1987）。在社区活动过程中，Z机构不断深入了解居民的生活，倾听居民的声音，逐渐发现居民在如职业技能培训和创业经验积累等方面的渴求，逐渐把课程的主导权交给居民，由居民提出需求，参与课程设计，最后由机构匹配合适的专业老师。经过一段时间的培育，社区居民骨干已经成长起来，并在活动中发挥了自主作用。

2016年，在写作班的基础上，社区内的外来工骨干主动提出了学习商务英语的需求。当两名外来工骨干（化名：叶子和小丽）第一次提出这个想法之后，Z机构鼓励她们主动了解身边朋友的想法。从2015年12月到2016年3月，Z机构总共召开了3次座谈会，参会的外来工都是由叶子和小丽组织起来的。这3次座谈会确认了老乡们对课程内容的期望及确定了英语班上课时间。在Z机构链接到教师及志愿者资源后，叶子还积极参与课程设计，使得课程内容能够更加匹配老乡们的需求。叶子是印刷店的业务人员，她主动承担了制作海报的工作，还因为担心会出现老乡们不信任Z机构工作人员而拒绝报名的情况，主动提出要亲自陪同机构工作人员走街串巷宣传英语班。最后，宣传团队在社区宣传了两个多小时之后，英语班的报名人数超过了预期人数。

Z机构开展服务不仅希望服务对象能提高专业能力，还希望服务对象能在活动中形成社群，扩大自己的支持网络。商务英语班不仅仅是为了帮助学员们提高自己的英语水平，还希望通过这样的机会让参与其中的服务对象相互了解，创造同辈学习的氛围。商务英语班后半段的暑期口语课堂，采用小组学习的方式进行教学，促进组员之间进行更深入的交流，如在口语对话中讨论了广州、家乡、职业、家庭与家庭趣事、生活状况、朋友和未来的目标等话题，融入了许多与外来工生活贴近的元素。英语班让外来工直接参与课程的设计，实现外来工的社区建设主体性，真正提高了外来工的能力。

Z机构还成立了社区志愿服务队。在举办中秋游园会的时候，Z机构安排外来工志愿者负责活动摊位的管理。外来工在提升能力的同时，也力所能及地为社区贡献自己的力量。

“与居委会之前的工作相比，Z机构的到来培养了一些新的志愿者，尤其是在外来人口中培养了志愿者，增加了新鲜血液。”（B社区居委会主任S4）

“在搞社区活动的时候，我们不要名。落款的时候，我们永远在最下面。Z机构落脚社区的目的不是要机构出名，而是让服务对象积极参与活动，在参与中提升服务对象的能力。这真正地叫赋权。接项目办活动的核心目的都是服务对象能真正地受益。”（W理事长）

2. 积极与政府合作：协助政府进行社区治理

现代社会治理是一个多元参与、理性协商的过程，社会组织作为社会自组织力量，是社会治理结构中不可或缺的主体（曹爱军等，2019）。现阶段中国社会组织赖以生存的基本要素大多为庞大的行政国家所控制，与权力部门进行交流成为社会组织难以避免的任务（王诗宗等，2014）。社会工作机构想要获得良好的发展就必须与政府保持合作。

当政府对一个社会工作机构的了解还不太深入的时候，通常会采取比较保守的措施，即观察和观望。在与政府建立关系的时候，机构通常需要先与服务相关部门建立合作。在政府愿意与机构合作之后，机构需要稳健地把项目完成。当政府看到项目成效比较好的时候，政府与机构的信任就能慢慢建立起来。当机构的服务与政府的管理结合起来的时候，就是说当机构的服务是在政府规划框架中的时候，就是政府认为机构的活动完成了其工作内容的时候，政府与机构的信任就会慢慢加深。在信任关系建立起来之后，下一步合作的机会自然就会出现。机构可以通过建立互惠的合作机制来挖掘潜在的社会资本，不断巩固与政府的社会关系网络。

在与政府合作的过程中，Z 机构践行着“与政府协同进行社区治理”的策略。社会组织独立于各个利益群体，能够在基层政府与社区居民间发挥纽带作用（陈平，2019）。2016 年，在 Z 机构的推动下，S 街道设立了社区共治议事会。社区共治议事是全国第一个由本地居民和外来工组成的民主协商议事平台。社区共治议事一共有 13 名代表，其中 6 名本地居民，6 名外来工和 1 名街道工作人员。Z 机构从进入 S 街道的时候，就多次向各级党委和政府建议成立社区共治议事会。在共治议事会筹备过程中，Z 机构起草了社区共治议事会的文件，对议事会代表采取参与式培训，培训包括选择议题的原则、议事流程和议事规则。Z 机构积极进行社区治理的探索，与基层政府合作推进外来工直接参与社区管理的进程，推动基层民主政治建设。

“共治议事会是 Z 机构的一个创新。共治议事会丰富了参与人员的构成，让社区内占主流的外来人口拥有了发言权，并且在议事会的商讨下还成功地推动了微公园的建设。居委会的定位是把握‘大方向’，而 Z 机构是在‘大方向’之下进行更加精细化专业化的补充，从而帮助居委会治理社区。”（B 社区居委会主任 S4）

“希望机构的成果能更多地被政府采用，最后写入政府的政策文件，因为这样才能最大限度地发挥机构的作用。当我们的倡导作用发挥时，那就会有更多的服务对象受益。”（机构秘书长 S1）

四、社会资本视角下其他小型社会工作机构发展策略的建议

（一）以满足需求为前提构建信任，充分表达机构的真诚

需求的满足是建立信任的前提。小型社会工作机构可以通过开展满足相关方需求的活动，让相关方感受到机构的真诚，从而建立起双方的信任。

第一，小型社会工作机构需要满足员工基本生存和自我实现的需要。小型社会工作机构需要为员工制定合适的薪酬，按员工的兴趣和能力安排岗位，鼓励员工在工作领域进行创新实践，给予员工充分的信任。在感受到机构的真诚之后，员工会对机构产生信任。

第二，小型社会工作机构需要满足政府提供公共服务的需求。公共服务作为一类特殊的公共产品，其公共性决定必须由公共权力执行机关的政府来负责供给（吴光芸，2013）。但由于政府的公共服务供给能力有限，所以就出现了由第三部门承包公共服务的解决办法。小型社会工作机构必须密切关注政府的动态和政策的走向，通过研究和分析政府的行动来把握政府的需求，把机构活动与政府的管理结合起来，把机构提供

的服务置于政府规划框架之中。机构向服务对象提供服务的过程就是政府实现向社会提供公共服务的过程。在小型社会工作机构协助政府实现其职能之后，政府会对机构产生信任。

第三，小型社会工作机构需要满足社区居民提升能力的需求。小型社会工作机构必须重视社区需求调研的作用，在社区调研中发现社区居民的需求。特别是在外来工领域服务的机构应当意识到外来工迫切需要提升自身生活就业技能。在活动设计中，机构要努力引导社区居民提升能力。居民只有感受到机构的尊重和支持，才会产生对机构的信任。

（二）以平台为载体构建社会关系网络，挖掘潜在社会资本

平台是实现社会关系网络建设的载体。小型社会工作机构可以通过组织社区活动搭建各方沟通合作平台，把全部可用的资源整合起来，构建一个网状社会关系结构来获得大量的信息，从而增加机构提升社会资本、促进机构发展的机会。

第一，小型社会工作机构可以成为社会治理试验的平台，践行“行动 + 研究 + 倡导”的发展模式，扎根于社区中进行探索试验及开展各项服务，进而在通过研究如何更好地提升服务的同时，总结探索的经验形成系列的建议和方案，为相关方提供调查研究咨询服务。

第二，小型社会工作机构可以成为资源整合的平台。机构以特定项目为载体，引入政府、基金会和市场的资金，整合党支部的群众优势，链接高校教授和实务专家等资源，吸引社区居民参与活动，成为衔接政府、服务对象及其他组织的枢纽。结构洞使得连接其他两者、处于两者信息传递网络中间的第三者形成了信息优势和控制优势（罗纳德·伯特，2008）。在组织中，越稠密的社会关系网络，人们就越可能为了共同利益而合作。机构既可以通过社会关系网络使用已有的社会资本，也可以把网络中的人际关系转化成更多的社会资本。

（三）以共识为基础建立互惠规范，着眼于如何为他人作出贡献

共识是建立规范必不可少的条件，要达成共识需要机构与多方的协商和合作。

第一，小型社会工作机构可以寻找了解并认同机构理念和价值观的员工，与其建立平等合作的雇用关系。双方协定薪酬福利待遇，灵活协商调整办公规定。机构需要尊重员工的意愿，敞开与员工的沟通渠道，允许其表达与机构不一致的意见和建议。因为当员工拥有较大的自由空间时，员工的工作积极性才能得到较好的调动，有利于机构储备发展的动力。

第二，小型社会工作机构要着眼于为他人作出贡献。成为一个有效的社会关系网络缔造者，最好的做法是抛开等价交换，着眼于如何为他人作出贡献。“运用”社会资本就意味着把社会关系网络付诸有益于他人的行动和服务中（Baker W，2002）。践行服务对象最终获益的原则，积极与政府保持密切的合作关系，着眼于机构的长远发展。

参考文献

[1] 曹爱军，方晓彤．社会治理与社会工作机构成长制度构建［J］．甘肃社会科学，2019 (2)：94－100.

[2] 陈平．“吸纳型治理”：社会工作机构融入城市社区治理的路径选择［J］．理论导刊，2019 (2)：47－53.

[3] 陈宇，谭康林．枢纽型社会工作机构功能的再思考——基于社会资本理论的视角［J］．汕头大学学报（人文社会科学版），2015 (1)：77－82.

[4] 风笑天．社会学研究方法［M］．北京：中国人民大学出版社，2001：239.

[5] 付森茂．广东省社工机构发展现状分析［D］．桂林：广西师范大学，2013.

[6] 高丹，戴尧，姚雅婷．社会工作机构发展问题及对策研究［J］．理论观察，2015 (3)：68－69.

[7] 高万芹．应用型人才培养目标下社会工作专业教改研究［J］．科教导刊，2019 (4)：72－74. DOI：10.16400/j.cnki.kjdks.2019.02.029.

[8] 高洁．非营利组织的专职员工专业化研究［D］．长沙：中南大学，2012.

[9] 何红莉．社会资本视角下地方政府管理创新中社会工作机构参与研究［D］．武汉：华中师范大学，2013.

[10] 胡佳铌．网络治理视角下政府与社会工作机构在灾害治理中的合作机制研究［D］．上海：华东政法大学，2016.

[11] 科尔曼．社会理论的基础［M］．北京：社会科学文献出版社，1999.

[12] 李璠妮．社会资本视角下民间非营利组织发展研究［D］．天津：天津商业大学，2013.

[13] 李莉，宋蕾放．以社会资本为视角的社会工作机构专业人才管理模式探析［J］．社团管理研究，2011 (10)：39－42.

[14] 李思林，董京．公共部门员工培训管理［J］．中国市场，2019 (5)：118－119. DOI：10.13939/j.cnki.zgsc.2019.05.118.

[15] 李颖．组织周期视角下的民办社工机构发展研究［D］．南京：南京大学，2014.

[16] 刘娟．民办社会工作机构运行模式研究［D］．呼和浩特：内蒙古师范大学，2014.

[17] 唐国平，唐纯林．行业协会人力资源管理的困境与创新——以广州市为例的研究［J］．社团管理研究，2012 (8)：7－10.

[18] 汪磊．社会工作机构运行的问题及对策研究［D］．合肥：安徽大学，2015.

[19] 王爱华．社会资本视域下海洋社会工作机构发展研究［D］．青岛：中国海洋大学，2015.

[20] 王常华，周益．非公经济组织与社会组织人才队伍发展机制研究［J］．现代营销，2019 (3)：202－203.

[21] 王鹏杰．发展社区社会工作机构促进居民参与社区治理［J］．人力资源管理，2015 (4)：15－16.

[22] 王诗宗，宋程成，许鹿．中国社会工作机构多重特征的机制性分析［J］．中国社会科学，2014 (12)：42－59.

[23] 王杨，邓国胜．社会资本视角下青年社会工作机构培育的逻辑［J］．北京：中国青年研究，

2015（7）：47－51.

［24］吴光芸．社会资本对区域经济发展的推动［N］．东莞日报，2013－01－01.

［25］尹茹．承认理论视角下的社工机构承认之路研究［D］．北京：中国青年政治学院，2015.

［26］玉苗．国外社会工作机构分类管理的主要原则［N］．中国社会报，2015－01－01.

［27］约翰·黑利，伊恩·斯迈利．NGO 领导、策略与管理［M］．北京：社会科学文献出版社，2005.

［28］张光智．社会资本视域下非政府组织发展研究［D］．长沙：湖南大学，2012.

［29］周文坤．社区服务需求调研七步骤——以流动儿童城市适应项目为例［J］．中国社会工作，2019（3）：39－40.

［30］赵罗英，夏建中．社会资本与社区社会工作机构培育——以北京市D区为例［J］．学习与实践，2014（3）：101－107.

［31］周红云．社会资本与民主［M］．北京：社会科学文献出版社，2011.

［32］周学娇．社区资源整合浅议［J］．合作经济与科技，2016（4）：172－17.

［33］雷杰，罗观翠，段鹏飞，蔡天．广州市政府购买家庭综合服务分析研究［M］．北京：社会科学文献出版社，2015.

［34］曹沛霖．社会资本：一种解释社会的理论工具［J］．探索与争鸣，2003（8）：8－9.

［35］罗纳德·伯特．结构洞：竞争的社会结构［M］．上海：上海人民出版社，2008.

［36］Paul S. Community participation in development projects：the World Bank experience（English）［M］// Community participation in development projects：the World Bank experience. World Bank，1987.

［37］Putnam R D，Leonardi R，Nonetti R Y. Making Democracy Work：Civic Traditions in Modern Italy［M］. Princeton University Press，1994.

［38］Baker W. Achieving success through social capital：tapping the hidden resources in your personal and business networks［M］. Jossey-Bass，2000.

第三章　社工机构内部的协同治理

——以珠三角地区机构为例

徐玉霞[①]

党的十六届六中全会作出建设宏大社会工作人才队伍的决策部署以来，国家向社会工作服务机构购买社会工作专业服务，以解决政府做了但做不好或政府想做但做不了的社会服务，由此催生了大量的社会工作服务机构。与此同时，为了促进社会工作的发展，国家自2009年开始出台系列性的重要文件，以优化社会工作服务机构发展的政策基础。在如此利好的政治环境下，广东省主动创新、大胆实践，推动社会工作的职业化、专业化及本土化的发展，大力培育及发展社工机构。

但是，在社工机构迅猛式发展的背后，出现了“重机构服务，轻机构治理”的问题，相关的监督机制尚未完善，由此导致机构的服务质量下降，机构的存活性和可持续发展也受到一定的影响，机构的治理结构未能有效回应多样化的社会服务需求。很多规模较小的机构或处于初创期阶段的机构缺乏理事会及监事会，机构发起人既是理事长又是法人代表，同时担任机构执行长，权力高度集中，容易出现以权谋私的情况，加之社工项目购买大跃进的出现，机构内部治理不完善，外部指引及监督缺乏，使得一些机构出现逐利行为。近几年来，委托代理形式开始出现在中等以上规模的社工机构，但也存在理事会作用未能得到有效发挥、监事会基本空设或无法达到监督的作用、执行长在机构运营管理方面缺乏自主权、理事会与机构高级管理层职责混淆致使机构治理虚化，阻碍机构的进一步发展。由此，机构内部协同治理、结构的优化及治理模式的探索对机构的发展及服务质量的保障具有重要的作用，是机构理事会及管理层需重点关注的议题，也是机构由内而外走向规范化、专业化的重要一步。

---

① 徐玉霞，社会工作师、社会工作硕士，现任广州市穗协社会工作资源中心评估及培训专员，兼任广州市社会工作专家库成员、广州市社会工作协会社区专业委员会委员，曾任广州阳光社会工作服务中心总干事、广州市穗星社会工作服务中心副总干事、广州市社会工作协会常务理事、广东省社会工作师联合会第二届理事、广州市义务工作者联合会第三届理事、佛山市南海区“社会工作发展智囊团”专家组成员。撰写的《社区矫正对象个性化教育管理问题》等10余篇文章或者发表于《中国社会工作》等报刊，或者获得相关奖励，或者被评为优秀案例。曾获得2012年度“中国最美社工”、2014年度“广东省优秀社工”等多个荣誉称号。

一、本案例研究概述

（一）概念界定

本案例有三个概念首先需要界定清楚：内部协同治理、契合度、适应度。

内部协同治理指的是社工机构内部治理的一种类型，机构内不同合作主体（理事会、理事长、执行长、高级管理层、监事会）在机构共同使命、价值观及愿景的驱使下，建立合理的机构内部协同治理的制度及治理结构，明确权力及其分配属性的关系，通过协作与互动，合理分配能力，配置资源，能根据合作中出现的随机性和不确定性进行动态性回应，进而通过协作达到主体间关系的有序，建立和维持机构发展的目的性明确的集体行为和整体协调性，来实现机构内部治理的有效性。

契合度指的是社工机构内部权力结构特征与内部各治理部门实现协同治理的匹配程度，它是权力结构特征与内部各治理部门协同治理的特性进行比较的结果。其中，机构权力结构主要考察的指标有：三权分离的特性、社工机构委托代理的关系、机构内部权力结构等；各内部治理部门需要考察的指标有：机构的文化、各部门的价值观及发展目标等。当机构权力结构与各治理部门建立内部协同治理的工作特征相一致时，能形成一种内在契合，能更有效地建立良好的内部协同治理并达到机构的目标。

适应度是指社工机构高级管理层在面临内部治理及机构发展需要的压力时，为了与变化的环境相协调，检视自身的价值理念、职责、激励考核等因素，对建立机构内部协同治理存在的影响程度，主动或被动地进行调整。

（二）理论视角

本文将主要借助委托代理理论和协同治理理论。

委托代理理论的中心任务是：在利益相冲突和信息不对称的环境下，研究委托人如何设计最优契约激励代理人。该理论遵循以“经济人”假设为核心的新古典经济学研究范式，并提出了两个基本假设作为前提：①委托人与代理人的利益相互冲突。②委托人与代理人之间信息不对称。在委托关系中，如果利益相互冲突而信息对称，委托人与代理人就能找到解决代理（契约）问题的最优策略；如果利益没有冲突，即使信息不对称，代理问题也不会存在；而当委托人与代理人利益相互冲突且信息不对称时，代理人的“道德风险”随之而生。代理人从自身利益最大化出发，利用信息优势损害委托人的利益，即产生代理问题。因此，委托代理理论的基本分析逻辑是：在参与约束和激励相容约束两个条件中寻找委托人设计的最优契约，实现让代理人的努力水平与委托人的利益相符合（刘有贵等，2006）[①]。非营利组织存在三权分离的特点，同样适合使用委托代理理论进行非营利组织治理，当资源拥有方将资源给予非营利组织，当决策权和运营权分离时，理事会掌握决策权，高级理事层负责组织运营，相应的委

① 刘有贵、蒋年云：《委托代理理论述评》，载《学术界》2006 年第 1 期，第 69—78 页。

托代理关系就随之产生。

协同治理理论：Ansell 和 Gash 将协同治理定义为一种治理安排——单一或多个公共机构与非国家部门利害关系人在正式的、以达成共识为目的的、协商的集体决策过程中直接对话，以期制定或执行公共政策或者管理公共项目或财产（Ansell et al., 2008）①。美国学者 Donahue 将协同治理定义为：通过与政府以外的生产者共同努力，并与之以共享自由裁量权的方式追求官方选定的公共目标（Donahue et al., 2008）②。

作为一门新兴的理论，协同治理理论还没有明晰的理论框架，作为协同学与治理理论的交叉理论，它具有区别于其他理论范式的特征：①治理主体的多元化特征；②各子系统的协同性；③自组织间的协同；④共同规则的制定；⑤协同治理相信理性的力量可以化冲突为分歧，它的基本逻辑是建立在对理性世界的信仰上的（李汉卿，2014）③。

田培杰认为，协同治理是指政府和企业、社会组织或者公民等利益相关者，为解决问题，以正式的方式、适当形式进行的互动和决策，双方分别对结果承担相应责任。协同治理具有六个方面的特征：公共性、多元性、互动性、正式性、主导型、动态性（田培杰，2014）④。协同治理的内涵包括有序性、动态性、匹配性、一致性和有效性（李辉等，2010）⑤。就产权关系而言，非营利组织由于不存在“剩余控制权”和“剩余索取权”，其产权存在一定特殊性，属于“公益产权”（王名，2002）⑥。非营利组织也是各利益相关者之间形成的系列合约的集合。这些合约包括各利益相关者内部和各利益相关者之间达成的协议。契约签订的一个前提是签约双方是平等的权利主体（李霞等，2013）⑦。

本案例将在委托代理理论的指导下，根据社工机构的产权特点，分析社工机构内部治理不同主体间的委托代理关系及因委托代理关系而形成的内部治理结构模式，并尝试分析归纳出社工机构内部治理结构及其运行存在的问题及其影响因素。运用协同治理理论的观点，提出建立有效的机构内部协同治理模式以解决现今存在的问题。同时，在协同治理理论的指导下，结合本土的政策背景及社工机构的现状，构建社工机构达到良好内部协同治理的路径。

---

① Ansell C, Gash A. Collaborative Governance in Theory and Practice [J]. Journal of Public Administration Research & Theory, 2008, 18 (4): 543 – 571.

② Donahue J D, Zeckhauser R J. Public-Private Collaboration [J]. Handbook of Public Policy, 2008.

③ 李汉卿：《协同治理理论探析》，载《理论月刊》2014 年第 1 期，第 138—142 页。

④ 田培杰：《协同治理概念考辨》，载《上海大学学报（社会科学版）》2014 年第 1 期。

⑤ 李辉、任晓春：《善治视野下的协同治理研究》，载《科学与管理》2010 年第 6 期。

⑥ 王名：《非营利组织管理概论》，北京·中国人民大学出版社，2002 年版。

⑦ 李霞、干胜道：《非营利组织协同治理可行性分析》，载《哈尔滨师范大学社会科学学报》2013 年第 6 期。

（三）研究方法

论文主要采用质性研究方法中的参与式观察法、案例研究法进行研究，通过深入的案例探究获取非营利组织结构的翔实信息，为论文提供了翔实的调查资料。同时，采用文献法，通过收集和分析现存的有关文献资料，获取非营利组织治理结构的相关信息。

1. 参与式观察

随机选定广州市 G 社工机构，亲身参与机构的整体管理工作。在参与中，重点观察机构理事会治理、理事会与高级管理层的合作与分工、理事会的监督、理事长与高级经理的合作关系等。

2. 个案分析法

本案例通过对广州、佛山、深圳三地共 7 家社工机构进行分析，呈现三地社工机构的协同治理结构，深入剖析社工机构协同治理的现状及存在的问题，并尝试探索建立有效的社工机构协同治理的具体路径。

3. 文献研究法

通过重点查阅近年国内外关于非营利组织（含社工机构）的内部治理、理事会治理、机构管理、委托代理理论在非营利组织中运用研究、协同治理等方面的研究文献，梳理其研究脉络和核心观点，为论文的写作提供支撑和基础。

4. 研究对象

本案例运用个案分析法对在珠三角地区社工服务发展规模较大、时间较长的广州市、深圳市及佛山南海共 7 家社工机构进行个别深入分析，研究其内部治理状况。本案例从以下几个维度选取研究对象。

首先是成立时间较长。选取的研究对象必须为当地成立较早的机构，相对其他机构而言有较长的发展时间和较深的资历。

其次是具有一定的规模。选取的研究对象须具有一定的规模，承接规模较大的政府购买社会服务项目。

再次是具有明显的机构特点。选取的研究对象须具有明显的机构特点，能代表某一特点或背景的机构的特征，在行业内具有一定的影响力。

最后是建立了基本的机构内部治理，并采用委托代理的方式展开机构内部治理工作，维持机构日常运营。

二、珠三角地区社工机构内部协同治理现状及问题

（一）珠三角地区社工机构内部协同治理的现状

1. 社工机构内部协同治理的政策环境与制度支撑

近 10 年全国社会工作蓬勃发展，社工机构的数量也在逐年增多，关于社工机构的登记管理办法等制度性、规范性文件也随着社会服务发展的步伐而逐步出台，在促进

社工机构发展的同时，也逐步加强对机构的规范化管理。

为了推动民办非企业单位（社会工作服务机构）的发展，民政部从1998年开始至今先后出台了相关政策，逐步推进和规范社会工作服务机构的发展。政策文件内容包括关于民办非企业单位登记管理暂行条例中对机构章程的要求，民办非企业单位年度检查文件中把机构内部治理的内容列入评估指标体系中，社会组织登记管理机关行政执法约谈工作规定开始关注机构理事会、理事长、执行长的工作开展情况，以加强对民办非企业单位的外部监督。

广东省在全国社会工作发展中处于领先地位，为推动本省社会工作服务机构的发展，广东省民政厅也随着本省社会工作的发展，从1999年至今逐步发布相关文件，有效指引机构的登记、管理及发展。文件内容从开始的规范民间组织年检要求，逐渐增加了关于民办非企业单位登记管理工作的细致要求、机构内部治理制度的建设要求以提高民间组织规范运作水平，明确社会组织的法人治理结构和治理规则的要求，出台较为细化的法人治理结构与治理规则等，逐步补充完善关于民办非企业机构关于内部治理的相关政策性文件，逐步规范民办非企业机构的内部治理。

从1998年至今，针对民办非企业（社会工作服务机构）发展的相关文件范围包括机构登记管理办法、社工薪酬待遇、政府购买服务相关政策、机构财务管理、机构信息公开制度等出台了详细的指导性文件，一定程度上在促进社会工作发展的同时，也逐步开始关注社会工作服务机构的管理及信息的公开，但是对于社会工作服务机构的内部治理仍然较少涉及。2015年广东省民政厅出台了《广东省民办非企业单位法人治理结构与治理规则》文件，专门针对民办非企业单位的发展治理结构进行了详细的说明，对于建立民办非企业单位的内部治理结构具有进一步的指引性作用。

2. 社工机构内部治理的实践模式

《民办非企业单位登记管理暂行条例》规定，社工机构在登记的时候需要设定法定代表人及发起人，但却没有对机构是否设立理事会作出严格的要求。2015年广东省民政厅发布的《广东省民办非企业单位法人治理结构与治理规则》文件，专门针对民办非企业单位（含社工机构）的内部治理结构，指出需要设置理事会、执行长、监事会等。因此，社工机构发展至今，通过政府不断的文件指引及规范化要求，已初步搭建起基础的符合文件规范要求的机构内部治理结构。

其中，机构的理事长、法定代表人和执行长的治理结构是机构内部治理结构的基础，是本案例研究的重点。据调查，截至2016年9月，根据广州市民政局数据统计，在广州市登记注册的社工机构共有417家，均已设有理事长、执行长及法定代表人。据佛山市南海区民政局数据统计，截至2016年9月，在南海登记注册的社工机构共有46家，其中38家社工机构设有理事会，共计有185个理事，同时每个社工机构均具有法人代表及执行长。但是，不同发起背景的机构，机构内部三职配置（法人代表、理事长及执行长）不尽相同，按照委托代理理论可以把广州市、深圳市及佛山南海三地的社工机构内部治理结构实践模式分为以下三种。

表3-1 广州市、深圳市及佛山南海三地社工机构内部治理结构实践模式

<table>
<tr><th>治理模式</th><th>模式描述</th><th>研究机构</th></tr>
<tr><td>三职合一型</td><td>理事长、执行长和法定代表人三职合一并由非外部理事担任</td><td>深圳市J社会工作服务中心
广州市T社会工作服务中心</td></tr>
<tr><td rowspan="4">两职合一型</td><td>（1）非外部理事担任理事长兼机构法定代表人，非理事人员担任执行长</td><td rowspan="4">广东省S社会工作服务中心
深圳市龙岗区X社工服务中心
佛山H社会工作服务中心</td></tr>
<tr><td>（2）执行长兼任机构法定代表人，由非外部理事担任；理事长由非外部理事担任</td></tr>
<tr><td>（3）理事长兼执行长且由非外部理事担任，机构法定代表人由非外部理事担任</td></tr>
<tr><td>（4）执行长兼任机构法定代表人，由非外部理事担任；理事长由外部理事担任</td></tr>
<tr><td rowspan="2">三职分离型</td><td>（1）理事长由非外部理事担任，执行长由非外部理事担任，机构法定代表人由非外部理事担任</td><td rowspan="2">广州G社会工作服务中心
广州F社会工作服务社</td></tr>
<tr><td>（2）理事长由非外部理事担任，执行长由非理事担任，机构法定代表人由非外部理事担任</td></tr>
</table>

以上不同机构类型与机构的发起背景有密切关联，且对机构的发展有着不同的影响。

在三种类型的内部治理实践模式中，重点关注其中理事长与执行长的关系，并延伸发展出不同的关系类型。在内部治理实践模式中，机构理事长与执行长的关系嵌入程度与委托代理成本的高低呈正相关的关系，不同程度地影响着机构治理成效及机构的可持续发展。珠三角地区社工机构内部协同治理关系主要有三种关系类型，见表3-2。

表3-2 珠三角地区社工机构内部协同治理的三种关系类型

序号	关系类型	关系类型描述	研究机构
1	亲人委托型关系	指的是理事长与执行长具有共同的家族利益，执行长受理事长的委托代理机构的日常运营。父子、夫妻、兄弟、叔侄等亲情关系在机构日常管理中转化为隐形合同，成为理事长实现自利行为的代言人。因此，理事长的亲人掌握经营权，增加了执行长与理事长合谋的概率，为了达到理事长的利益目的，亲人执行长往往会容易不惜牺牲机构的利益，使得机构的代理成本偏高	广州市T社会工作服务中心 深圳市J社会工作服务中心

续表

序号	关系类型	关系类型描述	研究机构
2	熟人委托型关系	是指由机构理事长聘请自己的朋友、同学、老乡、同事来任机构执行长一职，掌握机构经营权，负责开展机构日常运营事务。聘请熟人作为机构执行长，熟人间的彼此了解熟悉增强了理事长与执行长的相互信任，也提高了彼此合作的程度。但熟人间的感情和面子与利益交织，人情与利益的交换成为理事长与熟人执行长侵害机构利益的枢纽。选择熟人委托关系类型的机构往往是由于实际控制人（机构理事长）的精力有限，亲人的经营资源有限，熟人就成为理事长选择机构经营者的次优选择。执行长选择自己熟悉的、了解的同学、同事、同乡、朋友、学生等来控制机构的经营权，通过人情和感情纽带拉拢熟人为自己的利益服务。但这种熟人之间的感情是不稳定的，当这种情感联结不强或变弱的时候，熟人执行长不一定会成为其合谋者维护理事长的利益	广州G社会工作服务中心
3	外人契约合作关系	是指机构理事长通过公开招聘的方式对外招聘合适的人担任机构执行长一职，代替机构理事会行使机构经营权，机构理事长与执行长之间没有任何私人关系。此种委托关系类型较多存在于企业背景的社工机构，也即机构发起人是企业家，其在机构内部治理中会较多参考公司治理的模式。外人契约合作关系类型有效加强了对机构理事长、执行长的监督，较大程度上降低了理事长与执行长合谋利益增加代理成本的概率，更能把工作焦点聚焦在机构目标的实现中。此种关系类型大大降低了机构的代理成本，有助于机构的长远发展	广东省S社会工作服务中心 广州F社会工作服务社 深圳市龙岗区X社工服务中心 佛山H社会工作服务中心

（二）珠三角地区社工机构内部协同治理存在的问题

1. 治理制度指引不健全

在当下珠三角地区社工机构内部治理中，除了基本的关于治理结构规范化的制度性文件外，缺乏相关具体指引和监督，治理成效不明显。访谈发现，制度指引不全，严重影响了社工机构内部治理工作的开展，使得机构理事会、执行长治理意识淡化，导致机构发展与服务发展不协调。

广州F社会工作服务社的执行长："我们机构一直借用的是公司治理的模式，我们有较为完善的董事会，但机构以前一直没有理事会的，是后来因为要申请等级评估，才按照等级评估的条款要求和相关制度文件的要求，在机构内建立的理事会。但对于理事会如何运作、理事会与执行长的关系及合作方式等，我们也是不清楚的，都在自己摸索尝试，其实我们现在也不知道具体可以怎么做。"①

① 调研人员于2016年11月14日在广州市BY区访谈广州F社工机构执行长。

现存的制度及指引更多是针对机构治理结构的搭建方面，初步规范社工机构治理结构的框架，确保基本结构能符合非营利组织的相关制度要求，但对于如何发挥结构内各部门的功能，如何协调各部门的关系，如何发挥整体结构的作用以促进机构的发展均无相关指引，社工机构内部容易出现内部治理结构基本建立，但具体运作与结构的要求往往不一致，机构内部治理随机性较高，名存实亡的现象比较普遍，直接影响了机构的生存及可持续发展。

2. 决策权过于集中

机构内部权力配置会影响组织内部的信任合作关系。理事会作为机构的最高权力核心部门，拥有最终决策权，决定机构的发展及资源的投放。在当前社工机构监督系统还不完善的情况下，决策权过于集中容易引致谋私行为的发生，从而影响机构的公信力。

深圳市J社会工作服务中心理事长："我们机构在成立的时候就建立了理事会，我既是机构的法人代表，也是机构的理事长和执行长，理事会对我比较信任，基本上我决定的事情都能得到理事会的支持。我不需要花费太多的时间去说服理事会成员支持我的决定，因为我们的出发点一致，他们也比较认同我的想法，而且理事会只是关注机构的重大事件、有可能面临的危机及未来发展方面，关于机构的其他方面均无任何介入，给予机构和我的自主决策的空间还是比较大的。"①

广州T社会工作服务中心的理事长："我在机构既当理事长，也是机构的法人代表和总干事，同时我也是大学的老师，我工作比较繁忙，很多时候都不能完全投入处理机构的内部琐碎事务，所以我们机构配置了一名副执行长代理执行长的职能，负责机构日常运营事务的处理。我老公就是做这个副执行长，我觉得他这几年做得挺好的，也感觉很放心，更有利于落实理事会的决策。另外，我们机构也很注重高层的培育，我们前后共全额资助了总干事级别（就是包括总干事、副总干事）的同事共5人修读社会工作类的硕士。"②

此现象在珠三角地区并不少见，亲人委托关系类型、熟人委托关系类型均容易导致执行长和理事长合谋利益，削弱机构理事会的作用，直接影响机构的利益，增加机构代理的成本。

当机构理事长、法定代表人及执行长为同一人，或理事长、法定代表人及执行长互为亲人关系时，决策权及经营权融为一身，可以避免权力冲突，并能及时快速解决问题，保证获取到的信息的可靠性，减少决策过程中的各种关系协调，能有效提高机构的决策效率。但是，当权力过于集中在某个人身上也容易导致个人专断，出现决策未及时或片面、偏私行为等情况，不利于机构内部建立一种有效的制衡关系和制约

① 调研人员于2016年11月9日在深圳市NS区访谈深圳J社工机构理事长。

② 调研人员于2016年11月11日在广州市YS区访谈广州T社工机构理事长。

机制，不利于机构民主管理、发挥团队优势。另外，会模糊决策权与执行权的界限，导致机构理事会对机构运营管理的过度干预，在一定程度上削弱了理事会对执行长的监督作用。最后，也不利于培育机构的管理人才梯队，会在一定程度上影响机构的发展。

3. 内部治理部门间信任关系弱

通过参与式观察的方式全面地收集了广州 G 社工机构内部治理的较多实践资料，为本案例的研究提供有利的素材。广州 G 社工机构正是运用“理事长由非外部理事担任，执行长由非理事担任，机构法定代表人由非外部理事担任”的三职配置模式。机构开办者从原来的 5 人通过两次理事会变革后，仍存 3 人留在理事会，其中 1 人成为机构理事长、1 人为机构法定代表人、1 人为机构副理事长，因三者均有其他正职工作，无法全职在机构任执行长一职执行机构相关管理事务，因此通过对外招聘的方式招聘非理事人员成为机构的执行长，负责机构日常管理事务的处理。

在现今广州、深圳及佛山南海三地社工机构中，超过 50% 的机构采用委托代理的治理模式开展机构的运营工作，其中，委托代理关系中理事长与执行长间的信任关系成为协同治理的关键。一般影响机构理事长与执行长间信任合作关系的情况有以下两个方面：一是关于机构理事长与执行长的合作关系问题。当机构理事长授权不足或职责不清，过分介入执行长的工作时，会影响执行长的积极性及在机构内部威信的建立，不利于增强执行长对机构的责任。二是关于选择适合的执行长的问题。机构理事长较难聘选出既认可机构的使命、价值、愿景，且与理事长的意志及行为高度一致，同时有较强执行能力和管理能力的人作为其执行长。因此，当理事长与执行长的信任关系未能较好建立的时候，理事长对执行长的工作介入程度较多，而执行长在传达相关信息方面也会有所保留，容易引发执行长的短期行为，导致理事长所获取的信息不够全面及时，最终影响机构的决策。

4. 违信责任机制缺失

珠三角地区社工机构的违信责任机制基本缺乏，未能有效对机构理事会、理事长及执行长起到监督的作用。违信责任较轻，容易让机构理事会、理事长及执行长在作决定的时候忽视相关政策制度的要求。同时，若违信责任过高，则容易让机构理事会、理事长及执行长存在较大的压力，从而影响信息的传递——执行长在向理事会传递信息的时候会有所保留，导致理事会未能有效掌握整体信息，直接影响理事会的相关决策。而在未能改变理事会决定的情况下，执行长为了减轻相关的违信责任，会选择不执行理事会的某些决定。

另外，社工机构的违信责任中首先是法定代表人承担了较大的危机风险。机构法定代表人虽为机构内部理事成员之一，但当其在机构决策方面起不了决定性作用，因执行长决策错误而导致机构的运营管理违反相关法律法规时，主要承担法律责任的依旧是法定代表人，而机构其他理事及执行长所承担的责任较低，或者不需要承担任何责任。其次，因法定代表人承担机构的所有法律责任，因此容易导致法定代表人不稳定，出现经常更换的现象，影响机构的公信力。再次，理事会对理事长及执行长的监督名存实亡，容易引发理事长或执行长在运营管理机构过程中出现谋私的行为。最后，若机构法定代表人为理事长的亲属或好朋友，基本上理事长在机构日常运营中也兼任了机构法定代表人的实际权力，履行其职能，但责任却由机构法定代表人承担。由此可见，当责信机制缺乏的时候，机构治理结构的基础不稳定，治理风险较高。

5. 职能混淆且治理结构虚化

本案例通过参与式观察调查所知，广州G社会工作服务中心采用三职分离的治理模式开展机构内部治理。此种模式的优势首先在于三职分离的状态能使理事会发挥更充分的作用，为机构建立较好的外部支持环境，有利于机构的发展。其次，因法定代表人和理事长均为机构发起人，相互间建立了非常深厚的信任关系，理事长在作决策的时候会充分考虑法定代表人需承担的责任，往往会选择决策前进行充分沟通并实行一人一票的方式进行投票决策。再次，为了降低法定代表人的责任风险，机构理事长及理事会成员会较多介入机构的日常执行，较大程度上确保机构处于低风险状态。最后，因理事长、法定代表人均为机构发起人，因此，理事会参与机构的发展积极性较高。

但此种模式的运用存在一定的委托代理风险，容易导致委托成本较高，使机构处于“强理事会、弱执行层”的不利处境中。首先，理事会对机构日常运营执行的介入过多，模糊了理事与执行长的职责，代替了执行长执行机构日常管理事务，在参与式观察过程中，理事长在一年内超过50次越过执行长直接向其他管理人员或员工布置工作任务及审批员工的相关行政申请。其次，不利于激发执行长的积极性，降低执行长对机构的责任感。执行长在工作过程中由于缺乏适当的经营决策权，所有事情不论大小均需要向理事长请示，经理事长同意后方可执行，不仅大大降低了管理成效，也导致员工质疑执行长的管理能力，从而影响理事长对执行长的评核，这样不良的协同合作循环降低了执行长的积极性和对机构的责任感。再次，理事会对机构管理的过多介入一定程度上阻碍了执行层能力的发展，容易导致理事会不信任执行层的能力，从而更多地介入执行层的工作，执行层的成就感较低，理事会与执行层未能建立互信关系，形成内部恶性循环。最后，因发起人大部分是机构理事会成员，容易造成机构内部理事会形成抱团利益，理事之间未能建立互相制衡的关系，机构的内部监督未能发挥作用。在参与式观察中发现，理事会虽然实行“一人一票”的决策方式，但在投票前，理事长会与理事会核心成员进行充分的沟通，从而形成理事会的核心利益共同体，其余的理事成员均是由理事会核心利益共同体一起筛选的较为认同他们的理念、顺服他们的人，因此，“一人一票”的决策方式成效较低。

同时，广州G社会工作服务中心的执行长在任职期间，在机构协同治理过程中，也出现角色困境，如在履行职责的时候总是因“权责不一”造成的困境而感到有心无力、执行长的角色权责不清晰。G机构的执行长在任职初期因机构缺乏该岗位的规范性要求，理事长与执行长分工不清，导致执行长在机构管理工作中表现出来的角色与理想的角色模式存在一定的差距，不能完全达到机构理事会的期望，且往往容易与理事会产生误解和拉锯，不利于机构的发展。同时也因角色规范的模糊，G机构理事会和执行长各自对执行长的角色期望和行为要求存在一定的差异，容易产生角色冲突。而执行长的角色规范模糊不清，往往使员工对机构执行长一职存在较高的期望，一旦与实际工作存在一定的差距就会导致员工认为执行长未能有效发挥职能，进而产生一些猜疑的现象。

广州G社会工作服务中心的员工间有人讨论说："总是见不到执行长，不知道执行长是做什么的，也不见执行长在忙什么，难道执行长的工作是很清闲的吗?"

这些猜疑一定程度上影响员工与执行长的关系，不利于执行长有效领导员工达到机构目标。一方面机构理事会职责不清，执行长角色定位不明，往往容易使理事会替代高级管理层的职能，理事长介入执行长的日常机构经营管理事务，使理事会的功能未能得到有效的发挥，理事会治理成效较低；另一方面也无法发挥高级管理层和执行长的作用，理事会的决议无法落实，导致治理结构虚化。

三、社工机构内部协同治理的影响因素

本案例通过参与式观察广州G社会工作服务中心的内部协同治理，结合个案分析的研究方法对广州、深圳及佛山三地7家社工机构进行研究，查阅大量关于非营利组织（含社工机构）的内部治理研究文献，对所收集的研究素材进行研究提炼，尝试提出影响机构内部协同治理的因素。

（一）社工机构权力特征与协同治理间的契合度

机构的权力配置是权力行使的必要前提条件，结构合理性下的权力配置可以为机构理事会提供理性的预期。治理离不开权力，机构内部权力配置的关键在于分权机制的建立。社工机构的权力特征会对机构的内部协同治理造成不同的影响。

1. 三权分离、委托代理与协同治理的关联性

社工机构属于社会服务机构的一种，属于非营利组织。清华大学王名提出对非营利组织的定义包括三个要素：一是不以营利为目的；二是具有正式的组织形式；三是属于非政府体系的社会组织。王名认为，非营利组织应包括公益性、自治性、志愿性等特征，但并不要求面面俱到，需要客观、动态地进行观察和理解。他将非营利组织分为五类，具体包括基金会、经济团体、实体性公共服务机构（即民办非企业单位）、社会团体及未登记或转登记团体（王名，2002）[①]。社工机构是介于政府与市场之间的第三部门，非营利性、公益性、专业性是它的特点，社会公平与公正是社会工作的核

① 王名：《非营利组织管理概论》，北京·中国人民大学出版社，2002年版。

心价值理念，社工机构在为社会提供社会公共服务方面具有不可替代的作用。

“非营利性”是社工机构区别于营利组织的根本属性，而“非营利分配性”是“非营利性”的实质内容，它包含两层含义：一是不能进行剩余利润的分配，只能用于组织所开展的各种社会活动及自身发展；二是不得以任何形式将组织的资产转变为私人财产。由此形成了社工机构独特的产权性质。不同的产权决定着产权主体的行为特征。

产权即财产权利，财产是权利设置的对象（边燕杰等，2000）①。社工机构的财产来源包括政府公共部门的支付、社会捐赠、抵偿的收费性服务以及其增值等。社工机构的产权属于公益产权，机构财产的属性为社会公共财产；机构收益职能用于公益目标的实现，受益人为社会上的不特定人，剩余索取权的主体不明确，剩余控制权与剩余索取权分离。同时，因社工机构财产的捐赠者/服务的购买者在发生捐赠/购买行为后，财产与捐赠者/购买者脱离关系，且购买者/捐赠者不属于受益主体，也即社工机构的所有权、经营权和收益权分离，因此通过委托代理的方式进行社工机构的运营是其内在的治理逻辑选择。社工机构一般采用双重委托代理的模式，具体委托代理关系如图 3－1 所示。

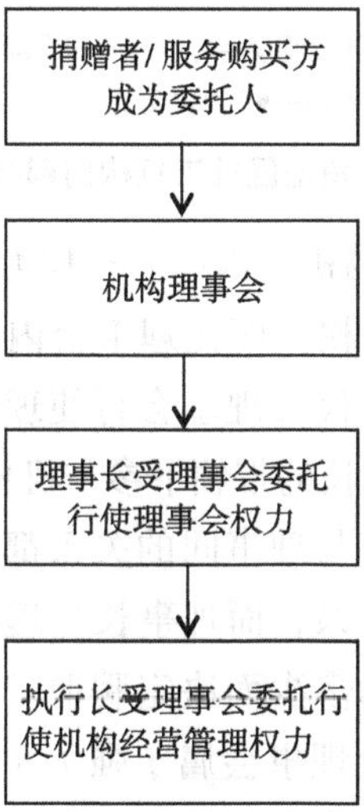

图 3－1　社工机构委托代理关系图

社工机构较复杂的双重委托代理关系导致机构产生相应的内部权力结构，不同的结构组成部分间需要相互合作，建立信任合作关系，及时互通信息，降低委托代理的成本，建立内部协同信任合作的工作方式，逐步开展机构的内部治理工作，慢慢形成有效的内部协同治理模式，以确保机构的正常运作，促进机构的可持续发展。

---

① 边燕杰、丘海雄：《企业的社会资本及其功效》，载《中国社会科学》2000 年第 2 期。

2. 权力关系结构对内部协同治理的影响及其机理

社工机构内部不同的权力分配结构及其关系会对机构协同治理产生直接的影响。协同治理强调治理功能的整合、机构组织内部功能整合，机构理事会赋予执行层权力以加强机构的服务，履行机构使命，实现机构的愿景。机构在进行内部协同治理的行动中，需要清楚权力边界，明确清晰地界定机构内部不同治理部门的权力范围成为机构内部协同治理实施的关键。

本案例对珠三角三地（广州、深圳、佛山）社工机构的内部治理结构进行资料收集及整理分析，并通过对广州G社会工作服务中心的参与式观察研究，尝试提出现今珠三角地区社工机构较为理想的内部权力关系结构图，如图3－2所示。

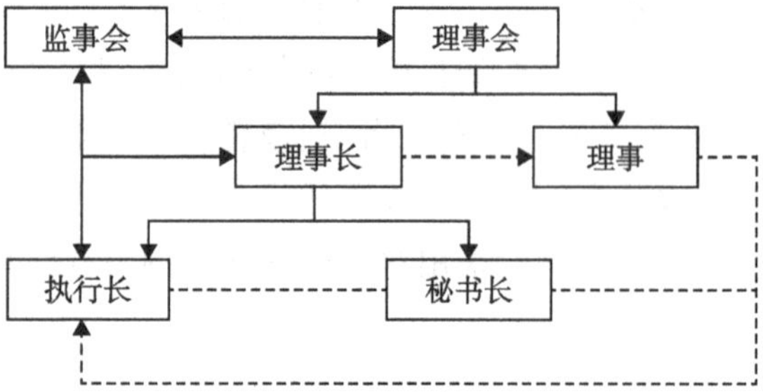

（"——▶"为权力直接隶属强关系，"- - -▶"为权力直接隶属弱关系，"- - - -"为弱关系，"◀——▶"为强关系）

图3－2　珠三角地区社工机构内部权力关系结构

图3－2属于较为理想状况下的机构内部治理权力结构。机构理事会在机构内部权力结构中占有最高位置，具有决策权。而在理事会内部，理事长隶属于理事会，由理事会推选出来，组织运作理事会，代理理事会行使理事会权力；理事会理事隶属于理事长，配合理事长的工作，在理事长的带领下参与机构理事会的运作。

机构理事会与理事长、理事长与理事间的关系都属于强隶属关系，其中理事会与理事长之间属于权力直接隶属强关系，而理事长与理事之间则属于权力直接隶属弱关系。机构理事会可根据具体事务的多少而决定聘请理事会秘书，秘书协助理事长处理理事会日常事务，与机构理事长及理事会属于强关系。同时，机构执行长由机构理事长面试筛选，并提交理事会做最终决定，但理事会在聘任机构执行长时会充分考虑理事长的意见。

理事长作为执行长的直属上级，执行长直接向理事长负责，执行理事长分配的事务，在理事长的监督及指导下开展机构运营性的活动，并定期向理事长及理事会汇报工作情况，接受理事会、理事长及监事会的监督和考核。因此，在日常机构运营过程中，机构理事长与执行长的关系属于强隶属关系。执行长与理事会理事属于弱隶属关系，与理事会秘书的关系属于弱关系。机构监事会与理事会、理事长及执行长的关系属于强关系，监事会虽然较少直接参加机构事务，但应加大对理事会、理事长及执行长的监督力度。

在此种权力结构及关系模式下，清晰的权责范围和关系，有助于社工机构内部不同部门间建立良好的协同合作关系，不同部门根据机构的使命、愿景、价值观和目标，执行理事会的决定，解决机构面对的问题，及时且有效地处理危机，把握外部机遇，促进机构的发展。

（二）社工机构理事会治理与协同治理间的有效度

从机构权力关系结构中可见机构理事长与执行长的权力配置和合作关系在协同治理中占了比较关键的位置。理事会的职权及治理成效是机构内部实现有效协同治理的基础。

1. 理事会治理与内部协同治理的相关性

机构理事会作为机构内部治理的重要组成部分，在机构中起了决策性的作用。机构理事会的建立在广东珠三角地区的社工机构经历了组建、探索、逐步发挥作用、理事会与执行层分离、开始注重理事会的运作及成效等阶段，部分机构的理事会逐渐进入成熟阶段。

组建阶段。根据《民办非企业单位登记管理暂行条例》的要求，机构登记注册的条件不包含必须建有理事会并提交理事会名单及职责，因此大部分机构理事会的组建是在机构登记注册后，才由机构创办者根据机构发展的需要逐步邀请相关人员成为机构理事会的成员，逐步建立起机构理事会。

探索发展阶段。机构理事会建立后，对于机构理事会的职责、人员组成、如何发挥作用、与管理层的分工与合作方式等，开始成为机构理事会探索的内容。本案例运用参与观察的调研方法，参与收集广州 G 社工机构理事会在探索发展过程的资料。

第一，理事会成员构成逐渐多元化。

广州 G 社会工作服务中心是由 5 名开办者共同注资开办的，因此为了更好地明确开办者在机构的权责，该机构在成立后便建立机构理事会，理事会成员均为机构的开办者，理事长则由机构理事会推选出其中一名最具影响力的理事担任。理事会成员在机构外均为某高校的老师，互相间为同事及上下级的关系。理事会成员身份结构单一，专业知识较丰富，能为机构提供较强的专业支持，如督导支持等，同时也能为机构建立专业影响力和公信力，在机构发展初期能为机构链接较多的资源，促进机构规模不断发展壮大。

随着机构的发展，理事会成员身份的单一性存在的负面影响逐渐在机构内部治理中体现出来，最为突出的是理事会成员缺乏机构运营及管理的经验和能力，在如何达到机构内的协同治理中常容易出现角色混淆、权力集中、越级管理等问题，直接影响机构内部协同治理关系的建立。广州 G 社工机构通过检视自身理事会治理情况，结合机构的发展需要，逐步扩大理事会的规模，关注及调整理事会成员身份的多元化，外聘机构顾问，新增外部理事，逐渐提升机构理事会的治理能力和水平，改善机构内部协同治理。

第二，理事会运作模式逐步清晰，有效发挥理事会治理功能。

机构理事会内部结构应包含理事长、副理事长、秘书及理事，并在理事会成立之初讨论及制定有效的理事会运作手册，内容包括明确理事长、副理事长、秘书、理事各自的分工及具体职责，明晰理事会成员的权利与义务，畅通理事参与机构治理的渠道，建立理事进出机制；建立理事会内部监察机制及成效自评机制。手册内容应清晰明确，具有较强的指引性和可行性，能有效指引理事会开展相关工作。清晰的运作程序和指引，能有效推动理事会的运作，帮助理事会成员之间逐步建立良好的合作关系，发挥理事会成员的个人优势，提升理事会的治理能力，改善机构内部协同治理的成效。

广州 G 社会工作服务中心在理事会成立之初对机构理事的进出渠道、理事长的职责和理事的职责进行了初步的分工，同时也通过召开定期的理事会会议让机构理事们可参与机构的决策运作，发挥理事的功能，但因职能的配置问题，机构理事长在机构开办的前 3 年里承担了机构理事会及执行层的大部分工作，且因未建立机构理事会参与机构决策的有效途径，导致大部分机构的决策均由理事长来决定。因此，随着机构的发展壮大，机构理事会其他成员对理事长有较多的意见，认为其独裁专断，使得其他理事的意见无法得到接纳，未能有效地让其他理事参与机构的决策，最终导致机构理事会人员的流动、理事长的更换及退出、机构法人代表的更换等，导致机构理事会从原来的 5 人变成 3 人，机构决策层发生了较大的变化，对机构的发展造成了较大的影响。在后来的调整中，机构决定将理事长与法人代表分开，机构的决策和重大事项需充分注重每个理事的参与，明确每个理事的职责、权利与义务，严格执行理事会一人一票的决策机制，这一系列举措有效增强了理事会的民主决策，调动了理事的积极性，充分发挥了理事会的功能，提升了理事会治理的成效。

理事会的整体治理成效得到有效的发挥时，能充分体现执行长的作用，改善高级管理层的机构管理成效，使得执行长及其带领的高级管理层能够有效落实机构理事会的决议。理事会与高级管理层信息沟通顺畅，能够有效降低委托代理的成本，逐渐建立互信协作的关系，形成内部协同治理实践模式，持续提升机构的整体能力，有效满足社群多样化的需求，逐步建立机构的品牌形象，吸引更多的资源，促进机构的可持续发展。

2. 理事会治理对内部协同治理的影响机理

理事会职责是否清晰，能否有效指引理事会成员开展相关工作，直接影响机构理事会成员的积极性、对机构的责任感、对机构发展运作的推动等，是理事会确保治理成效的关键，也是建立良好的机构内部协同治理关系的核心要素。

广东省 Y 社会工作服务中心的执行长："我们机构理事只会对机构进行半年或一年的工作审议，在机构需要其链接相关资源时会适当给予机构一些帮助，平时都很少参加机构的事情的，这样有好有不好。好处就是能给我充分的空间去运营管理这个机构，而且在机构外部关系建立方面给了很大的支持，有助于我们机构在初建时期的发展。但是理事会成员参与度较低，随着机构的不断发展壮大，面对的复杂事情相对比较多的时候，资源需要不断扩充的时候，理事会成员的积极性就很关键了。我们理事会马上就要换届了，我们也在考虑扩充理事会的规模，增加一些不同背景的人进来，可以调动理事成员的积极性，逐步改善理事会的运作吧。”①

佛山H社会工作服务中心的理事长：“我平时很少关注机构的事情，基本上不参与机构行政管理的会议，理事会也很少开会，我只会在机构投资决策方面参与，所以现在对我而言，机构治理情况完全处于失控的状态。今年我觉得这样下去不行，所以现在也在逐步调整理事会和管理层的合作，调动理事会的积极性，寻找合适的执行长，尝试改善机构的内部协同治理。”②

理事会治理活动的开展首先体现在其具体工作职责中，清晰界定理事会的职能，各理事成员明晰自身的角色与义务，自觉独立完成相关工作，有效发挥理事成员的个人功能。除此以外，还能及时了解他人的工作要求，畅通理事会成员间的沟通渠道，这有助于理事会成员间建立互信合作的工作模式，从而改善理事会的运作，有效发挥理事会的整体治理效用。因此，明晰理事会的工作职责成为目前珠三角地区社工机构理事会关注的重点，也是提升机构理事会治理成效的关键。

机构的使命、价值及愿景是机构存在及发展的前提条件，理事会的首要法则就是使命，使命是机构理事会存在的理由和根据。美国著名管理学大师彼得·德鲁克十分强调使命对于理事会的作用。他认为理事会的一切工作源于使命，并与使命密切相关（付立红等，2007）③。机构理事会的发展目标与方向需要与机构的使命相一致，方能使得理事会的职能、行为满足机构发展的需要，推动机构的发展。同时，机构理事会成员需要认同机构的价值观，价值观指导机构理事会成员的行为，价值判断原则会直接影响理事会成员的决策行为及理事会的信任合作关系，能有效预防理事做出罔顾机构需求的谋私行为。愿景是机构为了实现使命而确定的未来较长时间内需达到的目标，明确的机构愿景能够帮助理事会建立工作目标，明确理事会的工作方向，有效帮助理事会根据工作目标实现的需要而进行相应的分工与合作，有利于明确理事的职能并评估各理事的工作成效。因此，理事会只有建立一个实事求是，与机构使命、价值观及愿景相一致的发展目标，才能够推动理事会其他成员在面临个人利益、集体利益、机构利益相冲突的窘境中作出正确的选择，促成个人价值和组织目标的实现。

理事会违信责任是指理事会和理事违反法律所应承担的责任。民法中确定行为人侵权民事责任的归责原则，主要依照以下三种：一是过错责任原则，二是无过错责任原则，三是公平责任原则。就目前立法情况来看，我国并没有明确的法律条文对理事

① 调研人员于2016年11月8日在广州市YS区访谈广州S社工机构执行长。

② 调研人员于2016年11月19日在佛山市NH区访谈佛山H社工机构理事长。

③ 付立红、汪樟发：《企业使命管理》，载《中外企业文化》2007年第10期，第52—53页。

会违信责任的归责原则作出规定。本案例通过参与式观察的方式对广州G社工机构理事会的运作及违信责任行为进行研究，结合广东省民政厅制定的《广东省民办非企业单位法人治理结构与治理规则》中关于理事会职责的要求规定，认为在目前没有明确的法律条文的情况下，可用过错责任原则中的过错推定原则建立机构违信责任机制。

过错推定责任是为了保护相对人的合法权益而采取的一种特殊适用方法。过错推定，是指为了保护相对人或受害人的合法权益，法律规定只有证明自己没有过错的情况下，行为人才可不承担相应责任。过错推定是过错责任原则的一种特殊形式，是采用举证责任倒置的方式来完成的。适用过错推定即等于免除主张行为人主观过错的举证责任，只要符合一定情形，被告（行为人）就应就自己无过错承担举证责任。毫无疑问，这在一定程度上更有利于保护受害方的合法权益。社工机构理事会作为机构的必设部门，享有机构决策权力，为防范理事会及理事规避责任，将举证责任分配给理事会及理事，理事会及理事如不能证明自身不存在过失责任，那就需承担相应法律责任。通过采用过错推定能更好地保护社工机构的利益。

另外，因为社工机构理事会及理事在机构内部不受薪、不分红，因此本案例认为他们仅需要承担通常意义上的信义义务即可，以免承担责任过重会在一定程度上挫伤理事会及理事关心机构事务的积极性，不利于机构的长远发展。在社工机构理事会中，运用过错责任原则中的过错推定原则建立机构违信责任机制，即如果理事会及理事在管理机构事务时存在违反法律规定的行为，则必定会构成过错。但理事会、理事如果被提起诉讼，而在形式上并没有违反法律的规定，或在机构发展过程中出现违规现象，而不能证明自身不存在过失责任时，那么就需要承担相应的法律责任及行业整改责任要求。

除此以外，需要对机构理事会的工作进行定期的检视和考核，加强对机构理事会的监管。机构理事会属于机构的最高权力机关，应主动定期对其工作成效进行评估考核，并每年在机构员工大会上主动向机构全体员工讲述理事会当年的工作开展情况及成效。在理事会日常运作过程中可建立员工参与表达机制，让员工可列席机构理事会会议，在理事会作决策前向理事会表达员工的诉求，有助于理事会决策的公平、公正，增加理事会运作的透明度。同时，尽量增加外人理事的比例，适当降低内部理事的数量，避免内部理事出现小团体利益关系。最后，主动设立机构外部监事机制，聘请社会权威人士成为机构的监事，机构理事会定期向监事会提交工作报告及机构财务报告，监事可定期或不定期列席理事会的会议，对理事会的决策过程起到有效的监督作用。

理事会通过明细工作职责，理事会成员清晰自身的权利与义务，明确理事会的价值理念与机构的价值理念的一致性，增强理事会成员对机构使命和愿景的认可度，从而提升理事会成员对机构的归属感和责任感，建立违信责任机制，监督及激发理事会成员的动机，充分且有效发挥个人的优势和资源，同时与他人建立互信合作模式，逐渐提升理事会的治理成效，从而带领机构内部各部门检视及改进机构内部协同治理的方式，有效提升机构内部协同治理的成效。

（三）社工机构高级管理层在协同治理中的适应度

社工机构高级管理层尤其是执行长是机构协同治理的其中一个部分，是机构员工及理事会之间的桥梁，是有效落实机构治理内容的关键部门。价值理念、职能界定、考核与激励是影响机构高级管理层参与协同治理的相关因素。

1. 机构高级管理层与内部协同治理的关联度

价值理念直接影响一个人的判断及决策，对人的行为具有较强的指导性作用。机构高级管理层的价值理念尤其是执行长的价值理念会直接影响其日常管理行为、与理事会的协同关系等。

广州、深圳、佛山三地社工机构的理事长在接受访谈时均表示，“需要找到一名能认同机构的价值和发展方向，并与我的价值理念方向一致，互相能沟通协作的人担任机构执行长的职位”。

同时结合在广州G社工机构的参与式观察中发现，执行长的价值理念与机构协同治理呈正相关的关系，即执行长的价值理念与理事会及机构的价值理念越相关，则机构协同治理的成效越高，委托代理成本越低；反之则会降低协同治理成效，影响理事会及执行长的信任关系，阻碍机构的发展。

2. 机构高级管理层对内部协同治理的适应机理

机构高级管理层的职能界定是区分机构理事会职能，实现协同治理的实践前提。清晰的职权界定能让机构理事会、高级管理层各司其职，各自发挥相应作用，在此基础上通过协同合作，把各自的功能整合在一起，发挥整体协同治理的效应，促进机构的发展。

机构高级管理层的职能应与理事会有明确的区分，其中最主要的是高级管理层没有决策权只有执行权。理事会对机构的重大事项、整体财务预算、发展方向等进行决策，运用委托代理的方式，委托机构执行长带领高级管理层执行理事会的决议并有效处理机构日常运营管理工作，确保机构正常运作并得到逐步的发展。

随着社会工作的发展，近几年越来越多的社工机构采用委托代理的方式，尝试区分理事会及高级管理层的职责，用公开招聘的方式聘请专业人员成为机构的高级管理人员，负责统筹及开展机构日常运营工作。现代管理学之父彼得·德鲁克曾指出：“决定非营利组织成败的关键是组织应具备吸引并留住具有奉献精神的成员的能力。一旦丧失这种能力，组织就会走向衰亡，这是很难挽救的。”（彼得·德鲁克，2009）[①] 当有一定数量具备了专业化的能力与素质的人从事着该行业，那么为了避免高级管理人员在市场上流动，离不开机构的好的考核与激励措施。

---

① 彼得·德鲁克：《非营利组织的管理》，北京·机械工业出版社，2009年版。

机构高级管理层考核的成效好坏会直接影响高级管理层与理事会的协同合作关系，当考核的成效高，高级管理层真心接受理事会的考核结果时，有利于增加高级管理层对理事会的认可程度，并自觉履行理事会给予的建议进行修正，有效达到内部协同治理，促进机构的发展，但若考核的成效较低时，则会影响理事会与高级管理层的协同关系，降低协同治理的成效。当高级管理层不满意理事会的考核方式、考核标准等的时候，理事会对高级管理层的考核结果会被高级管理层视为不被尊重和理解。得不到理事的认可，会降低高级管理层的成就感，影响理事会与高级管理层的信任关系，从而对协同关系也有一定的负面影响，降低协同治理的成效。因此，理事会在对高级管理层进行考核前应先与高级管理层进行面谈，制定双方认同的考核方式和考核标准，考核标准的内容需要与高级管理层的年度工作内容息息相关。理事会在每年的年底公布第二年的考核方式和标准，确保高级管理层的知情权。同时，在高级管理层开展年度工作的过程中，尽量协助高级管理层处理遇到的困难，一定程度上帮助高级管理层实现其年度工作目标。

考核与激励应是相辅相成的，有严格的考核制度的同时应有同等吸引程度的激励制度方能达到相互促进的作用。笔者在采访广州市D社会工作服务机构理事长时，问及其对机构高级管理层的考核与激励的时候，D社会服务机构理事长说：“我们机构很重视高级管理层，除了会对高级管理层进行考核外，我们会给予高级管理层比较好的激励方式。如全额资助机构几个副总干事到香港理工大学进修硕士学位的学费及来回交通费、住宿费，同时对于面临生育需要的高级管理人员，机构给予其充分的弹性时间，让其可以兼顾工作和孩子的照顾需要，所以这几年来我们机构的高层管理人员流动性较低，机构理事会与高级管理层的协同合作关系建立得比较好。”可见，有效的激励方式既能满足高级管理层的需要，增强其工作的积极性和成就感，也能体现理事会对高级管理层的关爱、支持与信任，使得高级管理层慢慢产生对机构及理事会的感恩之心，增强高级管理层对机构及理事会的责任心，不断巩固协同合作关系，自觉并努力地完成理事会委托的任务，持续提升机构内部协同治理的成效。

四、珠三角地区社工机构内部协同治理的推进路径

本案例通过对香港社会服务机构的外部制度环境及机构内部协同治理的相关路径进行分析，结合本土的实际情况，运用委托代理理论和协同治理的理论，尝试提出珠三角地区社工机构内部协同治理推进中较为关键的机构内部治理制度框架、机构委托代理机制的结构、理事会运作机制、构建机构内部协同共同体四个层面的实现路径，以有效推进机构内部协同治理，为其他研究者带来一些实务研究的启示，为珠三角其他社工机构提供实践参考的可能。

（一）逐步完善社工机构内部协同治理的制度

珠三角地区社工机构近几年机构内部协同治理问题频出，已开始对机构造成一定

的负面影响和产生相关阻碍。本案例以个案分析的研究方法，通过深入访谈了解到珠三角地区社工机构内部几乎缺失关于机构治理方面的制度或相关规范，部门职责不清，分工不明，互相间较难形成有效的协同合作关系。因此，建立有效的社工机构内部协同治理的基础是建立较为完善的社工机构内部协同治理的制度。

1. 明确制度基础的构建原则

适当的制度能规范相关管理行为，明确相关要求，有利于机构目标的达到，但当所建制度的内容与机构实际情况及机构文化不符合的时候，在推行制度过程中容易导致员工与机构的对立，影响团队的稳定。本案例运用参与式观察的调研方法，长时间对广州G机构进行观察研究分析，认为机构内部协同治理制度的制定应遵守以下的原则。

第一，遵循以目标为导向的原则。

所谓目标导向即机构的制度内容最终是要能实现组织的目标的，因此，制定相关制度的前提是要明确组织的目标。理事会及机构管理层应根据机构的实际情况及其所处的外在环境，分析要达到组织目标所需的条件和资源，再根据这些条件及资源检视机构内部的实际情况，并制定相关制度性内容，汇编成册。制度内容间关系密切，相辅相成，能有效协助机构实现组织目标。

第二，遵循公平、公开、公正的原则。

为防止机构出现以权谋私的情况，机构制度不是机构某个人来制定的。机构管理者作为带领人，组建工作小组（小组成员应包括一线员工），通过对员工开展问卷调研、访谈等方法，了解机构存在的问题或要达到的目标，了解员工的想法，编制相关的机构制度初稿。拟订初稿后，公开向员工收集针对制度初稿的意见和建议，并组织员工召开座谈会，充分做好机构与员工间的沟通，归纳整理员工的建议和意见。工作小组对制度初稿进行修改，对于未被接纳的意见需要向员工作公开的解释，对于定稿后的制度，管理人员需要做好相关宣讲工作，让员工理解和接受制度的内容，并拟定制度执行的试用期，力求做到公平、公开、公正。

第三，遵循以人为本、关爱员工的原则。

卓越的制度应是理、情相结合的，既能达到机构的目标，又能关爱员工，凝聚员工，增强机构的凝聚力。因此，机构在制定制度条款的时候，需要充分考虑员工的实际情况和制度执行所需的条件。若制度实际执行所需条件与员工需求相违背，损害员工的利益，制度就会导致出现员工与机构/管理层对立的局面。但若制度实施既能有利于员工的发展，又能促进机构的目标达到，那么，员工则会非常认同机构的制度性文件并自觉履行相关职责，慢慢增强对机构的归属感和贡献，有利于机构目标的达到和促进机构的发展。

2. 构建全面有效的制度框架

首先，建立健全合理的理事会运作及管理制度。这是内部协同治理的第一步，因此，必须明确理事会的架构、分工、成员职责、自我评估、理事会监督制度等，有效指引理事会开展相关机构治理工作，并评估理事会的治理成效，对理事会的治理过程进行有效的监督，确保理事会公正、清廉。

其次，建立监事会制度并强化机构的监管问责系统，增强机构内部不同主体间的信任度。信任是协同关系建立的前提条件，与协同成效呈正相关的关系。其中，对机构理事会及高层管理人员实行监督，能有效增加理事会与高层管理人员的信任关系。社工机构采用委托代理的模式由理事会委托理事长代理理事会开展对机构的日常治理事务，机构执行长受理事会委托，在机构管理运营过程中有效执行理事会的决定，并及时向理事会反馈相关情况。在委托代理的过程中，对理事长及执行长进行有效的监督则成为理事会与理事长、理事长与执行长、理事会与执行长之间建立良好信任关系的关键。机构需建立监事会，制定有效的监事会运作方式及管理制度，以指引监事会能顺利及有效开展对机构的监督工作。其中，监事会的人选可由监督部门聘请机构外部人员且在其个人工作领域具有一定知名度和影响力的人成为机构的监事会成员，这样方能有效开展对理事会及高层管理的监督。

再次，建立完善的人事管理制度，实现招募的程序、岗位职责、层级关系、权力关系清晰化具体化。机构人事制度应包含招聘条件及流程、合同管理、人员管理、不同层级的岗位职责、员工培训、人才发展、薪酬制度、绩效考核、激励机制等。其中，需要清晰拟定机构执行长、副执行长的岗位职责，清晰相关隶属关系，明确问责方式，明确区分理事长与执行长的工作职责，有利于执行长清晰自身的职责要求，自主履行工作要求。同时，通过人才发展战略为机构搭建人才梯队，通过绩效考核对高层管理人员的成效进行评核，以有效的激励方式激励高层管理人员，增强机构高级管理人员的团队凝聚力，以更好地执行机构理事会的决定。

最后，明确违信责任机制，建立安全信任的协同治理环境。针对机构的运作情况，结合内外部的环境，理事会及高级管理层应共同制定机构危机处理（责信）制度，明晰理事会、机构执行长两级的责信范围、内容、承担责任的方式等，理事会应承担更多的责信内容，主动承担机构的相关法律责任，为机构执行长带领机构发展建立安全的环境，有利于激发机构执行长的创新，促进机构不断发展。另外，理事会及机构执行长应该每年针对机构的发展情况、内外部环境等，评估机构未来一年内可能存在的危机，尤其是法律方面的危机，进行全面的有效的评估并制订相关预防方案，以减少危机的发生。同时，每季度理事会及执行长针对机构当下的情况进行危机评估，及时处理存在的或潜在的危机，并通过模拟训练的方式不断完善应急程序，加强理事会及执行长对危机的处理能力，不断提升处理危机的默契，当危机发生时能迅速反应，减少危机对机构的影响。

除以上基本的治理制度外，社会工作服务机构仍需自觉制定机构防贪制度。机构防贪制度的作用是为了有效监督理事会、理事长及高级管理人员出现利用职务便利进行谋私的行为，以增强内部协同信任合作关系，提升机构内部协同治理的成效。委托代理的方式容易导致理事会与理事长、理事会与执行长之间的信息沟通出现滞后或片面的情况，且理事会对理事长的监督基本缺乏。因此，机构理事长或执行长利用职务便利出现谋私行为的可能性较高。机构防贪制度的内容应包括机构财务管理（含预算、出纳、审计、薪酬、固定资产管理、财务结算、财务危机预防、物资管理等）、民主决策、诚信监督、物资采购、利益关系申报、信息公开、公众监督等内容。

（二）优化机构委托代理机制下的内部协同治理结构

珠三角地区社工机构大部分采用委托代理机制实现机构内部协同治理，明确的委托代理结构是达到机构内部协同治理的基础。清晰的委托关系及权责关系能有利于协同关系的建立，有利于机构理事会、执行长建立协同合作模式。

1. 重构机构组织内部治理运行结构

珠三角地区社会工作服务机构应重视机构内部协同治理，未建立内部协同治理运行结构或已初步建立治理结构但治理成效仍较低的机构需要重新检视组织内部治理运行的结构，对不同的内部协同治理下不同部门的权责关系、隶属关系等进行重构，增加协同治理缺失的部分。本案例运用个案分析的研究方法对广州、深圳及佛山南海7家社工机构进行访谈分析及运用参与式观察的方式对广州G机构的协同治理进行研究，尝试提出珠三角地区社工机构内部协同治理的运作结构模式，具体如图3－3所示。

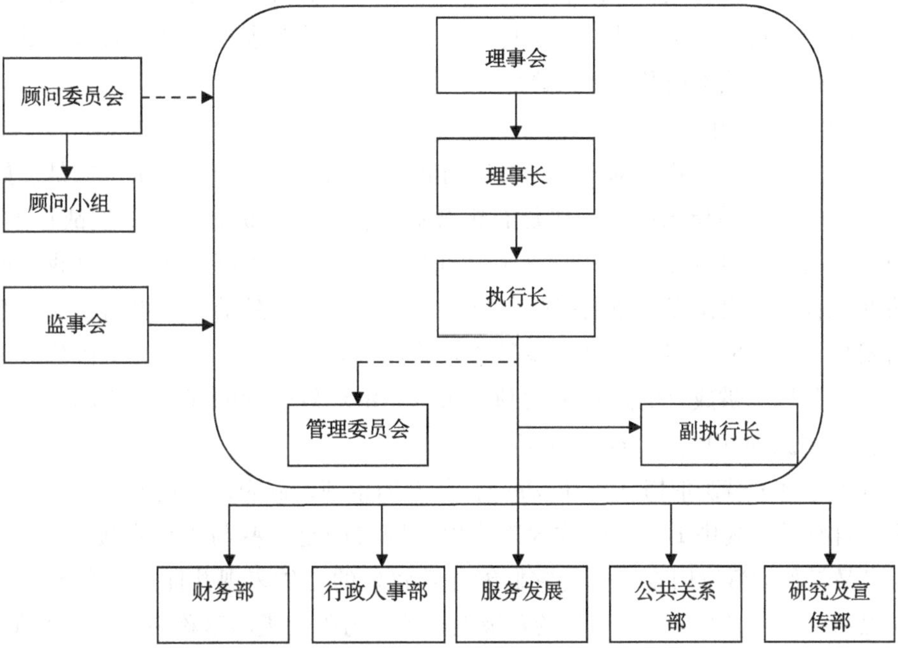

图3－3　珠三角地区社工机构内部协同治理运作结构

从图3－3可以看到，权力决策中心为机构理事会，理事会委托理事长代理理事会行使理事会的职责，理事长向理事会交代。理事会招聘机构执行长，委托执行长执行机构日常管理运作的相关职责，理事长代表理事会与执行长进行日常协同治理工作的合作及开展，理事长指导及监督执行长对机构的管理运作情况，执行长要及时保持与理事长的沟通，保持信息的畅通，向理事长及理事会负责。为协助执行长开展机构日常运作工作，机构可根据实际情况聘请 1 名或以上的副执行长。同时，为了使得管理运作决策更具有民主性、避免执行长出现谋私行为、降低机构因决策失误而产生的风险、充分调动员工的工作积极性及参与程度，执行长可根据工作需要设定管理委员会，执行长为管理委员会主席，管理委员会采取一人一票的民主决策模式。

同时，针对机构整体长远发展策略、中期发展策略、年度计划等的制定，机构要求相关社会专业人员成为机构的顾问委员会成员，为机构建言献策，顾问委员会与机构没有隶属关系。顾问委员会根据机构的发展状况和需要，下设各顾问小组，有针对性地为机构提供建设性建议，如财务顾问小组、行政人事顾问小组、服务开发及资源链接小组等。

社工机构应设定监事会对机构的理事会、理事长、执行长、管理委员会及副执行长的决策行为、日常工作的开展等进行有效的监督。监事会需 5 人及以上，数量必须为单数，成员需为机构外的独立专业人员，在其工作领域中具备一定的知名度和影响力。监事会每年可向机构理事会及执行长提交监事工作成效报告，清晰指出机构理事会运作及高级管理层日常管理中存在的问题，并提出改善建议，同时，预防及监督理事会、理事长及高级管理层利用职务的便利出现谋私的行为。对于相关违法行为的出现，监事会可直接要求相关违法人员停止违法行为，并要求理事会及时进行处理，把情况主动汇报给司法部门及业务监督部门。

2. 优化激励结构

Kettner 认为有 9 项因素对于激励员工有重要作用：一是给予尊重；二是良好的薪资；三是改善工作品质的机会；四是有机会提拔；五是有机会从事有挑战性的工作；六是感觉自己工作很重要；七是被领导告知自己工作表现很好；八是有自我发展的机会；九是工作上有自由度。他根据此研究发现并结合相关激励理论提出了 5 条激励社会服务机构工作者的原则：一是以满足个人需求来激励；二是以提升工作分派的品质来激励；三是以提供成就的途径来激励；四是经由绩效奖励的强化来激励；五是通过公平和公正来激励（P，Kettner，2006）①。

弗雷德里克·赫茨伯格（F. Herzberg）的双因素理论认为，影响工作满足与不满足的因素各自有异，其中 Herzberg 称为工作内在因素的是一些与工作直接相关的因素。此类因素又被称为激励因素，因为它们能导致较好的工作表现并促进卖力工作，与心理成长感觉、工作以及个人对工作的积极性有关。另外一类因素称为工作的外在因素，Herzberg 将其称之为保健因素，它们与工作无直接关系，并不会促使员工有好的工作表

① P Kettner：《追求卓越：人群服务组织管理》，台北·双叶书廊有限公司，2006 年版。

现，仅能防止员工低落表现的发生（Herzberg，1966）[①]。激励因素的内容包括成就、认同、成长的可能性、工作本身、升迁、责任感六大要素（杨子恒，2005）[②]。保健因素的内容包括薪资、人际关系、上级领导、组织政策与管理、工作环境、个人生活因素、地位及工作保障八大要素（Herzberg et al.，1959）[③]。

本案例通过对广州 G 社工机构的参与式观察调研及运用个案分析的研究方法，对深圳、广州、佛山 7 家社工机构进行深入访谈，收集关于社工机构对执行长设置的激励因素及方式的资料，结合 Kettner 的观点及弗雷德里克·赫茨伯格（F. Herzberg）的双因素理论的内容，尝试提出社工机构对执行长的激励因素及方法。

第一，重塑内部激励。

表 3-3 重塑内部激励

激励方法	具体内容
让执行长感受到被尊重	广州 B 社工机构执行长表示："我选择这个机构一个很重要的原因是感觉到自己被尊重，被理事会信任，理事会能给予我较大的空间，尊重我的价值观和处事风格，尊重我对机构日常运营的想法和相关的做法，这样我工作起来会更用心更尽责。"[④] 理事会尊重执行长的价值观和处事风格，尊重执行长对机构日常运营的想法及相关做法，适当放权，让执行长感觉有一定的工作空间和运营决策空间，会更加容易激发执行长的动机，增加执行长对机构的责任感和归属感，提升个人发展与机构发展的吻合度，起到较好的激励作用
强化薪酬激励	社工机构的薪酬激励是理事会实行有效激励的基本方法之一。深圳、广州及佛山三地社工机构的执行长普遍年纪比较轻，处于30—40 岁，属于事业的发展期，大部分已组建家庭并成为家庭经济的主要来源。因此，良好的薪酬可以满足执行长的生活所需，使其不需要为谋生而费尽心思。另外，良好的薪酬也可增加执行长对这份职业的认同感和荣誉感，并获得家人的支持和社会的认可。 社工机构的薪酬激励可包括外在薪酬和内在薪酬两个体系。外在薪酬包括直接薪酬、间接薪酬以及非财务性薪酬。直接薪酬指机构给予执行长的日常工资、工作津贴、绩效奖金等；而间接薪酬是机构为执行长提供的一些福利，如保健计划、额外津贴等；非财务性薪酬指的则是机构为执行长开展工作提供的一些便利，比如舒适的办公环境、免费的停车位等。内在薪酬包括参与机构内部决策讨论、获得个人学习成长机会、较大弹性的工作时间以及工作获得的乐趣等。其中获得自我成长的机会是现在珠三角地区社工机构执行长普遍较需要且重要的激励方式，以持续提升执行长的能力，增加他处理繁复工作的信心，扩张他的知识面，增加其见识，使得他能适应快速发展的社会工作潮流并带领机构继续前进发展

① Herzberg F. Work and the nature of man [J]. Industrial & Labor Relations Review, 1966, 20 (3).

② 杨子恒：《F. Herzberg 双因子理论与教师教学效能之实证研究分析——以台北县小学教师为例》，台北师范学院，2005 年。

③ Herzberg F, Mausner B, Synderman B B. Motivation To Work [J]. American Journal of Psychology, 1959, 73 (3).

④ 调研人员于 2016 年 11 月 14 日在广州市 BY 区访谈广州 B 社工机构执行长。

续表

激励方法	具体内容
提升成就激励	每个人都希望在工作中，自己能取得好成绩，从而获得满足感。需求本身并不会对个人产生激励作用，真正起到激励作用的，是对满足需要的期望，而期望的强烈程度，也就决定了个人受到激励的程度，这就是所谓的成就激励。社工机构对执行长的成就激励可包括机构内部及机构外部两部分。所谓机构内部激励即肯定执行长在机构的作用和工作成效，及时给予赞美，激发执行长的工作热情和积极性，提高执行长的工作效率，拉近执行长与理事会之间的心理距离，加深执行长的成就感；对于执行长做得不够好的地方应有一定的宽容，在提出不足的同时能给予切合实际的指导，使得执行长能执行理事会的建议，让执行长感受到的是支持而不是责备。所谓机构外部激励即尽可能为执行长建立更多的外部发展平台，让执行长在机构工作过程中能获得外部的相关奖励或行业认可，协助执行长建立行业形象
调整工作设置的激励	工作设置的激励包括执行长职责、工作目标、工作内容、工作方法、工作地点、工作时间、绩效评估方法等的设置需要对执行长起到一定的激励作用。工作内容和目标的设定必须要与执行长的能力及机构的发展要求相匹配，具有一定的挑战性，让执行长对工作产生兴趣。理事会增加对执行长的信任，执行委托代理的实际要求，给予执行长较大的工作空间和自由度，以便其能够更好地发挥积极能动性，对执行长起到有效的激励作用
角色激励	所谓“角色激励”也叫“责任激励”，实际上是通过引导被激励者，让他正确认识到自己所扮演的社会角色，或接纳新的社会角色，从而承担起相应职责的一种方式。角色激励包括社会角色激励和心理角色激励（赵伟，2015）。社工机构要做好角色激励首先机构执行长要主动做好角色的自我调适，形成正确的角色认知并进行有效的角色学习。其次是机构理事会需要给予机构执行长更多的信任及支持，理事会在聘请执行长的时候应对他的能力和品格具备一定的信任。在日常工作中，执行长需主动加强与理事会沟通，提升沟通的成效，在互动过程中执行长能感受到来自理事会的信任和支持。再次是理事会通过调整对执行长的期望值，并对理事会和执行长进行明晰的职责分工，有效发挥理事会的作用，对执行长进行真正的授权，使得权责一致，充分支持执行长执行机构管理决策及日常行政管理事宜。最后是培养及激励执行长，让执行长的能力能有进一步的提升，以满足机构的发展需要。同时，通过合理的激励措施，增强执行长的成就感和使命感

第二，外部激励因素及方法。

表 3-4 外部激励因素及方法

激励方法	具体内容
建立良好人际关系的激励	理事会应充分发挥其外部关系连接的作用，为机构搭建更广阔的合作平台，与机构外部人员建立更广泛的信任合作关系，使得机构获得更多发展性的外部支持。机构执行长在跟进各种与外部合作的事项时，需要理事会有效指导执行长如何进行外部关系的建立，让其能够掌握相关原则和方法，有信心处理外部复杂的各种关系。同时，对于机构内部理事会应起到表率的作用，即理事会内部应团结友爱，相互支持，并协助机构执行长建立机构内部互助互爱的氛围，营造良好的团队文化。机构执行长在工作过程中能感受到来自团队的支持和关怀，对团队的爱能有效激发执行长的工作动机

续表

激励方法	具体内容
情感激励	本案例运用参与式观察了解到广州G社会工作服务中心较为注重制度建设，重视制度的执行，而机构内部团队关系、理事会与执行长相互间情感交流和人文关怀较少。 该机构执行长曾表示："我在住院期间发现，其实机构没有了我也没关系，但是我的家庭没了我却会遭到很大的打击。通过这次手术，我开始觉得我只是机构理事会的一个工具，现在还在聘用我只是因为我还有利用价值，等到某一天我没有了利用价值，那么我们的合作就会终止。" 执行长的这番话可以反映他与机构理事会间的情感联结较少，互相间的信任关系较差，不利于工作的开展，导致委托代理成本提升。 情感激励是投入少但回报最高的。松下幸之助曾经说过这样一句话："社长必须懂得兼任端茶的工作。"也就是说理事会也应该将自己当成机构的服务者。当理事会能从观念上接受这种想法，并强化这种意识，那么在面对机构执行长时，自然会收敛起高高在上的傲气，关心执行长，感激执行长。这种自然流露的心意比任何物质奖励更能让执行长心怀感恩，这也正是情感投资的最高境界。一般包括关心执行长的健康状况、执行长的工作餐不容忽视、每个节日和执行长的生日都很重要、在生病的时候探病、关心执行长的家庭状况
授权激励	所谓授权激励就是理事会利用人的进取心和成就感，根据执行长具体工作情况，适当对其下放更大的权力，对其进行激励的一种方式。 深圳市J社会工作服务中心的理事长认为："授权其实是一种激励，是一种对执行长的能力的认可和信任，通过授权能有效建立执行长、理事会、机构三位一体的共同体，增加执行长对机构的责任感、归属感和荣誉感，那么他的工作动机就会比较高。"① 利用授权激励法，一方面能调动执行长的工作热情和积极性，另一方面能让执行长在掌握更多权力的同时掌握更多可利用的资源，从而在工作上作出更加优异的成绩。理事会只需要把握机构的整体发展方向、机构的使命、愿景和价值观的制定、机构财务的预算和大额度财务的审核、重大法律文件的签署，其他管理方面的事务性权力可以完全授权给执行长，由执行长带领机构管理团队开展机构的日常管理工作，处理繁复的行政事务，以确保机构正常发展

（三）调整理事会构成及其权责设计

1. 调整理事会规模与构成

首先，检视及调整理事会的构成，实现理事会成员组成的多样化。理事会需要根据当下理事会的治理成效、机构的发展情况和未来需要达到的目标调整理事会的构成，吸纳不同专业背景的人员加入理事会，实现理事会成员组成的多样化，方能为机构发展提供更多资源及支持。理事会成员的专业背景可包括专业财务管理、公关媒体宣传、企业运营及资源链接、专业服务背景、具有一定的政治资源等。理事会在选取

① 调研人员于2016年11月9日在深圳市NS区访谈深圳Y社工机构理事长。

合适的人成为理事会成员时可充分考虑以下因素：个人的价值观与机构价值观的正相关程度、个人的未来发展目标与机构的使命及愿景的正相关程度、个人对机构的贡献程度、个人与机构及理事会的利益关联负相关程度、个人的能力及资源、个人的社会影响力等。理事会在调整理事会成员或扩充理事会成员时除了考虑以上因素外，其前提是根据机构长远发展需要（起码是 10 年以上）对理事会成员进行调整、更换、减少或扩充。

其次，调整理事会的规模，根据机构的发展状况缩减或扩大理事会规模。在初创期间，机构需要快速把握各种内外机会，沟通必须顺畅，决定要迅速，规模较小的理事会能有效减少沟通成本，及时回应及处理各种应急问题，有效把握各种资源，理事会成员间的关系较紧密，目标一致，相互激励，有助于机构的发展。因此，在机构发展初期，理事会的最佳规模一般是不超过 5 个人且为单数。随着机构的发展，从初创期发展到具有一定规模的中期发展阶段时，理事会则需要针对原有的理事成员的成效进行评估，对不适合机构现阶段的需要、对机构未来发展没有起到促进作用的理事进行更换，选取合适的人员进入理事会。同时，根据机构发展的需要及理事成员的工作量决定是否扩充理事会，但为了保持理事会的有效沟通及治理成效，理事会规模不宜超过 15 人。

2. 明晰理事会权责及工作内容

首先，清晰理事会整体工作职责。本案例通过运用个案分析的研究方法对广州、深圳、佛山南海 7 家社工服务机构进行深入访谈，结合对广州 G 社工机构进行的参与式观察，借鉴香港 J 社会服务机构的内部协同治理的经验，尝试提出珠三角地区社工机构理事会的具体工作职能。理事会作为机构的权力及决策的部门，其职能主要涉及机构整体定位、发展规划、重大事件的决定等决策性的内容，具体可包括制定并及时检视机构的使命及愿景、提供支援性策略和工作计划以帮助机构实现使命和愿景、监督及指导高级管理层制定机构策略性策划、审批机构年度财务预算并对会计程序进行监督及控制机构的开支，制定机构资产投资、内部监控、采购等方面的制度及监督措施、审批决定机构各项重要的管理政策和制度，同时还需负责甄选及聘用、评核机构执行长，保持理事会的“透明度”，积极对外推广机构形象，帮助机构营造良好的外部合作环境等。

其次，制定理事长的工作职责。理事会需要针对理事长的工作要求，制定清晰的、指引性强的理事长工作职责，确保理事长能主动履行职责，代表理事会开展具体治理工作。理事长需完成理事会的决定，由理事会选举产生，具有一定的任期及连任机制，其具体工作、职责包括带领机构理事会成员参与机构事务、维持及推进理事会的日常运作、担任重要委员会小组的负责人、代表机构出席重要活动或会议、督导及评核机构执行长的工作、代表机构理事会签署机构财务审计报告及以机构名义发出去的相关支票/发票、组织理事会进行工作检视并改善理事会的治理成效。

（四）构建机构内部协同共同体

1. 营造内部治理主体间的信任网络

第一，选聘合适的人成为机构执行长。理事会在选聘机构执行长时会把应聘人员正直、成熟、公正、诚信的品格视为基本考虑因素。应聘者对机构使命、价值观及愿景的认可程度，应聘者个人价值观与理事会价值观的正相关程度则是重要的考虑因素。在满足以上两种因素后，理事会对应聘者的专业背景、专业能力、沟通能力、协调能力、综合素质等提出一定的要求，通过横向比较，选取各方面条件较为优秀且理事会较为信任，与理事会成员无利益关系的人担任机构执行长一职，受理事会委托全面负责机构的日常运营管理工作，完成理事会的决策，协助理事会完成机构的使命。执行长作为高级管理层的核心代表，其与理事会的关系是机构高级管理层与理事会关系的核心。因此，理事会与执行长建立良好的信任合作关系有助于降低委托代理的成本，提升机构协同治理的效果。

第二，建立理事会与执行长的沟通机制，顺畅沟通渠道。顺畅的沟通机制可确保信息的全面性与及时性，避免猜忌及误会的产生。机构内部有效沟通的维度可包括理事会内部沟通、理事长与执行长的沟通、理事会与执行长的沟通三个层面。理事会内部沟通一般由理事长负责组织及维系，沟通方式主要包括召开正式的理事会会议、电子邮件、电话、微信等。社工机构的理事会一般建议每季度召开一次，最长时间不超过每半年召开一次。通过面对面的沟通，使得理事会成员更加了解理事会的运作情况及机构的现状，对机构存在的问题提出改善建议，并提供资源促进机构的发展，及时有效地帮助机构执行长处理机构存在的问题。电子邮件、电话及微信的方式一般用于日常理事会的沟通，增加理事会成员间的了解，帮助理事会成员建立良好的信任合作关系。

第三，建立有效的理事长与执行长的沟通模式，确保相互间信息沟通有效、及时，从而增强相互间的协同信任合作关系。理事长与执行长的沟通模式一般是由执行长主动与理事长联系，定期沟通工作情况，汇报工作成效，及时有效互通信息，确保信息及时、全面，减少代理成本，增加理事长对执行长的信任程度。执行长与理事长的沟通方式与理事会的沟通方式一致，但频率会较与理事会沟通的频率高。一般情况下，执行长要确保与理事长的沟通渠道顺畅，每月正式向理事长汇报工作进展情况，每周可通过电子邮件、电话或微信等非正式的方式向理事长沟通必要事件，确保理事长能及时掌握机构的重要事件、危机事件等，为执行长提供有效的支持。遇到重大事件时，执行长要第一时间与理事长联系，其间仍需要保持良好的沟通。理事会与执行长的沟通由理事长组织安排，一般采用正式会议的方式进行沟通，每半年召开理事会与执行长的沟通会议，执行长向理事会汇报工作情况。

第四，制定清晰的、具有可行性的执行长的工作职责。清晰、具体、可行的工作职责能够指引执行长开展工作，同时也有利于理事会对执行长开展评核及监督工作。

机构理事会及理事长要明确执行长的工作目标，工作目标可行性高，符合执行长的能力范围。执行长需自觉明确自身工作目标，拟订年度工作计划和阶段性目标完成安排，有计划、有步骤地开展相关工作，实现工作目标，确保工作成效，增加机构理事会及理事长对执行长能力的认可，有利于增强理事会与高级管理层合作关系的信任度。

第五，营造适度的关怀环境。机构理事会在统筹开展内部协同治理的过程中，也需要加强人文关怀，注重营造适度的关怀环境，拉近理事会成员间、理事与执行长间的关系，从而达到增强理事会的凝聚力，提高执行长对机构的归属感和责任感的效果，逐渐形成内部协同治理共同体。现时珠三角地区社工机构的执行长平均年龄在30—45岁，面临较大的生活压力、情感需求等，当理事会在执行长行使代理权力对机构进行管理的时候给予适度的关怀，帮助执行长解决生活上的困难，有利于加强执行长与理事会的情感联结，有利于增加相互间的信任度。

2. 打造内部协同治理平台

首先，建立基本的互信协同合作模式，开展内部协同治理工作。互信协同合作的工作模式是指理事会、理事长、执行长三者之间互相信任，职责清晰，沟通顺畅，工作公开透明，信任程度较高，理事会、理事长及执行长在机构内部治理过程中磨合，相互协同，形成互信协同合作的工作模式。

互信协同合作模式的构建过程可包括：理事会为执行长提供充分的机构日常管理运作的自主空间，理事长作为理事会的代表，有向执行长布置工作、了解机构经营情况的权利；如果理事长兼任机构“法定代表人”，理事长还负责对机构运作活动从法律上把关，但理事长只是机构运作活动的把关人，不是具体操作人。理事会既然已经委托执行长负责机构日常工作，理事长就不宜直接指挥机构各部门工作，理事会对机构各部门工作有要求，可向执行长下达，由执行长落实。理事长对机构各部门有知情权、考察权，理事长考察机构各部门工作时，各部门需要配合。机构管理层的会议由执行长召集和主持，理事长认为需要时可以参加，并可作指示，但会议决定由执行长作出。当机构遇到危机事件时，执行长需及时与理事长沟通，请理事长把关，然后由执行长实施。遇有紧急且重大的但超越执行长职权的事项，在不违背理事会决议的前提下，在理事长的授权下，执行长也可先处理后报理事会追认。

其次，适当授权，建立分权结构。执行长在理事会的授权范围内有一定的经营决策权，其他人不能随意干预。执行长承担了完成机构年度工作目标的责任。执行长所需具有的经营权力可包括设置内部管理部门、人事管理权和劳动用工权、日常机构运作管理决策权、工资及奖金的分配权利，对外是机构的授权代表人，对内是机构运营发展管理中心，有权根据社会的需求，确定机构的服务项目、规模及形式，并对项目开发作出决策。执行长的薪酬则根据责任制实施结果由理事会考核确定。总的来说，执行长的管理权限和代理权限不得超过理事会决定的授权范围，其运营成果好坏接受理事会的监督及考核。执行长要善于管理，有职业道德，忠于机构，不得逾越权限。

执行长的工作可采用目标责任制的工作模式，开展机构日常运营管理工作。理事会根据机构目前的状况及发展目标，结合外部环境及可用资源，在符合执行长能力的情况下制定执行长的年度工作目标。执行长需要明确自己的工作方向和目标，并接受理事会对其工作目标达到情况进行评核。执行长为了实现工作目标，可自由选择合适的工作方式、工作时间等开展日常运营管理工作。这样的方式具有一定的弹性，在注重工作目标达到的情况下，尊重执行长的个人工作习惯，可调动执行长的积极性和创造性，提高工作效率，有利于目标的达到。

参考文献

[1] 彼得·德鲁克．非营利组织的管理［M］．北京：机械工业出版社，2009.

[2] 边燕杰，丘海雄．企业的社会资本及其功效［J］．中国社会科学，2000（2）.

[3] 陈林．非营利组织法人治理［M］．台北：洪叶出版社，2004.

[4] 程昔武，朱小平．非营利组织治理结构：特征分析与框架构建［J］．审计与经济研究，2008，23（3）：87－91.

[5] 付立红，汪樟发．企业使命管理［J］．中外企业文化，2007（10）：52－53.

[6] 李炳秀，陈晓春．内部人控制与非营利组织治理结构探讨［J］．云梦学刊，2005（2）.

[7] 李霞，干胜道．非营利组织协同治理可行性分析［J］．哈尔滨师范大学社会科学学报，2013（6）.

[8] 刘有贵，蒋年云．委托代理理论述评［J］．学术界，2006，24（1）：69－78.

[9] 毛刚．我国非营利组织内部治理机制研究［D］．成都：西南交通大学，2005.

[10] 钱颜文，姚芳，孙林岩．非营利组织治理及其治理结构研究：一个对比的视角［J］．科研管理，2006（2）.

[11] 田培杰．协同治理概念考辨［J］．上海大学学报（社会科学版），2014（1）.

[12] 王名．Case-study on China's NGOs 2001/王名主编［M］．联合国区域发展中心，清华大学NGO研究中心，2001.

[13] 王名．非营利组织管理概论［M］．北京：中国人民大学出版社，2002.

[14] 杨子恒．F. Herzberg双因子理论与教师教学效能之实证研究分析——以台北县小学教师为例［D］．台北：台北师范学院，2005.

[15] 张昌辉．公司治理机制在非营利组织中的应用研究［J］．管理观察，2014（28）.

[16] 张明．非营利组织的治理机制研究［D］．广州：暨南大学，2008.

[17] 赵敏，姚歆，杜晓燕．组织治理框架构建研究［J］．标准科学，2019（4）.

[18] Ansell C, Gash A. Collaborative Governance in Theory and Practice [J]. Journal of Public Administration Research & Theory, 2008, 18 (4): 543－571.

[19] Donahue J D, Zeckhauser R J. Public-Private Collaboration [J]. Handbook of Public Policy, 2008.

[20] Drucker P F. Lessons for successful nonprofit governance [J]. Nonprofit Management and Leadership, 1990.

[21] Harris M. The power of boards in service providing agencies: three models [J]. Administration in

Social Work, 1994, 18 (2): 1-15.

[22] Herzberg F. Work and the nature of man [J]. Industrial & Labor Relations Review, 1966, 20 (3).

[23] Herzberg F, Mausner B, Synderman B B. Motivation To Work [J]. American Journal of Psychology, 1959, 73 (3).

[24] Houle. Governing Borads [J]. Jossey-Bass Publishers, 1989.

[25] Mintzberg H. Power In and Around Organizations [J]. American Journal of Sociology, 1985.

[26] Murray V, Bradshaw P, Wolpin J. Power in and around nonprofit boards: A neglected dimension of governance [J]. Nonprofit Management and Leadership, 1992.

[27] P Kettner. 追求卓越：人群服务组织管理 [M]. 台北：双叶书廊有限公司, 2006.

[28] Saidel J R, Harlan S L. Contracting and Patterns of Nonprofit Governance [J]. Nonprofit Management and Leadership, 1998.

第四章　行动的智慧：社工机构与政府的互动

——基于对中山市 NT 社工服务项目的分析

伍敏君[①]

随着政府购买社工服务的行动开展，政府与社工机构的互动关系逐渐被更多人所关注。因此，本案例以中山市 NT 社工服务项目为例，深入分析社工机构与政府的互动过程。在 NT 社工服务项目中，笔者通过 3 年多的亲身参与和实地观察，并对政府、社区以及相关的社工机构人员进行访谈，尝试就社工机构与政府的互动过程进行分析研究。研究发现，社工机构与政府双方会因不同的因素而出现各种关系形态，面对着不同的关系形态，社工机构和政府会用不同的行动方式和策略来应对。与此同时，双方的关系又会随着行动的介入而发生转换。总之，二者会处于一种行动影响关系、关系影响行动的动态发展状态中。

一、本案例研究概述

（一）为什么要研究社工机构与政府的互动

2006 年党的十六届六中全会提出"建设宏大的社会工作人才队伍"，2010 年中共中央、国务院发布《国家中长期人才发展规划纲要（2010—2020 年）》，把社会工作人才作为重要的人才队伍进行建设。至此，我国社会工作迎来了前所未有的发展良机，而各地政府也响应政策号召陆续推进社工服务。

2009 年 8 月，广东省民政厅新增社会工作处成为社会工作主管部门。2011 年 5 月，广东省政府办公厅印发了《政府向社会组织购买服务暂行办法》，这是中国首个省级层面出台的政府向社会组织购买服务的政策，就政府向社会组织购买服务的基本原则、采购范围、供方条件、资金安排等进行了详细规定（张和清、向羽，2013）。2011 年 7 月，广东省召开十届九次全会，专门研究加强社会建设、创新社会管理问题，省委省政府颁发了《关于加强社会建设的决定》及 7 个配套文件，决定在省、市、县三级成

---

① 伍敏君，社会工作师、社会工作硕士，现任中山市启创社会工作服务中心片区主任，兼任中山本土督导。曾获广东省社工之星、中山市优秀社工、中山市优秀项目管理者、中山督导班优秀学员等荣誉称号。撰写并在相关平台上发表了《社工介入台风时灾民安置救援服务指引》《谈社会工作如何促进居民发挥社区发展主体的角色功能》《给她一个拥抱，她也可以拥有更好的人生!》等文章。

立社会建设工作委员会。2012 年正式成立时，该工作委员会的全称是社会工作委员会（广东省社会工作委员会，2012）。

中山市于 2009 年开始推行社会工作的试点工作，分别在东区、南区、古镇 3 个镇区探索城乡社区服务，当时的社工机构仅有 3 家；2010 年，市、镇两级在社工服务的财政预算投入合计 200 万元；2011 年，全市社会工作步入迅速成长期，开始广泛铺开“政府购买社工服务”的行动（陈敏仪，2014）。截至 2012 年底，中山共注册登记社工机构 8 家，社工队伍增至 100 多人，社工项目从 6 个发展至 31 个，市镇两级经费投入从 200 万元增加至 1000 多万元。截至 2016 年，中山社工机构达 66 家，持证社工 2971 人，直接从事一线社工约 500 人，社工服务项目约 50 个（侯玉晓，2016）。

可见，随着国家政策的推动，中山社工机构迅猛发展，其发展的模式主要是依靠政府财政投入的“政府购买服务”。而多年的实践经验让笔者深刻感受到：在政府购买服务的模式下，中山社工机构的项目运作是否能持续发展，关键因素在于其是否能与政府建立和维持良好的互动关系。

因此，本案例通过以 NT 社工服务项目为例，深入分析社工机构与政府的互动过程，研究在政府购买服务的模式下，社工机构与政府作为不同的行动者之间所产生的互动过程，具体包括互动关系形成的基础是什么，在服务提供的过程中，不同阶段中双方的重要行动模式会对关系产生什么影响，而关系的变化又会如何影响双方的行为方式，在冲突关系类型下，双方又是如何通过进一步的行动以改善关系的。本案例还尝试以此提出相关建议，以促进社工机构在政府购买服务的背景下可以更好推进社工服务的发展。

（二）概念界定与研究方法

1. 概念界定

政府：既包括地方政府，也包括具有准政府性质的社区居民委员会（全文按照实践称呼习惯，统称为社区）。根据《中华人民共和国城市居民委员会组织法》规定，居民委员会是居民自我管理、自我教育、自我服务、自我监督的基层群众性自治组织。与此同时，组织法还规定居民委员会具有协助上级政府及其派出机关工作的义务以及需要接受它们的指导。如此的概念定义，使得在决策和行动中，社区都会以政府为中心，受到政府的权力和资源的制约。简言之，社区在实践中一直扮演着准政府的角色。基于此，本案例将社区也视为政府的一部分。

互动关系：指人与人之间由于互动而形成的各种关系。郑杭生（1987）对于互动的含义阐述为：个人与个人、个人与群体、群体与群体之间通过语言等各种手段传播信息，从而发生的具有依赖性行为的过程。社工机构与政府的互动是指在政府购买服务的模式下，社工机构被政府出资采购并安排进驻社区，为该社区的居民提供社会服务，而在服务提供的过程中，社工机构与政府因沟通、服务输送等内容产生了不同的互动并由此建立不同的互动关系。

政府购买服务：徐家良等（2013）提出，政府购买公共服务是为了进一步提高公共服务供给的质量和财政资金的使用效率，以及改善社会治理结构，满足公众的多元化、个性化需求等目的，是一种政府通过公开招标、定向委托、邀标等形式将原本由其承担的公共服务转交给社会组织、企事业单位履行的行为方式。

2. 研究方法

结合质性研究的特点以及本案例研究的内容，笔者选择用质性研究方法，具体原因主要是笔者借助NT社工服务项目的职务身份，进入研究场域，可以在自然的场域中与政府互动，并在此基础上通过参与观察法、访谈法等收集资料和开展研究，以参与者的视角深入真实的生活情景中，感受社工机构与政府的互动发展。

观察法主要是用来对行为与事件进行描述的方法。在参与式观察中，观察者会借着其与被观察者共同生活和工作，通过在紧密的接触和体验中聆听和观察他们的言行并对事件进行客观记录。笔者于2014年6月起担任NT社工服务项目的主任，与政府直接发生着各种互动，也作为旁观者观察着小队长与社区之间的互动，从而感受整个项目期间各种互动关系的发展过程。

访谈法，是质性研究中常被用于收集资料的方法，其目的是用于了解行动者的观点。在访谈的过程中，访谈者与受访者相互作用，共同建构“事件”和“行为”。而个别访谈的方式，能够让访谈者更专注于受访者的内心世界，从而更深刻地挖掘受访者的内心想法。因此，本案例主要采取个别深度访谈的方式进行，即对NT项目所涉及的社工机构相关人员、政府和社区的负责人员等做深度访谈。笔者通过引导受访者诉说NT社工服务项目开展过程中，C社工机构与政府之间的关系以及互动过程的事情发展和个人的感受等，以重新构建当时双方的互动状态情景。本案例研究所做的访谈均在征得访谈对象同意后全程进行录音，录音转录两万余字。

本案例的访谈对象是采取目的抽样的方式进行选择的，即根据研究的目的和问题选择最合适的样本。因此，访谈主要是选取参与互动关系的各方人员，包括社工人员和政府人员。其中，政府人员主要为服务购买方社会事务局和各社区的主管领导等。整体选取访谈对象的标准主要是：当时负责决策承接NT社工项目的社工负责人员；与政府主要对接的核心社工人员；政府中主要负责对接社工机构的相关人员，如社会事务局局长、社区书记等。具体受访者基本资料见表4-1。

表4-1　受访者基本资料一览

编号	称谓	职位	所属单位	互动时间	备注
Ngo1	吴女士	总监	社工机构	2011.6至今	负责NT项目管理的决策人
Ngo2	陈女士	法人	社工机构	2011—2013.12	负责引入NT项目与政府沟通的对接人
Ngo3	伍女士	项目负责人	社工机构	2014.6至今	NT项目的现任负责人

续表

编号	称谓	职位	所属单位	互动时间	备注
Ngo4	许女士	社工	社工机构	2011.7—2012.12	NT 项目第一任负责人助理
Ngo5	侯女士	小队长	社工机构	2012.9—2015.12	NT 项目第二任负责人兼 MA 社区站点与 NC 社区站点的前负责人
Ngo6	郭先生	小队长	社工机构	2012.10 至今	社工兼 JJ 社区站点的前项目负责人
Ngo7	欧小姐	小队长	社工机构	2013.5—2015.11	MA 社区站点的对接人以及 SX 社区站点的前负责人
Gov1	黄先生	副局长	服务购买方	2011.5—2016.2	政府社会事务局
Gov2	李先生	副局长	服务购买方	2016.4 至今	政府社会事务局
Com1	冯女士	社区主管	社区	2012 年至今	SX 社区
Com2	霍女士	社区主管	社区	2011 年至今	JJ 社区
Com3	永先生	社区主管	社区	2012 年至今	MA 社区
Com4	陆书记	社区书记	社区	2012 年至今	NC 社区

（三）理论视角

本案例将研究社工机构与政府互动关系的理论视角即政府－非营利组织理论模式，结合吉登斯的结构化理论，整合成为新的理论分析框架。

1. 政府－非营利组织理论模式

由于社工机构也属于非营利组织的范畴，笔者认为可以借鉴该理论模式帮助本案例构建理论框架。

Kramer（1993）从财政层面、管制层面、服务输送层面以及政治性互动层面等提出互动中出现的不同互动内容，见表 4－2。

表 4－2　政府－非营利组织互动关系模式

层面	内容
财政	该互动包含了政府在金钱和物质上对非营利组织予以支持
管制	非营利组织在政府框架下运作，其发展路径、服务内容等受制度因素、政策因素与法律因素的影响，包括服务标准和资格的设定
服务输送	政府通过委托购买的方式将其公共服务转移给非营利组织，由其承担服务的提供，包括信息互通、服务咨询与转介、工作协调与规划等
政治性的互动	指非营利组织通过倡导与游说活动的方式影响着政府对公共政策的制定，并对政府行为进行监督

资料来源：Kramer（1993）。

吕朝贤（2001）在Kramer的类别含义上将概念进行扩展。他认为在实际的互动中，政府除了财政的提供外，还包括人力、咨询、技术等层面，因此将财政互动改为资源互动。而管制更多是指政府单方面的干涉管制，但在实际互动中，非营利组织也会设法劝说以促使政府部门调整或改变不合适的政策或规范。因此，双方的互动更多是相互的沟通调整。另外，除了非营利组织单方游说政府外，还可能存在政府部门反向劝说以引导组织符合其期待。因此，将政治性的互动修改为有目的的互动更为合适。吕朝贤（2001）还认为服务输送应改为供给，因这里更多是指实际的服务与财务、物资等财货的提供，而不包括咨询的交换。而目的与规范之间的内容是紧密相关的，因此将二者整合为目的规范，且从目的规范、资源与供给等三者的互动程度作为评估标准，以把政府与非营利组织的关系分为五种类别，即合作关系、互补关系、契约关系、冲突关系和补充关系，见表4-3。

表4-3　政府与非营利组织互动关系模式

政府与非营利组织的互动程度			
模式	目的与规范	资源	供给
合作关系	高	高	高
互补关系	高	中等	中等
契约关系	中等	中等	中等
冲突关系	高	低	低
补充关系	低	低	低

资料来源：吕朝贤（2001）。

而Kuhnle & Selle（1992）则从“沟通往来程度”和“财务依赖与控制程度”两个维度来划分互动模式，见表4-4。

表4-4　政府与非营利组织互动关系模式

功能	模式			
	整合依附型	分离依附型	整合自主型	分离自主型
财务依赖与控制程度	依赖	依赖	独立	独立
沟通往来程度	亲密	疏离	亲密	疏离

资料来源：Kuhnle & Selle（1992）。

综上所述，在社工机构与政府的互动中，双方会因财务、资源、沟通等发生关系。

除了互动内容外，还涉及互动阶段。Kouwenhoven（1993）认为在政府与非营利组织的互动关系的推进中会存在三个不同的阶段：①开始阶段。此时双方主要是相互依赖的关系，且存在共同目标。②合作阶段。此时，双方之间建立沟通渠道，以及有中间人来支持沟通的推进。③方案进行。其中，方案进行的条件有互相信任、清晰的目标方向和战略、共同分担成本与风险、清晰的责任与义务、适当的支持与控制、内部的协作、合适的文案等。

在互动主体、互动内容、互动阶段确定下，笔者尝试建立互动关系的模型，以“自主性、沟通互动、资源供给”三个概念作为分析的维度以建构社工机构与政府的互动关系的模型。

所谓自主性，本案例主要针对社工机构而言。在百度百科中，自主性的定义是指事物控制自身的能力，并指出自主性并不是一种盲目的独立性，而是基于对客观必然性的正确认识，在行动中驾驭必然性所实现的。

所谓沟通互动，是指在社工机构与政府的互动中，双方的沟通方式、频率以及互动的层次状态。而资源供给则是指在互动过程中服务、财务、人力等资源的提供。

本案例尝试以上述维度根据高、中、低程度建立“社工机构与政府互动关系模型”，具体见表4-5。

表4-5　社工机构与政府互动关系模型

社工机构与政府的互动关系			
模式	自主性	沟通互动	资源供给
合作关系	高	高	高
契约关系	中等	中等	中等
冲突关系	高	低	低
依附关系	低	高	高
从属关系	低	低	低

资料来源：笔者绘制。

模型根据自主性、沟通互动以及资源供给的高、中、低程度分别建构了5种关系，即合作关系、契约关系、冲突关系、依附关系以及从属关系。

所谓合作关系，是指社工机构具有高度的自主性，并与政府有着高度的沟通互动和资源供给程度。这是社工机构与政府互动关系的最理想状态。这个关系意味着双方是独立的个体，而相互的合作是建立于平等协商基础上，由政府出资购买服务，由社工机构提供专业的服务，由政府以及社区为社工机构提供其所需要的各种支持。此时，各方的权责是清晰的，角色分工明确，行为界限明确，以及社工机构具有较强的能力与政府进行博弈（徐盈艳、黄晓星，2015），以坚守专业的服务理念和使命。

所谓契约关系，是指社工机构在符合政府的需求下具有一定的自主性，双方能够维持满足服务所需的一般性要求的沟通互动与资源供给。这个关系意味着双方只要按照服务协议办事即可，但较难有更大的空间可以让社工机构发展其理念与使命。

所谓冲突关系，是指社工机构坚持着高度的自主性，而政府与社工机构在沟通互动与资源供给上有着低程度的互动。简言之，就是社工机构和政府按照自身的想法各行其是，这是很危险的关系，往往政府会选择在协议期满时更换社工机构或停止社工服务的购买。

所谓依附关系，是指社工机构与政府之间维持着高度的沟通互动与资源供给，但却缺乏自身的自主性。这种关系状态意味着政府是强控制方，而社工机构为获得支持维持生存只能以放弃自主性为代价。这可称为伙计关系，也是资源依赖理论所认为的社工机构因缺乏资源而需要放弃自主性以换取生存的关系状态。

所谓从属关系，是指社工机构既缺乏自主性，也无法与政府建立沟通互动和资源供给的状态关系。这通常是社会力量处于萌芽阶段，而政府的合作意愿很低甚至觉得无须合作的阶段。在这个阶段中，由于政府的高姿态，社工机构要么被吞噬，要么被作为“傀儡”，扮演政府延伸机构的角色，完成政府的行政性功能。

综合所述，本案例参考“政府－非营利组织理论模式”的关系，分别从时间维度、行为维度以及关系维度建构社工机构与政府互动的分析框架。

时间维度：政府购买社工服务的过程可以被整合为三个阶段，即契约达成阶段、履约阶段、结束阶段。为了更好地凸显双方的“行为－关系”的变化，本案例聚焦于契约达成阶段和履约阶段的关系描述。

行为维度：根据上述研究了解，本案例将其总结为财务互动、沟通往来、服务输送、监督管理，以及契约达成阶段中合作动机、选取对象标准和方式，契约结束阶段的服务品质与延续等。为了更好地聚焦“行为－关系”的变化，本案例主要展示履约阶段的沟通往来、服务输送，以及契约达成阶段关系建立的前提和确立的过程。

沟通往来是指社工机构与政府之间沟通的频率、层次、密集程度等。

服务输送是指社工机构承接项目后，为政府提供的专业服务内容以及处理过程中出现的问题和挑战。

行为动机主要发生在契约达成阶段，指社工机构与政府形成互动关系所考虑的因素。

关系维度：以“自主性”“沟通互动”以及“资源供给”三个维度建构五种关系状态，即合作关系、契约关系、冲突关系、依附关系以及从属关系。

简言之，本案例着重描写契约达成阶段，社工机构与政府的行动动机和关系形成的因素，以及在契约履约阶段社工机构与政府因沟通往来、服务输送等互动内容而出现的行为，以及由此而形成的互动关系变换的发展过程。为了更好地展示互动过程，本案例采取互动行为发生的情景、政府的行为方式、社工机构的应对模式等逻辑进行描述。

2. 吉登斯的结构化理论

第一，时空观与结构性。

吉登斯认为，对于时空，除了要考量物理意义上的时间和空间外，还要考量人是具有主观能动性的特殊性。因此，对互动场景的情境性考量是具有重要意义的。而互动的结果会受空间、时间、主体和目的等因素影响。

吉登斯定义“结构”为在一定时空条件下社会再生产过程中反复涉及的规则和资源。所谓的规则主要指在行动时主体所处的各种正式或非正式的制度背景以及相关的有含义的信息符号。而资源则可以划分为配置性资源和权威性资源，其中权威性资源是指行动者所持有的权威、社会资本等非物质性资源，其源于比较他人所拥有的支配地位，而配置性资源则是指各种物质实体性资源。

政府购买社工服务实质是社工机构与政府互动的结构背景，由于该结构，社工服务才获得资源予以发展。在此结构里面，政府是服务购买方，社区是服务接受方，而社工机构是服务提供方，在销售关系上，政府比社工的组织地位高，而社区是相对独立者，因此社工机构需要听从政府的意见，而与社区应相互独立地运作。但在实际运行中，社区为社工机构提供服务所必需的场地资源支持以及社区数据、社区关系等无形资源。与此同时，在服务品质评估中，政府握有评分权，而政府会参考社区对社工机构的服务评价。可见，从结构的角度看社工机构与社区的关系，看似是独立运作的关系实际上是矛盾关系：社区因其与政府的关系以及所握有的社区资源，会将其定位于权威的结构位置，而社工机构也因其专业人员的身份，而将其定位于专业权威的位置。因此，在互动过程中，它们会因能动性与权力的发挥而推动关系不断变化发展。

第二，能动性与权力。

吉登斯认为，能动作用的含义，第一是代表行动者处理事情的能力，第二才是指处理事情时的所思所想，这是因为行动者所具备的能动作用是有限的，其无法在任何情况下把所有的事情都一一掌握。这指出行动者虽不能完全熟识自身所处环境，但能知悉自己的行为目的是什么或该如何做才能处理眼前问题。换言之，某些事情虽不是有意为之，却为此而产生了影响性的后果，而这正是能动作用使然的结果。所谓能动，是指人的实践行动，而吉登斯认为将其与动机、实践意识、反思性和权力等相联系，才能体现出能动的主体性和生成性特质。

正因为能动性的存在，社工机构与政府逐渐形成了不同的互动关系，而此互动关系也会因为对社工的认识深浅或认同程度不同而出现不同的状态。面对着这些互动行为，社工机构又能够有着其应对的能动性，然而，不同的人所具备的能动性不同，又会促使关系状态不断地发生微妙的变化。综观多年的社工机构与政府的互动，不难发现社工机构在面对政府的一些操控行为时，其可以通过能动性的发挥予以应对，以争取更多的自由和主权支持自身的发展，而社工机构在出现一些反抗行为时，政府也有应对的策略面对。

吉登斯还将能动作用与权力联系在一起，以将权力关系进行延伸拓展。吉登斯认为，权力是行动者改变处事形式的一种能力，能够介预事件并产生影响事件的特定过程或事态的效果。作为一个完整的行动者，必定会具备实施权力的能力，而这个能动作用能够在一定程度上约束和对抗其所在的结构（马瑞，2010）。

所谓的权力是指某种影响力和支配力，如某一主体利用其所持资源对其他主体产生影响和制约的能力。在实践中，权力主要来源于所持的资源以及资源的稀缺程度。权力可以根据其所依赖的资源类别进行分类，如来源于政治资源的政治权力、来源于经济资源的经济权力、依赖于专业知识的知识权力或称“话语权”，以及依赖于社会性资源如人格魅力、社会声望等社会权力。权力不仅具备种类多样性的特征，还有着权力持有者具有分散性的特征，即没有一个人可以垄断所有权力。此外，权力还具流动性特征，如企业破产了，那么该企业家也就失去了原有的那份权力（陈伟东，2004）。

回顾NT项目中社工机构与政府的互动过程，实际上也存在着权力博弈的过程。如在刚开始推行政府购买社工服务时，政府为了完成行政任务而接受了社工机构的进驻，即使当时它还不了解社工服务的功能以及服务内容，但因上级政府的任务要求，促使双方相对顺利地建立了契约关系。而社工机构凭着具有较高的知识权力，不断地争取其在当地社区的服务自由主权，然而，随着服务推进，政府也会开始发挥其政治权力以掌控社工服务等。从而双方开始逐渐形成冲突的互动关系，面对冲突关系，双方又会各自发挥其能动性与权力来应对。

可见，吉登斯的结构化理论能够帮助我们客观地看待社工机构与政府的互动过程，该过程是双方在一定结构背景下，能够不断发挥自身的能动性和权力以获取更优的生存发展空间的互动过程。由此，笔者认为以该理论作为本案例的理论研究框架，有助于更全面地呈现互动关系。

3. 互动关系的分析逻辑设计

社工机构与政府的互动关系，实际上就是在政府购买社工服务的结构背景下，社工机构与政府因沟通互动和服务输送所出现的各种实践活动的过程。因此，笔者会将吉登斯的结构化理论的核心内容与由“政府－非营利组织理论模式”建构出来的互动关系分析框架进行融合，形成本案例的理论分析框架。

第一，将政府购买社工服务视为完整的服务过程，具体包括三个阶段，即契约达成阶段、履约阶段和结束阶段。本案例为了聚焦展示“行为－关系”的变化，着重描述契约履约阶段的互动过程以及履约完成阶段关系形成的相关条件。

第二，互动关系的类型划分按照“自主性、沟通互动、资源供给”3个维度的互动程度进行划分，分为合作关系、契约关系、冲突关系、依附关系以及从属关系5种。互动关系不是一成不变的，而是处于动态发展中，会随着互动主体的角色、资源、权力等因素的不同以及能动性的发挥而产生变化。

第三，能动性与结构是相互融合的，可具体为结构以及行动策略。两者是相互建构的。行动嵌入结构中，结构随行动而变迁，而后构造新的行动策略，建构新的关系结构。较凸显的是在互动过程中，结构受行动者的主观认识所影响，行动者之间又相互影响着，从而影响着互动关系建立。

第四，行动者一般都拥有着一定的资源、权力与能力（简称为权能），实质上就是它们的结合体。在行动过程中，权能是一直处于动态变化的状态，即每个行动者其自身的权能都是在变化的，而该变化跟两者的互动存在着直接的关系。简言之，权能结构的形成取决于当前的结构以及行动者的行动。至此，笔者将本案例的互动关系技术逻辑进行梳理，如图4－1所示。

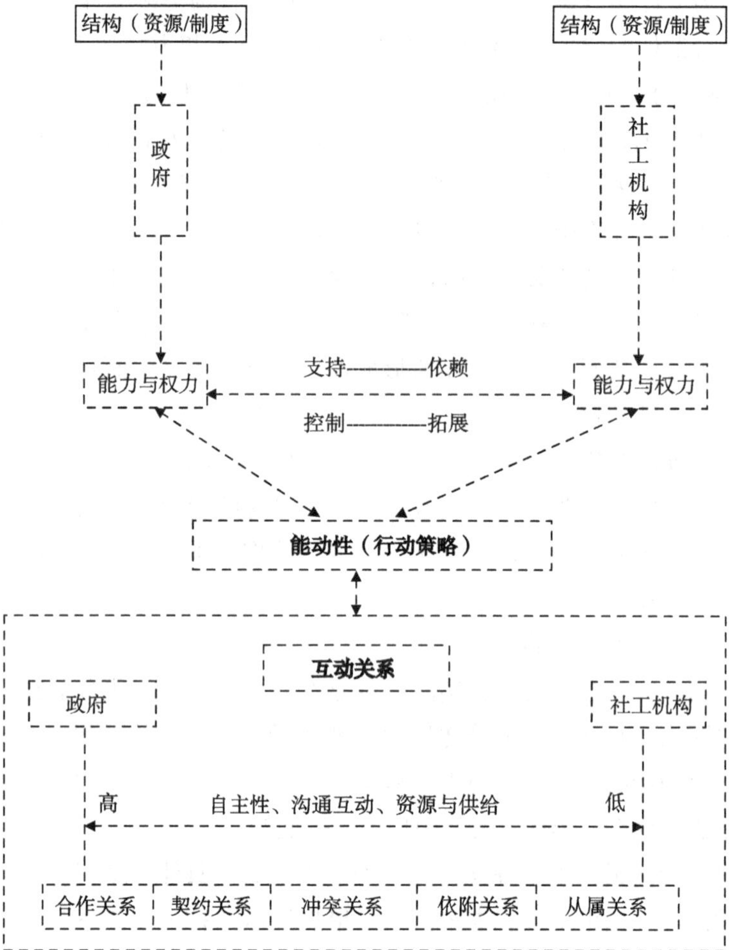

图4－1　互动关系的技术逻辑

资料来源：笔者绘制。

二、社工机构与政府互动关系的形成阶段

（一）中山市NT社工服务项目概况

中山市NT社工服务项目是自2011年8月起由NT镇社会事务局代表镇政府负责统筹购买服务，当时是在市经费支持30万元，镇社会事务局出资20万元的情况下直接引入C机构进驻JJ社区开展社工服务，社工人员共有5人。在2013年8月，镇社会事务局加大资金投入，并要求社工人员从5人增至8人，服务覆盖范围从1个社区增至4个社区，但办公服务点仍然是1个，即所有同事是集体办公。2014年1月，NT镇的社工服务项目全面铺开，当时全镇共6个社区，镇社会事务局选择了4个社区进驻社工服

务。当时市财政经费为0，镇财政全面承担，并要求有进驻社工服务的社区各负责5万元的经费（但在实际操作上是没有收取社区任何费用的，只是要求社区提供服务场地），社工办公服务点从1个增加至4个，所有社工分开4个办公点办公。2014年12月，NT社工服务项目经历第一次公开招标，并成功接下3年的NT社工服务的标。现用表4-6来呈现NT社工服务项目的发展历程。

表4-6　NT社工服务项目发展历程表

合作周期	时间段	合作期限	覆盖范围	契约方式	人员配置	办公情况	服务经费	服务目标
第一周期	2011.8—2012.7	1年	JJ社区	直接引入	社工5人	集中办公	市民政局出资30万元；镇社会事务局出资20万元	社区共融
第二周期	2012.8—2013.12	17个月	以JJ社区为主，覆盖NC、MA、SX等社区	直接续约	社工8人	集中办公	市民政局出资55万元；镇社会事务局出资90万元	社区共融
第三周期	2014.1—2015.12	2年	JJ、NC、MA及SX等社区	直接续约	社工15人	分散办公	镇社会事务局出资300万元	社区发展
第四周期	2016.1—2018.12	3年	以JJ、NC、MA、SX等社区为主，覆盖BD、JX等社区	公开招标	社工15人	分散办公	镇社会事务局出资450万元	社会救助

资料来源：笔者绘制。

（二）互动的行为动机

互动关系的形成阶段，实质是每次互动周期的开始阶段，即从招投标或者直接引入开始到签订正式契约之前的阶段，它其实是社工机构与政府的相互互动关系的建立阶段。社工机构与政府的契约关系建立意味着合同的达成与生效，而此时，社工机构是基于什么样的动机来承接项目呢？而政府是基于什么选择社工机构，而社区又是为什么会同意社工机构进驻开展服务呢？

1. 社工机构承接服务的动机：促进机构发展

社工机构会基于什么考量而愿意承接某一服务项目呢？本研究发现，社工机构承接项目的动机大致可归纳为以下两点：①与机构的发展策略有关；②对政府资金的需求。

首先，在选择项目合作之初，社工机构也具有其自主性，那个阶段，社工机构就会考虑该项目是否契合机构未来的发展策略，服务内容是否符合机构未来发展的方向等。

“其实C机构的发起是青少年服务，但是随着社会对社工服务的发展，我们也会逐渐思考是否可以拓展其他方向，例如社区综合服务，而当时中山，既邻近广州，又在

主推社区综合服务，所以机构觉得可以考虑。”(Ngo2)

其次，在考虑服务合作的动机因素中，还有对政府资金的需求，毕竟对于社工机构而言，政府出资购买服务是目前的主要经费来源，有足够的经费支持，或说承接足够的项目，有助于让社工机构整合资源，做更多它们想做的社会服务。

“政府的资金支持是重要的，毕竟是机构生存运作的来源，但是我们更希望政府能够认可我们的服务，从而给予支持，让我们可以获得更多资金做我们想做的社会服务。没有钱，就相当于巧妇难为无米之炊啊。”(Ngo3)

可见，在这个阶段，社工机构承接服务的动机更多是考量合作的政府以及机构自身的发展，而与社区产生互动更多是因为政府对社工服务的铺排或协议的要求而促使的。

2. 政府同意推进服务的动机：完成上级任务

从访谈的过程中，本研究发现政府包括社区选择社工机构进驻当地并推进服务的原因有以下3个：①政策要求，即完成政府要求的政治性任务；②成本的考量；③社会服务的专业性。

首先，在不同的发展阶段，政府同意推进社工服务的动机会有所不同。但有一个基本的原则就是完成上级（市级）任务，以及在最初的尝试合作或是扩张和缩减服务时，还会考虑成本的问题。

“2011年的时候，市民政局希望我们能成为（中山市）第一批开展社工服务的镇区，还给我们支持了30万元的资金，而我们自己只需要支出20万元，所以我们就开始物色合作机构开展了。”(Gov1)

“2011年的时候，社会事务局要求我们社区安排场室以开展社工服务，当时我们也不知道什么是社工服务，也不知道可以为社区做点什么，但是政府要求了，而且也不需要我们支付费用，那就接受了。”(Com2)

其次，在完成任务的前提下，政府还是会希望社工机构可以作出专业的社会服务以支持社会的发展，做到专业的人做专业的事。尤其是经过合作后发现社工服务的成效功能后，政府更是以专业服务的需求以及成本的考量而作为重要考虑因素。

“既然要引入这个服务项目，那当然是想找扎实做服务的机构，不能单纯地因为要引入而引入，如果做不好倒不如不做。其实社会服务是一个不错的事物，能够与政府部门的职能做到互补，促进社会的发展，其实政府职能转型，由专业的人做专业的事情也是社会发展的趋势，所以现在我们政府很多工作都开始选择外包单位的形式完成。”(Gov1)

“一开始我们也是被动接受社工服务，毕竟我们也不了解，但是要我们把这么大的场地让给社工机构，还是有点质疑这个决定，我们的老干部也有因此表示不满的……不过后来我们是感受到社工服务的成效，也很希望可以维持现状继续发展，但是如果要社区支付费用购买社工服务，那我们就未必考虑了，毕竟社区的财政经费是有限的，

我们更希望是政府可以继续负责这个经费。”（Com3）

“只要社工能够作出成效，我们社区可以在现在的基础上增加社工服务的购买力度，但是这就要看社工服务的成效程度了。”（Com4）

可见，在契约关系发生之初，制度或政治任务的完成是前提基础，正是基于上级政府要求购买/进驻社工服务，当地政府和社区才愿意采购，以及为社工机构提供服务必需的场地。然而，随着服务开展的过程，政府会基于服务的专业程度以及资源情况而考虑付出多大的行动以支持进一步推进社工服务。

（三）促使互动关系确定的因素

由于政府包括社区是被动接受社工服务的，因此，互动关系的确定更多是指政府以及社区是基于什么因素而开始与社工机构确定互动关系的。

1. 政府的行政权力介入

在社工服务尚未被认识了解的时候，其推广进驻主要是基于上级政府的政治权力介入。当地政府迫于上级政府的任务要求，会同意引进服务，而当地政府又希望可以做出政绩，作为购买方的政府，就会承担起中间人的角色，要求社区同意进驻社工机构，支持服务推进。

“2011年的时候，市民政局希望我们能成为（中山市）第一批开展社工服务的镇区……”（Gov1）

“我们第一次跟社区见面……社会事务局把我们介绍给社区，让社区向我们介绍社区的情况，并向社区确定我们的服务周期。社会事务局对我们是很欢迎的，而社区的态度则不冷淡但也不热情，有点像是因为政府安排的政治任务，所以社区就被动接受，其实它们也不知道我们是做什么的，可以做点什么。”（Ngo4）

“其实一开始社区和其他政府部门都不太了解社工，不过经过社会事务局的牵线，感觉还是获得比较多的认可。”（Ngo1）

可见，社工机构能够顺利承接项目并逐步推广，主要是基于一层层的政治权力的发挥使然，简言之，这是政府的政治权力介入的成果。

2. 政府对社会服务的需求

萨瓦斯（2002）指出，政府购买公共服务的行为模式出现，是在社会对政府的公共需求不断增长，且对公共服务的效率、质量专业等要求更高的状态下使然的结果。

“当时NT比较特殊，HY拆迁区成为本地人和外地人一起居住的混合区，当时本地人就不喜欢外地人，觉得他们素质差等，所以他们之间存在着较多的矛盾，正因为这个，所以我们希望社工可以介入改善矛盾状况，当时希望可以做好这部分工作。”（Gov1）

对社会服务的需求，之所以会成为社会服务推进的背景要求，主要是因为社工机构的专业服务既能弥补政府的专业性短板，又能帮助政府降低独自承担社会管理的成本与风险（穆莉萍，2017）。

3. 社工机构的权威人物参与

在契约达成阶段，双方的沟通内容主要围绕服务协议的内容进行，尤其是服务方向内容，而此时，社工机构的专业权威人士的知识权力会有所体现。在这个阶段，社工机构与政府沟通往来的目标很清晰，就是在服务方向上能够达成一致的共识。

“在服务内容方面，一开始政府与社区是希望我们可以做拆迁纠纷的工作，但是在实操上这部分工作是很难介入的，所以我们结合社区的情况，建议可以在外来工融入、家庭服务等社区共融方面多做，政府和社区后来也同意，感觉愿意同意的影响因素主要是因为当时讨论这些内容的负责人是MY，有着专业权威性的影响吧。”（Ngo1）

“社工他们提出的社区共融的介入点也是不错的，所以我们达成一致了。”（Gov1）

“当时在服务方向上，社会事务局和社区是希望我们可以解决拆迁区居民的矛盾，但是其实这部分我们是很难做的，至于当时我们是怎么样让他们转变这种期待看法，主要有几个方面吧。第一是我们在调研报告上很少提及拆迁区的需求，反而是把焦点放在整体社区的居民需求上；第二是我们前期有开展一些社区文化的活动，局长也有全程参与，他感觉居民在参加这些活动时所形成的社区氛围是挺不错的；第三是我们把焦点更多的不是（聚焦在）社区的问题，而是（聚集在）社区的优势上，借用发掘社区优势以打造服务品牌，这符合了当时社会事务局一直提及的一镇一品牌的目标；第四是当时主要是MY，中山的地区主任来对接社会事务局和社区讨论这个服务计划，社会事务局和社区对他的专业能力是挺认可的……”（Ngo4）

专业人士之所以能够解决分歧，一方面是其专业知识让其懂得如何从对方角度分析事情，另一方面是其知识权威让对方会更好地信服。

在政府与社工机构的互动关系形成阶段，不难看到，制度的结构性状态以及对社会服务的需求背景是关系发生的必要条件，而互动关系的确定，则是权力介入参与的成果，包括了政府的政治权力以及社工机构的权威人物的知识权力。

在这个阶段，政府和社工机构在自主性、资源供给和沟通互动上都是中等程度。那双方的关系是属于契约关系还是合作关系，则视乎负责人对于社工服务的认可程度。当政府负责人很了解、认可和支持社工服务时，双方属于合作关系，互动中会较多地体现双方本着提供专业社工服务的目标而平等、尊重地进行沟通互动；若政府负责人对于社工服务是不了解的，而是被动接受任务的，那么政府是基于上级任务和协议要求来完成各自的任务工作，此时，关系则属于契约关系。

三、社工机构与政府互动中的行动摩擦与关系变化

在日常互动中，社工机构与政府仍然会因为各种原因而产生摩擦，那么，导致行动摩擦的核心原因会是什么呢？而面对这些摩擦，政府的行动方式是什么呢？而社工机构的行动策略又是如何呢？

（一）摩擦产生的核心原因

结构化理论的出发点是对行动者的心理构成进行分析。吉登斯（1998）认为个体

心理组织系统是由“本体安全”“实践意识”和“话语意识”三大要素组成的，而本体安全是每个个体可以平稳如常地行动与生活的基础，因为它代表着个体对自我的持续性认同以及对所处的社会环境具有足够的信心（吉登斯，2000）。而实践意识则是个体的自觉意识，呈现例行化的特点，主要功能是指导个体的恒常行动与生活，可以辅助个体在第一时间内根据特定环境而作出相应的行动。所谓的话语意识则呈现为个体能够用个人习惯的语言表达诠释其行动的意图想法。郭忠华（2008）还指出，三思而后行就是话语意识的体现，尤其是当个体身处陌生的处境，而例行化的行为无法处理应对该处境时，话语意识就会有所凸显。

因此，当政府引入社工机构进驻社区时，或是上级政府下达任务要求采购社工服务以达到改善社会治理结构目的时，政府所处的结构会发生变化，从而引起政府本体安全的功能发挥，产生了焦虑感，而这份焦虑感实际是来自其对社工服务的不了解。

1. 政府对社工服务的不了解

“因不了解而抗拒，因了解而认同。”这是政府对待社工服务的态度写照。因为不了解社工的服务，甚至误会其会抢饭碗，从而在潜意识中抗拒其进驻。

“一开始社会事务局要求我们提供场地给社工，协助它们开展专业服务，我们都不知道社工是什么，他们可以做点什么……我们比较多的是抱着一种怀疑的态度吧。”(Com1)

“社区（对社工）的态度不冷淡但也不热情，有点像是因为政府安排的政治任务，所以社区就被动接受，其实它们也不知道我们是做什么的，可以做点什么。……记得刚进驻要做需求调研时，社区对我们还是挺冷漠的，对于我们提问的事情，都比较冷淡地回答，甚至有可能认为我们的出现会抢了它们饭碗，因为我记得有一次社区同事私底下问我们究竟是做些什么，与社区工作人员有什么不同。”(Ngo4)

“自从社会事务局换了局长，我们和社会事务局之间的关系就疏离很多，新来的局长对我们的服务不了解，任由我们自己去做，既不会很支持，也不会监管我们。”(Ngo3)

除了对社工服务不了解外，政府还存在着对社工服务的功能定位不了解的状况。在合作过程中，他们会认为，既然社工服务是政府出资购买，那么社工就应该服务好政府与社区，这才算做好服务，而这个过程中往往会要求社工协助分担行政任务，这就会因对社工机构的功能定位不清晰而出现冲突。

“社区很喜欢把一些上访户的个案转介给我们，不是因为我们能做，而是因为它们觉得那些是烫手的山芋，它们不敢接。但是一些老上访户往往是因为历史遗留的利益根本问题而产生的，社区和政府多年无法解决的东西，怎么能依靠社工在短期之内就解决呢？社工可以做的，也不过是了解需求，感情支持，转变视角看待问题而已。它们总是过高地对我们期待，认为我们是万能的，而当上访户又一次上访时，它们就觉得是我们无能。”(Ngo3)

“有一次，社区里出现了流浪汉，社工曾经试过接触，看是否可以有介入救助的需求，但是流浪汉拒绝了，仍然自顾自地在这一带流窜。而社会事务局因创文工作，命令社工安排流浪汉离开，但实际上，社工是没有权力要求流浪汉离开的，也只能建议社会事务局联系公安部门将其送往救助站。然而，社会事务局就会觉得社工能力不足。”（Ngo3）

2. 双方的价值理念不一致

在互动中，社工机构会努力坚持专业价值理念，然而，在冲突关系下，过分地强调理念的不同，只会让关系变得更恶劣。在服务输送中，政府与社工机构因角色的不同而容易产生矛盾与冲突，更多还会体现在大家的服务价值观念的不同。

政府与社区往往是以顺利完成上级要求的任务为目标开展工作，而社工机构是以争取和维护服务对象的利益为目标。因此在相互合作完成任务时，社工机构与政府容易会因价值理念不同而产生矛盾与冲突。

“记得一次市级检查，他（社会事务局刘局长）直接来电话说让我立刻重开残疾人手工坊服务，并要求增加新的精神病康复者多少人。……（而社工担心）突然增加新的精神康复者，不仅手上没有合适的资源，而且也难以把控他们的情况，万一出现什么安全问题，怎么办，谁敢负责。但是刘局长没有直接回应，而是直接要求我们做好应付检查的工作，否则就是我们工作不力。”（Ngo3）

“不需要搞得这么复杂，只要顺利安全搞完就好了，越快越好，把礼品发完就好了。”（Gov4）

“在那次长者活动中，社区希望能够用最简单的方式完成运动会的任务，把礼品发完，而我们希望过程中长者能够更多互动，能够感受到自己的潜能优势，而不仅仅是完成派发礼品任务。”（Ngo3）

可见，因为政府、社区和社工机构所处的结构位置不同，它们各自通过不同的行为方式以维护自己的本体安全机制，促使其工作正常而有序地开展，也正因如此，冲突关系容易发生。

3. 政府对社工机构成效的不满意

实际上，除了政府不了解社工服务的内容和功能定位、双方价值理念不一致外，政府还会因社工服务的特殊性，容易与社工机构出现冲突。

“NC 社区的书记是一个生意人，做事急躁，要快看到成果，例如修改道路等，立马看到成效，但是社工服务却是做人的工作，成效像蜗牛慢爬，所以不符合社区书记的期望很正常，实际上主要是书记的性格导致的。书记对社工的偏见也会引起其手下（支委分管领导）对社工服务的偏见（不认同），一般他们都是直接跟书记的调子来做，但是实际上，除了他们之外，社区其他同事对社工也是很认可的，只是大家都是基层做事的，不敢跟领导唱反调。”（Gov1）

社工服务的特殊性在于其不同于一般的商品，不是金钱交易后就能够立马看到商品的，而是需要一个漫长的过程，去做人心的工作。然而，当政府以及社区工作人员对社工服务不了解的状态下，过分高估社工服务的成效，认为社工介入就应该是立竿见影的，由此，也会产生冲突。

吉登斯（1998）认为社会系统的制度特性具备结构性的特点，这代表着各类关系已经在时空向度上稳定了。而每个行动者都是有能动性的，可以依据具体情境而采取相应的规则以保护自身本体安全。随着社工机构与政府的契约关系建立，合作结构模式在逐步建构，逐渐地，各行动主体均会以各自最大的权益为目标进行博弈。进而，当各自期望逐渐出现不一致时，主体则会因结构不统一而爆发最大的冲突。

（二）适度冲突关系下的双方互动

政府在不了解社工服务的情况下却被要求同意社工机构进驻，而过程中又会出现因双方价值理念不一致等摩擦事件，那么，政府会用什么样的行动方式来应对这些冲突关系呢？在政府的行动方式下，社工机构又有什么行动策略应对呢？

1. 政府的行动方式

郭忠华（2008）指出结构对于行动而言，具有“使动性”和“制约性”特征，即结构不仅会制约行动，而且还是行动介入的媒介。如在政府、社区、社工机构的三者结构关系中，社区会因政府而制约其行为，被要求同意社工机构进驻，但社区又能利用其与政府是立场一致的角色而对社工机构进行施压，从而实现自我保护。

第一，用冷淡的态度制约服务的推进。

在不了解社工服务的情况下，社工机构的进驻会引起政府以及社区在工作上的互动结构发生变化，而无法掌握情况的他们会启动本体安全功能，采取“少参与少支持”的方式应对环境的变化。

“在服务上，社区一开始就开宗明义地说不允许我们单独去做家访，担心我们会因为不了解受访者情况而导致一些上访等情况出现。所以如果我们要去做家访就必须找社区同事陪同……社区说基于安全原因，也不同意我们在社区大院里开展活动，担心服务对象跑来跑去出现危险……感觉在合作方面，社区是比较顾虑的。”（Ngo7）

“当时感觉社区对社工是不了解的，当它们遇到一些居民上门求助，它们就直接转给社工，不过它们对我们完成个案的成效是没有期望的，所以它们转介后也不会给予太多主动和支持，就像我觉得这是你的工作范围，我告诉你了，你能做多少就做多少的状态。”（Ngo5）

可见，在这个阶段，社区因结构发生变化而产生焦虑，并主张少参与，但又基于政府的政治权力，而需要呈现出对社工机构的支持，从而在不情愿的情况下会适当地被动地给予信息资源，而双方的沟通，也更多是因社工机构的主动而发生的。

面对着服务输送过程中因角色不同而产生矛盾，但又因为双方分别扮演着管理与被管理的角色，所以实际的过程中也会呈现社工机构妥协完成或是相互不支持而各做各的结果。所以这个阶段，双方的关系处于契约关系与冲突关系之间，稍有不慎，就会往冲突关系的状态转移。

“当时同事与社区的关系不好，当时的状态就是社区什么也不会再找我们协助，我们是各做各的。”（Ngo5）

“其实我们的服务在第三方的评估中是获得肯定的，但是在服务购买方以及社区的口中却说得不怎么样，主要是因为社区想要我们做的，并不是社工认为服务对象需要的，而社区对我们不满意，会让服务购买方觉得我们能力不行，甚至减少日常的资源支持合作等，似乎要逼我们就范，按照它们的来做。”（Ngo3）

可见，在实际的沟通较量背后，还隐藏着权力的不对等，即一旦出现沟通不畅，或者是交恶等冲突现象，那么政府就会利用职权打压社工机构，如社区建议不再购买服务，服务购买方投诉服务质量，甚至服务不支持等，而相对地，社工机构就只能无奈地接受，甚至转变自己以求生存。

第二，用角色的权能控制社工机构。

“在刚进驻的第一年里，我们面对着社区不了解和不认识社工的局面，相互的合作是挺艰辛的。一方面，社区支持很少，另一方面，社区还会借着各种机会向政府投诉说没有看到社工服务的成效，还提出建议让政府直接把购买社工服务的钱分给各个社区以自主开展服务，并扬言说自主开展服务获得的成效比社工开展的服务成效大。我知道，其实社区喜欢的就是大型的一次性活动，因为这个现场人气大，感觉工作的成效明显，但是它们不知道，在积累服务粉丝上，其实大型活动比不上恒常的社工服务，而它们期待立刻见效果的个案服务又是漫长的改变人心的工作，所以我们和社区的矛盾就逐渐地更尖锐了。”（Ngo3）

“新来的社会事务局局长，对我们完全不了解，基本是不支持也不理睬的态度，而当时的我们也没有太多在意，只是如期地按照年度计划的方向推进。结果，在年底评估的时候，局长的评分是非常低的，他们表达说社工按照自己的想法推进服务，没有了解政府需求，导致那次评估才拿到良好。”（Ngo3）

在政府与社工机构的关系最恶劣的时候，政府会凭借自己的角色权能介入，以达到“控制”社工机构的局面，如社区会凭借其与政府的关系，借助各种场合进行投诉和建议，并希望以此建议政府重新更改互动结构，而服务购买方会借其监督管理的角色，在服务评估中差评社工服务，以让社工机构对其妥协示好。

这既呈现了在冲突关系下，一方面政府会利用其资源关系来“对付”社工机构，另一方面也体现了政府在服务购买的模式下拥有着重要影响力的权能。其实，互动的过程也是权力博弈的过程，而在这个过程中，资源和权力成为重要的筹码，拥有充足资源和权力的一方会支配劣势的一方。

那么，面对政府的负面行动方式，社工机构会采取什么行动策略以缓和冲突关系呢？

2. 社工机构的行动策略

第一，借助政府行政权力。

面对社区的“少参与、少支持”的自我保护态度，社工机构需要发挥主观能动性，积极主动地与社区联系，以获取信息并扎根于服务的开展。与此同时，政府（服务购买方）是社工机构与社区关系建立的重要媒介。

“作为一家外来机构，它本身也不了解NT，如果我们不支持，他们是很难开展服务的……所以我们从一开始确定引入C机构时就为他们的服务铺垫一些合作关系，尤其是与社区、政府其他部门等……”（Gov1）

“在刚开始，社区对社工机构确实挺多负面的想法的，例如觉得社工就喜欢小打小闹开展一些小型活动，在个案上没有见到成效等，其实我们知道社工服务是做人心的工作，是比较漫长的，刚开始进驻社区，应该多开展一些活动，把社工宣传出去，先提升知名度，再逐渐做深就好……”（Gov1）

政府是服务购买方，其对于社工机构的期望和定位是很重要的，社工机构可以通过政府向社区传达其对社工机构的期望和角色定位，以有效地调整社区的高期望高定位的想法。

“其实黄局长对社工的期望定位很重要，这个想法传达给我们后，我们就会调整自己，过去我们想着把一些纠纷调解的工作给社工，但是其实这不是你们的强项，所以现在我们书记都说了，就结合你们的强项，配合社区的需求跟你们合作，这样才能更好地把你们用好。”（Com1）

“当时刚引入社工服务时，大家都不了解，所以很多政府部门都不愿意接这个球，即做服务购买方引入社工服务，但是当引入服务过了1—2年后，各个部门看到社工服务成效了，就希望争夺社工协助开展服务。尤其是妇联，当时妇联是有很多调解个案的，它们跳过我们直接找社工来做，个案是很漫长的，但是我们和社工是有明确的指标要求的，要社工为了个别的个案服务而影响了社工的合同指标安排，这也是不行的。所以当时我们是不赞成的，而且调解工作必须是2个人参与，这样很耗人力。所以我们跟社工说，以后什么部门找你们，你们要听从服务购买方的话，如果是小问题，那没有问题，相互支持，但是如果影响到原则的大问题，则必须要‘弹’给我们，由我们帮社工顶，解决这些矛盾。我来顶就没有问题了，不会影响你们和他们的关系。如果我们不帮社工，那社工很难做，他们也刚出来工作，不太会解决这些矛盾。”（Gov1）

可见，在这个阶段，政府的政治权力以及个人的人情网络在协助社工机构构建关系网络方面发挥了很重要的功能。但是需要注意的是，在这个策略上，社工机构需要把握服务购买方是否认同和支持社工的工作，如果是，那么政府的桥梁作用就会具有很好的发挥效果，否则就需要注意：社区的投诉会增强政府对社工服务的否定，而此时，社工机构就只能凭借自己的权能来改善互动关系了。

另外，假如社工机构与政府的关系较疏离，而社工机构与社区的关系密切，那么，社工机构可以借用社区的角色，让社区帮助调和其与政府的关系，这实际上也就是社区为社工机构做口碑宣传，让政府逐渐看到和认可社工机构的服务成效。

第二，重建互动结构。

政府和社区凭着其拥有庞大的关系网络以及各种社区资源，如场地、生产队长等，在互动结构中往往占据主导地位，而社工机构需要正视这个资源状态，并调整自我心态以面对这样的互动关系。

“我们想和社区合作的动机主要是服务为主，因为社区的服务资源较多，而当时认识社工的居民也很少，我们需要社区给我们安排生产队长，带我们下去走访居民，如果社区可以冠名，也有助于居民进一步认识我们，而不是把我们当作非法组织。”（Ngo6）

“我觉得与社区建立良好的关系是很重要的，因为我们是在社区中开展服务，如果社区不配合，很多工作我们都是做不了的。因为社区掌握着最新的政策资讯以及服务对象的家庭信息，同时，那个时候，大家都知道社区的人员，但没有人会认识社工是什么。所以，如果社区配合我们，我们可以了解到很多信息，甚至去家访或者开展活动的时候，居民会因为认识社区同事而给我们开门或是愿意参加活动，我想这也是一种社会身份认知的体现吧。”（Ngo5）

吉登斯在结构化理论中提出反思性与能动作用。所谓的反思性是统指行动者所具有的话语意识与实践意识，而这正是行动者具有自主性的主要标志。反思性促使人类的行为具有创造性和能动性，但因人的认识能力有限，所以行为也充满了不确定性。

在社工机构与政府的结构性互动中，政府会通过其政治权力或是掌握的资源以掌控社工机构的自主性，而社工机构也会有其反思性以及能动性的发挥以改变互动结构中的不利位置，争取改变结构，发展良性合作关系。面对各种冲突关系，社工机构要学习如何与政府合作，以改善双方的关系状态，然而，关系换取的代价是社工的独立自主性缺失，但自主性的缺失总比无法生存会来得强。忍耐与配合是社工机构通过多次的互动实践所获得的反思性呈现。

“当时 MA 社区把我们的同事都当作自己的工作人员，让我们陪同去家访，一起去协助社区开展一些活动等，导致 MA 的同事缺少了自主性……不过后来也正是因为 MA 同事不断地协助社区，而促使现在（MA 站点的社工同事）与社区的关系是最为密切的，社区就把同事当作自己的同事一般，还让同事在社区饭堂一起就餐，参与社区的团建活动等。”（Ngo3）

“我觉得在我接手后，2014 年下半年至 2015 年上半年的关系是最好的，当时沟通（主要是个案和活动）较多，也有了较多的实质性的合作，促进了关系发展，让社区觉得‘社工真的可以配合我们’。2014 年上半年属于探索关系为主，社区一般只是找我们协助活动，或者穿着工衣拍照做做样子，而后期经过沟通，更了解我们在做什么后，以及感受到我们配合工作的态度后，社区开始看重我们双方的合作。”（Ngo5）

冲突关系的发生，实际上是原有的社会服务体制与社工服务在融合的过程中出现了问题所致。因此，需要改善冲突关系，关键是需要重建社工机构与政府之间的互动结构。

“随着我们的服务被社区认可后，没有社工站的其余两个社区希望政府可以增加社工进驻，社会事务局把问题推到我们身上，让我们自己想好解决办法。但是15个社工，6个社区，每个社区只能进驻2个社工，这不仅不能专业地开展服务，还会把社工团队的情怀耗尽。在这个时候，我尝试帮社会事务局分析各种情况，也主动联系社区了解它们的想法，帮社会事务局想各种可能的建议方案。最后，我们建议重新整合资源，不作驻点社工，但会定时到站开展服务，既保证了服务质量，也提升了团队的凝聚力。但是面对已经进驻的社区，社会事务局担心会引起他们的不满。这时，我主动提出可以考虑用联席会议的方式，让所有社区一起探讨这个问题，而不是把问题放在社会事务局和社工机构的肩上。当时，社会事务局很赞成，也希望可以尽快推进会议。”（Ngo3）

“虽然那次省级检查工作中，和刘局长产生了挺大矛盾，但是后来我还是安排好工作，顺利应付了检查，所以后来刘局长也没有再说点什么，只是希望我可以多听他的话。”（Ngo3）

其实，在政府的能动性发挥中，它们更多是想把社工机构纳为己用，以更好地出色地完成行政任务。但是，习惯性的权威形象让它们总是呈现出高高在上的一面。那么，社工机构需要在话语与实践意识中懂得如何配合与支持，以让政府感受到两者的关系是一个统一体，而非对立体。当关系结构调整了，冲突关系也就改变了。因此，在这个阶段，配合工作成为下一步的关键。

第三，展示服务成效。

随着社工机构的忍耐与配合的策略行动开展后，政府与社工机构的冲突关系会逐步转为依附关系，社工机构就要考量如何持续改善关系以获得更多的支持以及更多的自主地位。

“其实你们做了很多事情，也做得不错，但是你们不懂得宣传，不懂得向社会和政府部门展示，那么大家都不会知道，不知道就很难让别人认可你们的服务。……希望你们日后可以多做宣传，尤其是一些具有较大社会影响力的服务。”（Gov1）

自主地位的获取是专业地位的象征，在依附关系中，社工机构应把握各种时机让政府看到其专业成效，但要注意的是，此时不宜过多地凸显自主独立性的追求，而是投其所好地向着政府所期待的角色展示该角色的成效工作。

回顾整个冲突关系下的双方互动过程，冲突的起因主要是政府对社工服务以及其功能定位不了解、对社工机构成效的过分高估以及双方的价值理念不一致等因素。而面对冲突关系的状态，政府采取的行动方式是通过控制资源以达到控制社工机构，实现自我保护，而社工机构则选择借助政府的政治权力介入、主动增加沟通互动，忍耐和配合政府的工作安排等行动策略，来改善其与政府的冲突关系，并通过建立依附关系来求得生存。

整个互动过程，实质上是政府与社工机构的权力博弈的过程，而社工机构之所以会选择失去自主性以将冲突关系改变为依附关系，是因为在这个互动结构中，政府拥有了权威性资源以及配置性资源，以致社工机构需要通过依附关系的建立来换取生存空间。

四、社工机构与政府互动关系转换的契机及合作关系下的行为呈现

吉登斯认为，社会行动是一个具有能动性的持续的过程，即行动具备自觉性与能动性的特征（张振华，2009）。这意味着社工机构是有能力介入行动以达到与政府改善关系的意图。那么，当社工机构努力改善关系的时候，会有什么契机出现能够促进关系得到转换并逐步发展为合作关系呢？在关系转换后，社工机构会有什么行动策略来稳定和持续合作关系的发展，而在合作关系下，政府又会有什么行动方式呈现呢？

（一）转换契机

吉登斯对行动者的分层模型进行诠释，表示行动者不仅对其行动有着明确的介入原因，而且还会不断反思和调整行动，持续地将其合理化。正因为行动者是理性的，所以社工机构会对当时的困境进行分析，了解到政府的重要性，并坚持不懈地主动与其进行沟通，以期获取资源与支持。终于，这种理性的、有意图的行动会产生意外后果（张振华，2009），而政府在感受到社工机构的功能与作用后，会逐步地增加支持度。

1. 偶发情景带来改观

“直到某次我们家访回来后跟社区核实相关情况，社区同事很惊讶我们为什么会知道这么多时，他们就会觉得我们是在认真做事情的，就是从那时开始，社区同事开始对我们有所转变。记得就是那个笔记本，当时社区是没有电脑的，社区同事都是手记笔记本，当我们问一些问题时，他就自己翻到那页然后告诉我们，直到那次后，她直接把笔记本给我们去复印。”（Ngo4）

“直至偶然一次，下班后我们还在忙着弄外展的展板，委员看到了，很惊讶地说，你们还要弄这些啊？挺多才多艺的啊。就是那次，委员看到我们很认真地工作付出，然后关系开始好转，她还主动请我们几个同事出去吃饭……”（Ngo7）

人们的行动会不自觉产生意外性后果，包括由某种偶发情景引起或是由一系列个体活动复合而成的模式（张振华，2009）。当政府在偶发情景下看到社工机构的付出时，就开始对社工机构有所改观，而态度的改观则意味着社工机构与政府的互动结构开始发生着变化。

“在长者运动会的合作后，李局长对我们的态度也有了一点点变化。运动会之前，他会很担忧可不可以完成，毕竟他也没有开展过大型活动，也没有了解我们的能力，但是运动会过程中，一切很顺利，他也对我们挺满意的，还主动提出把之前一直搁置的小项目重新讨论的意愿。”（Ngo3）

因此，社工机构应无时不刻地保持专业的素质，随时将专业的形象呈现给社区和

政府，以保持关系的合作稳定性。

2. 服务对象的转变是关键

行动者在特定的社会情景中互动时，会持续地将“规则”和“资源”进行传递和转换，而在传递和转换的作用功能下，行动者也由此将各种关系联结起来。社工机构基于“规则”和“资源”的困境，通过发挥能动性，终于获得互动结构的改变。

结构化理论认为行动主体与社会结构的相互建构可以克服微观与宏观、能动与结构的二元对立（张振华，2009）。换言之，行动主体的行为发生，是能动的体现，对结构的改变产生功能作用。

政府购买社工服务的目的是让社工机构承接服务以提高公共服务供给的质量，改善社会治理结构，满足公众的多元化和个性化需求。换言之，服务对象就是服务成果的直接参与对象，当他们参与社工服务，并对其认可和支持时，则证明该社工服务具有成效，从而促使政府以及社区认可该社工机构并愿意持续支持该服务项目的实施。

“2013年下半年，黄局长特意约我们和社区书记见面，希望我们可以尝试去跟进社区的两个老上访户，在那次见面里面，黄局长把个案情况告诉我们，让我们三方达成社工如何跟进的共识……在评估个案并确定个案目标后，我就约书记见面，谈个案的介入计划。整体上，这个个案跟进的时间也挺长，获得的成效很明显，那个个案没有继续再去上访了。所以社区很开心，书记对我们的态度就更加认可，还多次在政府的一些重要会议上赞扬我们，正因为社区书记的赞扬，其他社区对我们的态度也有所变化。”（Ngo5）

“我不希望通过删减我们社区的社工服务来满足其他社区对社工服务的资源，因为有了社工服务后，我们现在不需要为招募居民参加活动而支付误工补贴，而我们也能够看到社工介入后，社区居民之间的和谐度提升了，在一些个案跟进上，也可以看到社工的努力和个案的变化。很多居民对社区是不信任的，但是他们会相信社工。”（Com1）

可见，当社工机构的功能角色发挥出期望成效，那么其角色结构也就随之更稳定。如访谈中看到的，当政府肯定了社工机构的工作成效后，其会更加支持社工机构的存在，而政府也会加大力度支持与发展社工服务。这其实也是吉登斯所解释的行动和能动的关系呈现，“行动和结构的构成过程并不是彼此独立的两个既定现象系列，即某种二元论，而是体现着一种二重性。在结构二重性观点看来，社会系统的结构性特征对于它们反复组织起来的实践来说，既是后者的中介，又是它的结果”。因此，社工机构与政府的行动产生是基于它们的结构状态使然，而行动的产生又影响了结构的变化。

总之，社工机构因互动结构状态的不理想而介入行动以改变，而社工机构又有足够的能动性改变其与政府的互动结构状态，以争取有利的结构支持自身的发展。而在这个过程中，社工的专业素质体现，服务对象的转变则是能动性的最佳体现，也是促使互动结构转变的最重要元素。

在该阶段，社工机构与政府的互动频率在本阶段开始逐步增加，且它们的关系状态呈现了从契约关系逐渐往合作关系发展的过程。一开始，政府与社区基于上级政府的任务压力，而完成购买服务、提供场地等必需的资源责任。然而，随着社工机构的能动性发挥，社工机构所处的互动结构出现转变，且当社工机构呈现专业的角色功能后，政府出现较大的态度改观并提高合作的期待，为其提供更多的合作平台与空间，如活动的合作参与以及经费支持等。而这正体现了双方在自主性、沟通互动以及资源供给程度上从契约的中等程度逐渐上升至高水平程度，即从契约关系过渡发展为合作关系。

（二）社工机构的行动策略

吉登斯认为，行动者具有能动作用，该作用可以约束其结构，同时还将能动作用与权力联系起来，并认为权力是行动主体改变行为方式的一种能力。所谓的权力是指某种影响力和支配力，如某一主体利用其所持资源对其他主体产生影响和制约的能力。在实践中，权力主要来源于所持的资源以及资源的稀缺程度。因此，社工机构可以依赖其专业知识，发挥知识权力以约束结构，构建合作关系。

1. 发挥知识权能：精准服务需求定位

“我们的服务购买方是社会事务局，它们的业务对象主要是全镇的长者、残疾人，而社区是服务的直接接受方，它们期待社工可以协助增强社区稳定。因此，它们也希望我们可以发挥专业能力着重做好这些内容，主要是借助我们的专业弥补它们工作上的不足吧，起码我们是实打实干地开展服务，这样可以为它们完成很多上级任务，甚至可以获得业绩褒奖。”（Ngo3）

政府购买服务作为服务性商品而言存在其特殊性，即政府（服务购买方）、社区（服务接受方）与居民（服务享受方）是不同的主体，但是这不代表政府和社区没有其购买和接受服务的期待需求。因此，社工机构作为一个专业服务的提供者，应该发挥知识权力，做好需求定位，即在关注服务对象的需求的同时，也要关注政府与社区的需求，聚焦重点需求。如图4－2所示，阴影A处集合了政府（服务购买方）、社区（服务接受方）与居民（服务享受方）的需求，只要社工机构从该需求出发进行服务设计，就可以有效地满足各方的期望。

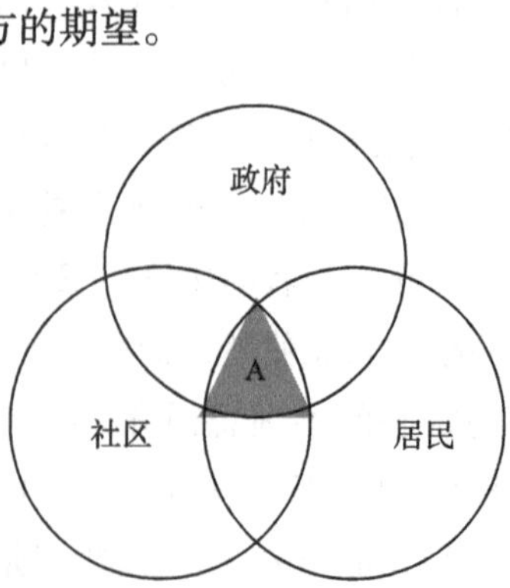

图4－2　聚焦需求

资料来源：笔者绘制。

当NT服务项目把服务需求从关注服务对象调整到关注政府、社区以及服务对象时，政府与社区会感受到社工机构确实在为其服务，从而对社工机构的态度有所改观，并缓和了关系。从需求方向的及时调整，策略的变化，再到新的计划实施，无一不体现了社工机构在发挥其专业知识的能力。

2. 借助话语权能：邀请权威人物支持

在权力博弈的过程中，政府有其政治权力和资源掌握权力，而社工机构也有其知识权力，除了专业知识的体现外，还有专业权威人员的话语权和社会权力。在权威人士的参与支持下，政府会因其知识权力而认可，并主动与之维持持久的合作关系。这时，社工机构就可以获得互动的主动权，而不是被动接受安排。

“在一次社工联席会议上，各个部门都提出让社工协助开展服务，当时会议上由总监来回答各个部门的需求问题，感觉当时是很圆满地结束了这些各个部门争夺社工开展服务的状态。大家对于总监的回答都没有再质疑。感觉这就是专业的权威啊。”（Ngo3）

“我们现在每个季度会定期组织一次联席会议，邀请行政督导与社会事务局、社区一同会谈，既正式地汇报工作成果，又了解社会事务局与社区的建议，感觉随着联席会议的推进，社会事务局和社区会更理解和认同我们的工作。”（Ngo3）

可见，面对着矛盾的拆解与关系的建立，邀请社工机构的权威性人物参与是会有一定的成效的，而这就是知识权力的呈现。

3. 稳定互动结构：保持团队的稳定

目前社工机构在发展的过程中面临的最大的内部挑战，莫过于人员流动大。人员的不稳定直接影响了服务的开展，互动关系的变化，甚至合约的履行。因此，人员的稳定是政府和社区最重视的部分，也是社工机构需要突破的困境之一。

“社工团队能力参差不齐，而流动性也大。人员流动其实也挺影响合作。现在的社工感觉在技能上比以前更差，尤其是沟通技能上。我觉得做社工需要有一腔热情。所以社工流失的原因你们也需要思考。”（Gov2）

“你们的人员太不稳定了，每年都会有流失，有时候我刚刚熟悉了一个同事，但转过头他又离职了，这样对服务不好，我们又要重新去磨合和适应沟通合作方式……”（Com2）

“你们不要总是把我们MA社区当作培养社工人才的基点啊，做熟了又走，这样很影响服务的持续开展的……”（Com3）

虽然人员流动不会引发冲突，但是对于双方关系的稳定发展也有着重要的影响。从NT社工服务项目的发展资料看，人员流动是其最大的短板，其原因主要有两个：第一是本地社工人才缺乏，主要靠外地社工人才支撑，而外地社工在工作2年左右就面临回家或者再次流动的现象；第二是薪酬发展空间不大，但工作压力很大。因此，社工机构应发挥团队管理的专业知识，通过专业的魅力与情怀增强团队对行业的忠诚度，如让团队共同参与服务讨论与设计，既提升他们对服务的认同度，也增强他们对团队的支持度。

综上所述，在突破依附关系的发展阶段，社工机构与政府、社区的合作关系程度是受社工的服务质量、专业成效以及社工人员稳定情况等的影响，而社工机构能够通过其权能的发挥，如内部团队稳定、自我审视服务定位以及邀请权威人士介入等措施的实行，将依附关系逐步地发展为合作关系。

（三）政府的行为方式

随着实施进取型的改变行为，如在服务方向上重视政府与社区的需求，增强与社区的沟通互动，适当时机增加了权威人员的参与会面，社工机构能够很好地将依附关系向合作关系的方向推进，从而出现友好合作的局面。在这个局面下，政府与社区的行为更多会体现在其会增加与社工机构的沟通互动、资源支持，甚至还会适当放权给社工机构，让社工机构拥有更多的专业自主权开展服务，以及社区会愿意向他人认可和赞赏社工机构，为社工机构做口碑的宣传。

1. 资源的放权：增强资源供给程度

“现在政府和社区都会提前和我们沟通它们的工作计划，以让我们可以有协调的空间，而服务的合作主要在活动和个案上。活动主要由社区出钱和宣传招募，而由社工负责组织和策划，共同参与，个案上主要是社工主导、社区配合的形式进行。……现在我们的服务也不会担心没有合作伙伴参与，因为社区都很欢迎我们可以为它们组织和开展活动。”（Ngo3）

结构包含了规则和资源，其中资源又包括了配置性资源和权威性资源。在政府与社工机构的互动中，正因政府拥有着较多的资源，而社工机构需要配合与之建立合作关系。随着合作关系的建立，政府会愿意为社工机构提供更多的配置性资源，如活动经费、场地等，以支持社工服务更好地推进，实质上这也是帮助政府更好地推进社会服务的过程。

2. 专业的认可：拓展专业自主性空间

所谓自主性，其实是个人对自己的事情所具有的自行支配的权力，不受外人的干涉和影响。王诗宗和宋程成（2013）认为，自主性强调的是按照自己的目标行事，与组织或个体的意志相关，是能动性的、内部的。自主性实质也是互动关系状态呈现的维度之一。在保持资源支持程度稳定的情况下，政府给予社工机构的自主性越高，说明二者关系越好。

“当我们和政府、社区的关系改善后，它们都会放手给我们做，这种放手不是过去的什么也不管，什么也不支持，而是会跟我们沟通，尊重我们的建议，这样的合作感觉很舒服，感觉我们社工是被认可的，而不是被牵着做服务。……”（Ngo6）

“之前有一个个案，社工和社区在个案的后续跟进上有不同意见，但是社区也会很开放地听完社工的评估意见以及跟进建议，然后共同对跟进方案进行讨论，而不是霸

权地要求听社区的安排。”（Ngo3）

社工机构在互动中的自主性空间的拓展，实质上是政府认可社工机构的专业性的表现，同时也体现了社工机构在互动结构中主动地位与专业权力的增强。

3. 功能的发挥：协助成效的口碑宣传

最好的合作关系，无非是二者成为统一战线的战友，共同前行。而当社工机构获得社区高度认可时，社区也会成为社工机构的战友，为社工机构在政府面前进行口碑宣传。

“由于社会事务局更换了局长，而他对社工服务几乎不了解，所以在一次联席会议上说社工服务很虚，没有看到实效。但是现场的社区就立刻反馈，其实C机构是做得挺实在的，它们很关心孤寡独居长者，能够很实在地关心和支持困难群体的生活，例如会为长者送去盆栽，会链接资源为长者送营养汤水。在党委书记问社区对社工机构的反馈时，基本都是欣赏和认可的回答。社区的口碑宣传对于改善政府对社工机构的负面认识是很有帮助的。感觉当时我们就是一个队伍的战友。”（Ngo3）

“当我们在开叔那个个案中作出了服务成效后，在后来的多次联席会议中，黄局长以及MA社区都会以此为例子向党委以及其他社区称赞我们的服务专业成效。”（Ngo5）

政府为社工机构做口碑宣传，这实际上就是利用政府的结构地位为社工机构争取政府更大的认可和资源。

面对良好的合作关系，政府会把社工机构看作是合作伙伴，保持着紧密的沟通互动，尊重和认同社工机构的专业知识判断，双方共同保持着适度的专业自主性，还为社工机构通过自己的结构地位争取更多的资源支持服务的推进。总言之，结构会影响权能的发挥，而良好的结构关系，会正向推动互动主体的权能发挥，而随着权能的发挥，又会进一步推进结构关系往更良性的方向发展。

五、对社工机构与政府建立良好互动关系的建议

通过研究社工机构与政府的长期互动，不难发现，互动关系是动态发展的，可能会因为一件事情或者某次劣质或优质的服务素质或是对服务的认识或服务成效没有达成共识而出现逆转变化。总体上，互动关系包含有契约关系、冲突关系、依附关系和合作关系等形式，而在不同关系状态下，互动双方都会利用自己所处的结构优势，如规则制度、资源等，为自己争取最大的权益，而权益争取的过程，也是各自权能发挥的过程。所谓权能，其实就是主体因其社会角色地位、资源状况、专业水平等而持有的不同的权力与能力。权能的发挥会影响关系的变化，而关系的变化又会影响权能的发挥。

社工机构要和政府建立良好的合作关系，可以善用政府和社区的结构地位、自身的知识权力、行业的权威人士等资源协助构建关系，最重要的是能够让政府感受到其与社工机构是战略性伙伴，如一致的发展目标与策略、相互配合与支持，相互的角色

功能清晰。而政府对于良好的合作关系，会将其资源与社工机构“分一杯羹”，甚至适当地放权，以让社工机构能够与其更好地协同推进社会服务。

简言之，整个互动的过程，是互动主体基于结构状态而不断呈现能动性使之作用结构变化的过程，这实质上是一个行动影响关系（结构），关系（结构）影响行动的不断循环的过程。

根据以上研究，本案例发现互动关系的建构过程是动态的，而社工机构有足够的能动性发挥，以建构良好的合作关系状态。因此，本案例站在社工机构的角度，尝试提出几点建议，以让社工机构能够与政府建立良好的互动关系，共同推进社会服务的发展。

（一）增强知识权力，以促进“主动地位”的占据

正如吉登斯所言，行动者具有约束对抗结构的能动作用，而权力是行动者改变行为方式的一种能力。经过本案例的研究，社工机构要想在互动关系的建构过程中改变弱势地位，则需要发挥知识权力。

所谓知识权力也叫“话语权”，因社工机构是作为专业的社会服务被购买，当社工能够积累足够的经验，有足够的专业性推进社会服务时，政府会因其知识权力而认可，并主动与之维持持久的合作关系，这时，社工机构就可以获得互动的主动权，而不是被动接受安排。而专业知识是需要不断地累积服务经验，善用督导等资源而逐步地提升的。

（二）培养“在地”社工以推进人情关系的发展

中国是一个人情社会，虽然社工机构是基于契约而开展服务的，但是在社工机构与政府的互动关系中，人情关系能够正向助推关系的发展。如社区书记会因为社工主任是其认识的朋友，而提升对社工机构的信任度和关注度；前任社会事务局局长会因为社工主任是本地人，而更加坦诚地与其沟通。可见，人情关系对于互动关系的发展有着重要发展空间。

如何发展人情关系，首先就是培养“在地”社工。所谓“在地”，最优的选择就是本土的社工人才，因其既是专业人才，又能充分了解当地的风俗习惯，有着熟悉的语言与文化，能够有助于感情的迅速建立。其次就是一直坚守在本地，持续推进社工服务的同工，当这个同工被当地风俗习惯内化，能够很了解当地的文化时，也就成为“新 NT 人”，而他们与政府一直互动所积累的关系网也会对服务有着正向的影响作用。

可见，人情关系有助于互动关系的建立，而过度的人员流失会直接影响着人情关系的建立与维持。因此，如何保持团队稳定也是社工机构需要考量的重要问题。

（三）将服务对象纳入互动体系以构建“铁三角”关系

政府购买社工服务的目的就是让社工机构承接服务，以提高公共服务供给的质量，

改善社会治理结构，满足公众的多元化和个性化需求。那么，服务对象就是服务成果的直接参与对象，当他们参与社工服务，并对其认可和支持时，则证明该社工服务具有成效，从而促使政府与社区认可社工机构的服务。因此，应将服务对象纳进互动体系，鼓励他们参与服务需求与问题的讨论，共同提出建议，参与社工服务的成效评估访谈，对服务进行监督、制衡，由此构建“政府-社工机构-服务对象”的铁三角关系，促进社工服务的设计方向是立于需求、源于社区的。

从另一角度看，服务对象也是社工机构在服务运作时所积累的社会资源，当社工机构的服务满足服务对象的需求时，服务对象在社工机构的服务参与度就会加深，如从偶到服务到或为粉丝义工共同推进服务，或是服务对象的参与面会不断地扩展。当社工机构的粉丝会员和义工的资源越多，则证明社工服务越深入当地居民的内心，那么政府就会越依赖社工机构开展社会服务，届时，社工机构的被动结构地位则会发生逆转。

因此，将服务对象纳进互动体系中，有助于建构“铁三角”关系，以支持社工机构获得互动主导权。

（四）传播社工知识以明晰社工角色功能

“因不了解而抗拒，因了解而合作”——这是社工机构与政府的契约关系开展时的关系写照。可见，向政府传播社工服务知识是很重要的，当政府了解和认可社工服务时，既会伸出支援之手，为其提供服务所需要的资源与支持，还会减少行政内化，让社工机构可以专注于社会服务的投入，而不是简单成为行政部门的助理人员。

在传播社工知识层面，社工机构不妨借用督导参与外联工作，或是通过各种机会建议上级政府或者社协等单位邀请专家开展社工服务的知识讲座，以提升政府人员对社工的认识水平。

参考文献

[1] 安东尼·吉登斯．社会的构成[M]．北京：三联书店，1998：110.

[2] 安东尼·吉登斯．现代性的后果[M]．南京：译林出版社，2000：80.

[3] 安东尼·吉登斯．现代性与自我认同[M]．北京：三联书店，1998：50.

[4] 宾丽平．我国社会工作“嵌入式”发展模式研究——基于深圳市的调查[J]．社会工作（学术版），2011（4）.

[5] 陈剩勇，马斌．温州的民间商会：自主治理的制度分析——温州服装商会的典型研究[J]．管理世界，2004（12）.

[6] 陈敏仪．中山社会工作发展报告[R]．罗观翠．广东蓝皮书·广东社会工作发展报告[R]．北京：社会科学文献出版社，2014：171-192.

[7] 邓宁华．“寄居蟹的艺术”：体制内社工机构的环境适应策略——对天津市两个省级组织的个案研究[J]．公共管理学报，2011（3）.

[8] 邓正来．国家与社会——中国的市民社会研究的研究[J]．中国社会科学季刊，1996（15）.

[9] 邓正来．市民社会理论的研究[M]．北京：中国政法大学出版社，2002：3-5.

[10] 高丙中．社会团体的合法性问题[J]．中国社会科学，2000（2）.

[11] 葛亮，朱力．非制度性依赖：中国支持型社工机构与政府关系探索[J]．学习与实践，2012（12）.

[12] 广东省社会工作委员会．广东社会建设报告2011[R]．广东省社会工作委员会．广东省社会建设蓝皮书（2011年度）[R]，2012.

[13] 郭忠华．主客体关系的对立与融通——诠释吉登斯的“结构化理论”[J]．东方论坛，2008（2）.

[14] 何节琴．非营利组织与其外部环境互动关系研究——以FH为例[D]．北京：中央民族大学，2013.

[15] 洪佳雯．民办社工机构发展中的政府行为研究——以晋江市为例[D]．泉州：华侨大学，2015.

[16] 侯玉晓．中山：持证社工2971人　社工机构66家[N]．南方都市报，2016-07-14（QB03）.

[17] 吉鹏．购买服务背景下政府与社会组织的互动嵌入：行为过程、负面效应及优化路径[J]．求实，2019（1）.

[18] 姜振华．社区协同治理视野中的“三社联动”：生成路径与互构性关系——基于北京市将台地区的探索[J]．首都师范大学学报（社会科学版），2019（2）.

[19] 栗吉冰．嵌入与建构．社区综合服务中心服务创新研究——基于S市若干试点的案例分析[D]．上海：华东理工大学，2013.

[20] 林莉红．民间组织合法性问题的法律学解析——以民间法律援助组织为视角[J]．中国法学，2006（1）.

[21] 刘龙强．“嵌入性发展”背景下社会工作机构服务与管理的关系——基于组织环境的分析[J]．社会工作，2004（1）.

[22] 罗观翠，王颖，王壬．广东社会工作发展总报告[R]．罗观翠．广东蓝皮书·广东社会工作发展报告[R]．北京：社会科学文献出版社，2014.

[23] 吕纳．公共服务购买中的政府与社工机构互动关系研究[D]．上海：上海大学，2013.

[24] 穆莉萍．权力、资源、专业的互动博弈：政府购买服务中的政社关系研究[J]．重庆工商大学学报（社会科学版），2017（8）.

[25] 任婉梦．公共服务外包中的政府与社工机构关系[D]．杭州：浙江大学，2013.

[26] 萨瓦斯．民营化与公私部门的伙伴关系[M]．周志忍，译．北京：中国人民大学出版社，2002.

[27] 沈原，孙五三．制度的形同质异与社会团体的发育——以中国青基会及其对外交往活动为例[J]．处于十字路口的中国社团，2000.

[28] 孙佳伟，范明林．理性选择视野下政府购买社工机构服务研究——以W街道购买养老服务为例[J]．中国社会工作研究，2013（1）：96-129.

[29] 唐斌．社会工作机构与政府组织的相互嵌入及其影响[J]．社会工作（下半月），2010（7）.

[30] 唐斌．禁毒非营利组织及其运作[D]．上海：上海大学，2006：43.

[31] 唐文玉，马西恒．去政治的自主性：民办社工机构的生存策略——以恩派（NPI）公益组织发展中心为例［J］．浙江社会科学，2011（10）．

[32] 田凯．非协调约束与组织运作——一个研究中国慈善组织与政府关系的理论框架［J］．中国行政管理，2004（5）．

[33] 王梦，辛明霖．试论新时代国家治理现代化：政府与社会间的新型协同［J］．湖北经济学院学报（人文社会科学版），2019（3）．

[34] 王诗宗，何子英．地方治理中的自主与镶嵌——从温州商会与政府的关系看［J］．马克思主义与现实，2008（1）．

[35] 王诗宗，宋程成．独立抑或自主：中国社会组织特征问题重思［J］．中国社会科学，2013（5）：53．

[36] 王思斌．中国社会工作的嵌入性发展［J］．社会科学战线，2011（2）：207．

[37] 王思斌．专业社会工作的嵌入性发展［J］．中国社会工作，2010（4上）：60．

[38] 吴磊，谢璨夷．政府向社会组织购买公共服务的模式及其影响因素———基于资源依赖和组织需求视角的统合［J］．江苏师范大学学报（哲学社会科学版），2019（1）．

[39] 谢燕裕．政府购买公共服务中的政社协同机制与对策研究［J］．前沿理论，2019（12）．

[40] 许斌．社会工作行政视角下的民间组织与政府关系构建［J］．社会工作（下半月），2010（5）．

[41] 徐家良，赵挺．政府购买公共服务的现实困境与路径创新：上海的实践［J］．中国行政管理，2013（8）：26－30．

[42] 徐永祥．社会的再组织化．现阶段社会与社会服务的重要课题［J］．教学与研究，2008（1）．

[43] 徐盈艳，黄晓星．促成与约制：制度嵌入性视角下的社工机构发展——基于广东五市政府购买社会工作服务的实践［J］．新视野（公共管理变革），2015（5）．

[44] 徐泽梅．政府购买服务下政府与社工机构的互动关系研究——以台中市社会局委托方案为例［D］．兰州：兰州大学，2016．

[45] 姚华．NGO与政府合作中的自主性何以可能？——以上海YMCA为个案［J］．社会学研究，2013（1）．

[46] 尹阿雳．双向嵌入：社工机构与政府的互动逻辑——以深圳市“花果山模式”为例［D］．上海：华东理工大学，2014．

[47] 叶美昌．理性选择理论视角下社工机构与政府互动关系研究——以广东省S市政府购买服务为例［D］．上海：华东理工大学，2013．

[48] 张和清，向羽．广东省社会工作发展现状及其经验反思［J］．中国社会工作发展报告（2011—2012）［R］．北京：社会科学文献出版社，2013．

[49] 张紧跟，庄文嘉．非正式政治：一个草根NGO的行动策略——以广州业主委员会联谊会筹备委员会为例［J］．社会学研究，2008（2）．

[50] 张紧跟．从结构论争到行动分析：海外中国NGO研究述评［J］．社会，2012（3）．

[51] 张静．法团主义［M］．北京：中国社会科学出版社，2005：165．

[52] 张雪．从宏观到微观：非营利组织与政府关系研究述评［J］．华东理工大学学报（社会科学版），2016（2）．

[53] 赵秀梅．中国NGO对政府的策略：一个初步考察［J］．开放时代，2004（6）．

[54] 周芳芳．合作，冲突与调适：社工机构与政府的互动关系 [J]．社会福利（福利版），2014 (4).

[55] 周爽．现实与突破：政府购买服务背景下社工机构生存路径 [J]．才智（人资社科），2014 (26).

[56] 朱健刚．草根 NGO 与中国公民社会的成长 [J]．开放时代，2004 (6).

[57] 朱健刚，陈安娜．嵌入中的专业社会工作与街区权力关系——对一个政府购买服务项目的个案分析 [J]．社会学研究，2013 (1).

[58] 曾群．政府与社会工作机构的“伙伴关系” [J]．中国社会导刊，2007 (18).

[59] 张亚婷．资源依赖视角下社会工作机构发展困境评析——以苏州市 Z 社会工作事务所为例 [J]．中小企业管理与科技（综合论坛），2016 (7).

[60] 张振华．行动与结构的整合——吉登斯结构化理论解读 [J]．天津市财贸管理干部学院学报，2009 (2).

[61] Chan, A., Revolution or Corporatism? Workers and Trade Unions in Post-Mao China [J]. Australian Journal of Chinese Affairs, 29, 1993.

[62] Donaldson, Lex., American Anti-management Theories of Organization. A Critique of Paradigm Proliferation [M]. Cambridge. Cambridge University Press, 1995.

[63] Hall, R. H. & Tolbert, P. S., Organizations: Structure, Process and Outcomes. New York: Jersey Prentice Hall, 1991.

[64] He, B. G., The Limits of Semi-Civil Society, in The Democratic Implications of Civil Society in China [M]. London. Macmillan Press Ltd, 1997.

[65] He, B. G., The Making of a Nascent Civil Society in China [J]. In David C. Schak and Wayne Hudson (eds.), Civil Society in Asia [M]. Alder shot, England; Burlington, VT. Ash gate, 2003.

[66] Ho, Peter., Greening Without Conflict? Environmentalism, NGOs, and Civil Society in China [J]. Development and Change (5), 2001.

[67] Lu Yiyi, Non-Governmental Organizations in China: The Rise of Dependent Autonomy. London and New York: Rouledge, 2009.

[68] Meyer and Rowan, 1977, “Institutionalized Organizations. Formal Structure as Myth and Ceremony” [J]. American Journal of Sociology, 83 (2).

[69] Yang, Guobin., Environmental NGOs and Institutional Dynamics in China [J]. The China Quarterly (181), 2005.

第五章　政府采购背景下三种力量对社工机构运营的影响

——以广州市Y机构为例

尚庆文[①]

近年来，政府对社工服务项目的采购力度越来越大。政府采购对社工服务项目形成了布迪厄所说的场域，场域里存在着经济资本、社会资本、文化资本和象征性资本。这些资本吸引了至少三种力量博弈：专业的力量（主体包括社工机构、社工、评估机构、高校、行业协会等）、政府的力量、市场的力量。三种力量在场域里追逐着不同的资本形式，在寻找各自平衡点的过程中最终形成了一定的合力。如果三种力量能够更好地对话、进一步规范自身行为，那么三种力量的平衡点会进一步提高，所形成的合力也会进一步加强。

一、本案例研究概述

（一）为什么要研究三种力量对社工机构运营的影响

社会问题的解决依靠政府、市场还是家庭？社会组织或许会成为新的选项。政府失灵、市场失灵与家庭功能衰减，迫使社会机体寻求可供选择的力量弥补结构空白地带，向社会组织购买社会服务便是尝试性的选项之一（潘建雷，2019）。截至2016年末，近10年间我国有6600多家社工机构诞生[②]，其中政府购买社工服务起到了强大的推动作用（马晓晗、马福云，2016）。这样因政府职能转移或社会服务采购而兴起的社工机构与政府之间的关系、社工机构的逐利行为与自身专业性特点的冲突，以及社工机构与社工机构之间的市场竞争行为成为社工机构运营中不可避免的三种力量。

---

① 尚庆文，社会工作师、社会工作硕士，广州大学市政技术学院及广州市市政职业学校教师，兼任广东省政府采购中心、广州市社会组织管理局、广州市花都区民政局、广州市花都区绿叶社会工作服务中心、广州市北斗星社会工作服务中心、广州市花都区青年志愿者协会、广州市花都区平安促进会、广州市华顿外语学校、广州市爱机汽车配件有限公司等多家单位评审专家、理事长、督导、培训师等职务。

② 2018年12月12日，民政部召开了民政领域社会工作推进视频会议，截至2018年底，我国已有社工机构7500家。

科学性、利他性、社会需要性和自主性是社会工作的四个专业特征（柴定红，2015）。在政府购买背景下，这四个专业特征是否会受到诸多因素的影响难以发挥，进而影响社工机构的运营。笔者的思考有如下几点。

第一，在政府与社工机构的关系上。一方面有不少社工机构就是政府相关人员出面组织成立的。在评估方面，社工机构也无法得到客观中立的评价。政府作为第三方评估的购买方，享有基于经济资源之上的话语权（韩江风，2019）。社工机构与政府有高度的经济依赖关系。这种高度的经济依赖关系是否会对社工专业的科学性、社会性和自主性产生影响呢?

第二，社工机构之间在社工项目的竞争中产生的市场竞争行为、社工机构自身的逐利行为是否会影响社会工作的利他性和社会性?

第三，社工机构自身为了生存与发展，在运营过程中如果遇到专业特性的要求与政府要求、市场竞争的要求相冲突的时候，社工机构该如何选择?

在社工机构的运营中，有一些在性质和方向上不一致，甚至完全相反的力量在左右着眼下社工机构的运营。这些力量到底有哪些、都是些什么力量、这些力量又如何界定、它们是如何影响社工机构运营的……这一系列紧密相连的问题，促使笔者以 Y 机构为个案展开了分析研究。

经过观察、访谈与思考，笔者认为在社工机构运营中存在的三种力量分别是：政府的力量、市场的力量和专业的力量。从专业角度看，这三种力量影响着专业科学性、利他性、社会需求性和自主性。这种影响传导到社工机构中，便影响到社工机构的价值使命（影响到利他性、社会需要性）和社工机构的日常运营（影响到科学性和自主性）。

（二）研究设计

1. 研究思路

政府社工项目的采购使得社工项目形成了一个特殊的场域。在这个场域中，各个参与主体追逐场域中的各种资本，由此形成了多种力量。本案例重点分析这些力量如何影响社工机构的运营。为此本案例选择了 Y 社工机构作为研究个案，力图通过分析该机构社工项目场域中的诸多资本是如何转换的，场域中各种力量又是如何交织形成合力进而影响社工机构运营的。

基于上述研究目的，本案例的研究思路是：①把本案例涉及的相关主要概念界定清楚；②搭建理论框架；③选择适合的研究方法；④选择典型的个案；⑤开展研究分析；⑥形成结论和建议。详细研究设计路线如图 5 - 1 所示。

2. 主要概念界定

（1）社会工作服务。民政部、财政部《关于政府购买社会工作服务的指导意见（民发〔2012〕196 号）》（以下简称《指导意见》）对社会工作服务作出了权威的界定，社会工作服务是社会工作专业人才运用专业方法为有需要的人群提供的包括困难救助、

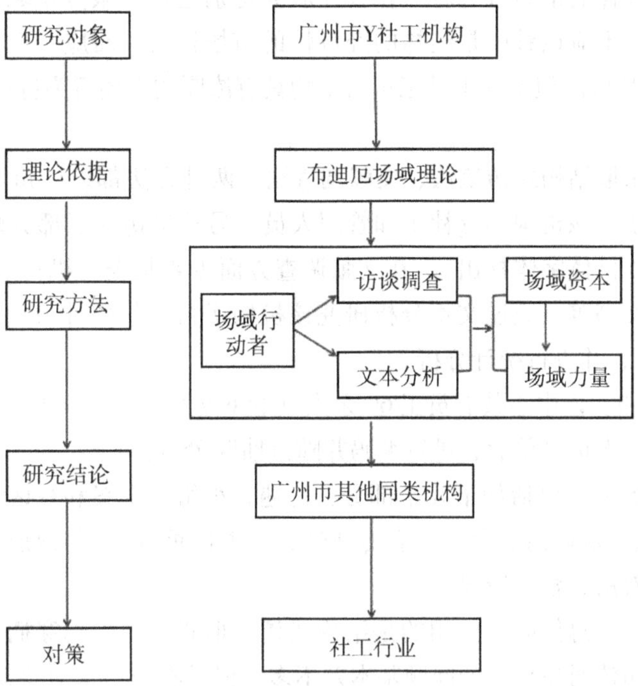

图5－1　本文研究设计路线

矛盾调处、人文关怀、心理疏导、行为矫治、关系调适、资源协调、社会功能修复和促进个人与环境适应等在内的专业服务，是现代社会服务体系的重要组成部分。

从这个界定可以看到大部分内容都是难以量化、难以标准化的。用量化的资金购买无法量化和标准化的服务，在实施过程中难免会遇到不少问题。按照文件的要求以及上述社会工作服务的定义，可以看到有些方面是难以量化的，比如“人文关怀”，现实中在社工政府采购合同中，以关爱空巢老人服务项目为例，一般会量化为探访次数。这种量化实质上仅是简单数字化。如果机构不愿意遵守或不能遵守社工的理念、价值、宗旨等核心社工要素，简单数字化专业社会服务会给社工服务带来急功近利或投机取巧的导向。

（2）政府购买社会工作服务。《指导意见》对政府购买社会工作服务的界定是政府利用财政资金，采取市场化、契约化方式，面向具有专业资质的社会组织和企事业单位购买社会工作服务的一项重要制度安排。按照《中华人民共和国政府采购法》政府采购方式主要有公开招标、邀请招标、竞争性谈判、单一来源采购等6种形式，其中特别指出，公开招标应作为政府采购的主要采购方式。

在实际社会工作服务采购过程中，最常见的政府采购方式有公开招标、竞争性谈判、项目委托、项目申报等几种形式。社工项目采购与其他物资采购性质是否一样？是否也是经济性市场行为？政府购买社会工作服务的性质该如何界定？

王思斌曾指出，“一些地方政府认为，购买公共服务和社会服务与采购某些办公设施是相同的，是纯粹的市场行为。”“在公共服务特别是社会服务领域，政府出资让社会组织实施服务，不应该看成是纯粹的经济性的市场行为，而应看作委托性的购买行为”（王思斌，2012）。但实际上社工项目采购具有浓厚的市场行为特点。

3. 研究方法

本案例主要采取结构式访谈法、文献调查法。两种方法都以广州 Y 社工机构为主要研究对象，访谈了该机构部分社工和管理人员。另外也访谈了部分政府官员（相关访谈记录在文中以楷体字体标出）。在文献调查方面主要是查阅机构的各种会议记录、评估报告、社工文书等，通过文本分析研究该机构运营中的各种力量。结构式访谈结果录入 SPSS 系统，并进行统计分析。

（1）社工访谈。该中心共有员工 60 余人（含 6 名实习生）。访谈对象的抽取方式是列出该机构所有人员名单后，进行编码并随机抽取 25 人。

社工访谈内容主要包括如下几个部分：待遇，小组、个案和社区工作的开展情况（如工作量、成效、成就感、是否具有专业性、文书比重等），与政府沟通情况，对第三方评估机构的看法、督导情况等。

在访谈形式上，总体而言使用的是结构式访谈形式，其中也穿插着非结构性访谈的形式。每一名访谈对象访谈的问题基本差不多，但是在与访谈对象谈及某一问题时，如果被访谈对象有其他关于此问题的想法或引起笔者的其他思考时，也会顺势追问或进行更深入的访谈。

在访谈文本中，被访谈社工分别被编码为 S1，S2，S3，等等。

（2）机构管理者访谈。包括三部分：岗位基本状况、岗位管理状况、岗位态度。详细内容如下。

访谈对象管理岗位基本情况：岗位名称、岗位职责、岗位待遇、岗位人员、岗位纵向关系、岗位横向关系、日常工作。

访谈对象管理岗位管理情况：权威来源、可动用的管理工具、下辖人员执行力、沟通状况、同事关系等。

岗位态度：对本岗位工作兴趣、成就感、满意度、期望、对机构的看法、对政府主管部门的看法、对服务采购的看法。

另外，还从相关管理人员处索要了某一个家综 2016 年随机一个月份的员工工资表。

在访谈文本中，被访谈管理者分别被编码为 A1，A2，A3，等等。

（3）各种记录文本分析。调用机构内部服务文书记录、工资发放记录、日常管理会议记录、第三方机构进行服务评估会议记录、机构与政府部门沟通的会议记录。其中所涉及的政府官员被编码为 G1，G2，G3，等等；评估人员被编码为 T1，T2，T3；所涉及的社工项目分别编码为 X1，X2，X3，等等。

二、Y 机构的基本情况

（一）Y 机构介绍

Y 机构成立于 2010 年。其成立的背景是某高职院校为了教学研究的需要，也为了方便社工学生的实习而注册登记的。成立之初，除了组织学生开展几近免费的小学生托管服务外，并没有其他专业社工服务。1 年多以后，当地政府出于培育和发展社会组织的目的，委托 Y 机构一个几万元的专项社工服务项目。随后 Y 机构陆续申报了各级工青妇的一些项目以及公益创投的项目。2014 年 Y 机构中标获得一个家庭综合服务中心 3 年运营权，成为该机构开始走向正轨的转折点。随后该机构陆续又中标或承接了其他家庭综合服务中心、日间托老中心、居家养老中心、青年地带等各类综合和专项社工服务项目。以下简述机构承接的第一个家综的几件重要事件：

2014 年 3 月，中标第一个家综，聘任两名中级社工担任家综主任，其他人员 80% 以上为非社工专业人员，且没有通过社工考试。

2014 年 12 月，家综副主任强制要求其他员工写联名信，要求 Y 机构负责人上调工资，后因各种原因该副主任的行动没有完全付诸实施。

2015 年 2 月，机构负责人开展家综管理人员民意测试，副主任得分很低。

2015 年 7 月，副主任合同到期，机构不与其续签；同时主任因个人原因辞职，机构发布招聘广告月余都没有收到合适的简历，最后把两个几乎没有管理经验的社工提升为主任和副主任。

2016 年 12 月，该家综几乎所有员工都已陆续通过社工考试。

2017 年 3 月，曾辞职的家综原副主任作为第三方评估专家来该家综，开展其第三周期的最后一次评估。家综社工如临大敌，Y 机构负责人本着静观其变的想法没有提出避嫌以改派评估专家的要求。评估结果为良好。该家综的社工反映评估结果不公平，因为另外一个类似的家综服务情况不如这个家综，而且员工流动率也很高却获优秀评估等级。

2018—2019 年，机构“应试”答题能力越来越强，各项服务评估大多都获评“优秀”。

Y 机构的该家综项目磕磕绊绊，波折不少。虽然不大，但是其成长与发展历程确实是不少社工机构的缩影。

（二）Y 机构目前的困境

Y 机构和其他社工机构一样面临着差不多同样的困境，其中财务困境和人事困境是最大的困境，这也是许多社工机构都面临的困境。

1. 财务困境

Y 机构对政府资金依赖程度几乎为 100%（只有一个基金会项目）。虽然也曾想开设收费服务，拥有自己的资金来源，但是有如下几点需要突破。

（1）空间上，如果收费服务在该机构承接的家综范围内，如何划分收费服务和免费服务的界限。首先，政府（主要是基层政府）会有质疑：不是给了 200 万元了吗？为什么还要收费？其次，居民会有意见：服务不是政府购买的吗，不是应该免费吗？如果收费服务不在该机构承接的家综范围内，机构又缺乏相应的社会资源、人力资源和经济实力。

（2）内容上，机构大部分社工专业知识和技能尚且不足，开拓新的收费服务势必更是障碍重重。

（3）人员上，收费服务由谁来提供。如果由家综的社工来提供，而社工的工资，包括提供超额的收费服务的工资来自家综，可能会有“吃官饭攒私钱”之嫌。如果不是由家综的社工来提供，机构没有多余的人力、财力和智力来开展收费服务。

2. 人事困境

（1）培训上，要不要加大投入。Y 机构为了提高社工能力和水平，曾把超过一半的社工都派到香港、台湾等地进一步学习。平常也聘请不少香港资深社工提供培训。但是不少员工能力提升后就提出加薪要求，而每个家综的人员经费都是有限且固定的，加薪空间十分有限。当加薪幅度没有达到其期望时，社工就会选择离职。

所以 Y 机构面临的困境是：如果想要提高服务水平，就必须提高员工能力；提高员工能力就需要加大培训投入；培训力度加大了，员工能力提升了，工资就要提升；在服务经费有限且固定的情况下，加薪有限，社工就选择离职。而且社工离职的收益会大于留职的机会成本。一般在 A 机构做一线的，B 机构会挖去做领域主管；以前做领域主管的，可能会被挖去做副主任，依次类推。Y 机构就遇到不少这样的情况：如不培训，服务水平无法提高；培训后如不涨工资，就留不住人，涨了工资的话，由于政府采购费用固定，机构又会入不敷出。

（2）职业规划上，要不要帮助员工做好职业生涯规划。Y 机构接受第三方评估时，有专家曾指出要 Y 机构帮助员工做好职业生涯规划。Y 机构的管理者对专家的建议频频点头称是，但是内心却在自言自语：我们也想帮每一名员工做好职业规划，可是一个家综运营周期仅 3 年，3 年后谁也不能确定是否可以继续运营该家综。

（3）员工如何管束。Y 机构有次开会发现有的社工在会议上玩弄手机，并且不停地窃窃私语。机构管理者重申了会议纪律，并对相关社工做了提醒。不久该机构的管理者收到了两封上述员工的辞职信。目前社工机构招人困难，政府文件又明确规定家综社工的数量、专业和持证要求，使得机构在员工约束方面可以动用的资源极少。Y 机构曾在招聘时遇到两个应聘者，其一不是社会专业，也不持证，但是非常有热心和爱心想投入社工行业；另外一个持证，但是各方面面试结果都非常令人不满意。最后 Y 机构录取了后者，其考虑的因素仅仅是后者有证，而是否持证既是政府规定的指标，也是第三方评估的重要指标之一。

三、Y 机构的社工服务场域分析

（一）社工服务场域界定

社工机构是一个场域，但是如果社工机构有高度的财务自主权，那么这个场域就是一个相对简单的职业场域。而事实上许多社工机构对政府财政资金都是高度依赖的，所以社工机构所处的场域就变得不那么简单了。为了与其他自主性较高的社工机构相区分，笔者在本案例把政府采购的社工服务项目中由所有参与者构成的在追逐各种资本中形成的各种力量和关系的综合体叫作社工服务场域。本案例所说的社工服务场域亦是特指政府采购的社工服务项目场域。

（二）场域中的资本与力量

社工服务场域中充斥着经济资本、社会资本、文化资本和象征性资本。场域中不同的参与主体对不同的资本需求程度是不同的。各个场域主体为了满足自己对不同资本的需求而采取行动。这些行动的过程及其产生的影响力就形成了场域的力量。

布迪厄认为，所有的场域都表现出某种力的关系网络。场域中各个行动者为了维持对各类资本的占有，并在追求更多的各种形式的资本过程中产生了各种力量或权力关系。布迪厄认为，场域中的各种关系是靠权力来维持和运作的。但是这里的权力不是政治意义上的权力，而是一般的社会关系和社会力量。权力就是行动者所握有的资本种类及其总量。由此场域中就形成了相互交织的各种力量，这些力量追逐各种资本，并维持对各种资本的占有，同时这些力量还存在于各种资本的相互转换中。

（三）场域中三种力量的界定

按照布迪厄的场域理论，场域的第一要素应该是行动者。在社工服务场域中的行动者有：社工机构创始人、管理者、社工、志愿者、政府、第三方评估机构、高校、服务对象以及其他资源提供者（如活动赞助者、基金会、爱心企业、爱心人士）等。

诸多场域行动者的行动形成了场域力量，其中最主要的场域力量来源有三种：政府、市场和机构。三种不同的力量来源产生了三种不同的力量，即政府的力量、市场的力量和机构的力量。

三种力量对社工专业性形象的影响主要集中在社工的价值、宗旨与理念等社工元素上。三种力量在相互斗争、博弈过程中形成的妥协后的合力，这个合力或多或少都在扭曲着社工的诸多专业元素。

政府、市场和专业公益三种力量主体对社工机构的影响，最主要也是最大的影响莫过于在人力资源管理和专业服务方面。

政府作为采购方对人力资源管理的细致规定，虽然一定程度上预防了部分公信力较差的社会机构的套利行为，但是也严重地束缚了社工机构的人力资源管理手脚，减少了社工机构人力资源管理可供动用的管理资源和手段。

为了简化分析，下文把三种力量的主体及其追逐各种资本行为所产生的影响力量分别用“政府的力量”“市场的力量”和“专业的力量”三个特定的概念来表述。

1. 政府的力量

在社工服务场域中，政府的力量主要是指各级相关的政府部门长期在计划经济体制中形成的计划管理思维以及管理方式下，为了获取场域中的各种资本而形成的力量。从社会工作机构功能失灵中明显地可以看到政府力量的存在。在非政府组织管理上，“政府治理的碎片化程度惊人，且部门间各自为政、多头管理。职责模糊不清，履职不到位，各种管理和执法力量分散”（王守杰，2013）。而且政府部门与非政府组织争利，直接管理大量社会事务，职能转变进程滞后于社会需要。

此外，按照亚当·斯密的“经济人”假设，政府机构谋求内部私利而非公共利益的所谓“内在效应（inerralities）”现象也时有发生（金太军，2002），这既成为政府失灵的一个重要根源，也是成为社工服务场域内政府力量的一种形式。

社工服务场域中政府的力量主要包括政府在社工项目推动、招标、政策法规影响、具体实务的干预方面。主要表现在如下几个方面。

（1）项目推动方面。在社工项目上，典型的如家庭综合服务中心，行政化、统一化。政府文件要求全市所有的镇街在2015年前完成一队三中心的建制。家综就是三中心的一个。不仅如此，不管大的镇街还是小的镇街都是统一的，每个家综都是每年200万元的服务经费。

（2）招标方面。这方面政府的力量主要体现在数量化的规定上。因为是采购行为，所以必须有“规格”与数量的规定。在招标文件中有如下几点体现：第一，规定符合资质的社工人员必须达到一定的数量；第二，规定必须达到一定的工时（甚至详细到对服务工时、培训工时、督导工时的规定）；第三，服务指标，要完成多少个案、多少探访等。

（3）政策法规方面。主要体现在政府出台的各种政策文件。相关文件涉及经费使用、场地建设、人员培训、工资指导等。比如家综经费使用方面，《关于进一步做好街道家庭综合服务中心建设工作的函（穗民函〔2012〕263号）》的规定就是人员工资60%、活动经费10%、办公经费10%、督导培训10%、其他杂费10%等[①]。

（4）具体实务的干预。基层政府对社工项目理解程度参差不齐。有的基层政府人员就把Y机构的家综当成了自己的下属部门。对家综中社工的干预也形式各样。有的甚至连社工活动中买什么礼品、奖品、安排什么人做评委都会干涉。

社工机构对政府过度依赖使得政府力量过于强大，有可能造成社工机构的失灵。

---

① 2018年下半年通过的《广州市社工服务站（家庭综合服务中心）管理办法》将人员经费调整为65%。

2. 市场的力量

社工服务项目场域虽然是公共福利场域，但是场域中也存在着市场的力量。市场力量存在于其中的原因有三点。第一，由于社工项目是通过政府采购方式进行的，而政府采购形式又以招标为主要形式，这就自然带来了市场竞争；第二，政府采购社工服务，从新公共管理的角度来看，其初始目的就是为了节约成本提高效率，而市场竞争的方式就是节约成本提高效率的最佳方式；第三，整个社会中以市场作为资源配置机制的大背景也使得社工服务项目场域难以避免受到市场力量的影响。社工服务项目场域中市场的力量主要体现在以下三个方面。

（1）机构自身逐利行为。按照“经济人”的假设，人的行为具有逐利性。无论从理论上还是从现实中，人的行为背后都具有一定的自利动机。社工机构中的社工和管理者也是如此，“在他进入公共机关，担任公职以后，既没有变得高尚一点，也没有变得卑劣一点，他还跟原来一样，是追求自我利益最大化的普通的人”（赵成根，2006），而“经济人”假设是自由市场经济制度的前提和基础，所以，也同样适用于公共领域，包括社工服务场域。现实中我们在Y机构中也看到了从社工到管理者的逐利行为。在服务经费固定的情况下，Y机构的管理者希望通过各种方式降低管理成本以提高管理者的工资；社工也会选择一些方式减少时间和精力的投入，同时探索提高自身工资的途径。比如，选择简单的个案、上班时间“磨洋工”，以争取加班机会等①。人类对自我利益的追求，成为交易型经济机制——市场机制的逻辑起点和基础。社工服务场域中社工的自我利益追求动机就成为社工服务场域中市场力量的来源。

非政府组织成员在公益性与个人利益理性的博弈中，在个人利益理性驱动下，而选择了个人利益，就会背离非政府组织的基本价值，造成志愿失灵（成龙，2008）。社会工作是一门高尚的职业，也的确是一门利他型的职业。但是职业的性质不能让我们否定社工及社工机构的自利动机和逐利行为，否则我们就无法理解见诸媒体的一系列社工丑闻。这些自利动机和逐利行为，最终会带来社工机构的失灵。

（2）社工机构行业间的市场竞争。社工机构之间的竞争主要有社工项目的竞争、社工人才的竞争以及象征性资本的竞争（如评估等级、荣誉、奖项等，这些象征性资本可以在投标中给机构加分）等。这些竞争性行为在社工服务场域中进行联合、斗争、博弈，汇成场域中的市场力量之一。

（3）社工行业与其他行业的竞争。社工行业是人力资源密集的行业。这个行业要与其他行业从人力资源市场上争夺合适的求职者。社工机构的高流失率说明了社工行业在人力资源市场上处于极为弱势的竞争地位。这种市场竞争地位及市场竞争的力量使得社工机构的管理者在员工管理方面小心翼翼，非常担心管理过严会让社工辞职而去。在这种市场力量面前，社工机构难以找到更多可以“对冲”这方面劣势的资源。

① 累积的加班时长可以在个人需要的时刻用来调休。

3. 专业的力量

社会资源分配方式一般有三种形式：市场配置资源、政府权力分配资源和第三部门的分配调节。在资源配置中，每一类分配主体的关注点都是不一样的。市场分配注重效率因素，政府分配注重政治因素，第三部门分配注重公平与正义（当然政府分配也会考虑到公平与正义）。

资源分配中，社工机构属于第三部门，其社会资源调节作用的发挥过程就是场域中专业力量的发挥过程。场域中社工机构的专业力量主要是社工机构功能的发挥以及各类专业性组织相互作用而形成的专业合力。

在功能上，社工机构与其他非政府组织的功能是一样的，都是为了纠正市场失灵和政府失灵。社工机构的专业特性，如社工行业的利他主义特点，社工对社会公平正义的追求，专业的价值、宗旨、理念等决定了社工机构在纠正市场失灵方面，可以在困难群体与市场之间建立防火墙，防止贫富差距过大；在纠正政府失灵方面，可以建立社会安全阀，为社会成员提供一定的制度化利益表达机制，宣泄一些社会成员的不满情绪。

场域中专业合力方面，主要涉及高校专业力量的影响、港澳台等社工服务经验的引入、社工机构、行业协会、第三方评估机构等。这些专业力量的主体从各自不同的角度、立场发出各种不同的声音，影响着社工服务场域中专业服务的方向。Y 机构在服务方案设计方面，香港督导、高校督导、本土督导以及第三方评估机构都会各自表达着各自的观点。社工往往在这多种力量交织的场域中感到无所适从。

理论上讲，社会工作服务场域中最强的专业力量应该是由社工机构本身发出的，因为诸多专业力量主体中，只有社工机构是承接社工项目的。但是事实上，在场域中，社工机构自身的力量极为薄弱。Y 机构在专业方面的力量不是受到各类督导的影响，就是被迫服从于评估方的力量。

（四）Y 机构的场域分析

1. Y 机构的场域特征

Y 机构也同样处于当下社工服务场域中。该机构所在的场域行动者有：民政局、街/镇、工青妇等组织、居委会、村委会、高校、社工、志愿者、其他各类单位和个人等。

Y 机构所处的场域是典型的社工服务场域。社工服务场域和其他场域一样具有四个特点。第一，该场域是一个相对独立的社会空间。相对于其他场域有其独特性，其典型的特点是以专业性的方法追求社会的公平与正义。“社会公正，遵循社会公正的价值理念既是福利场域区别于其他社会亚场域的主要标志，也是福利场域相对独立性的集中表现。”第二，该场域是由客观关系构成的系统。Y 机构的场域中存在着社工、社工机构、政府、第三方评估机构、志愿者等各种主体。这些主体有其各自的位置，并形成了客观的各种网络关系。第三，Y 机构的社工服务场域同样充满了斗争。社工、社工机构、政府、第三方评估机构等在场域中为了维持或变更场域中的力量结构不断地进行着博弈。第四，其场域边界是模糊的。公益性、专业性、行政性、逐利性等因素在场域中都存在着。不能因为社工场域理论上的专业公益性就可以完全地把行政性、逐利性等因素排除出去。Y机构和其他场域一样，行动者无法完全通过制度化形成清晰的界限和壁垒。

2. Y机构中场域资本与力量分析

（1）Y机构的场域资本分析。在社工场域中，政府掌握着大量的经济资本、社会资本，同时掌握着文凭、资质的授予权，所以无须强烈地追逐这些类型的资本。它最为关心的是如何提高政府在民众中的印象，即象征性资本。所以资本的四种类型划分法最为适合本文的分析。场域中四种资本的含义如下。

经济资本是由生产的不同要素、经济财产、各种收入以及各种经济利益所组成的。文化资本则包括禀性、才能、专业学识等。社会资本是由社会关系网把握的社会资源或财富。象征性资本包括地位、声誉或威信、礼仪性或仪式性活动等。

像其他场域一样，Y机构所在的社工场域里也存在着经济资本、文化资本、社会资本和象征性资本。经济资本即一般经济意义上的资本，在社工领域里就是社工机构的经济收入；社工场域文化资本，即与社工相关的人员及其资质、经验、专业能力；社工场域社会资本，即在社工行业，或类似的公益行业里积累的各种社会关系；社工场域象征性资本，即场域中各类型的行动者在社会上的礼仪性活动（如某行业协会的年会）、声誉（如获得媒体正面报道）、威信（如获得5A级社会组织评级）等。

（2）Y机构的场域力量分析。Y机构的场域中存在几种行动者：政府（民政局、街/镇等）、Y机构、社工、评估机构、行业协会、志愿者等。当然场域中还会存在诸如基金会、捐赠者、宗教团体等。但是由于本案例重点在于分析Y机构的社工服务场域，所以没有把基金会、宗教团体等纳入此场域中。

虽然每个行动者对所有的资本都是渴望的和追逐的，但是侧重点有所不同。比如政府虽然是经济资本的提供者，事实上政府在社工场域里也是追逐经济资本的，比如希望有企业或爱心人士捐款。不过政府追求的主要是象征性资本，希望借助Y机构举办的各种仪式性活动以及专业性公益服务，提高政府的声誉和威信，在居民中塑造出一个好的政府形象。Y机构和社工追求的主要是经济资本，至少目前来说是如此，因为无论是Y机构还是社工离开经济资本便毫无任何发展可言。

场域中不同的行动者对于不同类型资本的追逐形成了不同的力量。政府在社工服务场域中对象征性资本的追逐形成了政府的力量，其在社工服务场域中的特点是行政性、强制性和统一性。Y机构为了获得项目，在市场中追逐经济资本，与其他社工机构展开竞争，如竞标一个个社工项目，从而形成了市场的力量；Y机构的专业性质、第三方评估机构的评估以及行业协会的规范与引导形成了专业的力量。

（五）场域中三种力量对Y机构的影响

1. 对Y机构价值与使命的影响

Y机构的价值定位是“让每一个人都能平等地融入社会”；使命是“扶危济困，雪中送炭”。Y机构的价值与使命在宣传上和文字表述上是这样的，但是在实际服务开展中难以把上述价值与使命渗透到实践中，工作人员总会遇到一些障碍，这些障碍分析起来主要来自三种力量的影响。

（1）政府力量的影响。政府的力量对Y社工机构的运营带来了强制性、行政性和统一性的影响。

第一，强制性。Y机构的所有项目除了一个是基金会项目外，其余的都是政府采购项目。每一个项目都与政府签订详细的合同，机构需要严格按照合同的约定开展服务。Y机构小心翼翼地处理着机构与政府的关系。在政府与社会组织的关系上，明显的是“强政府、弱组织”的状况。该机构的社工S3如是说：

“我们服务对象中有一个老人，经常在室内大小便，家人都不怎么管。我们多次介入后，有关部门就开始对我们有所微词了。不希望我们介入太多，可能它们觉得我们介入太多会影响到一些部门的形象。”

上述访谈的一段摘录是其中一个例子。Y机构在日常服务开展中经常会遇到机构价值理念与政府要求之间的冲突。政府是机构的客户，机构必须满足客户的需求；社工机构又有自己的价值理念。当两者发生冲突时，是坚持理念不要项目，还是放弃理念获得项目，在这方面Y社工机构没有太多的筹码，只好顺从政府的强制要求，久而久之，价值理念就形同虚设了。

在使命上也是如此。Y机构在按照自己的使命去开展服务工作时也面临着同样的矛盾。Y机构的员工也有反馈。如该机构的社工S1的访谈就反映了这方面的问题。

“G3说我们去探访前，一定要先跟他们打招呼，以确定要不要探访这些社工选定的服务对象。G3认为我们社工虽然不是政府人员，但是代表政府工作人员，如果我们探访的对象不是政府关注的对象，那么其他居民就会有意见：怎么来探访他们，不来探访我们啊……”

G3是主管Y机构X2项目的政府官员。社工S1一方面觉得G3讲得有道理，一方面觉得机构的使命就是“扶危济困，雪中送炭”，哪些服务对象符合“危困”标准也需要政府认可，社工的自主裁决空间又被政府的强制压缩了。

第二，行政性。Y机构希望能把有限的服务经费运用在跟机构使命相关的工作上。比如，更多地关注贫困家庭、有残障的家庭以及困难长者等。可是有的政府工作人员却希望能开展一些大型的活动。

“他们希望我们利用各类节日为契机多开展一些有影响的大型活动。‘大活动、大场面、大影响’是G5希望我们能多开展的。可是一个大型活动需要搭台、布置、购置各种物资，还要给嘉宾买礼物……整个过程下来少则2万元，多则4万—5万元。一年的服务经费满打满算也只有20万元。一个活动下来就花掉至少一个月的活动经费。”

上述谈话是Y机构一个社工S7谈到以往工作经历时的访谈摘录。这里我们不乏看到一些政府工作人员对社工服务理解片面，从而运用行政化的手段影响机构使其无法按照自己的价值与使命开展服务设计。

第三，统一性。Y机构的几个项目有的性质相同（如都是家综），有的性质不同。不管性质如何，这些项目都有一个共同的特点，有一套统一的标准规范。从Y机构的X3项目社工S10访谈中可以看到他们的无奈。

“我们这个点的老人都是条件优越的老人，他们一般不会到我们这里来接受服务或参加活动。而离我们这个点远一点的老人有需要，我们想把服务送过去。但是做了也没用，评估没有这样的要求。因为我们是日托，顾名思义，需要老人来我们这里，不是我们去老人那里。”

通过S10的访谈我们看到居民需求是多种多样的，而多数社工项目都有一套统一的标准规范，Y机构只能做与标准规范一致的工作，实施机构的价值理念、践行机构的使命就因此会受到影响。

（2）市场力量的影响。市场力量对Y机构价值与使命的影响主要体现在行业竞争以及服务商品化两个方面。

第一，行业竞争方面。社工机构之间激烈的竞争、博弈，使得Y机构更多地关注效益、效率、成本等因素。这种力量使得机构在价值与使命上物质利益化，极其重视经济资本的获得。因此在这种力量面前社工机构变得易于短视化、肤浅化，在价值与使命上偏离专业公益性的要求。Y机构甚至在努力地想转型为社会企业，因为社会企业可以谋取更多的经济利益。因此市场力量，让社工机构浮躁化、物质化、短视化和肤浅化。

Y机构的管理者认为机构发展壮大需要更优秀的人才加入。吸引优秀人才的重要条件之一就是能提供优厚的待遇；有能力提供优厚的待遇的前提是要么有更多的项目，要么可以转型为社会企业，从而保证有足够的财力吸引人才。这种竞争的压力让Y机构在坚持机构的价值理念与践行机构使命上面临着难以抉择的困境。

第二，服务商品化方面。市场力量让社工服务商品化。商品化就必须做到可量化、可测量，比如社工项目评估的SMART要求。可是社工服务中越是核心的东西越是难以量化和可测量化。比如，利他主义因素就难以量化和可测量化。社工服务在市场力量作用下追求可量化和可测量化，会让服务远离不可量化和不可测量化的核心内容，如宗旨、理念、价值、人文关怀等。

社工机构的价值与使命很难量化，也就无法商品化。我们不能说X机构的使命覆盖的人群比Y机构覆盖得多，所以X机构就更有价值，X机构的服务商品化以后就可以获得更多的项目资金。我们也不能说X机构比Y有名，是名牌社会组织，所以家综服务如由X机构运营服务经费就给220万元；Y机构不是名牌社会组织，家综服务经费给180万元。

（3）专业力量的影响。行业自身的性质、行业协会、第三方评估机构会运用“以评促建”、培训、评估考核、内部绩效考核等方式，引导社工、社工机构和社工项目本身更多地回归公益性和专业性。在专业力量上，希望社工机构能更多地发挥专业特色，坚守社工的价值；在公益性上，希望社工机构能发挥出追求社会公平正义的作用。专业公益的力量希望社工机构能在价值和使命上融入，以专业的手法追求社会公平与正义，追求社会和谐，并在此过程中积累起更多的象征性资本。

Y机构固然非常希望能发挥出专业特长，务实地开展各类社工服务。但是通过分析Y机构的服务文书，笔者明显地看到有两种专业的张力在影响着Y机构的社工服务。其一是评估的力量。社工或项目负责人为了项目顺利完成，在项目开始前都已经把指标做了分解，这些服务明显是以指标为导向的；督导在指导社工开展工作时却是以专业性的要求为导向的。如果专业性导向还比较贴近机构的价值理念与使命，指标导向则会使机构的服务偏离机构的价值理念与使命。这一点从Y机构的服务文书中可见一斑，比如小组文书中，访谈者反映应付指标的小组工作平均达到34.5%。

2. 三种力量对社工机构日常管理的影响

（1）政府力量方面。

①招标过程中的干预。政府是社工项目的采购方。换句话说政府就是社工机构的客户。本来在市场竞争中，市场主体就奉行“顾客至上”“顾客就是上帝”的原则，再加上中国本来就重的“官本位”思想，政府力量对社工机构的影响可想而知。这种影响会直接或间接地传导到机构的人力资源管理过程中。

在实践中，这种影响的表现就是：要么社工不得不承担一些协助政府的行政工作，要么直接听任政府调遣自己机构的社工，要么按照政府的意图安排人员和工作。

在招标过程中，招标文件已经给政府插手项目管理留下了空间。如果说社工项目是采购行为的话，那么采购方，按照市场规则，最重要的是看项目承接方最后有没有把采购方需要的东西按期交付。比如建一座大楼，最后验收时重要的是要看承接方有没有按照图纸要求把大楼建好，不会注重承接方在建楼时对员工做了多少培训，参加了多少会议。家综项目政府在招标文件中的规定过多过细。过细的规定一方面显得政府工作有越位之嫌，另一方面也束缚着社工机构日常管理。如以下几个方面就是典型的表现。

第一，关于培训、督导和会议的规定。《广州市民政局办公室关于召开广州市家庭综合服务中心项目招标文件有关规范文本征求意见会的函》（2015年3月6日）第3页项目服务工时设定方面，文件指出，“一名社工一年接受个别督导的时数为98小时”“团体督导时间为98小时”“一名专业社工一年参加的会议总时数为98小时”。文件规定是“约为××小时”，在签订合同和制定评估标准时“约为××小时”基本变成了“不低于××小时”。

对于这样的规定，Y 机构很苦恼，因为机构不能自主地根据自身状况开展培训和督导。所以有些毫无意义的培训，Y 机构管理者也会让社工报名参加，因为社工受教育的时数必须达到文件规定和评估标准的要求。

第二，关于人员规定。政府招标文件要求一个家综项目中至少要有 14 名符合要求的社工。Y 机构一名管理者 A1 认为该规定对机构的限制最大。

“如果一个机构能力很强，培养出两名水平很高的社工，他们一个人可以顶 3 个人，可不可以只招 10 个人，节省下来的人员经费给这两名高水平的社工增加工资呢？遗憾的是，按文件要求这样是不可以的。所以社工机构只能给这两名高水平的社工稍微高一点工资，于是这两名高水平的社工感觉到自己的收入跟回报是不对称的。心理落差会迫使他们离开这家机构，甚至离开这个行业。”

结合政府文件及 A1 的访谈记录，我们看到一方面政府不希望社工机构的人员流动率太高，另一方面又严格地把控着社工机构的人力资源管理（如人数、持证率等）。在这样的条条框框的束缚下的社工，职业倦怠感会很快产生，其直接后果就是造成 Y 机构的高流动率和高流失率。Y 社工机构经常补招社工以填补人员离职形成的空缺。人员方面的详细规定本意是保证政府资源不被浪费，可实际上却带来社工的大量流失（尤其是优质社工因为得不到相应的待遇而流失）从而无法保证服务质量，使得政府资源以“用数量充质量”的低服务质量的形式被浪费了。

第三，关于财务方面的规定。上面我们看到场域中政府的力量具有明显的统一性特点。这一特点还表现在项目经费上。在广州各镇街，地域、人口、经济规模异质性极高。比如，有的镇/街人口接近 50 万人，有的镇人口却只有几千人；有的镇/街面积上百平方千米，有的却不到 1 平方千米。但是在家综经费上，每一个家综都是标准的 200 万元服务经费①。

政府的统一性力量让社工机构很难根据不同的镇/街特点安排不同的人员和经费。

②服务过程中的干预。如果说政府的力量在招标过程中体现了统一性的特点的话，那么其在服务过程中则打上了深深的强制性和行政性烙印。

在 Y 机构的结构性访谈中，问及自己的工作是否会受到政府干预，结果如表 5－1 显示，累计有 73.7% 的认为部分或较多地受到政府干预。

① 从 2019 年开始，进入新一轮招标周期的家综实施新的标准，统一是 240 万元。

表5-1 是否受到政府干预

		频率	百分比（%）	有效百分比（%）	累计百分比（%）
有效	较多	7	35.0	36.8	36.8
	部分	7	35.0	36.8	73.7
	较少	2	10.0	10.5	84.2
	没有	3	15.0	15.8	100.0
	合计	19	95.0	100.0	
缺失	系统	1	5.0		
合计		20	100.0		

问及政府主要干预了什么？答案不一，小到日常管理、服务细节，大到人事管理、财务管理。比如有一名社工说，他们组织服务对象外出开展活动，某政府工作人员指责他们居然不给服务对象包车。下文是一次与镇街领导作月度汇报时，G1的发言实录。A1为Y机构的管理人员，G1为某区处级干部，分管该区内所有的家综工作，G2为某镇/街分管家综工作的科级干部，G3为某区分管家综工作的政府工作人员。

“A1，这个很重要，你每个月的活动要提前报到政府、街道那里一份，也报一份给G3。你每个月的经费开支也报到这里来。我认为这不是不信任你，这是对工作负责。你得把这些报好，让G2批，下个月才好工作。然后你要开展什么工作，花什么经费，要先提前申请、报备。到时候我会制作一个具体的家综经费管理制度出来，不过要等到2017年。”

由上面的发言实录中，我们可以看到该政府部门对机构的运营干预到“要开展什么工作，花什么经费，要先提前申请、报备”的程度。如果家综按此种情形发展下去，有成为政府的下属部门倾向。这里我们看到了政府力量对社工项目干预的行政性与强制性。

一个事实上成了类似于政府下属部门的家综项目，还要独立运作去面对上述的市场竞争，其困难是比较大的。

综上，社工场域中政府的力量在机构的日常管理上再次体现出其统一性、行政性和强制性的特点。统一性让社工无法自主安排人员和经费，行政性与强制性又让社工及社工机构在服务中不能自由地施展手脚。

（2）市场力量方面。如前所述，市场力量主要表现在同行投标过程的竞争、社工服务的效率化和数量化的追求方面及社工机构的逐利行为。本案例所说的市场力量不是市场机制，而是采用市场化手段运营社工项目过程中所产生的各种作用力和影响。

社工项目既然是公开招投标，就带上了显著的市场色彩。市场行为是以实现商品价值，进而实现利润最大化为目的的。社工机构参与招投标的过程就等于认同了自己的市场行为，认同了市场的游戏规则，按照市场的要求办事。比如，为了在竞争中取胜而设定一些超过自己能力的指标；为了完成指标数量选择简单的个案去开展，而复杂的亟须社工介入的个案就可能被有意识地忽视或简单处理，因为市场行为是要追求效率的。为了中标，民办社工机构可能会人为压低服务的经济成本，这就为提供社工服务带来了资金困境和质量隐忧。Y机构曾参与一个社工项目的竞争性谈判，按照规则价低者得。一个标的为50万元的社工项目，最后被另一家机构以32万元的价格竞得。谈判文件要求该项目需要至少配备5名工作人员，其中至少4名专业社工。整个项目除去培训督导费用、专业服务活动开展费用、行政办公费用以及税费杂费等，假如足额按要求配备人员的话，最终剩下的人员经费平均到每个工作人员上，工资会变得非常低。

这样恶性市场竞争的结果是压低服务质量，市场竞争的力量会传导到机构内人力资源管理问题等日常工作中。

上面是行业内的竞争，市场力量对机构人力资源的影响最主要的不是行业内的竞争，而是行业外的竞争。这可以从大量的社工流失到其他行业得到印证。2014年度深圳全市平均在岗社工3535人，离职1622人，社工流失率为22.2%，比2013年度上升了2.4个百分点（数据来源于深圳市社工协会网站）。2015年全年在岗社工流失共796人，在岗社工流失率达18.08%，比2014年度22.2%下降了4.12个百分点，流失严重现象有所缓解。2015年流失的社工中，有88%的人（共计700人）选择了不再从事社工行业，仅有12%的人到市外社工行业就业（《羊城晚报》-金羊网，2016）。

该影响在Y机构中的表现也是这样的。对Y机构的员工调查显示，调查对象中社工专业毕业的比例为73%，这些专职社工的同学中做社工的比例只有21%。剔除其他行业转做社工的人员，社工毕业后做社工的比例也只有28%。这意味着，超过70%的社工专业学生毕业后没有选择社工就业。

社工的高流失率问题在笔者的结构式访谈中也找到了部分原因。在问及“自己的工资与其他没有做社工的同学工资相比感觉怎么样”时，认为较高的占0%，认为中等的有19%，高达75%的认为较低。调查对象的反馈会不会过于主观？真的低吗？低到什么程度？我们来分析Y机构的工资情况。

以Y机构的家综为例，2016年11月份该机构被调查的社工平均工资总额（即尚未扣除社保、税金、公积金等）为5665元，实际到手平均工资（实发工资）为3887元，差额为1778元。该差额里包括单位承担的社保平均约830元，个人承担的社保平均约318元，单位和个人承担的公积金约200元，此外还有税金、工会费等。实际到手比例为69%。为了避免抽样误差，另外统计了该机构某个家综12月份的工资情况，该家综所有员工（含行政、保洁等，但不算实习生）平均工资为5273元，社工岗位平均工资为5405元。因为11月份的工资里包含了10月国庆节的过节费，所以均值会高于12月份的工资。我们接下来比较该机构的工资水平与广州市社工指导价位。

按照广州市人力资源与社会保障局2016年12月22日发布的《广州市2016年人力资源市场工资指导价位》中，“卫生和社会工作”行业指导工资换算成月工资，低位值为2484元/月、中位值为4506元/月、平均值为5629元/月。该统计标准为应发工资，与Y机构统计口径一致。

表面上看，该机构水平是与广州市指导价位差不多，但是仔细分析会发现事实上比指导价位还要高。因为《广州市2016年人力资源市场工资指导价位》中把“卫生和社会工作”放在一起统计，而众所周知卫生行业的工资是高于社工工资的。指导价位中，社工的工资实际上是“被平均”提高的。剔除这方面的因素来看，该机构的工资是高于行业指导价的。

假如把该机构的工资水平放到《广州市2016年人力资源市场工资指导价位》，会排在89个行业中的40名，可见是中等偏上的。那么社工为什么还是觉得工资低呢？这里或许还存在两个因素。一是无论机构调查的数据，还是政府指导价位，都不是实际到手工资。剔除社保等项目之外，工资基本上都要“打七折”。另一个因素是“一线社工工资被平均提高”，一些机构管理人员或项目管理人员拉高了一线社工的平均工资。我们把项目中机构管理人员和家综主任等工资较高的人员剔除后，再做一下统计，计算出一线社工的平均工资为5176元（为了便于与指导价比价，统计口径仍为应发工资），按七折计算到手平均工资为3623元。高考信息网统计了2014年广州大学各专业毕业5年平均月工资排名，其中没有社工专业，但是相近专业公共事业管理以3643元排名倒数第一，社工工资比榜上的倒数第一还低。

因为Y机构的员工中，有近30%的比例是刚毕业的大学生，所以3623元也算中等。该机构中毕业5年的社工工资都能达到5000元以上，如果放入“2014年广州大学各专业毕业5年平均月工资排名”中，也能排到中等以上。我们对该机构社工待遇满意度调查情况见表5-2。非常满意的仅占5.6%，满意的占38.9%，认为一般和不满意的分别为44.4%和11.1%。

从实际调查情况来看，也可以发现社工的工资实际上处于中等略微偏下的水平。但是我们听到的很多声音都是社工工资低、待遇差等。社工们发出这种声音除了人们对自己的物质待遇总是会有些不满足的因素之外，恐怕还有其他原因。

表5-2　待遇满意度

		频率	百分比（%）	有效百分比（%）	累计百分比（%）
有效	非常满意	1	5.0	5.6	5.6
	满意	7	35.0	38.9	44.4
	一般	8	40.0	44.4	88.9
	不满意	2	10.0	11.1	100.0
	合计	18	90.0	100.0	
缺失	系统	2	10.0		
合计		20	100.0		

笔者分析原因有三点。第一，与他们的参照标准有关，他们参照的总是其他行业里工资高的那部分，比如某某某做销售赚了大钱等。第二，与行业认同度有关，在笔者的调查中发现，Y机构有一名实习生结束实习后并没有选择留下，该机构给出的工资为到手3300元。但是她还是去了某政府部门做政府雇员，工资却只有2800元。第三，盲目比较，他们在比较中没有剔除社保因素。笔者访谈一名实习生说："因为人员安排问题，我被安排到物流专业的宿舍了，其他三人都是物流专业的，他们说他们专业毕业后工资很高的，一出来就有4000多元。"笔者提醒4000多元是没有买社保的，而且是没有双休的，并且每天上班工作时间远超于8小时。该实习生这才恍然大悟地说："这么看来社工的待遇也不错啊。"虽然笔者协助该实习生做了较为理性的分析，但是不管怎么分析，社工行业外的高流失率是实实在在的，管理者在机构运营中需要用尽方法挽留社工。

人力资源市场上对社工人才的竞争使得Y机构要像企业一样管理自己的员工，要辨识和剔除一些有损效率的行为，机构的管理者不得不像个资本家一样管理有着公益情怀的社工，因为公益机构的管理者不这样做就无法在市场竞争中取胜。在目前社工机构资金来源单一的情况下，拿不到项目的社工机构生存都成问题，更遑论公益情怀。

在市场竞争中，Y机构在"生存"与"公益情怀"之间如何选择？很明显迫于无奈只能选择前者，既然选择了前者，Y机构的人力资源管理也只能遵从市场的游戏规则办事。所以市场的力量对社工机构日常管理的影响就是提高效率、控制成本、行为逐利、密切关注竞争对手的动向。

（3）专业力量方面。

①行业性质本身的力量。不管有多少力量在影响着Y机构的人力资源管理，社工机构从性质上来说终归是专业公益机构性质。性质的要求、政府的期待、民众的认识，包括自身的宣传处处都在提醒着Y机构的管理者：专业公益组织就是专业公益组织，就是要按照专业公益的要求办事。

这种情况下Y机构的管理者又不得不以慈善家、公益人士、爱心人士的面貌出现。在员工管理上必须时时把"价值、宗旨、理念、奉献"等公益元素放在嘴边，随手拿来给员工鼓励、打气、开导。访谈中Y机构的A1诉苦道：

"专业公益机构的性质本质上是利他的，当机构的管理者让社工用利他的心态去完成一些额外的工作时，有的社工却从市场行为的角度向管理者提出要求：'算不算加班？''有没有补贴？'在固定的政府资源投入下，社工机构的管理者面对社工的诸如此类的问题只能摇摇头，拉着社工的手，说：'来！我们来谈谈情怀吧！'当社工数着微薄的收入又不认同你的情怀时，最后这些额外的加班工作只能由认同这些情怀的管理者去采取利他行动，自己努力加班完成了。"

从A1的访谈可以看出，行业本身性质，即行业本身的专业性力量使得社工机构在管理中没有过多的管理资源。机构管理者无法像企业管理者那样有诸多的管理资源（比如加班费、奖金、旅游、更多的高层职位），社工机构的管理者只能用社工的价值、理念、情怀等一些抽象的东西影响员工。

②评估机构的力量影响。第三方评估机构可以说在用专业公益行业的眼光来对机构的项目运营情况进行审视。他们的评价不仅关乎政府是否会继续购买社工机构的项目，也关乎机构的影响力，影响着机构能否在市场竞争中获得更多的其他项目。所以，第三方评估是否客观公正就显得格外重要。

在对Y机构的社工访谈中，有23.5%的社工认为第三方的评估基本不客观公正，16.7%的社工认为完全不客观公正。被访谈的社工委屈地诉说着："上一期评估专家说，我们选择××里面的残疾人开展专项服务不算社区专案，选择的群体过于狭窄；这次评估又说社区专案要选择特定群体，聚焦到一小部分人身上！"其他社工也有类似的感受："同一个问题，有的专家肯定，有的专家拍砖，我们无所适从，越做越没方向感和成就感。"

为了迎接评估，社工平时要做大量的准备和积累。做的每一件事情都要留下记录，如文字或图片[①]。因为专家评估最主要的就是看这些资料。所以社工一方面要做事，另一方面还要另外花一些额外的时间证明自己做了这件事。对这方面笔者整理了Y机构访谈记录后，统计结果见表5－3。

表5－3　评估方面相关变量　描述统计量

	N	极小值	极大值	均值	标准差
应付评估时间	14	0.40	0.85	0.6036	0.15746
证明自己做的事	18	0.00	0.80	0.4583	0.21721
有效的N	14				

在访谈中，笔者对问题的表述是："为了以后的评估，可能社工会从起初的文书策划开始就做好工作了，你觉得在日常工作中加上评估前几天的准备，合计大约需要花费百分之多少来应付评估？"由表5－3可见，Y机构14名社工的有效回答是平均要用60.36%的时间来应付评估。

在证明自己做的事情上，笔者对问题的表述是："为了迎接各种检查和评估，我们平时既要做事，还要注意留下各种文书或照片等原始资料以证明我们做过这些事情及其效果，那么在你的工作中有百分之几的时间在真正做事？有百分之几的时间花在证明自己做了这些事情上？"对于这个问题见表5－3，18名社工的有效回答是平均要花费45.83%的时间用来证明自己做了事情。

---

① 比如消防演练。评估时专家查阅家综消防演练情况时说，需要提供消防演练计划、实施情况、总结、照片等。如果是企业消防演练，一般情况下只要员工达到消防演练目的就行了，没有必要另外花大量时间整理消防演练文书以证明自己做过消防演练。

可以说社工将近一半的时间没有花在真正的实务上，而是在证明材料上，这也就是为什么社工会被诟病为“写工”或“电脑工”的原因。比如，有一个社工的个案文书记录多达100多页。评估专家看到这样的文书啧啧称赞，“这个个案做得好，有一定的专业水平”。于是评估报告里“值得肯定的地方”就有了令社工兴奋的表述，“有较高的专业水平”。实质是在鼓励社工把更多时间花费在“材料工作”上。

我们再看看文书方面，社工面临多少工作量。在这方面访谈时的问题表述分别是：“从方案设计开始，到所有的小组文书签名归档，你开展一个小组活动文书的工作量大致占整个小组工作的百分之多少?”“从开案起到所有的文书签名归档，你觉得开展一个个案文书的工作量有多大？占整个个案工作的百分之多少?”“开展一个社区活动或社区工作，文书工作量有多大？占整个社工活动或工作的百分之多少?”根据社工的回答进行统计整理，结果见表5－4。

表5－4　文书工作量　描述统计量

	N	极小值	极大值	均值	标准差
小组文书	18	0.20	0.80	0.5372	0.17098
个案文书	20	0.35	0.70	0.5325	0.11387
社区文书量	19	0.20	0.60	0.3553	0.11291
有效的N	17				

如表5－4所示，在小组工作中，文书工作量占整个小组活动的53.72%；个案文书量占整个个案工作文书量的53.25%；社区工作文书量占整个社区工作的工作量比例最少，但是也有35.53%。这些访谈数据统计进一步证明了社工的文书量巨大，压缩了有效的服务时间。这么高的文书工作量必然影响服务质量，最终可能会导致外界对社工行业的质疑，这或许也是一些政协委员或人大代表质疑社工作用的原因之一。

面对这样的情况，Y机构疲于应付又无能为力。Y机构也想把服务做好，但是又不得不为了应付评估而完成指标。

然而更复杂的是在评估问题上，政府也会介入，让社工机构的管理变得更为棘手。在某次月度报告会上，政府官员G1发言如下。

“其实X3街就是个很好的例子，照样炒掉你。只要我不满意，我一定可以找到炒掉你的理由。你在这儿不愉快了，我要你走，你做着也没意思。X3街就是这样，我跟他们说别做了，但最后评估我还是给他们评了好的，要不是我这么做，他们连最后10万块都拿不到，连最后的工资都发不出。所以，这个观点一定要搞清楚，你们的老板在这里。我觉得评估这种方式本身就不是很好。广州市某秘书长G4先生有一次在开会的时候就这么讲：我是一个农民，我要建一栋楼，建得满不满意，我说了还不算，要第三方说了才算。现在我出了钱，我是投资方，我说建得好就好。我们政府投了钱，我说建得好，哪需要什么第三方来说满不满意。”

从上述会议记录实录中，我们看到社工在按照评估方的评估标准开展工作时，还要充分考虑到购买方的要求，而有时候两者的要求是不相同的。这方面有的政府官员也有着他们自己的看法。

G5：“其实很多第三方讲得都很虚的。很多第三方评估都是带着利益的，它们来评估都是很不公平的。”

G1：“其实那些老师来呀，我们也不能说他不公平，他来一天也就是拿一天的工资。他就按着那个专业来翻。这个地方有问题，这个地方没签名呀。”

评估方与采购方的分歧让社工左右为难。据悉在 X4 家综的评估中，在评估方对采购方进行访谈时，双方发生了非常激烈的争吵。在这种分歧面前，社工机构不知所措，不知该安抚哪方、顺应哪方，因为无论哪一方都是不敢得罪的。

当然总体而言，评估方与政府方的意见还是一致的，因为评估方也是通过招投标程序，经过政府设定标准筛选出来的。所以，总体上第三方评估机构与政府的立场和角度有着很多的重叠。当然第三方毕竟不是政府，也有自己的诉求和独立性，而且第三方多具有行业协会的特点。即使行业协会，其评估标准里也体现着行业协会的意志。因此评估方的力量在社工项目的运营中主要体现在检视社工项目是否符合专业公益性的性质，检视社工项目是否实现了采购方的目标。然而从对 Y 机构社工的访谈中，可以看到这种力量在实际中却使得社工项目运营像学生应付考试一样而具有“应试”化和功利化的特点。

（六）Y 机构中三种力量主体对各种资本的追求

场域中三种力量影响着社工机构的价值、使命与运营管理。这种力量的背后是不同部门对各种资本追求带来的。

上面的分析我们看到在社工机构的专业服务场域中存在着社工机构、政府、第三方评估机构三个部门；存在着市场的力量、政府的力量和专业公益的力量三种力量；还存在着四种资本：经济资本、文化资本、社会资本和象征性资本。

我们接下来分析在社工机构承接的社工项目场域中，三个部门、三种力量和四种资本在社工和政府人员访谈中是如何互动形成合力而影响社工机构运营的。

但是分析这些资本和三种力量的关系，需要分析力量来源的主体，因为力量本身不会说话，我们也不能与力量进行对话。所以本案例先从三种力量中选择出力量主体的代表，以便进行下面的分析。

首先政府的力量的主体有中央政府、省级和地级政府、区县级政府和基层政府。在政府力量的主体中，本案例选择的代表主体是基层政府部门。在市场力量方面，其力量的主体有社工机构、第三方评估机构。当然这两个主体所形成的力量比较复杂，其中有专业的力量，也有市场的力量。由于社工项目是政府采购项目，所以最后要考核服务运营的成效。一般的商品对其使用价值的评价主要看能否得到市场接受即可。而社工服务项目的使用价值（即是否达到政府采购的目的）的评价一般需要第三方来进行，所以本案例在这部分中把第三方评估机构的这种评估作用作为市场力量的代表之一，特别列出来进行分析。社工机构本身也可能产生出各种力量，如专业的力量和市场的力量。在本案例的这部分分析中，为了分析的便利，作者“理想化”[①] 地按照其本身性质和宗旨将其作为专业力量主体的代表。

1. 第三方评估部门的力量及对资本的追逐

场域中第三方评估机构拥有的是文化资本，掌握着是否可以把声誉威信等象征性资本加诸社工机构的权力。评估机构首先利用其社会资本力量（即由社会关系网络而掌握的社会资源）网聚一批评估专家以掌握文化资本。这些评估专家基本是高校社工专业或相近专业教师。这些教师之所以成为评估专家的主力，也与场域运行的规则有关。成为评估专家的首要条件必须具备社工或相关专业背景，其次必须与被评估社工机构及被评估的项目没有关系。因此，社工机构的人员都无法成为评估专家（因此评估中也无法体现社工机构的声音），符合条件的就几乎是高校教师了。高校教师以其丰富的教学经验和知识积累进入评估机构，为评估机构带来了文化资本。

评估机构运用这些文化资本到市场上参与投标工作，中标后成功地把文化资本与象征性资本转换为经济资本。然后聘请更高级别的专家，把经济资本再次转化为文化资本与象征资本。实现了第二次转化后，评估机构就可以把自己掌握的文化资本和象征资本根据评估结果分配到被评估机构中去（比如，有多少可以评为优秀、良好、合格、不合格等）。

其力量及影响如图 5－2 所示。左侧箭头代表评估机构需要的资本；右边箭头代表评估机构输出的资本；箭头的粗细程度，代表其对某种资本的需要程度或输出力度（以下图例同）。如图 5－2 所示，评估机构对文化资本、社会资本、象征性资本、经济资本都有需求。其中对经济资本最为需要。因为经济资本可以更容易、更有效地转换为其他形式的资本。评估机构主要输出的是象征性资本（如评估等级：优秀、良好、合格、不合格等）。

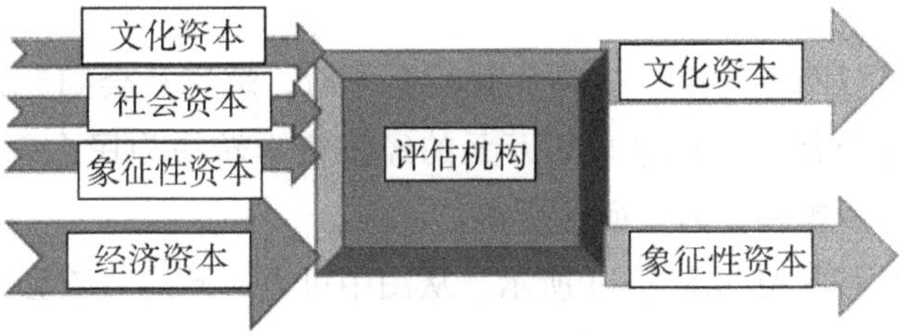

图 5－2　评估机构的力量及影响

① 研究实际问题时，为了简化往往采用“理想化”。本案例借用物理中研究力学的理想化方式，如“光滑平面”即假设平面没有摩擦力。社工机构并不能必然代表专业的力量，社工机构中也有一些“噪声”和“摩擦”。但是为了研究问题的便利，此处，且仅限此章节，把社工机构作为专业力量主体的代表之一来进行场域资本分析。

2. 政府的力量及其对资本的追逐

政府部门需要做的是把自己手中掌握的经济资本转化为象征性资本。其表现是在市场上通过招标、谈判等形式采购社会工作服务。在笔者访谈政府相关采购官员时，他们喜欢这种方式的原因有两个。

“……在我们政府部门，想招一个人很困难，层层审批把关。最后招来了发现不是想要的人，或者表现不行，想要炒掉时，你会发现炒一个人比招一个人更麻烦，各种流程……”

这是某政府官员 G6 在谈到社工项目采购时说的话。G6 的观点显然代表了岗位购买模式的优点。

“……老百姓现在很不信任政府，需要你们社工代表政府去做一些扶危济困的工作。你们代表政府，但是你们不是政府人员，这样可以缓解下老百姓与政府间的关系，提升一下政府的形象。”

这是一名负责某家庭综合服务中心项目采购的政府官员 G2 的看法。该观点很明显地可以看到政府采购的目的：用经济资本换取象征性资本。

在 A1 家综的一次评估反馈总结会议上，某官员 G1 在最后总结发言中有这样一段话，我们可以进一步了解政府在场域中希望得到什么。

“我们要更加紧密地跟街道办事处，跟村居沟通、联系和合作，要积极主动地参与基层的社会管理服务工作。我觉得这一点总体上我们的家综在这方面做得比其他家综相比还算是，我们还是认为，还是好的，但是我们做得还是不够。包括上午 G7 也过来了，总体上这一点我们还要加强。就是说，我们怎么体现我们购买服务的作用。政府花了 200 万多块钱其实要你帮我减负的，要你帮我做事的，在这个位置怎样化解社会矛盾，解决社会问题，做我们政府最想让你们做的事情。这一点我觉得还要加强沟通的。

……所以我们不要简单的。真正去做那些最需要的，多做雪中送炭的工作，少做锦上添花的工作……”

上述发言中可以圈点的重点就是化解社会矛盾，解决社会问题，要帮助政府去雪中送炭。显然政府非常需要把这 200 万元的经济资本转换为民众对自己形象的提升，也就是希望把经济资本转化为象征性资本。

政府的力量及其影响如图 5－3 所示。从图中可见，政府有着强烈的象征性资本需求和强大经济资本输出能力。

图 5－3　政府的力量及影响

3. 机构的力量及其对资本的追求

场域中社工机构掌握的主要资本是社会资本（社会关系网）和文化资本（专业知识和技能）。政府看重的也正是社工机构的社会资本和文化资本。在招标文件范本中，我们把政府筛选社工机构的标准进行了分类。人员学历、经历、资质、研究能力、设计能力等要求归为文化资本；等级评估、公信力、诚信度等归为象征性资本；获得的资金支持、合作伙伴数量等归为社会资本。以《广州市民政局关于印发广州市家庭综合服务中心项目招标文件有关文本指引（试行）的通知》中《商务评分标准设定指引（试行）》和《技术评分标准设定指引（试行）》为参考进行了统计。统计结果发现，共计80分的商务和技术评分中（另外20分为价格分、工时或价格报价评分），象征性资本要求10分，文化资本要求48分，社会资本要求17分，自主设定分数5分。可见政府对社工机构的筛选标准最重要的还是看重文化资本和社会资本，对经济资本（如注册资金，设备的要求）几乎没有。

可见政府看重社工机构的主要就是这两个方面：社会资本和文化资本。政府正是希望社工机构充分发挥这两个方面的优势，帮助自己提升形象、解决问题。

Y机构利用自身掌握的社会资本和文化资本需要换取的是经济资本和象征性资本。因为社工机构只有换取到经济资本，才有可能招聘到更多的人，建立起更多的社会资本链接，从而才更容易换取政府经济资本；社工机构由于是一个新事物，几乎所有的社工机构在群众中的知晓度都不高，社工机构也非常需要象征性资本。社工机构获得象征性资本一方面可以争夺更多的经济资本，另一方面可以进一步提升社会资本和文化资本。

Y机构通过社会资本和文化资本换取经济资本和象征性资本本来无可厚非，但是问题在于Y机构获取经济资本和象征性资本的途径极为单一。获取经济资本的途径几乎只有政府部门单一的来源渠道；获取象征性资本的途径也几乎只有第三方评估机构（需要第三方评估机构把“优秀”“良好”“合格”“不合格”等象征性等级符号赋予在自身承接的项目上）。所以社工机构在项目服务中，很难有自己的价值和使命的定位，经常在政府和第三方评估机构之间摇摆。时间久了竟然学会了居中“扯皮”的“良策”：面对第三方评估机构的质疑时，Y机构社工说这是回应政府需求而做的；面对政府质疑时，Y机构社工说这是回应第三方评估要求而做的。

Y机构的力量及影响如图5－4所示，其对四种资本都有需求，与评估机构一样对经济资本的需求最为强烈，因为经济资本占主导地位最易转换为其他形式的资本；其在文化资本和象征性资本输出方面对政府具有一定的吸引力。

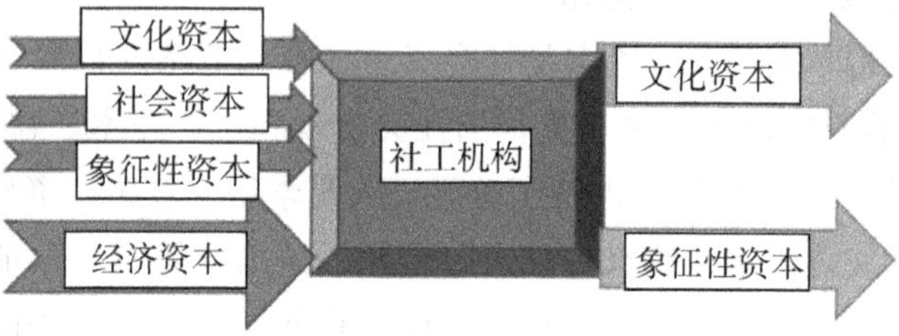

图5-4 社工机构的力量及影响

（七）场域合力的形成及在Y机构的影响

综上我们可以概括总结出三种力量对Y机构运营的影响如下。

政府的力量：在政府的力量影响下，规定过于死板，Y机构的行为变得追求数量化（或指标化）、模式化（或统一化、标准化）、短期化。力量特点是强大，影响显著，导致社工项目“麦当劳化”①。

市场的力量：在市场的力量影响下，Y机构的行为变得追求效率、重视投入-产出比（尤其是重视对人员成本的控制）、社工服务商品化（使得社工服务的人文关怀、利他主义特点无法体现）。力量特点是强大，影响显著，导致社工项目商品化。

专业的力量：Y机构性质本身、行业协会、高等院校等对社工行业的指引与规范；专业的理论、价值、理念的特殊性等要求Y机构应该回应困难群体的需求，追求社会公平与正义。力量特点是薄弱，影响有限，导致社工实务肤浅化。

三种力量不同程度地影响着Y机构的运营。我们可以绘制出三种力量所形成的合力图，如图5-5所示。箭头方向代表该部门对某种资源的需求形成的力量方向，箭头的粗细代表其力量的大小。如图5-5所示，较粗的箭头基本是经济资本和社工机构之间的对政府经济资本的争夺和对评估方象征性资本的争夺。因此我们可以得出的结论是，话语权在政府方。社工机构间在市场上进行着激烈的资源争夺，形成了市场的力量，也是比较强大的力量。因此，这种场域合力就由政府预算和市场起了最终的主导作用。

台湾暨南国际大学学者张英正认为：“当今社会工作受到新自由主义与新管理主义的影响，以市场导向和预算导向为原则，而使得社会工作逐渐忘却其追求社会改革的使命。”（张英正，2014）结合上面的分析，以及实际社工访谈实录分析，我们可以发现政府采购背景下，三种力量的合力给Y机构带来的影响就是：社工服务商品化、社工理论肤浅化、社工实务“麦当劳化”。

---

① 麦当劳化（McDonaldization）是指一个社会经历着速食餐厅之特色的过程。由社会学家George Ritzer最早提出。麦当劳化，是指从传统思维转向理性思维和科学管理的过程。本案例借用的麦当劳化既有Ritzer的含义，同时也还有统一化、标准化、同质化的含义。

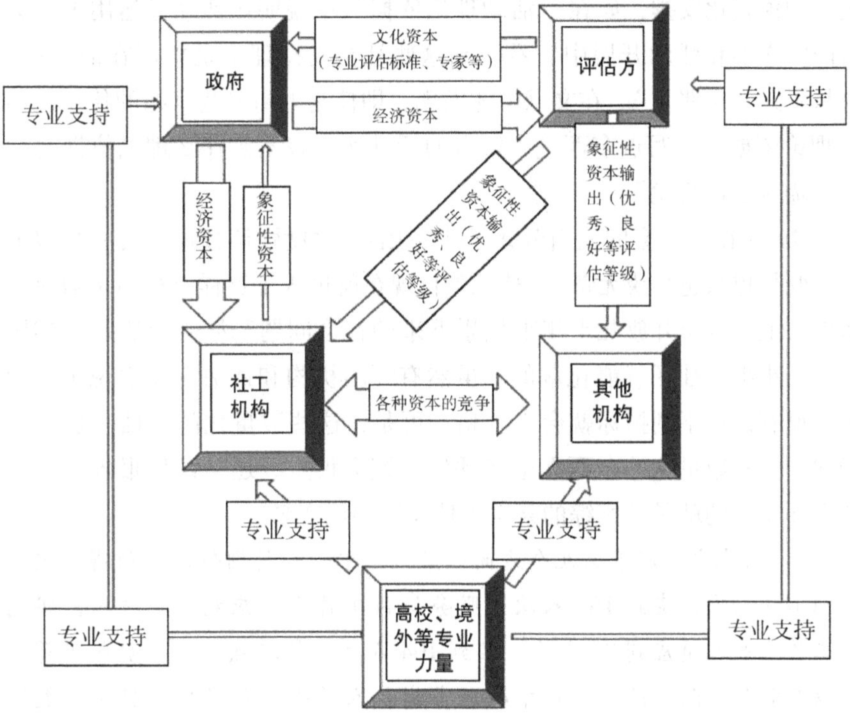

图5-5　社工场域图

1. Y机构社工实务“麦当劳化”

政府倾向于把社工服务模式化。为了方便管理，政府又喜欢一刀切，这样的思路导致政府采购的社工项目在市场化运营中呈现出典型的“麦当劳化”特色。

社工的诞生是为了解决在市场经济运行中出现的各种社会问题，追求的是社会的公平与正义，关注的是人性，切入的是人的情感，需要个别化解决。而为了适应市场经济而产生的科层制管理模式追求确定性、效率、理性等，需要模式化、标准化以提高效率。追求效率的服务路径就如同一巨大的铁牢笼，“人们不但身陷其中难以逃离，同时基本的人性在铁牢笼内也被扭曲”（George. Ritzcr，2012）。

以Y机构的某个家庭综合服务中心为例，我们看到在各项社工服务上几乎都是大同小异的。比如小组工作设计，作者翻阅几个机构几十名社工的小组活动文书发现，这些小组文书大多都是五节，极其“标准化”；而且每一节几乎都是要先以游戏开始（有的社工在文书中还写到，有长者问可不可以不做游戏。社工回复说：不行的，这是活动的要求）。甚至有些游戏都开始套路化了，比如小组活动的第一节游戏又几乎都是破冰游戏（社工也不管参加的服务对象之间熟不熟，即使是这些服务对象都是同班同学，照样要破冰的），破冰游戏又几乎都是“大吹风”“击鼓传花”之类的。给人的感觉就像走进麦当劳，无论走进哪一家分店，都可以享受到无差别的服务质量。

“模式化”“标准化”程度非常高，比如有的社工开展给老人贴春联的活动。活动很简单，找几个志愿者给一些老人把春联贴上去就可以了。社工在服务方案设计中还要遵循统一的模式化安排，如在“活动理论依据”中说明该活动是运用了社会支持理论，而后面的文书和活动开展中又看不到这些社会支持理论是如何在活动中体现的，造成理论与实践“两张皮”。在文书中还发现，即使是上街发些家综的传单的活动都要在文书“理论依据”中写点东西进去。有的活动实在找不到什么理论依据时就只好写上“马斯洛需求层次理论”。

George Ritzer 在《社会的麦当劳化》中指出：“过度强调数量、货品与服务，将使得整个社会变得越来越平淡无奇。”社工项目现在就进入了这样一种追求数字、数量的状态。而事实上，改革开放几十年来积累下来的社会问题和社会矛盾是很难用一个个量化的个案、小组或社区就能化解的。虽然有评估机构和评估专家也说了，指标并不是唯一的，没有说达不到指标就会不合格。可是，这些数量化的东西一般机构、社工都不敢轻视。这些数量化的东西无论在评估反馈会议上，还是评估报告书中都随处可见。比如下面摘录的就是某家综的某次评估反馈会议实录。

“值得肯定的地方有以下这几个方面：第一，中心人员到位情况值得肯定，全职工作人员应到160人次，实到169人次；服务岗位工作人员应到112次人，实到113人次；社会工作专业人员应到80人次，实到104人次。第二点，中心配备了符合资质的中心主任以及督导团队，那么我们中心服务岗位人员平均每月接受督导时数达到了评估标准的要求。”

这段实录，我们一方面看到社工机构在人员管理上面受到严格的约束，另一方面我们也看到评估方对人员指标的量化反馈。这些量化的指标无形中在加剧着Y机构走向“麦当劳化”的道路。评估方可以统计一个家综有多少人是社工专业的，有多少人持证，有多少人有多少年的社工经验，甚至社工分别到岗多久，但是评估方却很难统计多少社工在工作中是用心的，多少社工在工作中是怀着一颗对服务对象满满的爱去工作的。这些是无法量化的，也是无法考核的，而这些也恰恰是社工最核心的东西。所以量化、标准化、指标化的考核传递到Y机构的管理上，就带来了服务的“麦当劳化”。

Y社工机构也曾开始更深入的尝试：像麦当劳一样开始编制员工手册和服务手册。尤其是服务手册，把服务的模式、流程、标准固定化，形成服务手册。在访谈中，更有社工机构管理人员说想找人开发社工服务系统软件，就像医用软件一样，把患者病症输入系统，系统可以自动生成建议处方；社工把服务对象生理、心理、社会等层面的数据输入系统，社工也可以获得系统自动生成的服务建议方案。

数量化会导致社工工作只见树木不见树林，社会问题和社会矛盾的形式是很复杂的，社会问题与矛盾本身的解决不等于几个个案、小组和社区工作的叠加。而且众所周知，个案、小组和社区是社工的三大方法，是社会工作的工具。评估把过多的关注力放在个案、小组和社区的数量和质量上，有本末倒置之嫌。Y机构的负责人A这样评价数量化、标准化的评估。

“举个不太恰当的例子，假设锤子、螺丝刀、扳手是汽车修理的三种主要工具以类比社工三大工作手法。顾客去4S店修车，我们不去管车子是否修好，而是关注该店在修车过程中用了多少次锤子，多少次螺丝刀，多少次扳手。这看上去有些荒唐，但是社工项目的评估的确非常看重这些个案、小组和社区方法的运用及其数量。好像只有这样才能凸显出社工的专业性。”

当社工机构都已经“麦当劳化”时，我们会发现，我们在理性的牢笼中无处可逃了。“从理性化的教育机构到理性化的工作场所，从理性化的社会情境到理性化的家庭。最终，整个社会除了理性化的结构所构成的一张看不见的网之外，将什么也不剩。”（George Ritzer，2012）社工机构以及社工这个追求人性、注重情感与情怀的地方将会变成另外一个理性化牢笼。就像Ritzer在《社会的麦当劳化》一书所说的，对理性的追求却带来了非理性的结果。

2. Y机构社工服务商品化

政府公开招投标采购社会工作服务这种形式，本身就把社会工作服务商品化了。政府购买的形式在源头上悄悄地改变着社会工作的性质与初衷。社会工作的性质就是维护社会公平与正义的专业的公益性力量。但是购买的主体是政府，社工自然要为“买主”服务，向“买主”负责。虽然政府是买主，但并不能把政府与公平和正义必然地画上等号。退一步讲，就算购买方可以和公平正义必然地画上等号，但是由于“购买”这种形式必然使得“商品出售”方把“商品购买”方当作上帝，这就会影响到社工的独立性，最终影响着社工的性质，使得社会工作除了想获得项目的中标外，找不到自己的方向和使命。新自由主义所主张的市场化与自由化对社会工作的使命与精神产生了莫大的伤害（张英正，2014）。

在与Y机构管理者访谈中，该管理者为没有获得某个精神康复项目和某个戒毒项目而感到惋惜。可是该机构从来没做过，也没有这方面的资源能够胜任精神康复项目和戒毒项目，只是因为这两个项目是政府采购项目，项目金额比较大，没能成功获取而惋惜。这种惋惜类似于一个商人没有成功卖出自己的商品的惋惜。

其实这种商品化的思维在社工服务中随处可见。比如，我们解读一段Y机构某家综的一名管理人员A3的一段话。

“……青少年这块，个案比较难以开展……后来我们定期进驻××小学，很快我们就成功地挖掘了3个个案。”

我们对这段话进行文本分析时会发现，“成功地”“挖掘”这两个字眼非常耐人寻味，尤其是该管理人员在说到这个地方时，面带喜悦。其潜在的意思我们可以翻译成：“又完成了3个个案指标，好开心！”这样的字眼及表情，让我们感受到，服务对象的困难、痛苦等都不再是鲜活的东西，而是变成了一个个冰冷的数字指标。而这一个个数字指标正是政府购买的商品的“规格”要求之一。这样的字眼和表情也轻易地可以让人联想到一个业务员成功地推销了3件商品时才会有的语言和表情。因为其关注的重点不是这3个个案面临着怎样的困难，社工如何结合自己的使命或机构的方向开展工作，而是“成功地挖掘3个”这样功利性指标。

现实中Y机构不少社工都在为了完成一个个符合政府采购“规格”的指标而努力。小组工作也面临同样的问题。有31.8%的访谈对象认为开展小组工作最困难的是招募组员，还有18.2%的访谈对象认为开展小组工作最大的困难是组员维持，两者合计刚好达到50%，详细统计见表5-5。被访谈的社工坦言，最怕的就是开展小组工作时招不到服务对象，或小组开着开着服务对象越来越少，最后无法完成5节活动设计导致一个小组指标无法完成。

表5-5　小组开展的困难

		频率	百分比（%）	有效百分比（%）	累计百分比（%）
有效	组员招募	7	30.4	31.8	31.8
	专业能力	6	26.1	27.3	59.1
	组员维持	4	17.4	18.2	77.3
	其他	5	21.7	22.7	100.0
	合计	22	95.7	100.0	
缺失	系统	1	4.3		
合计		23	100.0		

服务实现商品化的条件之一就是可以量化，而社工服务的量化还处于低层次。社工服务事实上是无法量化的，而政府采购的形式实质上就是把无法商品化的东西商品化。

3. Y机构社工理论肤浅化

在翻阅Y机构社工文书中，我们可以发现社工乱用理论的现象俯拾皆是。有些现象都成了行业内共知的普遍性问题了。比如，当社工不知道该用什么理论时就搬出了马斯洛需求层次理论；当开展学习性小组工作时，社会学习理论就开始大有用武之地了；发掘案主一个优点就可以套用优势视角理论了。

整理访问调查的结果见表5-6，我们发现在小组工作中有36.4%的被访谈社工没有固定的常用理论模式，有63.6%的被访谈社工认为自己有常用的理论模式；个案工作情况与此差不多，35%的被访谈对象认为自己没有固定的理论模式，而65%的被访谈对象认为自己有常用的理论模式。没有固定的理论模式并不是说社工对所有的理论都掌握得驾轻就熟，随便什么理论都能用。恰恰相反，他们每一种理论模式只知道大概就能随意套用了，这正是社工理论水平较低的表现之一。进一步统计显示，该机构社工专业的员工占33.3%，非社工专业的员工占50%，这或许是理论水平较低的原因之一。

表5－6　是否有常用的小组工作理论模式

		频率	百分比（%）	有效百分比（%）	累计百分比（%）
有效	有	14	60.9	63.6	63.6
	没有	8	34.8	36.4	100.0
	合计	22	95.7	100.0	
缺失	系统	1	4.3		
合计		23	100.0		

理论的肤浅在社区工作中表现得更为突出。比如在访谈中作者问一名有3年工作经验担任领域主管社工A4：什么是社区工作时，该社工如此回答。

“社区工作也有小组和个案，比较集中和深入一点，社区活动可能就是范围比较广，然后就是在社区层面开展，可能对全体的影响比较大，对个人的影响比较小。”

可见社工对社工工作的理解是不到位的。其他工作方法也是如此。小组工作简化成了小组活动，社区工作简化成了社区活动。我们经常还可以看到，社工驾轻就熟地把复杂的理论在实务操作中变成了丝网花小组、剪纸小组等，被诟病为“全民丝网花”。

在小组工作设计的依据方面也有类似的情形。笔者曾翻阅过不同社工的不同类型的小组活动依据，发现非常令人哭笑不得的现象：有百分之多少的居民很少与其他人联系，所以我们设置了丝网花小组活动；有百分之多少的调查对象没有什么兴趣爱好，所以我们设置了丝网花小组活动；有多少服务对象反映不知如何与他人相处，所以我们设置了丝网花小组活动。

总之，无论居民需求调研的结果是怎么样的，最终解决方案都可以是丝网花。我们退一步讲，社工可以开丝网花小组，用编织丝网花的形式达到某个小组设置的专业目的，也是无可厚非的。但是细翻社工丝网花小组活动文书会发现，里面全然没有太多专业性的记录，常见的是类似于这样的记录：李姨一开始不知道荷花花瓣如何编织，在社工的指导下终于学会了。

还是以小组工作为例，调查显示，有社工认为自己开展的小组平均有64.7%的服务目标设置具有专业性。可是在追问小组目标达到上，笔者问：“你开展的小组目标的达到是因为使用了自己的专业技能才达到的，还是因为小组目标本来就设置简单才达到的？”20多名社工的回答结果统计见表5－7。

表5-7 小组目标达到原因

		频率	百分比（%）	有效百分比（%）	累计百分比（%）
有效	发挥专业能力	6	26.1	30.0	30.0
	目标本来设置简单	1	4.3	5.0	35.0
	两者都有	13	56.5	65.0	100.0
	合计	20	87.0	100.0	
缺失	系统	3	13.0		
合计		23	100.0		

可见事实上仅有30%的社工认为自己开展的小组工作目标得以达到的原因是自己的专业技能。

理论的肤浅现象背后是对指标的功利性追求和对社工内在本质的浮躁理解。

参考文献

[1] 潘建雷．强政府、大社会：政府向社会组织购买服务的实践与思考［J］地方治理研究，2019（2）.

[2] 马晓晗，马福云．政府购买，助力社会工作纵深发展［J］．中国社会工作，2016（30）.

[3] 柴定红．社会工作专业化的内涵及我国社会工作的专业——国家关系［J］．湖北社会科学，2015（11）.

[4] 韩江风．政府购买服务中第三方评估的内卷化及其优化——以Z市S区社会工作服务评估项目为例［J］．四川理工学院学报（社会科学版），2019（4）.

[5] 徐盈艳，黄晓星．促成与约制：制度嵌入性视角下的社会组织发展——基于广东五市政府购买社会工作服务的实践［J］．新视野，2015（5）.

[6] 王名，乐园．中国民间组织参与公共服务购买的模式分析［J］．中共浙江省委党校学报，2008，24（4）.

[7] 姚迈新．政社关系视角下社会组织提供公共服务问题研究——以广州市政府购买社区家庭综合服务为例［J］．岭南学刊，2013（3）.

[8] 朱静君．政府购买公共服务的问题与着力点探索［J］．广东工业大学学报（社会科学版），2013（6）.

[9] 郑杰榆．购买社会服务中政府与社会组织的互动［J］．中国社会工作，2013（12）.

[10] 陈香君，刘学勇．行动者视角下的社会工作服务体系——基于广东实践的理论思考［J］．当代港澳研究，2013（3）.

[11] 张兴杰，肖小霞，张开云．政府购买社会工作服务：实践检视与未来政策选项［J］．浙江学刊，2013（5）.

[12] 朱健刚，陈安娜．嵌入中的专业社会工作与街区权力关系——对一个政府购买服务项目的个案分析［J］．文化纵横，2013（3）.

[13] 张昱．社会工作发展：在国家、市场、社会之间［J］．中国社会工作，2012（36）.

[14] 郑杰榆．社会工作能市场化吗[J]．中国社会工作，2014 (36).

[15] 韩江风．嵌入性理论视域下中国特色社会工作的转型与制度化建构[J]．重庆三峡学院学报，2019 (3).

[16] 张纯瑜．合作治理视角下家庭综合服务中心运营困境及对策研究[J]．改革与开放，2015 (11).

[17] 向羽，张和清．多元合作的社会工作实践——基于SD中心的个案研究[J]．社会工作与管理，2014，14 (6).

[18] 马贵侠，叶士华．政府向社会工作机构购买服务的运作机制、困境及前瞻[J]．广东工业大学学报（社会科学版），2014，14 (1).

[19] 汪昊．机构承接购买服务操作之难[J]．中国社会工作，2015 (19).

[20] 童远忠．广深社会工作模式及其优化路径探讨[J]．社会工作与管理，2014，14 (5).

[21] 闫磊．融入、共生与竞争：三维范式下的社工职业化[J]．阅江学刊，2012，4 (4).

[22] 闫磊．中国社会工作发展历程的三维框架分析[J]．创新，2012，6 (5).

[23] 王思斌．中国社会工作的嵌入性发展[J]．社会科学战线，2011 (2).

[24] 张和清．社会转型与社区为本的社会工作[J]．思想战线，2011 (4).

[25] 刘勤．社会工作行政：缘起、困顿与趋向[J]．重庆工商大学学报（社会科学版），2016，33 (2).

[26] 谭磊．朱媛媛，何剑东．行政视野下广州市社会工作组织运营困境与对策[J]．社会工作与管理，2014，14 (5).

[27] 黄少宽，吴倩茹．场域－惯习理论视角下的养老服务时间储蓄制度——对广州市越秀区试点社区的实证分析[J]．社会工作，2012 (9).

[28] 李颖奕．居家养老服务使用观念与行为及社会工作的介入空间——基于广州市D区的研究[J]．中南民族大学学报（人文社会科学版），2010，30 (3).

[29] 陈小丫．局外人和局内人——从跨越两个场域的公安的视角探讨上海专业青少年社会工作发展[D]，上海：上海大学，2007.

[30] 田国秀，李冬卉．两种学校团体辅导方式的整合探索——基于布迪厄的场域、惯习理论的思考[J]．首都师范大学学报（社会科学版），2011 (2).

[31] 洪佩，王杰．学校社会工作的入场困境与实践策略——基于布迪厄场域理论的分析[J]．社会工作与管理，2016，16 (6).

[32] 洪佩，费梅苹．“场域－惯习”视角下我国社会工作者的实践策略分析[J]．华东理工大学学报（社会科学版），2015，30 (6).

[33] 陈文．场域压力与“80后”社工的耗竭预警[J]．理论月刊，2008 (5).

[34] 徐莎莎．后现代主义视角下对社会工作谋求专业合法性的思考[J]．社会工作，2012 (3).

[35] 玉苗．教育场域的权力合谋与失衡：社会工作专业发展的双重境遇分析[J]．社会工作，2016 (4).

[36] 王文卿．社会工作场域中的性别隔离[J]．社会工作，2016 (3).

[37] 李学会．为何社会工作者流失率高？——职业场域视角下的解读[J]．社会工作，2014 (4).

[38] 王思斌．购买服务还是委托服务[J]．中国社会工作，2012 (31).

[39] 朱伟珏．超越社会决定论——布迪厄“文化资本”概念再考[J]．南京社会科学，2006 (3).

[40] 毕天云. 布迪厄的"场域-惯习"论[J]. 学术探索, 2004 (1).

[41] 李全生. 布迪厄场域理论简析[J]. 烟台大学学报(哲学社会科学版), 2002, 15 (2).

[42] 朱伟珏. 文化资本与人力资本——布迪厄文化资本理论的经济学意义[J]. 天津社会科学, 2007 (3).

[43] 林克雷, 李全生. 广义资本和社会分层——布迪厄的资本理论解读[J]. 烟台大学学报(哲学社会科学版), 2007, 20 (4).

[44] 赵巍巍. 布迪厄实践理论中的政治场域解析[J]. 中国市场, 2016 (18).

[45] 张倩, 皮埃尔·布迪厄及其《艺术的法则: 文学场的生成和结构》研究[D]. 西安: 西北师范大学, 2010.

[46] 王守杰. 非政府组织功能失灵与第三方治理[J]. 河南师范大学学报(哲学社会科学版), 2013, 40 (6).

[47] 金太军. 市场失灵、政府失灵与政府干预[J]. 中共福建省委党校学报, 2002 (5).

[48] 赵成根. 经济人假设在公共领域的适用性论析[J]. 中国行政管理, 2006 (12).

[49] 陈龙. 非政府组织失灵刍议[J]. 中国集体经济, 2008 (8).

[50] 毕天云. 布迪厄的"场域-惯习"理论在社会福利研究中的运用[J]. 思想战线, 2007, 33 (3).

[51] 张英正. 新自由主义与新管理主义对社会工作的影响[J]. 社会政策与社会工作学刊, 2014 (18).

[52] 彼得·德鲁克. 非营利组织的管理[M]. 吴振阳, 等, 译. 北京: 机械工业出版社, 2009.

[53] 高宣扬. 布迪厄的社会理论[M]. 上海: 同济大学出版社, 2004.

[54] 皮埃尔·布迪厄. 实践感[M]. 南京: 译林出版社, 2012.

[55] George Ritzer. 社会的麦当劳化[M]. 林佑圣, 叶欣怡, 译. 新北市: 弘智文化事业有限公司, 2012.

[56] 卢永康. 公共服务中岗位社工角色的畸形化与矫正: 以广东省D市为例[J]. 上海城市管理, 2019 (3).

第六章　社工机构能力的呈现及提升

——以广州市6家社工机构为例

梁国勇①

广州社工机构在政府的支持下，规模和力量不断壮大，在社会服务提供上扮演着重要角色。但随着政府购买服务及社会工作的深化发展，社工机构自身能力有限，逐渐给机构运营发展带来各种各样的问题。为了促进社工机构在社会服务领域中发挥更大作用，本研究试图通过系统界定社工机构能力概念，并以此为依据比较分析不同类型社工机构之间的能力呈现现状，分析其差异的影响要素，找到社工机构能力建设的关键点，为如何进行能力培育提供操作性建议。

一、本案例研究概述

（一）为什么要研究社工机构能力的呈现及提升

1. 研究问题的提出

党的十六届六中全会指出，在我国当前向“小政府大社会”的转型过程中，民办社会工作服务机构在克服政府和市场失灵、满足公众需求方面发挥着不容忽视的作用。《中共中央关于构建社会主义和谐社会若干重大问题的决定》自2006年10月11日出台至今，中国社工机构的规模得到快速发展。据不完全统计，截至2018年底，全国社会工作服务机构已达7500多家（《公益时报》对2018年底民政部召开的民政领域社会工作推进视频会议的报道）。

与此同时，中央政府对社工机构越来越重视，如先后出台的《关于促进民办社会工作机构发展的通知》（民发〔2009〕145号），《关于改革社会组织管理制度促进社会

---

① 梁国勇，社会工作师、社会工作硕士，现任北斗星社会工作服务中心理事长、总干事，兼任广东社会学学会第七届理事会理事、广东省社会工作教育与实务协会青少年专业委员会副主任、广东省社会工作师联合会“广东百名社工督导团”成员、广州市社会组织联合会副会长、广州市社会工作者协会常务理事、广州市社会工作者协会应急社会工作服务专业委员会委员、广州市社会工作学会理事、广州市天河区义务工作者协会会长、广州市天河区社会工作者协会副会长、广州市黄埔区义务工作者协会副会长等职务。曾荣获2016年中国“百名社工人物”、第二届广东省优秀社工系列“社工之星”、广州市社会组织优秀共产党员等荣誉称号。

组织健康有序发展的意见》（中办国办 2016-08-21）等，都强调了发展社工机构的重要性，并特别提出社工机构能力的问题以及培育和完善扶持发展举措。

而广州则通过近 10 年的实践探索，在社工机构数量、社工人数、地方政府出台政策文件数、政府购买社工服务资金投入量、受益人数规模等方面都居于全国前列，并形成了“政府主导、社会协同、项目运作、专业服务”的广州发展模式（《广州日报》，2016），这一模式与深圳的“政府购买+民间运作+社工督导”模式（邓立铣，2013）、上海的“政府主导推动，社会工作服务机构主体发展”模式（吴美玲，2013）、北京的“一街一社工”社区服务模式（张文宇、曾小溪、郭洋、张元元、尹茹，2013）相比较，虽然有其独特之处，但依然存在因社工机构在造血、链接资源、抗风险等方面的能力不足，而限制了机构的发展及服务提供的现象。

从接触社工至今近 11 年的工作历程里，笔者于 2008 年毕业后以一线社工身份提供社工服务，发现由于机构刚刚起步，处于探索时期，运营管理非常不完善，普遍导致对一线社工的支持非常不足，而一线社工对于机构的认同参与度也非常低。2011 年以试点家庭综合服务中心主任的身份参与广州市政府购买服务的建设，发现当时广州社工机构的运营管理虽然有所改善，但是对于如何运作家综等大型项目仍然能力不足，致使出现服务的效果不明显、员工专业成长缓慢、专业化程度不高等问题。2012 年开始，笔者以机构副总干事、项目评估专家、项目督导等身份，参与了机构管理、项目评估、项目督导等各项工作，发现目前广州地区的社会服务在政府的大力支持下不断发展，社工机构数量不断增加，在服务开展方面已经可以按照服务购买的协议要求提供各类型服务。但是由于政府期望社工机构可以承接政府转移的服务职能，社会期望社工机构可以提供普惠性的服务，而社工机构受限于自身能力问题仅能提供“专业”范畴内的服务，社工机构承接转移政府职能方面的能力依然不足。笔者在近 11 年的工作过程中发现社工机构在不同发展阶段过程中面临的诸多问题，如社工人才数量、质量不足影响服务质量、社会工作服务效能低下、社工机构治理不完善等，归根结底属于能力问题。

学界对于社工机构的研究，从论证社工机构发展的必要性、强调社工的功能性，逐渐深入到专项社工人才队伍建设、社工机构参与社会治理等各方面。与此同时，对能力的关注也在日益突出，如知网等期刊网上的发表文章及论文数量从 2013 年的 1 篇到 2019 年年中的 25 篇。根据对现有文献的梳理发现，已有研究单独地对治理能力、服务能力、资源整合能力、可持续发展能力等进行探讨，或从如机构资源整合能力、机构治理能力、机构专业服务能力等（刘君，2013；黄红，2012）方面进行探讨，但既有研究存在多以单个社工机构为案例展开研究，并没有进行类型比较即跨个案分析，也没有系统整合机构能力的问题。

由此看来，虽然社工机构的能力问题受到政府、学界与机构的日益关注，但是社工机构能力界定的概念模糊性、社工机构能力相关研究的碎片性以及非系统性，与社工机构的实际发展、社工理念存在一定的分离。基于上述原因，本研究试图以广州的社工机构为研究对象，围绕社工机构的能力问题展开讨论，并系统整合机构能力的概念及维度。这一研究主要以行动目标为导向，并不旨在探讨学理目标。该选题包含了如下几个具体问题：第一，什么是社工机构的能力；第二，社工机构目前的能力现状如何；第三，影响社工机构能力发挥的制约因素是什么；第四，如何才能够实现和促进社工机构的能力提升。

2. 研究意义

本研究的目的在于通过系统界定社工机构能力概念，并以此为依据，比较分析不同类型社工机构之间的能力呈现①，以及导致差异的影响要素，从而找到社工机构能力建设的关键点，为社工机构如何才能在保持社工“助人自助”理念的同时，更好地实现机构建设而提供操作性建议。

广州社工机构在政府的支持下，规模和力量不断壮大，在社会服务提供上扮演着重要角色。但随着政府购买服务及社会工作的深化发展，社工机构自身能力有限带来的各种影响，开始逐渐给机构运营发展带来了各种问题。

目前，“能力建设”引起学界的广泛关注，在教育、环境、医疗、司法等领域都开展了深入性研究。对于非营利组织的能力建设，国际上也经常召开非营利组织培训工作会议，形成很多高质量的有关能力建设的会议报告。但是本案例将研究对象界定为社工机构，在学术界关于个体行动者的能力研究较多，而对于组织能力研究却相对较少。本案例尝试结合国际社会工作者联会（IFSW）和国际社会工作教育联盟（IASSW）在2015年10月8日重新界定的关于社会工作专业全球定义，系统界定社工机构的能力概念，提出了一个以服务能力为基础，以倡导能力为目标，以发展能力为指向的能力建设体系，使其成为与社会工作专业的定义及理念相吻合的系统概念。这与既有界定较多关注部分、实践有所不同，是一次试图整合实践、局部和理念的尝试。另外，由于机构能力建设研究多数集中在北方及长三角城市地区的社工机构，专门针对广州地区的机构能力建设还比较少，广州社工机构能力建设缺乏必要的理论及实践指引，所以关注广州社工机构的能力建设问题具有重要理论及现实意义。

当前，广州市社工机构凭借良好的制度环境、毗邻港澳的地理优势，整体发展速度非常快，开展社工专业服务近8年来服务领域也较为广阔，社会认同度逐渐增强，专业化水平逐步提高。但是相对于外部制度环境而言，社工机构容易产生对政府的资源依赖，因为社工机构只能通过和政府建立“契约关系”获得政府资源后才可实现生存和发展；而从机构内部而言，能力建设仍然存在诸多问题，其自我发展能力严重不足，导致社工机构的服务水平参差不齐，服务质量不断下降。另外，机构之间的发展

---

① “呈现”一词主要参考戈夫曼的《日常生活中的自我呈现》一书中的呈现概念，该书主要就行为表达的方式、策略和状态进行阐释。本案例中的“呈现”主要指状态，并不探讨呈现方式和策略。

并不均衡，整体服务水平参差不齐，加上对政府存在很大的资源依赖性，能力不足问题日益凸显。因此，探索社会工作机构自身能力建设的内容和对策，对促进广州社工机构的健康发展，引导广州社工机构寻找本土化的出路具有重要意义。

（二）研究设计

1. 研究方法

本案例主要采取跨个案比较研究方法。第一是采取文献法，主要收集国内外关于非营利组织、社会组织、社工机构及其能力、组织能力等相关研究文献，为界定社工机构能力概念，了解社工机构能力研究提供分析基础。第二步主要是采用深度访谈法来收集资料，分别访谈 6 家社工机构的负责人、员工及服务对象，同时对广州市社会工作协会相关工作人员进行访谈，收集到广州市政府购买服务及行业发展的相关文档资料，再对调研资料进行处理和分析，并且对广州社工机构的能力建设情况展开探讨。

第一，研究对象的确定。

首先是调查机构的确定。目前广州民办社会工作服务机构有 417 家，其中不到 100 家社工机构运营着广州的 188 个家庭综合服务中心、15 个社会工作服务专项。由于广州市社工机构数量较多，大规模调查难度较大，同时由于研究者自身属于研究对象的身份，会涉及研究对象的切身利益，被访对象可能出于隐私、自身及机构的利益等方面而在访谈过程中对笔者的回答有所保留，所以本次研究没有进行大规模的调查，只是选择性分析了广州 6 家社工机构。本案例研究个案选择的第一个标准是产生背景，主要有高校背景、企业背景、志愿者组织转型及其他 4 类背景，根据此标准，选取广州市成立 4 年以上的具有一定影响力的社工机构为研究对象，这样比较能代表广州市社工机构存在的共性问题。第二是按照一线社工人数为衡量标准，把社会工作服务机构分为大（200 人以上）、中（100—150 人）、小（100 人以下）三类。第三是服务范畴标准，主要选取了服务范畴比较广泛，机构服务项目或是服务领域多元化的社工机构。广州社工机构的服务范畴主要以承接家庭综合服务中心项目为主，多种专项服务为辅。笔者在广州其中一家社工机构工作，这样的体验有利于笔者更深入系统地了解广州社工机构的实际情况，结合以上标准，本研究选择 BDX、HF、QZ、SY、FY、QC 6 家机构作为跨个案比较的对象。

其次是机构中调查者的确定。由于本研究是个案研究，研究的对象是机构，这意味着研究对象层次是组织而非个人，由于组织不能够如个体行动者那样说话，因此了解组织最终要落实到具体的人。故而信息收集主要是通过向熟悉并负责机构运作的负责人进行访谈收集关于组织运作的第一手信息。另外，作为组织发展运作直接体现的载体，家庭综合服务中心项目也可以为研究社工机构能力提供项目运作层面的资料，因而家综项目主任也是本次资料收集的重要对象。作为社工机构直接服务对象及重要的行业发展推动与引领者，服务对象及市社会工作协会也纳入本次资料收集对象中。

第二，深入访谈法。一方面通过对6个机构中12名负责人及多名员工进行深度访谈，收集机构的相关文字材料，包括机构运营管理资料、专业服务及专业人员投入情况、社会互动情况、资源整合情况等。另一方面访谈6家社工机构下属项目所服务的8个服务对象，了解其对社工机构服务的看法。对广州市社会工作协会相关工作人员进行访谈，收集到广州市政府购买服务及行业发展的相关文档资料，在对调研资料处理和分析的基础上，对广州社工机构的能力建设情况展开探讨。

第三，量表评分法。为了更好地识别社工机构能力构成维度之间的关系，本研究还请6家社工机构的7名负责人进行了量表评分。量表评分1—10分从低到高表示了同意的强度，1表示最不同意，10表示完全同意。量表测量的内容包括3个方面。一是对能力构成的4个维度进行1—10分的打分。二是对每一个能力维度下面包含的6个指标，即一共24个指标进行打分。需要说明的是，量表中16个指标与访谈资料的初始编码内容一致，另外8个指标主要是重复测量以作为筛查指标。三是对能力构成的4个维度进行重要性排序。

对收集到的7份量表评分，本研究对能力维度得分、能力维度下24个指标综合得分、每个指标的平均得分进行汇总，然后再与评分负责人的重要性排序进行对比，最终找出关键能力维度。

2. 概念界定

“社工机构”的概念很清楚，这里只对“社工机构能力”进行界定。

能力（capacity）概念，更多是用于个体行动者层次，多指人的综合素质在现实行动中表现出来的正确驾驭某种活动的实际本领、能量（吴晓义、杜晓颖，2006），达到某种目标所具备的实力（吴美玲，2013）。但是作为组织能力，则主要是指组织内部的能力，其主要包括管理能力、组织成员能力、专业知识能力（Emily Barman Heather-MacIndoe，2012）。

而从事社会组织研究的学者在谈论具体社会组织能力测量时，则认为社会组织能力即社会组织利用资源，制定、形成并有效实施组织愿景、战略、使命和目标，为社会提供公共产品和公共服务，形成组织与环境的良性互动、获得竞争优势、确保组织可持续发展过程中体现出来的潜能和素质（马庆珏，2011）。在具体到社会组织中的社会机构能力时，则指社会工作服务机构为维持生存和发展，围绕其专业性和公益性使命，提升外部主体对机构依赖度的策略和行动（吴美玲，2013）。不难看出，无论是组织能力还是个人能力，其总是与目标达到、结果相伴出现。而且对于能力包含的维度，众说纷纭，有的提出了能力包括资源能力、管理能力和专业能力等三方面（吴美玲，2013），有的认为包含愿景能力、领导能力、资源能力、社会资本能力、产品与服务能力五个方面（邓宁华，2011），有的认为主要有领导能力、执行任务能力、人力资源管理能力以及交流和建立联系的能力（汪力斌，2007），有的认为包括公共服务能力、治理能力、社会互动能力、可持续发展能力四个方面，并提出各能力维度不是各自孤立，而是相互影响和相互制约的（刘君，2013）。

那么究竟社工机构的能力是什么，主要包含哪些维度呢？本研究在前人研究的基础上，结合《广州市社工类民办非企业单位规范化建设评估指标体系（试行）》《广州市家庭综合服务中心项目评估与监督、统筹指导服务工作手册》，以及国际社会工作者联会（IFSW）和国际社会工作教育联盟（IASSW）在2015年10月8日重新界定的关于社会工作专业全球定义（吴水丽，2015），试图为社工机构能力概念及其维度进行如下界定。

本案例认为社工机构能力是指社工机构在确保自身生存的基础上，践行组织使命与愿景，提升解决机构内外部环境的挑战，推动机构可持续发展，促进社会进步等目标达成的行动基础与行动能力，该能力包含了组织治理能力、专业服务能力、资源整合能力、多元互动能力4个维度，是以服务能力为基础，以倡导能力为理想，以发展能力为指向的综合能力体系，见表6－1。

表6－1　机构能力分析指标表

核心概念	分析维度	分析指标	价值目标[①]
社工机构的能力	机构治理能力（基础条件）	机构决策：民主/高效	实务：参与
		机构动员：动员方式/认同	
		部门的协作：分工/协同	
		队伍稳定：职位/离职	
	专业服务能力（对外供给）	方式：日常/专业	知识：专业化
		设计：系统/简单	
		时间：短暂性/持续性	
		成效：满意/满足	
	社会互动能力（倡导对话）	主体：单一/多元	原则：尊重多元公义
		积极性：被动/主动	
		价值：分离/共识	
	资源整合能力（促进发展）	资源来源：单一/多元	任务：发展解放
		行业内：弱/强	
		系统间：平等/差异	

治理是指“官方的或民间的公共管理组织在一个既定的范围运用权威维护秩序，满足公众的需要”（俞可平，2000）。在社会组织研究领域，组织的治理分为内部管理及对外的联结活动，包括决定组织的使命、从事目标规划、确保组织财务健全、内部

① 主要以2015年社会工作全球新定义为依据。

冲突的协调以及募款、提升公共形象、与政府部门建立良好合作关系等（官有恒，2009）。机构治理能力又可称作自我管理能力。Salamon 在非营利部门国际比较项目中把自治性作为界定非营利组织的特征性要素之一。民办社工机构能否健康、可持续发展，根本上取决于自身的素质和能力，而机构治理又是决定其能力建设成功与否的重要因素。结合文献资料及调研中的材料，治理能力主要体现在以下 4 个方面：机构决策、认同及参与、部门协调、队伍稳定性。

专业服务能力界定方面。王思斌在《社会工作概论》中提到，专业服务能力是指个人或组织应用某一领域的知识来为客户服务的能力（王思斌，2006）。在社会工作领域内，费梅苹认为专业服务能力是指社会工作者通过运用社会工作知识，选择合适的专业服务内容和形式来开展服务的能力。黄红则认为专业服务能力是社工机构依循其章程在服务领域内，在发现并确定服务群体需求的基础上，使用社会工作知识和技巧展示专业活动所具备的能力和为实现社工机构的使命和愿景所具备的能力（黄红，2012）。

以上对专业服务能力的界定从形式及指向上都体现了社会工作专业的价值及实践性的内涵，因此笔者结合社会工作的定义和目标（查尔斯·H. 扎斯特罗，2005），同时结合文献及调研中的材料，将专业服务能力划分为 4 个方面：服务专业化、专业服务供给、服务持续性及服务成效。

社会互动能力主要指组织不可能独立于社会系统之外，作为组织之一的社工机构也不例外，但是由于目前多数社工机构对政府购买服务具有资源上的依赖性，政府的资源很大程度上决定了社工机构的生存发展状况（刘君，2013）。韦鹏认为社工机构需要保障稳定的资金来源，需要将社工机构放在社会大环境中，逐步建立和完善利益相关者网络，其强调与各利益相关者的互动是保障机构可持续发展的重要基础（韦鹏，2010）。故而结合文献及调研材料，笔者将社会互动界定为主要是指社工机构与政府的互动，但同时由于社工机构会出现志愿失灵的问题，社工机构与社会上其他主体互动及促进多元参与才能补充自身的不足，所以在研究过程中也会纳入其他互动主体，如其他社工机构、行业协会等。

资源整合关乎社工机构的可持续发展。按照社会资源的观点，资源可以分为在握资源和可使用资源，机构的资源获取能力就体现了机构通过自身条件把外在的可及资源变为自己的资源或者是可使用的资源的一种资源整合和获取的能力（吴健智，2007）。彭善民从社会资本理论的角度出发，说明了社会资本是嵌入社会网络关系中的可以带来回报的资源投资，在社会网络中人与人之间的互动带来了资源的变化形态，导致资源的流动与整合，社会资源的整合实际上也是个体或组织社会资本生产和拓展的过程（彭善民、张宇莲、马志勇、沈黎，2007）。

由于社工机构生存和发展需要置身于大的社会环境中与不同主体互动而整合社会资源，本案例结合文献及调研材料，将资源整合能力界定为社工机构资源获取的途径、资源的构成类别及资源网络的建构情况。

3. 研究思路和框架

第一，研究思路。已有研究体现了社会支持对于社工机构的重要性，而且有大量的研究说明社会支持并不只是适用于个体层次的研究，同样也适用于组织层次的研究。为此可利用社会支持理念下的组织管理框架模型分析社工机构社会支持与能力状况关系。社工机构要发展，需要内外部各主体的支持。广州市社工机构的生成主要是由于政府购买社工服务的兴起，由于政府的主动作用及机构对资源的依赖性，社工机构主要的外部互动主体是政府，内部互动主体是机构内部的各种利益相关者。社工机构作为一个社会运作主体，其需要获得内外部的支持以保证自身的可持续发展；内部环境需要获得组织成员、专业的支持；外部环境需要获得政策、制度化环境的支持，同时通过互动及服务输送，形成公信力及影响力，进而获得社会认同等支持。从这个角度出发，社会支持理论为当前广州市社工机构能力不足的现状分析提供了很好的视角，从内外部互动主体关系及支持着手，分析社会支持对机构能力建设的影响。

社工机构作为专业的社会服务输出者，需加强机构自身能力来扩大服务需求者对机构的依赖，从而谋求自主的生存和发展空间。当今理论和实务界迫切需要展开对社会工作服务机构能力现状与建设的反思研究。本次研究旨在以社工机构发展现状为切入点，描述和总结当前广州市社工机构生存发展过程中的能力建设现状，分析制约机构能力建设的具体原因，探索广州市社工机构能力提升关键点以及需要哪些内外部支持，提出广州市社会工作机构能力提升的对策建议，为促进广州市社工机构的良性发展提供一定参考。因此论文的研究思路如图 6－1 所示。

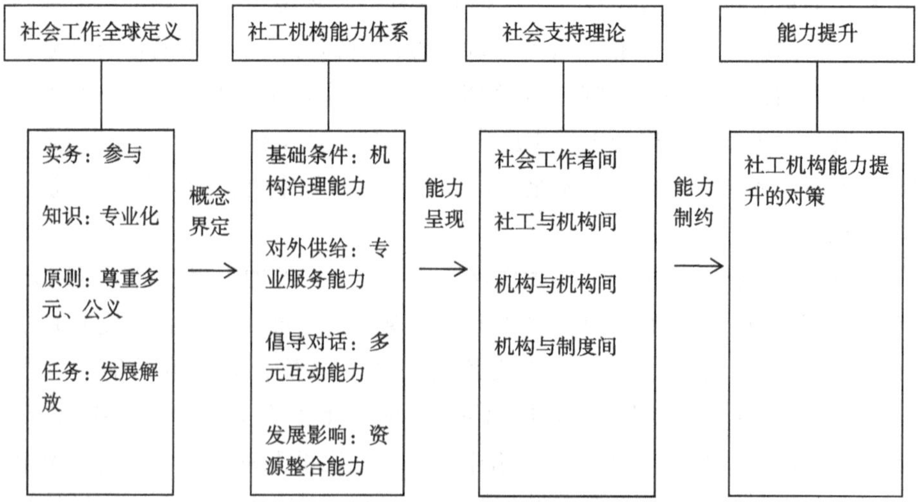

图 6－1　研究思路图

第二，研究框架。第一部分主要交代选题起源与意义及研究方法。在对相关文献进行回顾分析的基础上提出了本论文的引论、研究设计、研究对象概况、概念及理论视角，并对资料来源进行了说明。本部分主要回顾国内外关于能力建设方面的文献及相关研究，结合广州市社会组织评级体系及家综评估体系，并结合社会支持理论建立研究的基础，提出社工机构能力的内涵及能力建设指标体系。

第二部分是描述广州市社工机构能力现状呈现。为准确把握社工机构能力现状，论文将以跨个案研究方式，从机构治理能力、专业服务能力、资源整合能力、多元互动能力 4 个方面对广州市社工机构的能力状况表现及存在问题进行呈现。

第三部分是对广州市社工机构能力的制约要素进行分析。论文将尝试以社会支持理论基础，分别从机构内外部两大层面分析广州市社工机构能力的制约因素，内部层面主要指机构的组成要素，外部层面主要指制度化环境及社会。

第四部分提出广州市社工机构能力提升的建议。论文将尝试以社会支持理论为基础，从机构内部及外部两大支持层面对制约机构能力建设的核心要素进行分析，并在此基础上从机构所处的内外环境出发，提出社工机构能力提升的对策。

4. 研究对象概况

调研的 6 家社工机构成立的时间最短的是 6 年，最长的有 10 年；在评估等级中 5A 的有 4 家，员工规模达到百人以上的有 5 家；除政府背景的 1 家机构外，其余 5 家社工机构都有在其他省市地区设立分支机构，提供不同类型的社会服务。其中分支机构最多、服务覆盖地区最广的属 QC 社工机构，且由于具备境外背景，其筹资能力也较强。

第一，组织架构完善。调研的 6 家社工机构建立了较为完善的组织架构，都设立了理事会或董事会，有 4 家机构的最高决策单位是机构的理事会或董事会，但是也有 2 个社工机构存在例外，如 S 社工机构其在理事会之上还有员工代表大会。另外，6 家社工机构都设立了监事会，监督理事会的工作。

6 家社工机构的理事会成员构成也主要与社工机构的背景有关，如 HF 社工机构，其理事会成员主要由白云 HF 公司的董事会成员担任；BDX 社工机构的理事会成员主要由高校的社工系老师担任；QZ 社工机构的理事会成员主要由之前 QZ 志愿者服务队的理事会成员担任。6 家社工机构中，其中 BDX、QC、FY 及 HF，为了推动机构的专业发展，也在理事会下成立了由机构外聘督导、机构内部督导组成的专业督导委员会，以推动机构的专业发展。

部门设立方面，6 家社工机构都设有总干事或是总监，以统筹机构的运营发展。总干事及总监下设有副总干事或是副总监等统筹机构的行政管理及专业服务，而各个机构由于发展背景及历程的不同，下设部门也不尽相同，如 S 由于是跟随广州 YMCA 的架构，下设主要是社工部、事工部、培训部、办公室 4 个部门，其中社工部主要负责跟进处理政府购买服务方面的项目，如家庭综合服务中心、专项服务等，其他部门负责培训、义工发展、行政后勤等工作。HF 由于有企业背景，其具备两套架构，一套是企业运作架构，一套是机构的运作架构，其中社工部是属于企业架构下其中一个部门，主要负责 HF 政府购买服务的业务，其作为一个部门又具备与其他社工机构一样的完善的组织运作架构。而 FY 由于服务项目只有两个家综，其主要以两个家综作为下属部门。

第二，硬件条件充足。6 家社工机构都具有自身独立的办公场地，办公场地具备显示机构品牌的各类标识。由于部分机构依靠其发起人或是发起组织的资源，故而硬件设施方面也与所属组织共同使用，如机构总部面积最大的是 HF 社工机构，其办公的场地属白云 HF 公司所有，具备完善的办公设施，可以满足机构办公之用。而办公面积最小的是 BDX 社工机构，其总部位于市社会组织培育基地，总部只能满足总部员工办公之用，缺乏相关培训、会议室等，机构每月的中层会议等需要借用社会组织培育基地的一楼会议室进行。

QC 及 S 社工机构的总部的布置可以很好地体现机构的文化及核心价值理念。总体来说，各个机构都可以有独立的办公场地，且基本具备展示机构品牌的标识，可以满足基本的办公需要。

第三，管理制度规范。作为广州市 6 家比较具有代表性的及组织建设比较完善的社工机构，其制度建设也是较为完善的，所有机构都具备必要的组织管理运营制度、服务制度、财务制度等。机构内部员工也比较认同这些行为准则，将其作为日常工作中必须遵守的行为准则。

激励制度。6 家社工机构都建立了适合本机构发展的激励制度，主要的措施包括绩效奖金，个人职位的晋升，个人的专业培养，对外学习及参与其他重要工作的机会。

监督评估制度。6 家社工机构都建立了自身内部的监督评估机制，在监督方面，有主要依靠机构组织架构中治理委员会及中高层项目委员会发挥监督作用的，如 QC 社工机构总监提道的："我们会有项目委员会，由督导、项目主任、地区主任，我每月开一次，青年地带每星期开一次，去看看项目的运营，每月与购买方开一次会，也是由地区主任、项目主任和购买方一起。"

另外也有社工机构在监管方面注重多元主体的参与，如 FY 社工机构监管主要以机构、专业督导、购买方代表三方代表的季度联席会议的方式，进行对机构专业服务的监管，在进行沟通后会将意见反馈给机构管理中层进行讨论改善。

QZ 社工机构的监督机制比较特别，其是以机构组织架构的层级及机构各部门的业务性质，分别对机构各管理人员及项目进行监管工作，如财务部会对项目的财务工作进行监督评估，行政部会对项目的行政人事等工作进行监督评估，同时辅以相关制度规范来规范项目的各种运营管理。

第四，组织目标相对明晰。6 家社工机构都具备明晰的使命、愿景、价值观，机构的 VMV（愿景 vision，使命 mission，核心价值观 value）可以较好地融入日常的业务开拓发展，社工专业服务及行为中，且机构的员工对机构的 VMV 都具有较高的认同度，其潜移默化地影响着机构员工的思想和行为，推动机构的发展。如QC社工机构，由于理事会一贯注重文化传承，其机构虽然薪资相比同行机构低，且工作量较大，但是机构的中层管理人员均非常稳定。BDX社工机构副总干事提及其机构员工因为追求实现机构使命，均会花费额外的时间进行专业的学习，提升专业服务能力。

总体而言，6家社工机构的机构文化与机构背景关联度较高，机构的文化主要通过组织架构中最高层的表达而影响着机构的员工，机构理事会及总干事都会通过不同的形式将机构文化理念进行传递。在机构层面会以团队建设、专业工作实践、工青妇党活动、监督走访、机构日等，建立起机构的文化传播及承传的机制。

第五，人员构成规模较大。6家社工机构都有一定数量的一线社会工作者，机构规模越大，一线社会工作者的人数越多，且所有机构的专业人员数均超过了三分之一。其中，专业人员数最多的是BDX，其员工有276人，当中具有助理级及中级社工证的员工一共有196名，超过了机构员工数的三分之二；同样地，QC、S、QZ专业人员数也超过了机构员工总数的三分之二；专业人员数最少的是FY和HF，其专业人员只是机构员工总数的三分之一。

第六，服务内容多样。6家社工机构主要的服务项目以家庭综合服务中心为主，同时辅以专项服务的发展，其服务内容基本涵盖了长者、家庭、青少年、残疾人、流动人口、社区发展（专案）服务，个别机构也提供禁毒、社区矫正、家庭深度辅导、义工培训等的专项服务。BDX服务项目主要分布在广州、佛山等地，主要服务类型为家庭综合服务中心服务项目，单向服务项目主要是长者及社区发展类服务；HF由于依托白云区供销社成立，过去4年服务项目主要分布于白云区，服务项目类型以家庭综合服务中心服务为主，目前机构服务拓展到广东韶关及福建省厦门市等；QZ社工机构依托的是广州市QZ志愿者服务队，目前服务区域主要在广佛两地，在广州的服务项目主要以家综为主，佛山服务项目比较多元化，涉及党建服务等；S社工机构服务主要覆盖广佛两地，其中广州以家综为主，佛山地区以妇联的“青苹果之家”项目为主，由于机构的规划，目前S已经全面撤出佛山地区；FY由于是街道出资成立的机构，其服务主要在广州市荔湾区的两条街道，服务项目以家综为主，同时也提供长者服务、残障服务、青少年服务等专项性服务；QC主要服务区域在广州海珠区，其服务主要以青少年专业项目服务为主，同时也运营一个家庭综合服务中心、长者服务中心等，服务内容比较多元化。

表6-2 6家社工机构的基本概况

机构名称	注册时间	发起者	治理架构	员工人数	服务领域
BDX	2008年	高校老师	理事会下的总干事负责制	276	家综、禁毒、社区矫正等
HF	2009年	企业	董事会下的总监负责制	256	家综、禁毒、社区矫正等

续表

机构名称	注册时间	发起者	治理架构	员工人数	服务领域
QZ	2012年	志愿者组织	理事会下的总干事负责制	110	家综、志愿者、党建等
S	2010年	YMCA	理事会下的总干事负责制	90	家综、志愿者等
FY	2008年	街道	理事会下的中心主任负责制	69	家综、长者、家庭、青少年、残障等
QC	2008年	境外专业人士	理事会下的总监负责制	104	家综、青少年、禁毒等

二、社工机构能力的呈现现状

广州社工机构作为承接广州市政府购买服务的重要主体，在承接政府转移职能，推动行业发展上起到了重要的作用，但也有不少值得改善的地方。全面掌握广州市社工机构的能力状况，有利于机构及行业的良性发展，以下将从4个维度呈现广州社工机构的能力情况。

（一）内部治理能力相对较强但机构间有差异

1. 在民主与高效中徘徊的决策

调研的6家社工机构，由于机构理事会成员大多是由已经具备社会公职或是其他本职工作的人士担任，多数社工机构的理事成员都可以在广州社工行业发展初期投入教育、实务、专业督导及评估工作，具备一定的专业特长及专业知识基础。但是由于大部分理事会成员都是兼职担任理事，都比较难以按照机构成立的章程要求定期参与理事会会议以发挥理事会决策的作用，如此一来，理事会的决策作用转移或是让渡到了理事会下一级的类“理事会组织”，如治理委员会或是管理委员会。又如有机构是员工代表大会对机构重大事项进行商议后再由理事会进行决策。QC社工机构虽设有理事会，但是机构主要决策事宜由机构管理委员会进行商议决策，机构管理委员会主要由机构中高层人员组成。这种治理的模式体现了权力分享的模式，有利于调动员工的参与积极性，但是也导致理事会呈现一种松散型或是象征性的状态，并不能真正发挥理事会在机构内部决策，提供支持的作用。

“其实董事会或理事会，治理主要是通过一些重大事项的决议，比如说，每年会有一到两次的总结会，特别是对于机构的三五年规划、财务的处理，或者薪酬架构的调整等，这些主要都是由理事会拍板，但也是由机构的班子去策划，最后递交上去，所以更多时候是由机构的班子成员作规划。由于是企业背景，可能关心的更多是经济，尤其是企业董事会，可能会涉及股东的利益，但是这些我们是没有的，我们会看理事在这里可以发挥什么作用，或者是理事可以有什么权益的体现。”（HF负责人L先生，

2016年10月10日）

“我们现阶段以及前期的阶段，主要不是走理事会路线，我们的决策层叫作管理委员会。管理委员会的组成是所有总监＋地区主任＋部门主任，每月开例会，决定人员晋升、服务开拓、地区重大决定，所有都会在管委会讨论。之上会有策略小组，也类似理事会，但是也是内部，总监和高级主任，会讨论最核心的事情，形成提议，通过管委会，之后落实这个决定。”（QC负责人D女士，2016年10月25日）

同时由于机构直线型的组织架构及新增的管理委员会及治理委员会等的出现，增加了机构的组织机构的层级，原本增加的决策的组织是为了弥补理事会决策的缺位及提升效率，但是由于最终决策的权力还是需要回归理事会，所以实质性的提升决策效率的问题没有解决，反而导致机构组织架构运作效率的降低，机构组织架构的运作对项目及机构发展的支持呈现一个较弱的联结，甚至有些会因为其身份来源而在决策时有些顾虑。

“另外，我们会有自己的顾虑，毕竟我们是企业背景，甚至说半政府背景，我们做出来的不能太难看，所以我们是一定要做好的，这个顾虑反而会影响我们的速度，就不可以按照企业的方式去走，其实这是很矛盾的。”（HF负责人L先生，2016年10月10日）

2. 各种机制对内部员工的动员相对有限

6家社工机构主要通过文化建设（如强调机构使命、价值、宗旨等）、激励、监督评估三个层面，让机构员工参与到机构的运作当中，如参与外部培训及境外学习、参与机构重大决策会议等，利用这些方式提升员工对机构的参与及认同度。但是由于各个机构规模较大，全部员工参与运作决策成本时间太大，所以一般参与机构重大决策会议主要是中高层人员；作为机构的一线员工较少参与机构实际运作，只能通过机构内部程序指引向机构高层反馈意见的方式。一线员工普遍通过参加机构的退修会议、团建活动等增加对机构的认可及归属感。

“我们传统上每个地区有自己的机构日，看地区的规模，尽量保持到，像广州这么大的规模，人数多，项目点分散，我们会尽量保持3个月1次，其他可能1个月或2个月1次，地区总监和同工说近期的规划发展，员工有团建活动、生日会等，这是员工团建方面。另外，我们会有大家比较期待的总结大会，由QC2007年开始有这个习惯，每年都会找安静的地方，讨论年度大计，总结上年工作等。”（QC负责人D女士，2016年10月25日）

由于各个机构所产生的背景不同，其对文化的建立也深受机构背景的影响，机构VMV等的制定主要是由原先的发起人或是理事成员制定，体现的是个人的意志；从制度文化来看，机构虽有较为完善的制度，但是落实到一线工作时往往出现缺位现象，导致各项制度不能很好地发挥作用，推动机构的发展；从行为方面来看，各个机构都可以通过遵循社会工作的价值、守则、操守等规范自身的行为，但是这并不是从机构的价值中引发的行为自律，更多的是对社会工作专业领域要求的呈现。

管理取向与文化认同博弈中的激励机制。6家社工机构由于在广州已发展了4年以上的时间，整体机构的各项制度都比较规范，也按照机构的需要建立了各种激励制度，包括绩效考核制度、对外派送培训制度、员工督导培训制度等，这些制度是组成机构激励机制的重要部分。各个机构在政府购买服务项目经费允许的情况下，通过绩效考核的形式，对员工的工作进行评价评级，并发放相应的奖金进行激励。但是由于社工机构都是使用政府购买服务的资金进行奖金发放，所以金额不高，对应高强度的工作付出，这些激励并不能起到很大的作用。鉴于物质激励的有限性，精神激励理应成为社工机构重要的方式，所以多数机构会以提供嘉许、外派培训督导、项目交叉激励等方式肯定社工的付出。

“比如，我们会派遣A项目的资深社工督导B项目，他可以获得的督导费用是很可观的，我们也会承接珠三角甚至外省的督导、培训、评估项目，我们都非常鼓励有能力的同工参加，这些工作不仅带给他们成长、提高在行业中的地位，很重要的也是给他们经济报酬的补充，我认为这是品牌价值的分享，是BDX最大的激励（交叉）。”（BDX负责人L女士，2016年9月28日）

但是由于选取的标准都以绩效考核或是平时工作表现作为首要，对于发挥机构内部对社工的专业成长支持及精神的支持较为偏弱，导致整体的机构的激励效果不大。

“虽然我们也会有半年一次的绩效评估，但我们不希望到绩效评估的时候才监督大家的工作，去年我们尝试过一种不太好的做法，末位淘汰。在绩效评估当中，必须淘汰末位，但后来发现，其实同事都非常努力，一定要抽末位对他们是很大的打击，起不到激励的作用，所以今年我们取消了末位淘汰。”（HF负责人L先生，2016年10月10日）

另外，由于社工的服务工作是做人的工作，其工作的内容及效果难以使用标准化及量化的指标进行评价，所以在进行绩效考核工作时，机构难以使用一种科学客观的工具评定员工的工作情况，而过于管理主义的考核工作也会打击到一线社工的工作热情及投入度，所以社工机构绩效考核方面的激励效果不是非常大。

迎合购买方的监督评估。6家社工机构都具备监督评估的机制，由于社工机构各方面的工作需要及组织架构的特点，其监督评估工作的主体也各不相同。监督评估的工作内容本应以机构的人、财、事（专业服务）三方的整合性监督评估为主，以整体性地监督机构的发展状况，但是由于多数机构人、财、事三者的分权式管理，如人力及专业服务由总干事或是副总干事监管，财务一般在机构理事长或是理事会方面监管，导致监督的工作也是各个主体分开进行，同时受制于外部服务主体及购买主体对于机构的关注更多是服务成效，所以监督评估工作更多的精力放在了专业服务层面。专业服务是社工机构作为一种产品向服务对象乃至社会进行输送的，其主要作用在于满足需要，同时从机构的角度出发，更是通过这样的服务输送，获得购买方或是社会的信赖，提升机构的美誉度及公信力继而获得外部的各方面支持，推动机构的发展。但是由于目前购买方在政府购买服务过程中占据了主导地位，其评价直接关系到机构的生存发展，所以社工机构建立的内部监督评估机制，更多是迎合外部的评估机制而建立，并不是从一个提升社工专业能力水平、机构专业服务水平的角度出发，导致机构内部的监督评估机制未能起到支持机构发展的作用。

“服务监管随着机构发展不断完善，也是受到政府影响，比如FY家综作为试点，我们也经历过不同的评估机制，我们也随着评估要求不断完善自身的制度建设，现阶段我们在评估中，服务监管或制度建设也获得很好的评价，因为会比较完善，包括人员考核制度，服务监管制度流程，投诉等都会制定得较为详细。”（FY负责人L女士，2016年10月18日）

3. 部门及项目分工下的协作较弱

机构的部门协调是组织治理能力的重要体现，社工机构各部门的分工合作及整合，可以为机构的专业服务发展、组织可持续发展提供重要的组织发展动力，同时也可以更好地体现组织目标及社工机构的社会价值。调研的6家社工机构依照自身机构的规模、专业服务特长等，设立不同的部门，保证机构的正常运作及发展。但是由于各社工机构尚处于发展初级阶段，其组织架构的设立多参考了公益组织或是企业等的组织架构，导致社工机构的组织架构是一种仅限于保证基本运作的工具，在缺乏共同的组织愿景及目标下，社工机构各部门均为了完成部门工作进行运作，缺乏横向的沟通合作来回应机构愿景目标，造成社工机构各部门处于游离于机构整体的独立的状态。

“我们面临的问题，也是因为各部门的能力强，过往也是独立运作，当我们需要推动家综层面或跨领域的服务时候，我们需要更多与各部门沟通，令它们融合和参与，所以在综合方面，我们希望不是各个项目打包起来就可以，而是可以各个部门进行融合，这也是我们面临的挑战。”（FY负责人L女士，2016年10月18日）

社工机构可以依照自身机构建立的背景优势，组建符合机构特色及需要的各种部门，各部门可以为了实现组织目标而共同协助，但是由于不同部门间实际运作中关注的重点不同，组织的发展目标及价值不能在内部进行有机整合，即部门间协调中的共有价值较弱，部门之间的工作联动停留在“协助”的状态，协调共进的形态还未能有效形成，部门的工作主要还是以完成部门目标为主，导致实质性机构价值的呈现不足，内部的协调有机性不足，机构组织目标的达成也存在障碍。

“……战略细化成目标的过程中，需要全机构上下，尤其管理层、中层达成共识，当战略目标非常清晰的时候，我们就可以将机构各种资源，包括人、财、研发、各部门、项目有机地整合起来。我们现在游离在机构，缺少一个东西将它们强有力连接成一个轮子，形成整体。”（BDX负责人，2016年9月28日）

4. 队伍整体稳定性较弱

队伍的稳定性体现的是机构员工对于机构本身的认同及认可，同时队伍的稳定性也是机构治理过程当中重要的议题及难题。调研发现，6家机构的中高层稳定性相对较高，而基础专业社工队伍却流动性较大。

调研的6家社工机构中，社工队伍都有一定的流失率，但是中高层的稳定性较高，如BDX社工机构2016年的中高层离职人数为7人，一线社工离职人数为47人。造成该种不同层级员工离职人数差异度较大原因，第一是机构本身建立的文化及核心价值可以较好地获得这些中高层的认同，从而保证了机构核心队伍的稳定性。第二是机构“精英化”培养策略下资源的倾斜。由于社工机构资源的有限性，为了使得机构可以快速地建立起中坚力量，多数机构的激励制度会向有培养价值的中高层倾斜，如通过绩效考核、外出培训、评优创优、职位晋升等方式，保障其能力的提升及队伍的稳定。

6家社工机构都采取了分层分类的方式有针对性地培养机构的专业人才，且机构可以投入经费资源，以精神鼓励和物质奖励等方式推动机构社工投入专业能力提升的培训中，此种将奖励与培育相结合的方式基本可以满足社工机构初期人员培养的需要。虽然各个机构都以不同形式的方法推动机构的专业人员能力提升，且培养了一部分具备专业特长的社工，但是由于培养方式及目标更多是“精英化”培育及发挥最大人力效率为主，相对支持较少的一线社工流动过快，造成机构基础专业人员的不稳定性。从调研中可以看到，被调研的机构的价值文化及培养机制发挥了稳定机构中高层队伍的重要作用，但是由于职业地位的差异化及机构有倾向性的培养方式，导致不能最大限度地发挥维持机构队伍的稳定性能力，机构一线员工还是出现较大的流失。

（二）专业服务能力有待提升

专业服务能力是社工机构开展服务、实现机构宗旨和目标的特定能力的有机组合，是体现机构能力的最为核心的指标，因此要进行机构能力建设，必须要探讨机构的专业能力建设。

1. 服务设计的系统性不强

服务项目设计能力是体现机构专业服务重要的起点，好的服务项目能够很好地满足服务对象需要，推动机构的专业发展。

首先，调研的6家社工机构基本是承接项目化运作的服务项目，其运作下的服务项目基本可以依照项目运作的要求进行运营，如具备基本的制度，运作需要的人员、资源等。但是由于社会工作的专业教学方面注重的是理论、价值、技能三大面向的教育体系，运营项目的项目负责人普遍缺乏项目化知识的学习，未形成一套科学严谨的项目运营管理机制，导致项目的设计及实际运作过程无法体现项目化的效果。其次，由于社工机构承接服务项目时，项目的设计受到购买方需求及期望的限制，为了获得购买服务项目，社工机构普遍会夸大自身的服务能力，导致项目设计不够科学及符合实际。最后，由于对政府资源的高度依赖，机构所有行动都以完成项目要求为第一要务，能投入创新性项目的时间、精力及资源都非常有限，导致了机构在项目创新性方面的不足。

“我们只配了1名研发人员，所以在研发工作方面，量多人少。项目设计方面更多与研发部有很多的配合，理论方面的话，由研发专员更多地给出一些建议，我们会经常组建一些有经验的小组，用头脑风暴的方式探讨项目设计。比较特别的例子，我们曾经在佛山接的第三方运营平台的项目，由于没有经验，所以当初我们更多地是查阅文献，观察和学习同行是如何做的。”（BDX 负责人，2016 年 9 月 28 日）

在调研中发现，6 家社工机构都非常重视项目的设计及研发工作，部分机构由于发展时间较长及借助其成立的专业背景资源，在品牌建设方面取得一定效果。如 FYRJ 服务中心由于发展时间已经有 10 年，且前期获得香港督导的全力支持，在长者服务项目方面取得较好的效果，并形成了自身的服务品牌。QC 所专注的青少年服务由于借助香港督导及本身机构理事会成员的专业支持，已经在广州市建立了专业品牌，其青年地带项目也出版了几本书籍，包括工作小册子及教材等，具体内容包含了如何处理社区孤儿问题、校园欺凌问题、小升初问题等，很好地总结、沉淀及传承了服务成果。另外 4 家机构由于发展的时间较短，虽已经在项目研发及设计方面开始下功夫，初步形成了一些品牌项目，但是尚未形成一些服务模式及具备社会影响力的工作手册等。

总体而言，调研的 6 家社工机构均认识到在项目研发及设计方面的重要性，其是推动机构专业发展及可持续的重要因素，但是由于社工机构资源的有限和对政府的依赖性，社工机构首先需要满足政府购买的服务项目的工作，所以在时间投入及资源投入方面限制了其在项目设计及研发方面的投入。如 HF 社工机构负责人提到其非常鼓励同工创新及研发，但是由于机构对政府购买项目的高依赖性，其必须要求员工先完成政府项目的工作，才能投入其他项目的研发设计，这个就很大程度限制了机构在项目研发及设计方面的提升。

2. 服务的专业供给形式单一

从服务输送方式来看，社工机构的服务供给形式较为单一或是微观化，受限于专业教育背景，社工首先掌握的是三大工作手法，这些专业技能成为社工提供服务的重要手段，但是由于缺乏整体性或是项目化思维，导致服务的输送方式呈现出微观化及碎片化的状态，服务的提供并不能规模、有效地满足服务对象的需要。而单向性的服务提供，缺少与服务对象及社区等的互动，让社工机构的服务呈现出单一性的特点。目前社工机构服务的供给形式多数采用文娱康乐等活动。

“服务和很多家综类似，都是以个案、小组、社区工作为主，然后分领域，青少年领域、长者领域等。”（XH 家综负责人 L 先生，2016 年 10 月 14 日）

服务的输送方式。调研的 6 家社工机构的主要社会服务项目都以承接家庭综合服务中心为主，其服务的开展提供，第一是直接的服务供给：主要依托家庭综合服务中心场地，以个案、小组、社会工作等手法直接向服务对象提供服务。第二是间接的服务供给，如 QZ 会利用自身机构为志愿服务组织的优势，通过培育志愿组织，提供各种培训等能力建设，利用志愿组织向服务对象提供探访、文娱康乐等服务；另外，S 也利用其宗教背景优势，组织志愿者向服务对象提供各类型的服务。第三是利用项目化的形式进行服务供给：由于服务对象需求的动态变化，所以社工机构也以服务对象的需要为出发点，开发新的服务项目来满足服务对象的需要。

总体而言，调研的6家社工机构在微观层面均会以社会工作三大工作手法向服务对象提供服务，且服务提供的主体一般以社工为主；另外受限于人力资源不足等问题，社工机构也会培力志愿者组织，以志愿者组织作为服务提供的主体向服务对象提供一系列的服务。项目化的服务供给也成为社工机构向社区居民提供专业服务的普遍方式，且可以根据服务对象不同需要，设计不同的服务项目满足需要。项目负责人普遍觉得一线社工的服务能力偏低，其服务的思维仅限于微观的工作手法提供服务，缺乏系统性的整合，提供的服务多数为一次性的服务，导致服务多数无法体现出可持续发展，因而影响了项目服务的可持续性，最终导致机构服务的持续性较低。

3. 服务成效的相对满意与难以持续

客观真实的评估保证社工机构提供的专业服务成效得到有效的证明。服务的成效体现需要机构采取一系列对项目的监督评估措施，如每月的工作汇报、定期的服务检查评估等，了解服务项目的执行情况及服务对象的改善情况。

在项目执行过程中，社工机构成效的呈现需要以一定的服务记录痕迹进行证明，即通常我们所说的证据为本，对机构的专业服务内容及情况进行如实的反映。通过对6家社工机构的访谈得知，它们对项目的监督评估措施包括定期形成内部的服务评检小组，对项目的服务文书、服务质量、制度执行、项目进度及指标完成情况等进行评检。如F社会工作服务中心组成内部专业委员会，每月对机构服务项目进行内检工作，同时也会召开交流会，由每个项目的工作人员分别分享各自服务情况，通过交流会形式互相监督服务的开展及提供专业方面的支持。

另外，如BDX会建立监督评估体系，从项目源头对每个项目做好服务规划，从项目中段抓好项目的监控，平时每个月做好服务监测与走访，了解项目的工作进度、服务质量，项目运行情况是否良好，以及是否需要支持等。在项目即将进行中期或末期评估前组织机构资深的社工对项目进行预评估工作，保障服务的质量。

各个机构都有不同的对项目的监督评估机制来评价项目取得的服务成效。根据对这些监督评估的过程和结果进行的调研，发现各大服务机构所运营的服务项目均取得了不错成效。如S提及其服务项目的开展除了可以让居民感受到有社工乃至更多资源在身边，还可以促使居民本身成为资源的推动者，利用居民的身份优势促进有更多潜在服务对象的社区参与。QZ社会工作服务中心运作的服务项目可以孵化志愿者组织，整合社会资源，满足社区特殊社群的需要。当然也有机构提到成效，但是缺乏科学客观的评量工具及方法，难以衡量服务项目是否取得真正的社会服务成效。

尽管6家机构都通过建立各种机制保证服务成效，但是就当前来说，它们提供专业服务的成效并没有体现出专业的不可替代性。由于机构各个服务项目的专业服务能力不尽相同，部分服务呈现碎片化状态，缺乏科学客观的服务成效测量工具，令服务成效难以很好地呈现。另外，受机构所处客观条件来说，由于大部分社工机构经费有限，只能通过控制成本来运作项目，过低的成本使得社工较少有职业培训和提升的机会，无法进一步保证服务效果，服务成效的保证更为困难。由于受评估体系的导向及街道购买方的影响，项目为了可以在评估中获得高分及获得街道认可，也会以评估体系当中成效的取向及街道需要而设立成效，这些服务成效不是依据服务需要或是项目设计规范而制定的，导致服务成效的体现缺乏需求的依据及合理性。

“社工现在做的事情，很难有一些具体的成效可以展示出来，因为成效可能需要在几年，甚至10年后才能展示出来，但是街道或购买方会要求我们拿出一些即时的成效，变成我们必须去做一些迎合他们的服务，所以社工感到比较疲惫的是要同时面对多方的需求，购买方的需求不一定是服务对象的需求，购买方不一定会像服务对象那样会看到我们开展了一些很风光的活动。”（XH家综负责人L先生，2016年10月14日）

“举个例子，某个家综，社区非常多独居长者，要服务他们不可能每次都让他们来中心，因为行动能力以及路途的原因，要召集他们过来开展恒常活动是很困难的，鉴于这种情况，我们更偏向于做服务递送。但是购买方的意思，可能会更多考虑，我做这个中心，就希望这里人气旺，把人员都拉到这边，而对社工来说，中心不过是一个办公点。这种理念的冲突，价值取向的区别会制约我们服务。”（LN家综负责人W先生，2016年9月29日）

社工机构在服务上也需要逐步确立自己所擅长的领域，而不是保持着现在多领域同时开展服务的现状。如此现状只会使社工机构的各种资源分散却又很难收到显著成效，机构所提供的服务只能解决服务对象或群体暂时性的困难，而对于它们深层次的需求或问题，机构在精力涣散的基础上是无法展开进一步的服务。

目前由于社工机构提供的服务中服务成效多数只是满足到服务对象的一般性需求，比如文娱康乐等，服务成效在服务过程或是服务后的独特性和不可替代性尚未可以通过客观的评价及主观感受进行呈现及宣传。造成这种情况一方面是由于业界或是政府方面尚未统一形成标准，另一方面是由于社工机构内部尚未对此形成重视，导致宣传推广的力度不足，社会民众包括政府等对此的认知了解程度非常低。这也体现出机构与外部主体互动的关联性比较低的情况。

Q：那你来中心之后有什么不一样了，有什么变化？

A：愉快很多，不用在家对着三面墙，没有人和我说话，跟电视机玩，来这里见到这么多人，很多小朋友，很多志愿者，也有很多阿姨来打麻将扑克，不过我就不会打，就只是看一下。

Q：嗯嗯，你也会在旁边看一下。那现在中心提供给你的服务，你觉得好吗？

A：好啊，肯定好。（服务对象对HF的评价，2016年10月14日）

“成效不能说没有，但是我觉得还没有真正做到为社会底层带来改变。很多家综都是做锦上添花的工作，这些也是成效，但是雪中送炭，介入核心的问题，我觉得社工暂时还没做到。”（LN家综负责人W先生，2016年9月29日）

从对服务对象的访谈得知，其对社工机构运营的中心服务了解仅限于对所享受到的服务有一定了解，对于社工提供的服务普遍满意。

（三）互动倡导能力较弱

1. 外部互动的单一化及被动性

调研中的6家社工机构由于主要的经费来源于政府购买服务，所以与政府的互动成为机构对外处理公共关系的重要部分，或者说是对外互动的最重要客体。如BDX社工机构负责人提到会保持与购买方的定期沟通，以保证和购买方有畅顺的沟通。而机构下属家综项目首要的互动主体是政府，另外互动频率最高的是所在项目的街道主管部门，如某项目主任提及项目首先会合作的主体主要是政府相关职能部门，工青妇团。政府部门虽然是机构外部互动最重要的主体，但是调研当中机构负责人首先提及外部互动主体均不是政府部门，而是其他外部组织，究其原因主要是本次调研处于下半年，各大机构忙于进行对项目的新一年度招投标的准备，将精力放在了与其他外部主体组织的互动上，与政府的互动反而进入稳定期。社工机构在与政府互动上已经具备一定的公关处理能力，但是也需要看到社工机构未能利用其专业优势在与政府互动中取得主动，同时也未能让政府投入更多资源支持机构及项目的发展。

“我所在的家综，我们合作的主体主要是政府相关职能部门，工青妇团，这类会比较多。第二是企业，还有就是非政府组织，非营利组织，都会涉及，但是稳定有力的还是以政府为主。”（LN家综负责人W先生，2016年9月29日）

社工机构需要通过与其他社工机构的交流分享、互惠合作来发现自身不足，推动自身专业能力的快速成长，建立良好的外部支持网络。目前调研的6家社工机构在广州市内与其他社工机构虽有互动，但是互动仅限于行业内的业务交流，缺乏联盟形式或是专业的深度互动，但是也有部分做得比较好的机构会通过服务合作的形式与其他社工机构进行专业方面的互动，如QC会与其他机构以专项或是家综服务进行合作，创造在专业服务方面的互动。也有机构非常重视与外界机构的互动，如BDX提及其与其他机构的互动较多，形式方面有正式及非正式的互动。S提及其会与其他机构及家综合作，共同推动项目发展，同时也会分享自身资源给予合作的机构。

“之前有做一个地贫项目，我们有20年的计划，前期可能做救助为主，现在做预防为主，在预防的部分，需要和社工机构合作。我们近几年会注重和在地社工机构合作，比如我们有一个地贫宣传日的活动，我们希望和几家社工机构合作，在不同的家综推广。”（S负责人，2016年10月20日）

总体来说，社工机构外部互动呈现较为单一化的情况，从资源提供角度看，其互动的外部客体主要是提供资金购买服务的政府部门，从营造机构外部良好的生态环境来看，主要互动的还是同一行业内的社工机构，外部的互动较少涉及社工行业外的其他领域。社工机构之间及与政府的互动处于一个被动或是半被动的情况，互动前没有明确的外部互动的目标或是计划，只是临时性地因为机构项目的需要或是外部因素的推动，为了不脱离行业或是争取友好的伙伴及营造较好的外部生态环境而进行的。

2. 互动的价值共识度低

由于机构发展需要，机构也在探索与更多外部主体的互动，如与基金会、企业、境外合作机构、高校、公益组织等开展合作，建立良好的外部支持网络，整合资源推动机构及服务的发展。如QC提到会与企业、义工联、律师事务所、公益组织等合作，利用这些组织的专业资源推动服务的发展。

FY社工服务中心则会与境外的两家社工机构合作居多，在专业成长及专业支持方面争取外部的支持。S会与公益界合作较多，以争取其在资金及资源方面的支持，发展特色专项服务。HF提到会与非营利组织狮子会进行合作，为机构及项目发展提供必要的支持，同时也注重与香港机构的互动合作，主要为机构提供督导、培训和评估服务，以推动机构的专业发展及能力的提升。

机构与外部客体的互动，主要是为了促成合作的形成，这种合作主要体现在资源的支持、人力的支持、知识的支持等，在合作过程中不同的参与主体各取所需，实现自身组织的目标或价值等。社工机构无论其目标愿景为何，由于其秉持的是社会工作核心的价值理念，所以其最终的指向都是服务对象福祉，但是由于外部互动客体所处场域或是价值的不同，社工机构在与其互动时主要建立在功利性的目标之上，缺乏价值共识的一致性，尤其是社工机构期望的专业价值共识，所以多数时候社工机构与外部各客体进行互动时，虽然也发挥倡导等的功能，但是还是难以与互动的各客体取得一致的价值共识，或是呈现出弱的价值共识的状况。

（四）资源整合能力偏低

资源整合关乎社工机构的可持续发展。按照社会资源的观点，资源可以分为在握资源和可使用资源，机构的资源获取能力就体现了机构通过自身条件把外在的可及资源变为自己的资源或者是可使用的资源的一种资源整合和获取的能力（吴健智，2007）。

1. 单一外部资源的强依赖

从国外社工机构发展来看，其经费主要来源于政府投入、基金会企业的赞助、自我经营的收入等。从中国来看，“社会工作在中国的起源，不是来自民间的自愿服务和慈善服务，而是制度的安排，采用了‘嵌入制’的发展路径，把专业嵌入行政体制之中……该背景作为一个根源性的环境，决定了社会工作发展中不同程度地存在资源依赖性、低自治性，空间狭小等诸多问题”（杨柳，2019）。目前大多数社工机构的主要资金来源还是政府购买服务，广州市社工机构的资源来源也是比较单一的，对政府具有很强的资源依赖性。

表6-3 广州市6家社工机构资金来源一览表

机构名称	资金来源			其他
	政府购买	自营项目	筹款	
BDX	95%	—	—	不明确
HF	95%	5%	—	不明确
QZ	90%	—	不明确	不明确
S	95%	5%	—	不明确
FY	95%	—	—	5%
QC	80%以上	—	20%	不明确

从表6-3可以看出，社工机构对于政府购买服务的依赖性较高。如具有企业背景的HF，其从外部获取资源的主体主要是政府，通过政府购买服务获取的资金来源达到95%左右，剩余的5%左右的经费依靠自营项目进行补充。而具有境外背景的QC，其资金来源也是主要以政府购买服务为主，达到80%，剩余20%的资金主要依靠机构自身具备筹款能力优势进行自筹。除以上两家机构外，调研的其他4家机构，普遍资金来源主要渠道都是通过承接政府购买服务项目而获得，且该资金来源占到机构资金总额的95%以上。

除了通过政府购买服务获取资金资源外，6家社工机构都会利用各种方式进行资金、人力、物资等募集，而获取这些资源主要通过与企业合作、基金会合作，公益创投，劝募等方式进行，且各个机构会发挥自身机构背景的优势进行资源的拓展整合，初步取得一定的效果。总体而言，6家社工机构资源来源的途径均比较单一，当中主要来源还是依赖政府购买服务，表现出对政府资源的强依赖性。

资源的构成多元化不足。由于广州社工机构发展主要是政府推动、社工机构自主运作的模式，其发展不是内生模式，而是表现出对外部资源的强依赖性，尤其对政府资源的依赖，所以广州社工机构需要保障自身的运营发展，需要不断通过竞标方式获得项目及资金。但是正是这种对政府资源的强依赖性，导致社工机构普遍面临资源结构单一，整合能力较弱的问题。从访谈中获知社工机构也开始重视整合各种的资源，逐步降低对政府资源的依赖性。

从调研的6家机构来看，所有机构的资源构成中占有主体地位的还是政府购买服务经费，基本占到机构经费的95%以上，剩余的可能会通过一些自营项目、筹款、企业基金会合作等获取资金支持。

“其实我觉得最重要的点是街道的联系，首先与街道建立很好的关系，其次通过街道介绍给其他，比如我们对接民政科，因为街道不是都了解我们，但是民政科了解我们，就会把我们介绍给其他科室部门，它们了解后就会将它们的活动和我们进行整合，提供资源给我们。”（HC家综负责人W女士，2016年10月15日）

由于广州社工机构发展主要是由于政府购买服务的推行而发展起来的，其呈现明显的对外依赖性。社工机构的生存发展主要依靠承接政府购买服务项目的资金，所以在资源上对于政府具有高度的依赖性，且多数机构都表现出资源构成的单一性。

2. 社工机构间的资源整合较弱

调研中虽然多数机构都希望通过不同的渠道，拓展机构资源的来源，但是效果并不明显。主要原因第一是社工机构的社会影响力与社会公信力偏小，无法动员和吸引社会慈善资源，并且机构也没有开展相关的行动，社会大众的捐赠意愿尚未有效引导和挖掘。社工机构要扩大社会影响力，社工机构就必须承担一部分活动经费，但是由于政府对于购买项目资金的严格监管和对于社工机构整合境外资源的严格管理，导致社工机构资源整合的持续性较低。

“机构的影响力其实很重要，机构影响力大，容易引起一些改变，我们希望逐步扩大影响力。我们在选择合作伙伴的时候非常谨慎，现在政府对社会组织的管理是严格的，特别是不能犯政治性的错误，所以我们会很小心地选择合作伙伴。”（HF负责人L先生，2016年10月10日）

第二是目前政府及社会、公益界有很多的平台给予社工机构进行资金的申请，但是由于社工机构普遍缺乏创新或是项目研发设计的能力，导致在申请中不能获得资助，所以社工机构项目的设计能力也极大限制了机构对外拓展资源的机会。第三是缺乏筹资公关的专业人士。筹资及公关等工作是一项非常专业的工作，但是由于社工机构资源受限，其一般不会聘请该专业方面的人员进行筹资工作，而是以机构的高层或社工进行兼任，其缺乏专业的知识及必要的人际支持网络，也导致机构的筹资工作举步维艰，或是根本没有办法开展，当然具有境外背景的机构例外。第四是由于政府的规管及对社工机构的不信任，社工机构难以启动一些收费项目。

“我觉得社工机构最大的问题是，觉得自己是一个社工，限制了。我发现社工机构是专业的，在社工界，我是社工人士，其他是不专业的，但是我很想探讨的，是不是很多草根NGO做的就不是社工服务，那些可能里面一个社工都没有，很多是志愿者出来，学习相关信息，做一些在地化的服务，但是可以看到别人在推广服务，他们的筹资能力更强，他们的服务更符合群体需要，因为很多草根NGO做的群体，不像社区的家综，比如瓷娃娃，他们和这些群体的接触很多，需求划分得很好。社工机构觉得自己是专业人士，不和这些人接触、合作，把自己限制在专业的范围内，失去了很多资源共同体的角色。我会觉得很多社工机构觉得自己是专业人士，反而将部分“不专业”的机构摈除在服务之外，我们需要反思，社工同时是资源链接者，有没有将资源链接最大化，吸纳不同人士，我觉得这会制约社工机构发展。”（S负责人，2016年10月20日）

资源是社工机构发展的重要基础，目前广州社工机构并不缺乏对外整合资源的渠道及机会，但是受限于自身的项目设计能力不足、缺乏专业筹资人士或是团队等，对外资源的整合工作面临能力不足，资源持续性不足的问题，导致机构的可持续发展能力的不足。

3. 资源网络的系统整合性不足

广州社工服务发展过程中，资源体系网络的建构并不完善。主要在于一方面是政府购买服务成为推动社工机构发展的重要因素，社工机构通过竞标获取项目继而生存发展，使得政府成为社工机构外部资源整合的最主要主体；另一方面由于机构背景及法人人际网络因素，也很大程度影响了社工机构资源网络的广度及深度。

例如，QC 发起人由于是香港人士，其在香港有一定的专业地位、社会公信力、人力关系网络，且其担任高校教授，在机构发展过程中充分发挥了其个人支持网络作用，可以在专业支持、资源募集、督导培训等方面发挥重要的支持作用，令该机构整体的专业服务水平均处于行业内领先地位。

例如，高校背景的 BDX 机构充分利用高校资源，在科研及项目专业成长方面获得学校老师的支持及指导。而宗教背景的 S 是当中资源体系建立较为稳定的一个社工机构，其可以长期与企业、基金会等合作，充分发挥志愿者的作用，持续稳定地支持机构发展。

所以在资源整合过程中，社工机构虽然可以从不同渠道整合到资源，但是回归机构本身，在如何将专业服务、人力资源、服务输送等系统结合，充分发挥机构背景优势，整合机构资源，有效利用系统资源提升服务能力、促进机构持续发展上，还是有较大的提升空间的。

（五）小结

总体而言，调研的 6 家社工机构在治理方面都具有完备的管理制度，如激励、监督、评估等，但是由于理事会决策作用的弱化，一线社工参与认同度较低，机构的发展受到较大的内部阻碍。在专业服务能力方面，项目设计系统性不足、服务供给形式单一、社会认受性等问题也限制了机构的专业发展，未能通过专业服务获得外界认可，成为阻碍机构发展的最重要因素。互动倡导能力方面，由于机构与外界互动的单一化、价值共识弱化、被动性等问题，导致互动未能起到影响外部主体进行倡导的作用，互动带来的有效信息及正面作用较低，也成为限制机构发展的阻碍。资源整合能力方面，6 家机构都有意识地建立资源网络体系，各个机构可以结合自身优势发展，建立、维系自身的资源体系，并且采取借助政府权威等方式与其他组织建立关系，通过互动建立自身的公信力，争取资源推动机构的发展。就目前广州社工机构发展情况而言，资金、项目和信息是机构所需的主要资源，各个社工机构仅是利用自身背景优势或是政府权威整合资源，并未对资源的需要、整合、使用、动员等进行系统分析及开始自主运营管理整合资源，导致机构资源整合能力尚未发挥降低对政府依赖性的作用。

表6－4 社工机构能力分析维度及其呈现现状表

分析维度	分析指标	机构名称					
		BDX	HF	QZ	S	FY	QC
机构治理能力	机构决策	理事会决策	理事会决策	理事会决策	员工参与	多元主体决策	高层决策
	社工参与	部分参与	被动接受	被动接受	部分参与	部分参与	部分参与
	机构认同	认同	主动被动	自上而下	内化	认同	认同及内化
	部门的协作	协同	协同	协同	协同	协同	整合
	队伍稳定	职位差异化流动	职位差异化流动	职位差异化流动	职位差异化流动	职位差异化流动	职位差异化流动
专业服务能力	服务设计	系统	跨专业化	碎片化	重价值理念	系统、高认受性	整合性
	服务供给	微观化	单一主体	志愿者补充	结合理念	单一主体	项目化
	成效及持续性	碎片化	高替代性	高替代性	高替代性	深度不足	缺乏科学性
互动能力	对外沟通	单一领域	多元化	多渠道	多元化	多元化	多元化
	伙伴建立	多元化	多元化	多元化	多元化	多元化	多元化
	价值共识	分离低共识	分离低共识	分离低共识	分离低共识	分离低共识	分离低共识
资源整合能力	资源来源	单一性	多样性	多元化	多样性	单一性	多元化
	业内支持	强支持	强支持	强支持	强支持	强支持	强支持
	系统整合	优势整合	优势整合	优势整合	优势整合	优势整合	优势整合

从表6－4可以看到，6家社工机构整体能力较强的是BDX及QC社工机构，其在治理中员工参与程度较高，服务设计及供给能力较强，互动中可以充分发挥机构的背景优势，整合资源，建立较为完善的社会支持网络，推动机构的发展。

三、制约社工机构能力发挥的社会支持因素分析

从6家社工机构的现状来看，虽然它们已经具备较为稳健的基础，但是在机构可持续发展方面还存在各种问题，尚不能满足机构发展的需要，不管是资源整合能力，还是专业服务能力都存在不足。

（一）社工机构内部支持系统相对缺乏

社工机构自身的发展必须依赖自身的内推力进行，内推力即能力的建立主要是依赖机构本身进行塑造，这里将以社会支持理论角度，从认同/共识、参与、网络、整合等分析内部支持与机构能力发挥的关系。

1. 不同层级主体间的支持不畅通

机构治理是社工机构能力的基础，良好的治理结构方式是架构机构能力的结构性因素。机构的治理依赖的是内部各个主体的参与，构成一个内部支持的主体。具体而

言，从组织运作角度进行纵向划分，分别是理事会、高层、中层、一线员工等主体；从横向划分，社工机构主要是具体落实各项事务的各部门主体，包括人力资源部、研发部门、专业服务部门等。

社会工作有其独有的价值体系，作为社工机构本身一直倡议的是共享、参与等价值理念。但是现实情况下，由于社工机构的产生及发展主要是由部分有心人士或业界精英发起建立的，其主导影响了机构的发展方向、价值的确立、专业的成长等。由此可见，多数社工机构均是一种自上而下的内部发展方式，如HF是企业背景的人士发起成立，BDX是高校老师发起成立，FY更是政府发起成立，发起的主体都是社会的精英阶层。而作为机构各种重要主体，包括具体执行一线服务的员工、发挥专业成长作用的督导、直接接受服务的服务对象等，都较少地参与机构发展的决策或是规划。换言之，社工机构内部发展参与的主体呈现单一性。作为社会支持理论的重要观点，发展不同的参与主体、建构多元的支持网络，对于推动支持作用的发挥极为重要。所以，内部支持主体参与的不足即单一性，也在很大程度上限制了机构能力的发挥。

2. 同工之间的专业支持较弱

由于广州的政府购买社工服务项目，都有关于项目人员资质方面的要求及规范，故而社工机构基本都会依照这些规范及要求配置专业人员。调研的6家社工机构专业人员都超过机构总人员的三分之一或以上。一线社工多数是大学刚毕业的学生或是实务经验只有一年左右的社工，理论及实践方面的能力较弱，难以保证按照质量完成服务工作。另外是一线社工的频繁流动，导致专业的沉淀不足，同工之间经验分享及专业间支持受限。

“即使项目发展到第四五年，同工的专业水平大概在第二三年，因为人员流动实在太快，比如我培养了一个人，他有一定能力就跳到另一个机构，又另外请一个新人，不断地重复，人员不稳定，同工的专业能力很难有长足的发展。”（LN家综负责人W先生，2016年9月29日）

而在机构研究及督导方面的人才也是相当紧缺，因为限于资源有限及完成政府服务项目的压力，社工机构也会首先考虑将资源投放在可以实实在在完成工作量的员工身上，而研发及创新的项目设计未能打造出核心的专业支持。其次由于早期广州市的社工督导工作只有香港、高校及受过社协督导培训班训练毕业的督导才能进行，导致社工督导一直处于供不应求的状态。最后由于前期有关社工督导资质要求的限制，多数机构也只能以外聘督导来满足自身发展的需要，但是这样的举措也限制了机构内部有能力的同工的个人发展及专业知识的承传及共享，在缺乏合法化身份下，即使机构有这方面能力的同工存在，也不敢贸然尝试推行内部督导体系的建立培养，导致机构自身的督导非常少，不能使用机构内部的督导搭建起员工与员工、员工与项目、项目与项目之间的知识共享及输送的平台枢纽。

3. 各部门之间支持不力且没有制度依据

社工机构各部门不是依据机构内部发展需要及组织价值目标的实现而设立，而主要是应机构外部环境的要求，且多数部门是社工机构在发展过程中逐步设立的。机构设立该部门的作用及定位不清晰，导致多数部门只是完成部门本职工作，并未发挥为实现组织价值目标应有的作用。部门和部门之间虽有沟通，但是仅限于完成部门工作，对于部门协同或是如何整合不同部门工作尚未达成共识，组织整体的系统对于机构发挥支持的作用弱化。

调研的6家社工机构中，由于机构内部组织发展的需要，分别由不同的部门对机构的人、财、信息等进行统筹管理，如人力资源部对机构人力进行管理，财务部负责机构财务工作，宣传部负责机构宣传推广等，但是由于这些部门主要是依据部门职责进行平时的工作，较少地进行部门间的横向沟通互动，并且在机构发展的目标下尚未达成较高的共识，导致其工作的开展未能在组织目标层面达到整合，部门之间联结程度较弱，整合度也较低，机构内部资源层面的支持网络的建立不尽完善。

（二）社工机构外部支持网络简单

社工机构能力的发挥需要机会空间、外部力量的认可及各种资源、信息、技术、制度等的支持，广州市社工机构的发展已经有11年时间，大多数的社工机构在政府的支持下都可以获得较为良好的发展，其中资金的支持又最为重要，只有有了政府资金的支持，机构才能培养人才、发展专业服务，推动机构的可持续发展。目前，广州市已经在多年的摸索中探索出一套较为完善的政府购买服务机制，其有助于规范政府购买服务项目的各项流程，但是由于政策滞后性问题，部分政策已经不能很好地支持机构的发展，最终限制了机构能力的提升。

1. 单一而非多元的外部支持网络

由于广州社工机构对政府资源的单一依赖性，基于资源的稳定获取的目的，其在对外互动时主要的主体是政府；而基于组织专业发展，抱团取暖，营造较好的组织外部生态环境，社工机构之间会通过服务合作及交流等方式进行互动交流。社工机构外部支持的主要网络建立在本身行业内部，虽然互动的组织主体多元，但是受限于行业内的领域限制，其提供的支持内容、输送方式较为单一，外部的支持网络未能达到多元化的状态，单一的主体建立的网络未能为社工机构的能力提升提供足够的信息、资金、技术的支持。

另外是社工机构较少与其他行业进行互动，即使有部分机构与如公益界、企业等进行互动，其受制于价值共识的不一致及弱化，多数的互动合作只是“一锤子买卖”，并未能建立起持续稳定的跨界支持网络，这也是导致社工机构外部支持网络单一化的重要原因。

2. 政府的制度性支持不够系统和完善

第一是财政及税费制度支持的不足。如广州市家庭综合服务中心推行已经将近9年，虽然购买项目经费从200万元增加到240万元，但是政府对于家综购买服务经费的费用不能从制度及政策方面形成长效增长机制，随着社工工资每年的增长，机构的运营及财务压力非常之大，员工稳定性不足，导致服务质量的下降。多数机构是以项目养机构的，项目购买经费中缺乏机构管理费用的规定，压缩了机构生存发展的空间，也制约了机构能力的提升发展。

由于社工机构登记性质为民办非企业，所以机构需要按照企业所得税缴纳税费，这对于非营利的社会服务机构是不合理的设置，等于政府购买社会服务项目的钱到了机构手里后很快又有一部分回到了政府手中，压缩了机构发展所需要的资金资源。另外，如果机构年底前账户上有资金，将会视为机构的营利所得，将会被征收20%的所得税，导致多数社工机构在年尾时都不敢收取购买方划拨的经费，这个也限制了机构资金运用，即资源能力的发展。

第二是专业人才培养制度保障支持不足。广州市出台过社工薪酬指导性的文件，为规范社工薪酬，保证机构专业人员的稳定性提供了重要的保证。但是由于广州政府购买服务项目的经费预算未形成政策文件，保证社工薪酬的持续提升，导致社工人才因薪酬原因流动非常之大。另外是由于对社工实习生的专业支持多数由学校完成，资金支持由机构进行支付，在政府层面缺乏从资金方面的政策支持，使得社工实习生到各机构实习的意愿较低，而实习生是机构人才储备主要的来源，这样从教育到实际工作中出现了人才衔接的断层，也不利于机构能力的发展及服务质量的提升。

第三是机构退出机制及项目获得方面的制度缺陷。由于广州市政府购买服务项目的大量推出，加上政府鼓励发展社会组织的政策导向，催生了一大批社工机构的成立，其在承接政府购买服务项目及转移政府职能方面发挥了很重要的作用，但是由于注册门槛的降低加上监管的缺失，导致在社工机构中出现了一批发展能力较弱，动机不良、公信力较低的机构，且这些机构通过多种方式承接了政府购买服务项目，形成了“劣币驱除良币”现象，对于社工机构能力的提升及行业的发展形成了不良的影响。另外经过多年的发展，政府购买服务的招投标程序已经更加规范，但是由于制度的漏洞，购买方主管部门为了提高效率或是稳定性，多数的购买服务还是会以非正式方式与社工机构达成共识，进行提前介入处理，形成了所谓的“萝卜标”现象，降低了机构公平竞争政府购买服务项目的机会。这在很大程度上压缩了机构发展的机会及空间能力。

3. 社会公众对社工机构的认知度偏低

广州社工服务的发展主要模式是“政府主导、社会协同、项目运作、专业服务”，近几年还强化“社工+”战略，“把社会工作嵌入民生保障和社会治理的方方面面，拓展到青少年、老人、家庭、企业、司法、医务、禁毒、慈善、扶贫等各个领域，继续加强与公安、司法、教育、卫生、工青妇等部门的协调联动，深化社会工作与民生保障和社会治理相互促进、融合发展”（广州市民政局，2019）。作为社工机构发展重要的外部支持，社会的协同参与对于机构的发展至关重要。但是，即使在深入推进社会工作的情况下，很多市民对社工还是处于一知半解的状态，社会协同参与度不足。

由于社工机构是一个新生事物，尚在一个初级发展的阶段，社会、公益界、居民等对于社工服务、社工机构的认知度、认受性都较低。社会民众的公民意识尚未完全觉醒，导致其在公益服务、志愿精神的不足。社工机构对于社会民众来说，只是满足一般性文娱康乐需要的机构，而专业性及独特性未能很好地呈现在社会民众心中，令社工机构的社会认同较低，即外部的社会环境未能成为社工机构发展的重要支持。即使是对社工机构的服务表示认可，但是对社工机构究竟是什么并不了解。

Q：那你知不知道这里是一家什么机构给你提供这么好的服务？

A：这里是叫作XH街居委（工作人员在旁补充日间托老，家庭综合服务中心，服务对象重复）。

Q：那你知不知道谁在运营这家家庭综合服务中心和日间托老呢？

A：呃，不知道，天河区政府办的吧。（工作人员澄清是F）

由于社工机构的知晓度低，专业性认受度不高等原因，其能够获取的社会支持也非常之少，社会公众对于机构认知度较低或是不知道社工机构服务的现状，其实导致了社会公众对于社工支持的缺失，将制约社工机构在社会服务领域中能力呈现的机会空间。

政府购买社工机构服务项目提供了一个机会平台给予社工机构向社会民众展示社工服务，但是在实际互动中，社工机构只是以专业服务与社会民众产生联结，这种以服务输送方式的互动只是基于民众需求的满足，一旦需求满足后关系可能随之结束，互动成为“一次性资助”而不可持续。缺乏与社会民众可持续性的互动及沟通，不能及时从社会民众的反馈中获取改善机构专业服务及运营的信息，从而导致了机构能力提升受制。

4. 行业内机构之间的支持不足

社工行业的发展需要社工机构团结一致，互相支持。社工机构作为新生的行业，其在发展初期更需要行业及机构的互相扶持及推动，从互动的动机看来，目前社工机构之间的互动多数以专业服务方面的互动为主，其动机主要是出于资源的共享及组织的自我发展，机构与机构间互动背后的动机更倾向于功利主义及利己性，导致互动不能形成行业的互信及合力，对于推动行业的发展有较大的限制。另外，互动的形式方面多数以服务的形式进行，而专业交流、培训共享、资源的流动等形式比较少，也弱化了机构外部支持体系的建立。仅限于专业层面的互动形式，未能涵盖社工机构发展的其他元素，如资源的共享、信息的互通、共同目标下的倡导行动等，导致社工机构之间未能建立系统化的支持体系，行业内机构的支持未能为机构能力提升及发展提供推动力。

总的来说，社工机构的内部人力支持不稳定导致专业服务能力提升难，外部社会支持不高导致专业能力发挥的机会缺乏，单一的外部支持导致互动倡导能力以及资源整合能力弱，社工机构的能力状况呈现出一种受限及发展潜力不足的状态。

四、社工机构能力提升建议

社工机构能力不足的问题，对于政府转移服务职能，推动社会服务机构健康发展具有重大影响，所以加强机构能力建设，才能保证社工机构的健康可持续发展，促进政府服务职能的顺畅转移。由于社工机构系统支持的整合不足，在内部支持不足以形成内推力，外部支持的建构不足以形成良好的制度环境及社会环境的情况下，本案例尝试从社会支持理论的角度出发，探讨提升社工机构能力的主要对策建议。为了更好地提出建议，本部分将首先识别四个能力维度的重要性，以及各能力维度中哪个具体方面最关键，其次再结合第三部分提及的社会支持现状来提出社工机构能力提升的具体建议。

（一）识别社工机构能力提升的关键维度

根据量表评分结果得出的权重、主观性重要性排序及得分（见表6－5），治理能力是机构各项能力中最为关键的能力。社工机构作为新生事物，其尚在发展的初级阶段，适合社工机构的治理方式、结构、内涵等未能明确，导致社工机构在运作及提供服务方面出现多种问题，包括理事会治理作用的弱化，机构决策在高效与民主中徘徊等，无论是机构负责人还是行业协会负责人，均认为机构的治理主体及治理机构是运营好机构的最终因素，所以治理能力的提升是社工机构最为核心的能力，成为社工机构全面提升机构能力的关键节点。

专业服务能力是机构各项能力中第二重要的能力。作为机构核心竞争力的专业服务能力，其是联结内部主体、建立良好服务品质的重要基础，作为机构不可替代性的重要体现，专业服务能力是机构赖以生存发展的重要基础。

资源整合能力是除专业能力外，各社工机构第三重要的能力，由于广州社工机构的生成主要是外生性力量推动发展起来的，对于长期依赖政府资源投入的方式，政府也期望社工机构可以具备资源筹措的能力，以增强服务的可持续性，社工机构也可以做到持续的发展。所以在内外部的期望要求下，社工机构的资源整合能力也成为广州社工机构非常重视的能力。

社会互动是社工机构推动行业合作团结，解决冲突、获取资源、进行倡导的重要方式，通过与不同外部的主体互动，可以建立起重要的外部支持体系，为机构创造出能力提升的机会及空间。

表6－5　社工机构能力的四维度权重得分表

能力得分		1. 机构治理能力	2. 专业服务能力	3. 社会互动能力	4. 资源整合能力	总计	主观排序
ZYH	得分	10	9	9	10	38	4—1—3—2
	权重	0.263	0.237	0.237	0.263	1	
XYX	得分	10	9	7	8	34	1—2—4—3
	权重	0.29	0.27	0.21	0.24	1	
CL	得分	9	8	7	10	34	4—1—2—3
	权重	0.27	0.24	0.21	0.29	1	

续表

能力得分		1. 机构治理能力	2. 专业服务能力	3. 社会互动能力	4. 资源整合能力	总计	主观排序
ZH	得分	10	10	9	10	39	1—2—4—3
	权重	0. 26	0. 26	0. 23	0. 26	1	
ZHM	得分	10	10	8	8	36	1—2—3—4
	权重	0. 28	0. 28	0. 22	0. 22	1	
LQY	得分	10	10	8	8	36	1—2—3—4
	权重	0. 28	0. 28	0. 22	0. 22	1	
HY	得分	8	7	9	9	33	4—3—1—2
	权重	0. 242	0. 212	0. 273	0. 273	1	
总计	得分	67	63	57	63	250	
	权重	0. 27	0. 25	0. 23	0. 25	1	

从表6－6来看，在治理能力方面，目标明确是其最重要的因素，一个组织得以发展壮大，明确的组织目标是重要的指引纲领，但是由于理事会治理能力的弱化，未能厘定合理有效的组织目标，导致组织在发展中没有明确的方向及达到程度，组织在开展各种活动时不能基于同一目标进行整合，机构的发展也受到较大的限制。

作为社工机构最为核心的专业服务能力，是机构提升能力的关键因素，而其中满足需求是专业服务能力中最重要的因素。社工机构专业服务的重要目的，在于满足服务对象的需要，这是作为社工机构提供各项专业服务活动最重要的目的。

在资源整合能力中，社会公信力成为其最重要的因素。由于专业服务的认受性及不可替代性尚未形成，居民及社会对于社工机构的认知程度较低，社工机构尚未通过专业服务建立良好的社会公信力，影响到社工机构的资源获取及整合，所以公信力成为资源整合能力中最为重要的因素。

最后是社会互动能力，社会互动能力中最重要的因素是项目合作，社会服务是一个整合性的服务系统，社工机构运营的各个服务项目并不能满足服务对象的所有需要，加上机构追求效率及效益等的影响，项目合作是可以最大限度实现以上目的的重要方式，所以项目合作成为社会互动的最重要因素。

表6－6　社工机构能力建设的重要指标识别表

分析维度	分析指标	总计	平均得分
1. 机构治理能力	民主决策	57	8. 14
	社工动员	54	7. 71
	目标明确	68	9. 71

续表

分析维度	分析指标	总计	平均得分
1. 机构治理能力	部门协作	65	9.29
	队伍稳定	57	8.14
	资金丰裕	60	8.57
2. 专业服务能力	技能专业	61	8.71
	专项服务	60	8.57
	综合服务	58	8.29
	持续服务	62	8.86
	规范服务	63	9
	满足需求	67	9.57
3. 社会互动能力	对外沟通	62	8.86
	项目合作	63	9
	价值协商	58	8.29
	平台搭建	61	8.71
	机构表达	62	8.86
	冲突解决	63	9
4. 资源整合能力	筹资多样	55	7.86
	客户多元	54	7.71
	伙伴多元	57	8.14
	服务多元	56	8
	社会公信	64	9.14
	风险预防	61	8.71

（二）建立机构目标的系统支持机制，强化机构治理能力

首先从机构的理事会层面，需要完善机构理事会成员的构成，社工机构不能单纯从机构成立背景出发，安排相似背景的人士担任理事会成员，这样限制了机构决策的视野及降低了客观性，所以理事会成员构成必须要做到多元化及跨领域，以提升理事会决策的科学性及客观性，同时理事会成员需要具备较高的机构治理投入度及充足的时间，以便可以真正履行理事会成员决策的角色。

另外是注重建立机构内部明确的组织目标。一个组织要发展必须要有明确的目标，这是组织内部各主体为之努力的共识，同时也是促进组织内部主体共同参与机构治理、推动机构发展的重要因素。所以建立明确的组织目标，是完善及联结机构内部主体的重要策略，也是提升机构治理能力的关键所在。

（三）树立机构社会公信力，提升资源整合能力

社工机构资源来源单一，整合能力较弱，主要原因是社会公信力的不足。社会的支持主要通过社工机构对外输送服务、产品、展示公信力及美誉度等，转化为对社工机构的支持，所以在获得社会支持方面，主要的还是呈现在社工机构如何及通过何种方式让社会认可上。从公信力方面来看，主要是社工机构的服务产品未能有效地满足社会的需要，社工机构未能通过产品的输送逐步建立起机构形象。另外，由于社工机构前期的运作不规范，公开透明程度不足，社会缺乏对于社工机构的了解及认知，导致信赖关系未能建立，最终影响资源的整合及筹措。社工机构需要有效地整合资源，规范自身的运作，将公开透明如主动向社会晒账单、成绩单变成为一种常态化机制，以逐步建立起社会公信力，通过社会公信力吸引并建立起有效的外部资源输送网络，提升资源整合的能力，推动机构资源的可持续发展。

第一是建立社会认可。社工机构的社会认可应该建立在其良好的公信力及美誉度上，所以获得这方面的认可，一方面需要机构建立健全的信息公布制度，通过定期、多渠道的方式，公布社工机构的财务、资源运用、治理情况等，展现机构的自信力，使社会通过这些资讯建立起对社工机构的信赖及联结；另一方面良好的美誉度根植于社工机构具备品牌的服务项目及良好的成效，社工机构需要加强自身内部的专业服务水平，建立品牌服务，通过“证据为本”的自我评估体系向社会反馈机构的服务效果，从而提升社会的认可度。最后是社工机构需要注重学习公共传播知识，以专业的传播方式让社会了解社工机构，从而为社工机构的发展创造合法性的环境及地位。

第二是建立社会支持。社工机构的发展离不开外部各方面的支持，但是由于目前社工机构的发展处于初级阶段，社会对社工机构的知晓度较低，社工机构能够获得社会的有效支持较少。社工机构应该发挥自身的主动性，积极通过各种宣传渠道，如网站、报纸等宣传，使社会对社工、社工服务、社工机构有更多的了解，建立起社工机构与社会的联结及支持。

第三是引入第三方合作，增加服务参与主体的多元性。如积极与基金会等进行合作，利用其具有公募资格的优势，合作开展筹资的活动；同时利用文化传播方式，及时公开资金及资源的使用情况，接受社会各界的监督，提升机构的透明度，建构机构的公信力，以公信力获取外部的信任及支持，推动机构资源整合能力的提升及可持续发展。

（四）基于受益对象的需求满足，促进专业能力提升

社工机构专业服务能力是机构赖以生存及不可替代的核心元素，所以提升机构专业能力是推动机构发展的核心动力。

第一是重视机构内部人才建设，尤其是管理团队梯队的建设。从纵向方面来看，可以对机构的人员分层分类进行培养，针对不同岗位层面的需要开展培训，同时通过个人成长计划等方式，个别化培育机构的核心管理人才。另外是从横向方面，建立起人才流动尤其是知识流动的体系，通过横向的知识流动共享，如同一服务领域的分享会、共

性问题的研讨会等，通过自主学习分享，加强人才的培育。建立跨领域服务团队，吸纳不同领域的专业人员进入社工机构，以拓展服务思维，资源整合渠道，创新服务方式。

第二是注重核心技术及品牌服务项目的打造，建立服务不可替代性。广州社工机构的发展从一开始的规模效应及扩张型的发展方式，到现在进入稳定时期专注服务沉淀时期，机构已经逐渐具备打造核心技术及品牌服务项目的意识，所以社工机构需要做好转型及发展，社工机构需要从自身内部利用 SWOT 分析，对机构之后发展的定位及重点发展的领域进行投入。同时在专业领域投入发展的基础上，研发出属于机构服务本身独有的核心技术，从粗犷型的发展模式，转向精细化专业化的发展方式。

第三是优化服务供给系统，以最大限度满足需要。社工机构最重要的目的是满足服务对象的需要。优质的服务供给系统，是提升社会服务供给效率、最大满足需要有效的途径。首先需要提升服务供给主体的能力，通过建立严格的进入及退出制度，引导优质的社工机构进行能力建设及培育工作，从源头上建立起有效的服务供给主体。对于一些资质不全、服务不佳的社工机构，需要建立退出机制进行淘汰处理，或是依照社工机构的优势特性，引导其转型发展。从服务输送主体来看，目前社工机构的服务供给主要是通过社工实施，因此要加强社工机构的专业人才队伍建设，鼓励机构通过内培外引，培养一支有社会工作专业资质的专业人才队伍，同时引导机构建立一支包括督导、行政管理、财务管理、项目主管、一线社工等在内的人才梯队，形成有效的合力，提供有效的社会工作专业服务供给主体。从服务供给模式来看，目前社工机构的服务供给模式主要是使用专业化的微观工作手法进行服务供给，难以形成整体性的服务供给的系统模式，所以在供给模式上形成整体性的工作效应，社工机构需要在服务输送上注重社会协同参与，如与基金会、公益组织组成工作联盟，以项目化的工作模式、社会多元主体参与协同的方式进行服务供给，增加服务供给的有效性，提升服务的成效。

（五）寻求多方项目合作，增强机构外部互动倡导能力

社工机构由于资源的单一性，与外部进行互动主要是希望提升项目合作的可能性乃至机构能力。

首先是积极主动接触公益界、企业界等潜在的投资者，通过正式及非正式的方式建立联系及互动，提升社工机构自身的创新性思维及项目的创新性，策划一些社会影响性较大的服务项目，以吸引潜在资源提供者对于项目的兴趣及信心，以达到可以获取更多项目合作的目的。

“机构要进行跨界别及领域合作提升机构及社工的能力，如基金会的合作，你寻找基金会合作，它看重的是覆盖面有多少人，社会影响力多大。你一个机构就几个项目，覆盖面影响力有多大？但是所有机构一同去做就容易获得基金会乃至企业的赞助支持，因为影响面大，受众广，社会影响力大，所以要打破机构与机构之间的隔离。”（GZSX 秘书长，2017 年 2 月 14 日）

其次是引入市场化运作，以寻求服务提供的替代性方式。社工机构需要积极探索可结合社会服务开展的营利性服务项目，如社会企业运作的方式、咨询工作、儿童早期教育服务等，通过合理合法的渠道与基金会、企业等合作，用市场化的运作方式替代传统的依赖政府资源的运作方式，提升机构内部的造血能力，推动机构的可持续发展。

（六）优化政府的制度化支持体系，确保机构能力发挥的机会空间

由于社工机构是在政府主导下发展起来的，社工机构主要的外部互动主体是政府，加上政府掌握了资金资源及政策资源，政府的扶持对于社工机构的发展至关重要。然而既有的培育更多基于政府立场考虑，而较少顾及社工机构立场，总体上社会工作制度化的发展未能促进社工的职业认同，必须要建立一整套的制度体系来保证专业社会工作服务的持续供给（仝秋含，2019）。因此，无论是现实层面还是理论层面，政府更应该站在社工机构的角度对他们进行支持，尤其是制度上的支持，而不是简单的财政、项目的支持，营造社工机构专业发展的空间。

“政府应该定位清楚自己的角色，以及市场化运作，需要给社会组织空间，让社会组织有能力自己生存，而不是放在温室里培育，然后给钱，这不是真正对社会组织的培育。政府应该做好本位工作，健全法规，提供平台，提供平台以及购买服务的过程中，不要过于干涉，购买方或委托方的要求不代表专业就应该这么做，如果是对的，做再多的培育也没有用，它会变成政府的第二组织，所以政府应该清晰角色和定位，让社会组织自己生存，而不是我要培育你，但是根本的问题却无法帮你解决。”（BDX负责人，2016年9月28日）

第一是优化政府购买服务，完善制度环境的支持。首先是完善政府购买服务的招投标政策，建立社会服务专家库，保证招投标评审的专业性，且招投标评分表的制定需要报送上一级主管部门审核通过，杜绝“萝卜标”的出现，真正保证招投标的公平及合法性，完善招投标。

第二是完善购买经费及财税制度。政府应该制定购买服务的资金投入增长的政策，保证政府购买服务项目可以随着物价水平的上升增加投入，完善购买服务经费支出增长的稳定长效机制，最终保障人员的服务质量。另外是通过合理的财税政策，减免社工机构的税费，减轻社工机构的运营压力，提升社工机构发展的空间及资源能力。

“政府应该做好制度保障及政策保障，比如提供项目服务作为载体，完善财税制度，比如我们是非营利机构，我们机构应不应该减税的问题，我觉得这个也制约着我们这个行业和机构的发展，我们的钱一到账就有一个税，年底有盈余还有一个营业所得税，25%啊，这个税率是非常重的，对于机构的发展也是非常不利。”（GZSX秘书长，2017年2月14日）

第三是统筹兼顾大中微型机构发展，引导社工机构的品牌化建设。随着广州市社工机构数量的不断增加，早期较早进入市场的机构很多已经成为较为大型的机构，新成立的社工机构进入市场后难以承接到项目，生存成困难，更难谈发展。社会服务需

要机构协同分工，共同推进，政府需要通过政策影响及时引导规模较大、发展较为成熟的社工机构进行转型，走专业化专项化的发展路子，腾出一定的市场空间，让微型或是新成立的机构可以找到生存发展的空间。同时建立严格的市场退出机制，使一批服务效能较差、专业程度较低的社工机构逐步退出社工服务市场，优化社工机构的竞争环境。通过统筹兼顾，优胜劣汰，推动机构专业化及多元化的发展。

第四是完善社工人才队伍建设，为社工机构的发展提供人才保障。目前广州已经有社工薪酬方面的政策，规范了社工的薪酬待遇标准。但是由于缺乏有效的薪酬增长机制或是政策，导致社工工资水平没有明显上升，所以需要完善薪酬制度方面的增长机制，或是通过配套专项的薪酬提升资金，配合社工人才的晋升机制，拓宽社工的晋升渠道及提升薪酬标准，保障社工人才的稳定。

另外，在社工专业服务能力提升方面，建立社工持续进修学习制度，配套相关资源，分类分级、分岗位对社工机构的人才进行持续性教育训练，保障社工机构在各层级、各个服务岗位领域，都可以有稳定高素质的人才。

第五是从立法层面，推动社会工作的职业化发展。通过立法方式使得社会工作职业化及社会工作者身份合法化，从而提高社会工作者的社会地位及薪酬，真正令行业可以留人，人才可以扎根，保证社工人才的稳定性。

参考文献

[1] 公益时报. 民政部召开民政领域社会工作推进视频会议 [EB/OL]. http://www.gongyishibao.com/html/zhengcefagui/15698.html. 2018.12.19.

[2] 杨柳. 社会工作使命的检视及中国情景分析 [J]. 长春大学学报, 2019, 29 (5): 108-114.

[3] 李国权. 广州：进一步深化改革创新　推动社会工作高质量发展 [J]. 中国民政, 2019 (2): 36-37.

[4] 仝秋含. 社会工作职业化背景下的自我认同——社工的社会支持与职业认同关系研究 [J/OL]. 重庆工商大学学报 (社会科学版): 1-11 [2019-06-17]. http://kns.cnki.net/kcms/detail/50.1154.C.20190531.0850.002.html.

[5] 新时代广州“社工+”战略的发展路径研究 [J]. 大社会, 2018 (Z2): 58-63.

[6]“2015 年度百强社会工作服务机构”榜单公示 [EB/OL]. http://www.gongyishibao.com/html/yaowen/9421.html. 2016.3.10.

[7] 关于促进民办社会工作机构发展的通知 [R]. 北京: 民政部, 2009.

[8] 关于改革社会组织管理制度促进社会组织健康有序发展的实施意见 [R]. 北京: 中共中央办公厅国务院办公厅, 2016.

[9] 查尔斯·H. 扎斯特罗, 等. 社会工作实务：应用与提高 [M]. 晏凤鸣, 等, 译. 北京: 中国人民大学出版社, 2005 (1): 6-28.

[10] 柴文杰. 系统视角下民间社工机构的生存与发展——基于宪湖海星社会工作服务社的个案分析 [J]. 黄山学院学报, 2014 (4): 03-35.

[11] 邓立铳. 深圳社工模式对广西社会工作发展的几点启示 [J]. 传承, 2013 (14): 132-133.

[12] 邓宁华．发达国家的非营利组织能力建设[J]．外国问题研究，2011（2）：78－82.

[13] 费梅苹．上海青少年社会工作者专业能力建设的行动研究[J]．华东理工大学学报（社会科学版），2007（4）：26－32.

[14] 高成运．民间组织能力建设的视角与路径[J]．学会，2006（5）：56－57.

[15] 官有恒，萧新煌，陆宛苹．非营利部门：组织与运作（第二版）[M]．台北：巨流图书公司，2009.

[16] 广州社工和机构数量位居全国前列　近十年实践探索出社会工作"广州模式"[EB/OL]．http：//www.gz.gov.cn/gzgov/s2342/201611/9774853fdd614d90b4a5d83 35dbdbeec.shtml. 2016.11.07.

[17] 广州市家庭综合服务中心项目评估与监督、统筹指导服务工作手册[M]．广州：广州市社会工作者协会，2015.

[18] 广州市社工类民办非企业单位规范化建设评估指标体系（试行）[R]．广州：广州市社会组织管理局，2013.

[19] 韩自强，辛瑞萍．从脆弱性向抗逆力转变——近年来美国灾害和风险研究热点转向[J]．中国社会科学报，2012（11）：1－10.

[20] 何云景，刘瑛，李思杨．支持理论的基本元素与基础框架模型的研究——基于管理理念创新的视角[EB/OL]．http：//www.cssn.cn/bwsy/bwsf_xslwz/201310/t20131020_437312.shtml. 2013.

[21] 黄红．社会工作服务机构能力现状分析[D]．上海：华东理工大学，2013.

[22] 李太斌．上海社会工作机构的实践与探索分析[J]．中国青年政治学院学报，2006（1）：129－134.

[23] 刘君．民办社会工作服务机构能力建设问题研究——以济南山泉社会工作服务社为例[D]．济南：山东大学，2013.

[24] 马长山．民间社会组织能力建设与法治秩序[J]．华东政法学院学报，2006（1）：03－15.

[25] 倪赤丹．社会支持理论：社会工作研究的新"范式"[J]．广东工业大学学报，2013（3）：58－65.

[26] 彭善民，张宇莲，马志勇，沈黎．都市社会工作资源整合模式探索——以上海A区社区青少年社会工作的实践为例[J]．华东理工大学学报（社会科学版），2007（1）：35－38.

[27] 彭善民．上海社会工作机构生成的轨迹与发展困境[J]．社会科学，2010（2）：54－61.

[28] 皮志维．民办社会工作服务机构发展研究[D]．北京：中国社会科学院研究生院，2012.

[29] 邵青．民办社工机构承接政府购买服务：实践、困境与创新[J]．马鞍山：安徽工业大学文法学院，2012（4）：51－54.

[30] 社工中国网，http：//mp.weixin.qq.com/s?，2016.

[31] 汪力斌．提高非营利组织的生产力——非营利组织能力建设探讨[J]．生产力研究，2007（17）：48－51.

[32] 王名，胡文安．加强中国非政府公共部门教育培训的探讨[J]．清华大学教育研究，2002（2）：92－95.

[33] 王思斌．社会工作概论[M]．北京：高等教育出版社，2006：16.

[34] 韦鹏．浅析社工机构的利益相关者[J]．社会工作（上半月），2010（6）：52－53.

[35] 闻英．官办社会工作机构的状况及发展策略[J]．郑州轻工业学院学报（社会科学版），2009（5）：59－62.

[36] 吴健智. 公共管理视野下我国非政府组织的能力缺失问题研究[D]. 南宁：广西大学，2007.

[37] 吴水丽. 社会工作专业全球定义及其注释[EB/OL]. http：//www. weibo. com/p/1001603895605469558422？mod = recommand_article，2015.

[38] 吴晓义，杜晓颖. 能力概念的多维透视[J]. 吉林工程技术师范学院学报，2006（4）：1 – 5.

[39] 肖小霞，张兴杰. 社工机构的生成路径与运作困境分析[J]. 江海学刊，2012（5）：117 – 123.

[40] 杨梨. 政府购买服务：民办社工机构的困境与对策[J]. 社会工作与管理，2014，14（4）：28 – 33.

[41] 俞可平. 治理与善治[M]. 北京：社会科学文献出版社，2000：5.

[42] 曾凯. 社工机构如何进行服务提升设计[J]. 中国社会工作，2013（28）：30 – 31.

[43] 张文宇，曾小溪，郭洋，张元元，尹茹，王晶. 北京市“一街一社工”社区服务模式研究[J]. 科技视界，2013（30）：155 – 156.

[44] 郑杭生. 转型中的中国社会与中国社会的转型[M]. 北京：首都师范大学出版社，1996.

[45] 关于改革社会组织管理制度促进社会组织健康有序发展的意见[R]. 北京：中共中央办公厅国务院办公厅，2016.

[46] CAPLAN G. The family as a support system [M] //CAPLAN G. KILLILEA M. support system and mutual help：Multidiscipli-nary explorations. NEW York：Crune & Stratton，1974：19.

[47] Emily Barman and Heather MacIndoe. Wiley. Institutional Pressures and Organizational Capacity：The Case of Outcome Measurement Sociological Forum，Vol. 27，No. 1（MARCH 2012），pp. 70 – 93.

[48] Harry Specht. The University of Chicago Press. Social Service Review，Vol. 60，No. 2（Jun.，1986），pp. 218 – 240.

[49] PielemeierJ，Salinas-GoytiaAD. 1999. United Nation capacity-building in Brazil. Chapter 3 in：MaconickR，Ma * gan P（eds）. Capacity buiding supported by the United Nations，Department of Economic and Social Affairs.

[50] Tandon：Capacity Building in Civil Society' annex：draft statement of SOI；Meaning of Capacity Building. New Delhi：PPUA，1997. Definmg CapacityBuilding，P2.

[51] Venture Philanthropy Partners，Effective Capacity Building in Nonprofit Organizations. Copyright2001. www. urban. ors/UploadedPDF/building-capacity. PDF. 转引自葛道顺，商玉生，杨团，等. 中国基金会发展解析 = On theDevelopment of Chinese Philanthropic Foundations. 社会科学文献出版社，2009（3）：63.

[52] World Bank：Partnership for Capacity Building in Africa：A Progress Report，1997. Defming Capacity Building.

第七章　社工机构筹资的困境及对策

——以广州市民办社工机构为例

卢雪儿[①]

民办社工机构在创新社会治理、回应居民需求、解决社会问题方面发挥着重要的作用，但是，目前民办社工机构主要以承接政府服务购买项目为主，对政府的依赖性过强，资源来源单一成为制约其发展的重要因素。对于民办社工机构而言，进行多元化的资源动员和资源筹集是确保其良性发展和参与社会治理的前提。但是如何开展行之有效的多元化筹资策略，是对每个民办社工机构提出的重大挑战。本案例的研究旨在深入探析广州市民办社工机构的筹资现状及困境，以期对广州市民办社工机构筹资的机理作深入的了解，为广州市民办社工机构提升自身的筹资能力、优化内部筹资结构，实现服务的可持续性提供实践参考。

本案例以资源依赖理论和生态系统理论为基础，运用文献研究法、深度访谈法和问卷调查法，从宏观筹资环境支持、中观互动关系支持以及微观内部建设支持三大层面搭建出“广州市民办社工机构筹资支持模型”，并以此模型来对广州市民办社工机构的筹资现状进行深入分析。接着从现状描述中发现其在进行筹资活动时所遭遇的困境，分别有政策设计维度、社会互动维度以及机构内部建设维度三大层面的困境。然后针对这些困境，从宏观、中观和微观三大层面提出五大对策建议：优化已有的政策体系，提升政策的施行效度；建立良好的公共关系，加强互动的深度；树立前瞻性的筹资理念，建立筹资团队；转变“纯社工式”的工作手法拓宽筹资渠道以及提高社工个人筹资能力，从而为广州市民办社工机构开展多元化筹资活动提供借鉴和参考。

一、本案例研究概述

（一）为什么要研究社工机构筹资问题

1. 研究背景

从机构自身的层面看，广州市民办社工机构的蓬勃发展得益于政府的大力支持，

---

① 卢雪儿，社会工作专业硕士，现在广州原象信息科技公司工作，曾在广州市启创社会工作服务中心、东莞横沥镇隔坑社区服务中心从事社会工作服务，有相对丰富的一线社会工作实务经验。

但同时也使民办社工机构对政府资源产生过度依赖，使其较容易处于由于政策变动而带来的风险中，难以保持发展的独立性以及服务的延续性；从社会环境的层面看，广州市政府对民办社工机构的自筹能力要求也在逐步提高，在最新出台的《广州市社工服务站（家庭综合服务中心）管理办法》中，首次对家庭综合服务中心的自筹经费能力作出规定："每个中标的家庭综合服务中心一年中须自筹经费50万元。"这表明政府在支持民办社工机构发展的同时，也越来越看重机构本身的自我造血能力，"多元化筹资"是民办社工机构面临的新挑战，也是政府所期待的新趋势。由此可见，在广州市民办社工机构向纵深发展的下一个10年，要实现可持续的健康发展，民办社工机构必须摆脱对政府资源的过度依赖，探索多元化的筹资方式。因此，研究"民办社工机构的筹资问题"是符合当前广州市民办社工机构生存的现实背景的。

2. 研究目的

本研究首先对广州市民办社工机构筹资的现状进行描述，旨在对民办社工机构的筹资环境、筹资渠道、筹资方式等作一系统的梳理，从而形成具有广州本土特色的民办社工机构筹资现状分析，丰富已有研究体系。另外，在现状分析中探究民办社工机构开展筹资活动时所面临的困境，并提出解决路径，旨在为民办社工机构提升自身的筹资能力、优化内部筹资结构，实现服务的可持续性提供实践参考。

3. 研究意义

在目前广州市民办社工服务机构蓬勃发展的形势下，研究其筹资的问题，具有一定的理论意义和实践意义。

首先，在学术上具有一定的意义和价值。目前大部分研究主要聚焦在非营利组织的筹资问题上，其中基金会筹资问题的研究又占据了其中的绝大部分。相对而言，民办社工机构是因应时代发展新兴的社会组织类型，学术界对其发展过程中遇到的问题的研究相对不成熟，数量也较少。在现有的对"社工机构筹资问题"的研究中，一部分研究是采取宏观的概括性视角，进行全国范围社工机构筹资环境、筹资方式的概括描述，但却没有结合不同地区的本土环境和本土情况进行分析；另一部分研究是采用微观切入的视角，以某一个社工机构为例进行筹资问题的深入分析。而本研究是立足于广州市的本土情况，选取10家在"筹资问题"上具代表性的民办社工机构进行深入分析，研究视角相对中观，这对目前已有的研究体系而言是一种有益的补充，同时也为其他城市进行本地区的社工机构筹资问题研究提供研究框架的参考。

其次，有利于为民办社工机构提供筹资活动的参考策略，从而提升它们的筹资能力，实现机构的可持续发展。广州市作为社会工作发展的前沿地区，率先探索了"政府购买服务"的社工发展模式，这一方面极大地促进了民办社工机构的发展，另一方面也使民办社工机构过度依赖政府的资源提供，募集资源的能力也大大降低。鉴于此，研究"民办社工机构筹资"的问题，具有一定的现实意义，它通过对民办社工机构筹资的现实情况进行梳理，并在此基础上指出其面临的困境，最后提出筹资的发展性建议，让广州市民办社工机构在现实场域中找到开展筹资活动的可行性路径。

最后，本研究还能帮助广州市政府更好地了解社工机构筹资的状态及生存现状，为更好地优化民办社工机构的资助政策提供有益的借鉴。目前在最新出台的《广州市社工服务站（家庭综合服务中心）管理办法》中，政府给机构批的项目经费由原来的200万元/年调整为240万元/年，并且在评估标准上也首次对家庭综合服务中心的自筹经费能力作出规定，每个中标的家庭综合服务中心一年中须自筹经费50万元。这对民办社工机构的发展而言是崭新的局面，政府也需要根据对民办社工机构筹资实际情况深入了解，对政策作出相应的调整，以此更加适应本土民办社工机构的实际情况。

综上，本研究的开展是具有丰富的理论意义以及丰富的实践意义的。

（二）研究设计

1. 概念界定

首先是民办社工机构的概念。民政部对民办社工服务机构做了清晰的界定，即以社会工作者为主体，坚持“助人自助”宗旨，遵循社会工作专业伦理规范，综合运用社会工作专业知识、方法和技能，开展困难救助、矛盾调处、权益维护、心理疏导、行为矫治、关系调适等服务工作的民办非企业单位。此概念将民办社工机构划分为民办非企业单位的一种，是不同的社会力量以及公民个人，利用非国有资产创办的从事非营利性社会服务活动的社会组织。从该概念可得出，“民办社工机构”中的“民办”意指组织创办资金的“非国有性”，并非指创办主体的特定性。广东省民政厅社会工作处所下发的《广东省民办社工服务机构发展问题及对策》一文中，将广州市民办社工机构大致分为三类：政府部门推动成立的社工机构（如区、街道或政府部门层面推动成立的社工服务中心等）、社会工作专业人士创办的社工机构（含高校老师）以及企业或其他单位、个人发起成立的社工机构。在下文探讨广州市民办社工机构的筹资状况时，笔者参照这一分类方法对民办社工机构的类型进行划分，以更好地对广州市民办社工机构的筹资问题作具象化的了解。

其次是筹资的概念。筹资，又称为募捐、劝募，是组织或者个人为了筹集资金而作出的行动。从广义上来说，筹资即是筹集资源，其中包括筹款、自然、社会以及人力资源等，即倡导政府、基金会、企业和个人等筹资对象进行捐款、捐物或进行义务劳动。从狭义上来讲，筹资即是筹款，指为了达到某种目的，组织或个人向社会各界筹集钱款的整个过程。这里的筹资目的既可以是个人、困难群体，还可以是某项特殊事业。本案例采取广义上的筹资定义，将民办社工机构的筹资定义为筹集包括资金在内的各项适合机构发展的资源。

筹资的要素主要包括筹资主体、筹资对象和筹资活动。而制定筹资策略，则是指在对筹资的目的和筹资双方进行科学而全面的分析以后，确定开展筹资活动的具体方案，最终实现筹资目的。大多情况下，筹资效果受到筹资策略的影响。因此，筹资主体要根据筹资对象的不同从而制定和组合出不同的筹资策略，以求获得最优的筹资效果，实现机构的多元化筹资。

2. 理论视角

第一是资源依赖理论。资源依赖理论指出，每个组织都存在密切依赖的外部关键资源，这些外部关键资源决定着该组织的生存与发展。组织最重要的存活目标，就是要不断调整自身，寻找降低对外部关键资源依赖的有效方法，以达到组织自身与环境的良性互动，实现可持续发展。资源依赖理论的研究者认为，组织是处于社会大环境的系统中的，任何组织要实现自身的发展，不可或缺地需要依赖外部的资源，这是因为组织自身能力有限，无法产生发展所需的全部资源。这种资源的依赖关系，无形之中促成了其他组织对特定组织的外部控制，并影响了组织内部的权力安排。

该理论提出了4个重要的假设：①组织最重要的是关心生存；②为了生存，组织需要资源，而组织自己通常不能生产这些资源，因此需要获取环境中的资源来维持生存；③组织必须与它所依赖的环境中的因素互动，而这些因素通常包含其他组织；④组织的生存建立在组织控制它与其他组织关系的能力的基础之上。资源依赖理论揭示了组织与环境的依赖性问题，使得组织在发展的过程中需要采取适应性的战略来不断谋求在环境中更好地发展。

此外，Preffer & SaLancik 认为，组织对外部环境要素的依赖程度，主要取决于3个因素：①资源对组织维持运营和生存的重要性；②持有资源的群体控制资源分配和使用的程度；③替代资源的可得程度。组织间的依赖关系往往并不是单边方式，更多的情况是参与方在某种程度上的一种资源互赖关系。如果参与方彼此间的依赖程度不同，并且这种依赖关系的不对称性无法经过其他的交换过程来得到弥补，那么满足依赖程度较低一方的要求，则成为保证依赖程度较高一方的生存和发展所必需的前提条件。

资源依赖理论阐述了民办社工机构与环境的依赖关系，为全文进行民办社工机构的筹资研究奠定了理论基础。民办社工机构作为承接政府社会服务、提供专业社会工作服务的重要载体，实现组织的生存和长远发展，需要不断地从环境中获取资源，资金、人员、技术是组织发展的必需资源，而资金则是组织发展的关键性资源。资源依赖理论不仅揭示了环境中的资源对于社工机构发展的重要性，还阐明了社工机构能够不断地调整自身去适应环境的发展，以达到长效发展。

第二是生态系统理论。生态系统理论是由一般系统论发展而来的，该理论认为人之所以能够发展，是人与环境有机互动的结果。人在发展的不同阶段，都在不断地与不同的系统层次产生各式各样的联系和互动，这些系统在互动的过程中不断潜移默化地给予我们以影响，形塑着我们的思想和行为。关于生态系统理论的研究，目前学术界已逐渐形成不同的系统模型和干预模式，生态系统理论的研究体系也逐渐得以丰富和完善。

布朗芬布伦纳在其著作《人类发展生态学》（1979）中，系统性地将生态学的知识和人类行为的研究相结合，并提出了具体的系统模型。布朗芬布伦纳认为，人的发展是人与不同的环境系统的复合函数，环境系统参与着人的发展的各个阶段，并持续与个人发生动态的互动与联系，在互动过程中，生态系统潜移默化地对个人的心理和行为产生影响，或积极，或消极。在该论述的基础上，布朗芬布伦纳进一步将生态系统划分为微系统、中系统、外系统及宏系统，构成了生态系统理论的系统模型。第一种系统是系统最里层的微系统，指个体直接接触的系统，比如家庭、学校、同伴群体等，对个体的影响深远，往往在潜移默化中形成特定的行为方式、价值观念和人际关系模式；第二种系统是中系统，指个体所处的不同微系统之间的联系与互动，如家庭和学校、父母与同伴之间的互动；第三种系统是外系统，指个体不直接参与但会对微系统产生一定作用的外围系统，如父母的工作单位、学校的领导机构等；第四种系统是宏系统，指个体成长所处的整体社会环境，并直接或间接影响着个体的成长经历及感受，如价值观念、风俗习惯、社会阶层、经济结构、文化模式、法规政策等。

2004 年，查尔斯·扎斯特罗与卡伦·柯斯特－阿什曼合作出版的《人类行为与社会环境》一书，进一步阐述了个体与社会环境之间形成的多重系统以及两者之间的互动关系。他们把个体的生存环境看成一个完整的生态系统，个人也是生态系统的一部分。人的生态系统可分为三种基本类型，微观系统，指处在生态系统中的个人，个人也是一种生物的、心理的、社会的系统类型；中观系统，指与个人直接接触的小群体，比如家庭、单位、朋辈群体；宏观系统，指个体不直接接触的、比小群体更大的社会系统，比如社区、组织、政府。这三个系统之间相互联系、相互制约、相互影响。

本案例整合布朗芬布伦纳、查尔斯·扎斯特罗与卡伦·柯斯特－阿什曼的观点，既重视不同层次的环境系统对人的影响作用，也关注个人的内在系统在与环境互动过程中的不断调适。由此，得出指导本案例进行研究的具体模型：将人的生态系统分为 4 种基本类型，自我系统、微观系统、中观系统和宏观系统。自我系统是指个人内在的生物的、心理的和社会的系统类型；微观系统指个人直接接触的系统，比如家庭、学校、同伴群体等，以及这些系统间的互动；中观系统是指所处的政策环境，政策的实施会直接或间接地影响到个人的发展；而宏观系统则是指更深层次的社会文化背景，它奠定的是每个人乃至每个社区生存发展的基因。

生态系统理论提供了一种环境层次分析的视角，摆脱了社会工作的传统医学模式，从一个多因的角度理解人类行为。对于研究民办社工机构的筹资问题而言，该理论帮助我们以宏观系统性视角看待社工机构的筹资问题，具有深远的理论意义。

第三在资源依赖理论和生态系统理论的基础上，搭建出全文的分析框架。资源依赖理论提出了“组织与环境存在相互依赖”的重要假设，并认为组织必须与它所依赖的环境中的因素进行互动，才能逐步改变资源依赖的状态。这一理论指明了民办社工机构与环境存在依赖的现状，为案例开展“民办社工机构筹资活动”的研究奠定了坚实的理论基础。并且，这一理论着重提到“互动关系”的重要性，为模型的建构提供了一个中观的视角。

而生态系统理论则提供了更为完备的环境分析的层次，为搭建全文的分析框架提供了宏观、中观和微观三个层面的分析视角。

在资源依赖理论和生态系统理论的指导下，本案例尝试建构出“民办社工机构的筹资支持模型”，旨在对目前广州市民办社工机构的筹资现状作出系统的分析。

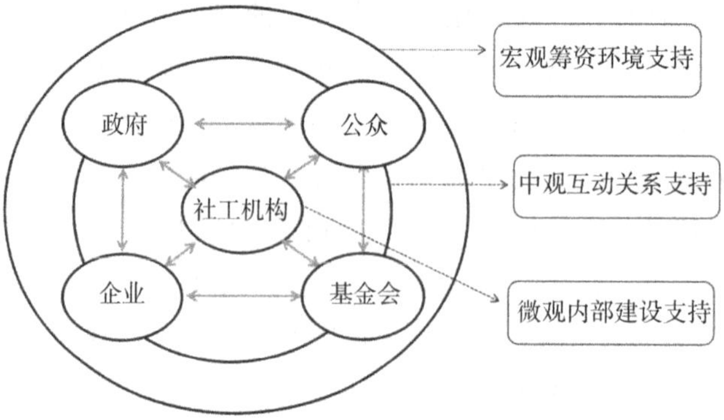

图7-1　民办社工机构筹资支持模型

“民办社工机构筹资支持模型”从宏观、中观及微观三个层面搭建起民办社工机构筹资活动的支持体系。宏观筹资环境支持网络，主要包括社会经济环境、筹资政策环境以及文化氛围的支持。民办社工机构处于社会这一大系统中，要开展筹资活动免不了宏观筹资环境的支持。中观互动关系支持网络，探讨的是民办社工机构与社会不同筹资对象的互动关系，从静态向度而言，是指民办社工机构的筹资渠道的结构；从动态向度而言，则是指社工机构与不同筹资对象的沟通方式及交流现状。而微观内部建设的支持网络，则是回到机构本身的理念树立和能力建设，社工机构需要不断调整自身适应外部的筹资活动，提高自身的筹资能力，才能走出筹资困境。在第三部分，本案例将按照宏观、中观和微观三大层面的“筹资支持模型”，对广州市民办社工机构的筹资现状作出分析。

3. 研究方法

文献研究法：文献研究法贯穿整个研究的过程，笔者通过收集、整理和阅读大量的国内外相关文献和经典书籍，对文献和书籍中“民办社工机构筹资问题”的观点进行归纳和总结。已有的研究给全文的研究方向提供了指引，有助于确定本案例的研究思路和写作框架。

深度访谈法：目前广州市已有民办社工机构约为420家，参照广东省民政厅社会工作处所下发的《广东省民办社工服务机构发展问题及对策》一文，笔者将广州市民办社工机构大致分为三类：政府部门推动成立的社工机构（如区、街道或政府部门层面推动成立的社工服务中心等）、社会工作专业人士创办的社工机构（含高校老师）以及企业或其他单位、个人发起成立的社工机构。鉴于广州市民办社工机构数量较多，在抽样方法上，笔者采取广州市社会组织联合会负责人定向推荐的方式进行。一方面广州市社联长期从事民办社工机构的行业服务工作，对市内民办社工机构的发展状况有全盘的了解；另一方面笔者的研究时间有限，定向推荐的方式能够极大地提高样本甄选的有效性，从而节省了选取样本的时间。按照样本提供资讯的饱和度，笔者共选取了10家民办社工机构，并与其机构负责人进行深入访谈，其中政府部门推动成立的社工机构2家，社会工作专业人士创办的社工机构4家，企业或其他单位、个人发起成立的社工机构4家。抽样机构的基本情况见表7－1。

表7－1　受访的10家民办社工机构基本情况表

序号	机构名称	创办背景	机构人数
1	ZD社工服务中心	中山大学社工老师创办	150＋人（2019.03）
2	QC社工服务中心	中山大学社工老师创办	160＋人（2019.03）
3	G社工服务中心	广东工业大学社工老师创办	100＋人（2019.03）
4	JG社工服务中心	广州市妇联推动成立	60＋人（2019.03）
5	广州市妇女Z协会	广州市妇联团体会员单位	专职社工3人（2019.03）
6	黄埔区XLJY社工服务中心	由资深心理咨询师和热衷公益的企业家共同创办	12人（2019.03）
7	QZ社工服务中心	由热衷公益的志愿者发起	6人（2019.03）
8	SX社工服务中心	由专业社工、心理咨询师及运营管理的职业经理人共同创办	70＋人（2019.03）
9	SY社工服务中心	由幼儿园园长和建筑公司老板共同发起	60＋人（2019.03）
10	ES社工服务中心	香港圣公会（教会）在内地推动成立	50＋人（2019.03）

问卷调查法：在现状分析的微观层面部分，为了深入了解社会工作者的筹资能力及其背后的影响因素，开展题为“广州市社会工作者筹资能力及其影响因素”的问卷调查，并在各个社工机构按职位分比例随机派发，然后利用统计分析的方法对调查结果作出分析。

二、广州市民办社工机构的筹资现状

（一）广州市民办社工机构的发展概况

党的十六届六中全会作出建设宏大社会工作人才队伍的决策部署以来，广东省在民政部的指导和省委、省政府的正确领导下，主动创新、大胆实践，围绕社会工作的专业化、职业化、本土化发展，稳步推进社会工作服务机构和专业人才的队伍建设。而广州市作为广东省的经济发展重地，也率先探索社会工作服务。2008年，广州市社会工作服务试点起步，经过10年的探索和发展，广州市已一跃成为全国民办社工机构数量最多的城市，社会工作服务发展的“广州模式”成为全国社会工作服务发展的重要经验。

经过10年的沉淀，民办社工机构的发展态势良好。一是体现在总量规模大。据市民政局发布的统计数据资料显示，2008—2017年广州市社会工作服务机构数量一直保持持续增长，总量规模日益增大。2016年度，全市依法登记注册的社会工作服务机构数量达417家，为近10年来的增长峰值，稳居全国第一，并成为全国社会工作服务机构数量最多的城市。

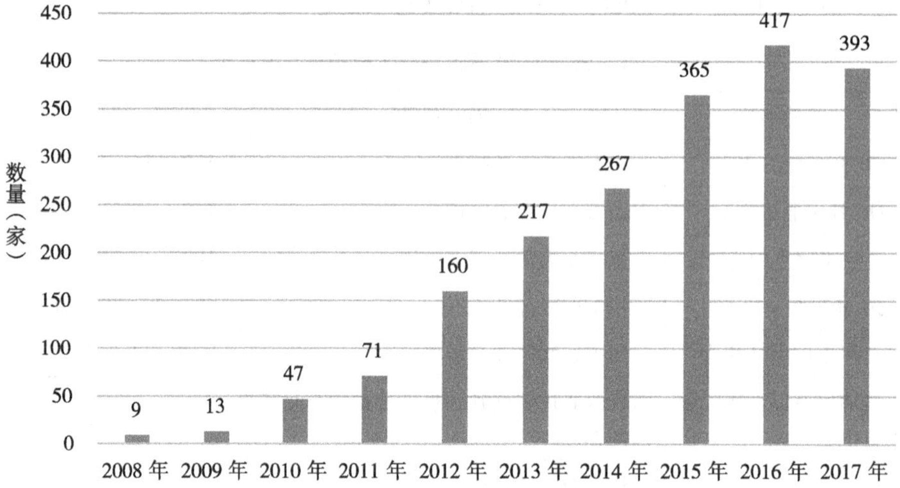

图7-2　广州市历年社会工作服务机构数量统计

二是增速保持较快。近10年来，广州市社会工作服务机构数量基本呈现加速增长，尤其是从2010—2016年，连续7年保持高速增长，年均增长超过110%。2017年广州市社会工作服务机构总数已达393个，与2008年数量相比增长近44倍，这意味着近10年来广州市社会工作服务机构数量每年平均在以4.4倍的速度递增。但2017年社会工作服务机构数量略有下降，这有可能成为广州市社会工作服务机构数量增速趋缓的信号。可以预见的是，随着政府对社工服务的规范和服务质量要求的持续提升，行业竞争将进一步加剧，后进入或者实力较弱的社会工作服务机构将面临更严峻的竞争挑战和生存发展压力。

三是新成立的机构仍占相当比例。除2017年外，全市每年都有新注册成立的社会工作服务机构，其中登记成立满5年的社会工作服务机构占全市当前总量（393家）的约41%，剩余的233家社会工作服务机构成立未满5年，约占全市总量的59%。目前广州市仍有近四成的社会工作服务机构成立时间不满3年。可以预见的是，在当前的政府购买服务政策背景下，广州市社会工作服务行业的竞争将逐年加剧。

以上三方面呈现了广州市民办社工机构长足发展的态势，然而雨后春笋般出现的社工机构无法避免地面临着资源竞争的问题。2015年以后成立的社会工作服务机构进入行业较晚，在人才、专业、品牌、资源和项目竞争等方面的总体实力相对较弱，现阶段绝大部分将面临较大的生存发展压力和挑战。另外，政府购买服务也让大部分民

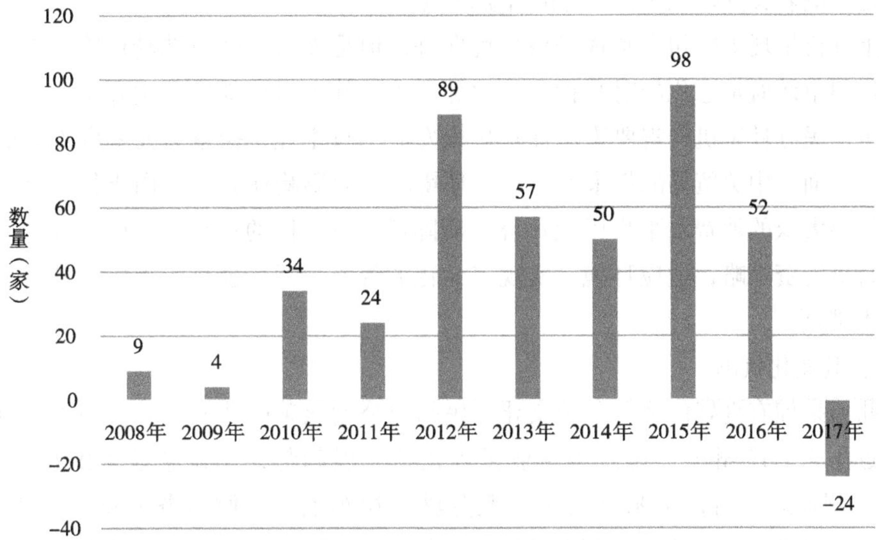

图 7-3 2008—2017 年广州市新增社会工作服务机构数量

办社工机构对政府产生强依赖，这不仅让社工机构丧失发展活力，也使其容易陷入政府政策变动所带来的运营风险中。因此，讨论民办社工机构的筹资问题，是广州市社会工作到达纵深发展阶段所不可避免的问题。

（二）宏观层面：筹资环境

1. 社会经济状况

随着国家统筹推进“五位一体”总体布局，推动经济转型升级，以及广州市推动国家重要中心城市建设，广州市近几年经济持续向纵深发展。在市人民政府 2018 年的总结工作报告中显示，广州市经济质量效益稳步提升，预计地区生产总值 2.3 万亿元，地方一般公共预算收入 1632.3 亿元，同比增长 9.9%，高新技术企业数量突破 1 万家，一批重大产业项目进展顺利，10 大价值创新园区加快发展。社会经济的长效增长也确保了广州市政府购买社会工作服务的稳定投入，据统计，2008—2017 年广州市政府购买社会工作服务的投入累计总额达 21 亿元，财政投入的规模和总量稳居全国前列，尤其是 2011 年以后开始呈现大幅增长，2013 年财政投入增至 3.33 亿元，在近 5 年来财政投入稳定在 3.3 亿元左右。但是随着近几年中美关系的日益紧张，以及 2018 年中美贸易战的打响，我国经济不可避免地受到影响，各个领域充盈着经济波动的不稳定因素。第一加速了中国出口优势的退化，出口型企业不得不因应形势对产品进行改造升级，激烈的市场竞争必将淘汰转型失败的企业。第二将可能造成工薪阶层实际收入下降和失业的风险。若美国强征高额关税，出口企业为了保持价格竞争优势，必须大幅降低生产、物流、销售各环节的成本，企业员工的收入有下降的风险，甚至导致失业。第三是将可能造成民众消费水平降低的风险。贸易摩擦使市场流动性进一步萎缩，企业融资更加困难，民众的消费趋向紧缩。这些新的经济形势使经济走向产生浮动，不可避免地影响着民办社工机构整体的筹资环境。

以上分析呈现了广州市整体经济环境向好，但是夹杂着经济波动风险的态势。一方面，广州市政府常态化的财政投入为大部分民办社工机构提供了生存空间，但在这一背景下，民办社工机构需要警示保持机构发展的自主性，探索多元筹资方式的重要性；另一方面，中美贸易战带来的对经济环境的负面影响使企业倾向于保守型的发展策略，社会大众的消费水平也因应环境有所降低，在这样的形势下，民办社工机构如何调整自身筹资策略，适应环境，实现多元化的筹资来源，也是当下民办社工机构面临的一大难题。

2. 公益文化氛围

广州历来拥有良好的公益慈善文化，民间对公益慈善的认同度和参与度一直较为突出。近年来，广州市公益慈善事业呈现快速发展趋势，公益慈善氛围日趋浓厚。2009 年广州亚运会后，志愿（义工）服务驶入快车道，志愿服务文化在广州兴起；2014 年，广州市成功举办了首届公益创投活动，截至 2018 年 5 月，广州市公益创投活动已连续举办 5 届；2016 年慈善法颁布实施后，为推动公益慈善事业的发展，广州市共出台了 18 份慈善相关配套政策文件；2017 年，广州市在公益慈善方面再次推出了 24 项创新举措，并启动和加快了“慈善之城”的创建活动；2018 年广州推出了 27 项重点慈善活动。除此之外，广州还注重建设本市的特色慈善品牌形象，于 2016 年向社会公开征集广州慈善吉祥物、慈善主题歌，设计制作慈善之城的标识，并陆续正式发布体现广州特色、表达岭南爱心慈善的动漫形象“珠珠”、慈善之城主题歌《善城广州》、慈善之城标识“善穗”等，且在各类慈善活动和慈善宣传中广泛使用推广，增强广州慈善的辨识度、专属性和影响力。

日趋良好的公益慈善事业和公益慈善氛围，为广州社会工作服务发展提供了良好的成长土壤和有利的文化环境，在一定程度上也为民办社工机构开展筹资活动提供了有力保障。但是值得关注的是，随着社会大众在公益慈善活动的参与逐渐增多，其对多样的慈善活动形式以及慈善活动的内涵也会更为重视，民办社工机构在此背景下开展筹资活动更需注重项目的品牌包装及公众影响力的传播，这对民办社工机构提出了更高的要求。

3. 筹资的政策建设

广州市历年来重视社会工作服务政策、制度的建设工作，在民办社工机构筹资政策环境建设方面，广州市政府也从各个方面着手，旨在推动民办社工机构实现多元化的资源来源，这主要表现在以下几个方面。

一是在政府购买社会工作服务方面。广州市政府购买社会工作服务项目从 2008 年开始试点，在青少年服务、社区建设、院舍服务、困难群体救助等开展 33 个试点项目；2010 年底，广州市政府在原有的 33 个试点项目的基础上，学习香港和新加坡的先进经验，在社区开展家庭综合服务中心建设；2011 年，广州市委、市政府下发《关于全面推进街道、社区服务管理改革创新的意见》（穗字〔2011〕14号）及中共广州市委办公厅、广州市人民政府办公厅印发《关于加快街道家庭综合服务中心建设的实施办法》（穗办〔2011〕22号）等文件指导，在全市全面铺开街道家庭综合服务中心建设；2012年提出“每一条街道建设一家家庭综合服务中心”的要求。自此，广州家庭综合服务中心遍地开花。

在政府购买服务财政支持上，广州市委、市政府先后出台《广州市财政支持社会工作发展实施办法（试行）》《广州市民办社会工作服务机构公共财政基本支持实施办法（试行）》《广州市政府资金支持社会工作发展实施办法》等政策文件，将政府购买社工服务纳入市、区两级政府的财政预算，建立常态的财政支持机制；并且明确规定了每年财政拨付资助家庭综合服务中心的资金以及市区两级单位承担资金的份额，为各区各街道家庭综合服务中心的发展提供了有力的保障。在2008—2017年，广州市政府购买社会工作服务的投入持续稳步增长，累计总额达21亿元，财政投入的规模和总量稳居全国前列，尤其是2011年以后开始呈现大幅增长，2011年财政投入7000万元，2012年财政投入猛增至2.95亿元，2013年财政投入增至3.33亿元，此后连续5年的财政投入稳定在3.3亿元左右。除了实现对家庭综合服务的稳定投入外，广州市委、市政府又进一步加大对青少年、社区矫正、社区戒毒、残障康复等领域的社会工作服务购买投入，先后试点推广一批专项服务项目，构建“综合服务+专项服务”并举发展的社会工作服务新格局。

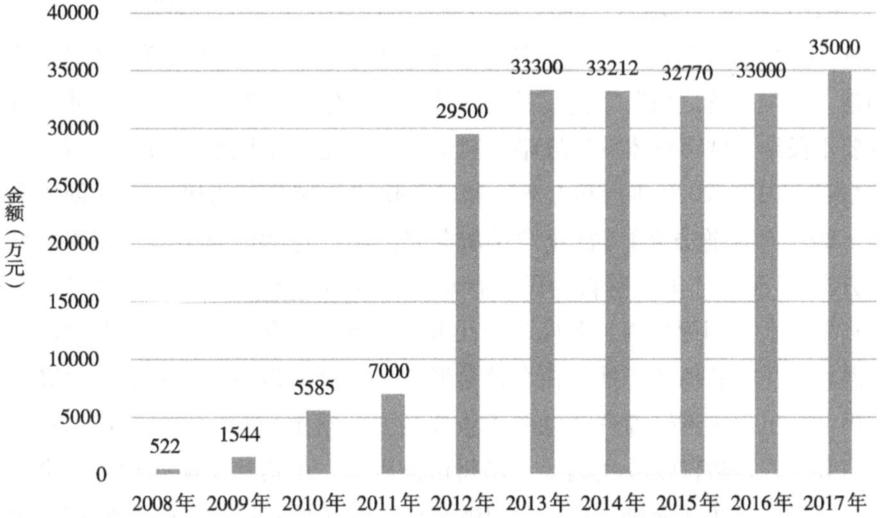

图7-4　2008—2017年广州市民政部门购买社工服务财政资金投入情况

二是在福利彩票公益金的使用及公开募捐方面。除了将政府购买社工服务纳入常规化的财政预算外，广州市政府还积极探索民办社工机构发展资金的创新扶持方式。2013年1月，广州市民政局、广州市财政局和广州市残联联合出台《广州市福利彩票公益金管理办法》，对福彩公益金的使用范围和原则做了新的规定：“广州公益金将不再仅限于用于社会福利基本建设，还可以用于支持社会服务项目。”有了此规定，广州市公益创投活动提上日程。在认真梳理和总结国内其他城市公益创投实践的基础上，2013 年 10 月，广州市民政局联合市财政局出台了《广州市社会组织公益创投活动管理办法》，从 2014 年起，广州市开始举办广州市社会组织公益创投活动，以“福利彩票公益金”作为种子基金，大力扶持广州社会组织的成长，前五届共投入福彩公益基金 10044 万元（其中资助资金总额为 9330 万元），撬动社会配套资金超 6500 万元，共资助创投项目 697 个，涉及为老服务类、助残服务类、青少年服务类、救助帮困类和其他公益类等服务领域。公益创投活动的模式使政府的公共服务能力得到了建制性的增长，合作网络为社会组织能力建设和资源获取提供了枢纽型平台，社会力量借机也获得了合法性、生存资源及活动空间。

此外，广州市政府也积极出台相关制度规范公开募捐，引导慈善回归民间。2012 年 5 月，广州市人大常委会正式出台《广州市募捐条例》，加强对募捐的管理和监督，成为全国首个出台公开募捐相关条例的城市，并于 2016 年对《广州市募捐条例》进行补充和修改。这些制度上的举措，是广州市探索政府资助社会组织多元化路径的创新性尝试，让政府、市场和社会组织实现优势互补，协同参与社会治理以及助力广州市民办社工机构的发展。

三是在社会倡导及激励措施方面。广州素有“善城”之称，为深化“慈善为民”行动，2016 年广州市政府出台了《广州市人民政府关于促进慈善事业健康发展的实施意见》，突出慈善的“为民”功能、拓宽慈善的民众参与方式、部署慈善与多元素的结合，实施“羊城慈善为民”行动。2017 年初，广州市把“深化‘羊城慈善为民’”行动、创建“全国慈善之城”写进了政府工作报告，作为“提升推进民生社会事业”的一个重要手段纳入城市整体发展战略。制定了《深化“羊城慈善为民”行动创建全国“慈善之城”2017—2020 年行动方案》和《深化“羊城慈善为民”行动创建全国“慈善之城”2017 年实施方案》《深化“羊城慈善为民”行动创建全国“慈善之城”2018 年实施方案》《深化“羊城慈善为民”行动创建全国“慈善之城”之“尽善净行”实施方案》等一系列制度文件，明确工作任务，部署全市慈善工作。这些制度设计充分推动了慈善文化的弘扬及传播，在全社会形成了“合力做慈善，公益靠大家”的社会氛围，民办社工机构进行筹资活动有了重要的文化氛围积淀。另外，广州市政府积极推动企业和个人捐赠税收减免制度。广州市民政局、市精神文明建设委员会办公室等单位联合印发了《关于鼓励支持企业积极参与广州市创建慈善之城的意见》，鼓励企业全面参与扶贫济困工作，提高参与慈善事业的支出比例，同时落实支持政策，完善扶持和激励措施。并且广州市政府也积极贯彻落实《中华人民共和国企业所得税法》《中华人民共和国企业所得税法实施条例》《中华人民共和国个人所得税法》以及《中华人民共和国个人所得税法实施条例》中对企业和个人公益性捐赠减免税费的有关规定，实现对企业和个人进行公益性捐赠的实质性鼓励。

值得关注的是，2016 年 3 月 16 日第十二届全国人大四次会议审议通过我国首部慈善领域的法律《中华人民共和国慈善法》。慈善法的出台具有里程碑的意义，它为慈善组织即民间举办公共性或公益性事业的方式提供了明确的定位，在某种程度上，它开启了中国作为现代国家的社会保障格局。在慈善法中，创新性地放开了慈善组织的公募权，并规定依法登记满 2 年的慈善组织，可以向其登记的民政部门申请公开募捐资格。公募权的开放使得慈善组织可以进行多元资源的募集，同时也能够因为资源的涌入，招募到更好的人才，进行更好的组织建设。慈善法的另一亮点是在税费优惠减免上做了突破性的规定，允许捐赠抵扣税费可以 3 年叠加，这极大地促进了企业和个人进行公益捐赠。以上创新性的规定为民办社工机构进行资源筹集创造了更广阔的空间和平台，也预示着民办社工机构要进行多元筹资才能达到长效发展的新趋势。从以上分析可知，广州市对民办社工机构的筹资支持政策日益丰富和多元。

（三）中观层面：筹资渠道与互动关系

1. 静态向度：筹资渠道分析

在与抽样机构负责人访谈的过程中发现，目前广州市民办社工机构筹资的渠道主要有以下 5 种：一是来源于政府的支持。这包括获得政府购买家综服务的经费、广州市公益创投活动以及海珠区公益创投活动的项目申报或挂靠项目在广州慈善会网站进行公众募捐等方式。二是来源于基金会的募款所得。民办社工机构将本机构项目挂靠在基金会平台下，由该基金会对外发布进行公开筹款；部分基金会会选择资助公益项目落地施行的方式。三是来源于企业资助。企业会选择以赞助资金支持民办社工机构公益活动、派员工充当公益活动志愿者或捐赠物资的方式来实现本企业的公益活动需求；部分追求深度参与公益项目的企业会倾向于与民办社工机构共同策划公益项目，并参与项目执行的各个过程。四是来源于民办社工机构自身的有偿服务项目探索及运行社会企业。五是来源于大众募捐。一方面，腾讯 99 公益日掀起一轮互联网公众筹款的公益风潮，不少社工机构紧贴互联网开展“互联网大众筹款”；另一方面，参与相关政府部门或行业协会发起的义卖及慈善跑等活动，也是大众筹款的一个重要方式。

访谈发现，虽然被访机构都有 3 种筹资渠道或以上，但是因机构的规模和创办背景不一，在渠道选择上会有所不同。政府部门推动成立的社工机构大多是从原来政府系统中分离出来，相较于其他社工机构，其具有天然的与政府部门的联系。机构运营的项目大多是承接政府部门所需的公益服务项目，如广州市妇女 Z 协会的专职社工就提到，机构最大的“JG 志愿者”项目，便是妇联每年固定交由其承办。除此以外，还会积极参与广州市公益创投和“玫瑰公益”创投，尽量多争取政府的多方资源。另外，基金会的捐赠收入也是此类型社工机构的筹资来源。虽然政府部门推动成立的社工机构在筹资渠道上与其他类型的社工机构无异，但是此类型社工机构相对而言能够得到许多体制内资源的便利，承接项目也不需经过激烈的投标竞争，资源还是较为稳定的。而由社会工作专业人士创办的社工机构 80%—90% 的资源也来源于政府相关部门，但是其与前类社工机构不一样的是，该类型社工机构往往处于激烈的投标竞争中，需要通过每年申请政府购买服务的竞投标，中标者才能获得政府资助的资金。但该类型社工机构在竞投标过程中却十分具有优势，它们的创办者大多具有高校教学背景，或是在社工行业内具有社会影响力的专业人士，在申请竞投标时，高校光环和创办人的外在影响力会成为此类型社工机构的加分因素，使其容易在激烈的竞投标中脱颖而出。访谈过程中，某些非社会工作专业人士创办背景的机构表示："我们很难获得政府的恒常资助，从政府的角度而言，我们就是草根组织，不具有专业手法，这使我们常常落败于有高校专业资源依托的社工机构。"（A7）除了创办背景外，机构的规模也是政府看重的一个重要因素。机构规模大，服务人员配备充足，政府在甄选承接服务机构时会更为青睐。"小机构往往很难中标，除非申请的项目十分具有特色。政府人员普遍认为人员充足能够有效地保障服务质量。"（A7）QZ 社工机构的负责人如是说。除去政府部门资助的部分，约 5% 的资源来源于企业资助，剩下的则来源于基金会募款、大众募捐或自创收入。而第三类企业或其他单位、个人发起成立的社工机构，情况则与前两个类型的社工机构大不相同。相较于社会工作专业人士创办背景的社工机构，此类型社工机构较少获得政府的资源，它们的资金往往来自自创收入、企业赞助或公众募款等方式，筹资渠道相对而言具有不稳定性，但同时也使此类型社工机构的筹资渠道更为多元化。以受访的 QZ 社工服务中心为例，该机构的创办人为社区资深义工，目前机构仅有 5—6 名正式员工，属于小规模社工机构。其理事长在受访时谈道："从上年机构的财报可以看出，我们（机构）的自筹经费达到 95%，政府资助的经费仅占 5%。我们并不像其他的大机构可以获得足够多的政府资助，必须寻求其他的出路……例如，寻找企业赞助、把握好腾讯 99 公益日的筹款机会，参加义卖、徒步筹款的方式等，只有这样才能维持机构的生存和发展。"（A7）另一家受访的小型机构黄埔区 XLJY 社工服务中心的理事长对机构同样的生存状态持有非常乐观的态度："不少大机构对'公益创投只资助 60% 的项目实施经费，剩余 40% 的经费须机构自筹'的做法持反对态度，但是我们却不这么认为，这正好是让机构实现良性发展，避免过度依赖政府产生僵化的机会。"（A6）根据每家社工机构公开的财务信息数据以及受访机构负责人的访谈资料，整理得出 10 家受访机构 2018 年社会捐赠所得以及政府资助资金的数额，以此形成对比，详细资料见表 7－2。

表 7－2　受访的 10 家民办社工机构 2018 年财务收入数据

机构名称	政府资助收入	自营创收	基金会筹款，企业及大众捐款	其他收入
ZD 社工服务中心	92%	0%	8%	0%
* QC 社工服务中心	76.9%	6.92%	15.7%	0.48%
* G 社工服务中心	86.3%	0%	12.6%	1.10%

续表

机构名称	政府资助收入	自营创收	基金会筹款，企业及大众捐款	其他收入
JG 社工服务中心	90%	0%	10%	0%
广州市妇女 Z 协会	90%	0%	0%	10%
黄埔区 XLJY 社工服务中心	60%	30%	10%	0%
QZ 社工服务中心	5%	0%	95%	0%
SX 社工服务中心	85%	0%	15%	0%
SY 社工服务中心	87%	0%	13%	0%
ES 社工服务中心	80%	0%	20%	0%

注：标 * 的机构数据来源于其公开的财务数据，其余机构鉴于没有找到其公开的财务数据，数据值为访谈大致估算。

2. 动态向度：民办社工机构与不同筹资对象的互动关系分析

在中观层面，民办社工机构的筹资活动情况与其不同主体的互动关系有密切的联系。Kuhnle 和 Selle 依据“财务与控制”“沟通与交往”两项指标，划出了 4 种政府与社会组织的互动关系，如图 7－5 所示，分别是：整合依附型、整合自主型、分离依附型和分离自主型。他们指出，“财务与控制”指标关注的点是社会组织对政府资源的依赖程度，而“沟通与交往”指标关注的则是政府和社会组织之间沟通的规模、频率和顺畅程度。参照这种划分方法，此处尝试用来对民办社工机构与政府的互动关系、民办社工机构与基金会的互动关系、民办社工机构与企业的互动关系以及民办社工机构与大众的关系进行分析。

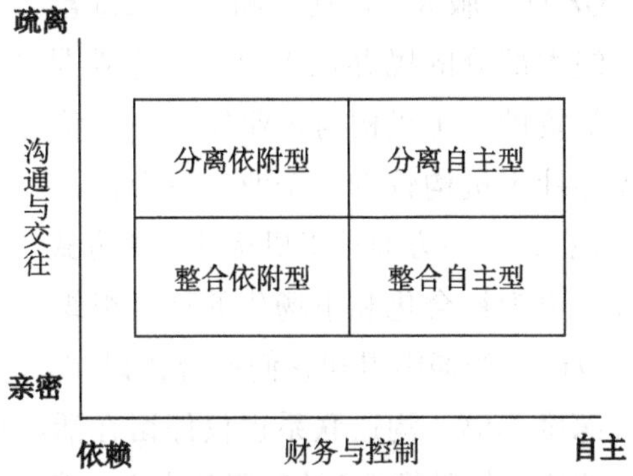

图 7－5 政府与社会组织的互动关系模型

此处先对“财务与控制”和“沟通与交往”两个维度作细致的划分。“财务与控制”考察的是民办社工机构对不同主体的资源依赖程度，本案例将“资源依赖”定义为资源的主要来源渠道，且该渠道提供资源的数量占总资源的比例须超过 50%。若没超过 50%，但该渠道与其他资源来源渠道密切相连，紧密相扣，其在财务上的决定能够深刻影响其他资源来源渠道的变化，本案例也将其视为“资源依赖”。而“自主”，则是指民办社工机构并没有将该资源来源渠道视为主要资源来源渠道，不会因该资源的有无与否而严重影响本机构的生存和经营，机构能够保持财务上的独立性。“沟通与交往”考察的是民办社工机构与不同主体间沟通的规模、频率和顺畅程度。“亲密”是指两个主体间联系紧密，沟通顺畅，能够达成良好的合作；而“疏离”则是指两个主体间联系较少，甚少交流和沟通，只有偶尔数次的合作甚至无合作。明晰两个维度的定义后，案例将结合访谈资料及静态向度的各个机构的财务公开数据，对民办社工机构和不同主体的合作作出分析。

目前，广州市民办社工机构与政府的关系大部分属于“整合型依赖”的关系，只有小部分机构与政府的关系属“分离型自主”。广州市的“家综服务购买模式”让政府的财政资金成为许多机构赖以生存的资金来源，承接政府购买服务的民办社工机构以一年为服务期，运用政府民政部门的购买资金开展社区服务，在这期间定期向政府汇报服务进度，政府有监督和评估服务质量的权力。这阐明了目前广州市民办社工机构对政府资源存在较大的依赖性，从上一小节静态向度的“表 7-2　受访的 10 家民办社工机构 2018 年财务收入数据”来看，有 7 家机构的主要资源来源渠道是“政府及其相关部门”，但“家综服务购买模式”的方式，也让民办社工机构和政府保持着密切的沟通，这就使大部分的社工机构和政府间形成了“整合型依赖”的关系。然而在访谈过程中笔者发现，一些小型的“草根型”社工机构与政府的关系并不是“整合依附”，而是“分离自主”，它们较少获得政府的体制内资源，为了维持自身的生存和发展，它们开启了多元化筹资的路径，和政府的沟通也仅停留在常规性的社会组织发展汇报。从“表 7-2　受访的 10 家民办社工机构的 2018 年财务数据表”可看出，政府资源仅占机构资源来源的 5% 的 QZ 社工服务中心便是和政府保持着“分离自主”的关系。

在和企业的关系上，绝大部分的民办社工机构与企业是“分离型自主”的关系，只有较少能够实现多元化筹资的社工机构与企业保持着“整合型依附”的关系。从访谈中得知，目前大部分民办社工机构较少与企业进行合作，一方面源于对政府资源的依赖，使其产生“筹资惰性”；另一方面社工机构的工作方式也难以满足部分企业的需求，从而使企业倾向于寻找更为社会化和市场化的社会组织进行合作。即便是有与企业合作经验的社工机构，也能从访谈中得知它们的合作以“浅层化”和“单次化”的合作为主，合作层次浅且深度不够，沟通联系也仅停留在活动周期，这使大部分社工机构与企业的关系游离且疏远。但是像 QZ 社工服务中心一类的逐渐走向筹资多元化的社工机构，它们深知企业是筹资环境中一个必不可少的主体，已逐渐将“纯社工”的工作思维转变成“以社工思维为主，市场化思维为辅”的工作思维，在筹资活动开展中懂得倾听企业的需求，再以满足双方期待的目标来开展活动。相对而言，此类型社工机构与企业的关系更多是平等的、互惠的，资源来源渠道较为多样，因此在财务上还能保持自身的自主性。

基金会也是民办社工机构在筹资活动中发生互动的主体。为深入了解民办社工机构和基金会的互动方式，笔者也与广州市绿芽基金会的筹资官员进行了访谈，得出社工机构和基金会的合作方式主要有如下两种：一是民办社工机构将与基金会资助类型相关的项目挂靠在基金会的平台，并以此进行背书对外开展公众筹款；二是基金会会甄选部分合适的项目进行实质性的资金资助，以帮助该项目更好地落地。绿芽基金会的筹资官员谈道："我们在选择合作的社工机构时，会看该机构的资质，是否在行业内有良好的口碑以及是否有合规的财务机制……相对企业而言，我们和社工机构还是有较多的联系……但是很多社工机构将项目挂靠在基金会也筹不到许多钱，它们缺乏有效的传播方案……"（B1）社工机构与基金会同属于非营利性的性质，相较于企业，它们之间的交流确实更加顺畅，不过大部分的社工机构并不会将基金会看作最主要的资源来源渠道，因此民办社工机构与基金会的关系接近于"整合自主型"。

而民办社工机构与社会大众的互动关系难以用统一的关系类型来加以概括。民办社工机构长期扎根于社区当中开展服务，它们与服务社区内的居民有天然的密切联系，在服务开展过程中也常常会有不同层次的沟通。对于社工机构而言，社区居民是潜藏的资源群体，他们既能为活动提供人力资源支撑，也能在社工机构开展公开的筹资活动时成为社工机构的捐赠主体，如腾讯的"99 公益日"，就是依赖于社区居民的公开筹资方式。但是，若想争取到非服务社区内社会民众的支持，社工机构则需要投入充足的人力及费用在项目传播上，以扩大项目本身的社会知晓度和影响力。另外，社工机构也须经营好机构本身的社会信用形象，才能获得民众的认同感和信任感。由此，能看出社工机构与不同范围内的民众进行互动需要采取不一样的方式，互动关系的亲疏程度也有如费孝通先生提出的"差序格局"，以圈层式的方式由内向外扩散，直至消失。

（四）微观层面：机构的筹资内部建设

1. 机构的筹资理念

筹资理念，是指社工机构在进行筹资活动时所秉承的价值观和态度。正确的筹资理念，就是指用具有前瞻性、战略性和长期合作的眼光来开展可持续的筹资活动。民办社工机构虽然不以营利为目的，但是可以按照市场经济的客观要求，根据其自身组织的特点，充分发挥自身优势，积极争取多种收入来源。但是从受访的 10 家社工机构的情况来看，目前广州市民办社工机构大多秉持"现状目光型"的筹资理念，在经费足以支撑机构的服务项目运营时容易满足于现状，甚少思考机构可持续的筹资策略，筹资活动往往仅出现在经费紧缺或是重大活动的筹备期，"临时抱佛脚"成了机构的筹资活动的基本节奏。"现状目光型"的筹资理念一方面降低了机构应对环境变化的能力，容易让机构处于因政府政策变动而带来的运营风险中；另一方面不利于机构优化内部的资源结构，难以对资源进行整合达到互通联动，对一线服务无法产生更大的叠加效应。更为重要的是，机构的筹资理念指导着机构筹资活动的进行以及机构内部各项与筹资相关的举措，错误的筹资理念让机构倾向于使用“简单化”和“便捷化”的方式来进行筹资活动，而非“系统性”及“可持续性”的方式。机构负责人也因缺乏长远的可持续发展计划的考虑在筹资活动成本投入上有所减少。在访谈中谈到“你对机构总体的筹资水平的看法?”这一问题时，一名资深社工表示，她所在的机构太“安于现状”，很少有系统性的筹资规划……在机构失标要裁员时，便是机构最迫切进行筹资之时，因为没有资源，就意味着员工的生计无以为继。而小规模的社工机构，即便有比大机构更为多元化的筹资方式，但也在访谈中发现它们的筹资策略选择仍然属于滞后型，而非前瞻型。民办社工机构“现状目光型”的筹资理念使其在筹资活动中往往处于被动的局面，如此来看，民办社工机构只有树立了正确的筹资理念，才能开展长效的筹资活动。

2. 机构的人力资源投入

人力资源投入是指机构在某项策略安排上投入的人员支持，这不仅包括人员的数量安排，还包括人员的培训及素质提升。目前广州市大部分民办社工机构的筹资任务主要放在家综主任或机构高管身上，这是因为主任和高管在长时间的机构管理工作中已积累有大量的社区资源，出于成本节约的考虑，由其负责机构的筹资工作是较为便捷的选择。“一般是由我负责机构的筹资事务，从统筹、动员到沟通，一手包办。”（A6）受访的黄埔区 XLJY 社工机构的理事长如是说。在谈论到为何不设立机构筹资官时，普遍回答都提到培养成本。诚然，大部分社工机构的运营及服务开展都面临经费不足的问题，筹资官员的培养是一个长期而系统的过程，加之其所进行的筹资工作并不能在短时间内有明显的成效，需要长期的投入，基于“现状目光型”筹资理念，大部分社工机构并不会专门设立筹资统筹的部门或设立专门负责筹资工作的岗位。而在员工筹资能力的培训上，从 10 家社工机构的访谈中得知，社工机构内部较少组织与筹资相关的培训，较多是停留在社会工作的专业手法的培训上，来自家综主任和机构高管的筹资经验较少在机构内部得到有效的传承。但随着现今对民办社工机构自筹经费能力的越发重视，广州市社会组织联合会等行业协会也逐渐注重社工筹资能力的培训，会定期邀请有丰富筹资经验的个人进行技能分享，旨在提升广州市民办社工机构整体的自筹能力，相关课程的学习在某种程度上加深了社工对筹资系统知识的学习，帮助其更好地开展机构的筹资活动。但从目前调研的情况来看，相关的培训课程的传播力度不强，所惠及的民办社工机构还是较少。

3. 机构的筹资方式

筹资方式是指筹资主体为实现特定的筹资目标对筹资对象所采用的筹资策略、方法的总称。筹资方式是连接筹资主体和筹资对象的中间桥梁，它的使用直接影响着筹资活动的进程，在筹资活动中起着黏合剂的作用。在《中国草根公益组织发展机制的探析》一文中，作者在描述草根公益组织资源动员的机制时提出了 4 种资源动员的方式，在此处能为我们进行民办社工机构筹资方式的探讨提供参考：一是私人化动员，这指的是依靠个人，尤其是创始人或者组织主要负责人的社会关系网络进行资源动员的方式；二是业内动员，指的是公益组织以公益圈内的资助型组织，包括国内的各种基金会以及枢纽型组织为动员客体来募集资源；三是市场化动员，是指公益组织面向社会公众，采用商业手段，开展经营活动，进入市场，按照市场机制，参与市场竞争，通过提供产品和服务等形式获得组织生存和发展的资源；四是社会化动员，指的是公益组织凭借其社会性优势，以社会化的方式，通过调动社会资源并进行资源间的沟通联结，达到对体制内外客体的广泛动员，最终实现组织的自我成长的方式。

此处将根据上文提到的广州市民办社工机构的分类进行讨论。政府部门推动成立的社工机构具有丰富的体制内的资源，该类型机构的筹资方式大多采取私人化动员的方式，如JG社工服务中心和妇女Z协会都是由原先妇联系统分离出来的团体单位社工机构，它们承接政府的项目往往就是机构负责人与妇联工作人员的直接联系。而社会工作专业人士创办背景的社工机构，情况则较为多向：一些受政府关注和重视的机构，由于其在业内已具有一定的社会影响力，其往往使用社会化动员及业内动员的方式进行筹资活动，而另一些同样是由社会工作专业人士创办的机构，则选择凭借创办人的声望及人际关系网络进行筹资，筹资方式以私人化动员为主。企业或其他单位、个人发起成立的社工机构，筹资对象相较于前两种类型的社工机构更为多元化，在筹资方式的选择上率先进行市场化动员的探索，业内动员也是常使用的筹资方式。但是由于此类型机构并不常获得政府的资助，体制内资源涉猎较少，社会化动员相较而言成为其筹资方式的短板。

4. 社工个人的筹资能力

为对广州市社会工作者的个人筹资能力状况有大致的了解，笔者于2019年3月进行了一次主题为“广州市社会工作者筹资能力及其影响因素”的问卷调查，并在广州市各个民办社工机构进行随机发放，调查共回收问卷120份，其中有效问卷120份，无效问卷0份。本问卷对“资源”的概念采用广泛性的定义，认为资源不仅指资金，还包括物资、培训机会以及志愿者资源等有利于机构发展的人和物的总称。在此基础上，问卷内容从以下几部分进行设置：一是了解广州市社会工作者的筹资活动经历，包括了解所筹资源的数量和质量，以及社工在筹资活动的过程中担任的角色；二是了解影响社工进行筹资活动的个人因素，分为学历、筹资知识结构、对待筹资活动的态度三个维度；三是了解影响社工进行筹资活动的机构环境因素，分为机构是否有相应的筹资计划、机构对筹资工作的划分以及机构的激励机制三个维度。现就问卷反映的结果作详细的阐述。

本次填写问卷的对象以一线社会工作者为主，占回收问卷总量的59.17%；项目主管和机构的高层管理人员占36.37%；机构的行政工作人员占4.17%，填写对象的各自占比大致符合民办社工机构人员配比的实际情况。调查结果显示，有75.83%的社工曾为所在站点/机构成功链接到相关的资源，其中链接的资源类型中以“活动所需的志愿者资源”最多，占 32.97%，活动物资跟随其后，占 30.77%，而活动的资金，占 23.08%，如图 7－6 所示。在资源的性质上，短期项目合作类资源占 39.56%，一次性活动资源占 37.36%，长期合作伙伴资源占 23.08%。可以看出，广州市大部分社会工作者都有筹资活动的经验，但是所筹资源的可持续性不强，对机构的黏性不强，并且大部分所筹资源为“低成本资源”，如志愿者资源或活动物资，此类资源并不需要耗费合作方太多的成本。

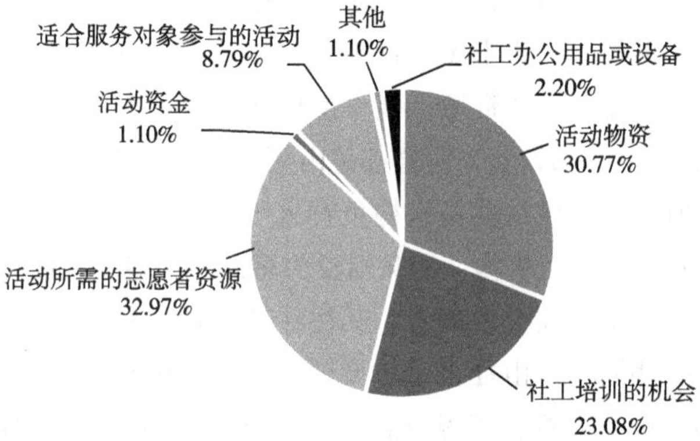

图 7－6　广州市社会工作者所筹资源类型

在“筹资活动中担任的角色”这一问题上，大部分社工选择了“上传下达的桥梁沟通者”这一选项，占 63.35%，而“资源谈判者”的比例仅占到 20.08%，“统筹者”的比例占 10.27%，这可以推断出社工在进行筹资活动时，负责的大多是沟通类的传达工作，而非筹资活动核心的资源谈判工作和统筹规划的工作。在和社工机构负责人访谈时，针对此问题 QC 社工机构的一名一线社工作出了回应：“对于一线社工而言，他们较少有机会了解到机构整体的筹资计划以及筹资方向，所以即便是其发现有潜在的资源，但是也需要不断与机构高层管理人员沟通该资源是否合适……决定权最终在高层管理人员手上……”（A2）所以即使社工参与筹资活动，但是在其中得到筹资能力提升的机会也不多。

在“你认为筹集资源需要具备以下哪几种能力？”以及“在这些您选择的能力中，您认为自己目前已具有的能力有哪几种？”这两个问题上，笔者做了分类筛选的数据分析，得出如下结果，见表 7－3。

表 7－3　广州市社会工作者筹资能力自我评价表

应具备的能力 / 已具备的能力	谈判沟通能力	项目开发能力	文字撰写及表达能力	市场分析能力	洞察市场机遇的能力
谈判沟通能力	55/116				
项目开发能力		11/30			
文字撰写及表达能力			14/19		

续表

应具备的能力 已具备的能力	谈判沟通能力	项目开发能力	文字撰写及表达能力	市场分析能力	洞察市场机遇的能力
市场分析能力				22/93	
洞察市场机遇的能力					28/94

从表7-3中可看出，在120名问卷填写者中有116名认为“谈判沟通能力”是筹资活动需要具备的能力，但是其中仅有55名填写者认为自己已具备该能力，而其他筹资活动所需的能力，除了“文字撰写及表达能力”以外，选择的比例值全部低于40%，这透露出社会工作者普遍存在筹资能力不足的问题，大部分社会工作者对筹资活动的所需能力有理性的认识，但是在实践中却往往发现“心有余而力不足”，个人能力无法有效指导筹资活动的进行。

以上数据呈现了目前广州市社会工作者筹资能力现状的情况。综上所述，目前广州市社会工作者大多进行过与筹资相关的活动，但是所筹资源以物资和志愿者资源为主，并且所属性质多为一次性或短期项目合作制等难以持续性的资源，长期合作伙伴的资源较少。在对个人筹资能力的评价上，大部分社会工作者评价中下，认为自己甚少具有筹资活动所需的各项能力，筹资能力不足在一定程度上阻碍了社工有效地进行各项筹资活动。

三、广州市民办社工机构筹资的困境分析

第三部分从宏观筹资环境、中观筹资渠道与互动关系及微观机构的筹资内部建设三部分分析了广州市民办社工机构的筹资现状。从现状可看出，目前广州市民办社工机构在进行筹资活动时面临一定的困境。这些困境使民办社工机构开展多元化筹资活动遇到重重障碍，以下将对民办社工机构的筹资困境进行详尽的分析。

（一）政策支持体系松散，施行效度低

广州市在社会组织政策法规体系的建设上有一定的前瞻性，并且部分改革措施也被国家采纳。如广州市是全国率先提出对所有社会组织全面实施年度报告制度的，该项政策措施在全国三大条例的修订征求意见稿中也有所体现。虽然广州市在社会组织的政策支持上较为超前，但是仍存有一些政策上的困境。

1. 税收优惠政策体系不完善

根据广州市地税局和社会组织民间管理局的公开资料，近些年广州市在社会组织免税方面，政府部门作出了很大的努力和改善，但是仍存有一些壁垒阻碍着税收优惠政策的有效落实。由于广州市在执行税收优惠政策时，一般以“社会组织”为施行对象，民办社工机构属于社会组织的一种，因此此处以讨论社会组织的税收优惠政策来反观民办社工机构的税收优惠政策的执行情况。具体而言，税收优惠政策的施行壁垒

有以下三条：一是法规不完善，立法层次较低。目前，我国针对社会组织的税收优惠的相关法律法规较散乱，各种税收优惠条款散落在各个部门法条款中，没有形成一套比较统一和完善的税收优惠政策体系，这导致政府执行部门在政策执行时，无法形成统一化的参照，难以真正落实政策的优惠条款。并且目前我国关于社会组织税收优惠的立法，主要是政府部门通过制定行政法规和部门规章来实现的，立法层次不高，难以给各地的社会组织税收优惠政策提供指引。许多规定不清晰，政策执行的随意性大。QC社工服务中心受访者在访谈时提到其两次申请免税资格的经历，2009年底第一次申请，当时去询问税务局和民政局，对方说不知道。该负责人说，即使他们知道也不愿意说。2011年初再次申请，7—8月申请成功，一共耗费了1年多的时间。在申请免税资格过程中最大的障碍是没人告诉他们法律上怎样才算是免税，政府一问三不知，而社会组织只能摸着石头过河。二是在申请免税资格时，“关系”很管用。另一个访谈机构受访时提到，它们在申请免税资格时就利用了机构负责人和某政府部门工作人员的人情关系，然后很快就得到了复核通过的通知。这表明，在社会组织免税政策执行的过程中，存在着极大的随意性。三是“草根组织”难获支持，尤其是难获税前扣除资格。一般对于公益组织来说，税前扣除资格与捐赠发票是紧密相连的。在没有获得税前扣除之前，财政部门往往不会给予社会组织购买捐赠收据的资格，因为按照税法相关规定，捐赠票据具有税前扣除的功能。根据中山大学公益慈善研究院调研的数据，截至2012年底，只有24.6%的组织申请了捐赠专用收据，33.8%的组织申请了社会组织免税资格，16.4%的组织申请了税前扣除资格。并且，申请了这些政策优惠的大多都是社会团体，有捐赠收据的77.1%是社会团体，有免税资格的84.8%是社会团体，有税前扣除资格的77.3%是社会团体，民办非企业单位申请到这些资格的比例比社会团体低很多，并且从提供的数据分析发现，申请成功的社会组织大多具有政府背景，缺乏这一条件申请则难上加难。

社会组织税收优惠政策体系的不完善，导致不能形成社会捐赠的有效激励，这使民办社工机构依旧维持在一个筹资难的生存困境中。对于那些没有政府背景或与政府联系较少的社工机构而言，它们需要从社会争取资源才能维持自身的生存及发展，但显然，政策并没有为它们提供有利的筹资环境。

2. 民办社工机构的公募资质难获政策保障

当谈到民办社工机构筹资难这一议题时，不少机构会提到“民办社工机构缺乏公募资质”这一原因，这导致社工机构不具有法定的向社会募集资金的权利。在此情况下，民办社工机构需要依附于基金会或相关政府认定的平台，挂靠项目在其平台上，以基金会或该平台的名义对外发布筹款项目，才能以合法的方式募集来自社会大众的资金，这也是目前广州市民办社工机构与基金会合作的主要方式。除此之外，广州市也逐渐开放各式公募平台，如广州慈善会网站，能够让民办社工机构挂靠项目在网站上进行公开筹款，在特定的节日，还会有“1∶1配捐”的创新玩法，帮助民办社工机构募集到更多的资源。但是，仍有大部分的社工机构无法通过此途径来解决“大众筹款少”这一困局，原因有二：一是社工机构和基金会之间存在信息不对称的情况。在受访时，一些较少与基金会进行合作的社工机构表示，它们没有渠道获取基金会的资讯，对于基金会的专业水准及可信度，社工机构不知从何处进行评估。二是挂靠项目的周期短，加之社工机构的传播宣传能力有限，许多机构难以在限定的时间内筹集到期待的大众资源。在这样的背景下，民办社工机构如何合法取得公募资质，是目前政策需要回应的问题。

目前广州市已出台《广州市募捐条例》，来规范本市的募捐行为以及保护捐赠人、受益人和募捐组织的合法权益。在条例的第二条，明确对募捐组织作出了规定：“募捐组织是指红十字会、慈善会、公募基金会以及根据本条例取得募捐许可的公益性的社会团体、民办非企业单位和非营利的事业单位。”但同时，条例的第七条也提到申请成为募捐组织应符合的条件，其中一条为“申请单位应具有公益事业捐赠票据领取资格”，这一条件将绝大部分的民办社工机构拒之门外。由此可见，《广州市募捐条例》大多是按照红十字会、慈善会以及公募基金会的标准进行拟定的，里面的许多条文并不贴合社会团体以及民办社工机构的实际状况，社工机构获得公募资质没有受到政策的保障。

在 2016 年通过的《中华人民共和国慈善法》中也同样存在政策落实无效的困境。慈善法中明确表示：“本法公布前已经设立的基金会、社会团体、社会服务机构等非营利组织，可以向其登记的民政部门申请认定为慈善组织，民政部门应当自受理申请之日起二十日内作出决定。”并且第二十二条规定：“依法登记满二年的慈善组织，可以向其登记的民政部门申请公开募捐资格。民政部门应当自受理申请之日起二十日内作出决定。”但是从广州市民政局近几年来的数据来看，通过申请认定为慈善组织的大部分都是社会团体以及基金会，民办社工机构寥寥无几。就此问题访谈者吐露了民办社工机构的心声：“慈善法的这些规定根本不适合于民办社工机构……在慈善法草案的第六十条规定：‘慈善组织中具有公开募捐资格的基金会开展慈善活动的年度支出，不得低于前三年收入平均数额的百分之七十，年度管理成本不得超过当年总支出的百分之十五。’这样的规定并不符合社工机构的实际，对社工机构而言，人力成本支出是大头，无论如何节省，也不可能达到 15% 这一比例……”（A2）从这我们可以看出，慈善法在制定时甚少考虑到不同社会组织的实际运营状况，一些法律条文难以起到实际的推动作用，对民办社工机构而言无法真正享受到政策红利。

3. 专门围绕“社工机构筹资”问题出台的政策少

在第三部分作广州市民办社工机构筹资政策环境分析时，我们能看到广州市政府在促进民办社工机构筹资问题上所作的努力以及成果。但是从政策梳理中可看出，目前大多数政策都是以“社会组织”或“慈善组织”为对象来进行制定，专门针对民办社工机构制定的政策较少，民办社工机构处于一个以“社会组织”为主要语境的政策环境下。这样一方面不利于通过政策规范民办社工机构的各项活动，另一方面民办社工机构也难以获得政策的针对性保障，许多活动也因处于政策的“模糊性地带”而难以得到政策的支持。

在现有的与民办社工机构相关的政策中，专门针对民办社工机构筹资方面的政策则更少。《广州市社会工作服务条例》是2018年5月广州市通过的第一部规范广州市社会工作服务的条例，这一条例的出台也引领广州走在全国社会工作建设的前列。作为第一部社会工作服务的条例，针对“社工机构筹资”这一问题有以下阐述：第三十七条，“市、区民政部门应当通过公益创投、慈善募捐和慈善信托等方式，引导社会资金投入社会工作服务。单位和个人可以购买社会工作服务，也可以通过项目合作、购买冠名权、建立基金、提供赞助、捐赠等方式支持和参与社会工作服务。”并且，条例中提道：“对于适合采取市场化方式提供、适合交由社会工作服务机构承担的服务项目，国家机关、人民团体以及其他具有管理公共事务职能的组织按照国家、省、市有关规定使用财政资金购买社会工作服务。”由此可看出，在仅有的对社工机构筹资问题作出说明的条例上，主要以政府资源的主体视角来阐述，其他资源来源主体如企业、基金会或大众则没有明确提出相应的激励措施，这并不利于社工机构建立合理化的筹资结构。

（二）难以筹集多方资源，筹资结构失衡

1. 筹资对象的类型较少，资源筹集面窄

民办社工机构作为社会组织的一种，不可或缺地会与社会不同的主体产生联系与互动。社工机构与不同主体的互动能够有效地帮助其开拓筹资渠道，一定程度上而言，互动主体的类型越丰富，其从多方获取资源的可能性就越大。但从访谈资料中可知，目前广州市大部分民办社工机构社会互动的主体类型较少，许多机构的生存发展仅依赖于某一个资源渠道，这导致了其内部的筹资结构失衡，影响了其长远的发展。政府部门推动成立的社工机构便是其中一个典型，这类机构往往仅与相关政府部门联系与互动较多，其运营经费中来自政府的经费达90%，承接由政府购买服务项目的机构运营经费中来自政府资源的比例也达70%—80%。而部分小规模机构的社会互动情况则截然不同，由于人员配备不足，在参与竞投标时这类机构与大机构相比不具有竞争优势，往往与政府购买服务失之交臂，为了维持机构的整体运营顺畅，这类机构往往转而与其他社会主体，如企业等进行互动。QZ社工服务中心的负责人在访谈时表示，QZ社工机构与许多企业都保持着良好的互动关系，机构运营经费中有95%均来自自筹经费，其获得政府的资源很少；XLJY社工服务中心也表示机构的有偿服务收入占到机构运营经费的60%以上。由以上阐述可以看出，目前广州市大部分民办社工机构缺乏与不同的主体互动的意识，都存在与某一主体联系过密而忽视其他主体的倾向，这使其资源筹集面变窄，筹资结构失衡。并且，民办社工机构似乎已形成一种“安逸心理”，来自某一主体的资源占比越高，其越“懈怠”于与其他的主体进行互动，不断重复循

环，导致机构内部的筹资结构难以重整，这已成为广州市民办社工机构开展筹资活动的一大困境。

2. 与筹资对象的互动浅，资源延展性弱

在第三部分，笔者用“财务与控制”和“沟通与交往”两个维度对民办社工机构与筹资环境中的不同主体的互动关系进行了分析，得出大部分民办社工机构与政府的互动关系是“整合依附型”的互动，小部分是“分离自主型”的互动；大部分民办社工机构与企业的互动关系是“分离自主型”的互动，小部分是“整合依附型”的互动；而与基金会的互动，则是“整合自主型”的互动方式；与社会大众的互动类型则较为多变，难以定论。但不论是何种互动类型，我们能发现社工机构与不同主体间的互动大多停留于某次活动或某个项目，较少涉及彼此间的深入交流，如对机构经营发展、彼此如何更好地开展合作等的交流。从机构的整体发展而言，浅层化的互动方式并不利于民办社工机构进行工作思维和工作方式的迭代更新，从而难以调整自身以不断适应社会发展的需求。从资源获得的角度而言，浅层化的互动方式难以促进主体间对各自发展战略的了解，资源的互换更多地只停留在某一次合作，较难进行拓展、延伸，产生叠加效应。

社会互动理论中提出了互动的层次及互动的深度可从利益关联、情感投入、延续时间和规范复杂的程度四方面来进行考察。互动的层次深，代表彼此间的合作已经跨越了单纯的利益关联合作，变成基于双方信任和带有情感涉入的“伙伴式互动”，并且持续时间长，规范约束少。互动的层次浅则恰恰相反，彼此仅存在有利益关联和利益交换的互动，待交换完成后，则终止彼此的交流，故而互动持续时间短。由于双方较少情感的涉入，没有建立对彼此的信任关系，因此也需要有复杂的规范对各自的行为进行约束。目前，广州市民办社工机构与政府的互动关系实质上并不平等，处于一种资源依附的状态下，二者间的互动更多是以工作上的“监督评估”与“被监督评估”的方式进行；而民办社工机构与企业和基金会的互动层次也较浅，较多是停留在某次合作的项目这一主题上，缺乏更多理性且深入的对话沟通。和不同主体的互动层次浅致使所筹资源类型以项目所需的一次性资源为主，资源的延展性弱，这已成为民办社工机构在筹资活动中面临的重大障碍。

（三）机构的筹资思维固化，能力建设不足

1. 缺乏前瞻性的筹资理念

在现状分析时得知，目前广州市大部分民办社工机构并没有树立前瞻性的筹资理念，机构开展筹资活动往往具有临时性和补救性，这使机构难以形成系统的资源筹集计划，从而无法对机构的可持续发展作出指引。究其原因，这与民办社工机构的产生背景有关。自 2012 年广州市政府提出“每一条街道要建设一家家庭综合服务中心”的要求以来，广州市民办社工机构的数量逐年猛增，民政局每年在社会工作服务的财政投入也达上亿元，2013 年财政投入更高达 3. 33 亿元，此后连续 5 年的财政投入稳定在

3.3亿元左右。庞大的财政支持一方面极大保障了民办社工机构的生存，另一方面也让民办社工机构过度依赖政府，从而产生"惰性心理"，一味安于政府的资源提供，而甚少思考其他的筹资渠道，这与处于资源竞争十分激烈场景中的企业是迥然不同的生存状态。另外，民办社工机构非营利的特性也使其难以树立前瞻性的筹资理念。不少机构的创办人会将民办社工机构的非营利特性与商业化的筹资行为对立起来，认为民办社工机构不能通过以营利为目的的商业经营活动获取利润。对机构的这种错误定位容易给机构负责人造成一定的心理负担，在进行筹资策略决策时会使他们更倾向于向体制内资源靠拢，以及选择简单易行的筹资方案。

ES社工服务中心有90%的资源来自政府，受访的该机构的资深社工表示："对机构整体的筹资状况并不满意，这是一个'挺不上进'的机构，筹资计划是因应环境需要而产生的，机构负责人并没有长远的筹资计划。"（A10）其他受访者也甚少对"筹资理念"有明确的概念，往往以一两次的筹资活动来解释机构的筹资理念，这隐约能够感知，普遍缺乏明晰化的筹资理念以及未能树立前瞻性的筹资理念，是当前广州市民办社工机构面临的一大困境。

2. 社工个人筹资能力弱

在第三部分的现状分析中，基于"广州市社会工作者筹资能力及其影响因素"的问卷调查，我们已对广州市社会工作者筹资能力的基本现状做了分析。分析结果表明，目前广州市社工普遍筹资能力较弱。从个人层面而言，社会工作者本身的专业能力以及综合能力日益成为市场的呼声，而筹资能力则是其中的一项重要能力。筹资能力的缺失容易使社工本人处于劣势的竞争地位，在就业市场中容易被优胜劣汰；从机构层面而言，社工个人筹资能力不足不利于机构针对不同主体开展筹资活动，难以实现机构筹资渠道结构的优化升级，从而摆脱资源紧缺的困局。在问卷调查中，笔者就影响社工个人筹资能力的因素也做了调查，个人因素设立了学历、筹资知识结构、对待筹资活动的态度三个维度；机构环境因素设立了机构是否有相应的筹资计划、机构对筹资工作的划分以及机构的激励机制三个维度。以下就调查结果作相应的分析：

在学历维度上，问卷填写对象中有71.67%为大学学历，19.17%为硕士研究生学历，8.34%为大学以下学历，但是在"您认为学历的高低对筹资活动的顺利进行有影响吗?"这一问题上，认为"有影响"和"无影响"的人参半，这反映了调查对象难以评价学历对筹资活动的真实影响，学历维度或许不是影响个人筹资能力的重要因素。在筹资知识结构维度，51.67%的调查对象表示"完全没有相关学习经历"，剩下部分中也仅有1.67%的调查对象有接受过"筹资专题"的系统化学习。

对选择了"有相关学习经历"选项的调查对象，本次调查继续就"这些学习经历对开展筹资活动的正面作用评分"进行追问，值得深究的是，数据显示该问题的平均得分仅为5.66分，表明调查对象并不认为"与筹资相关的学习经历"对筹资活动的开展有十分明显的积极作用，这与笔者调查前的预测出现了明显不一。通过访谈及资料

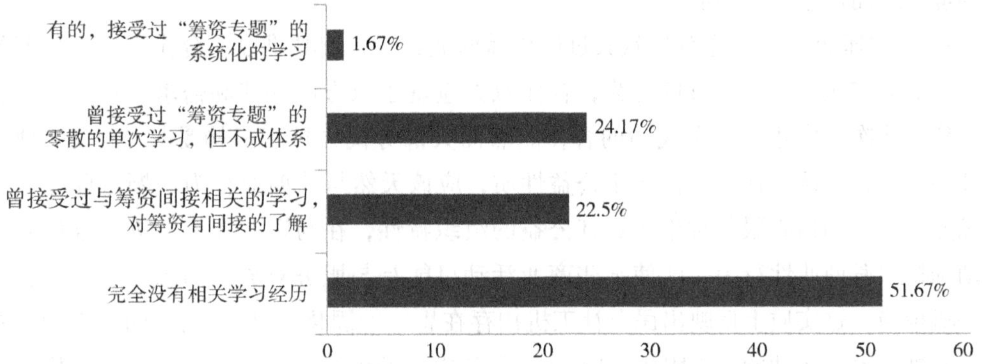

图7－7 广州市社会工作者“与筹资相关的学习经历”的情况比例

收集所得，目前广州市开展“社工个人筹资能力培训”的课程并不多，较为系统和知晓度较高的是广州市社会组织联合会所办的“筹资知识”培训班，但是培训也多以一次性的理论型培训为主，并不系统和深入，不少访谈者反映培训所学不知如何在实际中运用，这或许是导致调查对象普遍对学习经历的正面作用评分较低的原因。“筹资知识结构”维度的数据反映出广州市社会工作者并没有形成系统化和可操作化的筹资知识结构，知识效能感较差。

在机构环境因素上，访谈时不少被访者提到机构的激励机制以及内部氛围会影响其是否愿意进行筹资活动。在问卷中显示，63个表示不愿意进行筹资活动的调查对象中，有44.3%认为是受机构的激励机制的影响，32.1%认为是“个人工作量”的原因，18.7%认为是机构的内部氛围的原因。这表明，机构有无建立健全的奖励机制，以及全机构员工对于筹资活动的重视程度等，会直接影响社工个人进行筹资活动的意愿。

以上分析从个人及机构两大层面阐述了影响社工个人筹资能力弱的原因，由此可看出，社工个人筹资能力的塑造应从个人和机构，乃至社会环境等共同作出努力。

3. “社工式”的思维和方式难以应对市场化的需求

所谓“社工式”的思维和方式，是指民办社工机构秉承社会工作价值观，以服务对象利益至上，旨在达到“助人自助”目标的社工专业服务取向。社会工作的工作手法毋庸置疑具有一定的专业价值，它以激发个人潜能为目的，发动个人的内生动力，实现对个人和对环境的改变。但在此处，我们期待探讨的是“社工式”的思维和方式在市场环境下的适应性问题，从访谈过程中发现，民办社工机构在筹资活动中确切面临着工作思维和方式难以应对市场化需求的困境。

“社工式”的工作方式是一种“缓慢滋养型”的方式，它倡导的是陪伴服务对象，发掘服务对象的优势和资源，在此过程中社工要遵循“非批判”及“案主自决”的原则，这决定了社工服务的成效难以在朝夕间凸显。但随着民办社工机构逐渐陷入政府资源依赖的困局，多元化筹资的需求迫使社工机构进入以优胜劣汰的运行机制为主导的市场竞争当中。此时，“社工式”的思维和方式明显难以应对竞争市场日新月异的变化环境，从而产生如下困境。

首先，“唯公益”的思维导致其过度排斥商业行为，使其难以与合作方达成长期的合作。筹资实质上是一种市场行为，合作双方应基于双方的期待和需求，双方达成合作共赢，此次合作才是一次成功的合作。然而大部分民办社工机构受其“非营利性”特征的影响，会认为社工机构属于公益性质，应该天然与“商业行为”断绝联系。一些民办社工机构担心服务对象质疑其公益的组织特性，在与资源提供方进行合作时会主动选择回避商业性行为，即使某些商业活动可能是与服务对象的需求相契合的，也会一概拒绝。这实质上反映出民办社工机构存在思维的固化，“社工式”的思维和方式成了其进行筹资活动的一大阻碍。ES 社工服务中心的资深社工在访谈时谈到机构与某企业的一次活动经历：“那次活动中，我们强硬要求企业不可以放自己的 Logo，在全场活动中须按照我们的想法严格控制商业性的售卖行为……那次合作后，企业再也没有与我们进行联系……有时候，个人觉得企业也挺亏的，花了那么多钱赞助，结果也没起到什么宣传效果……”（A10）相反，QZ 社工服务中心则是迥然不同的方式，作为一家 95% 的运营资金均为自筹资源的机构，QZ 的理事长尤其谈到机构和企业的合作心得：“许多企业愿意和我们合作，因为我们不仅能够帮它们办好一次活动，我们还利用我们的政府和媒体宣传渠道为企业宣传造势，在我们无法满足企业的需求时，我们会主动为企业寻找合适的合作方，为其提供链接资源的服务……”（A7）这使 QZ 与企业的合作大多是长期化的，也为它的持续性经营提供了有力的保障。由此，我们能看出社工机构“唯公益”的工作思维并不契合市场合作的需求。

其次，民办社工机构在工作方式上过于注重微观式的服务，项目开发能力整体较弱。现时广州市民办社工机构大部分是每个街道的家庭综合服务中心，政府每年在购买家综服务时都对其有明确的“个案”“小组”及“活动”数量的规定，为了达到政府规定的指标，社工在日常工作中多以这三个评估维度开展具象化的微观服务，甚少有基于某个目标的整体性项目规划。然而，随着许多企业和基金会的发展，其对公益服务的期待已不仅仅满足于浅层化、单次化的活动，它们迫切希望能够形成一个系统性的公益项目来塑造企业或基金会的对外公益品牌形象，实现自己的价值输出，这就对民办社工机构的项目开发能力提出了挑战。“我们不是不想赞助，而是找不到适合的有价值的公益项目进行赞助……在项目开发上，社工机构确实难以满足我们的需求……”（C1）受访的唯品会公益助学项目负责人如是说。从这能反映出社工机构要走出筹资困境，必须转换本专业既定的思维和方式，不断倾听市场主体的需求，探索符合市场合作的筹资方式。

四、广州市民办社工机构筹资的发展对策

（一）优化已有的政策体系，提升政策的施行效度

在政策困境的分析时，本案例提到目前广州市民办社工机构面临三方面的困境：

一是税收优惠政策体系不完善；二是社工机构无法获得政策赋予的公募资质；三是针对社工机构筹资的政策还不多。以上三方面导致民办社工机构还缺乏有力的宏观政策环境支持。对此，本案例认为政府相关部门应该注重优化已有的政策体系，提升政策的施行效度。

在税收优惠政策方面，应该加强政策间的衔接，明确税收优惠范围。目前税收的优惠主要涉及的是社会组织的企业所得税、流转税等，但是像实物捐赠以及公益性劳务捐赠这块还没有给出具体的规定。要结合之前的规定和社会组织面临的具体情况，充分了解社会团体、民办非企业和基金会的实际情况，对于税收优惠的具体范围进行规定。对于实物捐赠的优惠，目前规定的操作性比较抽象，没有在具体的操作层面给出明确的规定，捐物没有增值税减免，而出人力物力的没有所得税减免，从而影响了捐赠人的积极性。因此，一方面，要给予实物捐赠增值税优惠，并完善实物捐赠价值的计算模式，制定科学、简便的可比价格体系。当所捐实物的买入价低于其市场最高价时，捐赠者将能从税务上得到优势，而税法应该对此盈利进行一定的限制。另一方面，公益性劳务捐赠的税收优惠制度需要列出来，鼓励更多人参与社会公益服务。

在民办社工机构公募资质的政策规定上，即使2016年已出台慈善法，对慈善捐赠及慈善募款作出了明确的规定，但是社工机构由于人力成本高于规定成本的问题，仍然难以通过“慈善组织”的资格认定，也无法申请公开募捐的资格。因此，政府相关部门在制定社会工作相关政策时，应该逐步从“社会组织的语境”转换成“社会工作的语境”，相关政策行政法规应该更多地契合社工机构的实际情况。在公募资质的资格放开上，政府可考虑逐步建立严格的财务审查机制，确保规避由于放开公募资质而产生的财务风险，继而再逐步推动放开民办社工机构的公募资质。

政府相关政策制定部门应该就社工机构的筹资问题制定更加针对性的政策，在此民办社工机构可以同其他同行机构通过拜访相关部门领导、提建议等方式呼吁相关制度的建立和完善。在进行倡导完善政策法规前，机构最好能够以书面的形式详细记录和反馈在现行制度环境中机构在接受捐赠方面所受到的限制，以便于相关部门在完善政策时作出更有针对性的调整。同时，社工机构也可以提出一些在现有制度环境下可行的建议和策略，以确保新的政策调整更具有可行性。

（二）建立良好的公共关系，加强互动深度

良好的公共关系的建立，对民办社工机构获取资源非常重要。政府、企业、基金会、志愿者等都是民办社工机构非常重要的利益相关方。在广州市这样一个包容性城市中，维护好与不同筹资对象的关系非常有利于促进民办社工机构的持续性发展。通过建立良好的公共关系，能够促进资助方的持续资助或者加大资助力度，确保机构有稳定的资金来源。在建立良好公共关系的基础上，民办社工机构可适当提升与不同的筹资主体互动的深度，促进彼此思维的碰撞，在交流中不断更新自身的工作思维和工作手法。

政府是民办社工机构最重要的资金来源渠道。和政府建立良好的关系，可以折射出政府对于社工机构的信任和认可，在一定程度上也会影响政府对于服务机构的选择。针对政府层面，民办社工机构可以由机构高层定期进行走访。或者通过邀请相关领导参与项目大型活动、总结会等形式，促进资源提供方有更多的参与感，更直观地了解机构项目的运作情况。同时，机构高层也可以提前了解政府相关部门的工作重点，提出建设性意见等，在这个互动过程中，很可能会碰撞出一些新的工作思路，促进新的服务项目的产生。这样，通过机构高层对于政府关系的维护，进一步促进相关部门官员对于民办社工机构的了解，实现机构向潜在资源提供方对服务项目的直接推介，增加机构获得新的项目运营和资助的概率。此外，民办社工机构在与政府部门人员交流互动的过程中，也可就社会工作的行业发展和政府的政策导向等交流意见，提升互动的深度。

企业、基金会等合作伙伴是民办社工机构除政府以外的另一个重要的利益相关方。对于这些合作伙伴，民办社工机构可以采用日常电话沟通、节日问候及邀请参与机构大型活动等，促进合作伙伴对机构动态有更多的了解。另外，随着民办社工机构的逐渐增多，部分服务对象和服务领域相同的民办社工机构也倾向于共同合作项目，合力达到服务目标。这种方式也能够促进民办社工机构与合作伙伴的互相了解，促进彼此的沟通。在与不同的筹资主体进行互动时，民办社工机构应多保持学习交流的心态，从对方的思维方式及工作方式上汲取营养，不断反思自身和更新自身。

此外，民办社工机构也需要与社会大众建立起良好的关系。作为社区内的驻扎者，民办社工机构有深入与社区居民交谈的便利条件，社工机构应该把握优势，多走访社区居民，倾听他们的真实需求和对社工机构服务的意见。特别值得关注的是，义工是社区居民中社工服务的积极支持者，在社工机构人力资源补充方面发挥着重要作用。近年来，广州大力倡导“社工＋义工”的服务模式，这表明了社工机构应该重视社区内的义工资源，在服务中为他们开辟更多的参与空间。首先，民办社工机构应该进一步加强与义工的长效合作机制。在服务过程中，除了发挥义工协助服务团队开展服务的作用，也要更加注重他们在服务过程中有更多的自我成长，促进其自我价值的实现。其次，社工机构需要进一步强化义工群体能力建设方面的培训。最后，应不断完善义工的激励制度，不仅可以借助市级的义工激励政策，各个服务点也可以通过开展志愿者表彰大会、团建等形式，激发义工的服务热情和促进义工服务的持续。

（三）树立前瞻性的筹资理念，建立筹资团队

民办社工机构开展筹资活动需要有内部建设的支持。在困境部分的分析中，笔者发现目前广州市大部分民办社工机构的筹资理念缺乏系统性和前瞻性，在这种理念的指导下，筹资活动往往是滞后的，是一种紧缺资源时开展的“自我拯救活动”，这样使机构处于极大的经营风险当中。因此，树立前瞻性的筹资理念，具有迫切的必要性。

首先，政府部门和广州市社工机构的相关行业协会应担起传播“多元化筹资”理

念的责任，通过培训、举办跨界交流会等方式，帮助机构负责人逐步树立正确的、适合机构发展的多元化筹资的理念。其次，社工机构应积极开展社区内的资源状况调查及分析，发掘各种潜在的资源，并且要准确地对现有和潜在的资源提供方进行分类，了解它们各自的业务范围和需求，这样能够根据不同资源方的需求，提供适合的社工服务项目。最后，是关键的一步，机构负责人应根据对筹资问题的重新认识，以及结合机构的实际情况，规划出机构的整体筹资计划，并在机构的组织架构上进行重新调整，设立筹资传播的专职工作人员，为实施筹资计划提供稳固的人力支撑。QC社工服务中心从2018年开始，将原来的公众宣传及项目发展部合并，成立“传讯与发展部”，由2名专职工作人员专门负责机构的筹资规划工作；而ZD社工机构，在组织架构上也设立有“资源拓展部”，负责统筹机构资源链接的各项工作，与资源方保持定期的联系，并且ZD社工机构在每个站点都设有“资源部门”，负责统筹该站点的资源对接工作。这些机构的经验做法能够为其他民办社工机构提供有益的参考。

（四）转变“纯社工式”的工作手法，开展多元筹资探索

在广州市民办社工机构发展的10年，大部分社工机构的主要资源均来自政府，社工机构需要争取更多非政府资源的服务资助，加大在服务研发和推广方面的经费投入，拓宽服务筹资渠道，尝试发展公益性收费服务，才能建立多元化的筹资结构，实现机构的可持续发展。

第一，民办社工机构应提升自身的项目开发能力。随着社会对公益事业的关注及呼声越来越高，越来越多的企业开始关注公益事业，以期通过参与公益服务履行企业社会责任感，打造企业的公益形象。于是，和有丰富公益服务经验的社工机构进行合作成了它们的便利之选。但是，由于企业市场化竞争的特性，它们崇尚“优胜劣汰”的市场法则，如何从众多的社工机构中脱颖而出，获得企业的“青睐”，成了民办社工机构面临的挑战。在对企业的社会责任部门项目负责人进行访谈时，他们尤其提到“社工机构需要打造自身的项目开发能力”的重要性。“我们需要的不仅是单次化地参与某个公益活动，我们更希望能够深度参与某个项目的服务，这更利于我们进行品牌包装……”（C2）除了有利于企业、社工机构积极开发属于本机构的公益项目，也有利于机构本身进行对外宣传，项目的形式相较于单次化的服务也更具传播性。

第二，转变“纯社工式”的理念，吸收商业合作工作手法。在困境分析部分本案例指出，现时许多民办社工机构因受“纯社工式”的工作思维和工作手法的限制，无法满足资源提供方的需求，从而陷入多元化筹资的困境。身处在不同主体交互影响的社会环境下，社工机构也必须更新转换自身的工作思维，积极主动与不同主体进行互动交流，吸纳对方长处和优势，才能不断使机构的发展节奏与环境相契合。其中，社工机构需要适当地吸收商业合作的工作手法，改变以往“公益”与“商业”互不相容的思维惯性。商业合作重视合作双方互惠共赢，而非一味地单方面给予。在与企业合作时，社工机构应尽力满足其心理需求和宣传需求，首先可以通过拓宽企业参与公益

活动的参与空间，让参加人员在活动中收获成就感和获得感；其次社工机构应秉承“公平交换”的工作原则，在企业提供给我们服务资助时也要理解企业的真实需求，在可行的空间里适当地满足企业的实际宣传需求，如此才能达到互惠共赢的合作。“公平交换”的工作原则也同样适用于民办社工机构与基金会等其他主体的互动中。

第三，增加机构的自创收入。现今，许多社会公众对于筹资已经出现了“同情心匮乏”的状况。这种环境下，单靠筹资对象的同情心已难以完全满足民办社工机构的筹资需求。发达国家（地区）所采取的义卖、义演、街头劝募、服务收费等方式也已经进入了我国公民的视野，这些自创收入为社工机构的筹资作出了很大的贡献。因此，探索将“捐捐捐”变为“买买买”，让社会公众用“消费”来代替“捐赠”的筹资道路日益受到社工机构的重视。首先，社工机构可以通过义卖取得筹资。义卖已成为社工机构应用较多的筹资手段之一了。现时广州市也为民办社工机构提供了越来越多的义卖平台，如迎春花市公益义卖、文广新局义卖等，这为民办社工机构提供了商业的参与方式，也更能为社会大众所接受和认可。其次，社工机构可以通过培育社会企业来反哺社工机构。社会企业不同于普通企业和社会服务机构，它是通过商业的运营手法来获取利润去贡献社会。英国共有社会企业 7 万余家，发展水平在国际上处于顶尖，基本覆盖每一领域，且业务水平大多超越了普通的中小型企业。而从港台社会工作的发展经验中可以看出，在解决社工机构的筹资问题上，社会企业是一条必经之路。港台的社工机构考虑长远，建立了庇护工场、手工作坊等社会企业，为社工机构提供了强大的资金来源。2017 年，我国共有 106 家社会企业获得了慈展会的认证，覆盖了多个社会服务领域，这为广州市民办社工机构探索社会企业的运营之路提供了一定的借鉴意义。在访谈过程中，黄埔区 XLJY 社工服务中心就有社会企业的实践经验，它所创办的“小船长”艺术教育培训中心，除了给孩子们提供托管服务和课业辅导，还有艺术教育的课程。“我们收取比市场价偏低一点的费用，普遍而言，社会大众还是乐于接受的……小船长的经营所得非常有力地为 XLJY 提供了资金上的支持。除此之外，还提供了活动举办的场地。这种模式证明是行之有效的。”（A6）XLJY 的理事长如是说。由此我们可以看出，社工机构可以尝试通过社会企业的运营来开辟新的筹资渠道。

（五）提高社工个人的筹资能力

从调查问卷的数据来看，广州市社会工作者普遍筹资能力不强，这使机构筹资工作的开展缺乏人力的支撑和保障，无法跟上机构筹资计划实施的节奏，出现“有活没人干”或者“有活干不了”的情形。因此，提高社工个人的筹资能力就显得十分的必要，这是解决机构多元化筹资困境的基础。

在问卷调查中发现，有大部分的社工缺乏与筹资相关的学习经历，并且有零散学习经历的社工也对学习经历带来的积极作用感受不强，这可能是与学习不系统，导致社工本人无法形成有条理的学习体系有关。为此，民办社工机构应加大在“人员培训”上的投入，如派遣管理筹资的员工外出参加与筹资相关的培训，举办与筹资相关的内部分享会，形成内部实践经验传承机制等都是可以参考的方式。另外，机构内部应该积极营造“鼓励尝试”的文化氛围，通过让“有筹资经验的同工带领无经验的同工”的方式，给予一线社会工作者尝试开展筹资活动的机会，这样更容易让其在实践摸索中积累经验，得到成长。笔者认为机构内部还需要建立相应的“筹资绩效激励机制”。由问卷调查的数据中可看出，影响一线社会工作者不愿意开展筹资活动的其中一个因素为“机构缺乏相应的激励机制”。诚然，在指标化评估的压力下，目前一线社工在实际工作中面临着巨大的工作量，在机构没有强制要求他们去开展筹资活动的情况下，“筹资”于他们而言确实被视作一种“额外的工作”，无形之中加大了其工作量。为了逐步解决这一难题，机构可通过建立激励机制的方式，设立不同层次的绩效回报指标，鼓励一线社工多尝试自行开展筹资活动，成功为机构筹得资源的社工按照资源的数量和质量提供相应的小额回报。这样，相信更多的一线社工会愿意投入筹资活动的实践中，在参与中他们也容易将“筹资”潜移默化为个人的工作，增加对筹资工作的责任感。只有从“知识结构”和“实践经验”两大方面同时发力，社工个人的筹资能力才会较快地得以提升和巩固。

此外，广州市社会组织联合会、广州市社工协会等枢纽型社会组织和行业协会，也应建立系统全面的“筹资能力”培训课程，帮助各个民办社工机构的筹资人员提升个人的筹资能力，助力机构开展多元化筹资的活动。目前，广州市社会组织联合会有开展与筹资相关的培训课程，但是据访谈人员表示，这些课程并不对广州市所有民办社工机构的社工开放，仅对参与广州市公益创投的机构社工开放，并且即使参与了公益创投，也并不是每个社工机构都知晓有相关培训课程，可见宣传力度不够。对此，相关枢纽型组织和行业协会应及时总结经验，在筹资工作上多为民办社工机构提供平台的支持。

在广州市社会工作纵深发展的今天，我们须反思社工机构在发展过程中所遇到的诸多困境，其中实现多元化筹资便是其遇到的一大发展障碍，这是民办社工机构发展到一定阶段所出现的阶段性问题。但是，通过社会不同主体以及机构自身的努力，是能够帮助社工机构突破这一困境，找到可持续发展之路的。在对策建议部分，本案例从政策、建立良好的公共关系、社工机构的筹资理念树立、工作手法以及社工个人筹资能力五大部分提出建议，旨在为广州市民办社工机构面临的筹资困境提出解决思路。

参考文献

[1] 崔执树．我国非营利组织筹资现状及对策研究[J]．北方经济，2007（23）：76－77.

[2] 高明，陈巧辉．高校公益组织筹资模式探析——以海西公益大学生联盟为例[J]．行政与法，2018（11）：64－70.

[3] 韩新宝，李哲．比较视野下的我国非营利组织筹资问题探究[J]．学会，2010（4）：36－39.

[4] 郎海凤．资源依赖视角下的民办社工机构筹资研究[D]．南昌：江西财经大学，2018.

[5] 李文秀，王淑梅．非营利组织筹资问题与解决对策［J］．商业会计，2017（19）：76－78.

[6] 梁廷．城市社区非营利组织筹资问题研究［J］．天津职业院校联合学报，2016，18（12）：119－123＋128.

[7] 龙永红．互惠利他链：官民慈善组织资源动员的比较研究［D］．南京：南京大学，2012.

[8] 吕纳．公共服务购买中的政府与社会组织互动关系研究［D］．上海：上海大学，2013.

[9] 马贵侠．社会营销视角下公益组织服务项目的运作机理研究［D］．合肥：中国科学技术大学，2016.

[10] 苗志超．浅析社会生态系统理论下社区矫正的社会工作介入［J］．内蒙古农业大学学报（社会科学版），2012，14（6）：223－224＋238.

[11] 石大建，李向平．资源动员理论及其研究维度［J］．广西师范大学学报（哲学社会科学版），2009，45（6）：22－26.

[12] 田丽．非营利组织资金运营管理研究［D］．大连：东北财经大学，2012.

[13] 万鑫淼．我国民间非营利组织内部控制体系研究［D］．青岛：中国海洋大学，2013.

[14] 汪永贵．我国非营利组织资金来源探讨［J］．云南科技管理，2007（6）：33－36.

[15] 王洛忠．中国非营利组织筹资困境及治理对策［J］．内蒙古社会科学（汉文版），2012，33（3）：112－115.

[16] 王洛忠．中国非营利组织的筹资困境及改善对策——以美国非营利组织的筹资经验为借鉴［J］．新视野，2012（1）：82－85.

[17] 王晓芳．困境与选择：新疆体育非营利组织市场化运行机制研究［D］．济南：山东大学，2014.

[18] 王雪辉．非营利组织筹资研究［D］．长沙：国防科学技术大学，2004.

[19] 王艳艳．衡水市非营利组织调查研究［D］．石家庄：河北师范大学，2017.

[20] 危英．我国非营利组织资金筹集问题探讨［J］．商业会计，2013（22）：70－73.

[21] 韦华芳．我国公益性非营利组织筹资研究［D］．北京：北京林业大学，2011.

[22] 邬瞳．社工机构的发展困境与路径选择研究［D］．长春：长春工业大学，2016.

[23] 肖荣．面向 BOP 市场的非营利组织筹资创新问题研究［D］．太原：山西大学，2013.

[24] 杨伟伟．我国基金会筹资能力及内部影响因素实证研究［D］．重庆：中共重庆市委党校，2016.

[25] 殷子文．非营利组织筹资问题研究［D］．苏州：苏州大学，2012.

[26] 于文涛．从中国台湾经验看社会福利机构筹资［J］．中国社会工作，2017（4）：54－55.

[27] 玉苗．中国草根公益组织发展机制的探析［D］．武汉：华中师范大学，2013.

[28] 张二雷．非营利组织筹资困境研究［D］．秦皇岛：燕山大学，2012.

[29] 张杰．我国公益性非营利组织筹资问题研究［D］．西安：西北大学，2010.

[30] 张益嘉．红十字会组织管理：筹资模式探讨［D］．大连：东北财经大学，2013.

[31] 赵利．慈善超市资源动员研究［D］．上海：华东师范大学，2017.

[32] 周寰辰．我国非营利组织筹资现状问题研究［J］．东方企业文化，2011（4）：158.

[33] 周批改，周亚平．国外非营利组织的资金来源及启示［J］．东南学术，2004（1）：91－95.

[34] 卓彩琴，范斌．生态系统视域下隔离社群问题分析［J］．广东社会科学，2013（1）：251－256.

[35] 卓彩琴．生态系统理论在社会工作领域的发展脉络及展望 [J]．江海学刊，2013 (3)：113－119.

[36] 曾强．非营利组织筹资问题研究 [D]．厦门：厦门大学，2008.

[37] E. Ochaita, M. A. Espinosa, I. García-Llorente, M. Fernández-López. The role of NGOs in the dissemination and implementation of positive parenting in Spain [J]. Early Child Development and Care, 2018, 188 (11).

[38] Katherine Foo. Examining the Role of NGOs in urban environmental governance [J]. Cities, 2018, 77.

[39] Linan Wang, Xiangjun Lu, Xiaohong Yu Jilin University of Finance and Economics, Changchun, P. R. China, 130117. Research on Finance of NGO [A]．美国 James Madison 大学、武汉大学高科技研究与发展中心、美国科研出版社. Proceedings of International Conference on Engineering and Business Management (EBM2011) [C]．美国 James Madison 大学、武汉大学高科技研究与发展中心、美国科研出版社：美国科研出版社，2011：3.

[40] Sofia Yasmin, Chaudhry Ghafran. The problematics of accountability: Internal responses to external pressures in exposed organisations [J]. Critical Perspectives on Accounting, 2019.

第八章　双因素理论视角下社工机构人才激励存在的问题与解决对策

——基于对广州市12家机构的调查

李健龙[①]

社工机构作为向社会提供公共服务的社会组织，在社会治理过程中发挥着越来越重要的作用。如今，随着政府购买社会工作服务的不断深入，社工机构的数量持续增长，规模不断扩大。但在社工机构快速发展的过程中，同时面临着社工人才流失、职业倦怠等问题。因此，研究社工机构人才激励，解决社工人才流失、职业倦怠问题具有重要意义。本案例选取广州市的社工机构作为研究对象，以双因素理论为视角，结合定性和定量两种研究方法对社工机构人才激励方面进行研究，旨在总结社工机构已有的激励经验，探索存在的问题和原因，并提出一些改善对策。

一、本案例研究概述

（一）为什么要研究社工机构人才激励问题

近年来，在国家各项政策推动下，我国社工人才队伍建设取得了巨大的成绩。2006年，党的十六届六中全会作出建设宏大社会工作人才队伍的决策部署，明确要求要建立健全以培养、评价、使用、激励为主要内容的政策措施和制度保障，确定职业规范和从业标准，加强专业培训，提高社会工作人员职业素质和专业水平（仲祖文，2006）[②]。这一政策出台后，我国社工人才队伍建设取得了巨大的成绩。据统计，截至2018年，全国已有近44万人通过考试取得了社会工作者职业资格证书，并且在2019年，社会工作者职业水平考试报考人数再创新高，总数达55.37万人，增长率为30%

---

① 李健龙，助理社会工作师、社会工作硕士，广东海洋大学海运学院讲师，兼任广东省社会工作学会理事、北斗星社会工作服务中心理事，曾参与“广东省农村应急管理研究”“广州市戒毒工作成效调研”等项目，参编《社会工作导论》《社区管理》等著作。2015年获“中国社会工作教育协会年会论文三等奖”，2018年被评为“广东海洋大学暑假社会实践调研优秀指导老师”“广东海洋大学优秀班主任”，2019年被评为“广东海洋大学优秀党务工作者”。

② 仲祖文：《努力建设宏大的社会工作人才队伍——三论为构建社会主义和谐社会提供组织保证》，网站来源：http：//paper. people. com. cn/rmrb/html/2006－12/18/content_12127852. htm。

(涂传博,2019)[①]。

在发展过程中，社工机构同时面临着人才流失率高的困境。据《深圳市社工行业年度数据报告》显示，2008年深圳社工的流失率为8%，2009年达到11%，2010年达到13.3%，2011年达到17%，2014年社工的流失率高达22.2%，超出行业20%的警戒线（张小玲，2016）。而与深圳毗邻的东莞，社工人才流失率也不容乐观。在2010年东莞社工流失率为15%，2011年为19%，2012年是29%，2014年达到20%（田玲玲、梁清，2015)[②]。社工人才流失严重已成为全国社工机构面临的主要问题之一，面对如此高的流失率，加强社工机构人才激励具有重要意义，也是解决当下社工流失问题的重要途径。

本案例对社工机构人才激励方面的研究主要有以下几点意义。

第一，从社工人才层面来看，有利于激发社工人才工作的积极性。社工人才工作的积极性除了依靠价值观作为导向外，同时应该基于适当的物质激励。当下许多社工机构都是依靠政府购买来开展服务的，因此，缺乏足够的资源来为社工人才所作出的努力进行及时的奖励，再加上社工机构在激励社工时缺乏有效的激励措施，于是导致许多社工积极性偏低。在这种情况下，研究社工机构人才激励问题，完善对社工人才的激励，有利于激发社工人才的积极性。

第二，从社工机构层面来看，有利于吸引和留住优秀人才，提高社工机构的服务质量。社工机构是人力资源密集型的组织，主要依赖员工的能力（知识和技巧）为服务对象提供优质的服务，所以可以说员工是机构最重要的资源（范志海、阎更法，2004)[③]。因此，研究社工机构人才激励方面，能够为社工机构吸引和留住优秀人才，从而提高机构的服务质量。

第三，从社工行业发展来看，有利于推动我国社会工作专业人才队伍的建设。社会工作人才队伍建设是社会工作专业发展的基础，在国家政策的推动下，我国社会工作专业人才队伍建设取得了显著的成就，但同时面临着专业人才流失的困境。对社工机构人才激励的研究，能够了解社工人才的激励需求以及他们对当下激励的评价，然后提出相应的解决对策，从而留住专业人才，推动我国社会工作专业人才队伍的建设。

社工机构人才激励是一项复杂的系统，在激励过程中涉及多方面因素，根据本案例的研究需求，研究的基本内容如下。

其一，了解广州市社工机构现有的人才激励情况，从中总结出一些良好的做法以供其他地方的社工机构借鉴。

---

① 涂传博：《2019年全国社工考试报考人数达55.37万人！全国各地持证激励大扫描!》，网站来源：http：//www.cpwnews.com/content-24-30208-1.html。

② 田玲玲、梁清：《去年东莞社工流失率预计近20%钱不多升职难》，网站来源：http：//dg.southcn.com/content/2015-03/24/content_120662543.htm。

③ 范志海、阎更法：《社会工作行政》，上海·华东理工大学出版社，2004年版，第259页。

其二，分析社工对已有激励方式的评价，根据他们的评价探索社工机构在人才激励方面存在的问题。

其三，针对社工机构在人才激励方面存在的问题提出相应的解决对策。

（二）研究设计

1. 基本概念界定

本案例的社工机构人才是指社工人才，从已有的定义来看，不同学者有不同观点。例如，柏松（2012）认为社工人才是指那些具有良好的思想素质和一定的社会工作专业知识与技能，专门从事社会工作，为社会建设作出积极贡献的人员[①]。而周胜和周爱萍（2007）则认为社工人才的外延包括三个方面：一是长期从事社会工作，并作出贡献的社会工作者；二是通过了社工职业资格评定考核，取得了相关社会工作师职称的专业技术人员；三是专门从事社会工作管理、教学和研究，并且具有初级专业技术职务的其他人员[②]。甄炳亮、王秀江（2010）认为社工机构人才概念有三个特点，其一是专业性，其二是广泛性，其三是能力强[③]。

结合以上学者的观点，本案例所指的社工机构人才是指经过专门培训和教育，并认同社会工作专业价值观，掌握社会工作专业理论和服务方法，并在社工机构中从事助人服务活动的工作者。

2. 理论视角

双因素理论，又称激励保健理论，由美国心理学家、管理理论家弗雷德里克·赫茨伯格于1959年提出，是激励理论的代表之一。20世纪50年代末，赫茨伯格和他的同事从美国匹兹堡地区的9家不同公司中抽取出203名工程师和会计师进行调查。通过受访者的回答，他们对涉及的系列事件进行分析，最后发现：有一类因素与工作本身并无直接关系，也即外部因素，此类因素的满足能够防止员工低落表现的发生，但并不能促进他们努力工作，类似于医学上的某些药物，仅能防止疾病的产生，但并不能发挥治疗疾病的作用，于是赫茨伯格把这些因素称为保健因素；而另一种因素与工作本身、员工的个人内在成长等方面相关，也即为内在因素，当这些因素出现时，总是能够使人积极工作，因此，赫茨伯格称之为激励因素（Herzberg F，1966）[④]。

---

① 柏松：《农村社会工作人才队伍建设研究》，长江大学硕士学位论文，2012年。

② 周胜、周爱萍：《关于社会工作人才队伍建设的几点思考——来自厦门市社会救助领域的调研报告》，载《法制与社会》2007年第9期，第643—644页。

③ 甄炳亮、王秀江：《宽与窄：社会工作人才、社会工作者、社会工作人员关系探析》，载《中国民政》2010年第2期，第37—39页。

④ 弗雷德里克·赫茨伯格、伯纳德·莫斯纳、巴巴拉·斯奈德曼：《赫茨伯格的双因素理论（修订版）》（张湛译），北京·中国人民大学出版社，2016年版，第53—59页。

表8-1　Herzberg的双因素理论（Two Factor Theory）

保健因素（外在因素，环境）	激励因素（内在因素，工作本身）
组织政策与管理	工作本身
人际关系	认可
工作条件	成就
薪酬	升迁
地位	责任
工作保障	成长的可能性
个人生活因素	

表8-2　双因素理论下社工机构人才激励因素划分

<table>
<tr><td colspan="2">保健因素（外在因素，环境）</td><td rowspan="16">双因素理论</td><td colspan="2">激励因素（内在因素，工作本身）</td></tr>
<tr><td>维度</td><td>指标</td><td>维度</td><td>指标</td></tr>
<tr><td rowspan="3">政策与管理</td><td>机构政策</td><td rowspan="3">工作本身</td><td>岗位及工作安排</td></tr>
<tr><td rowspan="2">机构管理制度</td><td>工作量</td></tr>
<tr><td>工作压力</td></tr>
<tr><td rowspan="3">工作条件</td><td>办公环境</td><td rowspan="3">认可</td><td>自身认可</td></tr>
<tr><td rowspan="2">办公设备</td><td>服务对象认可</td></tr>
<tr><td>社会公众认可</td></tr>
<tr><td>人际关系</td><td>同事之间的关系</td><td rowspan="3">成就</td><td>工作成就感</td></tr>
<tr><td rowspan="2">社会地位</td><td rowspan="2">职业地位</td><td>工作价值感</td></tr>
<tr><td>成绩考核</td></tr>
<tr><td rowspan="5">薪酬福利</td><td rowspan="3">工资</td><td rowspan="3">成长的可能性</td><td>培训</td></tr>
<tr><td>督导</td></tr>
<tr><td>外出学习</td></tr>
<tr><td rowspan="2">福利</td><td rowspan="2">升迁</td><td>晋升</td></tr>
<tr><td>职业发展</td></tr>
</table>

双因素理论主要适用于对知识型员工的激励。社会工作作为一种助人职业，要求社工人才掌握相应的理论知识、实务方法和技巧，利用专业方法助人，属于知识型员工，双因素理论自然适用于对社工机构人才的激励。

社工机构在运用双因素理论作为社工人才的激励依据时，要看到保健因素与激励因素共同对社工人才产生的激励作用。首先，保健因素虽然不能给社工直接带来工作方面的成就感，让他们实现自我工作价值，但保健因素对维持他们的基本生活同样不可缺少，只有做好保健因素，才能防止他们产生不满情绪，从而减少社工的离职。其次，社工机构也要防止一味强调对社工的物质激励，而缺乏精神及工作上的激励。要调动人的积极性，必要的物质保障必不可少，但更为重要的是要注意对人的精神激励，给予表扬认可、成长的机会、实现自我价值的机会，这样的内在激励作用更大，维持的时间更长（许芳，2007）①，所以社工机构在满足保健因素的基础上，要尽可能地发挥激励因素的作用。

3. 研究方法

一是文献法。本案例采用文献研究方法从两个方面进行。首先，通过网络数据库、报刊、图书馆等平台充分查找及阅读相关论文、书籍，在分析和总结相关理论及文献资料的基础上，形成本案例的理论基础及研究思路。其次，本案例致力于收集广州市社工机构在社工人才激励方面的相关材料，然后结合实际调查进行分析与总结。

二是访谈法。访谈法是质性研究方法中的主要方法之一，本案例采用的是半结构化深度访谈法。笔者根据研究目的及内容提前设计好访谈提纲，然后在访谈提纲框架下与被访者进行面对面自由交谈，从而获取受访者对访谈内容的深层次看法和建议。

在访谈对象选取时，为确保访谈资料具备多元化和代表性，笔者根据不同性别、学历、职业资格等级、工作职位、工作年限等条件，分别从不同机构中选取了11名社工进行访谈，具体情况见表8－3。

表8－3　访谈对象的基本情况

	性别	年龄	学历	职业资格证	工作职位	工作年限
ZC社工	男	27	大专	中级	领域组长	4
YT社工	女	26	本科	中级	项目副主任	4
HS社工	男	28	本科	中级	项目主任	6
XJ社工	女	32	大专	中级	一线社工	6
GT社工	女	25	大专	初级	一线社工	2
YM社工	女	25	大专	初级	一线社工	2
JH社工	女	26	本科	初级	领域组长	3
CY社工	男	26	本科	初级	一线社工	2
LF社工	女	25	本科	初级	一线社工	2
HS社工	女	23	大专	无	一线社工	1
WH社工	女	23	大专	无	一线社工	1

三是问卷调查法。问卷调查法是本案例采用的主要资料收集方法，为实现样本多样化，笔者依据社工机构的成立背景、经费来源、项目类型、机构规模等条件，选取12家社工机构作为调查对象。在调查过程中，采用网络发放电子问卷和现场发放问卷的方式进行。在调查中共发放纸质问卷300份，回收285份，回收率为95%，

① 许芳：《组织行为学原理与实务》，北京·清华大学出版社，2007年版，第135页。

电子问卷回收174份，最终一共回收459份问卷，在录入数据时发现纸质问卷有27份无效，电子问卷25份无效，最后有效问卷一共407份，有效率为89%。调查结果采用社会科学统计软件SPSS 21.0进行分析，将问卷录入软件后，调查对象情况见表8-4。

表8-4　调查样本的基本情况（N=407）

变量名称	变量类别	N	%
性别	男	82	20.1
	女	325	79.9
年龄（周岁）	22岁以下	21	5.2
	22—25岁	188	46.2
	26—29岁	152	37.3
	30—33岁	35	8.6
	33岁以上	11	2.7
婚姻状况	已婚	98	24.1
	未婚	309	75.9
最高学历	高中（含中专）	2	0.5
	大专	113	27.8
	本科	269	66.1
	硕士及以上	23	5.7
所学专业	社工	223	54.8
	社会学、心理学	91	22.4
	其他专业	93	22.9
工作岗位	社工（包括助理）	337	82.8
	项目主任、副主任	67	16.5
	督导	3	0.7
在机构年限	1年以内	128	31.4
	1—2年	132	32.4
	2—3年	60	14.7
	3—4年	37	9.1
	4年以上	50	12.3

续表

变量名称	变量类别	N	%
职业资格证书	助理社会工作师	241	59.2
	社会工作师	72	17.7
	心理咨询师三级	55	13.5
	心理咨询师二级	6	1.5
	其他职业资格证	32	7.9
	暂无职业资格证	70	17.2

二、双因素理论视角下社工机构人才激励现状及满意度分析

（一）保健因素下社工机构人才激励现状及满意度分析

根据双因素理论的观点，保健因素的满足能够消除员工的不满情绪，从而维持员工的工作状态。保健因素主要涉及工作本身以外的因素，包括机构政策与管理、工作条件、薪酬福利、人际关系等。下面笔者将根据对广州市12家社工机构调查获得的资料，分析社工机构在人才激励方面的实施情况及社工的满意度。

1. 保健因素下社工机构人才激励现状

一是机构政策与管理方面。根据赫茨伯格的双因素理论，政策与管理制度属于外在激励，即在他看来，完善的政策与管理制度能够保证员工正常的工作状态，满足他们对工作的需求。如果机构政策与管理制度不够完善，则会引起员工的不满，从而影响员工工作的积极性。社工机构想要实现政策与管理方面的保健作用，主要体现在两个方面：其一，机构要制定完善的政策与管理制度；其二，机构要落实制定好的政策与管理制度。

通过访谈部分社工及社工机构负责人了解到，在机构政策与管理制度方面，机构总部在成立时都会根据机构的性质、愿景、业务范围等制定出一套成文的政策与管理制度。除了机构总部统一制定的政策与管理制度外，机构的项目点同时也会根据自己的情况制定本项目点的日常管理制度，从而实现项目的规范化管理。

在政策与管理制度落实方面，一个最重要的工作是如何让社工了解机构的政策与管理制度，在访谈中了解到，很多社工机构都有一些相同的做法，即通过入职培训来实现。笔者通过李克特量表计算均值为3.62分，具体见表8－5，说明目前这种方法取得了很好的效果。

表8－5　对机构各项规章制度和政策了解程度

	频率	百分比（%）	有效百分比（%）	累计百分比（%）
非常了解	36	8.8	8.8	8.8
比较了解	213	52.3	52.3	61.2

续表

	频率	百分比（%）	有效百分比（%）	累计百分比（%）
一般	132	32.4	32.4	93.6
不太了解	22	5.4	5.4	99.0
不了解	4	1.0	1.0	100.0
合计	407	100.0	100.0	

二是工作条件保障方面。政府购买社工服务是目前社工机构承接项目的主要来源，在广州大多数情况，政府购买社工服务不仅是指政府作为购买方为社工服务项目提供资金支持，同时还包括政府为社工服务项目的开展提供各种办公场地及办公设备等。根据中共广州市委办公厅、广州市人民政府办公厅2011年9月印发的《关于加快街道家庭综合服务中心建设的实施办法》，在场地设备保障方面，要整合现有的街镇文化站、工疗站、党员活动中心、社区星光老年之家等社区服务场地资源。要通过整合、新建、置换、租赁等方式，根据实际需要，多渠道解决服务中心场地，盘活国有产权闲置场地，通过“零租金”或象征性租金的方式用于街道家庭综合服务中心建设。服务中心要根据开展服务的需要，配备办公和服务设施，配备相应的无障碍设施以及文化、体育、康复设施。在选址上，尽量选取靠近公交车站、地铁站等交通便利的位置，交通部门要结合社区服务场地调整优化公共交通线路（周浩杰，2011）[①]。

通过以上政策文件可以看出，广州市政府在购买社工服务过程中力图为社工服务项目的开展提供完善的工作条件保障。在笔者走访广州市各区的家庭综合服务中心项目以及其他专项服务项目点过程中了解到，目前这些项目点的办公场地及办公设备基本由购买方提供，在办公场地内配有社工办公室、会议室、个案室、图书室以及其他各种活动功能室等。

三是人际关系保障方面。良好的人际关系是保障社工在项目点中开展工作的基础，也是社工之间相互协作完成工作的前提。如果机构人际关系很糟糕，必然会影响社工的工作状态和工作积极性。特别是在开展服务过程中，通常需要社工之间相互协作来完成一些大型服务活动，而良好的人际关系能够为社工提供更好的工作协作基础，从而促进他们更好地完成工作。从这个方面来讲，机构良好的人际关系实际上发挥了一种保健的激励作用。

从调查的数据分析，社工机构在人际关系维护方面取得了很大的成效。从表8-6的结果可以看出，90.4%的社工认为他们在机构中与同事关系处于比较融洽及以上状态。

① 周浩杰：《广州要求街道开展家庭综合服务中心建设工作》，网站来源：http://news.dichan.sina.com.cn，2011-10-13。

表 8-6 社工与同事之间的关系状态

	频率	百分比（%）	有效百分比（%）	累计百分比（%）
非常融洽	85	20.9	20.9	20.9
比较融洽	283	69.5	69.5	90.4
一般	36	8.8	8.8	99.3
比较不融洽	2	0.5	0.5	99.8
非常不融洽	1	0.2	0.2	100.0
合计	407	100.0	100.0	

四是薪酬福利保障方面。社会工作虽然强调服务和利他精神，但它同时也是一份职业或工作，社会工作者需要依靠这份职业获取收入以谋生（曾群，2007）[①]，所以为社工提供基本的薪酬保障是维持他们持续工作的前提。在薪酬保障方面，广州市绝大多数社工机构都参考《广州市社会工作专业岗位设置及社会工作专业人员薪酬待遇实施办法（实行）》（穗民〔2010〕229 号）及《关于进一步做好街道家庭综合服务中心建设工作的函》（穗民函〔2012〕263 号）制定工资标准。广州市社会工作专业人员薪酬指导价位见表 8-7。

表 8-7 广州市社会工作专业人员薪酬指导价位表

职位名称		平均薪酬（单位：元/月）
高级	待定	待定
中级	社会工作师一级	6500
	社会工作师二级	5700
	社会工作师三级	5000
助理级	助理社会工作师一级	4000
	助理社会工作师二级	3500
员级	社会工作员	3000
实习期/见习期	博士研究生	4200
	硕士研究生	3690
	双学士班、研究生毕业（没有硕士学位）	3320
	本科毕业	2800
	大专毕业	2300

从表 8-7 中不难看出，广州市对社会工作人才的薪酬给付是按照等级来划分的，社会工作师分三个等级，对应的工资分别为 6500、5700、5000 元；助理社会工作师则分为

① 曾群：《社会工作行政》，上海人民出版社，2007 年版，第 150 页。

两个等级，对应的工资分别为4000、3500元。从政府对社工薪酬的指导价来看，每相连的两个等级之间其实相差不是很大，但以多等级来划分，能够起到一种很好的级别差异激励作用。

在政府指导价位的基础上，为了解广州市各个社工机构在薪酬方面的保障情况，本案例以广州市2016年的最低工资标准（1895元）为基数，然后以这个基数的倍数作为社工工资的呈现方式，最后让被调查者在这个基础上选出最接近自己税前工资的数值，具体的统计结果见表8-8。从表8-8中可以看出广州市社工目前的税前平均工资为最低标准（1895元）的2.05倍，即为3884.75元。

表8-8　广州市社工2017年工资基本情况

最低工资标准（1895元）的几倍	频率	百分比（%）	有效百分比（%）
1.2倍（2274元）	23	5.7	5.7
1.5倍（2843元）	58	14.3	14.3
1.8倍（3411元）	92	22.6	22.6
2倍（3790元）	69	17.0	17.0
2.2倍（4169元）	60	14.7	14.7
2.5倍（4738元）	38	9.3	9.3
2.8倍（5306元）	50	12.3	12.3
3.2倍（6064元）	11	2.7	2.7
其他	6	1.5	1.5
合计	407	100.0	100.0
均值	2.05（3884.75）		

如果按照“广州市社会工作专业人员薪酬指导价位表”的区分等级，对“助理社会工作师”“社会工作师”这两个等级与“目前工资”进行T检验即可发现，两个不同等级之间在工资上的差异非常显著（t=7.96，P=0.000），具体结果见表8-9。作进一步比较发现，在均值上，社会工作师比助理社会工作师高出0.47，由于本题以最低工资标准（1895元）作为比较基数，所以两个等级之间的实际工资相差890元，这说明不同职业等级的社工在工资收入方面存在比较明显的差异。从激励角度看，社工机构对不同级别的社工实行差异化给付工资，实际为一种激励手段。

表8-9　不同职业等级的社工工资差异性比较

检验变量	职业等级	N	均值	标准差	t值	P
工资是最低工资标准的几倍	助理社会工作师	241	2.06	0.42	7.96**	0.000
	社会工作师	66	2.53	0.43		

*表示在0.05水平上显著；**表示在0.01水平上显著。

在福利方面，社工机构提供的福利主要包括制度性福利和职业性福利。根据笔者走访社工机构负责人及对部分社工进行访谈了解到，在制度性福利方面主要包括五险一金，职业性福利主要有各种津贴、团建旅游、外出学习机会等，具体情况见表8－10。

表8－10 社工机构员工福利构成

制度性福利	职业性福利
养老保险	节假日津贴
医疗保险	高温津贴
失业保险	工龄津贴
工伤保险	培训津贴
生育保险	团建旅游
住房公积金	生日/结婚/生育贺礼

注：此表从笔者访谈资料中整理而来。

2. 保健因素下社工机构人才激励满意度分析

上面已分析了广州市社工机构在保健因素下对社工人才的激励实施情况，为了解社工人才对机构现有的基本保障方面是否满意，本案例同时进行了满意度调查，下面将对相关方面进行分析。

本部分采用李克特量表，将满意度划分为五点，同时根据满意度高低分别赋予不同权重分数，具体为：非常满意——5分、比较满意——4分、一般——3分、比较不满意——2分、非常不满意——1分。在比较每个方面满意度时，除了看每个满意度级别上的百分比分布外，同时还采用均值比较，并最终依此对每个方面的满意度进行一个排序比较。

表8－11 保健因素下社工人才激励整体满意度情况

变量	非常不满意（%）	比较不满意（%）	一般（%）	比较满意（%）	非常满意（%）	均值
政策与管理	1.2	4.9	36.1	55.0	2.7	3.53
工作条件	2.5	9.3	34.6	47.7	5.9	3.45
人际关系	0.0	1.2	18.4	68.8	11.5	3.91
工资	8.1	29.0	49.4	13.0	0.5	2.69
福利	2.2	6.9	34.4	51.6	4.9	3.50
职业地位	4.2	27.5	62.2	6.1	0.0	2.70

从表8－11中可以发现，除了工资外，其他方面的评价大部分都集中在“比较满意”这个选项上，其中最好的是人际关系，其次是机构的政策与管理，福利因素排第三，比工作条件的评价好，而社工最不满意的是工资保障，大部分社工的评价是“一般”，有一些还觉得“比较不满意”。进一步采用均值比较可以看出，除了工资外，其

他四方面的总体满意度均介于“比较满意”和“一般”，而工资的满意度介于“比较不满意”和“一般”。对这五个方面满意度从高到低进行排序如下：人际关系满意度 > 机构政策与管理满意度 > 福利满意度 > 工作条件满意度 > 职业地位满意度 > 工资满意度，具体数值见表 8－11。这说明在社工机构中，保健因素做得最好的是人际关系，而最不理想的是工资保障。

（二）激励因素下社工机构人才激励现状及满意度分析

在赫茨伯格看来，保健因素的满足只能消除员工的不满意感，但并不能很好地调动员工工作的积极性。激励因素则不同，它能够提高员工的满意度，最大限度地激发员工工作的积极性和创造性，提高工作效率和工作质量。激励因素主要涉及工作本身、工作认可、工作成就、成长的可能性及晋升等。下面将结合笔者在调查广州市社工机构过程中获得的资料对这几个方面进行分析。

1. 激励因素下社工机构人才激励现状

其一，岗位安排双向选择，工作内容结合目标自由把握。工作本身的激励是赫茨伯格双因素理论中的重要激励因素之一，工作本身的激励主要体现在工作岗位安排的合适性与工作内容的有趣性、自主性等。特别是在工作自主性上，赫茨伯格认为，如果要让员工获得成就感和个人成长，那么他们至少要对自己工作开展的方式有一定的自主权（弗雷德里克·赫茨伯格等，2016）①。社会工作作为一种服务性职业，在为服务对象提供服务时注重对服务对象需求的把握，所有的服务活动都应该是基于需求的基础上来开展的。因此，对社工而言，在工作上拥有自主性就更为重要。

目前，广州市的社工机构在工作岗位安排方面主要是采用双向选择方式，即社工机构与社工之间相互选择。首先，社工机构相关负责人会对社工应聘的岗位进行详细解说，包括平时的服务范围、服务的具体工作内容等，其次根据社工的个人情况来确定是否能担任该岗位，而社工也会依据这些来评估自己适不适合选择这个岗位。这个过程实际就是一种双向选择过程，选择的最终结果充分体现了双方的自愿性、合适性。

“我们的工作岗位一般都是在进来机构的时候就已经确定了，因为在面试的时候中心主任会和我们说明他想招哪个领域的社工，我们进来项目点时主要负责哪些工作，然后根据这些，我会结合我个人的情况，如果是我自己喜欢的工作，那我就会答应进来工作，所以说在进来的时候就已经确定了我们的工作岗位。”（ZC 社工）

在工作内容安排上，社工机构不会为社工安排详细的工作内容，也不会要求社工具体开展何种服务活动，而是让社工围绕项目点目标自由决定开展何种服务活动。因此，在开展服务过程中，社工能够根据自己对服务对象的了解制订自己的服务计划，同时在他们完成服务计划时，机构或者项目点负责人会同时对内容进行一定的了解，

① 弗雷德里克·赫茨伯格、伯纳德·莫斯纳、巴巴拉·斯奈德曼：《赫茨伯格的双因素理论（修订版）》（张湛译），北京·中国人民大学出版社，2016 年版，第 136 页。

及时给出一些建议。

“我们主任不会干涉我们的具体工作，但她会看你制订的工作计划合不合理，然后提一些意见。”（WJ 社工）

“首先指标就固定在那里，其次每个月的服务就是你自己去安排，所以我就觉得工作还算有很大的自主性吧。”（YM 社工）

其二，政府及社会组织注重社工宣传，努力提高社工的认可度。一般民众的认可可以为社会工作专业提供一个适宜的从业环境，包括各种资源，而服务对象的认可是社会工作专业存在的根本（李琪，2013）[①]。因此，加强对社工的宣传，提高社会公众及服务对象对社工的认知和认可，将有利于吸引和留住社工人才。

在近几年的发展中，广州市政府和社会组织及社工机构特别注重对社工的宣传，形成了文化、大众传媒、落地活动相结合的宣传方式。在文化宣传方面，广州市设计了独特的社工标识、徽章以及吉祥物等，同时采用向社会公开征集的方式确定了《广州社工之歌》。除此之外，每个社工机构都会根据自己的服务理念设计出机构的 logo，确定统一服装等。在大众传媒宣传方面，政府、社会组织和社工机构充分利用报纸刊物、电视节目、微博、微信公众平台等方式进行宣传。

通过调查发现，广州市的社工宣传活动在提高社工认可度方面收到了很好的效果。在调查中，笔者将社工的认可度分为四个指标：社工自我认可、服务对象认可、社会公众认可、上级或机构认可，然后让社工对这四个指标进行评价。在已有的研究中，对社工认可度的研究一般是对服务对象或是社会公众进行调查，然后让他们作出评价，但本案例研究的是社工激励，因此，笔者认为社工自身的感受才是本案例关注的重点，因为社工自己对认可度的感受将会直接影响到他们在工作中的积极性。

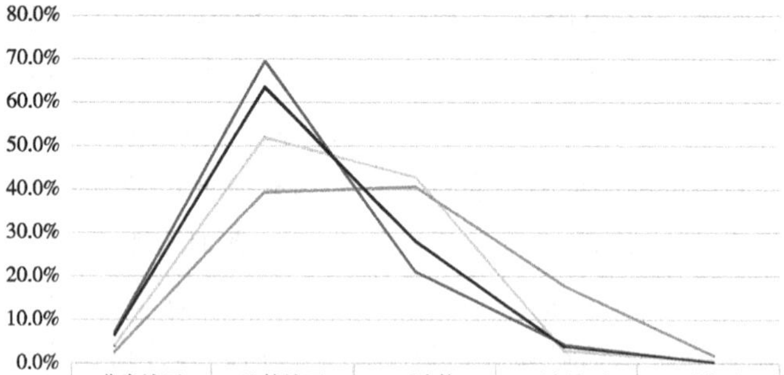

	非常认可	比较认可	不清楚	不太认可	不认可
社工自我认可	6.4%	62.2%	27.5%	3.7%	0.2%
服务对象认可	6.9%	68.1%	20.6%	4.2%	0.2%
社会公众认可	2.5%	38.6%	39.8%	17.4%	1.7%
上级或机构认可	3.9%	50.9%	42.0%	2.7%	0.5%

图 8－1　社工认可度比较

① 李琪：《浅谈社会工作的社会认可》，载《青年科学（教师版）》2013 年第 6 期，第 2—3 页。

调查的结果显示，社工对自我认可、服务对象认可、社会公众认可、上级或机构认可这四个方面的评价基本是“比较满意”状态，而排在第一的是服务对象认可，其次是社工的自我认可，然后到上级或机构认可，而对于社会公众认可的评价，很多社工表示不清楚，具体结果如图8－1所示。这些结果表明，广州市社工的认可度比较好，特别是在服务对象认可方面，许多社工都认为他们的服务得到了服务对象的肯定。

其三，制定绩效考核制度，定期对社工进行考核。在社工机构中，良好的绩效考核制度可以让社工知道自己工作的成效，激发其工作的动力，并愿意为机构作出更大的贡献，这也确是追求工作质与量不可缺少的（黄源协，2018）①。可见在社工机构中实施绩效考核制度能够激发社工工作的积极性。但在社工机构中，由于服务的特殊性，并不能像企业一样对社工所开展的工作进行完全量化，于是导致很多社工机构并不重视对社工进行绩效考核。

笔者通过访谈了解到，广州市的社工机构基本上都制定了绩效考核制度，一些小机构即使没有一整套完善的书面绩效考核制度，但也会按照一定的方法定期对社工进行考核，然后根据考核的结果对社工进行适当的奖励或惩罚。绩效考核制度一般由机构总部统一制定，各个项目点会根据实际情况执行。在考核次数、考核方式、考核内容以及考核结果应用上，不同机构有不同的做法。

在考核次数上，有的社工机构实行一个季度考核一次，年终再进行一次大考核；有的机构实行一年两次考核，考核的具体时间为年中和年终；有的机构则一年只进行一次考核。在考核方式上，基本都是以评分的方式进行，社工的考核结果由多方面组成。

“我们机构的绩效考核制度是一年考核两次，年中一次，年终一次。考核的方式主要是360度考核方法，首先机构会让我们自己打分，其次是同级打分，再次上级打分，最后是行政评和总部评。”（YD社工）

“绩效考核内容的话，有好几个层面，包括工作态度、职业伦理、职业操守、纪律等。”（CY社工）

社工机构对社工的考核结果主要分为三个或四个等级，即不及格、及格、良、优。考核奖励的常见手段是给员工发放一定的奖金，奖金的额度有200—500元不等，而有的机构则只在年前时对考核良好的员工给予一定的奖金。对于考核不及格的员工，很多社工机构的做法相差不大，一般都是由项目负责人对社工进行面谈，对工作中存在不足的地方进行指导和帮助，有的社工机构还会在面谈的基础上要求员工参加培训等。

“我们机构的考核结果分为三个等级，及格、良好、优秀，基本达到良好的话都OK的了，你最起码要达到良好，假如说你是及格的话，当月不给你发奖金，达到优秀的除了奖金，有时候会有其他的奖励。年终考核优秀的话应该有其他奖励，良好的没

① 黄源协：《社会工作管理》，上海·华东理工大学出版社，2018年版，第187页。

有其他奖励，及格的话需要面谈，对你接下来的工作进行指导。”（ZC社工）

其四，社工督导培训专用经费保障，督导培训时数纳入考核指标。广州市特别注重社工的督导与培训成长，早在2010年就明确提出要建立社会工作督导人才培养机制和管理平台，加快培育本土社会工作督导人才。在2012年《关于进一步做好街道家庭综合服务中心建设工作的函》（穗民函〔2012〕263号）中，又规定在政府购买家庭综合服务的200万元经费中10%用于专业支持，其中主要包括督导费用、社工入职培训和其他专业培训费用等（雷杰等，2015）[①]。除此之外，在政府购买服务的评估文件中也明确将每个项目点社工接受督导和培训的时数纳入政府购买服务的评估指标，以确保社工机构为社工提供足够的督导和培训。

从调查的结果来看，社工接受督导和培训的频率主要集中在每个月一次，具体如图8－2和图8－3所示。从图中的数据还可以得知，有超过一半的社工是每个月接受一次督导，有少部分是每个月接受两次督导。在培训方面，每个月接受一次培训的社工有45%，每个月接受两次培训的社工比例为15.7%，这两个数据明显都低于社工督导。不难看出，社工机构对社工督导的重视度明显高于对社工的培训。

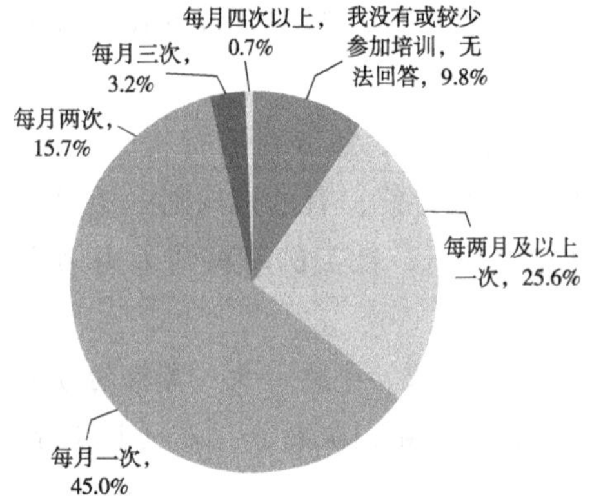

图8－2　社工接受督导频数

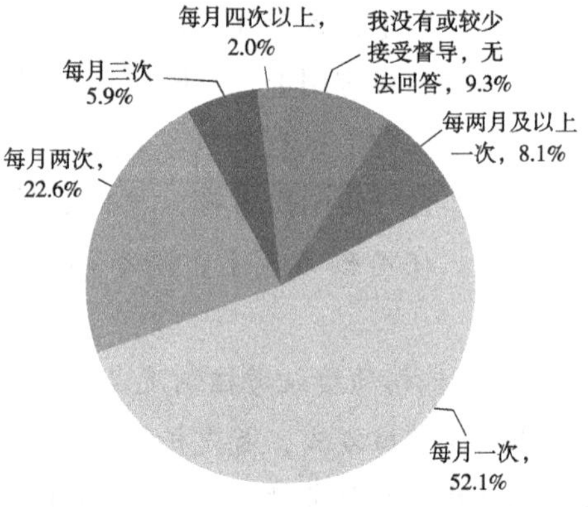

图8－3　社工接受培训频数

在与社工的深入访谈中了解到，社工一般都是一个月接受一次督导，但督导的实际时数则很难统一计算，因为社工接受督导的方式除了个别督导外，还会有领域督导、项目点集体督导等。不过有学者曾在2014年对广州市686名社工进行调查得出，社工接受个人督导的平均时数为每月3.62小时（雷杰等，2015）[②]。

在培训方面，很多机构会要求社工每年必须参加满一定的培训时数，培训时数基本都是每年80多个小时，有的机构还会根据社工的工龄来调整具体的培训时数。同时为鼓励社工积极参加培训，社工机构把80多个小时的培训时间纳入工作时间。

① 雷杰、罗观翠、段鹏飞等：《广州市政府购买家庭综合服务分析研究》，北京·社会科学文献出版社，2015年版，第124页。

② 雷杰、罗观翠、段鹏飞等：《广州市政府购买家庭综合服务分析研究》，北京·社会科学文献出版社，2015年版，第93页。

2. 激励因素下社工机构人才激励满意度分析

社工对机构激励措施满意与否，直接影响到他们工作的积极性。笔者根据激励因素的五个方面对社工进行满意度调查，采用李克特量表，将非常满意、比较满意、一般、比较不满意、非常不满意分别赋予5—1分，然后对每个等级上的百分比进行比较，并最终利用均值对五个方面进行排序，见表8－12。

表8－12　激励因素下社工对各方面激励满意度比较

变量	非常不满意（%）	比较不满意（%）	一般（%）	比较满意（%）	非常满意（%）	均值
工作安排	1.0	5.7	40.8	50.4	2.2	3.47
绩效考核	3.4	14.0	54.8	26.8	1.0	3.08
督导	0.0	5.9	34.4	46.9	3.4	3.53
培训	1.5	7.6	39.8	37.3	3.2	3.37
晋升	2.9	8.4	57.7	30.0	1.0	3.18

从表8－12中可以看出，在工作安排、绩效考核、督导、培训以及晋升五个方面激励中，社工的满意度大体落在“比较满意”和“一般”两个等级。进一步分析发现，绩效考核与晋升两方面的激励满意度比较低，很多社工感到一般；在工作岗位和工作内容安排、督导两方面，认为“比较满意”的社工比例比“一般”的大；在培训方面，“比较满意”和“一般”这两个等级的比例相差不大。利用均值对各方面的满意度进行排序得出：工作岗位>督导满意度与工作内容安排满意度>培训满意度>晋升满意度>绩效考核满意度。

从表8－12中，除了可以比较几个方面满意度外，同时还可以看出社工对机构这五个方面激励的满意度评价基本处于“一般”和“比较满意”，这说明社工机构在激励方面还需要继续完善。

三、双因素理论视角下社工机构人才激励存在的问题及原因分析

（一）保健因素下社工机构人才激励存在的问题

保健因素下，社工机构人才激励主要体现在薪酬保障、工作环境、办公条件、职业地位等方面。根据调查，社工机构在这些保健因素上还存在一定的问题。

1. 薪酬保障不到位，现实工资与社工理想工资有一定差距

根据赫茨伯格的双因素理论，薪酬水平属于保健因素，缺乏必要的薪酬保障会引起员工的不满，从而削弱员工工作的积极性。社会工作强调利他主义和服务精神，因此，对社会工作者的激励不应该只强调物质激励，但从社会工作作为一种职业角度来看，为社工提供必要的薪酬保障却必不可少。然而，当下社工行业普遍薪酬保障不足已是一个不争的事实，许多学者的研究都印证了这一点。

社工的薪酬标准除了和现实物价、消费水平与工作情况有关外，另一个主要因素

就是社工本人对工资的希望，如果薪酬保障能达到社工的预期水平，则可以消除他们的这种不满。基于此，笔者在问卷调查时，除了调查目前工资水平外，同时对社工希望工资进行调查，调查结果分析见表8－13。

表8－13　社工目前工资与希望工资比较

最低工资标准（1895元）的几倍	目前工资		希望工资	
	频率	百分比（%）	频率	百分比（%）
1.2倍（2274元）	23	5.7	4	1.0
1.5倍（2843元）	58	14.3	6	1.6
1.8倍（3411元）	92	22.6	29	7.6
2.0倍（3790元）	69	17.0	44	11.5
2.2倍（4169元）	60	14.7	67	17.4
2.5倍（4738元）	38	9.3	87	22.7
2.8倍（5306元）	50	12.3	96	25.0
3.2倍（6064元）	11	2.7	51	13.3
均值	2.05倍（3884元）		2.47倍（4680元）	

注：表中数据“其他选项”工资不参与统计。

从表8－13中的数据可以看出，当以广州市最低工资标准（1895元）为基数来反映社工目前工资时，他们的税前平均工资为最低工资标准（1895元）的2.05倍，即税前平均工资为3884元，把这个结果与同年（2016年）广州市的平均工资6952元相比，可见两者相距甚大，社工工资远低于当地的平均工资。

将社工目前工资与他们的希望工资进行比较分析时发现，社工目前工资主要集中在1.5倍（2843元）至2.2倍（4169元），平均值为2.05倍，而他们的希望工资主要集中在2.0倍（3790元）至2.8倍（5306元），平均值为2.47倍。也即表明，社工的现实工资与他们的希望工资相差大概是当地最低工资标准的0.42倍（见表8－13）。

为验证现实工资与社工希望工资是否达到统计学意义上的显著差异，通过将希望工资进行单样本均值检验，结果为 $t = 18.373$（$P = 0.000 < 0.01$），说明社工现实工资与他们的希望工资相差非常显著，见表8－14。

表8－14　希望工资单样本检验

	检验值=2.05					
	t	df	Sig.（双侧）	均值差值	差分的95%置信区间	
					下限	上限
希望工资	18.373**	380	0.000	0.42165	0.3765	0.4668

*表示在0.05水平上显著；**表示在0.01水平上显著。

通过以上的比较可以发现，社工薪酬保障不足除了体现在和其他行业相比比较低外，其次就是现实工资与他们的希望工资存在一定的差距。

2. 薪酬结构不合理，社工工资平均化

公平合理的薪资可以从两方面进行衡量：一是绝对工资，即已有的工资是否足以让员工维持基本的经济生活，以及跟社会上其他行业的相同职务作比较是否差距不远；二是相对工资，指工资是否与其他同事的工资可能因工作的任务不同、职责的不同、工作能力的不同、部门单位的不同、绩效的不同、对组织的贡献不同等，而使组织内各员工的薪酬结构有适当的差异（梁伟康，2012）①。为验证社工机构对社工的薪酬保障是否符合公平合理原则，笔者根据以上两个观点在问卷中设计了相应的题目对社工进行调查。结果显示，仅有44.2%的社工认为工资能满足他们的基本生活需求，并且认为完全能满足的百分比只有1.2%。与此同时，认为不能满足基本需求的比例为30.2%，有25.6%的社工不确定，见表8－15。可见，社工已有的工资并不能很好地维持他们的基本经济生活。

表8－15　工资能否满足基本生活需求

	频率	百分比（%）	有效百分比（%）
完全能满足	5	1.2	1.2
基本能满足	175	43.0	43.0
不确定	104	25.6	25.6
基本不能满足	103	25.3	25.3
完全不能满足	20	4.9	4.9
合计	407	100.0	100.0

表8－16　社工对工资不满意的原因

	频率	个案百分比（%）
和其他一些行业相比显得太低	116	33.0
和其他一些行业相比显得偏低	151	42.9
与工作付出不成比例	161	45.7
养小孩、租房尤其买房子压力大	168	47.7
总计	596	169.3
样本量	352	

① 梁伟康：《成效管理：非营利社会服务组织全面实践策略》，非营利组织卓越管理有限公司，2012年版，第518页。

在“跟社会上的其他行业的相同职务作比较是否差距不远”这个问题上，笔者仅对那些对工资作出不满意评价的社工进行调查，结果发现，在不满意的社工当中，有33.0%的社工选择了和其他行业相比显得太低，有42.9%的社工认为和其他行业相比显得偏低（见表8－16）。这说明社工当前工资与社会上其他行业的工资存在一定的差距。

在相对工资方面，虽然社工机构在确定社工薪酬标准时，会充分考虑社工的学历、职业资格证书、工作岗位、工作年限、工作能力经验、工作绩效等因素，并且通过前面的分析也可以发现，社工个人基本特征会影响其基本薪资水平，这种差异达到显著水平。但社工机构目前却很难根据社工的能力或者绩效进行差异性给付工资，因此也造成在同一级别社工之间的工资很难有差异，即在绩效或工作能力面前，社工工资平均化严重。

3. 工作环境差异性大，办公条件有限

工作环境和办公条件是社工开展社会服务的基本条件，良好的工作环境和办公条件能够防止社工产生消极的工作情绪，保障工作的顺利开展。在政府购买服务背景下，社工机构服务项目点的办公场地和办公条件一般由购买方提供，因此，社工机构各个项目点之间的办公环境和办公条件会因为购买方的不同而出现一定的差异。在问卷调查中，采用李克特五级量表对社工办公环境和办公条件满意度调查时发现，整体满意度均值为3.45，说明社工对他们所在项目点的办公环境和办公条件满意度介于“一般”和“比较满意”。进一步分析发现有46.4%的社工认为他们所在项目点的办公环境和办公条件不是很理想，接近一半的社工认为他们所在项目点的办公环境和办公条件比较满意（见表8－17）。

表8－17　社工办公条件满意度

	频率	百分比（%）	有效百分比（%）	累计百分比（%）
非常不满意	10	2.5	2.5	2.5
比较不满意	38	9.3	9.3	11.8
一般	141	34.6	34.6	46.4
比较满意	194	47.7	47.7	94.1
非常满意	24	5.9	5.9	100.0
合计	407	100.0	100.0	
均值	3.45			

通过进一步的访谈发现，很多社工机构由于同时承接不同地区的项目点，所以每个项目点之间的办公环境和办公条件都会不一样。有的项目点处于繁华社区、交通比较方便，购买方提供的办公设备比较完善。而有的项目点处于一些工业区，或者老城区、偏远农村等，这些项目点由于交通不方便，购买方提供的办公设备不完善，导致很多社工不愿意长期在这种环境中工作。

“我们中心最不好的地方就是太偏僻了，而且周边都是工厂，环境又不好，吃住又不方便，如果机构能够提供吃住的话还好，现在我们都是自己租房子住，中午基本都是点外卖吃快餐，所以炒的菜都特别油，很多社工刚进来没多久就离职了，现在项目点很缺人手，但是都招不到人，机构其他项目点由于环境比较好，所以大家都愿意去。”（YT社工）

另外，虽然社工的办公设备一般由购买方提供，同时项目点还可以向机构总部申请增添一些设备，但由于服务经费的限制，社工实际的办公条件也不是很好，主要表现在两个方面：一方面是办公设备短缺，另一方面是办公设备老旧。

“中心现在的设备还比较齐全，但就是差了一点。比如说，电脑运行太慢，每次要打开一个东西的时候它就会卡一会儿，关一个文件时候它又卡很久，有时候甚至不得不重启电脑，感觉浪费了很多时间。”（CY社工）

4. 社工职业地位低，工作难以获得成就感

职业地位是指人们从事的某种职业在经济收入、社会地位和社会声望等方面的总体状况，即经济收入、社会地位和社会声望的高低是职业地位高低的主要标志（蔡东山，2009）[①]。在赫茨伯格的双因素理论看来，职业地位作为一种保健因素，直接影响着员工工作的积极性。

在现实调查中，当社工被问及对职业地位的看法时，有62.2%的社工认为社会工作的职业地位一般，有27.5%的社工认为职业地位比较低，有4.2%的社工甚至认为社工的职业地位非常低，这三者相加的比例高达93.9%，见表8－18。可见，在社工眼里，社工的职业地位比较低。

表8－18 社工对职业地位的看法

	频率	百分比（%）	有效百分比（%）	累计百分比（%）
非常低	17	4.2	4.2	4.2
比较低	112	27.5	27.5	31.7
一般	253	62.2	62.2	93.9
比较高	25	6.1	6.1	100.0
非常高	0	0.0	0.0	100.0
合计	407	100.0	100.0	

社会工作作为一种新职业，在我国发展时间较短，很多人并不了解，所以才会导致社会工作的社会地位和社会声望都比较低，有的时候社工甚至被误认为是义工或者是居委会工作人员。

① 蔡东山：《福建省本科院校体育教师工作满意度研究》，载《长春理工大学学报（社会科学版）》2009年第6期，第1031—1033页。

“你想啊，我们社会工作刚起步，很少有人了解，我记得我们刚进来的时候，很多居民都以为我们提供免费服务就是骗子，所以我们社工也很无奈。”（HS社工）

“在聚会的时候，我记得他们在饭桌上和其他同学开玩笑说做社工很尴尬，不但要讨好服务对象，而且还要讨好居委会、街道的人，社工根本没有什么职业地位可谈。”（JH社工）

通过调查发现，超过一半的社工认为他们在工作中并没有获得较强的工作成就感，而认为比较有成就感的比例仅为31.7%，见表8－19。从这些数据可以看出，社工在工作中并没有获得很强烈的工作成就感。

表8－19　社工工作成就感比较

	频率	百分比（%）	有效百分比（%）	累计百分比（%）
没有	7	1.7	1.7	1.7
比较少	30	7.4	7.4	9.1
一般	232	57.0	57.0	66.1
比较多	129	31.7	31.7	97.8
非常多	9	2.2	2.2	100.0
合计	407	100.0	100.0	

（二）激励因素下社工机构人才激励存在的问题

激励因素下，社工机构人才激励主要体现在工作内容、绩效考核奖惩、职业培训与个人成长、职业晋升等方面，根据实际调查，主要存在以下问题。

1. 社工工作任务繁重，工作压力较大

相比于外在物质保障激励，工作本身的激励或许更为持久。工作本身的激励则主要表现为工作本身的趣味性、挑战性以及合适性等。如果一份工作经常是枯燥无味的，工作量又超出员工的承担范围，工作中还要经常面对很高的工作压力，这样的工作即使保障方面做得再好，长时间下去员工也会选择离开，在社工行业亦是这样。过高的压力会导致社工在工作过程中成就感过低、归属感不足，致使对整个社工行业的信心不足，从而出现社工纷纷转行、流失的现象（房光宇，2015）[①]。

在调查中，当社工被问到目前在工作中承担的工作量如何时，超过一半的人认为自己承担的工作量比较大，有11.5%认为工作量非常大，这两者加起来的比例达到63.3%。在工作压力方面，接近一半的社工认为在工作中面临的压力比较大，有10.8%的社工认为面临的压力非常大，这两者相加的比例也达到60.4%，具体数据见表8－20。从这个调查数据可以看出，社工在工作中的任务比较繁重，同时也面临着比较大的工作压力。

① 房光宇：《社工的压力之困》，载《中国社会工作》2015年第16期，第12—13页。

表8－20 社工工作量与工作压力情况

变量水平	工作量		工作压力	
	频率	百分比（%）	频率	百分比（%）
非常大	47	11.5	44	10.8
比较大	211	51.8	202	49.6
一般	145	35.6	160	39.3
比较小	4	1.0	1	0.2
非常小	0	0.0	0	0.0
合计	407	100.0	407	100.0
均值	3.74		3.71	

当进一步采用李克特量表对变量的五个水平分别由高到低赋予5—1分时，通过计算均值发现，工作量的平均值为3.74，工作压力的均值为3.71。这个结果也即表明，社工整体上承担的工作量和面临的工作压力都接近比较大。

除此之外，社工承担的工作量和他们面临的工作压力可能与岗位职务等有关系。因此，笔者采用独立样本t检验法和单因素方差分析，来考察工作岗位对工作量和工作压力的影响。结果发现，工作岗位在承担工作量和面临的压力两个变量上的t检验都达到显著水平，具体结果见表8－21。从表中的数据可以看出，社工（包括助理）和项目主任、副主任在承担工作量上的差异非常显著（t＝－2.99，P＝0.003）；在面临工作压力方面差异也非常显著（t＝－4.03，P＝0.000），进一步比较均值发现，项目主任、副主任无论是在承担工作量上，还是在工作压力方面，都显著大于社工（包括助理）。

表8－21 不同工作岗位的社工在工作量与工作压力上的差异比较

工作岗位		N	均值	标准差	t	P
工作量	社工（包括助理）	337	3.6914	0.64065	－2.99**	0.003
	项目主任、副主任	67	3.9552	0.74738		
工作压力	社工（包括助理）	337	3.6499	0.63780	－4.03**	0.000
	项目主任、副主任	67	4.0000	0.65134		

*表示在0.05水平上显著，**表示在0.01的水平上显著。

2. 绩效考核激励失效，社工奖惩难以体现

前面谈过，目前广州市大部分社工机构都有一套绩效考核制度，但很多人认为社工机构的绩效考核制度并没有发挥实际作用。学界也不乏对这个问题的讨论，有的学者认为社工机构绩效考核形式化严重，有的则认为绩效考核指标体系不完善，有的认为考核方式不合理，出现随意化、平均化等现象。这些观点在一定程度上反映了当下社工机构绩效考核的基本情况，但本案例将从社工机构绩效考核发挥激励作用方面来讨论社工机

构绩效考核存在的问题。社工机构制定绩效考核的首要目的是以此作为社工的奖惩依据，如今绩效考核出现的各种问题，归根结底是因为绩效考核激励失效，没有体现出奖惩作用。

本案例通过调查广州市社工机构对社工的绩效考核方面发现，社工机构已有的绩效考核制度并不能对社工工作积极性产生影响。在调查中，当社工被问及机构目前的绩效考核制度能不能对他们的积极性产生影响时，有40.5%的社工认为绩效考核对他们工作积极性的影响一般，有16.7%的社工认为不太有影响，有3.7%的社工认为没影响，这三者加起来达到了60.9%，见表8－22。说明在社工机构中，多数社工认为机构的绩效考核制度并不能对他们的工作积极性产生影响，也即是说，社工机构绩效考核制度并不能很好地发挥激励社工的作用。

表8－22　绩效考核对社工积极性影响情况

	频率	百分比（%）	有效百分比（%）	累计百分比（%）
没影响	15	3.7	3.7	3.7
不太有影响	68	16.7	16.7	20.4
一般	165	40.5	40.5	60.9
比较有影响	124	30.5	30.5	91.4
非常有影响	35	8.6	8.6	100.0
合计	407	100.0	100.0	

表8－23　绩效考核与社工薪酬福利联系情况

	频率	百分比（%）	有效百分比（%）	累计百分比（%）
没联系	7	1.7	1.7	1.7
较少有联系	65	16.0	16.0	17.7
一般	164	40.3	40.3	58.0
比较有联系	140	34.4	34.4	92.4
非常有联系	31	7.6	7.6	100.0
合计	407	100.0	100.0	

社工机构实行绩效考核的另一个作用则是通过绩效考核发掘表现优异的员工，并给予适当的嘉勉或奖励，以激励优异员工的表现，对于表现不好的员工可协助他们对工作的反省、检讨与改进（梁伟康，1990）[①]。然而，就目前的情况来看，社工机构的绩效考核制度并没有发挥出对员工的奖惩作用。通过实证调查发现，很多时候社工的绩效表现和他们的薪酬福利、晋升等方面并没有很大的联系。在问卷调查中，当社工被问及绩效考核与他们的薪酬福利联系如何时，有40.3%的社工认为这种联系一般，

① 梁伟康：《社会服务机构行政管理与实践》，集贤社，1990年版，第186页。

有16.0%的社工认为绩效考核和薪酬福利较少有联系，有1.7%的社工认为没有联系，见表8－23，通过表中的累计百分比可以看出，有58.0%的社工觉得机构的绩效考核对于他们而言并没有很好地发挥奖惩作用。

3. 职业培训不合理，社工成长性激励不足

专业的培训既是社工机构人力资源管理的核心内容之一，也是社工获得激励性支持的重要源泉（马洪波，2013）。特别是在我国社会工作专业教育体系还不够完善的背景下，通过职业培训，社工能够有针对性地弥补自身的知识不足，从而提高专业服务能力。从前面的调查数据中可以看出，当下社工机构非常注重对社工的培训，但社工对培训的满意度并不是很高，基本介于一般和比较满意。在进一步的调查中发现，目前社工职业培训主要存在两方面不足：其一是培训安排不合理；其二是培训效果不佳。

培训安排不合理主要体现在社工机构对培训内容、培训方式的安排不科学。表8－24为实际调查数据，从表8－24中可以看出，对培训制度不满意的社工之中，有70.5%的社工认为培训内容针对性不强，不符合需求，培训对他们的作用并不大。其次，有48.4%的社工认为培训时间安排不合理。

表8－24 社工对职业培训不满意的原因

	频率	个案百分比（%）
培训内容针对性不强，不符合需求，作用不大	153	70.5
培训时间安排不合理	105	48.4
培训数次过多	21	9.7
培训次数过少	20	9.2
总计	299	137.8

注：表中为对培训制度不满意社工的统计结果。

社工机构开展社工职业培训应该在充分了解社工培训需求的基础上进行，但很多社工机构并没有做到这一点。再者，社工机构开展的培训或者是社工到外面参加的各种职业培训缺少系统性。比如说，有些专业知识既包括理论知识，也有具体操作实务环节，但由于种种条件限制，社工只接受了理论知识，少了实务操作环节训练，这样的培训对社工的实际工作帮助并不大。在培训方式的安排上，社工机构并没有发挥很好的统筹协调作用。比如说，有时候机构的培训比较集中于某一个月，而有时候几个月都没有安排一次，这样会和社工的工作产生一定的冲突，以致很多社工觉得："符合自己需求的培训参加不了，但为了完成培训时数又不得不参加其他培训。"

培训内容的合适性是社工机构开展员工培训的前提，但如果要想真正发挥培训的激励作用，培训效果则不容忽视。从表8－25中可以看出，社工机构为社工提供的培训并没有发挥很大的作用，当社工被问到参加培训对提升他们专业能力的作用时，只有38.6%的社工认为比较有帮助，而认为培训效果一般的比例为38.3%，认为不太有

帮助的比例有5.2%。从调查数据看，社工机构开展的职业培训并没有取得很好的效果，社工获得成长性激励不足。

表8-25 社工参加培训对提升专业能力的作用

	频率	百分比（%）	有效百分比（%）
我没有或较少参加培训，无法回答	40	9.8	9.8
非常有帮助	32	7.9	7.9
比较有帮助	157	38.6	38.6
一般	156	38.3	38.3
不太有帮助	21	5.2	5.2
没帮助	1	0.2	0.2
合计	407	100.0	100.0

4. 机构晋升激励不足，社工职业发展模糊

社工在机构内部的职务晋升也是一种激励手段，在激发社工的工作热情、提高社工的工作积极性方面发挥着重要作用（李昀鋆，2014）[①]。目前，社工获得晋升的渠道主要有三种：一是职业资格等级晋升，主要有三个等级，助理社会工作师、社会工作师、高级社会工作师；二是行政管理等级晋升，如项目助理、项目主管、项目主任、区域主任、副总干事、总干事；三是专业管理等级晋升，如督导助理、见习督导、初级督导和督导。然而，尽管有上述三种方式可供社工选择，但在现实中，社工获得晋升的机会非常小。特别是在一些小机构，由于项目点和工作岗位比较少，内部管理层级少，呈扁平化，社工获得晋升的机会更是难上加难。

在机构内部晋升激励不足的情况下，如果社工自身有清晰的职业发展计划，在一定程度上可防止离职现象的出现，同时还能激励社工为实现自己的目标而努力去工作。但调查中发现，在社工机构不能提供良好晋升机会的情况下，社工自身的职业发展也比较模糊。在调查中，仅有36.6%的社工认为自己在机构中就业有明确的职业发展计划，有28.7%的社工不知道自己在机构中应该往哪个方向发展，有34.6%的社工甚至不确定自己能在目前机构工作多久，见表8-26。

表8-26 社工人才职业规划情况

	频率	百分比（%）	有效百分比（%）
有明确的职业发展计划	149	36.6	36.6
不知道往什么方向发展	117	28.7	28.7

① 李昀鋆：《社工流失困境下的社会工作服务机构激励机制研究——基于双因素理论视角》，载《学会》2014年第11期，第11—21页。

续表

	频率	百分比（%）	有效百分比（%）
不确定还能在本机构做多久	141	34.6	34.6
合计	407	100.0	100.0

从这些数据不难看出，社工机构人才的流失和缺少明确的职业规划有一定关系，很多社工在机构中就业只是抱着一种“暂时就业”的想法，一旦有其他机会，或是稍有不顺，就会选择离开。

社工的职业规划可能会受到一些个人基本特征的影响。进一步分析发现，社工与项目主任、副主任在职业规划方面存在显著差异（$X^2=19.459$，$P=0.000$）。对于社工而言，仅有31.8%的人有明确的职业规划，而在项目主任、副主任当中，有59.7%的人有明确的职业发展规划，见表8－27。可见，在社工机构中，一线社工在职业生涯规划方面更为模糊，这也进一步说明为什么在社工机构中项目主任和副主任往往比较稳定，一线社工的离职率却比较高。

表8－27　目前的主要工作岗位与职业规划卡方检验　　（%）

	职业规划			合计
	有明确职业发展	不知道往什么方向发展	不确定做多久	
社工（包括助理）	31.8	31.8	36.5	100.0
主任、副主任	59.7	14.9	25.4	100.0
合计	36.4	29.0	34.7	100.0
$X^2=19.459$ ＊＊		df=2	P=0.000	

＊表示在0.05水平上显著；＊＊表示在0.01水平上显著。

表8－28　在目前机构的年限与职业规划卡方检验　　（%）

	职业规划			合计
	有明确的职业发展计划	不知道往什么方向发展	不确定还能在本机构做多久	
1年以内	35.2	30.5	34.4	100.0
1—2年	31.1	33.3	35.6	100.0
2—3年	28.3	30.0	41.7	100.0
3—4年	48.6	24.3	27.0	100.0
4年以上	56.0	14.0	30.0	100.0
合计	36.6	28.7	34.6	100.0
$X^2=15.895$ ＊		df=8	P=0.044	

＊表示在0.05水平上显著；＊＊表示在0.01水平上显著。

社工的工作年限同时也是影响他们职业规划的主要因素，通过分析发现，不同工作年限的社工在职业规划方面存在显著差异（$X^2=15.895$，$P=0.044$）（见表8－28），具体情况为随着社工在机构年限的增长，社工的职业规划越清晰。可见社工机构在进行员工职业生涯规划时，应更加注重对新员工的引导作用。

（三）存在问题的原因分析

1. 政府购买社会工作服务资金投入不足

社会工作专业最早起源于西方国家，由民间发起，在发展过程中形成了自下而上的发展模式。因此，西方国家的社工机构具有很强的民间性，在资金来源上也不用完全依靠政府拨款。但在我国，社会工作是舶来品，近些年在政府的大力推动下才获得快速发展，是一种自上而下的发展模式，所以社工机构在资金来源上更多地是依赖政府的财政拨款。

政府通过购买社工服务项目来为社工机构提供各项活动经费，其中包括服务经费、社工的薪酬福利、督导培训费用等。因此可以看出，社工机构对社工人才的激励在很大程度上依赖于政府的资金投入情况。如果政府资金投入不足，社工机构就无法获得资金保障，自然也不能为社工提供良好的薪酬福利保障及督导培训等成长性激励。在社会工作不断发展过程中，虽然政府投入社会工作服务的资金整体上每年都在增长，但就单个项目购买标准来看，实际上并没有上调。比如，广州市政府从2010年开始购买家庭综合服务中心项目，当时的总投入为0.4亿元，而2011年增长到1.08亿元，2012年又增长到3亿元，2013—2014年基本维持在3亿元以上（雷杰等，2015）。如果从整体上看，政府在购买社工服务的经费投入上呈逐年上涨趋势。然而，当这些购买经费落实到每个家庭综合服务项目上时，却保持每年200万元不变。显然这种服务购买资金投入方式是不足的，随着社会消费水平的不断上涨，社工工龄的增加以及职业技能的不断提升，社工机构给予社工的薪酬也应该是不断上涨的，但由于政府购买社工服务的资金投入标准不变，社工机构自然也无法提高社工的薪酬。

2. 社工机构管理不完善

社工人才激励是社工机构人力资源管理的核心部分，所以社工机构自身的管理水平高低直接影响到对社工人才的激励。由于我国社工机构发展时间比较短，缺乏相应的管理知识，再加上社工机构作为一种民办非企业，和营利性企业的管理有很大的区别，在管理过程中很难借鉴企业管理的成功经验，所以目前我国大部分社工机构在管理方面普遍存在内部管理制度不健全，规章制度不完善，人力资源缺乏保障，人员管理、专业督导缺乏有效机制，组织的可持续发展能力不足等问题（陆士桢等，2013）。这些问题对社工机构人才激励产生很大的影响。比如，机构管理制度不健全，规章制度不完善就导致机构的保健因素不足，从而使社工产生不满情绪；机构督导机制不健全就会使社工机构失去人才成长激励；机构持续发展能力不足，社工就会对机构失去信心，导致他们在职业发展中模糊不清。这些激励问题的产生，实际上就是社工机构自身管理不足而导致的。

3. 社会对社工专业认识不足

社会工作的本土化和职业化发展离不开社会公众的参与，前文谈过，社会公众对社工人才的认知和认可对社工人才来说也是一种激励。但由于我国社会工作发展时间比较短，社会各界对社工机构和社工人才的作用普遍存在认识不清、了解不够、支持不力等问题，导致公众对社会工作这一行业的职业地位评价较低（杨姣姣，2012）[①]。这种低认知对社工机构和社工人才来说无疑是一种较严重的限制，因为如果社会对社工有较好的认知，社工在开展服务过程中就可以得到居民的认可，甚至是得到居民的支持，这在一定程度上可以增加社工在工作中获得的价值感和成就感，从而对他们产生一定的激励作用，使他们更加认可自己的工作。社工机构如果得到社会的较高认知和认可，可以增加自身的影响力，得到社会更多的资金和物质支持，从而为机构提供更多的资金和物质保障。所以，社会对社会工作专业认识不够，在一定程度上影响了社工机构对社工人才的激励作用。

4. 社工自身专业素质不高

在双因素理论下，社工机构在激励社工人才过程中，既注重外部环境对社工人才的保健作用，同时更加强调内在因素的激励作用，特别是对于社工来说，其自身的专业价值感和成就感就是很好的内在激励，这种激励往往比物质激励效果更好，持续时间更长。但由于我国社会工作教育体系还不够完善，在培养社工人才过程中存在很多问题，比如，在教学过程中偏重理论知识学习，缺乏实务知识学习；偏重强调服务技巧，缺少价值观培养。于是导致很多社工自身专业素养不够，不能建立起自己的价值体系，这在一定程度上减少了社工的自我激励。

同时，社工自身对社工专业未来的看法，以及他们在机构中的职业规划情况都会影响到他们工作的积极性和在社工行业的留职时间。但由于很多社工自身缺乏对社工行业的认识，同时又不知道如何规划自己的职业发展，在这种情况下，即使机构提供再好的激励，也无法吸引他们继续留下来。

四、双因素理论视角下完善社工机构人才激励的对策建议

根据赫茨伯格的双因素理论，保健因素大多涵盖了组织政策、管理水平、工资高低、工作环境及条件、福利待遇、人际关系等，这类因素可起到预防作用，消除员工的不满情绪；激励因素多来自工作本身，围绕人们在工作中获得发展的需求，比如工作内容的挑战、工作责任、工作本身的重要性、工作带来的成就感等，激励因素的改

---

① 杨姣姣：《北京市民办社会工作服务机构发展战略研究》，载《重庆科技学院学报（社会科学版）》2012年第9期，第60—62页。

善可以激发员工的工作积极性和热情，提高工作效率①。因此，社工机构在激励社工人才过程中，可以根据这两方面采取相应的激励措施。

（一）保健因素下完善社工机构人才激励的措施

1. 政府加大购买社会工作服务的资金投入

通过前面的调查可以发现，薪酬福利待遇问题仍然是社工人才激励的核心问题，而资金则是解决社工薪酬福利待遇问题的基础。社工薪酬福利保障不足，归根结底是因为社工机构缺乏足够的资金作为后盾。所以解决社工的薪酬福利保障问题，首先应该解决社工机构资金来源不足问题。社工机构资金来源渠道有多方面，但就目前的实际情况来看，社工机构的资金来源渠道主要是政府购买社工服务。虽然很多人都呼吁社工机构要加强自我造血功能，不能完全依赖政府，但在社会工作发展还不完善、社会对社工行业整体认知不高的背景下，社工机构很难依靠自身去解决资金来源问题。因此，要解决社工机构的资金来源问题，还要政府加大购买社会工作服务的资金投入。

首先，政府要根据每年社工的增长数量以及社工服务覆盖范围的大小来预算总体资金投入。其次，政府在购买社会工作服务项目时，要根据社会经济的发展情况适当调整每年的购买经费，做到适时调整，灵活变动。毕竟在社工机构中，社工每年的工龄在增长，职业职称在变动，这些因素导致社工机构在给付社工工资时也会出现逐年上涨，所以政府的购买服务经费也应该做到逐年上涨。最后，政府在购买社会工作服务时，也可以投入资金建立社工专项奖励资金，用于鼓励优秀社工人才。

2. 机构调整薪酬结构，提高社工薪资水平

薪酬福利属于激发社工工作积极性的一种保健因素，能够起到增加社工的职业安全感、维持工作现状的作用，具有预防性效果（李昀鋆，2014）②。然而，通过前文的分析可以发现，目前社工机构对社工人才的薪酬保障主要存在两方面问题：第一是薪酬激励不到位；第二是薪酬结构不合理。因此，要想激发社工人才的工作积极性，就必须解决好以上两个根本性问题，其中最有效的做法是重新调整社工的薪酬结构，使社工的工资差异化、合理化，同时把社工的薪资提高到他们认为的满意点。

在调整社工薪酬结构方面，社工机构应该重新设计薪酬福利制度，除了将社工学历、教育背景、职业资格证书、工龄、工作岗位等基本因素纳入薪资标准外，还应将个人实际工作能力以及绩效考核的结果与薪资水平挂钩，并且这种体现绩效的薪资奖励要达到一定的金额才会真正起作用。与此同时，机构要为员工设置一些特别奖励，不定时地鼓励表现优秀的社工，从而为他们的薪酬水平增加一些竞争性。基于这种思

① 弗雷德里克·赫茨伯格、伯纳德·莫斯纳、巴巴拉·斯奈德曼：《赫茨伯格的双因素理论（修订版）》（张湛译），北京·中国人民大学出版社，2016 年版，第 118—119 页。

② 李昀鋆：《社工流失困境下的社会工作服务机构激励机制研究——基于双因素理论视角》，载《学会》2014 年第 11 期，第 11—21 页。

路形成的社工人才薪酬结构应该是：固定工资+浮动工资，即职业等级工资+个人特征补贴+员工福利+差异化的绩效工资+差异化的特别奖励。通过这种薪酬结构可以使社工获得公平的基本工资，同时又可以凭借个人的能力和努力获得区别于其他社工的差异化奖励。

在社工薪酬水平方面，通过前面的调查数据可以知道，社工薪酬激励不到位主要表现在社工机构给予社工的现实工资与社工的希望工资之间存在一定的差距，这个差距大概为当地最低工资标准的0.42倍，也即表明，社工机构在考虑提高社工的薪资标准时，如果能够在原来工资基础上，多加当地最低工资标准的0.42倍给他们时，可以在一定程度上减少他们对工资的不满情绪，从而维护他们的正常工作状态。

3. 薪酬福利不足情况下，寻找替代性激励

薪酬福利仍然是大部分社工关注的激励因素之一，但是对于非营利性的社工机构来说，是最棘手的问题，因为社工机构不像企业，可以根据自身的盈利状况给员工加薪加酬。在这种情况下，笔者认为社工机构应该积极探索其他替代性激励途径。比如，社工机构可以开发员工参与机构事务管理通道，给员工提供参与机构重大事务决策机会，增加他们对机构的了解，看到机构的未来发展方向，从而吸引他们留下来。特别是对于机构中层管理者来说，他们的薪酬已经达到了一定极限，很难有上升的空间，而他们又比较注重机构的未来发展方向，如果机构能够吸引他们参与重大决策制定，一方面可以减少机构的决策失误，另一方面可以增加他们的归属感，把机构的发展切实当作自己的发展。现在很多社工机构都开始成立机构员工委员会，这就是一种很好的通道，通过员工委员会，社工可以参与机构的发展，从而起到一定的激励作用。

除此之外，机构还可以在员工关系管理方面作出更多努力，比如处理好离职员工在机构中的人际关系，避免因为离职员工的离去而对其他同事造成影响。同时，机构还可以增加员工的学习机会，给他们提供足够的成长机会，等等。

4. 利用其他激励克服办公环境差异

随着我国社会工作的不断发展，政府投入购买社会工作的服务经费不断增加，社工的办公环境和办公条件不断得到完善。但不管如何，总是会有一些项目点要驻扎在偏远农村，或者是落后的工业区，这些都是社工机构无法改变的现实环境。而在这种环境下，社工机构很难招聘到适合的社工人才，即使招聘到也很难长时间留住他们。因此，笔者认为破解这个问题的途径在于，社工机构要利用其他激励方式来克服办公环境的制约，而不是一味强调社工机构改善员工的工作环境。

具体做法可以有以下几个方面：第一方面，适当进行薪酬福利补贴激励。社工机构为办公环境比较差的项目点招聘和维持人才时，可以对这些项目点的社工进行适当的薪酬福利补贴，使他们得到的报酬区别于其他环境比较好的项目点社工，以此吸引和留住他们。第二方面，帮助社工解决食宿问题。如果机构的项目点处在偏远地区，那么对社工来说最大的问题就是他们的交通和食宿问题，如果机构能够在项目点的附

近帮助社工安排食宿，将有利于减少社工对环境的不满。第三方面，采用轮岗方式。采用轮岗方式安排社工的工作岗位，可以丰富社工的工作内容，增加工作的趣味性，同时让社工在不同的环境中得到锻炼，这对于社工来说也是一种激励。第四方面，优先考虑晋升。当社工在比较差的环境下工作时，他们的付出必然比一般的社工多，所以社工机构在晋升员工时，可以优先考虑那些长时间留在环境比较差的项目点中从事服务的社工，以此作为人才激励方式。

5. 加强社工宣传，培养社工的使命感

社工职业地位低，主要是因为社会工作在我国发展时间较短，缺少社会声望，民众对其了解甚少。所以要想提高社工的社会地位，首先要让公众了解社工，参与社工的服务活动。通过前面的调查可以看出，目前政府、社工行业协会及社工机构都比较注重对社工的宣传，宣传的手段比较丰富，除了传统的宣传手法外，还充分结合互联网等平台。从这些宣传手法不难看出，政府、社工行业及社工机构对社工的宣传更多地是一种单项输出，即在宣传过程中只注重输出，忽视了民众的接受过程，宣传并没有充分发挥社会民众的参与作用。基于此，笔者认为在加强社工宣传过程中，不仅要强调“量”，同时要注重“质”。在宣传过程中，充分发挥社会民众的作用，尽量通过活动参与的方式宣传，而不只是简单利用大众传媒的方式。

使命感和价值感是社工服务活动的核心部分，但通过前面的调查可以发现，很多社工在工作过程中缺乏工作价值感和成就感。一方面可能是社会对社工认知不足、社工工作得不到认可导致他们出现这种情况，另一方面则可能是社工自身还没有建立起职业价值观，所以在加强社工宣传，提高社会对社工认知度的同时，要注重培养社工的内在价值感和使命感，以此作为一种内在激励，从而调动社工工作的积极性。

（二）激励因素下完善社工机构人才激励的措施

1. 完善政府购买服务指标体系，减少社工工作任务

在政府购买社工服务过程中，社工要在规定时间内完成政府设定的指标量，然后定期接受评估。由于政府购买服务在我国处于探索阶段，很多方面还不够完善，特别是在指标量设计和评估方面。虽然很多学者都已经指出了这些问题，并呼吁政府应该将购买服务由注重“量”向注重“质”转变，但由于社工服务的质量很难量化，所以目前指标量仍然是主要的考核方式。而在这种“指标量”为主要考核方式背景下，社工在工作中经常承担着巨大的工作量。一方面他们希望自己开展的活动能够真正给服务对象带来收获，另一方面却又面临着完成相应的指标量，在这种“质”与“量”之间，社工要想达到两全其美并非易事，于是很多社工在工作中面临着很大的工作压力，而这种长期超负荷的工作量和工作压力削弱了社工工作的积极性。因此，要想减少社工的工作任务和工作压力，提高他们工作的积极性，政府就要完善购买社工服务的指标体系。首先，可以适当地减少服务指标量，或者是增加项目点人手配备；其次，可以根据每个项目点的服务人口数量、服务覆盖范围来灵活确定服务指标量、购买资金

及社工数量；最后，应该适当减少社工的文书记录工作。

2. 加强绩效考核与奖惩的联系，发挥绩效考核的激励作用

正确以及客观的绩效考核，可作为上级进行职位升迁、解雇、调职、赏罚等管理决策，以及主管调整员工薪资的依据（黄源协，2018）[①]。但根据前文的调查分析得知，目前社工机构的绩效考核制度并没有发挥很好的激励作用，其中主要是因为绩效考核与奖惩脱节。因此，社工机构要想发挥绩效考核的激励作用，就要加强绩效考核与社工薪酬福利、晋升、奖惩、培训等方面的联系，适度拉开不同考核档次之间在薪酬、奖金、福利、晋升等方面的差距，使得绩效考核具备更好的结果导向性（林丽卿，2015）[②]，只有这样才能真正发挥绩效考核制度对社工人才的激励作用。

首先，社工机构要建立起基于绩效考核的薪酬福利体系，把绩效考核的结果作为社工人才的薪酬福利发放考核标准，在这个基础上，增加绩效考核对薪酬福利的奖励等级与奖励标准。采用多等级划分，按照不同等级来发放不同的绩效考核奖金，能够拉开社工之间的绩效考核收入，避免出现平均主义，从而让绩效考核制度发挥出激励社工工作积极性的作用。提高奖励标准即在原来奖励额度标准上，适当地提高机构对社工的绩效考核奖金额度。

其次，社工机构应该将绩效考核结果作为机构人才晋升、解雇、调职及培训的依据。在社工机构现有的人才晋升制度里面，主要以服务年限和平时的工作表现作为晋升依据，并且在评选过程中主要依靠管理者的主观判断，缺少相应的书面材料作为依据，这样容易产生不公平现象。如果社工机构能够将绩效考核结果充分应用到这些人才晋升、解雇和调职中，可以有丰富的书面材料作为依据。社工机构具体的做法可以有：建立社工绩效考核档案，将绩效考核成绩做一个排序，然后运用到晋升机制中；对于多次绩效考核不合格的社工，将根据规定作出解雇或者调岗处理。同时，在绩效考核的过程中，管理者要认真阅读社工的绩效考核结果，通过绩效考核结果来了解社工在工作各方面存在的不足，最后根据考核结果为社工提供相关的培训。

3. 基于社工需求统筹职业培训，提供更多外出学习机会

员工培训实际上是一个系统工程，主要包括五个步骤：评估员工的学习需要、制订培训计划、培训前准备、实施培训、评估培训效果（陈为雷等，2012）[③]。可见，社工的学习需求是社工机构开展培训活动的前提。在评估社工的培训需求时，机构可以采用一些问卷法或者访谈法，对社工的培训需求进行了解，同时可以利用绩效考核结果进行评估。在这个过程中，机构人力资源管理部门可以每个项目点为单位收集社工的培训需求，然后将培训需求按照不同项目点、不同区域、不同的个人特征等条件来

---

① 黄源协：《社会工作管理》，上海·华东理工大学出版社，2018 年版，第 187 页。

② 林丽卿：《社会工作人力资源优化与可持续发展研究——基于胜任力模型》，载《现代商贸工业》2015 年第 12 期，第 86—88 页。

③ 陈为雷、付立华：《社会工作行政》，济南·山东人民出版社，2012 年版，第 129 页。

划分，最后再规划培训内容。与此同时，在规划培训内容过程中，还要注意培训内容系统化和个性化的相结合，这样可以避免社工机构安排的培训内容没有针对性，缺乏实际作用等弊端。

除了上面的培训激励外，为社工提供外出学习机会也是一种很好的成长激励法。现在很多社工机构都会定期为社工提供外出学习机会，但这种机会的覆盖面并不广，基本上是机构管理层才能参加，并且参加这种外出学习考察的社工要和机构签订一定的服务年限，于是导致很多社工没机会或是不愿意参加机构组织的这些外出学习活动。笔者认为，既然是一种福利，机构就应该适当地放宽限制条件，不应该把签订服务年限作为一种强制性留人手段。毕竟社会工作作为一种公益性事业，主要依靠政府拨款来培养人才，尽管是在不同机构，但培养起来的社工人才始终属于整个社工行业。

4. 建立三维职业通道，协助社工规划职业发展

社工晋升激励不足，职业发展模糊，已成为社工机构人才流失的重要因素之一。本案例认为要解决好以上两个问题，社工机构可以分两步走：其一是要拓宽社工人才的晋升渠道；其二是协助社工人才做好职业生涯发展规划。

社工人才晋升激励不足，归根结底是因为社工机构缺乏足够的晋升通道，而本案例认为社工机构可以采用美国著名职业生涯管理学家施恩教授提出的三维职业圆锥模型来拓宽社工人才的晋升通道。三维职业圆锥模型描绘了个人在组织中的三种发展路线：垂直的、向内的以及水平的。第一种，垂直的是指从下一层职位升到上层职位；第二种，向内的指向核心靠拢，成为组织核心成员，它并不一定伴随职位的升迁，但会对组织的决策、发展产生影响；第三种，水平的即在机构内部不同岗位间进行轮换，在同一级别的不同职位上水平移动（张念东，2007）[①]。从已有的职业资格等级、行政管理等级、专业管理等级三种晋升方式来看，均属于三维职业圆锥模型中的垂直维度，可见社工机构还没有建立起另外两种晋升维度。社工机构作为非营利组织，并不能像企业，可以根据市场需求来拓宽自己的业务，从而为员工提供更多的晋升职务。因此，笔者认为在经费不足、晋升职务有限的情况下，社工机构不妨尝试建立三维职业通道，为社工提供晋升激励。在向内维度上，社工机构增设机构管理委员会，或者项目点管理小组，逐步将优秀员工发展为核心成员，然后对核心成员给予一定的物质激励，这样一方面可以为机构储备管理人才，另一方面则是促进社工参与机构管理事务，从而对他们产生激励作用。在水平维度上，社工机构可以建立员工轮岗制度，增加员工在不同岗位上的流动，从而丰富他们的工作内容，增加工作的挑战性，避免出现职业倦怠。与此同时，如果有以岗定薪的薪酬发放方式作为辅助，更能对员工产生激励作用。

在社工职业生涯发展方面，社工机构要想社工规划好自身的职业生涯发展，首先

① 张念东：《论我国专业社会工作者的职业生涯发展》，载《贵州民族学院学报（哲学社会科学版）》2007 年第 2 期，第 34—38 页。

要让社工清楚机构的未来发展方向，或是项目点的未来发展方向，这样社工才能将自我职业规划和机构发展相结合。其次，机构同时要结合组织的发展目标，为社工提供可能的发展方向。具体做法是：其一，根据机构未来的发展方向作出人才需求评估，然后在机构内部进行人才甄选、培训，把这部分社工发展成储备人才，让他们明确自己的未来发展方向；其二，定期对社工进行相关主题培训，加强培养社工的职业生涯规划能力。特别是从前面的分析结果中了解到，项目主任、副主任的职业生涯发展比社工的清晰，工作年限长的社工比工作年限短的社工职业生涯规划更清晰，所以要更加注重培养一线社工，以及新员工的职业生涯规划能力，协助他们规划好在机构中的未来发展方向。

参考文献

[1] 仲祖文．努力建设宏大的社会工作人才队伍——三论为构建社会主义和谐社会提供组织保证[OL]．http：//paper.people.com.cn/rmrb/html/2006－12/18/content_12127852.htm.

[2] 涂传博．2019年全国社工考试报考人数达55.37万人！全国各地持证激励大扫描！[OL]．http：//www.cpwnews.com/content－24－30208－1.html.

[3] 田玲玲，梁清．去年东莞社工流失率预计近20%钱不多升职难[OL]．http：//dg.southcn.com/content/2015－03/24/content_120662543.htm.

[4] 范志海，阎更法．社会工作行政[M]．上海：华东理工大学出版社，2004：259.

[5] 柏松．农村社会工作人才队伍建设研究[D]．长江大学，2012.

[6] 周胜，周爱萍．关于社会工作人才队伍建设的几点思考——来自厦门市社会救助领域的调研报告[J]．法制与社会，2007（9）：643－644.

[7] 甄炳亮，王秀江．宽与窄：社会工作人才、社会工作者、社会工作人员关系探析[J]．中国民政，2010（2）：37－39.

[8] 弗雷德里克·赫茨伯格，伯纳德·莫斯纳，巴巴拉·斯奈德曼．赫茨伯格的双因素理论（修订版）[M]．张湛，译．北京：中国人民大学出版社，2016：53－59，136，118－119.

[9] 许芳．组织行为学原理与实务[M]．北京：清华大学出版社，2007：135.

[10] 周浩杰．广州要求街道开展家庭综合服务中心建设工作[OL]．http：//news.dichan.sina.com.cn，2011－10－13.

[11] 曾群．社会工作行政[M]．上海：上海人民出版社，2007：150.

[12] 李琪．浅谈社会工作的社会认可[J]．青年科学（教师版），2013（6）：2－3.

[13] 黄源协．社会工作管理[M]．上海：华东理工大学出版社，2018：187.

[14] 雷杰，罗观翠，段鹏飞等．广州市政府购买家庭综合服务分析研究[M]．北京：社会科学文献出版社，2015：124.

[15] 梁伟康．成效管理：非营利社会服务组织全面实践策略[M]．非营利组织卓越管理有限公司，2012：518.

[16] 蔡东山．福建省本科院校体育教师工作满意度研究[J]．长春理工大学学报（社会科学版），2009（6）：1031－1033.

[17] 房光宇．社工的压力之困[J]．中国社会工作，2015（16）：12－13.

[18] 梁伟康. 社会服务机构行政管理与实践 [M]. 集贤社, 1990: 186.

[19] 李昀韾. 社工流失困境下的社会工作服务机构激励机制研究——基于双因素理论视角 [J]. 学会, 2014 (11): 11-21.

[20] 杨姣姣. 北京市民办社会工作服务机构发展战略研究 [J]. 重庆科技学院学报 (社会科学版), 2012 (9): 60-62.

[21] 林丽卿. 社会工作人力资源优化与可持续发展研究——基于胜任力模型 [J]. 现代商贸工业, 2015 (12): 86-88.

[22] 陈为雷, 付立华. 社会工作行政 [M]. 济南: 山东人民出版社, 2012: 129.

[23] 张念东. 论我国专业社会工作者的职业生涯发展 [J]. 贵州民族学院学报 (哲学社会科学版), 2007 (2): 34-38.

第九章　项目化运作背景下社工机构员工绩效考核的方式及影响

——以广州市 L 机构为例

胡　燕[①]

本案例以广州 L 社会工作机构为个案进行研究，了解在项目化运作背景下社工机构员工的绩效考核的方式与影响。笔者希望通过以 L 机构为研究案例，尝试搞清楚以下问题：①L 社会工作机构实施绩效考核的原因、理念；②L 社会工作机构实施绩效考核的方式、现状；③L 社会工作机构实施绩效考核后有何影响。

为了探索有效的社会工作绩效管理，本案例提出以下建议：社会工作机构施行绩效考核时，既需要建立管理与专业服务同步的发展理念，也需要建立社会工作机构公平公正的文化理念。除此之外，只有在机构内部建立多样化的激励方式，才能更好地发挥绩效考核的激励作用。最后非常重要的一点是，社工机构要想获得长远发展，不仅要从维持项目的稳定出发，更要拓宽资金来源途径，以便于增强社会工作绩效考核实施的自主性。

一、本案例研究概述

（一）为什么要研究社工机构员工绩效考核问题

广东作为我国社会工作发展的排头兵，社会工作的专业化、职业化一直是全国的标杆。广州市更是在短短 10 来年时间快速发展，建立了项目化的政府购买社会工作服务体系，构建了“综合 + 专项”（家庭综合服务中心 + 社会工作专项服务项目）的专业服务平台，探索形成了党政主导、项目运作、社会协同、专业服务的广州社会工作服务模式。2010 年 8 月，广州市确立了项目化市场化的政府购买社会工作体系，政府购买社会工作服务以项目的形式进行。同时引入第三方评估，建立政府购买社会工作服务的信息平台，形成了一套完善的监督体系。这套监督体系包括了内部监督、评估监

① 胡燕，社会工作师、二级心理咨询师、社会工作硕士，现为广州市广爱社会工作服务中心副总干事，曾获“2015 年度中国百名社工人物”“2015 年广东省社工之星”“2016 年荔湾区优秀社工”“2018 年度广州市优秀社会组织工作者”等荣誉称号。

督、财政监督、审计监督和社会监督等方面[①]。2018 年 6 月，广州市出台了《广州市人民政府办公厅关于印发广州市社工服务站（家庭综合服务中心）管理办法的通知》，通知规定家综项目每年经费由 200 万元提高为 240 万元[②]。

从广州市社会工作的发展历程可以看到，政府通过购买社会工作服务以达到政府职能转移的落脚点。其中，项目化将成为未来社会工作发展的一种常态。在项目化竞争背景下，社会工作机构所提供的服务质量将决定机构最终的发展去向。人才是实现改善机构服务质量的核心。社会工作机构要做好人力资源管理和开发，专业人才占据核心地位，要强调引导和激励专业社工的行为，促进社会工作机构的人力资源的最大限度发挥（王名，2002）。

绩效考核对机构的发展具有重要的意义，通过绩效考核来肯定社工的贡献和成绩，弥补和改正社工的不足和缺陷，促进社工的提升和发展，从而促进组织机构的完善与壮大。通过绩效考核可发现社工的工作能力与机构工作岗位匹配度，有助于机构制订有效的培训计划和培训内容。通过绩效考核可以使社工之间形成良性竞争关系，最大限度发挥自身优势以及弥补自身不足。绩效考核优秀的社工可获得相应的工作成就感和相应工作奖励，可以激励社工们更加积极努力工作。绩效考核不合格的社工能够在今后工作过程中有意识地、有针对性地改善不足，以提高自己的服务质量和服务效率。另外，绩效考核有效性会影响对社会工作者的工作满意度，当社工认同绩效考核机制并且认为绩效考核能够很好地反映实际工作情况，社会工作者的工作满意度更高（王娅，2015）。

本研究希望通过了解 L 社会工作机构在项目化运作背景下的员工绩效考核方式，梳理总结社会工作机构绩效考核的现状与特点；分析目前社工机构员工绩效考核的影响；在理论层面丰富社会工作机构人力资源管理的相关研究。同时，为其他社工机构人力资源管理提供借鉴参考，促进社会工作行业发展的本土化。

（二）研究设计

1. 相关概念界定

一是项目化运作。

Jeffrey K. Pinto（2007）认为项目是以客户为中心，并具有目标性、复杂性和整合性。项目化运作侧重展示项目的执行过程。学者王瑞鸿（2010）指出项目化运作是指运用科学的方法，对项目进行系统管理，在目标、时间、人力、资源等特定约束条件下，高效和系统地完成项目实施，达到项目目标的专业行为。

---

① 中华人民共和国民政部，网站来源：http：//mzzt. mca. gov. cn/article/sggzzsn/jlcl/201611/2016110088 7281. shtml。

② 广州市民政局，网站来源：http：//www. gz. gov. cn/gzgov/s2812/201806/6aee5bbdf78249d482b2949e755 4d1cf. shtml？from = timeline&isappinstalled = 0。

在项目化多元主体的参与方面，黄春蕾、刘君（2013）在考察济南市的经验时提出，项目化涉及多方主体的参与，包括服务购买方、服务协作方、服务受益方、服务提供方，见图9-1，四方的代表分别为民政局、街道办、社工机构、社区居民。四方在项目化服务中形成一个环形图，并两两相互作用。民政局向社工机构购买服务，社工则向政府提交竞标的项目，社工机构直接面向社区居民服务，社区居民需要反馈服务成效。街道办事处作为服务协作方，连接着民政局、社工、社区居民三方，街道办事处需要向民政局征询需求及反馈，面向社工机构则是具有政策指导、工作监督、场地支持的功能，社工机构则需要向其反馈项目的进展，街道办面向社区居民则需要协助社工开展服务，并期待能获得社区居民的服务成效反馈。

与济南市有所不同的是，广州市政府还聘请第三方评估机构评估社工机构的服务质量（每年两次，分为中期评估和末期评估），评估的内容包括项目基础运营，项目的服务质量、服务数量、项目成效、项目宣传效果等各个方面。评估成绩合格，社工机构方能继续执行该项目，如评估不合格，则中标资格取消。为此，项目化运作下，社会工作机构面临五方的监督与评估。

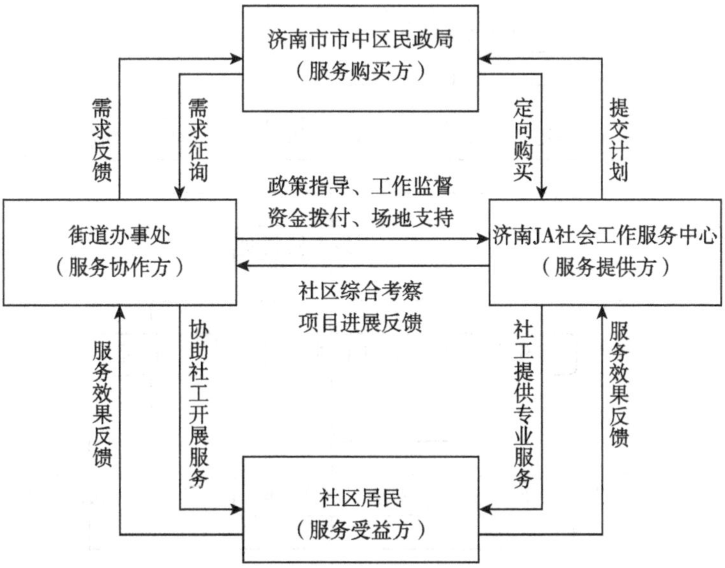

图9-1　济南项目模式流程（黄春蕾、刘君，2013）

二是绩效考核。

Bernardin（1995）将绩效定义为：在特定的时间范围内、在特定工作职能或活动上生产出的结果记录。Bates 和 Holton（1995）指出："绩效是一多维建构，测量的因素不同，其结果也会不同。"绩效考核是指一个组织为了达到一个预定的目标，运用一种衡量标准，对员工的行为及业绩进行评估，并且根据这个评估的结果对员工未来的行为和工作业绩进行引导的过程。绩效考核有两类，一类是组织绩效考核，组织绩效考核是对组织的行为及业绩进行考核，是评估组织在一定时间内，完成的工作数量、质量、效率、效益的状况。一类是员工绩效考核，员工绩效考核是评估员工个人的行为，是考核员工在一定时间内的行为表现和工作业绩。

英国理查德·威廉姆斯是研究绩效考核流程的突出代表。他的著作《业绩管理》一书对绩效考核体系做了详细的分解，把绩效考核体系分成四个部分：①指导计划，对员工绩效考核的目标和具体实施制订一份详细的计划，整体指导绩效考核的实施；②跟踪支持，对员工的绩效考核要定期进行监督和管理，要及时了解他们在实现绩效过程中碰到的困难，要为他们提供支持，帮助他们解决困难；③考核评估，对员工进行考核，并评估员工的绩效考核效果，了解绩效考核实施过程中产出的问题，了解绩效考核利弊；④发展奖励，制定多种激励方式，根据考核结果对员工进行激励，对于绩效考核不合格员工也要实行惩罚，奖惩结合，有效地运用好绩效考核结果，充分发挥绩效的激励作用（威廉姆斯，1999）。

2. 研究框架

本案例是在项目化运作背景下研究社会工作机构的员工绩效考核方式，研究框架如图 9 – 2 所示。

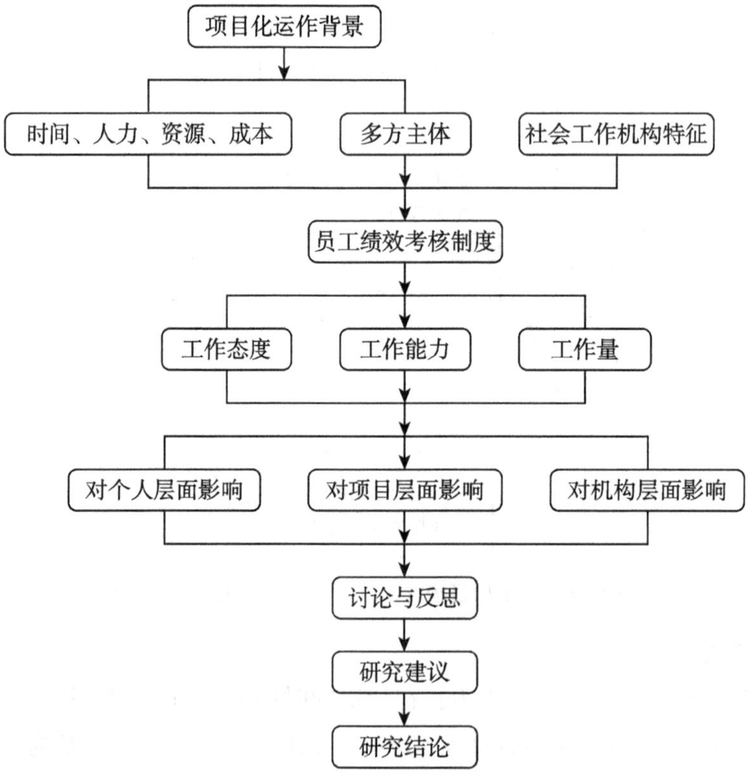

图 9 – 2　研究框架

3. 研究方法

本案例主要用个案研究法和访谈法。

个案研究法是指对某一个体、某一群体或某一组织在较长时间里连续进行调查，从而研究其行为发展变化的全过程。L社会工作机构成立于2011年，是广州市5A级社会工作机构。为了提升机构的人力资源管理水平，L机构从2014年开始实施员工绩效考核，至今积累了3年多的经验。为此，以L社工机构为个案研究对象，深入分析该机构实施绩效考核的理念、考核方式及影响，能累积社会工作机构人力资源管理本土化的宝贵经验。

本研究的访谈对象包括三个层级，有L机构的高层管理人员、中层管理人员以及一线社工。L机构一共承接了4个街道家庭综合服务中心项目。高层管理人员的访谈，是L机构的一名总干事、两名副总干事。高层管理人员的访谈内容，主要是了解高层管理人员设定绩效考核的理念、依据，及对绩效影响的看法等。中层管理人员的访谈是选取这4个家庭综合服务中心的中心主任和副主任进行访谈，一共8名中层管理人员。中层管理人员的访谈内容，主要为了解中层管理人员对一线社工绩效考核的看法。一线社工则分别从各个中心选取3名员工作为代表，3名员工分别为2011—2014年、2015年、2016年入职的员工代表，了解一线社工对一线社工绩效考核的看法。分别从不同的角度来了解绩效考核的方式，思考绩效考核的影响。L社工机构访谈人员名单见表9-1。

表9-1　L社工机构访谈人员名单

序号	项目名称	姓名	入职时间	职位
1	机构总部	袁某	2012年	总干事
2	机构总部	李某	2012年	副总干事
3	机构总部	陈某	2012年	副总干事
4	A项目	黄某	2012年	中心主任
5	A项目	吴某	2012年	副主任
6	A项目	蔡某	2012年	一线社工
7	A项目	徐某	2013年	一线社工
8	A项目	黄某	2016年	一线社工
9	B项目	罗某	2012年	中心主任
10	B项目	邓某	2012年	中心副主任
11	B项目	廖某	2012年	一线社工
12	B项目	陈某	2015年	一线社工
13	B项目	周某	2016年	一线社工
14	C项目	卢某	2012年	中心主任

续表

序号	项目名称	姓名	入职时间	职位
15	C 项目	何某	2012 年	中心副主任
16	C 项目	蔡某	2013 年	一线社工
17	C 项目	周某	2015 年	一线社工
18	C 项目	杨某	2016 年	一线社工
19	D 项目	王某	2012 年	中心主任
20	D 项目	郑某	2012 年	中心副主任
21	D 项目	林某	2014 年	一线社工
22	D 项目	陈某	2015 年	一线社工
23	D 项目	莫某	2016 年	一线社工

二、L 社工机构员工绩效考核方式及影响

（一）L 社工机构员工绩效考核方式

1. L 社工机构简介

L 社会工作机构成立于 2011 年 11 月，是由多家高校和企业共同支持成立的。L 机构是一家为社会大众提供社工服务、义工服务和其他社会服务的 5A 级社会工作机构。广州市的社会工作项目主要是以街道家庭综合服务中心为主，L 机构目前的业务主要是承接了市内 4 个街道家庭综合服务中心项目。L 机构有员工约 80 人，按照广州市政府对街道家庭综合服务中心社工人员配置的要求，每个家庭综合服务中心有 14 名社工（包含两名项目负责人），整个机构约有 60 名社工，20 多名行政后勤人员。

L 机构最高权力部门是理事会，理事会下设财务部、服务发展部、督导培训部、综合部、项目管理部 5 个部门。服务发展部则包括拓展组和督研组 2 个小组，拓展组主要负责拓展项目，扩大业务，为机构争取更多的项目。督研组则主要负责机构各个项目的服务质量监测与提升，品牌服务建设等工作。综合部包括宣传组、行政组、人事组 3 个小组，负责整个机构的行政人事后勤保障工作，为各个项目点工作的开展提供支持。督导培训部包括督导组、培训组 2 个小组，主要为机构链接督导和培训资源，统筹安排机构的督导和培训工作。项目管理部主要由各个项目构成，下设人员是各个项目的负责人。L 机构的高层管理人员包括 1 名总干事，2 名副总干事。中层管理人员包括各街道家庭综合服务中心的中心主任和副主任。

2. 街道家庭综合服务中心项目简介

街道家庭综合服务中心（以下简称家综）是政府通过公开招投标的方式，公开选择社会工作服务机构承接运营的，是政府购买的社会服务项目。广州市的相关文件规定，家综开展的服务主要有“3 + X”项目，长者服务、家庭服务、青少年服务是 3 类

常规服务，是必须要开展的，X项是由承接机构与购买方根据当地的需要，共同协商制定的，可以是残障服务、义工服务、新广州人服务等。招投标结束后，购买方与承接机构签订项目合同，明确项目购买的范围、项目经费、项目目标、人员配置要求、项目的服务要求和项目时间、项目工作指标、项目资金支付方式、违约责任等内容。一个家综一年的运营经费为200万元，按照不少于20名工作人员的配置，至少配置14名专业社工，6名行政后勤人员。项目招投标期限为3年，每年签订当年的项目合同。为了对家综项目进行有效的监督，购买方每年聘请独立专业的第三方机构对项目进行评估，一年评估两次，每半年评估一次，分为中期评估和末期评估。评估的内容包括项目基础运营是否规范，人员配置是否符合合同规定，服务内容是否符合合同规定，服务进度是否按时推进，合同双方是否履行自己的职责，提供的服务是否具有专业性，居民对服务是否满意，购买方对服务及服务机构是否满意，等等。项目合同约定，家综项目末期评估合格，购买方才会与承接服务机构继续签订下一年的项目合同，如末期评估不合格，则项目自动终止。3年招投标周期满后，重新按照政府购买社会服务的程序进行招投标，重新确定承接服务机构。

广东社会工作的发展过程中，随着政府购买社会工作服务项目的兴起，各地区项目化运作蓬勃发展，广州的“街道家庭综合服务中心”是社会工作发展过程中项目化的典型案例。

3. L社工机构员工绩效考核方式主要内容

L机构的主营项目是街道家庭综合服务中心，因而考核的员工也是家庭综合服务中心的员工。2014年，L机构开始实施绩效考核制度。L机构绩效考核分为时间维度及内容维度两个方面。时间维度包括月度、季度、年度三次考核；内容维度包括社工的工作态度、工作量、工作能力。

月度绩效考核就是考核指标量和非指标量的完成度，不作工作态度、工作能力的考核，工作量考核占比100%。指标量完成度指的是社工当月完成个案、小组、家访、探访、社区活动等直接服务的数量，每完成一定的指标量就能获得一定的分数，这些分数就是指标量工作的得分。非指标量则是指辅助性工作，包括招募组员的准备、走访社区、宣传、与居委会沟通面谈、撰写活动通讯稿、投稿等。每完成一定的非指标量就能获得一定的分数，这些分数就是非指标量的分数。项目化运作下的家庭综合服务中心项目都有固定的总工作量，项目期限基本都是以一年为限，机构将项目的总工作量划分到每个月，再平摊到14名社工身上，计算出每名社工每月要完成的最低工作量，工作量再换算为绩效分数，即为每名社工的绩效考核合格分数。每月月度考核前三名，分别奖励100元、80元、50元。社工如未能达到合格分数的标准，中心主任则会约谈该名社工，针对其本月工作的绩效成绩进行面谈，沟通反馈机构对社工的工作要求，同时也协助社工处理工作中碰到的困难，以令社工下月能顺利达到绩效目标。月度绩效考核中，未设惩罚，主要是因为项目过程中，碰到中心要评估的月份或者是春节假期的月份，指标量都难以完成，因而对月度没有惩罚要求，社工如本月不能完成工作量，则需要在下月将上个月的未完成的工作量一起完成。

季度绩效考核包括工作态度、工作量、工作能力 3 个绩效指标，工作量考核占比 65%，工作态度和工作能力考核共占比 35%。工作态度包括对行业的价值理念的看法，对机构的看法，对服务对象的态度，对工作的态度，对同事的态度等。工作量方面，包括一个季度的指标量和非指标量总和。工作能力包括开展个案、小组、活动的能力，撰写文书的能力，与他人沟通合作的能力，项目设计的能力等。工作态度和工作能力主要通过员工自评、互评、主任评价、行政评价 4 种不同的方式来考核，是定性考核。每季度根据季度考核成绩奖励前三名，第一名 500 元，第二名 300 元，第三名 200 元。社工未能达到季度考核合格分数的，有相应的惩罚，低于合格分数值 60% 的，当季度最后一个月扣除 500 元，低于合格分数值 80% 的，当季度最后一个月扣除 300 元，低于合格分数 90% 值的，当季度最后一个月扣除 200 元。

年度绩效考核包括工作量、工作态度、工作能力 3 个指标。工作量是社工当年度平均每月的指标量和非指标量之和，工作态度、工作能力的内容与季度考核一致。工作量考核占比 65%，工作态度和工作能力占比 35%。年度绩效考核结果与社工当年度的年终奖和下年度的工资调整有密切关系。年度绩效考核结果分为 A、B、C、D 4 个档次，按照不同档次发放不同的年终奖金。同时，当年度绩效考核前三名社工获得每月增加工资的资格。

4. L 社工机构员工绩效考核方式变迁

L 社工机构绩效考核制度已经实施了 3 年，这 3 年也在不断地完善、不断地调整。2014 年，第一次制度绩效考核制度，因为考虑到社会工作机构的助人特性，没有制定惩罚措施，只奖不罚，同时本着社会工作专业信任的价值观，也没有要求社工必须以文书为证，证明自己已经完成工作量。在绩效考核核算绩效分数时，社工只要汇报自己完成了多少工作量即可列入绩效成绩。这就直接导致了在项目临近结束时，依然有大量的工作没有完成，只能想尽办法加班加点来完成。因为没有惩罚，没有文书为证，社工并没有感受到压力。2015 年，第二次修改绩效考核制度，在总结上一年的基础上，做了调整。项目化是要求在特定的人力、时间、资源上要完成特定的任务。家综项目的这些因素都是固定的，为了能够有效地完成工作量，达到购买方的要求，新增了合格分数，并设定了惩罚。同时，所有绩效考核分数必须以文书记录为证，这样就有效地保证了社工完成工作量。2016 年，第三次修改绩效考核制度。随着行业的发展，对家综、对社工的要求已经不仅仅是满足购买方的要求，还要满足行业协会、资源合作方、服务对象等的要求。项目化运作下，涉及多方主体，因而在绩效考核中新增了资源链接的考核、媒体报道的考核、专业成绩发表的考核、督导培训成绩的考核、服务对象投诉情况的考核等。

（二）L机构制定绩效考核制度的理念、依据

1. 规范管理，提升机构竞争力

经过几年的发展，广州的社工机构快速增加，已经由原来的十几家，迅速发展为几百家。社工机构面临僧多粥少的状况，竞争压力大。2015年，广州市家庭综合服务中心陆续进入第二周期招投标工作，各个行政区均有不同数量的社工机构在第二轮招投标中以失败告终，没能将原有的家综服务延续下来。2017年，广州最新出台的《广州市街道家庭综合服务中心招投标文件征求意见稿》对参加竞标的社工机构的要求极高，规模小的机构竞争能力弱，很难在竞争中占有一席之地。面对着如此激烈的竞争，社会工作机构必须不断完善机构内部管理，加强自身竞争力，方能谋求生存与发展。

“现在广州有几百家社工机构，可真正能承接到服务的机构并不多，竞争激烈，我们必须把管理做好，规范管理，这是机构发展的基础。”（机构总部，总干事，袁某）

“绩效考核是机构管理的重要组成部分，它涉及机构的人才培养和发展，人才是机构发展的根本。我们要从绩效考核着手，规范机构管理，培养机构人才。”（机构总部，副总干事，李某）

2. 培养社工使命感和服务感

社会工作是一个助人的行业，与企业不一样的是不以营利为目的。企业依靠营利及分工吸引人才，留住人才，社工机构则需要培养社工使命感和服务感。社工只有认同社会工作专业价值观，认同行业发展，才可能投身于社会工作行业；社工长期接触社会困难群体，只有培养社工的服务感，才能设身处地从服务对象角度出发，为他们提供切实的服务。为此，社工机构要以培养社工的使命感和服务感为出发点，才能提升服务质量。

“在绩效考核里，我们加入了服务对象对社工的考评意见，也是希望能够让社工认识到服务对象对我们的重要性，他们就是我们的老师，我们要认真倾听他们的声音，才能慢慢地把服务做好。”（机构总部，总干事，袁某）

“社工对专业认不认可，对行业是否有信心，对服务困难群体是否有心，这个是最重要的。通过这个绩效，希望能时常提醒社工对专业价值观的反思，对服务质量的反思。”（机构总部，副总干事，李某）

3. 应对项目化运作下各方要求

项目化具有严格的目标系统、时间限制、人力配置、资源分配等要求（王瑞鸿，2016）。L机构承接的项目多数是项目化运作，社会服务从政府外包、社工机构承接及实施的过程受到多元主体的影响，因而在绩效考核制度的制定过程中需要综合考量各方的影响因素。绩效考核的内容包括服务购买方要求的工作量、相关利益方对服务的要求、第三方评估机构所要求达到的评估标准、行业协会要求的项目成效等。

“项目中标后，购买方与机构所签订的合同里明确规定了每年要完成的工作量。同时还明确规定了购买方委托第三方评估机构对项目每年开展两次评估，如评估不合格，

则项目中止，评估合格，项目才能继续承接。当时制定绩效考核，首先就是为了能够完成工作量，能够获得评估合格。所以考核制度里，有一个重要的指标就是购买方规定的工作量。”（机构总部，总干事，袁某）

“机构每年迎接两次评估，涉及工作指标完成情况、购买方评价、服务对象评价等，机构希望能够完成这些工作。绩效考核中必须考虑评估的内容，这样才能督促社工平时把工作做好，避免评估才来做，肯定做不好的。”（机构总部，副总干事，陈某）

4. 高效完成项目任务

项目化运作下，家综项目都是固定的人力、物力、时间成本，而机构要在这些因素下按时完成工作量，则需要对社工加强管理，施加压力，规定社工的工作量，要求按时完成工作，方能完成项目的要求。

“每个家综就 14 个人，一年的时间，要完成这些工作任务，也不容易啊，我们只能用绩效考核这种方式，不断优化人力资源，将人力效益最大化。”（机构总部，副总干事，李某）

“家综的资源也不是太多，要社工不断地去开拓新的资源，所以把链接资源也列入绩效考核，也是为了应对项目资源有限这个问题。”（机构总部，总干事，袁某）

（三）绩效考核对个人层面的影响

1. 引导社工学习自我管理，合理安排工作时间

实施绩效考核，可以帮助社工清楚他们的工作任务和工作内容。绩效考核要求以月为单位，安排每天的工作计划，从而提升社工合理安排工作时间的能力。在绩效考核的压力之下，社工需要学习如何合理安排工作，进行时间管理。

“我并不懂得要如何去安排自己的时间，如何做好工作规划，最初的时候工作安排比较随意，想到什么做什么。绩效考核实施后，我就不能这样随意了，因为一随意，很有可能就完成不了当月的绩效考核，我也不想排名最后，就算是合格了，不受罚，排到最后也不太好，没面子。后来就慢慢学习去合理安排时间，安排自己的工作了。”（A 项目，一线社工，徐某，2013 年入职）

“以前每到评估我就要加班加点地赶工作，白天开服务，晚上写文书，有时候还要通宵，真的好累。但是评估一结束，就感觉好轻松，好像没什么事做。这样我也觉得有点混乱，后来有了绩效考核，我就知道一个月大概要做多少探访，要开展多少个案，也知道怎么去安排自己的工作时间和任务。现在这些工作都会分摊到每个月去，评估到了，也不用赶工了。”（C 项目，一线社工，蔡某，2013 年入职）

2. 引导社工明确工作目标

实施绩效考核后，机构明确了对社工工作量的要求，社工每个月则可以按着既定的工作量要求开展工作。在工作态度和工作能力上，社工机构也有明确的考核指标。为此，绩效考核有助于社工清晰了解社工机构对员工工作态度和工作能力的要求，以促进社工不断调整自己，提升自己，明确自己的工作方向和目标。

“我刚进入机构时，不太了解机构的要求和工作内容，感觉比较迷茫。主管和我讲解了绩效考核制度，我就明白自己每个月的工作任务，知道自己要做些什么工作，也明白机构对员工的要求，那我按照机构的要求去完成即可。”（B项目，一线社工，周某，2016年入职）

“绩效考核，可以让我知道每个月要做些什么，知道项目的要求，评估的要求，机构的要求，那我就按照这些要求来制定自己的工作目标，知道从哪些方面来要求自己。”（B项目，一线社工，廖某，2012年入职）

3. 提升社工工作积极性，提高工作效率

绩效考核实施能够对表现优秀的社工及时给予肯定与奖励，对于未能达标的社工，也会给予一定的惩罚。奖惩结合，增加了社工之间工作的竞争性，有效地提升社工的工作积极性，提升工作效率。

“以前，未实施绩效考核，每到评估的时候，其他人员没有完成自己的工作，主任总会叫我去帮忙，因为我能准时将自己负责部门的工作都完成。但是不管我做多少，工资都一样，并没有额外的奖励。其他人不干活，也没有任何的惩罚，工资照拿，甚至还可能工资比我还高，他们一点压力都没有。我觉得没有奖励，很难让人有积极性去干啊，那些不愿意干活的也不会担心被批评，被罚。有奖有罚，才是合理的。”（B项目，一线社工，廖某，2012年入职）

“2014年开始实施绩效考核，对于表现优秀的，尤其还帮别人完成工作量的员工，所做的工作绩效都列入他的名下，获得额外的奖励。而那些没有完成工作量的人，绩效得分就少，如果不合格，则会受到惩罚。这样很多员工就愿意干活了，不像以前。现在就算他是帮别人完成了工作量，也是记在他的绩效成绩名下，那就不一样了。绩效考核优秀，是有奖金的，哪个员工不想拿到奖金。”（B项目，中心主任，罗某，2012年入职）

“我们每个月都很努力地冲刺，想拿到优秀，每个月的优秀和季度优秀、年度优秀都息息相关，如果没有月度的优秀，那季度、年度优秀也很难拿到了。我们办公室的同事都想努力争取到。不过，如果这个月实在没希望了，就没有太大的动力了，但无论如何都不能让自己不合格，起码要过了合格，不被罚款，扣绩效奖金。”（C项目，一线社工，杨某，2016年入职）

4. 挫伤社工的公平感

L机构的绩效考核制度规定，社工开展服务并完成相关的文书记录则可以列入绩效考核成绩。由于工作量的得分比重远远多于工作态度和工作能力的比重，因而开展服务数量多的则分数高。然而，同样的服务所花费的时间却不相同，比如同样开展一节个案，有的社工需要1小时，有的社工需2个小时。工作量多不代表质量高。有的社工完成的服务数量不多，但服务中社工专业元素高，服务质量好，有的社工则服务质量一般，完成的服务数量多。为此挫伤部分社工的公平感，认为绩效考核制度欠缺公平。

“机构的绩效考核，每个月都清点文书的数量，根据文书的数量确定服务的数量，数量多的排名就靠前，就能获得优秀。但是我们有时候也很难理解，比如一个人没花什么心思就开完一节小组，花费的时间、精力不多，但是我开小组投入很多心思和精力，因为我想把服务的质量提升，但是这样我服务数量就会下降。别人开展一个小组花 1 个小时，我花了 2 个小时，但是绩效考核得分一样，那我到底要不要花心思把小组开好，还是只要达标就可以了？这样对我们这些很想用心把服务质量提升上去，想把专业提升上去的社工颇为打击，我觉得这样真的是不公平的。”（C 项目，一线社工，蔡某，2013 年入职）

“每个月都必须完成一定的工作量，完成不了就会受到处罚。但是我觉得社工的服务还是看成效吧，比如我开了 10 个个案，但个案成效都比较差，服务对象的改变不大。同样地，如果我开了 2 个个案，但是这 2 个个案成效都非常好，个案也在辅导过程中有了改变。那哪个会更好一些呢？有时候我想多花心思，把成效做得更好，但是又迫于绩效的压力，要多做一些服务，这样我就觉得好纠结啊，我到底要怎么办呢？”（B 项目，一线社工，陈某，2015 年）

另外，对于一些同时兼任部门主管的一线社工，他们除了要完成一线社工的工作量，还要做许多主管的职责工作。但这些工作均不能计入绩效考核的成绩，这也让主管们感受到了不公平。

“我是长者部的主管，作为主管，既要做一线社工的工作，也要做主管的工作。可是按照绩效考核制度，很多主管要负责的工作都不能列入绩效考核的分数。比如部门里有一个新员工和两个实习生，我要带新人，教他们做家访、电访、开小组等，每周也要安排开部门会议，安排他们的工作，与他们一起讨论他们上周的收获与不足，这些工作都是不能列入绩效分数的，但是要耗费我不少时间呢，我觉得这样对主管就很不公平，主管要多做这么多工作，却不能计入绩效考核的成绩。”（B 项目，一线社工，廖某，2012 年入职）

5. 减弱了社工的激励成就感

L 机构员工月度绩效考核前三名分别奖励 100 元、80 元、50 元。季度考核前三名分别奖励 500 元、300 元、200 元。年度考核前三名每个月加 200 元工资，年终奖也根据年度考核成绩来发放。绩效考核结果只与员工的工资、奖金紧密结合，这种绩效考核结果的运用较为单一，且激励方式简单，只有物质激励，没有精神激励，这就减弱了绩效的激励作用。

“我觉得绩效考核结果只是加工资，或者是发奖金。除了这个就没有别的了，那是不是可以考虑绩效考核优秀的人员去参加一些高端的培训呢？”（D 项目，一线社工，陈某，2015 年入职）

“绩效考核除了与工资挂钩，也可以给大家一些荣誉，我觉得这也是挺能激励人的。现在就只是和钱有关，我觉得也没什么意思。”（D 项目，中心副主任，郑某，2012 年入职）

（四）绩效考核对项目层面的影响

1. 提升工作效率，保证完成项目任务

实施绩效考核，提升员工工作效率，能够保证项目任务的完成。每一个项目都有明确的项目目标、项目工作量，机构必须完成项目工作任务，才能向购买方交代，才能继续承接该项目。绩效考核将项目任务分解到每一名社工身上，社工完成自己的工作任务，则能保证项目任务的完成。

“以前总是担心大家的工作开展不顺利，担心大家完成不了工作量，每到评估就很焦虑，逼迫大家开展服务，担心评估不合格，但是实施绩效考核后，就不用担心这个问题了，每个月的工作量都能及时完成，到了评估的时候，也不需要担心太多。”（B项目，中心副主任，邓某，2012年入职）

“我们每一名员工都能按照绩效考核的要求完成工作量，在我们中心，竞争很激烈，大家都想争优秀，都想拿到奖金，每个人都努力完成自己的工作量，这样我们中心的工作效率就提升了，工作任务保证完成，我也觉得轻松，不用担心他们完成不了工作任务。”（C项目，中心主任，卢某，2012年入职）

2. 保证项目文书资料档案完整存档

绩效考核明文规定，工作量考核成绩须以文书为证，仅有口头说明不能列入绩效考核成绩。过往，有些社工开展服务后，不及时书写文书记录，时间一久容易遗忘服务的情况；有些社工工作拖延严重，迟迟不完成文书，这大大影响服务资料的完整性，容易出现文书资料缺失、遗漏服务对象的重要信息的现象。绩效考核的实施，有效地解决了这一问题，保证了文书资料的完整性，保证了档案完整存档。

“所有的绩效考核成绩以文书为证，这就有效保证了文书的完整性，不会造成空有服务的数据，而没有文书资料。这样也避免了服务资料的缺失，保证了资料的完整性，保证了工作的完整性和延续性。”（D项目，中心主任，王某，2012年入职）

“有些社工很不喜欢写文书，做完个案回来，迟迟不写记录，过了几个月要评估了，迫于评估压力才去写文书，这都过了这么久了，哪还记得这么详细。”（B项目，中心主任，罗某，2012年入职）

3. 增加社工心理压力，影响项目团队氛围

月度考核针对工作量的完成情况，为此，一线社工需要“赶”指标，努力达到绩效考核的要求。纵然拿不到优秀，也要争取合格，不能排在后面。这样社工心理压力大，容易产生负面情绪，负面情绪在团队间会互相传染，影响到整个团队，使得团队士气低沉、氛围沉闷。

“每个月都要做绩效考核，压力好大啊，感觉自己不断地在赶指标工作，不停地赶，心里好焦虑，也好烦躁。在办公室里，有时候大家心情都不好，都会有各种抱怨。感觉中心氛围都不太好，大家都在使劲赶指标，都忙到没空聊天，没空关心一下别人的工作。”（D项目，一线社工，莫某，2016年入职）

“我觉得大家每天都在拼指标，就怕月底考核的时候成绩不合格。都这样埋头工作，感觉气氛好压抑，彼此互不关心，我觉得社工机构应该氛围很好才对啊。”（B项目，一线社工，陈某，2015年入职）

4. 减少团队互助合作的行为，影响团队的团结互助性

绩效考核制度要求谁负责的工作则绩效成绩归谁，即帮忙的社工没有绩效成绩。迫于绩效压力，每名社工都在意自己的绩效考核成绩，各人自扫门前雪，哪管他人瓦上霜，使得社工间互助行为减少。对于需要团队合作的工作，社工不愿意合作，担心浪费了自己的时间。为此，绩效考核影响了团队的团结互助。

“我们是一个团队，中心有很多工作需要大家互相帮助才能完成，但现在我作为副主任，我很难调动他们。有时候安排社工完成一项任务，他首先会问这个任务能否计入绩效成绩，否则不愿意协助。这弄得我好为难，大家都不愿意帮忙，那工作怎么开展呢？”（C项目，一线社工，何某，2012年入职）

“中心开展大型活动时，常常需要十几人一起合作，但是大型活动的绩效成绩只有负责的社工才有，其他帮忙的社工没有绩效。这样影响大家的团队互助，他们会认为反正帮了也是没有绩效的，还不如多干点能计入绩效的工作。”（A项目，中心副主任，2014年入职）

（五）绩效考核对机构层面的影响

1. 规范社工行为，形成机构文化

社会工作是一个新兴的行业，社工机构的管理制度还不健全。社工机构正在探索规范化管理，L机构社工绩效考核中，社工自评及社工互评的内容是以机构的核心价值观“责任”“专业”“温暖”为考核内容的，分别从责任、专业、温暖的表现三个方向来考核社工的工作。除了核心价值观，机构重点关注的工作也放在其考核内容中。通过价值的考核引入，规范和强化员工行为，使之符合机构的价值导向，强化核心价值观，促进机构文化形成。

“直接把机构的核心价值观责任、专业、温暖嵌入考核中，让员工能够了解机构对员工行为规范的要求，这就能够很好地指导员工，同时也能逐步形成机构的文化。”（A项目，中心主任，黄某，2012年入职）

“在考核中，基本都能明白机构对一线社工的要求，知道机构看重的是什么，这样我们就能慢慢地按照这个要求来做，这样也是挺好的。”（A项目，一线社工，黄某，2016年入职）

2. 筛选人才，建立梯队人才队伍

对于考核优秀的员工，机构能够及时给予鼓励。同时，亦能帮助管理者发掘人才，培养人才，建立梯队人才队伍。一些考核优秀的员工，被机构选为重点培养对象，为机构储备人才。

“中心平时考核优秀的人，他们工作认真，专业能力也不错，他们能够为中心付

出，能够承担责任。绩效考核的结果能够客观真实地反映社工们的工作状态，平时工作努力的人，绩效考核成绩也优秀。因而这些考核优秀的人，都是中心要重点培养的人员。”（C项目，中心主任，卢某，2012年入职）

“绩效考核比较全面地考核了一个人的工作，通过绩效，我们也能看得出来哪些人做事认真负责，哪些人主动积极，哪些人可以作为机构的储备人才。”（D项目，副主任，郑某，2012年入职）

3. 促进社工自我管理，降低管理成本

在管理工作过程中，许多管理者往往要在员工管理上花费大量的时间。通过绩效考核，细化了对员工的要求，规范了员工的行为，限定了员工的工作量。员工能够形成自我管理，自我合理安排好工作时间，安排好工作量，按时完成工作任务。这样，管理者就不必把大量的时间花在员工管理上，从而为管理节省了时间成本。

“绩效考核实施后，很多工作我就不用花太多精力去管了，大家按照考核制度来完成就可以了。”（D项目，中心主任，王某，2012年入职）

“绩效考核制度里面已经非常清楚地写明了对一名社工的工作要求，这样就有效地让社工明白了自己的工作任务、工作要求。这也挺让我们省事了，不用反复地和大家讲工作要求。以前，经常跟在社工屁股后面催大家要开个案了，要写文书了，要完成什么工作，现在都不用，大家已经形成习惯了，很自然地就按照绩效考核的要求去完成。”（A项目，中心主任，黄某，2012年入职）

三、研究结论与建议

（一）主要结论

1. 项目化运作对绩效考核的影响

本研究认为在社会服务项目化运作过程中，机构更加注重绩效。政府要求广州家综项目至少配备14名社工，机构努力按照政府要求控制员工数量，避免额外增加员工，在有限的人力下，完成项目任务，获取最大的效益。因而，在设定绩效考核指标及比重时，将工作量放在第一，比重最大，而且还规定了每一名社工完成的合格工作量，对社工进行了奖惩相结合的方式，以促进社工提升工作效率，促进项目任务的完成。

2. 绩效考核对社工个人、项目、机构三个层面的影响

首先，绩效管理能够客观评价员工的工作能力与综合表现，同时还能促进员工之间的公平竞争，激励员工严格要求自己；其次，绩效管理能够帮助企业实现发展目标，还能帮助企业制定科学合理的管理战略，其中不仅包括员工培训、薪资酬劳等，还包括为企业构建优秀的人力资源团队，使企业能够更好地向发展目标迈进，并且能够帮助企业及时找到内部管理中的不足，促进企业长期发展（陈红，2019）。

在项目化背景下，社会工作机构所提供的服务质量将决定机构最终的发展去向，

社会工作机构绩效考核是有效的。社会工作行业处于初步发展阶段，在社会工作机构人力资源管理经验不足的情况下，绩效考核的实施，对个人、项目、机构的积极意义表现如下：对个人而言肯定社工的贡献和成绩，促进社工的不断发展；对项目而言，有利于项目合作主体的利益协调，满足购买方的任务需要，满足服务受益方的实际服务需要，满足第三方机构的评估需要，促进项目任务的完成；对机构而言，有利于培养机构人才，降低机构管理成本，促进管理过程的优化，有利于社会工作机构战略性目标的实现。

绩效考核对个人、项目、机构的消极意义表现如下：对个人而言，挫伤希望以服务质量而非服务数量取胜的社工的积极性；对项目而言，割裂社工组织成员的团队互助行为，影响项目的团队气氛；对机构而言，社工助人的职业特性难以用数量考核其成效，专业特性将影响绩效考核的执行强度。

3. 多方主体影响绩效考核制度的制定

社会工作机构绝大部分是依靠政府投入，资金来源单一，资金流动紧张。财务上的不自主，影响了机构内部运作的自主性（肖小霞、张兴杰，2012）。广州家综项目运营管理是借助合约化方式来实现的，购买方与承接机构签订项目合同，明确了项目购买的范围、项目经费、项目目标、人员配置要求、项目的服务要求和项目时间、项目工作指标、项目资金支付方式、违约责任等内容（姚迈新，2013）。在这种项目化运作背景下，项目的运作受到包括服务购买方、服务协作方、服务受益方、服务提供方的影响，四方在项目化服务中为一个环形图，并两两之间相互产生作用。项目成为社会工作服务的中心，机构对项目的依赖非常强，项目成为机构生存的基础，绩效考核也受到项目化的影响，追求指标数量及效果。另外，由于政府是项目的购买方，因而在效果评价方面占据了主导地位。

绩效考核属于机构内部运作的一部分。绩效考核的实施制定，受制于多方主体，不只受购买方的影响，也受到行业协会、评估机构、服务对象的影响。社会工作机构在制定绩效考核制度时，需要衡量各方因素。

4. 社会工作助人特性影响绩效考核实行力度

绩效是市场的产物，在西方刚发展时，绩效是为了激励员工的工作积极性，提升员工工作效率，促进组织效率提升，获取最大利润（冯安明，2011）。随后，绩效考核逐渐发展，非营利组织也开始运用绩效考核，以提升员工的工作效率，提升组织的效率。非营利组织包括四种类别，社会工作机构与其他三类虽然同为非营利组织，但社会工作机构与其他非营利组织又有些不同。李太斌认为社会工作机构与其他一般性非营利组织有三个区别：第一，社会工作机构不能向服务对象收费，不能用收取费用的方式来获得经费支持，以推动机构的运转。因为社会工作机构所提供的服务是属于社会服务领域，服务对象主要是社会困难群体，提供的服务是公益的，非营利性的，作为社会的困难群体也难以支付服务的费用。第二，社会工作机构的服务是由社会工作专业人员提供的，他们遵循专业社工的理念，以个案、小组、社区三大专业手法为服务对象提供服务，帮助有需要的人获得解决生活困难的信心和能力。第三，社会工作是非营利性组织，主要依靠政府购买项目获取服务经费，或者是社会捐赠资金。不论是哪种途径，机构所获得的资金都不多，因而用最少的投入获取最大的社会效益是社会工作机构在运作过程中的一个原则。“利他主义”和“助人自助”是社会工作的基本理念（李太斌，2006）。

综上所述，社会工作是一项面对困难群体的助人工作，是提供关怀服务的，与绩效考核的特性不一样，难以要求高产。这就使得绩效考核的实行力度受到影响，如L机构实行绩效考核后，社工有负面情绪，内心有冲突，难以理解在助人的社会工作机构实行这种高压的管理，有的员工甚至为此而选择了离职。

5. 绩效考核公平感影响社工的行为表现

与社工追求社会正义本质一样，助人职业期待获得程序、结果、互动公平。国际社会工作者联盟（IFSW）与国际社会工作教育协会（IASSW）认为追求社会正义是社会工作的核心准则之一（冯浩，2015）。郑杭生认为社会正义就是社会资源和社会机会配置的公平性和平等性（郑杭生，2007）。为此，社工机构绩效考核所达到的公平性，从本质上与社会工作一致。社会工作作为助人的职业，为困难群体争取最大的福祉，维护社会正义。同样，作为组织的一员，社工也期待能获得公平的评价。

绩效考核的公平性会影响社工的行为表现。积极的层面上，如文献综述中Balkint和Gomez-Mejia（1995）所提及，绩效考核对员工的工作效率、工作满足感具有促进作用；另一方面，Colquitt和Scott（2001，2016）认为，员工与组织之间在本质上是一种交换关系，员工会通过积极或消极的工作态度及行为反馈绩效考核的公平性（张永军，2012）。当员工认为绩效考核公平时，则能激发员工的工作积极性，提升员工的工作水平。当员工认为绩效考核有失公平时，就会排斥绩效考核，采取各种行为敷衍绩效考核，以表达心中的不满。更重要的是，这种不公平感会降低员工的工作积极性，增加员工的不满情绪，影响工作任务的完成，使绩效考核失去激励作用。

公平性包括程序的公平、结果的公平以及互动的公平（张永军，2012）。程序的公平是指在合理正当的制度、透明的流程下进行的程序，考核双方都清楚了解考核的制度及流程并且一致认同。L社工机构制定了绩效考核后，对机构新进社工进行培训，使得社工清晰机构绩效考核制度，解决新进社工的疑惑，并认同机构制定的绩效考核制度。

互动的公平是指绩效考核在社会互动层面得到公平的评价，如L机构施行的季度考核中包括社工自评、同工互评及管理层评价，三种互动评价涉及三方主体，两个评估内容维度。评估主体包括社工、同工、上司，评估维度包括受考核者的工作态度、专业能力。对不同的评估主体而言，工作态度、专业能力的评价是主观评价的过程。这个过程受到“差序格局”与“人情与面子”的文化因素影响。我国的人际关系是

“差序格局”社会网络，为此与其他社工关系较好、与中心主任关系较好的社工在他评部分更有可能获得更高的分数。组织在进行绩效考核时需要注意人际关系文化造成的互动的不公平。

结果的公平则是指绩效考核结果的公平。考核结果能否客观地反映社工的努力程度、对机构的贡献大小、能力的高低、工作态度的好坏、工作数量的多少以及工作质量的优劣等十分重要（张永军，2012）。项目化运作背景下，工作目标、时间、人力、资源等工作都具有高度的约束力，工作数量与工作质量的考核衡量不易把握，社会工作作为公益服务，其服务成效需要时间呈现。L 社工机构在月度考核中没有工作能力、工作态度的考核，但在季度和年度考核中加入了这两个因素，以尽量满足结果的公平评估，但整体的绩效考核中指标量仍然占据主导。

（二）对社工机构开展员工绩效考核的建议

1. 明确自身定位，从自身发展需要来设定员工绩效考核制度

企业必须将人力资源考核制度与企业发展战略充分结合，紧密联系在一起，统筹协调，不断调整企业的管理模式，提高企业管理的灵活性与规范性，不断提升企业的管理水平与经济效益（马林娜，2019）。社工机构要想获得长远发展，切不能只是从维持项目的稳定出发，迎合政府、协会、评估、服务对象等各方要求来开展员工绩效考核工作。社会工作机构要有自己清晰的使命、愿景，要明确自己的定位。社会工作机构要想获得良好的发展，就必须明确自己的发展目标。机构的发展目标包括机构服务能力、对社会问题的敏感度及创新意识、获取服务资源目标，与政府合作和政策建议能力目标，资金独立的目标，等等。社会工作机构要思考如何规范服务流程，如何与政府建立良好的关系，如何控制支出，如何利用现有的资金推动机构的发展，如何完善机构人力资源管理体系，培养人才，如何高效完成承接的项目，如何达到最大化效益，如何宣传推广机构，等等。制定绩效考核时，要更多地从机构自身的定位出发，将机构的这些发展目标分解出来，落实安排到各个部门，再由各个部门落实安排到每一名员工身上。动员全机构的力量，共同为机构的发展努力。

2. 管理与专业要同步发展

绩效考核作为内部管理的一部分，也需要慢慢引导一线社工了解绩效考核的作用与目标。同时在绩效考核的流程中，要及时与员工保持沟通，合理地运用绩效考核的结果，让员工能了解绩效考核，认同绩效考核。

社会工作作为一种助人的职业，是为社会困难群体服务的。机构要靠专业服务立足生存，做好专业服务，这是毋庸置疑的。但是社会工作不仅要追求专业化，还要追求管理的规范化。规范的管理是机构发展的基础。现阶段，社会工作机构出现了重专业轻管理的一些现象，一线社工也容易出现只愿意做一线服务，不愿意接触管理的现象。机构管理层要在机构内部宣传管理，推行管理规范化，要慢慢地让一线社工了解到专业与管理一样重要，缺一不可。机构只注重服务，轻视管理，就会导致机构内部

管理混乱，无章可循，也必然会影响到工作效率，影响到组织效率。规范化的管理才能让社工在开展任何工作时有理有据。一个社会工作机构要发展，要壮大，就必须要走向职业化、规范化和专业化。机构的管理是根基，犹如一座大楼的地基，基础做好了，机构才能走得更远，发展才能更好。

3. 建立社会工作机构公平公正的文化理念

Balkint 和 Gomez-Mejia（1995）提出，绩效考核对员工的工作效率、工作满足感等起到很大的促进作用，同时对一些负面的行为起到抑制作用。而另外一些学者则认为当员工绩效考核的分数低时，并不一定会通过改善自己的行为提高绩效考核分数，想提高分数取决于公司在考核过程中是否公平，如果存在不公行为，他们会产生强烈的抵触情绪，使绩效考核失去效率，像 Douglas H. Flit 的研究成果所显示的一样（吴瑞鹏，2012）。

社会工作为助人的职业，为社会困难群体服务，社会公正、助人自助、公正平等是社会工作追求的专业价值理念。要建立公平公正的文化理念，不仅是机构所开展的社会工作专业服务要遵循这一理念，在机构内部的管理也要建立这一理念。在开展员工绩效考核工作时，要努力达到绩效互动公平、绩效结果公平、绩效程序公平。当员工感到绩效考核公平时，才能充分发挥绩效考核的积极作用，激发员工工作的动力，提升员工工作效率，促进组织效率的提升，才能更好地促进机构的内部管理，促进机构的发展。社会工作机构的管理理念要遵循社会工作专业的价值观，这样才能获得专业社工的认同，机构才能发展得更好。

4. 拓宽资金来源，保持机构一定的自主性

在使用资金方面，由于社会组织的公益化目的，其在公共服务中仍以政府为主导，需要依靠政府的长期财政支持方能生存发展。但由于政府面临的财政压力，其提供的资金显然有限。因此，一旦政府财政支持力度不足，资金便难以维系日常运营（辛文博，2019）。

目前，社会工作机构绝大部分都是依靠政府购买服务项目获得资金，只有少部分是通过社会捐赠、基金支持获得资金，机构对政府的依赖性强。社会工作机构拓展资金来源能力较弱，经验不足，需要慢慢地提升拓展资金的能力，减轻对政府的依赖。

一般情况下，政府出资购买的社会工作服务项目多以维护社会稳定为目的，这类服务主要是根据政府的要求，为一些小众群体开展的基础服务。承接这样的项目，政府是购买方，占据了绝对的主导地位，会对社工机构提出各种要求以满足自己的需要，而社工机构有时又会迫于项目的压力不得不改变自己，迎合政府的需要。然而这样的发展容易造成社工机构和政府互相埋怨，互相推诿。一家社工机构，如果没有自主的项目，单一依靠政府，容易为了生存而在不知不觉中偏离自身使命去迎合政府，长期发展下去，政府的干涉会越来越多，甚至连机构内部的管理也要干涉。

社工机构要获得独立发展，要有自身的定位，就要拓宽资金来源，减轻对政府的

依赖，这样才能保持机构的自主性。在机构的内部管理上，才能自己说了算，才能将内部管理配合机构的使命发展。在绩效考核上，才能有更多的自主权。

5. 建立多样的激励方式

非营利组织与企业不一样，不以营利为目的。企业以利润为先，非营利组织以公众利益为先。企业的激励方式主要是报酬激励，非营利组织除了薪酬激励外，更要注重精神激励。在非营利组织，精神激励的作用更加突出。非营利组织的员工明知这个行业不能赚钱，但仍然投身于这个行业，靠的是对行业的奉献和热爱。精神追求是人的基本需要，每个人都希望能够追求荣誉和地位，希望受人尊重，这也是人的内在需要。这种内在需要的满足能够大大激发人的工作动力。比起企业员工，非营利组织员工更加注重精神追求。声誉激励和荣誉激励是非营利组织两种主要的精神激励方式。荣誉激励是指对工作中表现优秀的员工授予荣誉称号，如优秀员工、十佳员工、最佳贡献员工等。声誉激励是指运用宣传、培训等方法，使员工认识了解组织的历史使命，建立对职业的认同与热爱，激励员工提高组织绩效，以此来提高自己的声誉（张明，2008）。

建立非营利组织的激励机制更加困难，因为非营利组织员工要追求精神上的满足，要注重使命感和奉献精神，但毕竟他们也是社会人，要生活，要承担家庭的责任。不能一味地只强调精神激励，也要有适当的物质激励。非营利组织相比于企业和政府，激励机制更难建立（李炳秀，2005）。

建立非营利组织的激励机制，除了要平衡物质激励和精神激励，也要注重对员工使命感和责任感的激励（陈晓春、李苗苗，2006）。L 机构的绩效激励方式较为单一，主要是通过薪资、奖金来奖励，这对于培养社工对机构的认同感、对行业的使命感帮助不大。赫茨伯格认为非营利组织与企业追求利润不一样，更追求价值、使命、公益，因而对于员工除了报酬外，还要给予员工成就感，肯定员工的工作成就，给予员工成长的机会。在非营利组织，工作本身和责任感也是激励员工的重要因素。王名则认为对于非营利组织员工的激励，要充分考虑到组织非营利性、公益性、志愿性的特点，以及组织内部激励方式的构成（王名，2002）。

机构要建立多样的激励方式，让员工保持新鲜感，保持充足的动力。在物质激励方面，机构可以结合绩效结果给予提高工资、发放奖金、提升职位等方式。在精神激励方面，机构对表现优秀的员工给予适当的放权，让员工参与决策，给予荣誉奖励，给予学习提升的机会，给予新的挑战任务，给予有某些特定意义的特权，等等。机构要全面考虑到员工的需要，结合机构自身的企业文化制定激励制度。

在执行、评定以及反馈绩效考核的结果时，要保障全面性，所制定的绩效考评体制应满足以下目的：①可用于职位晋升、辞退以及调换职位、确定薪资与奖金等方面；②认真评估职员个人业绩的优劣，并科学反馈职员资料；③对全年所有业务加以分档，如优秀、称职、基本称职与不称职等，以激发员工的服务热情及创新意识（洪连瑞，

2019)。对于绩效考核结果不理想的员工，必须要对其加强培训，使员工认识到自身不足，使其不断提升服务意识、业务能力和工作质量。在培训内容上，应以职业道德和工作技能为主。职业道德的培训能够提高员工的工作状态和责任心，而工作技能培训能够有效提升员工的工作能力和业务水平。

6. 社工机构绩效考核不仅要重视工作量，也要平衡专业价值观、服务对象成长变化的考核

绩效考核是市场的产物，但社会工作为专业助人的职业，直接面向服务对象提供服务，需要一个相对较长的时期才能看到服务的成效。居民需要提供个别化、差别化的服务，因而社会工作的服务，不能简单地以工作量来衡量，服务成效的达到才是最根本的。这就使得绩效考核追求高产的理念与我们的助人理念相冲突，影响到绩效考核的执行力度。这就要求社工机构在制定绩效考核时要充分考虑到社工行业的职业特性，不仅仅是工作量的考核，还要注重专业价值观、服务对象的成长改变等方面的考核。

参考文献

[1] 陈晓春，张彪．非营利组织准公共产品初论[J]．长沙民政职业技术学院学报，2003，10(3)：9-12.

[2] 陈晓春，胡扬名．非营利组织中的人本管理探讨[J]．中国行政管理，2005(6)：68-70.

[3] 陈玥．社会工作管理[M]．台北：志光教育文化出版社，2011(1).

[4] 陈晓春，李苗苗．非营利组织的发展：动力、机制与作用[J]．湖南大学学报(社会科学版)，2006，20(1)：72-77.

[5] 丁美东．非营利组织及其价格机制研究[M]．北京：中国财政经济出版社，2004. 19

[6] 董根明．我国专业社会工作的发轫[J]．安庆师范学院学报(社会科学版)，2005，24(4)：15-18.

[7] 方舒．论社会工作与社会管理的交互机理——从社会工作的本质属性谈起[J]．社会科学，2013(5)：78-86.

[8] 冯浩．案主自决原则在华人社会中的实践困境[J]．华东理工大学学报(社会科学版)，2015，30(4)：1-11.

[9] 郑杭生．社会公平正义与和谐社区建设——对社区建设的一种社会学分析[J]．中国特色社会主义研究，2007(6)：36-42.

[10] 张永军．绩效考核公平感对反生产行为的影响机制研究[D]．武汉：华中科技大学，2012.

[11] 马林娜．浅析绩效薪酬特征对员工态度和绩效的影响[J]．人才资源开发，2019(4)：81-82.

[12] 冯安明．绩效考核的历史变迁给企业的启示[J]．经济师，2011(5)：263-264.

[13] 顾江霞．社会工作本土化过程中的督导关系分析——基于东莞H镇督导项目实践的经验[J]．社会福利，2012(8)：8-13.

[14] 高红．社区社会组织参与社会建设的模式创新与制度保障[J]．社会科学，2011(6)：

76－83.

[15] 黄春蕾，刘君．绩效视角下政府购买社会工作服务模式的优化：济南市的经验[J]．中国行政管理，2013（8）：33－37.

[16] 李春华，严明．谈非营利组织绩效管理的改善[J]．财会月刊，2004（12b）：54－55.

[17] 李太斌．上海社会工作机构的实践与探索分析[J]．中国青年政治学院学报，2006，25（1）：129－134.

[18] 李炳秀．非营利组织内部治理机制研究[D]．长沙：湖南大学，2005.

[19] 彭秀良．中国社会工作发展史几个问题的讨论[J]．社会工作，2016（2）：3－10.

[20] 强茂山，阳波．C-PMBOK 的作用及特色理念[J]．项目管理技术，2004（7）：22－27.

[21] 盛运华，赵宏中．绩效管理作用及绩效考核体系研究[J]．武汉理工大学学报，2002，24（2）：92－94.

[22] 宋德浩，罗志艳．浅论非营利组织绩效管理[J]．湖南财政经济学院学报，2005，21（4）：77－80.

[23] 威廉姆斯．业绩管理[M]．大连：东北财经大学出版社，1999.

[24] 吴瑞鹏．CK 医院员工绩效考核体系的改进研究[D]．太原：山西大学，2012.

[25] 吴金凤．香港督导者与本土督导者的实践对比[J]．岭南师范学院学报，2014（4）：33－37.

[26] 吴迎新．基于平衡计分卡的非营利组织绩效评价研究[D]．天津：天津大学，2007.

[27] 王锐兰．解读非营利组织绩效评价[M]．上海：上海人民出版社，2009.

[28] 王锐兰，谭振亚，刘思峰．我国非营利组织的政治绩效初探[J]．江苏社会科学，2006（1）：147－152.

[29] 王名．非营利组织管理概论[M]．北京：中国人民大学出版社，2010.

[30] 王瑞鸿．社会工作项目精选：The project of social work[M]．上海：华东理工大学出版社，2010.

[31] 王宝华，王宝石．人力资源管理[M]．北京：机械工业出版社，2004.

[32] 王娅．社会工作者工作满意度及其影响因素研究[D]．南京：南京大学，2015.

[33] 王桢桢．项目化购买模式的运行冲突及治理策略[J]．探求，2015（5）：65－70.

[34] 王淑红，龙立荣．绩效管理综述[J]．管理评论，2002（9）：40－44.

[35] 王思斌．社会工作机构在社会治理创新中的网络型服务治理[J]．学海，2015（3）：47－52.

[36] 徐家良，赵挺．政府购买公共服务的现实困境与路径创新：上海的实践[J]．中国行政管理，2013（8）：28－32＋100.

[37] 陈红．企业绩效管理存在的问题及对策分析[J/OL]．科技经济市场，2019（2）：78－79[2019－05－28].

[38] 肖小霞，张兴杰．社工机构的生成路径与运作困境分析[J]．江海学刊，2012（5）：117－123.

[39] 夏炜，叶金福，蔡建峰，等．非营利组织绩效评估理论综述[J]．软科学，2010，24（4）：120－125.

[40] 姚迈新．政社关系视角下社会组织提供公共服务问题研究——以广州市政府购买社区家庭

综合服务为例［J］. 岭南学刊，2013（3）：121－126.

［41］于淑娟. 非营利组织战略管理绩效评价研究［J］. 集团经济研究，2007（5）：54－55.

［42］仲伟周，曹永利，Shunfeng，等. 我国非营利组织的绩效考核指标体系设计研究［J］. 科研管理，2006，27（3）：116－122.

［43］张丽清，张江海. 中国非营利组织绩效评估研究述评［J］. 经济与社会发展，2007（12）：116－118.

［44］辛文博. 社会组织参与公共服务的困境与出路［J］. 法制与社会，2019（12）：125－127.

［45］张明. 非营利组织的治理机制研究［D］. 广州：暨南大学，2008.

［46］张琼文，韦克难，陈家建. 项目化运作对社区社会组织发展的影响［J］. 城市问题，2015（11）：79－84.

［47］洪连瑞. 浅谈绩效考核在事业单位人力资源管理中的作用［J］. 中国管理信息化，2019，22（8）：91－92.

［48］李雨韩. 人力资源管理中的绩效考核研究［J］. 劳动保障世界，2019（3）：22.

［49］中华人民共和国民政部，http：//mzzt. mca. gov. cn/article/sggzzsn/jlcl/201611/20161100887281. shtml.

［50］中华人民共和国国家统计局，http：//data. stats. gov. cn/.

［51］中华人民共和国民政部，http：//www. mca. gov. cn/article/zwgk/mzyw/201111/20111100197617. shtml.

［52］Kaplan，Norton. The balance score card measure that drive performance［M］，Harvard Business Revies，1992，70（1）：71－90.

［53］Kaplan，Norton. Using the balance score card as strategic management system［J］. Harvard Business Revies，1996，74（1）：75－84.

［54］Michael Armstrong and Angela Baron1. Per-formance Management. London：The Cromwell Press，1998：15－52.

［55］Brockner，J. &Wiesenfield，B. M.，An integrative framework for explaining reactions to decisions：Integrative effects of outcomes and procedures. Psychological Bulletin. 1996（120）：34－42.

［56］广州市民政局，http：//www. gz. gov. cn/gzgov/s2812/201806/6aee5bbdf78249d482b2949e7554d1cf. shtml？from = timeline&isappinstalled = 0.

第十章　社工机构管理对社会工作者职业稳定性的影响

——基于对广州市相关数据的分析

李月丽[①]

社会工作者是社会工作机构的宝贵资源，社会工作者的职业稳定性不但有利于社工和服务对象个人层面的成长，也有利于社工机构和社区层面的发展，更有利于整个社工行业乃至整个社会的发展，因此研究社工的职业稳定性具有重要意义。职业稳定性是社会成员在某个特定职业，以及该职业所提供的工作岗位上继续就职的意愿或倾向性。目前，社会工作者职业稳定性相对较低。从管理角度看，了解社工职业稳定性的现状及影响稳定性的因素，有助于掌握社工的职业动态，激发社工工作的积极性，保持社工队伍稳定。本案例研究社工机构在运营管理中有哪些因素影响社工的职业稳定性，并分析这些因素与稳定性的相关性，建立回归模型，从而尝试建立社工机构人才队伍的稳定性机制，为社工机构的稳定性提出科学性的建议。

一、本案例研究概述

（一）为什么要研究社工机构管理对社会工作者职业稳定性的影响

1. 研究的背景

2008—2017 年，广州社工发展近 10 年。10 年间，广州市共投入 17.7 亿元财政资金用于购买社工服务，且年投入保持在 3.3 亿元左右，投入规模名列全国首位；社工服务已经覆盖全市各街（镇），共建立了 188 个家庭综合服务中心，设立了失独家庭、社区矫正、流浪乞讨等 15 个社会工作专项服务项目，共提供了约 3800 个社会服务领域就业岗位，其中社会工作专业岗位约 2500 个。截至 2016 年 9 月，广州市共有 417 家民办社会工作服务机构，数量位居全国首位，其中有 15 家被评为广州市级 5A 社会组织；共有 13 万以上人次通过（助理）社会工作师的资格认证，数量居全国第二；共培养社会工作督导人才 287 名、社会工作管理人才 368 名、社会工作员 4353 名。2018 年广州

① 李月丽，社会工作师、社会工作硕士，现任广州市越秀区思媛社会工作服务中心督导助理、广州市六榕街社工服务站副主任。从事社会工作服务及管理 7 年，在单亲家庭、失独家庭、残障家庭服务等方面有丰富的经验。

市社工服务站项目经费从每年 200 万元/个增加到了每年 240 万元/个（广州市人民政府办公厅，2018）。可见，广州社工发展的速度是非常快的。从探索期到全面推进期，再到规范提升期，广州社工服务成效显著，基本形成了项目运作、社会协同、专业服务的社会工作本土化“广州模式”，回应了广州经济社会发展的迫切需求。服务内容覆盖广泛，年服务人次不断增多，服务紧跟社会热点，且助推了社会治理方式的转变，实现了社会服务提供从“政府包揽”到“政府与社会组织分工合作”的新转变，传统行政主导的“政府炒菜、居民吃饭”也向“居民点菜、政府买单”的需求导向转变，促进了传统民政工作的服务升级，社会工作服务嵌入入伍新兵辅导、婚姻登记、流浪救助、社会救助、优抚安置、精神康复等传统民政工作领域（广东省民政局，2016）。

由于发展速度过快，处于发展初期的广州社会工作也面临着很大的挑战，其中包括社会工作理论研究滞后、社会工作教育与实务脱节、公众对社会工作认同度低、社会工作项目成效评估难、社工服务水平参差不齐、社工服务本土化难、社工服务被认为是“锦上添花”等。同时，作为社工行业主力军的社会工作者也同样面临着较大的困境，社会工作者被称为“写工”、产生职业倦怠、工资低、家人社会的认同度低、专业能力不足、流动率和流失率高、社工新人流失严重等（郭乔蓉，2019）。

数据显示，2013—2014 年度广州社会工作离职、流动、流失等问题凸显，人才队伍离职率达 24.55%（《新快报》，2015）。深圳近年来的社工流失率也处于比较高的水平。数据显示，2015 年深圳持有社会工作者职业证书的人数累计达 8304 人，社工队伍的流失率为 18.8%。从 2008 年开始，深圳社工流失率均逐年上升，2014 年达到了“巅峰值”22.20%，超出行业 20% 流失率的警戒线，2015 年是首个流失率有所下降的年份（《羊城晚报》- 金羊网，2016）。可见，社会工作者的离职问题是非常严峻的。

构建一支稳定的社会工作专业人才队伍是和谐社会发展的迫切需求，也是社会工作实现专业化和职业化发展的必要保障。可以从微观、中观、宏观三个层面来说明社会工作者职业稳定性的重要性。首先从微观层面即个人层面来看，个人层面包括社工个体和服务对象个体。对于社工来说，稳定有利于社会工作者专业性的成长与沉淀，也有利于和服务对象建立持久而稳定的专业关系，从而更好地开展专业服务；对于服务对象来说，稳定性有利于提升服务对象对社工的信任，有利于服务对象的成长与转变。其次从中观层面即社工机构层面或社区层面来看，对于社工机构，社工的稳定有利于降低机构人才的培养成本，也有利于机构服务的总结与发展；对于社区，社工的稳定性有利于社区服务项目的发展。最后从宏观层面来说，有利于整个社工行业的发展，对社会的发展也起到一定性的作用。

同时，稳定社会工作人才队伍已经上升到了国家层面，政府对社工人才队伍的建设十分重视。2011 年发布《关于加强社会工作专业人才队伍建设的意见》，2012 年 19 个部门和群团组织联合发布了《社会工作专业人才队伍建设中长期规划（2011—2020

年)》，2016年10月18日，国家12部门和群团组织联合印发了《关于加强社会工作专业岗位开发与人才激励保障的意见》，提出了按需设岗、以岗定薪，分类指导、有序推进，保障基层、稳定一线的原则，加强社会工作专业岗位开发和人才配备，提升职业发展空间，提升社会工作专业人才薪酬待遇水平，提升社会工作专业人才职业地位，从宏观到微观层面指导及推进社会工作服务的发展，稳定社会工作队伍。广州市民政局2019年工作安排，提到要加大养老、社工等急需的专业人才引进力度（广州市民政局，2019）。除此之外，不少地方扩大紧缺人才引进范畴和高层次人才选拔范围，对入选的社会工作专业人才给予户籍、住房保障、创业资助等方面激励（《中国社会工作》，2019）。可见社工人才是比较紧缺的，稳定才是关键。

因此，如何提高社会工作者的职业稳定性是非常值得研究和关注的。提高社会工作者的稳定性可以从三个角度出发，包括个人因素、社会/制度因素、机构管理因素。个人因素是比较微观的，依个人的社会阅历、价值观的不同而有所不同；社会/制度因素则是比较宏观的，需要政府和社会共同推动。想要改变个人和社会是相对比较困难和长远的，因此本案例从社会工作机构中观层面的角度出发，研究影响社会工作者稳定性的机构管理因素，从而为社会工作者的稳定性提出相应的对策。

2. 研究的意义

一是理论意义。目前，针对社工职业相关的研究主要集中在职业倦怠、职业角色认同和工作满意度、人才流失等方面，其中在人才流失研究方面对流失原因的研究集中在被调查对象的主观看法、被调查对象认为什么原因导致离职，较少对离职原因与离职倾向，以及这些原因是如何影响流失的进行相关分析。并且以社会工作者职业稳定性为切入点的实证研究较少，研究的内容侧重在从社工个人层面的因素进行分析，而没有考虑社会层面上的政策影响因素和组织层面的因素对社工的职业稳定性的影响。本案例将着重去研究组织层面及社会工作机构层面对社工职业稳定性的影响。本案例结合 Price-Mueller（2000）离职模型，运用模型中的结构化变量对稳定性进行研究，在一定程度上厘清社会工作者职业稳定和组织管理层面的深层关系，建立社会工作机构管理与职业稳定性的回归模型，完善了社会工作专业人力资源管理的相关理论。

二是实践意义。当前广州社会工作人才队伍不断发展壮大，越来越多的社会服务领域需要社工，但是社工行业却面临着社会工作人才队伍发展的困境，职业流动性和人才流失率偏高，且社会工作者在社工机构之间的流动率也较高，因此相关的研究具有十分重大的意义。本案例通过研究社工机构在运营管理中有哪些因素影响社工的职业稳定性，并分析这些因素与稳定性的相关性，建立回归模型，从而尝试建立社工机构人才队伍的稳定性机制，为社工机构的稳定性提出科学性的建议，从而提升社工机构的稳定性。

（二）基本概念和理论基础

1. 基本概念界定

社工机构管理是指社会工作机构的管理。目前对社工机构管理尚没有准确而全面的定义。本案例所说的机构管理是比较狭隘的，主要是指机构内部对人力资源的管理。人力资源管理的五大要素是获取、整合、保持与激励、控制与调整、开发，本案例主要研究的是人力资源的保持与激励。本案例结合 Price-Mueller 的离职理论模型中的结构性变量，提出影响社工职业稳定性的机构管理因素，包含工作自主性、分配结果公平性、工作压力（资源匮乏度、角色模糊、角色冲突、工作负荷）、薪酬管理、晋升机会、工作单调性、社会支持（领导支持、同事支持、督导支持）、企业文化 8 个大因素 13 个小因素。

职业稳定性是社会成员在特定职业以及该职业所提供的工作岗位上继续就职的意愿或倾向性。本案例从两个方面研究社会工作者的职业稳定性：离开现机构工作的意愿或倾向性，以及工作寻找行为，即离职倾向和工作寻找行为越低则职业稳定性越高。本案例所研究的职业稳定性关注于“留在目前的社工机构，不会离开该机构”这个类型，在该机构的水平或是垂直流动都视为是社工机构的职业稳定性范围。本案例将职业稳定性分为稳定型、不稳定型和犹豫型。

2. 理论模型：Price-Mueller 离职模型

（1）Price-Mueller 离职模型简介。Price-Mueller（2000）离职模型是建立在社会交换理论和期望理论基础之上的，理论基础较好，且比较成熟，具有较大的影响力，是国外员工离职研究的主流模型之一。国内也有越来越多的学者运用 Price-Mueller（2000）离职模型对员工离职进行研究。例如，对 IT 企业、物流集团、民办高校、企业技术人才、保险公司、新生代农民工等方面的离职问题进行了研究，且取得了良好的研究成果。因此，本案例结合 Price-Mueller（2000）离职模型进行社工职业稳定性的研究，为研究提供理论基础。

（2）Price-Mueller 模型变量及结构图。

①Price-Mueller 模型变量的介绍。Price-Mueller（2000）离职模型包括 4 个变量，分别为个体变量、环境变量、结构变量和内生变量，其中环境变量包含机会、亲属责任，个体变量包含一般培训、工作参与度、消极/积极情感，结构变量包含自主性、结果公平性、工作压力、薪酬、晋升机会、工作单调性、社会支持，内生变量包含工作满意度、组织承诺、离职倾向、工作寻找行为。本案例主要研究与机构管理相关的变量，即结构变量，具体解释见表 10－1。

表 10－1　机构管理相关变量、离职倾向、工作寻找行为的解释

变量名称	变量解释
工作自主权	工作自主权是指在机构管理过程中，机构给社工自主行使相关工作权利的程度
分配公平性	分配公平性是指员工在工作过程中所受到的奖惩与工作贡献的关联程度。即工作贡献越大，奖励就越多；反之贡献越小，奖励就越少

续表

变量名称	变量解释
工作压力	工作压力是指阻碍工作职责实现的程度。工作压力是个多维度概念，主要包括四个维度，分别是资源匮乏度、角色模糊、角色冲突和工作负荷
薪酬管理	薪酬包括现金和其他社会福利，经济学家认为薪酬是离职的重要决定量
晋升机会	晋升机会是指机构内部潜在的向上的职业流动。良好的晋升机会越大，员工的离职行为越少
工作单调性	工作单调性是指工作被重复的程度。如果工作内容丰富，员工有机会接触各个层面的问题，能力得到锻炼，使员工产生内在激励，感受到工作带来的满足感，从而增强工作满意度，降低离职意向
社会支持	社会支持是对员工工作相关问题的支持程度，这种支持主要来自领导、同事和督导对工作的支持程度。社会支持可以缓解员工在工作中遇到的诸多困难和压力，从而增强员工的满意度，减少员工的离职倾向
企业文化	企业文化是组织成员所共同遵守的基本信念和认知，是由价值观、信念、仪式、符号等组成的文化形象。企业文化会影响员工对企业的根本看法，并影响领导的方式和行为、组织结构及其关系等。本案例结合社工机构的特点，在离职模型中加入了企业文化
工作寻找行为、离职倾向	工作寻找行为是指员工是否具有寻找机会离开现在的工作单位的行为，离职倾向是指员工想离开当前雇主的程度

②Price-Mueller 模型结构图。

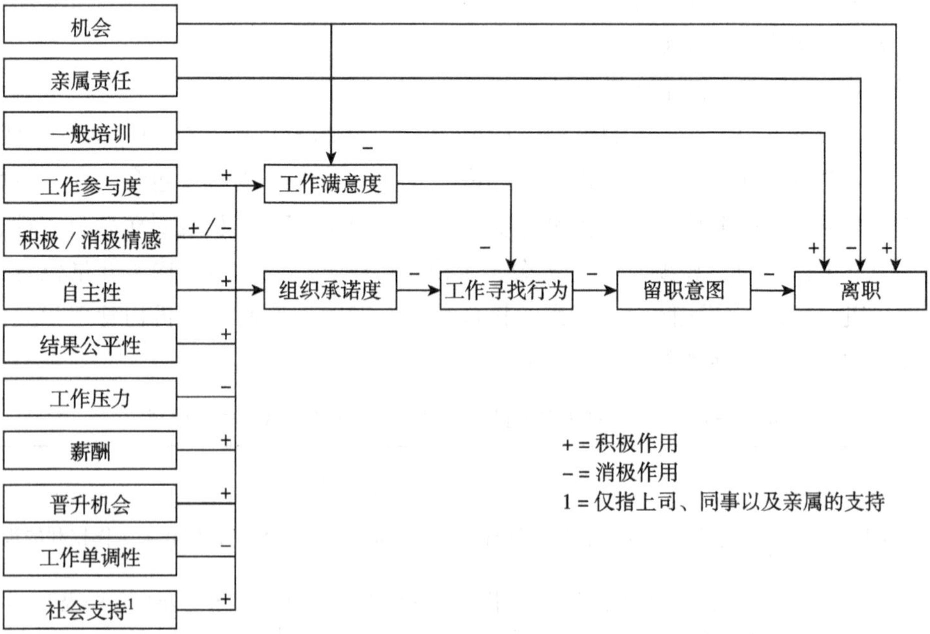

图 10－1　Price-Mueller（2000）模型结构

3. 相关理论分析

（1）需求理论。钱红丽（2005）通过分析国内外的需求理论，总结得出三个观点：一是人的需求是客观存在的；二是需求是人类行为的前提与基础，行为是人类需求外在的表现；三是人的需求是具有发展性和层次性的。马斯洛的需求层次理论把人的需求分为生理需求、安全需求、归属和爱的需求、尊重需求和自我实现的需求五个层次，当较低层次的需求获得满足之后，人们会往更高层次的需求发展。

1969 年阿尔德弗尔在马斯洛的基础上提出了 ERG 需求理论，把需求层次从五个简化为三个，即生存需求、关系需求和成长需求。生存需求包括一切生理需要和物质需要；关系需求包括人与人之间相关的、联系的需要；成长需求是指提高和发展人自身的需要，包括自我表现尊重、自我实现开发和自我潜力的需要。

麦克利兰的成就需求理论认为，人在生存需求基本得到满足的前提下，人类最主要有三种需求，即亲和需求、成就需求和权力需求。

社会工作者在工作中也需要满足社交的需求、尊重的需求、自我实现的需求、关系与成长的需求、亲和需求与成就需求。机构管理中的晋升管理可以在一定程度上满足自我实现的需求和权力的需求，企业文化的营造在一定程度上可以满足归属与爱的需求、关系与成长的需求以及尊重的需求。如果注重满足社工的这些需求，将更有利于提升社工的职业稳定性。

（2）公平理论。公平理论，也称作社会比较理论，是美国行为学家亚当斯（J. S. Adams）提出的。该理论主要研究工作报酬的公平性、合理性以及对员工积极性产生的影响，研究员工与他人比较报酬的公平感受。该理论建立在交换理论的基础上，即员工期望所得到的报酬是他们贡献的交换。该理论的假设是：当员工取得成绩并得到报酬的时候，他注重报酬绝对量的同时，也注重报酬的相对量，会与他们的报酬进行比较，通过比较来判断自己所得的报酬是否合理，判断的结果会影响工作的积极性。

在机构管理因素中的结果公平性即公平理论中提到的报酬的公平性，因此社工机构在分配过程中要关注分配的公平性问题，才能提升社工的稳定性。

（3）社会支持理论。社会支持网络指的是一组个人之间的接触，通过接触个人得以维持社会身份并且获得情绪支持、物质援助和服务、信息与新的社会接触。一个人所具有的社会支持网络越强大，就越能够更好地应对来自社会环境的各种挑战。霍曼斯（1961）认为，频繁的接触与交流能够产生更多的支持性关系，他们所提供给个体的支持与帮助更能影响个体在工作中的稳定性与情绪。王芳等（2004）的实证研究表明，不同来源的支持，例如家庭、领导、同事等提供的帮助与支持能够降低员工对个体职业的倦怠。Albaugh（2003）在护士的职业研究中指出，上司、同事与家人的支持对员工满意度和留职意愿有显著影响。因此，社工机构要关注员工的社会支持，注重营造相互支持的氛围。

在机构管理因素中社会支持（领导的支持、同事的支持、督导的支持）即是以社会支持理论为支撑的。

（4）理性选择理论。科尔曼（1990）提出的理性选择理论是社会学理性选择理论的代表，他把经济学的概念引入社会学中，解释社会现象。他提出“理性行动是为达到一定目的而通过人际交往或社会交换所表现出来的社会性行动”，意思是指人们的行动都是有目的的，行动是为了获取最大的利益。但是理性选择的价值取向并不是单一的经济目的，还包括社会理性和生存理性，包括社会价值、社会贡献和社会公平的实现等。因此，在机构管理中，不仅仅要注重满足社会工作者的经济利益，还要注重满足其他的非经济利益。

对于社会工作者来说，是否继续留在本机构工作，是权衡各方面经济和非经济因素之后作出的理性选择。经济方面主要指机构管理中的激励管理，包括薪酬管理、晋升机制等，相对于其他机构来说是否具有竞争性；非经济因素则主要包括在机构工作中是否获得足够的支持，是否得到公平的对待，企业文化是否良好，工作压力如何等，员工经过经济与非经济利益的共同权衡，最终作出了选择。

（三）研究方法

1. 数据收集

根据广州社工10年发展报告显示，通过购买服务的方式，政府约提供了2500个社会工作专业岗位，因此在职的专业社会工作者约有2500人，按照10%左右的抽样比例，本研究计划抽取230名在职社工进行调查。由于运用概率抽样的方法在实际应用中存在一定的困难，因此本研究根据广州市社工职位的比例，通过配额抽样的方法，其中社工/社工助理抽140份，中层管理抽取50份，高层管理抽取40份（项目主任30份，机构管理者10份），共230份进行研究。

本次调查以问卷的形式，通过社工专场培训、社工机构内部的微信群、广州社工微信宣传群、各高校社工本科研究生微信群发放问卷。由于问卷是网上作答，因此为了保证问卷的质量，本研究会对回收的问卷进行详细的分析，对于填写时间短、前后矛盾、随意作答、非广州地区社工作答的问卷进行剔除，并实时监控，直到达到各职位所要抽取的份数，且总数也达到230份的标准。最终，本次调查共回收问卷241份，去除不合格问卷后，其中有效问卷230份，无效问卷11份，且各职位的数量符合计划的数量。

2. 研究变量及测量标准

为了更好地研究机构管理因素对职业稳定性的影响，本案例选取了一些人口统计学变量和机构相关变量作为控制变量进行研究，人口学控制变量包括年龄、性别、婚姻状况、教育程度；机构相关因素包括从事社会工作年限、在本机构工作年限、职位、工资水平、机构规模。

因此，本研究主要测量的内容包括人口学变量和机构相关变量（控制变量），结构变量（自变量）和内生变量（因变量）。其中，控制变量包括性别、年龄、婚姻状况、教育水平、社会工作年限、机构工作年限、薪酬、机构规模与职位。

自变量包含自主性、结果公平性、工作压力（资源匮乏度、角色模糊、角色冲突、工作负荷）、薪酬、晋升机会、工作单调性、社会支持（领导支持、同事支持、督导支持）；因变量包含离职倾向、工作寻找行为。具体测量标准见表 10－2。其中，控制变量涉及的测量内容及标准是自编的，因变量的测量标准则是采用 Price-Mueller（2000）模型中的量表和项目，并且根据社会工作机构的管理情况进行了一定的调整。

表 10－2 变量及变量的测量标准

变量类型	变量		测量标准
控制变量	年龄		您的年龄
	性别		您的性别
	婚姻		您的婚姻状况
	教育水平		您的教育水平
	从事社会工作的年限		您从事社会工作的年限为
	在本机构的工作年限		您在本机构的工作年限为
	工资水平		您每月的税前工资是多少
	机构规模		您现在所在机构的规模
	职位		您目前的职位（按最高职位填写）
自变量	自主性		我能够选择我完成工作的方式
	结果公平性		对于我付出的努力来说，我所得到的回报是公平的
	工作压力	资源匮乏度	我有足够的资源去完成我的工作
		角色模糊	我对自己的工作职责非常清晰
		角色冲突	不同的同事（领导）常常向我提出相互冲突的工作要求
		工作负荷	我常常能在正常的工作时间内完成我的工作
	薪酬		目前的薪酬对我来说是令我满意的，目前的单位提供了相比其他单位较为完善的员工福利
	晋升机会		在我们单位，员工有很好的晋升机会
	工作单调性		我的工作内容丰富
	社会支持	领导支持	我的领导非常关心我的工作
		同事支持	在工作中遇到困难时，同事能够给我足够的支持
		督导支持	督导能够给我足够的支持
	企业文化		我喜欢目前单位的文化氛围
因变量	工作寻找行为		我正在寻找机会离开现在的工作单位
	离职倾向		我有离开目前的工作单位的想法

其中自变量和因变量都是采用李克特5点量表（Likertscales），分为非常不同意、不同意、不确定、同意、非常同意5个选项。并对选项进行赋值，非常不同意=1，不同意=2，不确定=3，同意=4，非常同意=5。

3. 数据分析方法

（1）描述性统计分析。为了对样本数据有更清晰的认识，本案例对收集的样本数据进行描述性统计分析，统计的内容主要包括：人口变量的描述统计；管理因素的描述统计；稳定性的描述统计。

人口学变量按照一定的分类模式，将其分为基本信息（性别、年龄、婚姻状况、教育水平）、工作年限、薪酬、机构规模与职位等几个方面汇总并进行描述性统计分析。

管理因素的描述统计则包括平均数和标准差，说明数据的集中趋势和分布情况。

稳定性的描述统计则包括离职倾向和工作寻找行为的描述分析，然后进行交叉分析，重新定义，把没有离职倾向也没有工作寻找行为的定义为稳定型，有离职倾向且有工作寻找行为的定义为不稳定型，其余为犹豫型。同时，为了方便后续的统计分析，把职业稳定性的值定义为离职倾向与工作寻找行为求和的平均分。

（2）数据分析过程。

首先通过单因素方差分析，研究控制变量对职业稳定性影响的差异性分析，了解控制变量中的人口学变量和机构相关因素是否对职业稳定性产生影响。

其次通过因子分析，将相同本质的机构管理变量归入一个因子，以减少变量的数目，得出几个主要影响职业稳定性的机构管理公因素，并为其命名。因子分析过程包括：Cronbach'sα值检验量表的信度；用KMO和及巴特利特球体检验进行效度分析；因子分析。然后把因子分析得到的结果进行相关性分析，研究机构管理主要公因素与职业稳定性的相关性。

最后通过逐步回归分析，建立机构管理因素与职业稳定性的回归模型，在回归分析之前会进行可靠性检验，包括拟合优度检验，残差分析，显著性检验，以确保回归模型的科学性与准确性。

4. 研究框架

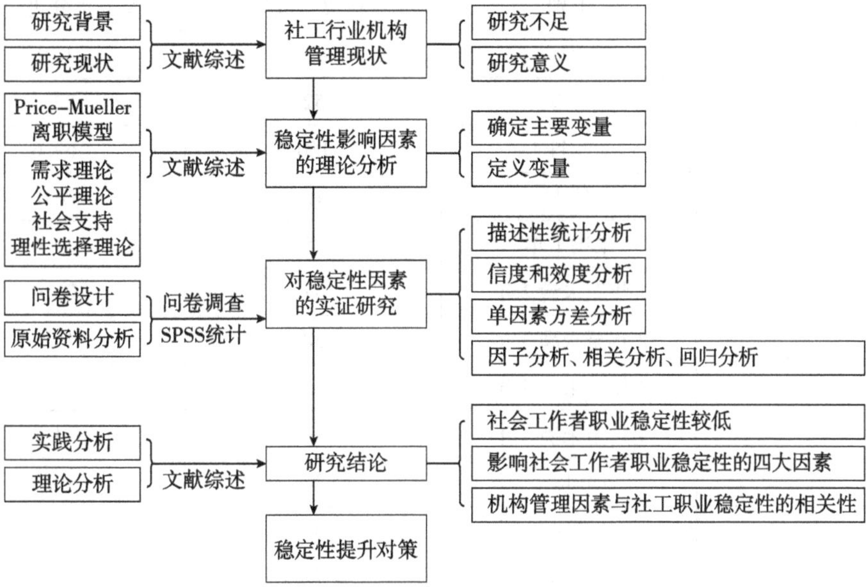

图 10－2　研究框架

二、研究样本与数据

（一）研究样本描述统计分析

本案例对收集到的数据，通过 SPSS 软件进行分析，具体分析内容如下。

1. 社会工作者个人特征的描述分析

通过对有效问卷的整理分析，调查对象的基本情况见表 10－3。

表 10－3　社会工作职业稳定性调查样本的基本情况

变量	类别	计数（人）	有效百分比（%）
年龄	25 岁及以下	101	43.9
	26—30 岁	90	39.1
	31—40 岁	35	15.2
	41—50 岁	4	1.7
性别	男	48	20.9
	女	182	79.1
婚姻状况	未婚	154	67.0
	已婚	75	32.6
	离异	1	0.4

续表

变量	类别	计数（人）	有效百分比（%）
教育水平	高中及以下	2	0.9
	大专	52	22.6
	本科	160	69.6
	硕士	16	7.0
从事社会工作年限	未满 1 年	45	19.6
	1 年至未满 2 年	47	20.4
	2 年至未满 3 年	38	16.5
	3 年至未满 4 年	42	18.3
	4 年至未满 5 年	34	14.8
	5 年以上	24	10.4
在本机构的工作年限	未满 1 年	84	36.5
	1 年至未满 2 年	72	31.3
	2 年至未满 3 年	29	12.6
	3 年至未满 4 年	21	9.1
	4 年至未满 5 年	18	7.8
	5 年以上	6	2.6
每月的税前工资	3000 元以下	32	13.9
	3001—4000 元	70	30.4
	4001—5000 元	76	33.0
	5001—6000 元	25	10.9
	6001—7000 元	15	6.5
	7001—8000 元	4	1.7
	8001 元及以上	8	3.5
所在机构的规模	50 人以下	90	39.1
	51—100 人	73	31.7
	101—150 人	25	10.9
	151—200 人	13	5.7
	201—250 人	18	7.8
	251 人及以上	11	4.8

续表

变量	类别	计数（人）	有效百分比（%）
职位	社工助理	30	13.0
	一线社工	110	47.8
	项目中层管理者	50	21.7
	项目主任	30	13.0
	机构管理者	10	4.3

首先从年龄、性别、婚姻状况和教育程度等基本信息来看，从事社会工作的在职人员年龄结构偏小，30 岁以下的比重为 83%，且以女性居多，占比 79.1%，67% 未婚，教育水平 76.5% 达本科以上水平。总而言之，在职社工呈现年轻化、女性化、高学历、未婚的现状。

再从从事社工年限和本机构工作年限来看，从事社工年限 2 年以下的比重为 40%，2 年以上的为 60%，3 年以上的为 43.5%，4 年以上的为 25.2%，可见随着社工行业的不断发展，也有一部分社工一直坚守在这个行业。但在本机构工作未满 1 年的比重为 36.5%，未满 2 年的比重为 67.8%，满 3 年的 19.5%，满 4 年的 10.4%。总而言之，社会工作者从事社工行业的时间比在本机构的时间长，说明存在机构间流动的现象。

然后从每月税前工资和职位来看，4000 元以下的比重为 44.3%，5000 元以下的比重为 73.3%，在除去每月几百元的五险一金费用后，社工的到手工资是比较低的，且除了工资，社工行业其他的福利也较少。可见社工的薪酬待遇一般。

最后从机构规模和职位来看，机构规模在 50 人以下的比重为 39.1%，51—100 人的为 31.7%，100 人以上的 29.2%，广州的社工机构以 100 人以内的小型机构为主。职位是配额抽样的，因此社工助理/一线社工 140 人、项目中层管理者 50 人、项目主任 30 人、机构管理者 10 人。

2. 社会工作者职业稳定性总体现状分析

首先从离职倾向和寻找工作行为来看，本案例把选择同意与非常同意“我有离开目前工作单位的想法”两项都定义为具有离职倾向，因此具有离职倾向的在职社工比重为 37%，不确定的 35.7%，见表 10－4。把选择同意与非常同意“我正在寻找机会离开现在的工作单位”两项的定义为具有工作寻找行为，因此具有工作寻找行为的比重为 26.5%，不确定的 32.2%，见表 10－5。可见，有超过四分之一的在职社工已经有离职的倾向，并开始工作寻找的行为。

表10－4　离职倾向（我有离开目前的工作单位的想法）

		频率	百分比（%）	有效百分比（%）	累计百分比（%）
有效	非常不同意	23	10.0	10.0	10.0
	不同意	40	17.4	17.4	27.4
	不确定	82	35.7	35.7	63.0
	同意	66	28.7	28.7	91.7
	非常同意	19	8.3	8.3	100.0
	合计	230	100.0	100.0	

表10－5　工作寻找行为（我正在寻找机会离开现在的工作单位）

		频率	百分比（%）	有效百分比（%）	累计百分比（%）
有效	非常不同意	34	14.8	14.8	14.8
	不同意	61	26.5	26.5	41.3
	不确定	74	32.2	32.2	73.5
	同意	43	18.7	18.7	92.2
	非常同意	18	7.8	7.8	100.0
	合计	230	100.0	100.0	

其次对离职倾向和工作寻找行为进行交叉分析，交叉分析的结果见表10－6。将没有离职倾向且没有工作寻找行为的社会工作者定义为稳定型，将有离职倾向且有工作寻找行为的定义为不稳定型，其余则为犹豫型，见表10－7。从调查数据可以看出，稳定型的仅有26.09%，犹豫型的有48.70%，不稳定型的25.22%，可见本研究样本中的社工稳定性是比较低的，且将近一半的调查对象表示不确定，可见社工行业的稳定性有很大的提升空间。

表10－6　离职倾向和工作寻找行为交叉制表　　单位：人

		工作寻找行为					合计
		非常不同意	不同意	不确定	同意	非常同意	
离职倾向	非常不同意	23	0	0	0	0	23
	不同意	5	32	3	0	0	40
	不确定	3	21	55	3	0	82
	同意	1	8	16	39	2	66
	非常同意	2	0	0	1	16	19
合计		34	61	74	43	18	230

表 10 -7　社会工作者职业稳定性类型

职业稳定性类型	人数（人）	百分比（%）
不稳定型	58	25.22%
犹豫型	112	48.70%
稳定型	60	26.09%
合计	230	100.00%

最后从职业稳定性来看，为了方便统计分析，本案例通过 SPSS 重新编码为相同变量的功能，把离职倾向和工作寻找行为重新编码，非常不同意 =5，不同意 =4。不确定 =3，同意 =2，非常同意 =1，即非常不同意离职倾向/工作寻找行为的得分越高，说明职业越稳定，因此定义离职倾向和工作寻找行为的平均分作为职业稳定性的值，使得平均分越高代表职业稳定性越高。通过计算后的职业稳定性描述统计见表 10 -8，职业稳定性的平均分为 3.0696。如果把 1—2 分定义为稳定性低，则有 25.2% 的社工处于职业不稳定的状态；把 2.5—3.5 分定义为不确定性，则有 47.5% 社工处于不确定状态，即可能稳定，也可能不稳定；把 4—5 分定义为职业稳定性高，则有 27.4% 的社工处于相对稳定的状态。统计结果与离职倾向和工作寻找行为的交叉分析的结果保持一致，百分比的差值低于 2%，再次验证了社会工作者职业稳定性较低，见表 10 -9。

表 10 -8　职业稳定性的描述统计量

	N	极小值	极大值	均值	标准差
职业稳定性	230	1.00	5.00	3.0696	1.06120
有效的 N（列表状态）	230				

表 10 -9　职业稳定性的百分比情况

		频率	百分比（%）	有效百分比（%）	累计百分比（%）
有效	1.00	16	7.0	7.0	7.0
	1.50	3	1.3	1.3	8.3
	2.00	39	17.0	17.0	25.2
	2.50	19	8.3	8.3	33.5
	3.00	65	28.3	28.3	61.7
	3.50	25	10.9	10.9	72.6
	4.00	35	15.2	15.2	87.8
	4.50	5	2.2	2.2	90.0
	5.00	23	10.0	10.0	100.0
	合计	230	100.0	100.0	

3. 社工机构管理因素的现状分析

本节对机构管理因素的变量进行百分比的描述分析，见表 10－10。然后把机构管理因素的变量分为正向变量（薪酬、晋升机会、结果公平性、领导支持、督导支持、企业文化、同事支持、自主性）和负向变量（角色模糊、工作单调性、工作负荷、资源匮乏度、角色冲突），分别进行均值和标准差的描述。机构管理的正向变量定义均值越高表示对机构管理的认同度越高，见表 10－11，负向变量定义均值越高则存在的问题越突出，见表 10－12。具体分析结果如下。

首先，社工对机构管理正向因素认同度平均分最低的三项分别为薪酬、晋升机会、结果公平性。其中，平均分低于 3 分的有薪酬和晋升机会。可见社工最不满意的是薪酬水平。数据显示，对薪酬不满意的比重为58.7%，满意的比重为20.87%；对于晋升机会，只有 31.74% 的社工表示机构有良好的晋升机会。

其次，社工认为在机构管理中存在最突出的两个问题分别是角色冲突和资源匮乏。社工在工作中也往往会遇到角色冲突的现象，会存在政府部门、居委会、社工机构、社工之间的冲突。资源匮乏主要指社工在工作中开展服务时，往往需要很多的资源去帮助服务对象，或者开展社区服务，但是往往获取不到充足的资源，包括政策资源、人力、物力等，从而产生无力感。

而平均分最高的三项分别为自主性、同事支持、企业文化，可见社工在机构中能够明晰自己的工作职责，机构也给予社工很大的自主性去完成工作，并且工作内容丰富，遇到困难得到了同事的大力支持，而且社工机构能够营造良好的文化氛围。

在社会支持方面，同事的支持度最高，其次是督导支持，最后是领导的支持。数据显示，不同意领导非常关心工作的比重为20%，可见在社工机构中，领导还要多关注社工，给予社工更多的支持。

表 10－10　机构管理因素变量的百分比描述　　单位：人

题目/选项	非常不同意	不同意	不确定	同意	非常同意
我能够选择我完成工作的方式	6（2.61%）	18（7.83%）	38（16.52%）	135（58.7%）	33（14.35%）
对于我付出的努力来说，我所得到的回报是公平的	12（5.22%）	31（13.48%）	77（33.48%）	97（42.17%）	13（5.65%）
我有足够的资源去完成我的工作	7（3.04%）	47（20.43%）	67（29.13%）	101（43.91%）	8（3.48%）
我对自己的工作职责非常清晰	4（1.74%）	10（4.35%）	42（18.26%）	154（66.96%）	20（8.7%）
不同的同事（领导）常常向我提出相互冲突的工作要求	13（5.65%）	82（35.65%）	71（30.87%）	55（23.91%）	9（3.91%）

续表

题目/选项	非常不同意	不同意	不确定	同意	非常同意
我常常能在正常的工作时间内完成我的工作	8（3.48%）	25（10.87%）	68（29.57%）	110（47.83%）	19（8.26%）
目前的薪酬对我来说是满意的	37（16.09%）	98（42.61%）	47（20.43%）	46（20%）	2（0.87%）
目前的单位提供了相比其他单位较为完善的员工福利	31（13.48%）	43（18.7%）	66（28.7%）	81（35.22%）	9（3.91%）
在我们单位，员工有很好的晋升机会	22（9.57%）	46（20%）	89（38.7%）	65（28.26%）	8（3.48%）
我的工作内容丰富	4（1.74%）	27（11.74%）	44（19.13%）	129（56.09%）	26（11.3%）
我的领导非常关心我的工作	9（3.91%）	37（16.09%）	63（27.39%）	109（47.39%）	12（5.22%）
在工作中遇到困难时，同事能够给我足够的支持	3（1.3%）	24（10.43%）	61（26.52%）	127（55.22%）	15（6.52%）
督导能够给我足够的支持	8（3.48%）	32（13.91%）	76（33.04%）	100（43.48%）	14（6.09%）
我喜欢目前单位的文化氛围	8（3.48%）	27（11.74%）	65（28.26%）	114（49.57%）	16（6.96%）
我对目前的工作感到相当满意	7（3.04%）	43（18.7%）	92（40%）	79（34.35%）	9（3.91%）
我为我当初选择本单位而非其他单位感到非常高兴	6（2.61%）	34（14.78%）	81（35.22%）	92（40%）	17（7.39%）
我愿意付出额外的努力，以达到工作目标	7（3.04%）	17（7.39%）	47（20.43%）	133（57.83%）	26（11.3%）

表 10－11　机构管理因素正向变量的均值和标准差描述

	N	极小值	极大值	均值	标准差
薪酬	230	1	5	2.72	0.913
晋升机会	230	1	5	2.96	1.004
结果公平性	230	1	5	3.30	0.953
领导支持	230	1	5	3.34	0.943
督导支持	230	1	5	3.35	0.916
企业文化	230	1	5	3.45	0.913
同事支持	230	1	5	3.55	0.817
自主性	230	1	5	3.74	0.891
有效的 N（列表状态）	230				

表 10－12　机构管理因素负向变量的均值和标准差描述

	N	极小值	极大值	均值	标准差
角色模糊	230	1	5	2.23	0.740
工作单调性	230	1	5	2.37	0.895
工作负荷	230	1	5	2.53	0.919
资源匮乏度	230	1	5	2.76	0.921
角色冲突	230	1	5	2.85	0.979
有效的 N（列表状态）	230				

（二）控制变量对职业稳定性影响的差异性分析

为了研究人口学变量和机构相关因素对职业稳定性的影响，本案例选取了一些人口统计学变量和机构相关变量作为控制变量进行研究。人口学控制变量包括年龄、性别、婚姻状况、教育程度；机构相关因素包括从事社会工作年限、在本机构工作年限、职位、工资水平、机构规模。通过单因素方差分析的方法，了解人口学变量和机构相关因素是否对职业稳定性产生影响。

通过单因素方差分析，见表 10－13，结果显示，人口学统计变量和机构相关因素各个组别对职业稳定影响不存在显著性差异，均值差的显著性水平均高于 0.05，因此说明控制变量对职业稳定性的影响不存在显著的差异性。如果放宽显著性水平到 0.06，则职位对职业稳定性的影响就存在显著的差异，显著性水平为 0.051，如表 10－14 显示。机构管理者的职业稳定性的平均分为 3.95，而一线社工和项目中层管理者的稳定性只有 2.99 和 2.92，相差 1 分左右，可见差异性还是比较明显的。再如表 10－15 所示，职位多重比较的最后一栏显示，机构管理者与一线社工、社工助理、项目中层管理者的职业稳定性均存在显著的差异。

表 10－13　人口统计学变量和机构相关变量的单因素方差分析

控制变量		平方和	df	均方	F	显著性
年龄	组间	1.921	3	0.64	0.565	0.638
	组内	255.966	226	1.133		
	总数	257.887	229			
性别	组间	0.073	1	0.073	0.064	0.800
	组内	257.814	228	1.131		
	总数	257.887	229			

续表

控制变量		平方和	df	均方	F	显著性
婚姻	组间	1.563	2	0.781	0.692	0.502
	组内	256.324	227	1.129		
	总数	257.887	229			
教育	组间	3.615	3	1.205	1.071	0.362
	组内	254.272	226	1.125		
	总数	257.887	229			
从事社会工作年限	组间	7.311	5	1.462	1.307	0.262
	组内	250.576	224	1.119		
	总数	257.887	229			
本机构工作年限	组间	10.391	5	2.078	1.881	0.099
	组内	247.496	224	1.105		
	总数	257.887	229			
职位	组间	10.549	4	2.637	2.399	0.051
	组内	247.338	225	1.099		
	总数	257.887	229			
工资水平	组间	11.095	6	1.849	1.671	0.129
	组内	246.792	223	1.107		
	总数	257.887	229			
机构规模	组间	4.880	5	0.976	0.864	0.506
	组内	253.007	224	1.129		
	总数	257.887	229			

表 10－14　职位的稳定性分析

	N	均值	标准差	标准误	均值的 95% 置信区间		极小值	极大值
					下限	上限		
社工助理	30	3.1500	0.96624	0.17641	2.7892	3.5108	1.00	5.00
一线社工	110	2.9909	1.04043	0.09920	2.7943	3.1875	1.00	5.00
项目中层管理者	50	2.9200	1.13551	0.16059	2.5973	3.2427	1.00	5.00
项目主任	30	3.2333	1.01483	0.18528	2.8544	3.6123	1.00	5.00
机构管理者	10	3.9500	1.01242	0.32016	3.2258	4.6742	2.00	5.00
总数	230	3.0696	1.06120	0.06997	2.9317	3.2074	1.00	5.00

表 10－15 职位的多重比较

(I) 职位	(J) 职位	均值差 (I—J)	标准误	显著性	95%置信区间	
					下限	上限
社工助理	一线社工	0.15909	0.21595	0.462	-0.2665	0.5846
	项目中层管理者	0.23000	0.24213	0.343	-0.2471	0.7071
	项目主任	-0.08333	0.27071	0.758	-0.6168	0.4501
	机构管理者	-0.80000*	0.38285	0.038	-1.5544	-0.0456
一线社工	社工助理	-0.15909	0.21595	0.462	-0.5846	0.2665
	项目中层管理者	0.07091	0.17883	0.692	-0.2815	0.4233
	项目主任	-0.24242	0.21595	0.263	-0.6680	0.1831
	机构管理者	-0.95909*	0.34630	0.006	-1.6415	-0.2767
项目中层管理者	社工助理	-0.23000	0.24213	0.343	-0.7071	0.2471
	一线社工	-0.07091	0.17883	0.692	-0.4233	0.2815
	项目主任	-0.31333	0.24213	0.197	-0.7905	0.1638
	机构管理者	-1.03000*	0.36320	0.005	-1.7457	-0.3143
项目主任	社工助理	0.08333	0.27071	0.758	-0.4501	0.6168
	一线社工	0.24242	0.21595	0.263	-0.1831	0.6680
	项目中层管理者	0.31333	0.24213	0.197	-0.1638	0.7905
	机构管理者	-0.71667	0.38285	0.063	-1.4711	0.0378
机构管理者	社工助理	0.80000*	0.38285	0.038	0.0456	1.5544
	一线社工	0.95909*	0.34630	0.006	0.2767	1.6415
	项目中层管理者	1.03000*	0.36320	0.005	0.3143	1.7457
	项目主任	0.71667	0.38285	0.063	-0.0378	1.4711

*表示均值差的显著性水平为0.05。

(三) 社工机构管理因素的因子分析

1. 信度分析

在问卷制定环节，本论文结合 Price-Mueller（2000）模型，并参考国内外专家关于职业稳定性和离职研究所采用的问卷和量表，同时结合实践经验，因此问卷具有较强的科学性。

问卷调查结束后，对样本进行了信度检验。根据学术界大部分学者的观点，信度系数大于0.9，则表示该量表信度非常好；如果在0.8—0.9，则代表信度比较好；如果在0.7—0.8，则表示量表可以接受；如果量表小于0.7，则表示该量表需要重新进行修订。检验结果显示，总量表的 Cronbach'Alpha 信度系数为0.826，且整份问卷的信度系数为 0.784，问卷中的部分信度系数也达到了 0.7 以上，部分没达到的可能是由于该变量的题目过少所致，见表 10 - 16。

因此总体来说，本问卷所测量的结果内部一致性较强，信度基本符合要求，调研结果真实可信。

表 10 - 16　研究变量的信度分析结果

变量名称	项目个数	项目编号	Cronbach's Alpha
工作压力	4	12—15	0.650
薪酬	2	16、17	0.639
社会支持	3	20—22	0.710
组织承诺	2	25、26	0.558
结构变量	14	10—23	0.831
总量表	19	10—28	0.826
整个问卷	28	1—28	0.784

2. 效度分析

效度反映的是测量的有效程度，效度检验主要是指实际测量结果与希望测量对象之间的接近程度。本案例运用 SPSS 进行 KMO 和 Bartlett's Test 分析，对问卷结果的效度进行检验，然后判断该分析是否适合因子分析和主成分分析。通过分析，问卷的 KMO 和 Bartlett's Test 值见表 10 - 17。

表 10 - 17　KMO 和 Bartlett 的检验

取样足够度的 Kaiser-Meyer-Olkin 度量		0.852
Bartlett 的球形度检验	近似卡方	943.463
	df	78
	Sig.	0.000

Kaiser-Meyer-Olkin 检验统计量主要是对变量与变量之间的相关系数和偏相关系数进行统计分析，KMO 的取值范围在 0—1，当 KMO 值越大越接近 1 时，表示变量之间具有的共同因素越多，越适合进行因子分析。当 KMO 的值小于 0.5 时，表示变量之间的共同因素较少，因此不适合进行因子分析。本次测量 KMO 的值为 0.852，比较接近 1，表明适合进行因子分析，然后找出变量的公因子。

此外，如果显著性 Bartlett 的球形度检验的 $P < 0.001$，说明因子的相关系数矩阵非单位矩阵，在提取最少因子的情况下，又能够解释大部分的方差，即效度较好，适合进行因子分析。本案例的显著性 Bartlett 的球形度检验的 $P = 0$，适合进行因子分析。

3. 因子分析过程

因子分析是降维分析，主要是指从众多的变量中提取出具有共性的公因子，且这些公因子能够解释大部分的方差。通过因子分子可以对量表的效度进行分析，可以减少解释因子的个数，方便统计分析，还可以得出不同因子的重要性指标，可以根据这些指标的重要性来明确最先解决的问题是什么。

根据社会工作职业稳定性调查问卷结果，运用 SPSS 软件对 13 个稳定性影响因素项目进行分析，得到相关矩阵的初始特征值、方差贡献率、累积率等数据。

运用主成分分析因子方法，对 13 个变量进行了分类，最后选取 4 个公因子，公因子的累积方差贡献率达 63.205%，信息的损失量在 40% 以下，且每个因子特征值大于 1，说明前 4 个因子解释了原有 13 个变量总方差的 63.205%，见表 10－18，因此表示所提取的因子能基本概括和解释整个数据的大多数信息。

由于初始的因子载荷矩阵 4 个公因子区别不大、含义不明显，因此采用方差最大旋转法，使因子尽可能两级转化。

表 10－19 中主要内容为因子载荷。按照各主因子中载荷量较高的变量（因子载荷量绝对值一般大于 0.5）所拥有共同特征来命名主因子。如果同一变量在多个因子中载荷量都大于 0.5，则取最高指所在的因子。因此，由表 10－19 可知，因子 1 包括晋升机会、薪酬、结果公平性 3 个变量，因子 2 包括督导支持、同事支持、领导支持、企业文化、工作单调性 5 个变量，因子 3 包括工作负荷、角色模糊、自主性、资源匮乏度 4 个变量，因子 4 包括角色冲突 1 个变量。

表 10－18　解释的总方差

成分	初始特征值			提取平方和载入			旋转平方和载入		
	合计	方差的%	累积%	合计	方差的%	累积%	合计	方差的%	累积%
1	4.749	36.534	36.534	4.749	36.534	36.534	2.553	19.641	19.641
2	1.365	10.503	47.037	1.365	10.503	47.037	2.520	19.383	39.023
3	1.089	8.376	55.413	1.089	8.376	55.413	2.021	15.547	54.570
4	1.013	7.792	63.205	1.013	7.792	63.205	1.123	8.635	63.205
5	0.836	6.429	69.634						
6	0.750	5.771	75.405						
7	0.660	5.074	80.479						
8	0.580	4.463	84.941						
9	0.508	3.909	88.850						
10	0.409	3.143	91.993						
11	0.365	2.811	94.804						
12	0.363	2.789	97.593						
13	0.313	2.407	100.000						

提取方法：主成分分析。

表 10-19　旋转成分矩阵[a]

	成分			
	1	2	3	4
晋升机会	0.782			
薪酬	0.770			
结果公平性	0.662			
督导支持		0.781		
同事支持		0.774		
领导支持		0.634		
企业文化		0.597		
工作单调性		0.517		
工作负荷			0.710	
角色模糊			0.693	
自主性			0.666	
资源匮乏度			0.568	
角色冲突				0.916

提取方法：主成分。
a 表示旋转在 9 次迭代后收敛。

4. 影响职业稳定性的四个机构管理因素分析

（1）组织工作氛围。公因子 1 的主要因素有督导支持、同事支持、领导支持、企业文化、工作单调性。主要反映了社工在组织中所获得的情感支持及企业文化氛围。可以命名为“组织工作氛围”。督导、同事、领导的支持可以让社工在遇到困难的时候，获得足够的支持，同时企业文化也是营造一种积极向上，相互关心、相互帮助的氛围，如果工作不单调，感觉比较丰富，那整个单位就给社工创造了一个温馨、充满爱的工作氛围。如果能够在一个相互支持、工作内容丰富、企业文化优秀的氛围中工作，社工就会觉得很安心和舒心，有归属感，社工机构的稳定性自然会提高。

（2）组织激励。公因子 2 的主要因素有薪酬、分配结果、晋升机会。这三点主要关注的是薪酬和事业的提升，可以命名为“组织激励”。如果在机构能够获得与自己付出相吻合的收入，且有成长的空间，社工对组织的满意度也会有所提升，社工就会得到很大的激励，社工机构的稳定性随之提高。

（3）组织工作压力。公因子 3 的主要因素有角色模糊、工作负荷、资源匮乏、自主性。这几点主要关注的是社工的压力与自主性，因此可以命名为“组织工作压力”。员工在工作中能够明晰自己的工作内容，且有足够的资源去完成工作，并且工作量适中，能够有较强的自主性，这样员工的工作负担就会降低，从而能够很好地胜任工作。这样员工在机构的稳定性也会提高。

（4）组织角色冲突。公因子4的主要因素只有角色冲突，因此命名为“组织角色冲突”。角色冲突是指组织中会有不同的主管或者同事常常提出相互冲突的工作要求，让社工左右为难，或者加大工作量。如果社工身兼多个公益项目的话，就有可能存在这样的情况，或者社工与居委街道人员价值观不同，也有可能存在角色冲突的情况，因此解决组织中的角色冲突也有利于提升社工的稳定性。

5. 社工机构管理公因素与职业稳定性相关性分析

相关性分析主要研究多个变量之间的相关方向（正/负相关）以及相关程度，相关系数反映的是两个变量之间的线性关系系数。

本案例主要分析的是机构管理因素和职业稳定性之间的关系，找出与职业稳定性关系最紧密的结构变量。

通过对机构管理因素的因子分析，得出了4个公因子，分别为组织工作氛围、组织激励、组织工作压力、角色冲突。因此通过相关分析，研究这4个公因子与职业稳定性的相关性，分析结果见表10－20。

结果表明，组织压力与职业稳定性负相关，相关系数为0.2；角色冲突与职业稳定性负相关，相关系数为0.311；组织激励与职业稳定性正相关，相关系数为0.275；组织工作氛围与职业稳定性正相关，相关系数为0.287。

表10－20　机构管理因素与职业稳定性相关性

		职业稳定性	组织工作压力	组织激励	组织工作氛围	角色冲突
职业稳定性	Pearson 相关性	1	－0.200**	0.275**	0.287**	－0.311**
	显著性（双侧）		0.002	0.000	0.000	0.000
	N	230	230	230	230	230
组织工作压力	Pearson 相关性	－0.200**	1	－0.500**	－0.386**	0.112
	显著性（双侧）	0.002		0.000	0.000	0.090
	N	230	230	230	230	230
组织激励	Pearson 相关性	0.275**	－0.500**	1	0.544**	－0.108
	显著性（双侧）	0.000	0.000		0.000	0.101
	N	230	230	230	230	230
组织工作氛围	Pearson 相关性	0.287**	－0.386**	0.544**	1	－0.149*
	显著性（双侧）	0.000	0.000	0.000		0.023
	N	230	230	230	230	230

续表

		职业稳定性	组织工作压力	组织激励	组织工作氛围	角色冲突
角色冲突	Pearson 相关性	-0.311**	0.112	-0.108	-0.149*	1
	显著性（双侧）	0.000	0.090	0.101	0.023	
	N	230	230	230	230	230

**表示在0.01水平（双侧）上显著相关。

*表示在0.05水平（双侧）上显著相关。

（四）职业稳定性回归模型建立

通过逐步回归分析的方法，让自变量逐步进入回归模型，当自变量进入回归模型时，不能达到显著性水平的就会被剔除，即把有效的自变量引入模型，无效的剔除。

1. 可靠性检验

（1）拟合优度检验。表10-21是通过逐步回归分析得到的模型汇总，从调整的R^2来看，模型3可以解释的职业稳定性比模型1大了很多，调整R^2为0.163，拟合优度不高。但社会研究不像实验研究，往往社会研究的影响因素较多，机构管理是职业稳定性多种因素的影响之一，拟合优度不高并不影响本案例的实证分析。

（2）残差分析。表10-21显示，回归模型的DW=2.074，DW的值接近2，说明样本实际值与回归模型得出的预测值差距较小，残差序列无自相关。

表10-21　职业稳定性回归模型汇总[d]

模型	R	R^2	调整R^2	标准估计的误差	更改统计量					Durbin-Watson
					R^2更改	F更改	df1	df2	Sig. F更改	
1	0.311[a]	0.097	0.093	1.01072	0.097	24.445	1	228	0.000	
2	0.395[b]	0.156	0.148	0.97927	0.059	15.880	1	227	0.000	
3	0.417[c]	0.174	0.163	0.97106	0.018	4.856	1	226	0.029	2.074

a. 预测变量：（常量）角色冲突。

b. 预测变量：（常量）角色冲突，组织工作氛围。

c. 预测变量：（常量）角色冲突，组织工作氛围，组织激励。

d. 因变量：职业稳定性。

（3）显著性检验。根据表10-22，逐步回归分析结果的模型3显示，F值为15.830，对应的显著性水平为0，通过了显著性检验。因此，自变量与因变量线性关系显著，本案例模型适于解释变量关系。

根据以上分析结果，回归模型分析结果具有科学性。

表 10-22 方差分析结果 Anova[d]

模型		平方和	df	均方	F	Sig.
1	回归	24.972	1	24.972	24.445	0.000[a]
	残差	232.915	228	1.022		
	总计	257.887	229			
2	回归	40.201	2	20.100	20.960	0.000[b]
	残差	217.686	227	0.959		
	总计	257.887	229			
3	回归	44.780	3	14.927	15.830	0.000[c]
	残差	213.107	226	0.943		
	总计	257.887	229			

a. 预测变量：（常量）角色冲突。
b. 预测变量：（常量）角色冲突，组织工作氛围。
c. 预测变量：（常量）角色冲突，组织工作氛围，组织激励。
d. 因变量：职业稳定性。

2. 回归分析

表 10-23 中的模型 3 就是在逐步回归模型之后筛选的最终结果。模型 3 的回归结果显示：角色冲突与职业稳定性负相关，通过了 5% 的显著性检验；组织工作氛围、组织激励与职业稳定性正相关，通过了 5% 的显著性检验。组织工作压力在模型中已经被排除，见表 10-24。

表 10-23 是通过 t 检验，3 个模型中各个系数的检验结果。从结果可以看出，模型中的三个变量和一个常量都通过了显著性的检验，因此都具有统计学意义。常量为 2.395，角色冲突的非标准化系数为 -0.293，组织工作氛围的非标准化系数为 0.257，组织激励的非标准化系数为 0.211，可以得出角色冲突对职业稳定性的影响大于组织工作氛围，大于组织激励。

表 10-23 回归模型系数[a]

模型		非标准化系数		标准误差	t	Sig.	共线性统计量	
		B	标准系数	试用版			容差	VIF
1	（常量）	4.030	0.205		19.627	0.000		
	角色冲突	-0.337	0.068	-0.311	-4.944	0.000	1.000	1.000
2	（常量）	2.550	0.421		6.052	0.000		
	角色冲突	-0.297	0.067	-0.274	-4.450	0.000	0.978	1.023
	组织工作氛围	0.394	0.099	0.246	3.985	0.000	0.978	1.023

续表

模型		非标准化系数		标准误差	t	Sig.	共线性统计量	
		B	标准系数	试用版			容差	VIF
3	（常量）	2.395	0.424		5.652	0.000		
	角色冲突	-0.293	0.066	-0.270	-4.414	0.000	0.977	1.024
	组织工作氛围	0.257	0.116	0.160	2.208	0.028	0.696	1.437
	组织激励	0.211	0.096	0.159	2.204	0.029	0.703	1.421

a. 因变量：职业稳定性。

表10-23显示的是在逐步回归模型中没有进入模型变量的检验情况。在模型1中，未进入模型的组织激励、组织工作氛围和组织工作压力还符合选入标准，可以继续选入；在模型2中，组织激励符合选入标准，可以继续选入；在模型3中，组织工作压力大于选入标准，因此不再继续进行分析了。

综上所述，最终得出的方程为 $Y1=2.395-0.293X1+0.257X2+0.211X3$。其中X1代表角色冲突，X2代表组织工作氛围，X3代表组织激励。

表10-24　已排除的变量[d]

模型		BetaIn	t	Sig.	偏相关	共线性统计量		
						容差	VIF	最小容差
1	组织工作压力	-0.167[a]	-2.672	0.008	-0.175	0.987	1.013	0.987
	组织激励	0.244[a]	3.983	0.000	0.256	0.988	1.012	0.988
	组织工作氛围	0.246[a]	3.985	0.000	0.256	0.978	1.023	0.978
2	组织工作压力	-0.087[b]	-1.323	0.187	-0.088	0.848	1.179	0.840
	组织激励	0.159[b]	2.204	0.029	0.145	0.703	1.421	0.696
3	组织工作压力	-0.039[c]	-0.548	0.584	-0.036	0.730	1.371	0.605

a. 模型中的预测变量：（常量）角色冲突。
b. 模型中的预测变量：（常量）角色冲突，组织工作氛围。
c. 模型中的预测变量：（常量）角色冲突，组织工作氛围，组织激励。
d. 因变量：职业稳定性。

三、研究结论

（一）社会工作者职业稳定性较低

前文研究显示，社工的稳定性较低，稳定型仅有26.09%，犹豫型的有48.70%，不稳定型的有25.22%。犹豫型和不稳定型在职社工达到了70%以上，可见社工机构的稳定性是非常令人担忧的，社工内心的不稳定，对行业和社工机构的发展是非常不利的。有将近一半的社工处于不确定的阶段，其实这部分社工是处于一个观望状态，即如果社工行业发展得好，机构管理完善，这部分社工留下来的可能性是非常大的。因此，从政府层面需要做好社工行业的规范与发展，社工机构则主要做好机构的管理，提升人力资源管理意识、绩效评估意识，重视人才的招聘和开发，并且重视人才的维护工作，重视组织文化的构建，倡导团队精神和责任意识，以提高组织成员的服务意识和道德素质，从而提高社工机构的稳定性。

（二）影响社会工作者职业稳定性的四大因素

前文通过因子分析，把机构管理的13个因子转换成4个公因子，且这4个公因子都与职业稳定性具有相关性，因此认为影响社工职业稳定性的机构管理因素包括组织工作氛围、组织激励、组织工作压力、组织角色冲突。

第一个影响社工职业稳定性的机构管理公因子是组织工作氛围。良好的工作氛围是真诚、平等、和谐的。员工首先非常满意目前的工作，其次与上司、同事之间相处融洽，关系良好，集体认同感强，具有团队合作精神，互帮互助，从而共同达成工作目标。在这种气氛里，员工在获得他人认可和帮助的同时，也能积极地贡献自己的力量，并且全身心地投入工作，朝着组织的目标不断努力，在工作中能够灵活地调整工作方式，使员工具有更高的效率和归属感。社工行业与一般的企业和机关单位不同，社工是一个比较特殊的职位，它需要社工随时保持着正能量，迎接服务对象的挑战。在遇到困难时，也需要更多情感支持与指导，即使经验很丰富的社工也需要督导。因此，良好的工作氛围能够提供一个良好的支持环境，更加有利于社工的成长和发展，提升社工的职业稳定性。可以从同事、督导、领导支持，企业文化氛围营造，提升工作的丰富性这几方面去营造良好的工作氛围。

第二个影响社工职业稳定性的机构管理公因子是组织激励。王云访、岳颖（2008）认为组织激励是组织通过设计适当的工作环境和外部奖酬形式，以一定的行为规范和惩罚性措施，借助信息沟通来保持、引导、归化和激发组织成员的行为。赵夷岭等（2009）通过实证研究的方式将组织激励分为工具型激励与情感型激励。结合本案例的研究，社工进行工具型的激励可以从薪酬管理、晋升机会两个方面去激励，在情感上的激励可以从分配结果的公平性去体现。由于社工行业资金来源比较单一，对政府的依赖性强，机构的职位也有限，薪酬和晋升的空间比较有限。因此，需要注重分配的公平性，收获和付出是相匹配的，这样在情感上才能得到更好的激励。在薪酬管理方面，可以借鉴澳大利亚非营利组织的职位价值报酬管理。依据个人对于组织贡献的多寡，而给予相对的报酬。重视工作人员的个人能力及组织贡献度，而不是职位。对于职位上升比较有限的社工机构，价值激励使得员工不再追求职位上升而是追求对组织贡献的回报，提升自我职能或职位价值才是员工需要努力的方向。因而，根据员工的价值进行分配，更有利于提升员工的积极性，从而减少由于上升空间小而产生的职业倦怠，更有利于提升员工的稳定性。

第三个影响社工职业稳定性的机构管理公因子是组织工作压力。工作压力包含的4个因子，角色模糊、工作负荷量大、资源匮乏、缺乏自主性等都会导致员工的工作压力增大。目前，社工机构存在的工作压力首先来源于评估与投标的压力，评估包括项目评估和机构评估，投标主要是指新项目的申请。部分社工机构在应对评估的时候，社工总是加班加点去赶指标赶文书，没有提前做好准备，导致工作压力倍增。压力增大，社工的职业稳定性就会降低。其次是资源匮乏，资源匮乏主要指的是物资资源、信息资源和专业知识的匮乏，社工在工作中面对的服务对象基本都是困难群体，需要社工提供物质、信息和专业的服务。但从目前社工的发展来看，社工获取资源的能力是有限的，且社工的服务经验不足，专业水平较低，很容易产生资源匮乏的局面，让社工觉得力不从心，内心的压力较大。因此，需要降低社工的压力，以提升社工的职业稳定性。

第四个影响社工职业稳定性的机构管理公因子是角色冲突。董泽芳（2010）认为角色冲突主要是指个体不能满足某一角色的多重期望，或个体同时扮演若干个角色，而这些角色在规范、权利和义务之间存在矛盾时，所造成的内心或情感的矛盾与冲突。由于目前的社工机构还在发展初期，因此部分社工的职位分工会比较模糊，尤其是小机构，例如中心主任除了兼顾中心项目的发展外，还需要协助机构申请新的项目或机构评估等。再例如开展单项服务的家庭综合服务中心，部分社工除了开展家综服务之外，还要兼顾另外一个单项服务，这样就很容易导致角色冲突。除此之外，还存在一个明显的角色冲突是由于社工对职业的角色期待产生的，社工期待的职业是运用专业的知识帮助服务对象成长，但在现实的工作中，服务对象成长比较慢，社工付出了很大的努力，但成效不明显，导致社工产生心理落差。同时，社工除了利用社工专业知识为服务对象提供服务外，还要借助一定的媒介去服务，例如手工、园艺、唱歌、舞蹈、绘画、话剧、情景剧、烘焙等，因此社工除了掌握专业知识，还要学习相关的技能，这样就导致了社工角色的冲突。因此如何借助义工去解决目前社工存在的这一角色冲突问题是非常值得考虑的。

（三）社工机构管理因素与社会工作职业稳定性的相关回归分析

通过相关性分析，结果表明，组织压力、角色冲突与职业稳定性负相关，组织激励、组织工作氛围与职业稳定性正相关。

通过回归分析，最终得出的方程为 $Y1 = 2.395 - 0.293X1 + 0.257X2 + 0.211X3$。其中 X1 代表角色冲突，X2 代表组织工作氛围，X3 代表组织激励。因此，从系数的大小可以看出，对职业稳定性影响程度由高到低分别为角色冲突、组织工作氛围，最后是组织激励。但彼此差距不大，因此若想提高社会工作者的职业稳定性，最好相关的管理工作都需做好。

同时在回归分析中，组织压力对职业稳定性的影响不显著，但组织压力与职业稳定性在相关性分析中为负相关。主要的原因是公因子组织压力包括角色模糊、工作负荷量大、资源匮乏、缺乏自主性 4 个因子。说明这些因素只是会影响职业稳定性，并不一定会产生因果关系。

（四）研究的不足与展望

首先，本研究主要是从社工的主观感受出发，对机构管理的评价会存在一定的局限性。在今后的研究中，可以从机构现状和社工的主观感受两个层面一起研究，研究内容将会更加丰富，得出的结果也会更加全面。研究者也可以选择部分有代表性的机构进行研究，先研究该机构的社工职业稳定性，再结合该机构的管理现状进行分析。

其次，本研究的样本数据具有一定的局限性，虽然采用配额抽样的方法，但配额抽样之后采用的是网络发放问卷的方法。采用偶遇的方法，样本代表性会有所减弱，因此如果有足够的精力、时间和人力资源，研究者在配额抽样之后可以采用随机抽样的方法，同时增加样本的总量，将会有更高的代表性。

四、社工机构职业稳定性提升对策

前文通过因子分析，总结出了 4 个影响社工职业稳定性的因子，分别是组织工作氛围、组织激励、组织工作压力、组织角色冲突。因此，笔者结合相关理论、工作经验及前文的研究结果，就 4 个影响社工职业稳定性的因子提出相应的对策。

（一）营造良好的组织工作氛围

前文研究显示，组织工作氛围关注的是企业文化、社会支持（领导、同事、督导的支持）、工作单调性。对社工行业来说，良好的企业文化、丰富的工作内容，加上同事、领导、督导的支持，就能够营造一个良好的工作氛围。因为社工多为年轻人，所以良好的工作文化氛围是非常必要的。首先要打造积极、阳光的团队文化，在日常工作中关心和指导每一名社工，社工在工作或者生活中遇到困难时及时给予其足够的支持，并营造团队和谐氛围，开展员工生日会、美食会、团建、圣诞节交换礼物、年会等活动。

（二）强化组织激励

强化组织激励可以从薪酬管理、晋升机会两个方面去激励。薪酬与晋升是相辅相成的，良好的晋升机制也有助于薪酬的提升。但往往在社工机构中，大部分机构的职位主要有社工助理、社工、领域主管、项目主管、机构管理层，职位有限，晋升比较困难，因此可以适当地加入一些中间层级的职位，如骨干社工、骨干主管等，即使同一职位，也可以根据能力的不同而给予不同的薪酬，给社工更多的升值空间。同时注重社工管理能力的培养，尽量提升本机构社工管理水平。

而对于机构的薪酬管理，则建议提供有竞争力的薪酬。目前来说，虽然社工机构的项目经费有限，很难用高薪留住人才，但是社工机构可以考虑提升薪酬的竞争力，用相对较高的薪酬来留住优秀的社工。以越秀区 A 机构为例，该机构是 60 人以下的小型机构，其提供的薪酬有很大的竞争力，大大高于广州市的平均水平，因此稳定性就相对比较高，较少有社工离职转到其他机构做社工，离职的基本都是不做社工，或者离开广州回家乡等，因此该机构的很多同事都表示同等职位一般不会离开该机构，除非不做社工，因为其他大部分机构的薪酬都比该机构低。

（三）降低组织工作压力

组织工作压力包括角色模糊、工作负荷、资源匮乏。因此，合理地进行人员的分工，让社工清楚角色定位，并做好工作计划十分重要。因为在社工的服务过程中，往往容易出现工作负荷较大的现象，临近评估发现服务指标没完成，才开始开展服务和写文书，这样分配不均的现象容易导致社工疲惫。同时，资源匮乏在社工机构也是普遍存在的，因此机构要加强资源链接的能力，为社工的工作提供资源上的支持，且在工作中给予社工更多的自主性。

（四）减少组织角色冲突

组织中的角色冲突是指同一个人行使多种角色，从而造成角色的冲突。例如一些社工机构，要开展家综的服务项目，同时还要开展居委会的幸福社区项目，还有可能承接了公益创投项目或妇联、残联等项目，这些项目都统一放到家综项目中去开展，这样就会导致同一个社工身兼几个项目的指标。同时面对不同项目的主体，可能会有不同的价值观或者要求。这就容易导致角色间的冲突，解决这些冲突将更有利于工作的开展和社工稳定性的提升。

参考文献

[1] 白新睿．大学生社工流失成因分析与对策研究［J］．天津职业院校联合学报，2010（11）：96－97.

[2] 常弱聪．社会工作机构人力资源管理满意度调查——以广州市D社会工作机构为例［D］．南京：南京大学，2014：29－33.

[3] 陈凯燕．社会工作机构人力资源管理实证研究［D］．福州：福建师范大学，2015：17－18.

[4] 丛伶洪．社会工作专业人才流失问题研究——基于济南市社会工作专业毕业生流向的思考［D］．济南：山东大学，2014：21－30.

[5] 丁婕．上海市社会工作机构运作特点研究——基于三家社工机构的调查［D］．上海：复旦大学，2013：29－39.

[6] 丁华芳．社会工作者职业变动的影响因素研究［D］．兰州：兰州大学，2015.

[7] 董泽芳．论教师的角色冲突与调适［J］．湖北社会科学，2010（1）：167－171.

[8] 范伟．本土化社会工作人才队伍建设的现实问题及发展路径探索［J］．产业与科技论坛，2019，18（3）：205－207.

[9] 付森茂．广东省社工机构发展现状分析［D］．桂林：广西师范大学，2011：8－11.

[10] 广东省民政局．广州市社会工作十年发展报告．2016，http：//mzzt. mca. gov. cn/article/sggzzsn/jlcl/201611/20161100887281. shtml.

[11] 广州市民政局．广州市民政局2019年工作安排．2019，http：//www. gz. gov. cn/GZ09/8. 1/201901/6a1f212b6b9e406f9dd5493e72f14385. shtml.

[12] 广州市人民政府办公厅. 广州市人民政府办公厅关于印发广州市社工服务站（家庭综合服务中心）管理办法的通知. 2018.

[13] 郭乔蓉. 培养的社工新人流失严重怎么办[J]. 中国社会工作. 2019 (1) (下): 42-43.

[14] 黄晓玲. 社会工作者职业稳定性及其影响因素的实证研究——基于上海市200名社会工作者的调查[D]. 上海: 华东理工大学, 2014: 1.

[15] 贾维周. 初生与成长: 我国本土社会工作机构管理的研究[D]. 贵阳: 贵州大学, 2015.

[16] 金羊网. 广州社工平均到手工资不足四千元, 家综社工流失严重. 2015. http: //news.ycwb.com/2015-11/11/content_20861644.htm.

[17] 李伽利. 社会工作者的工作满意度调查——以广州民间社工机构的社会工作者为例[D]. 武汉: 华中农业大学, 2013.

[18] 李红英, 卫利珍. 广东社会工作者工作满意度影响机制研究——以广州、深圳、东莞三地为例[J]. 广东行政学院学报, 2013, 25 (1): 23-27.

[19] 林诚彦, 张兴杰. 社会工作者报酬满意度与工作倦怠调查——以广州市为例[J]. 城市问题, 2015 (2): 78-86.

[20] 林少惠, 陈俊, 彭绳武. 澳门社会工作者应对方式、工作满意度及其关系[J]. 心理学研究, 2010, 3 (6): 51-56.

[21] 刘文瑞. 民办社工机构社工人才流失问题的分析与思考——基于北京深圳成都三地的调查[J]. 中国社会科学院研究生院学报, 2016 (1): 63-68.

[22] 刘欣. 高校中青年教师的职业稳定性研究[J]. 社会学研究, 1995 (6): 67-75.

[23] 龙鸿飞. 社会工作行政视角下社工机构的运行——以南京市X机构为例[D]. 南京: 南京师范大学, 2015: 13-27.

[24] 陆飞杰. 上海社会工作者的离职原因探析——基于50位社工的访谈[J]. 社会工作, 2011 (11): 82-85.

[25] 孟圣御. 上海市民办社工机构社工人才流失问题研究——以杨浦区为例[D]. 上海: 复旦大学, 2013: 18-26.

[26] 钱红丽. 青年教师队伍稳定性影响因素研究[D]. 武汉: 华中科技大学, 2005: 6-9.

[27] 阮丹. G省社会工作化机构管理困境研究——基于平衡计分卡的分析[D]. 兰州: 兰州大学, 2015: 13-29.

[28] 阮梦佳. 理性选择理论视域下社会工作人才流失成因分析——以郑州市为例[J]. 太原城市职业技术学院学报, 2018 (8): 189-191.

[29] 帅小龙. 民办社工机构社工人才流失问题研究[D]. 成都: 四川省社会科学院, 2013: 40-49.

[30] 思培琴. 从社会工作专业价值观解析民办社工机构团队内部的有效管理问题[J]. 杨凌职业技术学院学报, 2013 (3): 73-78.

[31] 孙晶晶. 我国社会工作机构的本土化发展研究——基于都江堰勤俭人家社工服务中心的个案研究[D]. 北京: 中国青年政治学院, 2010: 9-11.

[32] 孙龙, 风笑天. 青年白领的职业稳定性及其影响因素——对武汉H证券公司620青年的调查研究[J]. 青年研究, 2000 (6): 10-16.

[33] 王芳, 许燕. 中小学教师职业枯竭状况及其与社会支持的关系[J]. 心理学报, 2004, 36 (5): 568-574.

[34] 王国梁．初生与成长——我国本土社会工作机构管理的研究 [D]．贵阳：贵州大学，2015：14－23.

[35] 王丽丽．北京市“大学生社工”流失问题研究——以丰台区T街道为例 [D]．北京：首都经济贸易大学，2014：19－30.

[36] 王萌．我国社会工作专业人才流失问题研究 [D]．北京：中共中央党校，2015：19－35.

[37] 王娅．社会工作者工作满意度及其影响因素研究——基于珠三角的调查 [D]．南京：南京大学，2015：I－II.

[38] 王云访，岳颖．科技企业的创新激励机制研究 [M]．北京：中国社会科学出版社，2008：15.

[39] 肖小霞，张兴杰．社工机构的生成路径与运作困境分析 [J]．江海学刊，2012 (5)：117－123.

[40] 羊城晚报－金羊网．深圳社工流失率八年来首次下降，去年700人不再做社工．2016，http：//news. ycwb. com/2016－02/23/content_21392063. htm.

[41] 甄波．社会工作机构运行状况研究——以六安市F机构为例 [D]．合肥：安徽大学，2016：13－21.

[42] 曾守锤，李筱，何雪松，陈魏．中国社工的离职倾向及其影响因素的研究．2019. http：//kns. cnki. net/kcms/detail/50. 1154. C. 20190311. 0946. 004. html.

[43] 张江甫．社工机构专业化管理困境及对策研究 [J]．公共管理，2015 (35)：92.

[44] 张忠治．飞行教员职业稳定性的影响因素及对策研究 [D]．广汉：中国民航航空飞行学院，2015：7.

[45] 赵夷岭．情感型和工具型激励因素对员工组织承诺的影响力研究 [J]．经济问题探索，2009 (8)：107－112.

[46] 中国社会工作编辑部．民政领域社会工作发展全景扫描 [J]．中国社会工作，2019 (3)：08－14.

[47] Price，J. L. Reflections on the Determinants of Voluntary Tumover [J]．Intematioanal Journal of Manpower，2001，12：115－141.

[48] Homans，G. C. Social behavior：Its elementary forms [M]．New York：Harcourt，Brace，& World 1961.

[49] Albaugh，J. “Keeping Nurses in Nursing：The Profession's Challenge for Today.” [J]．Urologic Nursing. 2003. 23 (3)：193－199.

[50] Gleason-Wynn，Pat. Improving Job Satisfaction，Retention Among Nursing Home Social Workers.，Brown University Long-Term Care Quality Letter. 2/13/95，Vol. 7Issue3，p1. 3p.

[51] Karaca，Erol，GökçekKaraca，Nuray，Dziegielewski，SophiaF. Factors Affecting Choice and Satisfaction：Social Work in Turkey，Journal of Social Service Research. Jul/Sep2016，Vol. 42Issue4，p565－571. 7p. 6Charts.

[52] Coleman，James. S. The Foundations of social Theory，Cambridge MA：Belknap Press of Harvard University Press，1990.

第十一章　社工机构政策倡导的困境与对策

——以广州市3家社会工作机构为例

李小峰[①]

社会工作主要具有两大职能，一是向困难人群提供专业服务，二是通过倡导促进社会政策的制定和完善。相应地，政策倡导也是社会工作机构的重要职能。社会工作机构政策倡导是指社会工作机构在社会工作专业理念指导下，运用社会工作的专业方法和技巧，代表普通大众尤其是社会困难群体、边缘群体利益，向政府提出制定和完善社会政策以促进社会更加趋向公平公正的一系列合法活动。推进社会工作机构的政策倡导对政府、社会都有着重大的现实意义，比如有利于推进政府转型，有利于整合社会成员的利益诉求，有利于促进和谐社会的构建等。

目前，社会工作机构政策倡导还面临不少困境：微观方面表现为服务对象政策倡导参与度不足，中观方面表现为社会工作机构政策倡导公信力不足，宏观方面表现为社会工作机构政策倡导合法性不足。这些困境的成因多种多样，本案例以广州市3家社会工作机构为例进行分析，旨在分析困境，探索问题，并提出改善现状的对策。

一、本案例研究概述

（一）为什么要研究社工机构政策倡导问题

党的十八届三中全会对创新社会治理体制做了全面的阐述，包括改进社会治理方式、激发社会组织活力、创新有效预防和化解社会矛盾体制等重要方面，用“社会治理”代替“社会管理”是政府在社会管理理念上的重大转变，它是政府在社会管理方式上新的探索和转向服务型政府的积极实践。党的十八届五中全会又进一步提出“加强和创新社会治理，推进社会治理精细化，构建全民共享的社会治理格局”，政府职能转移无疑是我国当前深化改革的一个标志性趋势。

王思斌认为，社会工作参与社会治理的渠道有两个：一是向困难人群提供社会服

---

① 李小峰，社会工作硕士，现为广州民航职业技术学院飞机维修工程学院教师、团总支副书记，兼任广东省社会工作学会理事、广州市北斗星社会工作服务中心理事、顺德北斗星社会工作服务中心法人代表，曾参与“广东省农村应急管理问题研究”等项目的调研工作，曾被评为广州民航职业技术学院“优秀共青团干部”。

务；二是通过政策倡导促进政策的完善和制度建设，进而促进社会发展[①]。社会工作机构政策倡导无疑是社会工作机构未来的重点发展方向，也是治理社会的一剂良方。但不可否认，社会工作机构政策倡导发展并不成熟，社会工作机构对于社会政策的制定影响有限。另外，当前政府与服务对象对社会工作机构如何进行政策倡导，尚且认识不足，本案例就相关问题作一个初步探讨。

社会工作机构是一种非营利组织，研究社会工作机构政策倡导，可以拓宽非营利组织的研究视野，丰富非营利组织的本土化研究。目前，我国学术界对 NGO 政策参与的研究文献不足百篇，对 NGO 政策倡导、倡议的研究更是为数不多，且其中大多数以环保 NGO 为研究对象[②]，有关社会工作机构政策倡导的研究更是凤毛麟角。社会工作机构的发展和崛起迫切要求建立和完善一个论证充分、结构严谨、令人信服的中国社会工作机构理论体系，包括社会工作机构政策倡导理论体系。社会工作机构政策倡导的发展需要更多的理论研究指导，事实上，社会工作机构与民众联系紧密，代表服务对象利益或民众的利益进行政策倡导是社会发展的需求，也是其自身的职责所在。对社会工作机构政策倡导的研究将丰富和完善社会工作领域的整体研究，是促进社会工作机构与创新社会治理的有机结合，具有较高的理论创新价值。

（二）研究设计

1. 研究对象

本案例选择广州市的 B 社会工作机构、Y 社会工作机构和 G 社会工作机构作为研究对象，之所以这样选择是因为：第一，2015 年全国百强社会工作机构中广东省占 44 家，而广州市占 17 家（刘京，2016），因此选取广州市社会工作机构具有较强的代表性；第二，2015 年度全国百强社会工作机构中实际开展政策倡导的机构数量为 67 家，广东省有 36 家实际开展过政策倡导工作[③]，而广州市社会工作机构的政策倡导工作一直走在全省的前列；第三，B 社会工作机构、Y 社会工作机构和 G 社会工作机构属于全国百强机构，更是广州市开展政策倡导工作经验丰富的社会工作机构。

2. 研究方法

本案例立足文献研究成果，从政策倡导的角度，借用系统分析框架，梳理政府、社会工作机构、服务对象等之间的关联，探究社会工作机构政策倡导的出路。本案例的研究方法如下。

（1）文献研究法。为能够更加深入地研究分析问题，本研究通读并检阅分析了社

① 王思斌：《社会工作机构在社会治理创新中的网络型服务治理》，载《学海》2015 年第 3 期，第 47—52 页。

② 王洛忠、李奕璇：《信仰与行动：新媒体时代草根 NGO 的政策倡导分析——基于倡导联盟框架的个案研究》，载《中国行政管理》2016 年第 6 期，第 40—46 页。

③ 刘京：《社会工作服务机构发展报告（2015）——以百强社会工作服务机构为例》，北京·中国社会出版社，2016 年版，第 212—262 页。

会工作机构政策倡导的相关文献。这些文献包括：前人研究的著作、论文，政府的政策文件，各种新闻报道等。本案例参考了非营利组织和非政府组织参与社会政策制定以及维护相关群体利益的文献与新闻报道、社会工作机构与社会工作发展研究领域的文献与著作、社会政策领域的相关著作等，对这些文献进行系统的分析为本案例的研究夯实了重要的基础。

（2）系统分析法。本案例把社会工作机构政策倡导研究放在政府职能转型、社会组织转型的大背景之下，分别从微观层面、中观层面以及宏观层面对影响社会工作机构政策倡导的因素进行分析。社会工作机构进行政策倡导，不但要从宏观系统的社会文化、社会制度、社会政治经济状况、社会发展方向和社会政策等方面分析，还要从利益相关者如中观系统的社会工作机构以及微观系统的服务对象、社会工作政策倡导者等方面进行分析，从而设计出适合的政策倡导方案。

（3）访谈法。本案例的访谈对象为具有政策倡导经验的社会工作机构管理人员、社会工作实务督导、一线社会工作者等，从深度访谈的过程中发现问题，总结经验，形成研究素材。访谈对象基本情况见表 11－1。

表 11－1　访谈对象的基本情况

社会工作机构	访谈人员	职位
B 社会工作机构	社工 Z	理事长
B 社会工作机构	社工 L	总干事
B 社会工作机构	社工 W	项目主任
Y 社会工作机构	社工 D	项目主任
Y 社会工作机构	社工 H	一线社工
G 社会工作机构	社工 B	一线社工
G 社会工作机构	社工 P	一线社工
G 社会工作机构	社工 Q	项目主任

政策倡导在社会工作行业还没有成为一种普遍现象，开展该项工作的社会工作机构集中于北上广深等一线城市。B 社会工作机构、Y 社会工作机构和 G 社会工作机构是全国百强机构，在政策倡导工作方面具有丰富的倡导经验，对三家机构中参与过和接触过政策倡导的社工进行访谈具有代表性和典型性，其访谈资料具有研究意义。

3. 研究思路

社会工作机构政策倡导的困境是个值得研究的问题。本案例基于政策倡导的模式、政策倡导的渠道、政策倡导的成效，分别从微观层面的服务对象及社会工作机构政策倡导者、中观层面社会工作机构政策倡导能力和宏观层面的社会文化与制度环境来研究社会工作机构政策倡导的困境。

基于系统理论分析框架，社会工作机构通过政策倡导代表普通大众尤其是社会困难群体、社会边缘群体的利益或者权益诉求，输入政府的决策系统，以促使政府输出符合所代表群体利益的决策或者行动，并就输出结果所带来的影响继续反馈到政府决策系统中。本案例因研究条件限制，只研究政策倡导的单个循环过程，如图11－1所示。

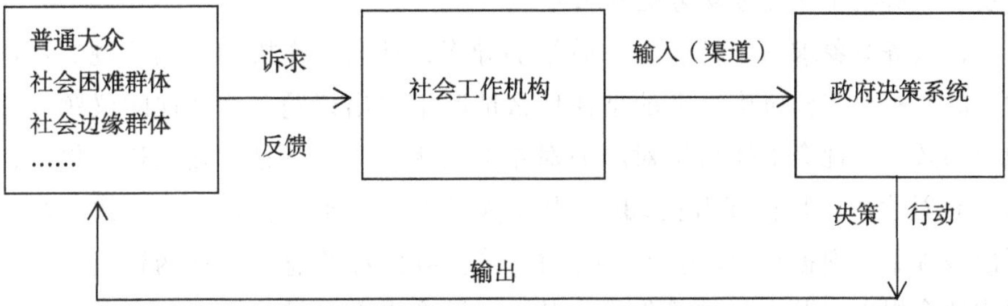

图11－1　社会工作机构政策倡导过程

本案例通过调查阐述和分析社会工作机构政策倡导的常见过程与具体渠道，总结出影响政策倡导的因素，分析各种因素的地位、作用及各因素之间的相互关系，进而确定主要因素是什么，并由此总结出社会工作机构政策倡导整个过程与环节之间存在的问题与困境。基于上述分析，笔者尝试提出相关建议。

二、社会工作机构政策倡导现状与困境分析

笔者结合广州市B社会工作机构、G社会工作机构等机构政策倡导案例，以社会工作机构政策倡导为观察对象，从宏观、中观和微观三个层次对政策倡导环境、政策倡导主体、政策倡导议题等进行分析，明确政策倡导各环节的联系，反思政策倡导的困境。

（一）社会工作机构政策倡导的现状

1. 社会工作机构政策倡导的过程

以往影响社会政策的民间力量，其政策倡导主体多为社会精英，而非普通群众。但是最近几年，随着政治体制和社会环境的不断改善，社会工作机构政策倡导也悄然兴起，普通群众也在社会政策领域发声，社会工作机构政策倡导的模式悄然形成。这个模式的过程可以概括为四个环节：①服务对象求助于社会工作政策倡导者，社会工作机构提出议题；②社会工作机构整合资源，与服务对象及其他力量向政府进行政策倡导，扩大议题影响力；③政府介入并回应议题，将诉求转换为政策；④政府决策和行动，促进社会政策公平公正。社会政策发生变化后就会作用于服务对象，服务对象将这一新的社会政策反馈到社会工作机构，之后进入下一个政策议题，重新启动这四个环节。

“2003年，小谷围街迎来了广州大学城建设项目工程。伴随着大学城建设工程的逐步完成，原小谷围街的农村城市化进程加快，征用农村土地的建设项目日益增加。随

之而来的是大学城全征土地劳动力就业问题显著。2014 年 9 月，广州市番禺区 G 社会工作机构理事长 ZJH，向番禺区政协十三届五次会议提交了关于妥善做好大学城全征土地劳动力就业安置工作建议的提案。建议内容为：加强技能培训的针对性，提高中青年劳动力就业的竞争力；强化征地单位安置转移非劳动力的主体作用；加大社会保险补偿力度，缓解被征土地劳动力就业压力。”

第一，服务对象求助于社会工作政策倡导者，社会工作机构提出议题。在这个环节当中，需要社会工作机构思考的是在什么情况下提出议题，什么样的议题能够达到政策倡导的效果。社会工作机构对服务对象的需求要进行评估。在上述案例中，广州市番禺区 G 社会工作机构理事长 ZJH，基于大学城全征土地劳动力问题比较严重的情况，提出该提案。根据目前社会工作机构政策倡导的经验总结，在两种情况下，社会工作机构适合提出议题进行政策倡导。其一，符合大部分社会服务对象的需求，普适性强。比如，广东外来务工人员的最低工资保障问题、青少年的吸毒戒毒问题、艾滋病患者的社会歧视问题等，这样的需求能够引起社会的共鸣，政府也会积极关注，如此才有可能对社会政策进行调整或完善。其二，政府与社会具有共同的需求。一般来说，社会工作机构提出的议题不仅是关系服务对象的利益，符合当前的政策支持，同时也关系政府利益的需求，议题流、政策流和政治流共同交集，那么就会形成政策倡导的好议题。比如，社会公益问题，政治上相对安全，政策上比较支持，普通群众也比较热衷，所以公益领域的议题能够比较容易达到政策倡导的效果。

第二，社会工作机构整合资源，与服务对象及其他力量向政府进行政策倡导，扩大议题影响力。这个环节过程中，关系三个问题：社会工作机构政策倡导有哪些人参与？社会工作机构是通过什么渠道进行政策倡导的？在倡导过程中，社会工作机构是通过什么策略扩大议题影响力的？首先，参与政策倡导的群体对于政策倡导的效果有重要作用，一般来讲，服务对象积极参与的政策倡导议题容易达到政策倡导的效果，而社会工作机构政策倡导者的专业水平也是影响因素之一。其次，常规性政策倡导渠道可操作性强，通过政治制度内的政策倡导渠道更容易被政府接受。最后，在法律框架内，科学制定策略。广州市番禺区 G 社会工作机构理事长 ZJH，在对待大学城全征土地劳动力问题上，结合调查的实际情况，通过给政协递交议案的方式进行政策倡导，以证据为本，达到了政策倡导的效果，获得了政府的回复与关注。

第三，政府介入并回应议题，将诉求转换为政策。当政府收到社会工作机构的政策议题时，面临着社会压力，会启动应急方案，帮助服务对象解决部分紧急问题，然后整合社会各方利益需求，对议题进行讨论，调节社会政策。番禺区政协在收到广州市番禺区 G 社会工作机构理事长 ZJH 的提案后，及时做了回应，并对该提案进行了讨论，形成了初步的征求意见稿，希望可以完善工作，解决大学城全征土地劳动力的就业问题。

第四，政府决策和行动，促进社会政策公平公正。政府会根据议题，进行实地调研，了解服务对象需求的具体情况，以调研结果作为科学决策的依据之一，考虑各方面的需求，作出最终的决策——社会制度的变革抑或社会行动。

2. 社会工作机构政策倡导的渠道

第一，通过直接向政府提供有效的信息与政策建议进行倡导。知识社会是一个以信息为发展动力的社会，信息资源是其中最重要的资源。政府制定政策或者实施政策，需要收集各个领域足够的信息资料，但是政府精力有限，不能将每个领域的信息了解得非常细致，需要向相关非营利组织进行政策咨询、听取意见，这就为社会工作机构进行政策倡导提供了机会。例如，2013—2014 年，受广东省残疾人联合会委托，广州市 B 社会工作机构理事长 ZXJ 等人，承担广东省残联 2013—2014 年度残疾人事业理论与实践研究重点课题，对广东省农村残疾人民生与社会保障发展情况进行深入调研，并提交了长达 5 万多字的《广东省农村残疾人民生与社会保障发展报告》，提出了“发展农村社会工作，发展社会服务”等多项政策建议（有些建议已被相关部门吸收）。

发展农村社会工作，发展社会服务。建议培育、引入农村社会工作机构，以政府购买的形式，发展农村残疾人社会服务，大力提升农村残疾人事业的层次。

（一）大力发展社区照顾服务。在农村人口少子化、空巢化的大背景下，针对农村残疾人口老龄化加剧、残疾人家庭中一户多残比重较大（针对清远市的抽样调查是17%）的情况，农村家庭对重度残疾人、某些类型残疾人（智力、精神、孤独症等）的照顾能力下降。建议大力发展农村社区照顾服务，引入社会工作机构开展日间照顾、社区康复、社区饭堂等服务，减轻家庭照顾的压力，同时也提升农村残疾人的照顾质量。社区服务的资金投入不全是消费性的，实质上更有可能是生产性的，除了一般意义上的能够解放农村家庭的劳动力外，通过社区照顾服务，还可以起到提升残疾人口的人力资本，释放生产力的作用。此外，社区照顾在农村的发展，还可以潜移默化改变农村人口对残疾人的负面的、污名化的看法，提升农村地区的文明程度，对乡土社会的社会文化乃至经济发展有着不可估量的积极作用。

（二）加大资金投入，发展托养服务。建议政府部门加大资金投入，发展不同模式（社区托养 + 集中托养）结合的农村残疾人托养服务，以应对残疾人口的老龄化以及老龄人口的残疾化趋势。建立更多的托养机构；鼓励民间资本投入；鼓励社会工作机构介入，提供社区日间照料等社区托养服务，并为集中托养提供更优质的服务。

（三）发展农村残疾人的社区文化。农村残疾人对文化生活、精神生活有深切渴望，但恰恰是在该方面，他们是备受忽略的一群。发展农村残疾人社会服务，有利于农村社区残疾人文化生活的开展，满足他们的精神诉求。（社工 Z 提供）

第二，通过向人大或者政协会议提交议案或提案进行倡导。近年来，有不少社会工作机构的理事长、总干事等骨干成员当选为人大代表或者政协委员，这些社会工作机构就可以通过他们正式或非正式地向人大或者政协会议提交议案或提案来进行政策倡导。人大代表和政协委员向人大、政协等提交议案或提案是我国公民政治生活的重要渠道，社会工作机构当然也不例外，政策倡导也同样可以充分利用这个渠道。社会工作机构是一个深入社区的社会组织，与普通群众的联系紧密，最熟悉和了解社区的基本情况，知晓基层服务对象的需求。因此，在开展服务的同时，社会工作机构可以密切关注社会动态，及时反映民情民意，针对亟须解决的问题或矛盾，形成相关议案、提案，通过人大代表、政协委员、党代表等渠道，或直接报送相关部门，供其决策参考①。

第三，通过参加政府召集的座谈会、研讨会等进行倡导。社会工作机构的政策倡导精英通过参加这种座谈会和研讨会，发表自己的观点与建议，代表社会工作等行业或者普通群体尤其是社会困难群体、社会边缘群体的利益以及权益进行政策倡导。例如，2014 年 8—9 月，广州市 B 社会工作机构理事长 ZXJ 多次参加由广州市民政局社会工作处组织的“《广州市社会工作条例》立法专题研讨会”，参与广州市社会工作法规的制定。ZXJ 理事长不但参与研讨，还多次负责具体相关组织接待工作。尤其是在该系列研讨会正式召开之前，ZXJ 理事长三次应邀到市民政局社会工作处商量相关问题，并提交了《广州市社会工作条例立法的几大原则》《广州市社会工作条例立法的框架建议》。这些建议有效地推动了政府与社会工作机构的合作，为广州市制定相关政策、法规提供了参考。

第四，通过撰写相关文章或研究报告、出版专著等方式进行倡导。例如，广州市 G 社会工作机构原理事长 ZJJ 女士，经常把自己的观点撰写成文章进行政策倡导，比如她写的《政府购买公共服务的问题与着力点探索》《家综服务应该给社区带来什么》《莫让社工成“写工”》等，对推动社会工作的健康发展起到了良好作用。再如，2013 年，广州市 B 社会工作机构理事长 ZXJ，副理事长 ZKY、SQP 等人受广州市民政局社会工作处的委托，参与广州市社会工作法规制定的前期调研工作，到广州、北京、上海、香港等地就“广州市社会工作立法的可行性”问题进行深入调查，并于 2013 年 10 月向广州市民政局提交了《广州市社会工作立法的可行性研究报告》。

第五，通过建设性社会行动来进行政策倡导。国外民众常常通过游行示威、静坐等比较激烈的方式进行政策倡导，通过对抗性活动对政府决策系统施加压力，以期望政府和社会了解和关注某一个议题，进而影响政府的决策。鉴于我国国情，这种表达民意的方式显然不适合在我国运用。国内曾有少部分社会工作机构组织劳工游行争取劳工权益等，这种极端的政策倡导行为扰乱社会秩序，不值得提倡。笔者认为在必要情况下，社会工作机构可以采用建设性的社会行动来进行政策倡导，以实现博弈双方的共赢。例如，广东某康复村建立于 1956 年，当地基础设施非常简陋，几十年过后居民的住房都变成了危房，由于当地的生活补助很少，服务对象必须进行必要的劳动来

---

① 社工中国网：《创新社会治理体制背景下社工服务机构发展思路》，网站来源：http：//trade. swchina. org/build/2015/0324/21170. shtml。

维持生活。具有社会工作机构性质的广东省 HDKF 协会每年都向该村提供志愿者服务、免费医疗卫生支持等，通过这种社会行动，在当地产生了巨大社会反响，政府部门开始高度重视该村，加大了基础设施建设和医疗卫生投入，此后该村的生活条件得到改善[①]。

社会工作机构通过上述五种渠道开展倡导工作，直接或者间接地影响各层级政府政策的制定，逐渐凸显出社会工作机构政策倡导在社会治理中的独特作用。

（二）社会工作机构政策倡导的困境

社会工作机构政策倡导的困境主要表现为：服务对象政策倡导参与度不足，社会工作机构政策倡导公信力不足，社会工作机构政策倡导合法性不足。

1. 微观困境：服务对象政策倡导参与度不足

政策倡导是一项需要整合多方面资源来进行的社会工作，其中服务对象的参与至关重要。社会工作机构政策倡导是代表普通大众尤其是社会困难群体与边缘群体的利益开展工作的，一方面需要服务对象的力量，另一方面需要社会工作政策倡导精英的策略。据笔者的调查，当前普遍存在的问题就是，即使社会工作机构政策倡导的议题具有很强的可行性，但多数服务对象的政策倡导参与度仍然不足。没有了服务对象自身的支持，社会工作机构政策倡导显得尤为困难。以下为对某街道社工 W 和社工 L 的访谈情况。

社工 W：“做这个政策倡导需要跟政府沟通，像我们现在的条件，耗费很多力气有可能做到，我们一般都需要通过机构自己的资源帮忙的。就拿我们街道的老年人服务领域的政策倡导来说，嗯……他们真的好困难，我要向街道办或者居委会反映让他们给点帮助或者改善社区福利啊，程序很多，要是那些老人有意愿跟我一块努力可能简单得多，因为老人家的情况摆在他们面前，他们想不理都难，但是往往很多老年人没法参与进来，有的是身体原因，也能理解，有的就真的不愿意，他们觉得那是政府应该要做的，我们争取不争取都一样……”

社工 L：“其实服务对象参与是有的，意愿也不低，只是期望间接式参与，如意见表达等，对于直接的行动参与度不足，说实话有时也帮不上忙……”

再以前述大学城全征土地劳动力就业问题为例。据笔者的调查，大学城全征土地劳动力就业问题涉及面广，矛盾突出，是急需社会和政府解决的。广州市番禺区 G 社会工作机构进行政策倡导是符合民意的，但是在政策倡导过程中，多数服务对象在行动上没有与该社会工作机构一起向政府进行倡导，其中原因复杂。社工坦言，推动这项议题当时要是有服务对象的参与，那就会大大提高政策倡导的效率，节约倡导成本。此外，笔者在天河区天园街道随机访问了社区的服务对象 50 多人。在笔者的调查统计

---

① 广东省社会工作师联合会：《广东省社会工作案例精选》，北京·中国社会出版社，2012 年版，第 87 页。

中，当服务对象被问到是否愿意跟社会工作机构一起维护自身权益时，多数服务对象表示支持，但是否参与具体行动需要考虑。可以说，服务对象参与政策倡导的行动不足，严重阻碍了社会工作机构政策倡导的发展，已经成为社会工作机构政策倡导前进的一大困境。

2. 中观困境：社会工作机构政策倡导公信力不足

公信力对于社会组织来讲是非常重要的，这取决于社会组织自身的非营利性，所以社会组织只有在获取普通群众以及社会信任的前提下才能生存和发展壮大，才能在社会中为普通群众提供社会服务。也可以说，社会组织就是依靠普通群众或者社会的认同来获取自身存在的合理性。只有社会群体信任社会组织，才能将自己的需求求助于社会组织，才能认为社会组织的作用具有可行性①。社会工作机构政策倡导是新兴的社会工作方法，未能在我国得到普遍的发展，只有少数社会工作机构运用得比较成熟，该种社会工作方法也不尽为大多数服务对象所知，其影响力较小，存在公信力不足的困境。当前，社会工作机构政策倡导公信力不足的困境主要表现如下。

首先，服务对象不信任。遇到某些社会问题时，社会工作机构开展政策倡导，服务对象对于社会工作机构进行政策倡导的能力持怀疑态度，不愿意相信社工，也不愿意参与社会工作机构的政策倡导。社会工作机构政策倡导虽然代表的是普通群众的利益，但是由于自身公信力的问题，普通群众的利益诉求更加倾向于直接向政府反映或者不反映。

其次，社会工作机构政策倡导社会认可度低。社会工作政策倡导属于新事物，在大众眼里认为社会工作与志愿者从事的工作差不多，社会工作政策倡导的专业能力还不足以满足服务对象的需求。除此之外，社会工作人才流失率高，使得社会对于社会工作机构政策倡导的印象停留在虚幻的感觉，认为社会工作职业不如其他行业，其开展的政策倡导工作也不切实际。

最后，社会工作过度依赖政府，其生存资金过于单一，基本靠政府购买服务，服务对象以及社会对于社会工作机构政策倡导代表性表示质疑。

社工 B：“有些居民特别喜欢我们社工，你到下面的街道去，你要问社工方面的问题，他们都比较清楚，说喜欢跟社工聊天，因为社工这些年的服务确实还不错。不过你要那些居民跟你一起去政府争取利益，有些居民就开始打退堂鼓了，不是不相信，就是怕。在他们的思维里，觉得官府不能得罪，你社工还要靠政府吃饭，不能去，闹大了可不好……社工有那个能力也不行，不敢试……”

社工 L：“其实社会工作机构公信力低不只是服务对象不相信社工，还是专业能力对于服务对象来说不足以满足需要，社会认受性低，机构依赖政府权威等造成的。”

---

① 刘东骄：《服务型政府视域下社会组织公信力研究》，沈阳师范大学硕士学位论文，2015 年，第 11—13 页。

由于社会工作机构政策倡导的公信力不足，服务对象不愿参与社会工作机构的政策倡导，社会对于社会工作机构政策倡导不寄予希望，社会工作机构政策倡导缺失社会环境支持，不能发挥原本职能的作用，若要继续推进社会工作机构的政策倡导就必须提升自身的公信力。

3. 宏观困境：社会工作机构政策倡导合法性不足

尽管改革开放以来，随着非营利组织的发展，国家也相继颁布了《民办非企业单位登记管理暂行条例》《社会团体登记管理条例》《取缔民间非法组织暂行办法》等一系列关于非营利组织的法律法规，但目前我国国情是：社会组织政策倡导的法律以及制度不完善，并且缺乏可以使社会组织有效地把社会群体的利益和诉求通过国家政治过程和民主决策机制反映出来的法律保障。正是因为这种情况的存在，社会矛盾得不到疏导，而社会工作机构进行政策倡导也不顺利，障碍重重。这就要求政府不断加强政策倡导的法制建设，使社会的不同利益通过社会组织得到有序的集中、传输和协调，并用各方同意的方式进入体制，以使决策过程常规性地吸收社会需求[①]。

社工Z："政策倡导某些议题是比较敏感的，比如农民工维权方面，你就不能乱倡导，尤其要注意倡导方式，因为农民工的思想单纯，考虑的东西简单，你要是不把握好这个度，很容易触犯法律的，跟政府走上对抗的道路，不但帮不了服务对象，机构自身也陷入困局……其实有很多东西都值得我们倡导，只是国家在这方面的程序性的法律很少，没有程序法的支撑开展工作，难以立足。但是像某些议题就好多了，比如教育类的，还有环保类的……"

社工Q："其实现在不少社工界的人进入政协、人大等，通过提案方式，与政府开会沟通等进行倡导，可以说合法性逐步建立，但是一些程序性的法律确实还不够，很多制度不够规范。"

我国正涌现出大量从事法律援助和政策倡导的社会组织，其中也包括社会工作机构，它们在进行集体法律诉讼、游说地方人大代表、开展公共教育，以及提供调研基础上的政策建议方面，都有着宝贵经验。不过，当前的诸多政策，更强调对社会服务类机构的培养和扶持。倡导型的社会服务机构，有时反而因为其所关注议题的敏感性而遭受打压[②]。社会工作机构进行政策倡导是为普通大众尤其是社会困难群体、社会边缘群体谋取利益，该利益不是属于机构自身的，而是属于政策倡导所代表的社会群体。另外，社会工作机构政策倡导是政府转型的重要推力，符合社会组织转型的要求，符合社会发展的趋势，是应该积极推动的一项工作。但社会工作机构政策倡导的法制不够完善，制度支撑不足，社会工作机构进行政策倡导合法性不足。

---

① 高红、朴贞子：《我国社会组织政策参与及其制度分析》，载《中国行政管理》2012年第1期，第71—74页。

② 财新网：《报告建议中国放行政策倡导型NGO》，网站来源：http：//china. caixin. com/2012－06－26/100403930. html。

三、社会工作机构政策倡导困境的成因分析

社会工作机构政策倡导具有倡导目的正当性、倡导过程主动公开、倡导内容广泛等特征。社会工作机构政策倡导对社会工作机构、政府和社会的发展有着重要的现实意义。但是社会工作机构政策倡导面临着多重困境，其成因关系到服务对象、政府和社会以及社会工作机构等政策倡导主体。

（一）微观层面成因

1. 社工政策倡导知识匮乏

目前，我国社会工作者对社会工作机构政策倡导并不熟悉，对政策倡导的原理、流程、技巧和方法更为陌生。社会工作倡导者通常必须掌握两种最基本的技能，一是“代表”，二是“影响”。Johnson（1995：316）认为，社会工作者在进行政策倡导过程中，帮助服务对象和其家庭获得所需的服务，包括评估情境、了解可供选择的资源、准备并咨询他人、联系合适的服务，同时确保服务对象获得并使用给予帮助的资源[①]。由此，我们可以发现，进行专业的政策倡导对社会工作者有较高的能力要求和知识要求。

为了解社工对于政策倡导的认知情况，笔者根据政策倡导所需要的基本知识设计了一份较短的问卷，随机对广州市 200 名社工进行了政策倡导知识了解程度访谈调查。调查显示，社工政策倡导知识普遍匮乏，主要表现在以下几个方面，应引起重视：①对政策倡导意义认识不足。75% 的社工表示政策倡导可发展也可不发展，认为目前社工服务是社会工作机构重点发展方向。②对政策倡导的基本渠道认识不清。高达 80% 的社工表示对政策倡导基本渠道认识不清楚，仅有 17% 的社工知道政策倡导可以通过“两会”等渠道进行，还有少部分社工错误地把政策倡导等同于社会行动。③对政策倡导的程序了解不足。多数社工不知道整个政策倡导过程是如何运作的，也不知需要用到的法律知识是什么，更不知道社会政策和政府决定是如何出台的。④政策倡导知识教育不足。接近 100% 的社工反映，在读大学时没接触过政策倡导方面的课程知识，在机构内部也没接受过相关培训。由此可知，社工政策倡导知识匮乏，需要国家以及社会重视发展政策倡导教育。

2. 服务对象政策倡导权能较弱

服务对象参与社会工作机构政策倡导具有重要作用，而导致服务对象政策倡导参与度不足的原因之一就是服务对象权能较弱。权能，权是指权利，能是能力，包括意识觉醒、应对心态、知识技巧等，对服务对象来说，主要是意识和心态。所谓权能较弱是指个人或团体不能平等地享有权利，缺乏获得自己所需要的东西、与他人合作、

---

① 罗伯特·施耐德：《社会工作倡导：一个新的行动框架》，上海人民出版社，2011 年版，第 68—69 页。

影响他人思考和行动及影响资源在社会系统中的分配能力。从某种角度上讲，权能弱也表现为缺乏资源，这里的资源不仅包括有形的资源，如金钱、住所和衣服，而且包括无形的资源，如认知技巧、交往技能、健康、支持性社会网络等①。

社会工作机构政策倡导是代表普通群众尤其是社会困难群体和边缘群体的利益，而普通群众在整个社会环境都处于底层，社会困难群体和社会边缘群体的权能长期处于被社会环境压制的情况，其社会资本少，在社会上发声也很困难，也就无法获得社会自信，导致政策倡导权能弱，不愿参与社会工作机构的政策倡导。服务对象权能弱具体表现在：对政策倡导认识不足、政策倡导意识薄弱、政策倡导意愿不强、政策倡导能力不足。

社工L：“不能说所有的服务对象都不愿参与政策倡导，有些服务对象还是挺希望有人可以帮助他们的，像某些疾病患者，生活经济条件就这样，加上疾病缠身，他是没办法参与进去的，他自我就觉得自卑，不自信，还怎么去跟你一起行动呢，不现实。他们需要很大勇气才可以参与进去，比如艾滋病患者被社会歧视，要暴露自己去争取社会政策的照顾，那是特别困难的……”

社工B：“有些服务对象他想参与政策倡导，但是他能力就这样，很多社工都不知道政策是怎么出来的，他们就更加不知道……你让他参与也起不到作用，你得去教他才行，但是我们现在没有这方面的条件……”

从对社工L的访谈中，可以了解到社会困难群体和社会边缘群体是难以在社会发声的，也难以适应社会，急需帮助。社会困难群体和社会边缘群体包括：老人、小孩、残障人士、外来务工人员、重大疾病患者、吸毒人员、同性恋以及犯罪人员等。这些群体长期受社会环境压抑，掌握的社会资本很少，自我的权能感微弱，很难有自信参与到社会行动中去，绝大多数选择隐忍自己的委屈与需求。因此，不利于服务对象参与社会工作机构政策倡导。社工在开展政策倡导的同时，必须运用专业的方法技巧，增强服务对象的权能，引导他们参与社会工作机构的政策倡导。

（二）中观层面成因

1. 社会工作机构政策倡导的代表性遭受质疑

当前，社会工作机构发展资源单一，严重降低了社会工作机构政策倡导的公信力。社会工作机构的收入来源主要靠政府购买服务获得，这是由我国国情决定的，已成为社会工作机构发展的常态。社会工作机构为了获得政府购买服务，与政府的伙伴关系容易变成从属关系。这也能够解释，国内大多数社会工作机构扮演社会政策执行者的角色，而政策倡导这项工作职能发展缓慢。

政府购买服务的形式是我国社会工作机构发展的基础，没有政府购买服务，社会

---

① 郑淑丽：《增权理论视角下面向“三失”青少年的社会工作个案帮扶渠道与方法研究》，北京·首都师范大学硕士学位论文，2014年，第24页。

工作机构大发展进程将会延迟更长时间。可以说，政府购买服务是社会工作机构从我国发展迅速的重要原因。社会工作机构的经费主要是来源于政府购买服务，以2015年全国百强社会工作服务机构为例，我们将社会工作机构的收入来源分为政府购买服务、市场化项目收入、捐赠收入和其他收入。通过数据分析，我们发现这四类收入来源占总收入的百分比分别是92.13%、4.25%、3.82%和0.39%，如图11－2所示①。所以，可以得知社会工作机构的生存依赖于政府的经费，公益捐赠所占运作经费的比例很小。

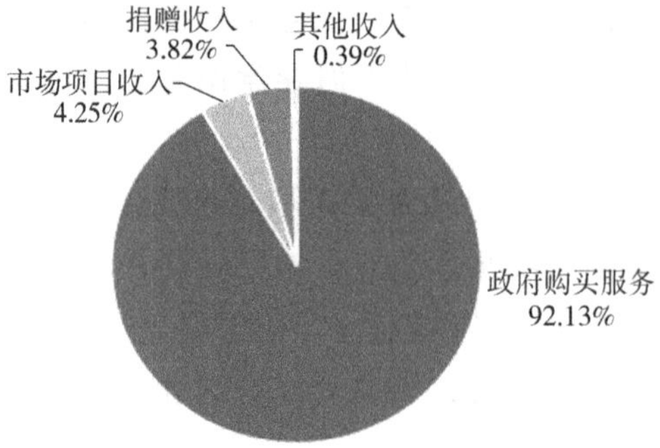

图11－2　2015年全国百强社会工作机构收入来源分布

社会工作机构的资金主要依靠政府的力量，说明社会工作机构的资金来源渠道比较单一。在这种情况下，社会工作机构虽然代表普通群众的利益进行政策倡导，在法律支持尚属缺位的情况下，社会工作机构的自主性受到大环境的制约，容易被基层政府一些官员内化成工具性的附属组织。因此，社会工作机构虽然与政府共同治理社会，代表普通群众利益进行政策倡导，但是在某种情况下，部分社会工作机构可能违背初衷，缺乏了原本的代表性，社会工作机构政策倡导的公信力也被大大降低。

社会工作机构资金来源除了政府购买服务之外，有不少社会工作机构从市场化项目、捐赠收入以及其他渠道获取资金，这是社会工作机构行业发展的创新。社会工作机构应培养建立收入来源多元化的意识，通过社会捐赠体系，争取企业与个人捐赠，有效运用慈善基金会资源，开拓社会筹资渠道，变被动为主动，增强自我造血能力，弥补政府购买服务的弊端，这有益于社会工作机构提升生存能力，更有益于社会工作机构政策倡导工作的开展。社会工作机构要把握社会发展大势，逐渐降低对政府的依赖性，只有这样才能完全恢复社会工作机构政策倡导的自主性，保证社会工作机构政策倡导的代表性，提升社会工作机构政策倡导的公信力。

2. 社会工作机构政策倡导能力较弱

社会工作机构自身发展不够完善，政策倡导专业能力弱是社会工作机构政策倡导公信力不够的重要原因之一。以广州市的社会工作机构为例，广州市的社会工作家综

---

① 刘京:《社会工作服务机构发展报告（2015）——以百强社会工作服务机构为例》，北京·中国社会出版社，2016年版，第36页。

体制已发展成熟，但是也存在不少缺陷。其中体现最明显的就是，家综每个月需要完成的评估任务，都是要求完成多少个案、多少小组、多少社区活动等工作，似乎社会工作等同于个案工作、小组工作、社区工作。大部分社会工作机构忙于完成考核指标，没有时间思考社工专业性的问题。政策倡导这一社会工作方法被遗忘，极少有社会工作机构运用政策倡导的方法开展社会工作。现在不少专家呼吁社会工作机构转型向“专业、精致、特色”的方向发展，笔者认为部分社会工作机构可以转型为政策倡导型的社会工作机构。

社工P：“社工机构没有什么政策倡导部门，有什么提案那也应该是比较厉害的人去做，至少也得是像我们主任这样的层次吧，我觉得政策倡导太高大上了，我们一线社工要做政策倡导还是很困难的……社工做服务也一样服务社会啊……没接触过什么政策倡导，平时在小区倡导一下环保或者好习惯，这个倒是有……”

社工Z：“我们机构做政策倡导也有过蛮多案例了，你像我们做广州市立法，唉，广州市社工立法的政策倡导建议，它其实对社工的知识水平要求较高的，一线社工压根做不来，基本都是我们几个理事会成员在弄，这方面做得好的社工好少，很多机构压根没做过，我们算资历较老的了……”

从现有统计数据看，社会工作机构开展政策倡导主要集中于北上广地区，其他地区开展较少。根据笔者的调查，主要有以下原因导致：第一，社会工作机构自身缺失政策倡导的职能部门设置；第二，机构自身对于政策倡导这一工作的重要性与深远意义认识不到位；第三，机构自身也缺少进行政策倡导的社工精英，缺失政策倡导的血脉。

（三）宏观层面成因

1. 社会工作机构政策倡导的制度支撑不足

我国社会组织的现行制度架构，主要由宪法、普通法律、行政法规、党的政策和其他非正式规则等五个部分组成，它们互为补充，形成一个相对完整的制度网络[①]。现行的社会制度为社会工作机构政策倡导提供了有利的制度环境，但在很多方面还不够，限制着社会工作机构政策倡导的发展。社会工作机构政策倡导制度配套不健全，社会工作机构政策倡导的法制保障体系滞后，严重影响着社会工作机构开展政策倡导工作。

政策的制定与执行，是多方利益的互动与博弈过程，它不仅要求官员，而且要求普通群众，都有能力作政策分析、政策表达与政策倡导。我们必须看到社会工作机构的政策倡导，带有明显的公益目标和公益价值观，代表的是服务对象的利益[②]。社会工作机构政策倡导是为了缓解社会矛盾，帮助政府科学民主决策。由于社会工作机构政策倡导配套制度支撑不足，许多程序缺失法律保障，严重阻碍了社会工作机构政策倡

① 俞可平：《我国公民社会：概念、分类与制度环境》，载《中国社会科学》2006年第1期，第112页。

② 郭巍青：《自下而上的政策倡导与社会治理的创新》，2011年5月12日《南方都市报》，第1版。

导的发展，使得社会工作机构的政策倡导合法性受到质疑。因此，政府在社会工作机构政策倡导立法方面还需加强。

2. 传统文化影响社会工作机构政策倡导发展

文化对人的影响是潜移默化的，传统社会文化影响着社会治理创新的发展，本案例此处只讨论传统文化的消极影响。社会工作机构政策倡导归根结底是人与人之间的沟通，服务对象与社会工作政策倡导者的沟通，服务对象与政府之间的沟通，社会工作政策倡导者与政府以及社会的沟通。受传统社会文化的影响，社会各个阶层都会形成自身独特的社会视角，但是作为普通群众的服务对象对于社会的看法和政府对社会的看法都会存在共性。笔者认为，传统文化中的官本位思想深深印刻在社会各阶层头脑当中。这主要表现在：第一，作为普通群众的服务对象始终认为官方的信息才是权威的，社会工作机构是非政府的，因此对于社会工作机构的政策倡导，精神上支持，实际行动上犹豫不决；第二，作为权力阶层的政府官员存在官方和民间的对立思想，把一些社会工作机构的政策倡导当作麻烦的来源，不支持社会工作机构的政策倡导，担心社会工作机构加剧社会矛盾的爆发，因此不予信任。

四、社会工作机构政策倡导困境的应对策略

社会工作机构政策倡导虽然存在着上述问题，但都只是我国社会治理创新过程中的小小挫折，只是深化政治体制改革与社会组织转型的阵痛，问题的产生折射出我国社会工作机构的进步和社会治理创新的发展。笔者认为促进社会工作机构的发展，消解社会工作机构政策倡导的困境，可以从以下几个方面入手。

（一）微观层面策略

1. 重视社工政策倡导知识教育

众所周知，我国社会工作发展历史不久，我国社工行业的发展教育先于社工职业化，高质量的社会工作教育是高校向社会输出优秀社会工作人才的保障。提升社会工作专业人才培养的质量，必须将社会工作院系的工作着力点集中到教学环节、提高教育质量上来。近十几年来，中国的社会工作教育有了较大发展，初步形成了“知识传授与能力培养并重，专业教育与社会教育并重”的局面①。目前，我国社会工作机构的一线员工主要来自高校。自从国家提出要发展社会工作教育以来，各个地区高校积极响应，积极发展社会工作专业教育，学术功底深厚和科研能力较强的高校也相应申请社会工作硕士点，以期望培养更高层次的社会工作人才。

由 Gibelman 和 Schervish（1997：114）撰写的一份调研报告指出，在美国，有 65.5% 的社工拥有社会工作学士（BSW）学位，有 71.7% 的社工拥有社会工作硕士

① 向德平：《中国社会工作教育的发展取向及其反思》，载《社会科学》2008 年第 5 期，第 85—87 页。

（MSW）学位，有40.4%的社工拥有哲学博士（Ph. D.）或社会工作博士（DSW）学位①。而我国社会工作人才建设还处于比较落后的状态，社工人才流失率特别高，社会工作政策倡导人才更是稀少。不管对于社会工作的发展，还是政策倡导的发展，政策倡导知识教育都是需要国家与社会重视的。

高校在社会工作政策倡导的专业教育方面存在缺位，是社工政策倡导知识十分匮乏的重要原因之一。据笔者调查统计发现，截至2015年，广东省有24所高校拥有社工本科教育，而多数高校设置的专业课程关于社会工作机构政策倡导方面的知识较少。笔者认为与社会工作机构政策倡导相关的课程包含：社会工作导论或概论、社会福利制度、社会保障、社会政策等。本案例列举11所高校设置的社工专业主干课程，统计见表11－2。可以看出，不管是以中山大学和华南农业大学为首的老牌社会工作专业高校，还是以华南师范大学为代表的新开设社会工作专业教育的高校，其培养方案中都没有设置社会工作政策倡导方面的专门课程，涉及社会工作政策倡导相关知识的课程也很少。

表11－2　广东省11所高校社会工作本科专业主要课程中与政策倡导知识有关的课程门数

高校名称	学校官网公布的社工专业主干课程门数	与政策倡导知识有关的课程门数
中山大学	12	1
华南农业大学	18	2
广东财经大学	13	3
广州大学	18	3
广东工业大学	9	2
深圳大学	18	3
广东外语外贸大学	9	1
岭南师范学院	13	2
北京师范大学珠海分校	15	3
华南师范大学	10	1
广东白云学院	26	4

另外，社会工作机构自身也不够重视，缺乏相关的培训课程，社工在这方面的知识教育是缺乏的。

笔者认为，重视社工政策倡导教育应从两方面入手。第一，加强高校的政策倡导知识教育，即高校课程安排要注重平衡，既要有社会工作理论和实务方法教育，也要

① 罗伯特·施耐德：《社会工作倡导：一个新的行动框架》，上海人民出版社，2011年版，第157—158页。

加大政策倡导知识教育。第二，社会工作机构自身要重视培育政策倡导精英，加强政策倡导基本知识的普及，开设相关的业务培训课程。

2. 增强服务对象政策倡导的权能

服务对象的权能较弱是其不愿参与社会工作机构政策倡导的重要原因，但是社会工作者可以增强服务对象的权能，以促进其参与社会工作机构的政策倡导。增强权能理论认为，服务对象的权能无力感很大程度上是由于环境压迫所致，环境因素在直接或者间接阻碍着服务对象的权能提升。客观环境对人的影响固然不可忽视，但是人的主观能动性的发挥也是不容小觑的。研究发现，服务对象通过与社会以及社工的互动，是能够实现权能的提升的。笔者认为，需要进行增权的对象主要为贫困人士、老人、农民工、农民工子女、留守儿童、残疾人、贫困大学生、妇女等，针对这些群体的权能缺失现状，力图通过不同的层次对其进行增权。增强服务对象权能主要放在社区层面，针对政策倡导过程中那些缺乏权力和自助能力的困难群体、组织，关注提高他们的社会参与能力，并增强其面对及解决问题的能力。

首先，促进服务对象对政策倡导价值的肯定。通过社区教育和社区宣传，例如社区研讨会、座谈会、居民大会、社区展览会、教育讲座、记者招待会和公布社区调查结果等，唤醒服务对象对社会工作机构政策倡导的关注，改变他们的消极态度，加强服务对象对政策倡导成效的信心。

其次，提升服务对象的参与意愿。一方面充分考虑家人和亲友对参与意愿的正负影响，邀请和鼓励他们共同参与，或尽量减少其负面影响；另一方面，考虑到服务对象的参与意愿，很大程度决定于所参与的倡导是否与服务对象的生活、利益密切相关。

最后，提高服务对象参与政策倡导的能力。对服务对象进行参与知识技巧培训，可以采用个别培训的方法，也可以采用小组训练的方法，帮助服务对象认识参与社会工作机构政策倡导的过程，提高服务对象表达、沟通、讨论等能力。

（二）中观层面策略

1. 社会工作机构应更加关注社会困难群体和边缘群体利益

困难群体和边缘群体包括老年人、失业人员、残障人士、艾滋病患者、吸毒人员、犯罪人员等，社会工作机构政策倡导应当更加侧重于保护他们的利益。但从对广州市一些社会工作机构的调查可以发现，近几年社会工作机构政策倡导更加侧重于社会工作行业自身，比如社会工作者待遇、社会工作人才队伍建设、社会工作机构发展等，而对社会困难群体和边缘群体的利益倡导较少。社会工作机构政策倡导目前侧重于社会工作行业本身，这是由社会工作行业生存发展困境决定的，随着社会工作行业的规范与崛起，社会工作机构的政策倡导应当转变倡导方向，由对内倡导转向对外倡导，由倡导维护行业发展利益转向倡导更加关注普通群众尤其是社会困难群体与边缘群体的利益。

2. 社会工作机构应设置专业的政策倡导研究部门

社会分工越来越细，专业化是事物向前不断发展的必然趋势，社会工作的教育专业化明显对于社会工作的发展起到推动的作用。社会工作机构政策倡导也应专业化，方能提高政策倡导的专业性。政策倡导工作专业化对于明晰社会工作机构专业发展方向、增强社会工作机构的责任感和紧迫感，提高社会工作机构政策倡导的地位与社会地位，增强社会工作机构公信力等有着积极而重要的意义。我国社会工作机构的政策倡导由于认识、经验、条件的局限，发展进程比较缓慢，仍然面临一些困境。推动我国社会工作机构发展政策倡导，必须明确社会工作机构的职能定位。可见，政策倡导要继续推进向前发展，社会工作机构设置相应的政策倡导部门，进行政策倡导专业研究是有必要的。

据笔者调查统计，以广州市社会工作机构为例，多数的社会工作机构没有专业的政策倡导部门，只有少数机构在某一个部门中明确规定具有政策倡导的功能和职责。例如，广州市B社会工作机构有一个调研部，调研部门的职责规定就要求根据调研成果进行政策倡导，即使如此，依然不能让社会工作者把政策倡导真正地重视起来。从长远发展战略上看，政策倡导必然是社会工作机构未来发展的方向，对于成熟的大中型社会工作机构，无论是从财力、物力还是人力等各方面上看，设置专业的政策倡导部门更具有优势条件，这同时也是社会工作机构自身向前发展的必然，是社会工作本土化发展需要。

3. 社会工作机构应重视运用媒体策略与联合策略

首先是要重视运用媒体策略。互联网的发展带来了新媒体的崛起，正如前文所述，普通群众的声音难以在社会上形成影响力，新媒体时代为社会工作机构进行政策倡导提供了有利的环境，其作用也在实践中得到验证。运用媒体的方法包括：向本地日报、周报或者广播电视新闻节目提供新闻发布稿，给编辑写信，传单，印刷品和通讯，广播和电视访谈，招贴画，网上新闻站，媒体会议，人们感兴趣的专题报道，社论，广播和电视脱口秀，重要报纸专栏，期刊和付费广告。作为力量薄弱的社会工作机构必须学会借助新闻媒介进行政策倡导。一是学会利用网络媒体制造舆论宣传，扩大社会工作机构政策倡导议题的影响力，使之成为社会焦点话题；二是利用网络媒体宣传社会工作机构自身，提高机构自身的社会公信力，获取社会各界的支持，占据道义资源，增强社会工作机构政策倡导的影响力；三是运用社会网络媒体资源获取信息资源，及时了解社会现状与发展情况，抢占先机；四是运用网络媒体的力量获取人力、物力和财力资源等，例如网络公益基金众筹等方式。

民间公益组织“亿友公益”发起人雷闯进行政策倡导的经验值得社会工作机构参考。雷闯是乙肝携带者，2013年、2014年、2015年，雷闯连续3年分别从上海、辽宁葫芦岛以及内蒙古乌兰察布徒步进京，向国家卫生部门建言减轻乙肝患者用药负担，并且长期致力于消除乙肝歧视。近年，他还推动广州乙肝门诊报销金额提高，推动武汉乙肝门诊报销取消单位审核环节，推动浙江省乙肝一线药物价格下降一半。整个倡导过程中，最初就是运用网络媒体——微博，在微博上发布徒步活动，获得社会强烈的回应，一些网友和志愿者陆续加入。另外，为了持续推进政策倡导过程，雷闯给2000多所高校的校长写信，呼吁消除对乙肝携带者的入学歧视，还联系人大代表和政协委员提交有关消除乙肝歧视的提案，还以乙肝携带者的身份邀请路人一起吃饭等。通过网络发布和传播这些信息，引起了媒体和社会各界的关注。社会工作机构在进行政策倡导过程中，可以借鉴雷闯的行动方式，利用网络平台动员资源，推动政策倡导向前发展。

其次是要重视运用联合策略。社会工作机构政策倡导的力量薄弱，是社会工作机构进行政策倡导路上的重大阻碍。针对这样的现状，为了帮助政策倡导获得更多支持力量以及更高的社会关注度，社会工作机构如果学会联合起来倡导。联合其他社会工作机构，集中力量进行联合倡导，有利于推动政策倡导更加顺利开展。例如，草根社会工作机构影响力较小，具有官方或高校背景的社会工作机构相对来说影响力更大，公信力更强，草根社会工作机构如果善于借助官方或高校社会工作机构的力量开展工作，更容易获得成功。获取行业内部的资源，将资源运用得当就可以促进政策法规等的完善，在这方面的案例数不胜数。

4. 社会工作机构应充分利用“两会”政策倡导渠道

对社会工作机构政策倡导的现状进行分析可以得知，社会工作机构政策倡导的渠道有限，多为制度内渠道，体制外的倡导过程需要继续摸索。充分掌握和利用成熟的政策倡导渠道，有助于社会工作机构政策倡导事业向前发展。从政策倡导的成效来看，通过各级人大会议和政协会议的平台进行政策倡导是目前最适合社会工作机构开展工作的渠道之一，社会工作机构应充分利用“两会”平台进行政策倡导。有效发挥机构社工成员同为各级人大代表、政协委员身份的优势条件，向人大或者政协提交提案来进行政策倡导。政府一直以来都支持社会工作的发展，社会工作的经费逐年增加，另外政府的某些岗位也引进社会工作人才，越来越多的社工和社会工作机构负责人当选为“两会”的代表或委员，为社会工作行业和服务对象发声。鉴于此发展趋势，对于社会工作政策倡导事业是难得的发展契机，应当充分利用“两会”以及其他平台，整合社会资源，开展政策倡导工作。

——山东德州市阳光社工服务中心总干事侯明2017年被选为德州市德城区第十七届人大代表，他先后向区人大提出了六项议案，其中有关社会工作专业发展的就有三项，重点关注专业社会工作者参与社会治理创新、发展学校社会工作及社会工作人才队伍建设。

——广东佛山市顺德区启创青少年社工服务中心主任黎玉婷，是顺德区两届政协委员，她于2016年向区政协提交了《关于加强社会服务发展规划的建议》，被区政协作为政协主席重点督办提案进行督办。

——广东深圳市新现代社工服务中心创始人梁燕英，从事社会服务24年，曾连续两届当选为深圳市福田区人大代表，她将居民需求放在首位，向政府建言献策，由她向区人大提交过的建议有《关于恢复中心公园E区原居民公共产地和便民通道的建议》《关于解决华富中学、华新小学二校校门前安全隐患的建议》等。

——据深圳市社工协会统计，2016年，深圳龙岗区至诚社会工作服务中心副总干事黎志芬、木棉岭社区服务中心主任肖莉珍、春暖社工服务中心副总干事林良等24名社工当选该市“两代表一委员”（指“党代表”“人大代表”与“政协委员”），代表着深圳社工在参政议政、政策倡导等方面将发挥更多、更大的作用①。

因此，社会工作机构发展政策倡导必须加强与各级人民代表大会的代表和政治协商会议的委员及党代表的紧密合作，充分发挥机构社工成员同为各级人大代表、政协委员等优势，为社会的普通居民、社会的困难群体以及社会的边缘群体的权益和利益发声，进行政策倡导，促进社会的公平公正。

（三）宏观层面策略

1. 政府继续完善政策倡导法制建设

社会工作机构的政策倡导需要政府继续完善法制建设，以法律的形式赋予社会工作机构进行政策倡导的权利和义务，明确社会工作机构政策倡导的范围和应该遵循的流程，使得社会工作机构的政策倡导有法律保障，政策倡导工作更具有合法性。近年来，国家和地方连续颁布实体性的法律法规保障社会工作机构的利益。

2015年1月1日起，民政部、财政部和工商总局根据党的十八届三中全会有关精神和《国务院办公厅关于政府向社会力量购买服务的指导意见》（国办发〔2013〕96号）部署，制定的《政府购买服务管理办法（暂行）》开始实施；2015年4月4日，民政部、财政部联合发布了《关于加快推进社会救助领域社会工作发展的意见》；2015年12月15日，国家禁毒办、公安部、民政部等11部门联合颁布《全国社区戒毒社区康复工作规划（2016—2020年）》，明确提出要加快建立禁毒戒毒社会工作专业人才队伍，促进社区戒毒社区康复工作专业化、职业化；2016年6月，国家卫生计生委、民政部等10部门出台《全国精神卫生工作规划（2015—2020年）》，首次提出推进精神卫生社会工作政策的要求（刘京，2016）。

但是，社会工作机构开展活动的程序性法律依然缺少。程序可以把原则和口号具化为可以操作的形式和渠道，无程序的权利只能是原则和口号，会因为缺乏切实有效的实现措施而难以被贯彻与实施②。应该尽快在原先法律基础上，加快立法，完善政策倡导的法制体系，如此社会工作机构进行政策倡导才有法可依，社会工作机构政策倡导才会得到普通群众的支持，社会工作机构自身的权利才能够得到保障。

---

① 罗莉琼等：《24名社工当选“两代一委”》，2016年11月29日《深圳特区报》。

② 郑凤：《对我国公民政治参与法律规定的思考》，载《辽宁教育学院报》2001年第11期，第18页。

2. 政府需转变社会治理理念，营造良好的政策倡导氛围

就社会工作机构与政府关系来说，笔者认为二者是相互依赖的，双方合作才有利于解决社会问题。所以，政策倡导作为社会工作机构与政府合作的一种方式，政府官员必须加快转变治理观念，不再因循守旧，套用传统的管理思维和方法。但是，我国传统文化中，素有“官本位”的思想，体制内部人员以“官”为正统，其余皆为非正统。非营利组织包括社会工作机构在内便被认为非正统，与政府之间有着等级之分，这些观念导致部分地方政府对于社会工作机构参与政策制定的不认同和不信任，对于社会工作机构进行政策倡导产生反感或抵触情绪，不愿意让社会工作机构参与政策制定，所以会不自觉采取各种措施限制社会工作机构进行政策倡导。然而，我们应该看到，随着我国改革开放的发展，政治、经济、文化等方面已经发生了翻天覆地的变化，传统的思维观念已经落后于时代需求，小政府大社会才是发展趋势。

要使我国普通群体积极参与政策倡导，需要政府引导群众参与，社会工作机构还需进一步加大宣传力度，为社会工作机构政策倡导营造良好的政治氛围。对于政府来讲，主动让普通群众参与政策倡导，不仅可以提高普通群众的主人翁意识，并且可以让政府与普通民众之间走得更近，有利于政府提高办事效率，也有利于普通民众参与社会治理。对于社工机构来讲，不但是促进社会组织转型的好时机，更是促进政策倡导向前发展的必要过程。营造共同治理社会的氛围，政府与社会工作机构都责无旁贷，政府与社会工作机构应携手开展工作，营造良好的政策倡导氛围。

参考文献

[1] 王思斌．社会工作机构在社会治理创新中的网络型服务治理[J]．学海，2015 (3)：47-52.

[2] 王洛忠，李奕璇．信仰与行动：新媒体时代草根 NGO 的政策倡导分析——基于倡导联盟框架的个案研究[J]．中国行政管理，2016 (6)：40-46.

[3] 罗来一．当代中国的政策倡导研究：以福建厦门 PX 事件为例[D]．上海：上海交通大学，2010：2.

[4] 郁建兴．行业协会管理[M]．杭州：浙江人民出版社，2010：178-190.

[5] 田凯．西方非营利组织理论述评[J]．中国行政管理，2003 (6)：59-64.

[6] 罗湘．政府与非营利组织良性互动关系研究[D]．湘潭：湘潭大学，2016：12-14.

[7] 郑准镐．非政府组织的政策参与以及影响过程[J]．中国行政管理，2004 (5)：32-35.

[8] 夏伟明，张才新．论我国非营利组织的公共政策参与[J]．洛阳师范学院学报，2003，22 (6)：27-29.

[9] 周巍．中国非政府组织政策参与的困境及对策研究[D]．湘潭：湘潭大学，2006：11.

[10] 刘京．社会工作服务机构发展报告（2015）——以百强社会工作服务机构为例[M]．北京：中国社会出版社，2016.

[11] 金羊网．http：//news.163.com/16/1019/17/C3ONM5T000014AEE.html.

[12] 社工中国网．创新社会治理体制背景下社工服务机构发展思路[EB/OL]．http：//

trade. swchina. org/build/2015/0324/21170. shtml.

[13] 广东省社会工作师联合会．广东省社会工作案例精选［M］．北京：中国社会出版社，2012：87.

[14] 刘东骄．服务型政府视域下社会组织公信力研究［D］．沈阳：沈阳师范大学，2015：11－13.

[15] 高红，朴贞子．我国社会组织政策参与及其制度分析［J］．中国行政管理，2012（1）：71－74.

[16] 财新网．报告建议中国放行政策倡导型NGO［EB/OL］．http：//china. caixin. com/2012－06－26/100403930. html.

[17] 罗伯特·施耐德．社会工作倡导：一个新的行动框架［M］．上海：上海人民出版社，2011.

[18] 郑淑丽．增权理论视角下面向“三失”青少年的社会工作个案帮扶渠道与方法研究［D］．北京：首都师范大学，2014：24.

[19] 俞可平．我国公民社会：概念、分类与制度环境［J］．中国社会科学，2006（1）：112.

[20] 郭巍青．自下而上的政策倡导与社会治理的创新［N］．南方都市报，2011－5－12（1）.

[21] 向德平．中国社会工作教育的发展取向及其反思［J］．社会科学，2008（5）：85－87.

[22] 广东省社会工作师联合会．广东省社会工作案例精选［M］．北京：中国社会出版社，2012：88.

[23] 深圳民政网．24名社工当选“两代一委”［EB/OL］．http：//www. sz. gov. cn/szmz/xxgk/zhxx/xwdt/mtgz/201611/t20161129_5469566. htm.

[24] 郑凤．对我国公民政治参与法律规定的思考［J］．辽宁教育学院学报，2001（11）：18.

第十二章　社工机构品牌建设的实践探索与优化建议

——以广州市10家机构为例

陈玉宇[①]

当前，广州社工机构处于一个蓬勃发展的阶段，机构数量不断增加，但同时也面临着激烈的社会竞争与生存发展压力，发展机构品牌迫在眉睫。对企业来讲，品牌是一个企业最为重要的无形资产，一个好的品牌可以让企业在激烈竞争中脱颖而出，立于不败之地。虽然社工机构不属于企业，但良好的品牌无疑能够提高机构的社会知晓度和影响力，从而获取更多的社会资源，达到促进机构发展壮大的经营目标。为了应对生存和竞争压力，广州社工机构应顺应市场化的发展趋势，不断创新，努力打造出独一无二的机构品牌，以实现机构差异化、品牌化发展。唯有如此，才能有效提升广州社工机构的专业服务水平与质量，不断满足居民多元化的社会需求。

一、本案例研究概述

（一）为什么要研究社工机构品牌建设的实践探索与优化建议

社工机构是政府转变职能、加强与创新社会治理的实际需要。近年来，社会工作作为我国社会建设与社会管理不可或缺的重要力量，在解决社会问题、化解社会矛盾、实现社会公平以及促进社会和谐等方面发挥着重要作用。当前，广州市社工机构处于一个蓬勃发展的阶段。根据广州市民政局数据显示，截至2018年底，全市共有407家社工机构，持证社会工作者1.8万人，数量居全国首位；共建立起188个家庭综合服务中心，实现街镇100%覆盖；发展注册社区义工65万人，社会工作服务覆盖青少年、老年人、外来人员、残障人士等群体，每年服务人次达到300万人次[②]。

广州市社工机构在快速发展的同时，面临着较为突出的生存和发展压力。一方面，改革开放后我国进行了经济体制改革，逐步确立社会主义市场经济体制。在这样的市场化背景下，我国社工机构专业分工的细化、竞争的日趋激烈，以及对合作需求的日益增强等市场化趋势，已是众多社工机构目前不得不面对的现实。另一方面，广州社

---

① 陈玉宇，社区服务管理硕士，主要研究社会组织管理，现在深圳市机场股份有限公司工作。

② 张跃国、尹涛：《广州蓝皮书：广州社会发展报告（2018）》，北京·社会科学文献出版社，2018年版，第137页。

工机构的资金支持主要来源于政府购买服务，对政府有较强的依赖性，项目资金的使用也缺乏灵活性，导致机构经常面临资金紧张的问题。

广州市社工机构要在激烈的社会竞争中立于不败之地，提升机构的核心竞争力，推进机构品牌建设迫在眉睫。广州市民政局十分重视品牌社会组织的建设工作，相继出台了《关于印发广州市社会组织品牌战略实施方案的通知》及《关于开展品牌社会组织创建试点工作的通知》，指导培育与扶持一批品牌社会组织，以有效推动广州市社会组织发展由数量规模型向质量效益型深度转变。随着社会竞争的日趋激烈，社会工作服务的专业化、精细化、品牌化也将更趋明显，使得品牌对于社工机构变得前所未有的重要。广州市社工机构如何在政府政策支持的背景下提质增效，将品牌做大做强，不仅是目前众多社工机构高层管理者热切关注的焦点，也是当前社会工作研究学者迫切需要解决的课题。

鉴于此，本案例通过对广州市10家社工机构负责人与一线社工进行访谈，获得一手资料，运用资源依赖理论，探讨分析社工机构在依赖政府资源的现实背景下如何推动品牌建设工作，做大做强。本研究不仅能够扩充对社工机构的研究领域，而且对于我国社工机构品牌建设的管理实践及其健康长远发展都具有很强的现实意义。

（二）研究设计

1. 概念界定及理论基础

本案例主要对社工机构与品牌建设进行概念界定，对资源依赖理论作出基本阐释，同时梳理这三者之间的关系，并将商业组织的品牌概念与社工机构的品牌概念进行对比研究与阐释，以区分两者的差异。

国内学者对社工机构的定义与分类没有形成统一标准，本案例所指的社工机构采用民政部给出的相关界定，即指以社会工作人才为主体，坚持“助人自助”宗旨，遵循社会工作专业伦理规范，综合运用社会工作专业知识、方法和技能、开展困难救助、矛盾调处、权益维护、人文关怀、心理疏导、行为矫治、关系调适、资源链接等服务工作的民办非企业单位[①]。社工机构是创新社会治理、提供公共服务、推动服务型政府建设的现实需要，在提高社会整体福利水平、完善社会功能、解决社会矛盾、实现个人和社会的和谐以及促进社会的稳定与发展等方面发挥着重要作用。

品牌概念最先应用于商业领域。商业组织用品牌培育产品或服务的个性特征，向社会传达企业的经营理念、情感价值与价值取向，消费者则根据品牌来辨别、选择产品和服务。随着社会组织市场导向的不断加强，品牌化手段也逐渐被应用于非营利部门，社工机构也不例外。社工机构的品牌建设，是一种在提升机构自我发展能力的基础上，深入挖掘品牌价值，对自身品牌进行规划、设计、宣传以及维护，从而达到提

---

① 中华人民共和国民政部：《民政部关于促进民办社工机构发展的通知》，网站来源：http：//www.mca.gov.cn/article/zwgk/fvfg/shgz/200910/20091000039649.shtml。

升机构品牌知名度、美誉度以及认同度的努力和行为，其目的是增强政府、媒体、社会企业以及社会公众的信任，获取多元化的合作资源，推动社会使命的实现。与商业组织品牌相比，社工机构打造品牌的目标并不是追求利润或筹资的最大化，它关注的是使命而非消费者，是以实现社会和谐发展为目标。因此，社工机构与商业组织的品牌目标存在着本质上的差异。成功的社工机构品牌带来更多的是信任与合作，表达组织的使命和价值观，反映出其员工和协作者的承诺、骄傲与热情①。对于社工机构来说，品牌是一种极为重要的战略资产，有利于增强组织员工的凝聚力、提升组织的核心竞争力、实现组织的社会价值与使命。

资源依赖理论是当下最为流行的研究组织和环境之间关系的组织理论流派。它的核心假设是任何组织都不能自给自足、脱离环境自成一体，必须与环境进行交换，从中获取维持自身生存和发展的资源。因此，组织要想获得长久的生存方式或通过社会捐助获得机构运作与发展，就必须采取适应性的战略，减轻对外界关键资源的依赖程度。社工机构的非营利性和公益性决定了它的资源是外向型的，主要获得政府购买服务的资金，对外部环境具有很强的依赖性②。目前绝大多数社工机构都还处在初期发展阶段，没有足够的经验积累，也没有足够的公信力，自身也不具备生产组织所需资源的能力。因此，社工机构需要通过品牌建设来提高组织的社会影响力与公信力，主动寻求政府之外的资源，从而减少对外部环境中的关键性资源提供者的依赖程度。

2. 研究方法

文献研究。通过收集政府相关部门法律法规、政策，社工机构内部资料，网络以及图书馆等相关研究文献，并对研究文献进行整理、归纳和分析，整理出有效信息和资料，形成本案例的研究依据，全面深刻把握国内外社工机构品牌建设研究现状与成果。

访谈研究。本案例研究的对象是广州社工机构品牌建设的相关情况，因此选取的访谈对象主要为广州 10 家民办社工机构负责人与一线社工，包括广州市荔湾区逢源人家服务中心、广州市增城区乐众社会工作服务中心、广州市中大社工服务中心、广州市普爱社会工作服务社、广州市大同社会工作服务中心、广州市和悦社会工作服务中心、广州阳光社会工作事务中心、广州市思媛社会工作服务中心、广州市风向标社会工作服务中心以及广州市恒福社会工作服务社，通过半结构式的访谈提纲分别对 10 位机构负责人与 14 位一线社工进行访谈，调查了解广州市社工机构在品牌建设方面的实践探索以及存在的主要问题。

比较研究。通过比较与总结域外社工机构品牌建设的研究成果和经验，根据广州市社工机构品牌建设过程中存在的问题，并在借鉴域外社工机构品牌建设经验的基础上，提出改进建议。

---

① ［美］纳瑟莉·莱德勒－柯兰德、朱莉娅·谢泼德·斯滕泽尔：《品牌 IDEA——非营利品牌建设的完整性、民主化与亲和力》，北京·经济管理出版社，2017 年版，第 1 页。

② 郭景萍：《社工机构的运作与管理》，北京大学出版社，2015 年版，第 4 页。

二、广州市社工机构品牌建设的必要性

（一）提升机构竞争力的需要

随着我国社会主义市场经济的发展以及政府职能的转变，全国社工机构数量急速上涨。截至2018年底，全国各地共建立起9793家社工机构，全国持证社会工作者超过40万人[①]，行业的竞争越来越激烈。在创新社会治理理念的驱动以及政府政策的支持之下，广州市社工机构也处于一个蓬勃发展的阶段，如图12－1所示，2008—2016年，广州市社工机构数量一直保持持续增长，总量规模不断扩大。从2010—2016年，连续7年保持快速增长，年均增长超过110%。尤其是2016年，全市社工机构已达到417家，为近10年来的增长峰值，在当年稳居全国第一[②]。

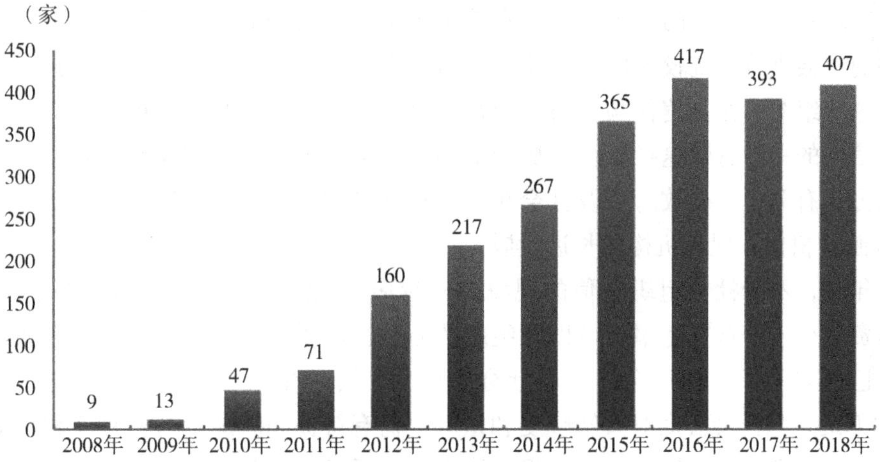

图12－1　广州历年社工机构数量统计[③]

由图12－1的统计数据可以看出，广州市社工机构在过去的10年里实现了快速增长，尽管在2017年增长下滑，但仍保持着较高的增长趋势。根据《广东社会工作发展报告（2018）》统计数据显示，成立时间不满3年的社工机构多达150家，约占全市当前总量的38%。这些成立时间较短的社工机构在人才、专业、品牌、资源以及项目竞争等方面的总体实力都比较弱[④]。在当前政府购买服务资金相对稳定、广州社工机构不断增加的情况下，社会工作领域逐渐形成了“僧多粥少”的局面，过度依赖政府的社工机构将面临更严峻的竞争挑战和生存发展压力。著名学者康晓光认为，中国现代化

① 顾磊：《社会工作发展猛 仍需解决“不平衡”》，网站来源：http：//cppcc. china. com. cn/2019－04/02/content_74637372. htm。

② 罗观翠、刘晓玲：《广东社会工作发展报告（2018）》，北京·中国社会科学出版社，2018年版，第29页。

③ 广州市民政局：《广州市十年社会工作发展报告》，2018年。

④ 罗观翠、刘晓玲：《广东社会工作发展报告（2018）》，北京·中国社会科学出版社，2018年版，第30页。

的过程即是市场化的过程，即建立一种多元竞争体制的过程[①]。作为提供社会服务的生产者，社工机构也已经卷入市场化的浪潮中。当前，广州市社工机构已由数量规模型发展进入质量效益型发展时代，处于以质取胜的转型期，品牌的价值也更加凸显。品牌的功用之一，就在于可以通过个性培育和开发等差异化手段，提升组织的竞争地位和社会影响力[②]。因此，在市场竞争日益激烈的环境下，广州市社工机构如何增强自己的社会竞争优势，做到差异化发展，重视组织内部的品牌建设工作显得尤为重要。

（二）增强组织公信力的需要

社工机构打造品牌，是提升组织公信力的需要。公信力是一种使公众信任的力量，社工机构的公信力可以理解为“就是要达到服务对象可以放心倾诉，政府可以放心委托的状态，即要取得群众和政府的双重信任”[③]。社工机构公信力的状况反映出社会公众和政府对其服务能力的认可程度，直接决定了该机构获取社会资源的多寡。由于社工机构的社会支持系统较为脆弱，缺乏与新闻媒体以及企业的有效沟通渠道，导致很难获得这些组织的充分信任与支持。而社工机构树立良好品牌形象的过程，就是提升组织公信力的一种有效途径。社工机构加强以诚信为核心的组织文化建设，提高组织的公信力，有利于获得政府以及社会企业的信任与支持，从而不断扩展服务领域，增强“造血”机能，促进机构的长远发展。

近年来，不少社会组织失信的现象越来越多，致使组织的发展面临着重重困难，例如募资减少、公众支持率降低以及组织的公益性质受到质疑等。我国社工机构发展至今，已经有了一定的社会作用和社会地位，有效弥补了“政府失灵”与“市场失灵”的不足，但社会公众对其知晓度和认可度仍有待提高。加上有些社工机构定位不明确，内部管理制度不健全，专业服务能力与水平难以有效回应社会需求，导致机构缺乏社会公信力[④]。而加强社工机构公信力建设的有效途径之一，就是打造自身的品牌，树立良好的品牌形象。一个优秀的品牌具有较高的识别度，可以有效地传达社工机构的价值观与使命，从而让社会公众有心理上的认知与认同感。因此，广州市社工机构通过品牌推广活动，能够使社会公众参与品牌建设活动，了解该品牌，使机构拥有良好的品牌形象，进而提升组织的公信力。

（三）强化社会认同的需要

当前，社会公众对社会工作的知晓度和认同度依然比较低，对社工机构及其专业服务的认知还处于早期的模糊阶段。一方面，承接政府购买服务项目是当前大多数社

---

① 心创益传播机构：《中国非营利品牌报告》，载《中国社会组织》2015 年第 1 期。

② 陈君：《民办社工机构品牌建构研究》，载《特区经济》2015 年第 2 期，第 147—149 页。

③ 罗观翠、刘晓玲：《广东社会工作发展报告（2018）》，北京·中国社会科学出版社，2018 年版，第 20 页。

④ 陆士桢、徐选国：《社会管理创新视阈下民办社工机构发展的意义与路径》，载《社会工作》2012 年第 9 期，第 8—11 页。

工机构得以生存和发展的重要方式，导致不少社会公众认为社工机构是政府部门的一部分。由于存在这样的认知错位，社会公众认为社工机构是“高高在上”的，疏远了与社工机构的距离。另一方面，由于社会工作是一个比较新的行业，很多社会公众经常把社会工作者当成了义工或者社区内勤，甚至还有人把社会工作者当成了家政人员。对社会工作者的职业性质和专业服务认识的模糊，极大地影响了社会工作者的社会认知度和专业认同度，让社会工作者倍感尴尬和失落，也成为阻碍社会工作发展的重要因素。

社会公众对社工机构认同度越高，越能激发社会工作者的工作热情，增强他们的自豪感。对于社工机构来讲，需要社会公众和服务对象认同社工机构是一个专业的社会服务机构，承认它的存在、作用和功能，并产生信任感[①]。因此，提高社会公众对社会工作的知晓度与认同度是非常迫切的。只有这样才能切实推动社会工作融入社会、走进基层、服务大众。品牌建设是提高社工机构认同度的一个重要途径。品牌建设有利于帮助社工机构树立起良好的社会形象，提高社工机构的知名度和认同度，赢得社会公众的信任和支持，不断强化社会认同。

（四）促进社会工作行业可持续发展的需要

随着创新社会治理的深入推进，在政府的大力扶持与政策引导下，广州市社工机构获得了快速发展。但是，当前我国各地社会工作事业的发展还不是很平衡，社会公众对社会工作的认同度并不高，加之社工机构薪酬体系的不完善，导致在职社工人才不断流失，一定程度上影响了社工机构甚至是整个社会工作行业的可持续发展。鉴于此，广州市社工机构不仅要提高员工的薪酬福利水平，更要注重机构内部的文化建设，强化品牌战略意识，增强机构内部员工的凝聚力和忠诚度，从而维系机构员工的稳定。与此同时，广州社工机构可以通过品牌建设，充分发挥品牌的引领和示范作用，促进社会工作行业的可持续发展，提升社会工作的社会影响力与专业认同度。

目前，广州通过10年的探索与实践，基本形成了“政府主导、社会协同、项目运作、专业服务”的社会工作本土化“广州模式”。“广州模式”得到了民政部和学术界的充分肯定，是中国社会工作本土化实践的重要成果。但是，广州社工机构依然面临着诸多发展性问题的现实考验，存在专业化程度不高、资金来源渠道单一、内部治理不完善以及综合服务能力不高等问题。因此，为了进一步促进社会工作行业的可持续发展，广州社工机构要加强机构的内涵建设，寻求自身发展的着力点和切入点，树立品牌意识，加大社会工作事业的宣传力度，强化公众认知，从而有效提高品牌辨识度和社会认同度，彰显社工机构品牌的价值与作用。

---

① 徐新豪：《新时代中国社工机构承认之路》，载《社会福利（理论版）》2018年第11期，第3—8+15页。

三、境外社工机构品牌建设的实践经验

（一）美国社工机构品牌建设经验

美国社会工作起源于殖民时期的志愿者服务，至今已有三四百年的历史。美国在社会工作教育化、专业化和品牌化方面积累了相当丰富的经验，值得我们去学习和借鉴。关于美国社工机构如何获取社会资源来建设品牌的研究与实践，主要体现在以下三个方面。

1. 拥有严格的社会工作制度，重视人才和服务的质量

人才资源是第一资源，是品牌建设最为核心的要素。美国建立了严格的职业准入制度、职业资格考核制度与督导制度。成为一名专业社工，要拥有社会工作的学士（BSW）学位，并通过社会工作职业考试，取得职业资格证书①。如果要对服务对象提供治疗性服务，那么拥有社会工作的硕士（MSW）学位是必需的。此举为美国培养了大量既具备理论知识又有丰富实践经验的高素质社工专业人才，同时也有利于社工专业人才贯彻执行机构的品牌战略。

2. 善于利用新媒体资源，拓展机构品牌宣传渠道

美国社工机构通过学习和借鉴商业组织优秀的现代品牌管理经验，积累了大量品牌宣传的经验。例如，美国亚利桑那州的凤凰城家庭服务社善于利用社会化媒体宣传组织品牌，在 Facebook 和 Twitter 上有较高的人气，吸引了大量目标人群的关注②，提升了组织的社会知晓度。还有数量众多的美国社工机构善于整合与利用 Tumblr、Pinterest 以及 Youtube 等新媒体资源，与目标群体分享新奇好玩、触动心灵的图片和视频，从而获得快速传播，提高机构的影响力和知名度。

3. 加强与外部组织的互动，实现经费来源多元化

资金是社工机构生存和发展的重要资源，也是品牌建设不可或缺的支撑。美国社会组织在品牌建设过程中善于加强与外部环境以及利益相关者之间的合作互动，通过从外部环境和利益相关者中争取更多的资源来发展公益事业。美国社会组织与政府存在普遍的合作关系。美国政府通过购买社会组织服务来支持社会组织，支持资金可达其收入来源的近30%，为社会组织的运营与发展提供了充足的资金保障③。与此同时，美国社会组织还善于与商业组织建立合作关系，例如美国第一所青少年行为指导机构“大哥哥大姐姐”中心（Big Brother Big Sister of NYC）与亚马逊慈善项目 Aamzon Smile

---

① 王菲、王福山：《香港与英美社会工作专业化模式比较研究》，载《西安石油大学学报（社会科学版）》2014 年第 4 期，第 94—98 页。

② 周舒：《我在美国家庭服务社做社工》，载《中国社会工作》2012 年第 28 期，第 50—52 页。

③ 徐家良等著：《新时期中国社会组织建设研究》，北京 · 中国社会科学出版社，2016 年版，第 12 页。

合作，不但每年可以募集到数以万计的美元，还可以大大提升自身的知名度[①]。因此，广州市社工机构在运营日常项目活动的同时，也要充分整合社会资源，加强与其他非营利组织、企业以及媒体单位的合作，以扩充品牌活动宣传的渠道与空间，加速机构品牌化的进程。

（二）新加坡社工机构品牌建设经验

新加坡于1965年独立成为一个主权国家，但是在1952年位于新加坡的马来亚大学就招收了第一批社会工作的学生，揭开了新加坡社会工作发展的序幕。经过60多年的发展，新加坡社会工作逐渐实现专业化、体面化，并获得国际社会的高度认可。其中，社会工作机构利用社会资源建设品牌的经验更是值得国内社会工作机构研究和学习。

建立社会工作勋位制度，吸引与留住人才。新加坡政府非常重视对社会工作者的精神激励，建立了社会工作的勋位制度，吸引、激励和留住专业人才。这为新加坡的社工机构品牌建设提供了大量优秀人才资源，促进了本国社会工作行业的持续发展。新加坡政府在每年的国庆节都会给表现突出的社会工作者颁发各种不同等级的勋章，肯定他们的辛勤付出。甚至，国家总统还亲自为工作中最为出色的社会工作者颁发“公共服务勋章”[②]。获得荣誉勋章的社会工作者在政府大力宣传下成为新加坡人的荣耀，政府还为他们在子女入学、就业等方面提供优待。

打造核心品牌项目，吸引外部组织的赞助。新加坡社工机构为了在激烈竞争中脱颖而出，会根据自身社区特色以及项目优势，作出精准的定位，从而打造出受目标群体欢迎的品牌项目。例如永恩关怀中心，专注于为唐人街提供社区服务，对唐人街有需要的人士和家庭提供支援。核心项目的打造与运营，吸引了政府以及其他社会团体的关注，获得了慈善基金会、社会团体、宗教机构、社会企业以及志愿者团体等的资助，为组织的长远发展拓宽了资金来源的渠道与空间。新加坡的康侍服务机构（Health Serve），成立初期完全依靠非政府组织和志愿者的赞助。从2007年开始，该机构每年为300—400个中国和印度的外来劳工提供医疗、法律咨询等服务。随着社会影响力越来越大，该机构引起政府的关注并获得政府的资助，因而有更多的资金可以投入到组织的品牌建设中[③]。

创新品牌传播方式，加强与目标群体的互动。新加坡援人协会和永恩关怀中心等社工机构与学习发展资讯私人有限公司（LDR Technology）合作，推出12条慈善之旅，加强与义工和捐赠者的互动。公众只需下载手机应用LocoMole，每到一个景点，手机

---

① Big Brother Big Sister of New York City. Through Amazon Smile Support Us [EB/OL]. http://events. bigsnyc. org/site/Donation2? 1880. donation = form1&df_id = 1880.

② 李瑾：《浅谈新加坡社会工作发展模式对我省社会工作发展的启示》，载《河南广播电视大学学报》2015年第1期，第30—32页。

③ 杨增余：《新加坡社会工作机构考察记行》，网站来源：http://theory. swchina. org/global%20/2014/0127/7998. shtml。

应用就会出现相关慈善团体的信息，并且可以现场捐款。这样的创新宣传方式能提高公众对社工机构以及其他慈善团体的认识，从而获得他们的信任和支持，让他们有机会加入行善行列①。

（三）中国香港社工机构品牌建设经验

香港社会工作起源于20世纪40年代后期的社会慈善和社会救济工作。目前，中国香港社会工作蓬勃发展，在国际社会工作专业的圈子中也扮演着积极的角色。香港社工机构非常重视组织的品牌建设与发展，主要体现在以下几个方面。

建立社会工作者注册制度，提高社会工作者进入门槛。在香港，社会工作者是拥有专业技能的人才群体，未注册及登记者不能从事社会工作或自称社会工作者。严格的政策提高了社会工作者的进入门槛，保证了社会工作者的整体质量。学生不仅要通过社会工作理论知识的考核，还要完成800小时的社会工作实习，才能取得社会工作学位或文凭②。此外，香港社会工作者的收入处于中产阶级水平，为留住专业人才提供了经济保障。根据2017年香港社会福利署资料显示，助理社会工作主任（学位社工）起薪点约3万港元，社会工作助理（非学位社工）起薪点约2万港元③。高质量的人才队伍，为香港的社工机构品牌建设提供了智力资源，促进本土社会工作快速发展。

借鉴商业营销方式，拓宽机构宣传渠道。在香港，社工机构非常重视机构的宣传工作，塑造机构的品牌，扩大机构在社会上的知名度和影响力。一方面，社工机构进行地推式宣传，例如在地铁、街道上贴海报、派传单来宣传机构的服务内容；另一方面，有实力的社工机构把宣传工作委托给专业的广告公司，甚至还聘请名人代言。例如“生命天使计划”项目，通过大量的媒体宣传，让社会公众对机构的各项福利服务有了较高的认知，吸引了大量目标群体的参与，保证了项目的顺利进行，还为机构带来了大量的社会资源④。

发展“社会企业”模式，丰富品牌建设经费来源。近年来，香港社会工作机构发展迅速，如果仅靠政府和基金会的资助毕竟有限，因此需要积极“造血”，才能实现机构的可持续发展。以“DID工作坊”为例，它创立于德国，引入香港5个月后依靠“社会企业”模式实现了收支平衡，并逐渐盈利。这种模式不仅为困难群体创造了就业机会，而且有利于消除社会对残障人士的偏见⑤。与此同时，“社会企业”模式有利于

① 邓玮婷：《认识本地12家慈善团体，随手机应用走一趟慈善之旅》，网站来源：http：//www.zaobao.com/news/singapore/story20170116－713935。

② 夏丽丽：《社会工作在香港》，载《唯实（现代管理）》2012年第8期，第62—63页。

③ 香港社会福利署：《非政府机构一般职位之薪级》，网站来源：https：//www.swd.gov.hk/tc/index/site_ngo/page_subventions/sub_fm/。

④ 唐咏：《香港社工机构的品牌塑造：经验和启示》，载《社会工作》2010年第8期，第62页。

⑤ 许婷：《香港社工发展经验对国内的思考与启示》，载《企业导报》2012年第10期，第15—16页。

香港社会工作机构获取更多的利润并投入到机构的品牌建设中，扩大机构自身的社会影响力。

综上所述，美国、新加坡及中国香港社工机构都拥有较为完善的社会工作制度，为引进专业人才、执行组织品牌发展战略提供了强有力的基础。与此同时，它们在拓宽品牌建设资金来源方面以及整合社会资源助推品牌传播方面为中国内地社工机构加强品牌管理提供了一定的启发。善于借鉴境外社工机构品牌管理的优秀实践经验是助推广州社会工作机构品牌建设的一个有效渠道。广州社会工作服务历经10年的发展，已在人才、服务、管理等各方面都有一定的本土化实践和积淀，形成了一套成熟的"政府主导、社会协同、项目运作、专业服务"的社会工作本土化"广州模式"。新时代的广州社工机构更要以品牌建设为载体，打造独特的品牌项目，提高服务品质，锻造核心竞争力。但是，当前广州市社工机构对政府依附性比较强，品牌建设人才、品牌建设资金以及品牌传播等方面资源不足，机构的品牌化服务意识和能力有待提升，整体品牌化建设工作依然较为薄弱。鉴于此，广州市社工机构在品牌建设发展初期可以吸收与借鉴美国、新加坡及中国香港等境外社工机构品牌建设的相关经验，不断提质增效，以进一步推动广州本土社工机构的品牌建设工作，促进社会工作服务的质量与成效持续提升。

四、广州市社工机构品牌建设实践探索

（一）广州市已出台的相关政策文件

为了有效推动广州市社会组织由数量规模型向质量效益型转变，广州市民政局出台了《关于印发广州市社会组织品牌战略实施方案的通知》及《关于开展品牌社会组织创建试点工作的通知》等政策文件，大力实施品牌战略，积极开展品牌社会组织创建的试点工作，创建了品牌社会组织评价指标体系。该指标体系从品牌基础、品牌建设、品牌作用、品牌文化4个一级指标出发，设置16项二级评价指标与43项三级评价指标，集中反映品牌社会组织的基本属性与构成。《广州市品牌社会组织评价指标体系（试行）》的出台，有利于以评促建、引导社会组织加强品牌建设与内部治理，提升服务质量与水平。这不仅是广州市社会组织创新发展的一个创新举措，也是我国第一套品牌社会组织指标体系。截至2018年12月，广州共有27家社会组织被评为"广州市品牌社会组织"，其中包括9家社工机构：广州市荔湾区逢源人家服务中心、广州市增城区乐众社会工作服务中心、广州市中大社工服务中心、广州市普爱社会工作服务社、广州市大同社会工作服务中心、广州市和悦社会工作服务中心、广州市北斗星社会工作服务中心、广州市同心社会工作服务中心、广州市启创社会工作服务中心。广州这9家品牌社工机构（以下简称品牌社工机构）在发展历史、资金场地、人才队伍、品牌项目等方面存在一定的优势，为开展品牌建设工作奠定了良好的基础。经过笔者的实地调研以及对其中6家品牌社工机构负责人的深度访谈，它们在品牌建设方面的成功

实践都有一定的共性特征。

（二）广州市品牌社工机构的共性特征

1. 品牌基础

品牌基础包括机构发展历史、资金场地、人才队伍以及党建工作四个方面。一般来说，广州市品牌社工机构成立时间较长，曾在社会组织评估中被评上4A级或者5A级。近3年来，机构的运作资金达500万元以上，政府资金收入在单位年度总收入中比例在30%—50%，并且拥有300平方米左右的固定办公场所。此外，这些机构在人才队伍和党建工作上也有突出的成绩，例如拥有省厅级知名人物、省厅级优秀共产党员、省厅级优秀党务工作者等。

（1）发展历史。广州市品牌社工机构抓住了社会工作行业发展的契机，组织成立时间比较早，有些品牌社工机构成立年限已达10年，如广州市荔湾区逢源人家服务中心、广州市大同社会工作服务中心。在广州社会组织等级评估中，已获5A社会组织等级的有广州市中大社工服务中心、广州市普爱社会工作服务社、广州市大同社会工作服务中心以及广州市北斗星社会工作服务中心等品牌社工机构，它们拥有较强的社会公信力，在链接整合社会资源、获取政府购买服务项目等方面具有一定的优势，为进一步推动品牌建设工作奠定了良好的实践基础。

（2）资金场地。拥有良好的资金场地优势是广州市品牌社工机构的特点之一。资金场地主要体现在资金来源、资金规模、场地面积和场地性质4个方面。由于对政府的依赖程度较高，目前社工机构进行品牌建设的最大难题之一是资金不足。而拥有良好品牌基础的广州市品牌社工机构却能在政府资金收入占单位收入较少的情况下实现大规模的资金运营，靠自身的能力解决运营所需的设备设施问题以及资金短缺问题，降低对政府的资金依赖程度。而在资金场地占据的优势，也为广州市品牌社工机构日后的运营与发展，以及在社会公众中树立良好的品牌形象奠定了强有力的基础。

（3）人才队伍。人才资源是第一资源，组织要发展，人才要先行，因此人才队伍建设是品牌基础建设的重点，也是组织生存和发展的基础。知名人物在人才队伍中起着引领和标杆作用，通过领军人物的良好形象和知名度，能让公众了解到该社工机构，并增强组织在公众中的公信力。与此同时，专职人员、学历和职称等方面也影响着人才队伍的质量。根据笔者对机构负责人的访谈了解到，广州市品牌社工机构在专职人员中，本科及以上学历占比达80%以上，中级及以上职称占比达50%以上。本科以上学历及拥有中级以上职称人员在专职人员中的占比越高，人才队伍的质量越高，组织解决问题的能力也越强，从而公信力也就越强。优秀的人才队伍，不仅能树立起组织的良好品牌形象，更能提供与组织发展速度相匹配的人才需要和支持，从而及时解决品牌社工机构在运营中遇到的各种问题。

（4）党建工作。将社会工作与党建工作相结合，是新时代推进基层党组织建设的需要，更是广州市社工机构实现创新发展的内在要求。将社会工作与党建工作相结合，是推动新时代基层党组织建设的现实需要，也是彰显机构品牌的核心要素之一。推进党建品牌建设，可以释放基层党组织社会活力，提高党员干部的积极性和工作能力①。广州市品牌社工机构近年来纷纷启动“党建+社工”模式，在组织内部建立党支部，将党建工作深度融入社工服务中，培育出一批优秀党建服务品牌，充分发挥党员社工的先锋模范作用，取得了较好的效果。截至2018年底，广州社会工作行业已经建立了75个基层党支部，拥有700名社工党员②。其中，广州市中大社工服务中心于2012年11月成立了党支部，定期开展组织生活、党课以及读书分享会等党建活动，组建党员义工队，曾获得“2017年度广州市社会组织优秀党支部”的殊荣。广州市普爱社会工作服务社党支部也坚持以党建引领服务，在所承接服务项目的各社工站设立了党群服务小组，推进党建工作与服务各项工作的联动开展，不断提升机构工作效能。

2. 品牌建设

品牌建设包括品牌战略、品牌项目以及品牌呈现三个方面。品牌建设一级指标总分值250分，其中二级指标品牌项目占150分，品牌战略与品牌呈现各占50分，这表明，品牌项目是评估广州市品牌社会组织的重要指标之一。广州市社工机构要打造独一无二的品牌，除了要有明确的品牌战略，还应重视机构品牌项目的打造、品牌项目的持续性与创新性以及品牌项目的社会效应，同时注重机构品牌形象的设计。

（1）品牌战略。品牌战略是市场经济发展到一定阶段的产物，其本质是塑造组织的核心专长，要求组织要有清晰的使命愿景以及完备的品牌规划。广州市品牌社工机构十分重视机构的品牌发展战略，组织定位明确，发展目标清晰，使命感强烈，拥有较为完备的品牌建设规划。例如，广州市和悦社会工作服务中心在年初就会召开理事会共同制定品牌发展战略，并由品牌主管负责规划的落实。广州市大同社会工作服务中心除了制定详细的品牌发展战略之外，还专门成立品牌建设小组，明确品牌小组的领导架构，以及树立多元服务项目的品牌架构，运用专业化的团队来管理机构的品牌事务，以不断提升机构的品牌价值。因此，随着我国社会工作行业竞争的越加激烈，社工机构实施品牌战略是大势所趋，是组织成长的需要，更是社会发展的必然结果。

（2）品牌项目。品牌项目是社工机构发展的生命线，能为机构注入鲜活的生命力与持久的发展动力。社工机构要获得长远发展，就必须发挥创新精神，重视服务项目的关联性、持续性和社会效应，塑造出具有影响力的品牌项目。广州市品牌社工机构拥有品牌项目总数达到5个以上，注重品牌项目的持续性以及社会效应的发挥，同时善于根据社区居民的多元化服务需求，不断探索出具有创新性的品牌服务项目，得到了政府购买方以及服务对象的充分肯定。如广州普爱社会工作服务社的普爱复康巴士、“普工英”义工银行；广州市增城区乐众社会工作服务中心的读写障碍儿童支持计划、

---

① 刘燕琦：《基层党建品牌化建设策略研究》，载《赤子》2019年第11期，第30页。

② 广州市民政局：《厉害了！广州社工机构数量全国第一，接下来还有这些大动作》，网站来源：http://www.gzmz.gov.cn/gzsmzj/mtgz/201812/a681ae381ddf4da5b831a5bafab63970.shtml。

来穗人员社区融合计划等；广州市和悦社会工作服务中心的企业员工帮助项目、青少年社区矫正等；广州市启创社会工作服务中心的“青年地带”项目、长者社区关怀以及妇女儿童服务等。品牌项目的持续开展也彰显着广州市品牌社工机构的专业服务能力与水平。

（3）品牌呈现。社工机构的品牌呈现主要包括品牌宣传渠道多样以及品牌内容丰富。这就要求社工机构通过不同的渠道来展示机构的经营理念、组织文化、服务信息以及机构资讯等品牌内容。广州市品牌社工机构拥有5种以上且实时性强的宣传渠道，例如广州市启创社会工作服务中心宣传渠道就有微信公众号、机构官网、微博、豆瓣、社区宣传栏，甚至还开发了海珠区青年地带App。同时，广州市品牌社工机构较为重视组织的品牌形象设计，拥有完善的品牌文本，例如广州市大同社会工作服务中心制定了较为完善的品牌VI视觉形象设计手册，对标识、标准色、办公事务、宣传识别等进行规范化指引，提升整体品牌的识别，有效将机构的信息传达给服务对象和社会公众。

3. 品牌作用

品牌作用包括机构的服务总量、员工满意度、行业认同、社会认可、政府肯定以及示范作用六个方面，要求社工机构要从内部管理、专业成长到支持同行机构以及社会工作行业的职业化发展，再到对社会工作行业发展困境、社会危机处理及时回应等方面率先为全国树立典范，在全国发挥模范带头作用，并产生良好的示范效应和品牌效应。

（1）服务总量。社工机构的服务总量分为服务项目的数量以及服务对象的数量，是品牌作用的基础部分。服务总量指标内容要求近3年来机构参与社会公共服务项目总数要在10—15个以上，服务总人数要在3000人以上。例如，广州市同心社会工作服务中心先后承接了白云区人和镇家庭综合服务中心、黄埔区永和街两级家庭综合服务中心、花都区新雅街家庭综合服务中心等13个社工服务项目，促进社区共建，积极发挥社会工作的作用和功能。据统计，广州市大同社会工作服务中心在2018年就开展个案1300多个，服务将近4000人次，用专业的社会工作技能帮助有困难的个案缓解现时困境，促进个人或家庭得到良性发展，发挥了机构的品牌作用，为建设和谐幸福社区作出了贡献。

（2）员工满意度。社工机构的员工满意维度分为两部分：机构为员工提供服务措施和员工对机构的满意度。据统计，近年来比较发达的珠三角地区乃至上海，社工机构的员工离职率是10%左右[①]，主要是因为社工机构无法提供比企业更有竞争力的薪酬和福利。不过，社工机构在人才培训及交流方面比较突出，可以借此不断提高员工对机构的满意度。根据笔者对机构负责人的访谈，广州市品牌社工机构几乎每一年都有

① 陈琬莹：《东莞两会丨关注社工人才流失建议获评优秀》，网站来源：http：//news.southcn.com/zhuanti/gddslh/dishi/dongguan/content/2018－01/16/content_180407625.htm。

两至三次的培训活动，旨在强化机构员工的专业服务能力，与机构共成长。近年来，广州市大同社会工作服务中心不断邀请中国香港及新加坡、美国的知名督导和专家为机构员工进行系统的培训。此外，机构的家综项目每年对本家综员工开展不同主题的培训，给予员工必要的专业支持，帮助员工自我成长。重视员工发展的服务措施，大大提高了员工对机构的满意度和归属感，更利于机构社会使命与愿景的实现。

（3）行业认同。社工机构的行业认同分为国际交流合作和国内交流合作，要求社工机构要立足国内，勇于走出去，积极学习中国香港及新加坡、美国等地先进的社会工作经验，展示我国内地社会工作行业最新成果。该指标要求社会组织积极主办或承办国内或国际性的交流合作活动。目前，广州社工机构主办或承办国际性的交流合作活动具有一定的难度与挑战性，尚需要继续努力。但主办或承办全国性、省级、市区级的交流合作活动就有遍地开花之势。例如，广州市中大社工服务中心曾多次组织、协助和参加各类社会工作领域的讲座、论坛、研讨会和培训班，加强机构与行业的交流与合作，展示机构的风采和魅力，获得行业的一致认可。

（4）社会认可。机构的知名度和媒体报道是社会认可的判断标准。例如，近3年全国性、省级、区级媒体报道要达到5次以上，在社会工作领域内样本随机抽查中知名度要达50%以上。近年来，广州市荔湾区逢源人家服务中心先后被《南方日报》、广东电视台、《南方都市报》《羊城晚报》《广州日报》《新快报》、广州政府网等多家媒体报道，品牌影响力日益扩大。又如广州市北斗星社会工作服务中心近年来所开展的社会服务活动也多次被《光明日报》《南方日报》《广州日报》《新快报》《羊城晚报》《南方都市报》《东莞时报》《汕头日报》、人民网、南方网、新华网等数十种媒体报道，累计阅读在200人次以上，大大提升了机构的知名度与社会认可度。

（5）政府肯定。社工机构获得政府认同主要表现在是否获得政府的奖励以及政府委托的项目数量。政府奖励又分为全国性奖励、省（部）级奖励、市（厅）级奖励以及区（局）级奖励。广州品牌社工机构在被评为“广州市品牌社会组织”之前，就已多次获得政府的各类奖励，承接多个政府委托的项目，体现了政府对品牌社工机构的充分信任与支持。广州市和悦社会工作服务中心先后获得“首批全国社会工作服务示范单位”“民政部首批企业社会工作试点单位”、广东省民政厅颁发的“支援鲁甸感谢状”等具有影响力的奖励。广州市北斗星社会工作服务中心也先后获得了共青团广东省委授予的“广东青年五四奖章集体”“2015年度百强社工机构”“全国社会工作服务示范单位”等荣誉称号，彰显了政府对品牌社工机构的充分肯定。

（6）示范引领。广州市品牌社工机构在相关的主流媒体、大型会议上有专题经验的介绍，曾被评为省部级别的甚至全国性的示范基地、示范点，在社会工作行业起着不可忽视的示范引领作用。广州市大同社会工作服务中心被评为“首批全国社会工作服务标准化建设示范单位”；机构总干事刘静林曾为我国21个省份的党政干部、社工机构及高校提供50余场专业培训，成为我国社会工作领域颇具实力和影响力的领军人物。又如广州市和悦社会工作服务中心也获得“首批全国社会工作服务示范单位”，广州市北斗星社会工作服务中心被评定为第二批“全国社会工作服务示范单位”等。

4. 品牌文化

品牌文化包括机构的科技创新、文化活动、文化成果等三个方面。社工机构的品牌文化体现在品牌建设过程中的理念、使命、行为规范以及团队风格上面，是品牌建设的灵魂。社工机构通过品牌建设形成一种稳定的品牌文化，更有利于促进社会工作行业的稳定发展。这要求社工机构积极践行社会主义核心价值理念，致力于促进社会和谐，在实践中产生具有凝聚力的公益组织文化，积累品牌效应，扩大机构的社会影响力。

（1）科技创新。科技创新主要包括发明专利，推动科技成果转化，与高校、科研院所、科技类社会组织等机构开展科技创新合作项目。广州品牌社工机构在这一块比较薄弱，而且科技创新是指工业企业用于科技创新和技术开发方面的具体活动①。这对于社工机构来说有一定难度，其缺乏相关的专业人才和创新平台。笔者建议把核心期刊论文发表纳入科技创新的评价标准。核心期刊是我国学术评价体系的一个重要组成部分，能够衡量科研工作者学术水平，更能反映出社工机构的科研能力。此举可以督促社工机构将实践成果转化为科研学术，促进社会工作行业持续发展。

（2）文化活动。活动规模和活动数量是衡量文化活动的两大指标。这要求广州市社工机构每个季度至少有1次文化活动，参与人数在50—100人或以上。广州市品牌社工机构在提供专业服务的同时，十分重视社区文化氛围的营造，多次举办形式多样、内涵丰富的文化活动。例如，广州市启创社会工作服务中心举办了“旧寨鱼灯文化节”“社区艺术48小时”等文化活动。广州市同心社会工作服务中心举办了“美丽乡村·乡村振兴齐参与”“这个暑假，他们孤独不再!”等众多文化活动，赢得社区居民的一致好评。广州市大同社会工作服务中心举办了“青少年舞狮文化培育计划”“小雁子守护行动”等文化活动，大大丰富了社区居民的业余文化生活，展示了社区居民蓬勃向上的精神面貌，营造了浓厚的社区文化氛围。

（3）文化成果。广州市品牌社会组织的文化成果指标主要包括报纸杂志出版物、商标注册、音视频作品以及文化活动获奖四个方面。有的品牌社工机构对其组织名称进行商标注册，如广州市大同社会工作服务中心于2015年注册了“大同社工”及“大同社会工作服务中心”两个商标，体现了其较强的品牌意识。较多广州品牌社工机构通过出版杂志以及拍摄视频等形式展示组织的文化成果与服务特色。例如，广州市和悦社会工作服务中心出版了《改变中国社会的社工》；广州市启创社会工作服务中心出版了《广东社会工作发展报告（2014）》《青春期教育社工指南》《青少年社会工作服务

① 陈琬莹：《东莞两会｜关注社工人才流失建议获评优秀》，网站来源：http：//news.southcn.com/zhuanti/gddslh/dishi/dongguan/content/2018-01/16/content_180407625.htm。

模式及成效研究》《社会工作实习教育与指导手册》等众多书籍作品；广州市北斗星社会工作服务中心为美沙酮项目创作了公益禁毒微电影《冰·疯》等视频作品，充分展示了机构的服务项目与文化特色。

（三）广州市社工机构品牌建设存在的问题

1. 品牌意识薄弱

从整体上来看，广州多数社工机构的品牌意识相对薄弱，对品牌的认知度有待提升。一方面，广州社工机构在发展的过程中，由于物力、人力以及资金等资源的限制与不足，品牌建设未引起机构领导者的高度重视；另一方面，由于对品牌概念的错误认知以及受社会传统观念的影响，一些机构领导者认为品牌是商业组织追求利润最大化的重要手段，社工机构品牌化会使得机构过于商业化，从而难以获得利益相关者的信任与支持。“部分社工机构对品牌建设也存在着误解，认为利用营销手段开展品牌建设会丢失社会工作价值观，背离社会工作本质，有违职业道德。”[①] 这些刻板观念极大地影响社工机构的品牌建设，成为组织品牌化进程的重要障碍。这在以下的访谈中得到了证实：

“当前广州市社工机构的品牌意识整体上看是挺薄弱的。毕竟品牌概念一开始来源于商业组织，非营利组织尤其是社工机构对品牌的认知存在不足。”（WHB）

“在我看来，社工机构的品牌意识处于‘两极分化’的状态。规模越大的机构，品牌意识就越强，服务规模小的机构，品牌意识就很弱，因为它们连自身的生存都难以维持，更没有精力投入组织品牌建设中。”（LJL）

“我已经从事社会工作6年了，在我看来，广州社工机构的品牌意识是不足的，缺乏推广品牌的理念。很多机构对品牌的认识存在误解，以为品牌建设主要运用于商业领域，社工机构搞品牌建设会影响其公信力，甚至会损害组织使命的完整性，导致对品牌建设工作的忽视。”（ZH）

笔者通过整理访谈资料发现，多数社工机构在成立之初，关注的是如何承接更多的社会服务项目，忽视了对服务项目经验的总结与推广，只有少有机构会将精力投入到品牌建设中。社工机构对品牌建设意义的认识不足，是影响组织品牌建设发展的一大重要因素。广州市社工机构只有树立品牌意识，正确认识品牌建设的意义，并将品牌建设付诸行动，才能增强组织自身的竞争优势。

2. 品牌定位不明确

当前，广州市社工机构提供的服务都大同小异，趋向同质化，品牌定位不明确，难以做到差异化发展。例如，由机构承接运营的家庭综合服务中心项目，开展的服务一般都包括家庭服务、青少年服务、义工培育服务、伤残人士服务以及长者服务五大部分，少有机构能够根据社区实际情况与社区居民的需求提供针对性的服务。为了达

---

① 林梅宝：《社工机构品牌创建初探》，载《中国社会工作》2017年第28期，第26—27页。

到考核指标，有些社工机构的服务项目活动趋向形式化，在运作的过程中无法明确机构的使命与目标，这样更加难以赢得政府的信任与支持，也很难在社会公众的头脑中占据一席之地。

“其实我并不太明确我所在机构的品牌定位是什么。作为一名一线社工，主要是跟我的服务对象打交道。”(LDM)

“我所在的机构对品牌不太重视，或者说没有精力去搞品牌，品牌项目活动非常少，我们就只是踏踏实实做好服务就好了，所以我也不太清楚。”(HSY)

“虽然我们机构承接的政府购买服务项目非常多，长者服务、青少年服务以及残障人士服务都做，但是具有特色的品牌项目却非常少，品牌定位确实不够清晰。”(WYF)

通过对广州市社工机构高层管理者与一线社工的访谈，少有员工能够清晰准确地表达出所在机构的品牌定位，更不明确机构自身与其他竞争对手的特点，有特色的品牌服务项目十分缺乏。社工机构在承接政府购买服务项目过程中，存在“眉毛胡子一把抓”的问题，服务业务范围太过宽泛，实务领域不集中，导致难以清晰界定本机构的品牌定位，不利于社工机构的差异化、专业化发展。

3. 品牌建设人才欠缺

当今社会，组织与行业之间的竞争归根到底还是人才的竞争，社工机构也不例外。习近平总书记强调人才是第一资源。人才作为组织发展的重要资本，谁能占据人才的制高点，谁就能够在激烈竞争中处于有利的地位。现阶段，广州市社工机构方兴未艾，截至2018年，机构数量已增至407家，数量位居全国城市第一。在有限的社会资源下，社工行业之间的竞争也越来越激烈。提高组织的竞争优势，打造机构品牌是关键。笔者通过实地调研与访谈了解到，由于绝大多数机构内部员工是社会工作专业科班出身，缺乏丰富的营销管理知识与经验，也没有品牌建设的观念，较少有时间和精力投入品牌建设这项工作中，更难进行系统的品牌建设规划。

“人才问题是关键问题，我们机构人员在学科背景上都是社会工作科班出身，对品牌管理缺少一定的了解，机构在这个方面主要是通过培育项目负责人的方式，在项目运营过程中同步学习品牌建设的相关内容。”(YYQ)

“人力资源不够用是非常普遍的，社工趋于年轻化，社工瓶颈期很快产生，加上薪酬待遇问题，人员流动性比较大，很大程度上影响了服务项目的持续开展。整个行业的离职率都是偏高的。我们机构这几年发展太快，但项目数量增长，项目纵深发展、提高成效等所需要的人才资源却没能同步跟上。”(LYQ)

“机构搞品牌建设，人才是关键。人才是发展的第一资源，对于机构打造品牌而言更是如此。如果有专业的团队进行机构品牌的打造，会达到事半功倍的效果。但由于社工机构薪酬福利体系的不完善，很难吸引有品牌管理经验的人加入组织中，搞品牌建设这方面的人才是非常稀缺的。”(GRH)

人才队伍的不完善、品牌管理人才的缺乏是制约广州社工机构品牌建设发展的一大难题。究其原因，一方面是社工机构的组织架构不完善，有些机构清楚打造机构品牌的重要性，但并没有设置专门负责品牌建设和管理的部门或岗位，通常是由人事行政兼任机构的宣传工作，而这种宣传仅仅停留在活动记录的发布上[①]；另一方面，与企业相比较，广州社工机构的工资待遇标准普遍偏低，晋升空间不大，难以吸引具有非营利品牌管理经验的营销人才加入机构队伍中。

4. 品牌建设资金投入不足

资金是流淌在社工机构生命中的血液，有了足够资金的支持，机构才能持续为社会困难群体提供多元化的服务，开展和组织各项活动，实现社会使命。广州市社工机构在发展的过程中，并没有在品牌建设方面有较多的资金投入，少有机构会在组织年度预算中有专门的品牌建设费用。产生这种现象的原因，主要是社工机构属于资源依赖型组织，机构运作的资金主要来源于政府购买服务，加上社会组织数量的加速增长，使得组织在资金和其他资源上的竞争越演越烈。除少数政府重点支持的社会组织外，大多数组织并不能持续获得来自政府公共资金的支持[②]。

“作为品牌辨识，社工机构在品牌形象方面如果没有大量的宣传，怎么让大众认知？品牌服务只是宣传手段的一种，制作各种宣传品，这个VI都需要成本的。但从财务审计来讲，不可能有大量的预算用来宣传，所以这也是一个困局。”(LJL)

“在品牌创建的过程中，我们机构当初就遇到了资金筹措的瓶颈。政府资助、公益创投都带有很大的限定性，没有足够的资金，导致很多好想法未能付诸实践。”(LYQ)

笔者通过与广州市社工机构高层管理者的访谈发现，社工机构几乎没有多余的资金投到品牌建设中。资金的缺乏，直接导致了社工机构在品牌建设方面止步不前。因此，如何拓宽多元化的品牌建设资金来源渠道，减少对政府购买服务项目资金的依赖，吸引更多的社会合作伙伴，获得更多的社会支持与资金捐赠，是社工机构在品牌建设过程中必须要解决的问题。

5. 品牌传播途径单一

目前，广州市社工机构处于一个蓬勃发展的阶段，已成为创新社会治理，满足社会公众多元化需求不可或缺的重要力量，但大多数社工机构并没有真正进入公众的视野，社会知晓度低，组织公信力不高。这些问题的出现很大程度上是因为社工机构缺少品牌传播与推广的观念，只是例行日常项目活动，没有及时把优秀的品牌服务项目总结经验进行传播与推广。加上社工机构缺少具有丰富经验的品牌营销人才，品牌传播途径十分单一。在访谈过程中，相比较其他机构，被评为“广州市品牌社会组织”的社工机构都比较重视机构品牌的传播，传播方式具有多元化。

“我们通过官网进行宣传的同时，还积极借助外部宣传工具，如跟新闻媒体进行合

① 李璐龄：《社工机构的品牌塑造》，载《中国社会工作》2015年第19期，第13—14页。

② 桂存慧：《竞争性视域下我国社会组织品牌管理的困境与路径探析》，载《安徽行政学院学报》2016年第1期，第100—105页。

作，希望能让宣传效果达到最大化。另外，包括网站的改版，微信公众号向服务号转变，我们都是投入资源去做的运营和管理，都取得了不错的宣传效果。”（LLX）

“我们机构主要通过QQ、微信、社区宣传栏、新闻媒体等进行宣传，同时也比较注重做好形象公关，积极参与政府提出的各种加强社会治理与创新的活动与项目，以良好的口碑赢得政府的支持。”（LJL）

“我们机构发展这么多年以来，一直立足于一个街道开展多元化的社会服务，每个项目都是小而精。我们在品牌传播方面主要是通过日常服务场合、大型社区倡导活动以及自媒体等进行宣传。”（YYQ）

因此，广州市社工机构在打造组织品牌的过程中，要注重品牌的多元化传播，才能够更有效地在公众面前展现机构自身的价值观、使命与影响力，从而最大限度地获得受众的认可，提高机构的公信力，为组织获取更多的资源与支持[①]。

五、广州市社工机构品牌建设优化建议

（一）增强机构的品牌意识

品牌意识是品牌发展战略的前提，对社工机构品牌发展至关重要。品牌对内具有增强组织凝聚力，加深员工对机构使命与价值观的认同的作用，对外可以拓宽筹资渠道，吸引更多合作伙伴。壹基金在很早的时候就有合作发展和公关传播部，其作用等同于企业的品牌部，负责向公众传递机构理念，与公众沟通。这样的专业品牌建设意识和举措相信在当时乃至现在的中国公益组织中都是比较超前的。康晓光谈到非营利组织品牌对组织的作用时也提道：“NGO主要依靠的是无形资产，品牌对于NGO来说很重要，甚至比商业领域还重要，因为这个领域有相当的一部分机构还是依赖于捐款和志愿服务，口碑尤其对于公募性的机构更为重要，它需要一种认同和让别人参与。”[②] 因此，在同行竞争日益激烈的压力之下，广州社工机构需要摒弃社会传统观念的偏见，清楚地认识到品牌在机构发展中的重要作用，并不断强化机构内部员工的品牌意识。同时，要从家庭综合服务中心起步，建设服务平台，以专项探索的方式确定特色和核心竞争力，提炼机构的品牌核心价值，从而采取品牌措施，推动品牌建设的发展。

（二）明确机构的品牌定位

定位是品牌发展战略的基础和灵魂，是社工机构品牌发展的核心内容。品牌定位的本质就在于差异化，它是品牌创建的基石，品牌定位的精准与否直接影响品牌管理的其他流程。凯文·凯勒认为，组织在品牌定位过程中必须确定目标顾客、主要竞争

① 王艺璇：《做会讲故事的公益——非营利组织的品牌传播之道》，载《公关界》2017年第13期，第48—51页。

② 心创益传播机构：《中国非营利品牌报告》，载《中国社会组织》2015年第1期。

对手、本品牌与竞争品牌的相似性与差异性①。社工机构要成功打造一个品牌，品牌定位至关重要。社工机构通过品牌定位，赋予品牌鲜明的个性特色，以此来建立起机构品牌的独特性，才能够与竞争者形成明显的差别，使政府以及社会公众接受并认可机构的价值观、使命与文化，从而在目标受众的心中占据一个独特的且有价值的地位。因此，广州市社工机构要实现服务差异化与专业化发展，做好精准的品牌定位是前提。广州市社工机构首先需要通过对自我分析、竞争者分析和社会需求分析，比较机构自身与竞争对手的特点，从中找到自己的竞争优势，确定细分市场；然后评估、选择和进入目标市场，进而形成相应的品牌联想和价值主张。其次，广州市社工机构在提炼品牌的核心价值后，需对品牌定位进行具体描述，明确向社会公众传达品牌的特定信息，形成品牌定位决策。再次，社工机构通过执行品牌方案，建立起品牌形象。最后，对品牌定位效果进行跟踪与评估以发现组织定位的缺陷和不足，并根据社会环境发生的变化对品牌定位的各个环节进行调整。由此可见，社工机构明确组织品牌定位，才能为目标受众提供有针对性的优质服务，从而打造具有机构特色的品牌项目，提高机构的竞争优势。

（三）加强机构品牌人才队伍的建设

人才是第一资源，是社工机构品牌建设的助推器。加强社工机构品牌人才队伍的建设，既是加强和创新社会治理的迫切要求，又是满足人民日益增长的美好生活需要的重要途径②。没有足够的人才支持，社工机构品牌建设就会成为空谈。针对品牌建设人才不足的问题，一方面广州市社工机构要建立健全薪酬福利体系，加强组织品牌文化建设，积极向员工宣传品牌文化的内涵，以增强员工对组织的凝聚力，促进人才流动的稳定性；另一方面，广州市社工机构要注重加强组织员工的品牌培训与管理，对员工进行积极的品牌沟通，培训员工，强化员工的品牌行为，从而使员工将品牌价值贯彻于自身行动中，达到品牌与工作行为的统一③。广州市社工机构除了对新老员工在技能与岗位内容上进行培训，还应侧重于使命感、价值感等品牌价值观的传递与培训④。如社工机构可以邀请具有丰富品牌管理经验的专家对内部员工进行品牌培训，开展关于品牌文化的主题讲座，在组织内部中定期召开品牌交流与讨论会议。品牌培训能够使员工成为组织人，促进员工个体识别与品牌识别的契合，实现机构品牌建设工

---

① 凯文·凯勒：《战略品牌管理》，北京·中国人民大学出版社，2006年版，第106页。

② 叶景丽：《加快培养社会工作服务人才促进社会工作服务机构健康有序发展》，载《中国社会工作》2019年第6期，第8－9页。

③ Leonard. Berry，Cultivating Service Brand Equity，Journal of the Academy of Marketing Science，2000，28（1）pp. 128－137.

④ 顾丽娟：《品牌内化视角下的社会组织人力资源管理研究》，载《社会福利（理论版）》2018年第3期，第34－38＋24页。

作的有序开展[①]。对于服务性质较强的社工机构来说，一线社工的优质专业服务是组织品牌强有力的基础。此外，政府要重视社会工作人才队伍的建设，建立健全社工人才激励机制，可以参考新加坡勋位制度，设立广州杰出社工人才奖，获奖者在积分入户、子女入学、就业住房等方面享有优待。

（四）拓宽品牌建设资金来源渠道

社工机构应充分整合社会资源，加强多元合作，不断拓宽品牌建设资金来源的渠道与空间。资源依赖理论认为，任何组织都无法完全自给自足，必须通过外部环境获取维持生存与发展的资源。作为专业性、实践性很强的社工机构，其资金主要来源于政府购买服务，财力支持高度依赖政府。如果缺少政府持续外部资源的支持，则无法为组织发展提供稳定的物质保障，组织的使命也就不可能实现。因此，在政府购买服务政策的背景之下，一方面，广州市社工机构要注重自身专业服务品质的提升，加强服务品牌的培育，实现服务差异化、品牌化，以获得政府的信任与支持；另一方面，广州市社工机构应进一步强化资源战略意识，提升资源链接能力，加强与公益基金会、公司以及事业单位等组织的战略合作，实现品牌建设资金来源的多元化。近年来，我国公募基金会和非公募基金会发展快速，外资企业、国有企业和民营企业对企业社会责任越来越重视，为社工机构资金多元化发展提供了一定的机遇。与此同时，广州市社工机构可以参考借鉴香港社工机构品牌建设经验，增强造血自助能力，尝试性地开展适度收费服务、创办社会企业等，为组织进一步提质增效提供充足的资金保障。

（五）整合品牌传播资源

品牌传播是社工机构与社会公众连接的纽带，是社会公众认知品牌的重要手段。品牌传播是品牌营销与管理的重要环节，广泛且有效的品牌传播不仅是品牌形象建立的基础，更是品牌持续发展的重要支撑。通过品牌传播，广州市社工机构可以有效提升机构品牌的知名度、认可度和美誉度，从而增强政府相关部门的信任与支持。在互联网不断发展的时代，广州市社工机构要与时俱进，注重品牌传播的有效性，积极整合各类传统媒体与网络新媒体等资源，通过利用报纸、杂志、电视、微信、微博、抖音等传播载体，对本机构的品牌项目进行分享与推广，促使其在较短的时间内达到最大的宣传效果。此外，广州市社工机构还可以设计制作各类活动宣传海报、年刊、周年特刊、活动月报、工作服装、便民伞等宣传品，实现品牌传播渠道的多元化，以完善对外传播的品牌形象，提高机构品牌的知名度和美誉度。对于有实力的社工机构，可以借鉴香港同行聘请名人作为本机构代言人的做法，利用名人代言向社会公众传播机构的各项福利服务。广州市社工机构在加强品牌对外传播的过程中，还应充分重视机构内部的传播，做好组织从上到下以及和部门之间的横向沟通工作，以增强组织员工的凝聚力。

---

① 张冉:《中国社会组织声誉管理研究》，北京大学出版社，2017 年版，第 130 页。

参考文献

[1]［美］纳瑟莉·莱德勒-柯兰德，朱莉娅·谢泼德·斯滕泽尔．品牌IDEA——非营利品牌建设的完整性、民主化与亲和力［M］．北京：经济管理出版社，2017.

[2] 张跃国，尹涛．广州蓝皮书：广州社会发展报告（2018）［M］．北京：社会科学文献出版社，2018：137.

[3] 郭景萍．社工机构的运作与管理［M］．北京：北京大学出版社，2015.

[4] 罗观翠、刘晓玲．广东社会工作发展报告（2018）［M］．北京：中国社会科学出版社，2018：29-30.

[5] 徐家良，等．新时期中国社会组织建设研究［M］．北京：中国社会科学出版社，2016：12.

[6] 凯文·凯勒．战略品牌管理［M］．北京：中国人民大学出版社，2006：106.

[7] 张冉．中国社会组织声誉管理研究［M］．北京：北京大学出版社，2017：130.

[8] 方英．论社工机构差异化、品牌化发展——以广州市为例［J］．社会工作与管理，2016，16（4）：5-12+98.

[9] 于家琦，陆明远．以品牌建设助推社会组织提升公信力［J］．社科纵横，2012，27（9）：30-31.

[10] 巩蕴斐．对我国慈善品牌塑造的探究与思考［J］．美与时代（城市版），2016（3）：95-96.

[11] 陈君．民办社工机构品牌建构研究［J］．特区经济，2015（2）：147-149.

[12] 张冉．国外非营利组织品牌研究述评与展望［J］．外国经济与管理，2013，35（11）：60-69.

[13] 钱正荣．社会组织的信任建构与品牌塑造的同构：以珠海个案为例［J］．四川行政学院学报，2017（5）：5-10.

[14] 刘和健，肖扬飞．营销视角下广州民办社工机构发展策略［J］．清远职业技术学院学报，2016（4）：76-79.

[15] 郭景．基于认知模式的非营利组织品牌构建研究［J］．学理论，2009（8）：113-114.

[16] 陆士桢，徐选国．社会管理创新视阈下民办社工机构发展的意义与路径［J］．社会工作，2012（9）：8-11.

[17] 张雪峰，杨超．中国民办社工机构引入营销理念的路径探索［J］．社会福利（理论版），2013（10）：26-30.

[18] 李炯标，张智鹏．联合视角下社工机构在欠发达地区的发展研究——Y基于对社工机构的分析［J］．嘉应学院学报，2018，36（1）：43-47.

[19] 赵凯琦，徐佳欣．优势视角下吉林省社工机构发展困境与对策探究［J］．劳动保障世界，2016（11）：51-52.

[20] 心创益传播机构．中国非营利品牌报告［J］．中国社会组织，2015（1）.

[21] 徐新豪．新时代中国社工机构承认之路［J］．社会福利（理论版），2018（11）：3-8+15.

[22] 王菲，王福山．香港与英美社会工作专业化模式比较研究［J］．西安石油大学学报（社会科学版），2014（4）：94-98.

[23] 周舒．我在美国家庭服务社做社工［J］．中国社会工作，2012（28）：50-52.

[24] 李瑾．浅谈新加坡社会工作发展模式对我省社会工作发展的启示［J］．河南广播电视大学学

报，2015（1）：30－32.

［25］夏丽丽．社会工作在香港［J］．唯实（现代管理），2012（8）：62－63.

［26］唐咏．香港社工机构的品牌塑造：经验和启示［J］．社会工作，2010（8）：62.

［27］许婷．香港社工发展经验对国内的思考与启示［J］．企业导报，2012（10）：15－16.

［28］吴巧敏．新时代社工机构的发展路径思考［J］．中国社会工作，2019（6）：40－41.

［29］王莉芳．略论品牌竞争中的文化力作用［J］．安徽农业大学学报（社会科学版），2004（1）：61－65.

［30］林梅宝．社工机构品牌创建初探［J］．中国社会工作，2017（28）：26－27.

［31］李璐龄．社工机构的品牌塑造［J］．中国社会工作，2015（19）：13－14.

［32］桂存慧．竞争性视域下我国社会组织品牌管理的困境与路径探析［J］．安徽行政学院学报，2016（1）：100－105.

［33］王艺璇．做会讲故事的公益——非营利组织的品牌传播之道［J］．公关界，2017（13）：48－51.

［34］顾丽娟．品牌内化视角下的社会组织人力资源管理研究［J］．社会福利（理论版），2018（3）：34－38＋24.

［35］马迎贤．资源依赖理论的发展和贡献评析［J］．甘肃社会科学，2005（1）：116－119＋130.

［36］费显政．资源依赖学派之组织与环境关系理论评介［J］．武汉大学学报（哲学社会科学版），2005（4）：451－455.

［37］虞维华．非政府组织与政府的关系——资源相互依赖理论的视角［J］．公共管理学报，2005（2）：32－39＋93－94.

［38］广州市民政局．广州市十年社会工作发展报告［R］．2018.

［39］刘燕琦．基层党建品牌化建设策略研究［J］．赤子，2019（11）：30.

［40］叶景丽．加快培养社会工作服务人才促进社会工作服务机构健康有序发展［J］．中国社会工作，2019（6）：8－9.

［41］Leonard. Berry，Cultivating Service Brand Equity，Journal of the Academy of Marketing Science，2000，28（1）pp. 128－137.

［42］Laidler-Kylander N，et al. Construction and valuing global brands in the nonprofit sector［J］. Nonprofit Management & Leadership，2007. 17（3）：253-277.

［43］Nathalie K and Christopher S. The role of brand in the nonprofit sector［J］. Stanford Social Innovation Review，2012，10（2），http//www. ssireview. org/articles/entry/the role of brand in the nonprofit sector，2013/7/2.

［44］Wong H Y and Merrilees B. A brand orientation typology for SMEs：A case research approach［J］. Journal of Product and Brand Management，2005，14（3）：155－161.

［45］Hankinson P. Brand orientation in charity organizations：Qualitative research into key charity sectors［J］. International Journal of Nonprofit and Voluntary Sector Marketing，2000，5（3）：207－219.

［46］Sargeant A，et a1. Conceptualizing brand values in the charity sector：The relationship between sector，cause and organization［J］. Service Industries Journal. 2008. 28（5）：615－632.

［47］Tapp A. Charity brands：A qualitative study of current practice［J］. Journal of Nonprofit And Voluntary Sector Marketing，1996，1（4）：327－336.

[48] Hankinson P. Brand orientation in the charity sector: A framework for discussion and research [J]. International Journal of Nonprofit and Voluntary Sector Marketing, 2001, 6 (3): 231 -242.

[49] Faircloth J B. Factors influencing nonprofit resource provider support decisions: Applying the brand equity concept to nonprofits [J]. Journal of Marketing, 2005, 13 (3): 1-15.

[50] Laidler-Kylander N and Simonin B L. How international nonprofits build brand equity [J]. International Journal of Nonprofit and Voluntary Sector Marketing, 2009, 14 (1): 57 -69.

[51] Helen S and Steven k. Branding in the nonprofit sector [J]. Journal of Marketing Management, 2007, 23 (1/2): 107 -122.

[52] Fahri A. A proposed model of antecedents and outcomes of brand orientation for nonprofit sector [J]. Asian Social Science, 2011, 7 (9): 194 -202.

[53] Robin J B R, et a1. A brand new world for nonprofits [J]. International Journal of Nonprofit And Voluntary Sector Marketing, 1998, 4 (1): 26 -4.

第十三章　社工机构品牌建设策略

——以广州市B机构为例

戴佳宇[①]

2013年，民政部下发《关于开展民办非企业单位塑造品牌与服务社会活动的通知》，明确提出各地要“根据《民办非企业单位品牌塑造参考标准》，结合实际研究制订塑造品牌活动规划，引导民办非企业单位树立品牌意识，完善组织发展规划和品牌塑造计划，将塑造品牌贯穿于组织文化建设、人力资源建设、服务能力建设等组织发展和运作的全过程”。社工机构是民办非企业单位的重要组成部分，研究社工机构的品牌塑造、品牌建设，具有重要的理论意义和实践价值。

一、本案例研究概述

（一）为什么要研究社工机构品牌建设策略

在党的十六届六中全会作出“建设宏大的社会工作人才队伍”的重要决策部署之后，作为社会工作人才就业及提供社会工作专业服务的社工机构也迎来了重大的发展机遇。早在2016年，全国各地成立的社工机构为6600家，而广州市统计到的社工机构数量为417家，在所有城市中拥有的民办社工机构的数量居全国第一[②]。随着时间的推移，截至2018年底，全国各地成立的社工机构为9793家，比2016年增加了3000多家[③]。由此可以看出，社工机构的发展是相当迅速的，探索和总结社工机构的发展经验具有重要意义。

政府购买社会工作服务，是政府利用财政资金，采取市场化、契约化方式，面向具有专业资质的社会组织和企事业单位购买社会工作服务的一项重要制度安排[④]。根据

---

① 戴佳宇，心理咨询师、社会工作师、社会工作专业硕士，现为佛山职业技术学院工商管理学院教师、北斗星社会工作服务中心理事。曾担任华南农业大学社会工作与政策研究中心研究助理，参与过民政部“境外社工立法研究”“广州市戒毒工作成效调研”等项目的研究工作。2019年5月，获评广东省教育厅2018年度高校辅导员工作优秀论文二等奖。

② 广州市民政局：《广州市社会工作十年发展报告》，2016年11月。

③ 中国社会工作联合会：《2018年度中国社会工作发展报告》，2019年3月。

④ 财政部、民政部：《关于政府购买社会工作服务的指导意见》，2012年11月。

“2015年度百强社会工作服务机构发展分析”的统计数据显示，社工机构的收入来源划分为政府购买服务、市场化项目收入、捐赠收入和其他收入，并且通过数据分析，发现四类收入来源占总收入的百分比分别是92.13%、4.25%、3.82%和0.39%[①]。从中可以看到，当前社工机构的收入绝大多数来源于政府购买服务的经费，并且政府购买服务项目基本上是统一设计的，社工机构承接的专业服务同质化，凸显不出社工机构各自的品牌服务。

许多社工机构疲于与同行竞争以获取政府购买服务的资源，未能根据自身情况推出特色专业服务或塑造机构品牌形象。因此，在具体的管理过程中，这些社工机构也便未能有效结合本机构的使命、愿景或机构整体战略规划推进机构管理，阻碍了自身的发展。当然，这些问题的存在和我国社会工作发展较晚、发展经验不足，社工机构需要解决自身生存问题是分不开的。然而，综观社会工作发展的10年，广州市有部分社工机构成立将近10年，并且这些发展时间较长的机构也逐渐地注重机构的管理优化，以及推进机构品牌建设，以期形成富有特色的专业服务项目品牌效应，实现机构管理优化与持续发展。

（二）研究设计

1. 概念界定

社工机构的概念学术界已有共识，这里主要对品牌建设作一界定。

品牌建设是一个组织品牌资产积累及品牌影响力增强的动态发展过程。面对社会资源竞争的加剧，组织只有树立品牌导向，才能够为其发展创造更多的竞争优势，而品牌导向主要是组织为了实现其战略目标，在实践中主动建立、开发和保护品牌[②]。品牌导向的研究是建立在组织品牌建设的基础上推进的，也是一个组织在起初进行品牌建设必须重点梳理的问题。李桂华、李晨曦等在对国内2000—2015年有关品牌管理的研究进行分析显示：2000—2004年，品牌研究的探索期，论文数量显著突出的主题中，品牌建设方面的研究论文占比重14.09%，是该阶段的重点主题之一，且高于其他阶段[③]。由此可以看出，品牌建设相对聚焦于品牌研究的初始阶段，却又贯穿于组织的整个发展过程，是组织推进品牌资产长期积淀的过程。

另外，学者周如南从“社会组织CI战略、社会组织品牌定位、社会组织品牌传播、社会组织品牌营销”四个方面定位社会组织品牌创建，认为社会组织品牌管理遵

---

① 刘京：《社会工作服务机构发展报告（2015）——以百强社会工作服务机构为例》，北京·中国社会出版社，2016年版，第32页。

② 黄光、叶慧玲、周延风等：《我国慈善组织品牌导向的维度构建研究》，载《管理学报》2016年第9期，第1296页。

③ 李桂华、李晨曦、李楠：《中国大陆品牌管理研究现状及发展趋势——基于国内主要期刊论文的内容分析》，载《品牌研究》2016年第3期，第12页。

循品牌创建—维护—提升的思路①。品牌的创建到最终成为知名品牌，需要组织进行长期的品牌管理与建设。另外，在品牌成长的一般模式中，包含了两个主要的品牌管理阶段：品牌创建和品牌维护②。这两个品牌管理的阶段实则是品牌建设过程中，不同发展阶段采取的不同的品牌发展策略。

在上述研究基础上，结合社工机构作为非营利社会服务组织的特性，本研究将社工机构品牌建设的内涵界定为：社工机构基于自身使命和愿景，为增强组织发展能力，应对激烈的竞争，通过采取市场化的品牌发展策略，以增强组织服务的差异化程度，整合利益相关者的资源，提升组织品牌影响力，进而实现组织长远发展和社会公益的过程。

2. 理论视角：文化资本理论

布迪厄在其《资本的形式》一文中完整地提出了文化资本理论，并认为文化资本主要有三种存在形式：具体的形式、客观的形式、体制化的形式。放在当下的学术语境和文化资本研究中，布迪厄所说的三种形式的文化资本，实际上与人力资本、文化产业和文化制度的研究具有一定的相关性③。这种行动者或行动者集团在实践场域中对某种文化资源占有的文化资本，成为分析行动者社会实践的重要工具，并对行动者本身的社会实践也产生了深刻的影响。

（1）具体化的文化资本。以精神或肉体的持久的“性情”的形式存在，文化资本的积累是在具体形式当中进行的。也就是说，具体化的文化资本采取了我们所谓的文化、教育、修养的形式，预设了一个具体化和实体化的过程④。布迪厄在具体的论述中提及行动者通过教育投资的形式形成自己的学术成就，并且在实践场域中将自己的学术成就注入社会实践中，形成不同类型的积累化的劳动，这类似于行动者或行动者集团将文化资本转化成为经济资本的过程。在布迪厄之后的研究中，有关人力资本的研究发展便是在具体化文化资本基础上的进一步深化。

（2）客观化的文化资本。以文化产品的形式（如图片、图书、词典、工具等）存在，这些产品是理论的实现或客体化，也可以是某些理论、问题的批判，等等。这些文化产品是理论的实现或客观化，并且在物质和信息中被客观化的文化资本，在其物质性方面是可以进行传承的。⑤ 客观化的文化资本和经济资本的传承都是一样的，并且传承的过程不需要建构前提条件及传承的过程并不是对其进行消费或使用。从这个角

① 周如南：《社会组织品牌建设》，北京·中国社会出版社，2017 年版，第 23 页。

② 陈雷：《品牌视角下的非营利组织核心竞争力构建研究》，广西师范大学硕士学位论文，2013 年，第 7 页。

③ 宫留记：《布迪厄的社会实践理论》，开封·河南大学出版社，2009 年版，第 121 页。

④ 布尔迪厄：《文化资本与社会炼金术——布尔迪厄访谈录》（包亚明译），上海人民出版社，1997 年版，第 189 页。

⑤ 薛晓源、曹荣湘主编：《全球化与文化资本》，北京·社会科学文献出版社，2005 年版，第 11 页。

度来看，布迪厄在其资本划分中提出象征资本的概念，正好进一步地解释了文化资本的传承。

（3）体制化的文化资本。以一种客观化的、必须加以区别对待的形式存在（如我们在教育资质当中观察到的那样）。之所以要区别对待，是因为这种形式使得文化资本披上了一层完全原始性的财富面纱①。体制化的文化资本，更多呈现出来的是社会中通过合法化的制度建构所确认和认可的某种资质，以此对行动者或行动者集团在实践场域中所积累起来的文化资本通过社会制度进行确认。同时，也更加强调行动者自身对文化资本的持有性，并且影响体制化的文化资本的社会制度具有相对独立的合法性。

3. 研究方法

本案例主要采用个案研究法。通过选取比较有代表性的B机构进行个案研究，分析B机构品牌建设的历程，并着重结合文化资本理论中不同形式文化资本的观点，对社工机构的人力资本、专业服务项目文化产品及制度化的品牌认可进行深入分析。同时，探究社工机构品牌建设形成的文化资本的积累及转化情况，进而提炼社工机构品牌建设的经验。

另外，在资料的收集方面，主要使用文献分析法、深度访谈法和参与型观察。

文献分析法，主要对该研究领域的著作、博硕士论文、学术期刊的专业文章以及其他公开发行的刊物进行分析，同时重点结合B机构的章程、机构宣传手册、年报资料、宣传媒体（如官方网站、微信公众号、对外宣传视频、新闻报道等）等资料进行实证分析。

深度访谈法，主要是对B机构的部分中层管理人员及理事长进行深度访谈，收集以下几方面的内容：①B机构中层管理人员及理事长对机构品牌建设的看法；②B机构中层管理人员及理事长对机构人力资本、特色专业服务项目及制度化的品牌认可等品牌建设影响因素的看法；③B机构品牌战略规划的推进情况及其成效；④B机构中层管理人员及理事长认为推进B机构品牌建设的有效策略；⑤B机构中层管理人员及理事长对机构品牌建设历程的看法。

参与型观察②，笔者通过在B机构进行三个月的专业实习，将研究过程中收集的文献资料和访谈资料，结合自己的专业实习进一步加以验证，以确保研究资料的可靠性。同时，笔者在专业实习过程中，观察、了解B机构在专业服务项目开展过程中，如何结合机构的品牌战略规划推进专业服务项目的发展，并以此打造品牌专业服务项目推动机构整体的品牌建设。

---

① 薛晓源、曹荣湘主编：《全球化与文化资本》，北京·社会科学文献出版社，2005年版，第6页。

② 陈向明：《质的研究方法与社会科学研究》，北京·教育科学出版社，2000年版，第228页。

二、B 机构品牌建设历程

（一）B 机构品牌建设萌芽期：品牌的诞生

对于新成立的组织而言，品牌是与组织本身一同诞生的。品牌和使命、价值观以及战略一样，可以被定义和完善[①]。B 机构的登记成立，也便预示着 B 机构作为一个品牌而存在，然而在我国的当前语境中，品牌主要是指某些产品的牌子，并且特指代著名产品的牌子。实际上，对于每一个组织的成立与发展，发起人都希望组织能够不断地发展壮大，践行组织的使命及愿景，建设起组织的品牌，发挥组织在社会发展过程中应有的影响力，这也是组织存在的意义。

自成立起，“B 机构”这一组织的名称便成为机构品牌的重要元素，其自身成立的特殊发展历程也成为 B 机构区别于其他社工机构的重要内涵。在 2006 年，党的十六届六中全会作出了“建设宏大的社会工作人才队伍”的重要决策部署之后，配套的社会工作制度不断地完善，社工机构作为我国新兴的社会服务机构得到了进一步发展。2008 年，B 机构借助国家支持社会工作发展的政策东风，依托高校社会工作专业教师及校外专业人士的多方资源发起，并且根据 B 机构理事长的回忆，从最初的筹备到最终在民政部门注册登记，这整个历程是相当波折的。

“我所在的学校虽然在 1999 年就开办了社会工作本科专业，但由于那时该专业在全国范围内都还属于新办的专业，社会上的人们对该专业很不了解，所以很难在校外给学生找到实习单位。2000—2001 年，我和系里几位同事先后去香港考察社会工作教育，了解到香港社会工作专业的学生不但可以在政府的相关部门实习，而且也到很多‘体制外’的社会服务机构实习。受此启发，2002 年下半年，我和系里几位老师商量，打算开办一家社会服务机构，以便为社会工作专业的学生提供实习场所。但当我们向政府相关部门了解开办社会服务机构的程序和手续时才知道，我们自己还必须寻找一个‘业务主管单位’。联系一些相关单位后发现，没有人愿意当我们的‘婆家’。而且当时学院有领导并不赞同我们开办社会服务机构，说在职老师办机构有不务正业之嫌。

直到 2006 年，党的十六届六中全会提出‘建设宏大的社会工作人才队伍’之后，我国社会工作的生长空间才逐渐扩大，在职老师开办社工机构的条件才逐渐成熟。于是，经过近两年时间的筹备，特别是在政府相关部门同意做我们的‘业务主管单位’之后，我们终于在 2008 年成功注册了机构。机构成立伊始，我们就明确其主要职能之一就是为社会工作专业师生的实习实践、社会服务及理论研究提供平台。”（B 机构理事长 Z）

在国家陆续出台推动社会工作发展的政策背景下，B 机构的发起人将该机构注册

---

① 纳瑟莉·莱德勒－柯兰德、朱莉娅·谢泼德·斯滕泽尔：《品牌 IDEA——非营利品牌建设的完整性、民主化与亲和力》（韩顺平、韩启凡译），北京·经济管理出版社，2017 年版，第 138 页。

成为具有独立法人资格的民办非企业单位，而在注册成立之前，关于机构的名称、使命、愿景、价值观、组织目标、工作理念、服务范围等内容成了机构前期筹备的重点工作。社工机构作为非营利组织的重要形式之一，具有非营利性、公益性、社会性等特点，并且所有权方面也具有较强的社会性，这和以营利为终极目的、所有权隶属股东的营利组织是截然不同的。因此，B机构成立之前，发起人希望发展和建设的机构品牌将走向何方，致力实现的机构使命和愿景聚焦在何处，专业服务的内容围绕在哪些方面进行拓展，成为发起人即B机构理事长Z重点思考的问题，而解决这些问题正是在塑造机构品牌的重要文化内涵，这也将成为机构整合社会资源完成机构使命及确保机构生存和持续发展的关键。

在政府转移公共职能的背景下，社工机构作为承接政府公共职能的重要力量，对机构使命和组织目标的定位便具有较大的宽泛性，这主要和社会工作服务群体的广泛性是离不开的。因此，B机构最终确立了“让每个服务对象均享有获取幸福的权利和能力”的机构使命和“致力成为服务创新型的一流社工组织，力争成为社工行业的金字招牌和百年老店”的机构愿景，这让B机构在服务行动上有力地回应不同社会群体对公共服务的需要。同时，结合自身的使命和愿景，B机构确立了践行社会公平、正义的目标，希望推动社会工作和社会福利制度的健康发展，以及为社会和谐与进步贡献机构的智慧与力量，这为机构品牌建设及未来发展赋予了更深层次的意义。

（二）B机构品牌建设发展期：服务项目迅速增多

社工机构作为新生的社会服务机构组织形式，最初由于政府购买社会工作服务还未在社会中大力推广，以及整个社会对社工机构的认知度不高等问题，社工机构最初的发展举步维艰。成立之初的B机构也面临着较大的困难，据机构的发起人反馈：“机构成立之初的半年基本上没有承接到任何项目，所以机构成立的早期，机构的‘活命’问题成了关键性的问题。从成立到2010年的这段时间里，机构所承接的服务项目仅有两三个。”

随着广州市政府为推进社会管理改革，尝试推动政府购买社会工作服务的进一步发展，特别是在2010年7月，广州市政府出台了《推进我市社会管理服务改革开展街道社区综合服务中心建设试点工作方案》之后，B机构由于依托高校的师资力量及校外的资源，在社会认可方面具有较强的合法性和公信力，由此承接了广州市起初试点的20个“社区综合服务中心”项目中天河区的T街道、黄埔区的H街道、海珠区的S街道3个项目[①]，这成为B机构发展的重要转折点。随着广州市政府肯定“家庭综合服务中心”试点工作的成效后，于2011年9月出台了《关于加快街道家庭综合服务中心建设的实施办法》，B机构借力政策的东风，以及积累的项目服务经验，继续承接了广

① 数据来源：《推进我市社会管理服务改革开展街道社区综合服务中心建设试点工作方案》，穗民〔2010〕213号，附件2广州市社区综合服务中心试点街道名单。

州市其他街道的“家庭综合服务中心”项目，并且在“家庭综合服务中心”项目的第二个购买周期中，凭借机构逐渐打造起来的品牌优势，续签和重新承接了新的“家庭综合服务中心”项目。通过B机构的官方网站可以了解到，截至2019年上半年，B机构仍运营着广州市9个“家庭综合服务中心”项目。

同时，在专业服务能力得到肯定的过程中，B机构陆续承接了广州市其他一些“专项”服务项目，以及承接了广州市周边其他城市的服务项目。B机构从原有的以广州市为发展主阵地，逐渐地参与投标、承接其他城市的多个综合和专项的服务项目。随着在其他城市承接的项目不断增加，B机构在原有服务团队的基础上，借助原有专业服务的品牌效应相继在其他城市成立了多家冠名与“B机构”同名的社工机构。

“其他几个城市的分支机构的发展是一步步推进的，这个过程也面临着许多困难的。机构的中层管理人员一般都不愿意担任在其他城市承接的服务项目的负责人，在他们看来，在其他城市没有广州这边的优势，项目招投标以及整合相关资源不是特别容易，而且他们觉得去其他城市工作的压力相对较大。另外的问题是，我们之所以会选择在其他城市注册分支机构，主要是因为在项目投标方面，注册地的机构中标服务项目相比外来的机构占有更多的区位优势，其他城市的政府也希望通过发展本土的力量作出一些属于当地的工作成绩。”(B机构总干事L)

在原有的专业服务团队及服务资源的基础上，社工机构继续在其他地区发展分支机构，以此形成规模化、集团化的发展模式，更有利于提升机构运营的效率。B机构相关发起人在接受笔者访谈时表示：他们希望在广州市注册的母机构为服务开展的主体，同时推进其他地区分支机构陆续注册并独立于母机构开展社会工作服务。实际上，依托原有的品牌发展起来的分支机构，已经能够独立于原有的机构进行自主运营。

“机构这几年有了较大的发展，我们在广州市之外的其他城市也注册了多家分支机构，新成立机构的人员是从广州B机构原有的团队中抽调过去的，并且我也希望我们机构中的这些中层管理人员，可以过去担任机构的副总干事、总干事，甚至是法人和理事长，通过这样的方式，他们在工作上的责任感、使命感将会更强，会更有利于其他城市新成立的机构更好更快地发展。同时，通过其他城市的‘B机构’的发展，整个机构的管理也会更顺畅些。”(B机构理事长Z)

2013年4月，民政部出台了《关于开展民办非企业单位塑造品牌与服务社会活动的通知》，其中特别提及：“鼓励有条件的民办非企业单位开展集团化服务，扩大经营规模，增强服务能力。开展集团化服务的民办非企业单位，其各个服务点可以使用同一字号、商标及服务集团标识。规范名称的使用，加强对民办非企业单位品牌的保护。”在这一政策的推动下，B机构的发起人希望能够依托原有机构的力量，陆续将各个用统一名称注册的分支机构凝聚起来，形成服务联盟或服务集团，整合联动各分支机构的力量，为不同地区的社会工作服务的发展培育更多的专业力量。伴随着这种规模化、集团化运营模式的继续推进，B机构承接的服务项目得到了进一步发展，其品牌建设的效应也随着机构服务的发展而不断地得到外界的认可。

（三）B机构品牌建设调整期：发展遇阻后的重新定位

政府加大推进购买社会工作服务之后，B机构承接的服务项目也逐渐增加，并且依托原有机构的专业服务团队，B机构在广州周边城市成立的分支机构也逐渐发展起来，使B机构形成为规模化运作的综合型社工机构。根据B机构内部统计资料显示，从2009—2018年，机构的项目从最初的3个累计增加到100多个（含已经结项的）。并且截至2018年12月，B机构的正式员工为306人。[①] 随着机构的发展壮大，B机构在专业服务的开展和整个机构的运营也陷入了一定程度的困境。

其中，最关键的问题是员工的流动性偏大，这也是整个社会工作行业中普遍存在的问题，由此致使B机构服务项目的人员配备及相应的管理体制跟不上自身承接的服务项目的扩张速度。因此，如何保障服务项目有稳定的专业团队提供服务、提升机构专业服务质量及打造服务项目的特色，推进B机构品牌建设的进程，成为B机构发展过程中面临的重点问题。由此，在专业服务团队和管理制度建设上，B机构结合现有的人员情况，构建适合机构发展的“人才梯队”，通过提拔部分中层管理人员为“服务总监”，以及结合总干事及副总干事的责任分工，将不同服务项目根据项目类型及区位情况进行“服务片区化”管理，保障服务项目有序进行，提升专业服务质量，同时加大人才招聘力度，为团队补充新生力量，以此破解机构服务项目扩张过程中出现的人员“青黄不接”的困境，进而打造起相对完善的人力资源团队。

另外，随着承接的专业服务项目逐渐增加，B机构涉及的服务范围也越来越广，由家庭综合服务项目逐渐扩展到了禁毒、长者、社区矫正、社区营造等服务领域，同时还承接社会工作方面的培训、督导、评估、研究等业务。B机构的服务领域和业务范围的不断拓宽给整个机构的品牌建设造成较大的困扰，承接的服务项目涉及不同的服务领域和不同的服务群体，与其他同行机构所提供的专业服务存在着相当大的同质性。因此，B机构品牌建设的关键在于实现服务差异化，凸显服务的特色，以此获得利益相关者的认可。

在遇到机构项目服务发展同质化的困境后，B机构为优化管理及继续推进机构品牌建设，邀请了专门从事公益组织咨询的服务机构对机构进行全面分析，并重新对机构进行整体的战略规划，以此推进机构的品牌建设。

B机构进行战略规划的过程中，笔者刚好以记录员的身份参与了战略规划的全程活动。在整个战略规划活动中，中层管理人员对机构所有的服务项目进行了系统梳理，以及对机构发展历程中各个重大事件进行了回顾。通过系统梳理B机构过往的发展，以及了解战略规划会议中各个小组的反馈，机构发展过程中存在的问题也逐渐浮现出来。

① 数据来源：B机构内部的人力资源调查报告。

通过咨询导师的引导，战略会议中，不同管理人员反馈的问题有一些共同点：在行业中，我们机构属于比较老牌且规模比较大的机构，随着这些年的发展，我们的管理制度还算是规范的了。通过“社工成长计划”的制订和实施，社工的素质也有了较大的提升。虽然没有书面化的服务质量监测制度，但是我们的督导在平时的服务工作指导和文书的批阅方面都是严格按照“服务指标要求”落实的。(会议讨论记录1)

在过去几年，机构的战略定位是不太清晰的，机构在多个地方都承接项目且资金都是来源于政府，服务范围涵盖了许多的服务领域，这种多元化发展方式，没能有效地突出我们机构自身的服务品牌，并且自身到底有哪些服务品牌，我们自己也说不清楚。同时，“人才梯队”建设模式培养的人员落后于项目扩展的人员需求。我们这些服务领域，其他机构都在做，我们的服务特色不明显，属于自己比较聚焦的品牌建设做得很不到位。(会议讨论记录2)

实际上，B机构中层管理人员在会议上反馈的问题，在其他一些已经在多个领域开展服务的综合型机构也是普遍存在的。人员的稳定性、品牌服务项目打造、专业服务质量的提升、高效率管理团队的建设等内容，都将成为B机构未来发展需要关注的重点。其中最为关键的是，面对多元化的服务项目扩张发展，如何将不同服务项目进行类别化管理，并通过打造不同的服务项目品牌，以此推进机构品牌建设，将成为B机构发展调整的重要支撑点。

（四）B机构品牌建设转型期：服务项目品牌化发展

面对机构服务项目多元化管理不善、品牌服务项目缺乏、机构服务特色不显著等问题，2016年之后，B机构在经过战略规划设计的重新定位后，希望通过机构服务项目品牌化发展，实现机构品牌建设的转型发展。在对机构发展历程进行系统梳理后，B机构进一步探究了机构推进品牌建设过程中所积累的各方面发展资源，希望通过整合过往积累的发展资源，推动机构当前所承接的服务项目的品牌化发展。在梳理过往发展和反观当前发展状况的基础上，B机构期望能够进一步地推动机构品牌建设的转型升级，打造自身品牌服务项目的特色，更大程度地提升服务项目的成效，以此获得各利益相关者的认可。

在通过战略规划设计的重整后，B机构对其整体的发展有了清晰的认识，希望在现有资源的基础上，推动服务项目的品牌化发展，以期突破机构发展的瓶颈。但是，摆在面前的最大问题在于，推进机构品牌建设需要依托机构现有的服务项目进行，并且面对机构当前承接的各类不同的服务项目，是从打造服务项目的品牌效应以推进机构品牌建设，还是从机构整体层面全面推进品牌建设，这些问题成了B机构品牌建设重新定位前需要解决的重点工作。同时，针对打造服务项目品牌效应，B机构应该选择承接时间比较长的服务项目作为品牌建设的重点服务项目，还是选择当前承接的资金量比较大的服务项目作为发展重点，毕竟资源的总量对整体的发展具有更多的话语权，抑或是各个类别的服务项目的品牌效应同时打造，这样可以联动各方资源更能有效地推动机构品牌建设，这便成为B机构推进品牌建设重新定位的重要切入点。

在学者凯勒看来，创建品牌资产的间接方法是为品牌进行次级品牌联想的杠杆化。如果现有品牌联想在一定程度上存在不足，那么，次级品牌知识对于建立强有力的、独特的品牌联想就显得非常重要。通过采取新的或不同的方式，次级品牌知识对于强化既有品牌联想也是有效途径[①]。实际上，在政府购买社会工作服务以创新社会治理的背景下，政府激活及联动多方社会主体的力量才能更有成效地推进社会治理创新。然而在社工机构提供社会服务的过程中，大部分利益相关者（更多地是服务对象）认为社工机构提供的服务是政府部门的工作人员为群众提供的公共服务，所以对社工机构的认知度相对较低，也便谈不上大部分利益相关者对社工机构有偏好、独特的品牌联想，这也阻碍了社工机构品牌建设的发展。B机构也不例外。

面对以上的问题，B机构在前期对机构所有服务项目进行系统梳理的基础上，通过服务项目品牌化发展推动B机构整体品牌建设的策略，以期实现服务项目品牌化发展的杠杆化，最大限度地提升B机构的品牌效应。因此，通过将B机构现有的服务项目打造成为“类别化”的品牌服务项目，即结合机构现有的服务项目情况及人力资源配备情况将现有的服务项目，按照家庭综合服务类、矫正服务类、社区营造类、咨询培训类等服务项目类型打造服务项目的品牌效应，以此提升服务项目的质量及成效，同时提升利益相关者对机构品牌更强力的品牌联想与品牌认知。

通过对机构规模化服务项目的全面梳理，B机构结合自身的实际情况，对机构品牌建设进行了深入的探索，整合不同服务项目优势和人力资源，在原有管理团队的基础上形成子模块服务项目的管理小组，以此打造机构多模块化专业服务项目的次级品牌效应。同时，通过联动各个模块服务项目品牌效应，以整合、全局的品牌建设理念形成1+1>2的效应，即部分之和大于整体的成效，推动机构品牌建设，以此最大限度地提升服务项目的整体服务成效，推动机构品牌建设的突破性发展。

三、B机构品牌建设形成的文化资本与策略运用分析

B机构通过推进品牌建设，实现了人力资本的积累、打造出了品牌服务项目及获得了利益相关者的认可，这与其品牌建设形成的不同形式文化资本的积累与转化息息相关。在品牌建设的过程中，B机构借助品牌建设形成的文化资本，继续采取不同品牌建设策略，与不同利益相关者共同参与到社会工作的实践场域中，持续不断地增强B机构的品牌效应。

（一）B机构品牌建设形成的文化资本内涵

1. 品牌建设增进机构发展的文化资本积累

第一，品牌建设形成的文化资本呈现。从广义上来讲，B机构一成立，便标志着

① 凯勒：《战略品牌管理（第4版）》，北京·中国人民大学出版社，2014年版，第225页。

其作为一个品牌与组织本身一同诞生，但是B机构的品牌价值是随着其发展而逐渐积累起来的。从经济学的角度来讲，品牌是一个组织的重要无形资产。作为机构的无形资产，能够在组织未来发展中与组织的其他资产相融合，从而推动组织的发展壮大。戴维·阿克认为，品牌资产是指与品牌（名称和标识）相联系的，可为公司或顾客增加或削弱产品价值或服务价值的资产或负债，品牌资产基于的资产或负债必须与品牌的名称或符号相联系[①]。B机构作为一个组织实体，在其发展壮大的过程中，创造了许多有形或无形的文化成果，也积累了雄厚的品牌资产。因此，通过结合布迪厄文化资本理论的基本观点，笔者认为可以用不同类型文化资本的观点对B机构品牌建设过程中所产生的品牌资产作进一步探讨。

布迪厄的文化资本概念主要借用马克思政治经济学中的资本概念，但与马克思政治经济学中的资本概念截然不同的是，文化资本虽然具有明显的非经济性，但是文化资本也可以转化为经济资本，从而为它的拥有者带来经济财富。文化资本概念的提出更多凸显出隐喻的功能，用来揭示社会运作过程中不同行动者或行动集团在不同场域中的竞争，进而使自身处于更为有利的位置。B机构的品牌建设历程是其文化资本创造和逐步积累的过程。因此，作为非营利社会服务组织的B机构凭借通过品牌建设形成的文化资本，能够在社会资源有限的条件下，实现机构整体的优化发展，并在机构的运作过程中逐渐塑造起品牌形象，如服务对象的认可、机构主管单位或行业协会等利益相关者对其进行的荣誉表彰或优秀等级评价。同时，B机构在长期运作过程中树立起来的品牌形象，使其在社会上具有更强的公信力。这也让B机构获得了各方利益相关者的认可，使其能够在社会工作服务发展的场域中占据更加有利的竞争地位，争取更大的发展空间和更多的发展资源，更有利于B机构在践行社会使命与实现组织愿景的过程中发展壮大。

第二，品牌建设形成的文化资本积累。作为非营利性的社会服务机构，社工机构品牌建设的过程显得较为复杂，这主要在于社工机构与营利组织创造利润、实现盈利的目标相反，实现社会公益才是其最终的归宿。那么，社工机构推进品牌建设的过程中，更会涉及多方利益相关者共同参与推进服务项目的品牌化发展，以此实现社工机构的专业化发展和社会公益。许多的非营利组织都支持这样的观点：除了（带来）获得资源的能力，品牌还为它们的人事提供了保障、帮助使命的实现、提供内在的凝聚力，并为组织定位潜在的合作伙伴[②]。因此，社工机构品牌建设过程的文化资本积累过程会涉及不同的利益相关者。

文化资本是一个相对宽泛的分析概念，为了便于在特定场域中进行相应的研究，

---

① 戴维·阿克：《管理品牌资产》（常小虹，吴进操译），北京·机械工业出版社，2012年版，第13页。

② 纳瑟莉·莱德勒－柯兰德、朱莉娅·谢泼德·斯滕泽尔：《品牌IDEA——非营利品牌建设的完整性、民主化与亲和力》（韩顺平，韩启凡译），北京·经济管理出版社，2017年版，第20页。

布迪厄将文化资本划分成为具体化、客观化和体制化的文化资本。同时，由于布迪厄主要是在教育场域中从行动者个体的角度对文化资本进行诠释，那么社工机构作为一个组织实体也是由认同组织目标或参与组织实践活动的不同行动者个体组成，所以在社会工作发展场域中，不同社工机构在一定程度上形成了不同的行动者集团。随着时代的发展，当代文化资本的研究也基本上遵循了布迪厄的区分，沿着个体文化资本、文化产品和文化制度三个方向深入进行[①]。因此，我们可以从三种不同类型的文化资本形态的基础上，进一步分析B机构品牌建设的文化资本积累逻辑。

首先，B机构作为一个组织实体由不同的行动者个体所组成，对外与其他同行形成不同的行动者集团，同时不同的行动者个体在工作的过程中，结合自己工作岗位的职责及个人力量，扮演着自己不同的工作角色，每个行动者都在为机构品牌建设贡献自己的一份力量，由此机构品牌所蕴含的具体化文化资本，无形中是由机构中的个体所具有的文化资本（如学历、专业知识、技能、管理能力等）所贡献的，即机构存在着的人力资本是机构品牌建设过程积累文化资本的关键。

其次，在品牌建设的过程中，B机构人力资本的不断积累，以及其所提供的专业服务项目得到利益相关者的认可，并针对专业服务项目提炼了一定的服务成果（如实务经验总结出版物、获得认可的项目服务制度及模式等），这个过程实则是B机构品牌建设发挥人力资本打造获得利益相关者认可的文化产品的过程，由此形成了B机构品牌建设积累的客观化文化资本。

最后，B机构品牌建设实则是结合机构自身的社会使命及承接政府购买服务的项目推进过程，那么，B机构品牌建设形成的文化资本积累的另一个关键是上级主管部门、行业协会等利益相关者对B机构的社会评价情况。这是B机构进行品牌建设、塑造公信力的重要途径之一，并且想要获得上级主管部门较好的社会评价，需要品牌建设所积累的具体化的文化资本、客观化的文化资本能够获得利益相关者社会评价的认可，以此形成社会评价制度认可的体制化文化资本，让B机构的品牌建设具有更强的社会合法性基础。

2. 品牌建设形成的文化资本的功能

第一，增强团队凝聚力，促进人力资本的积累。由于非营利的组织特性，社工机构生存与发展的目标导向是致力于增进社会公益，为服务对象提供更为优质的社会工作服务，因此机构不同成员除了在服务工作中获得自己的劳动报酬外，还希望自己所在的机构能够在行业的发展中获得更多的社会认可，以此获得工作的成就感。同时，面对社会服务资源有限的困境，大量的社工机构为求发展必须获取足够多的资源。因此，只有塑造品牌形象才能让自身有更充分的能力承接社会服务项目，并在这个过程

① 薛晓源、曹荣湘主编：《全球化与文化资本》，北京·社会科学文献出版社，2005年版，第13页。

中提升机构成员对机构的认同感，以此让机构成员愿意在工作的过程增强自己的工作能力和技能，进而助力机构的长远发展。

社工机构品牌建设的过程，使机构的工作团队有了更加紧密的维系纽带，并且机构成员在个人成长上会与机构的发展紧密结合。笔者曾经在一次公益沙龙中，了解到B机构一线员工将自己所了解的B机构品牌战略规划的一些做法和个人想法，在沙龙中进行了分享，并且提出了自己独到的见解，这完全是出人意料的，并且在之后机缘巧合再次见到他的时候，他已经成为B机构在其他城市承接的服务项目的骨干力量。由此看来，社工机构推进品牌建设，一定程度上能够提升成员对机构的认同感，并且让员工个人的职业生涯与机构发展紧密结合，这为机构的发展创造了强有力的人力资本。

另外，在社会工作行业中，“流失率”问题一直是机构发展难以破解的发展困境。然而相比较而言，B机构在行业中作为整体发展较好、拥有自己良好品牌形象的机构，对人才的吸引力更强，更有利于为机构发展积累更多的后备人才，这无形中为其推进品牌建设获取了更多的外部人力资本。

第二，提升专业服务成效，塑造良好的社会公信力。通过政府（或其他的利益相关者）购买社会工作服务后，社工机构根据服务合同向特定服务对象提供相应的专业服务，由此检验社工机构的重要标准之一便是其提供的专业服务的质量问题。那么，社工机构推进机构品牌建设，意味着从机构的顶层设计方面便贯彻着为服务对象提供更优质服务的发展理念。当机构品牌建设的理念从上至下推进时，机构的全体成员也将有意识地注重专业服务的质量提升。由于B机构在推进品牌建设的发展过程中，相应的品牌建设分工方案和对应的奖惩机制也逐步地落实，经过一段时间的工作推进后，B机构的专业服务质量得到进一步提升。

“服务成效问题，首先应该先从服务质量说起，这一直都是我们所关注的，机构层面和行业层面现阶段基本没有统一的‘服务质量标准’，有的只是服务量的合同。在保障服务质量方面，我们在机构品牌战略规划之后逐渐落实‘服务总监制度’，通过服务总监对一线社工进行督导的同时，也监测一线社工及整个项目落实过程中的服务质量问题，以此保障服务项目保质保量推进。”（B机构服务总监L）

专业服务质量是评估社工机构专业服务落实情况的重要标准，同时也是社工机构是否能向第三方评估机构交上满意答卷的重要内容，也是对机构向服务对象所提供的专业服务进行相应的社会交代的重要评价尺度。另外，在社会交代的过程中，社工机构品牌建设的成果，可以通过自身所提供的高标准专业服务质量获得利益相关者的认可，以及得到上级主管部门相应的评价制度的等级认定。这实质上便是从社会制度层面对社工机构推进品牌建设的成果进行的评价，它能够为社工机构品牌建设积淀社会评价制度评定的体制化文化资本，以此为社工机构积累更强的社会公信力。

第三，获得利益相关者的认可，拓宽发展的资源渠道。随着社工机构品牌建设的推进，B机构从上至下全面实施品牌发展战略，全体成员也遵照品牌建设工作的要求推进机构各方面的工作，由此所提供的专业服务质量在品牌建设过程中逐渐提升，从而使B机构逐步得到利益相关者的认可。学者Bryce指出，非营利组织的相关学者与管理者大都认为非营利组织需要通过公众信任来获得合法性、效率、经费及非经费的支持（Bryce，2007）[①]。那么，社工机构通过品牌建设推进机构的发展，一方面提升专业服务质量以完成社会交代，获取服务购买方、服务对象等的认可，另一方面能够为社工机构的长远发展链接更多的发展资源。

据“2015年度百强社会工作服务机构”经费情况中的收入来源统计，社工机构的收入来源划分为政府购买服务、市场化项目收入、捐赠收入和其他收入，这四类收入来源占总收入的百分比分别是92.13%、4.25%、3.82%和0.39%[②]。从以上数据中，我们可以了解到社工机构生存与发展的绝大部分经费基本上是依托政府购买社会工作服务政策资金的支持，而这类服务资源是相当有限的。因此，B机构只有不断通过自身的发展以拓宽资源的来源渠道，才能更有成效地推动机构的发展。而想要通过拓宽发展的资源渠道来达到上面的目标，B机构唯有推动机构品牌建设，提升机构品牌形象，才能获得更多利益相关者（如企业、基金会、社会公众等，如图13－1所示）的资源支持。

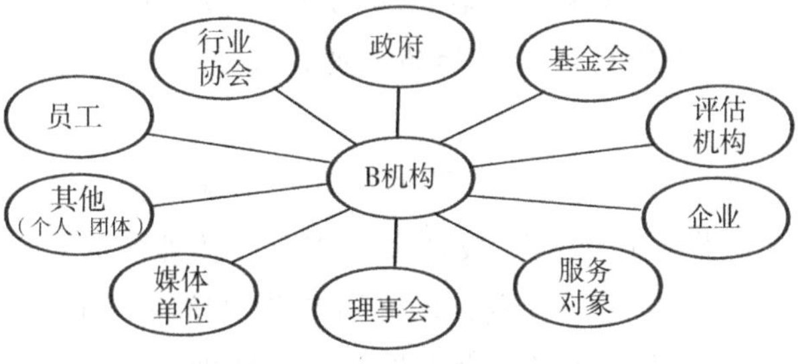

图13－1　B机构利益相关者网络[③]

（二）B机构运用不同品牌建设策略，塑造机构发展的文化资本

1. 人力资本积累形成机构发展的重要基础

社会工作服务的发展，离不开为服务对象提供专业服务的社会工作者。同时，随着政府购买社会工作服务在整个社会的逐步推进，社会工作服务项目的类型不断增加，社工机构对社会工作者的需求及要求也越来越多。社工机构拥有的人力资本越强大，在社工机构的专业服务质量方面的竞争中就越有优势，那么如何能够让社工机构拥有更雄厚的人力资本便显得至关重要。正因如此，各个社工机构也在积极地通过不同的

① Bryce H J. The Public's Trust in Nonprofit Organizations: The Role of Relationship Marketing and Management [J]. California Management Review, 2007, 49 (4): 113.

② 刘京：《社会工作服务机构发展报告（2015）——以百强社会工作服务机构为例》，北京·中国社会出版社，2016年版，第32页。

③ 该图结合韦鹏《浅析社工机构的利益相关者》一文中的图示改编而成。

方式招揽并设法留住优秀社会工作人才，而社工机构的品牌建设无疑将在人力资本的积累方面起着重要的作用。当然，由高校社会工作专业教师发起成立的B机构，坐拥高校社会工作专业师生的人力资本，在发展过程中占据了得天独厚的优势。更为可贵的是，B机构品牌建设过程中推进相应的人才梯度发展的提升计划，为其发展积累了雄厚的人力资本，使其在未来的发展中具有更强的竞争优势。

当代人力资本的研究和布迪厄“具体化的文化资本”的文化资本形式是息息相关的，具体化的文化资本，如学历、专业知识、技能、管理能力等，这些是人力资本的重要组成元素，并且我们更多会在组织层面去探讨人力资本的问题，这和布迪厄所讲的由行动者形成的行动者集团通过占有相应的资本，力图在实践场域中占据更有利的位置，进而获取更多的发展资源也是相关联的。B机构从最初发起，便依托其高校背景的资源，其中最关键的便是拥有社会工作专业的师生作为自身发展的人力资本，并且随着B机构品牌建设的推进，其中部分成员成为B机构当前发展的重要骨干力量。

“在机构中，有一些一线社工和中层管理人员都是从本校毕业的，并且很多都是从他们实习开始便一直留在机构的，这是很重要的人才资源。相比其他的机构，我们机构在这方面还算有一定的优势。当然，中间也有流失的一些，但是这并没有对机构造成太大影响，相反也有许多毕业之后在其他机构发展的，之后跳槽到我们机构的，这也说明了随着我们机构的发展，机构的发展前景也逐渐得到了认可。”（B机构副总干事L）

同时，笔者在专业实习及访谈时，了解到B机构除了借助香港的督导资源外，在前期的发展中主要是借助所依托的高校社会工作专业教师作为自己的督导力量，在这个基础上，通过内部的人才培养计划，B机构渐渐地培育起了自己的内部督导力量。另外，随着广州周边地方政府购买社会工作服务的推进，B机构也逐渐在广州市周边的其他城市成立了分支机构，以此为载体承接不同地方政府购买的社会工作服务项目。随着这些分支机构的成立，人员的有效配备便成为其中的重点工作，因此B机构通过品牌建设积累起来的人力资本便发挥了应有的作用。

“在其他地方承接了服务项目后，接下来的关键问题在于项目的服务人员能不能及时上岗。像我就是个典例，本来是广州地区的一个小项目的主任，现在有机会去到Z地区负责两个项目的统筹工作，所以就要在那边招兵买马，重建团队了。加上行业的流失率挺高的，自己工作压力也比较大，主要还是团队的力量能不能稳定下来，这样子的话，顺利开展工作基本没什么问题。”（B机构服务总监L）

然而，更为重要的是在社会工作发展的过程中，B机构如何有效地制定人才培养策略，打造较为稳定的职业管理人员团队，形成促进自身发展的人力资本，在发展中占据更强有力的位置。在这方面上，笔者在上文提到的关于B机构在品牌建设过程中，推行的人才梯队建设的策略，便是B机构在人力资本积累方面另一个重要体现。当然，策略的设计初衷总是让人期待的，在具体落实的过程中，依旧有值得我们进一步探讨的地方。

“机构管理人才风采活动及制度的推行后，能够提升我们的对外宣传，吸引一些人才，也能够激励我们这些中层管理人员，让我们对自己有更高的工作要求，要修炼内功，提升机构整体的管理能力，进而打造服务能力更强的职业管理团队。但是，这个人才制度推行这么久后，效果还是不怎么明显，或者应该说后续的跟进、评估没有做到位，这也是后续发展应该注意的问题。”（B机构服务总监Z）

2. 塑造品牌服务项目，凸显专业服务能力

社工机构作为提供专业服务的社会服务机构，主要是通过服务项目购买方的支持向特定的服务群体提供专业服务。在这个过程中，社工机构通过自身的专业服务能力向服务对象提供优质的服务，抑或在服务过程中推出特色服务产品，以此获得利益相关者的认可并进行相应的社会交代。实际上，社工机构为实现自身的持续发展及社会使命，会不断地提升自身推进服务项目的专业服务能力，进而将自身承接、开展的服务项目打造成为行业中普遍认可的品牌服务项目，通过品牌服务项目推进机构品牌建设。一般而言，在塑造品牌服务项目的过程中，社工机构会通过提炼自己的专业服务经验形成服务手册，以及在服务推进过程中形成特定的服务模式或相应的服务产品。

社工机构在塑造品牌服务项目，推进机构品牌建设过程中形成的服务成果，在某种程度上与布迪厄探讨的客观化的文化资本形态不谋而合。在布迪厄看来，服务成果以文化产品的形式（如图片、图书、工具等）存在，这些产品是理论的实现或客体化，也可以是某些理论、问题的批判等，是在物质和信息中被客观化的文化资本，在其物质性方面可以进行传承①。社工机构在服务中形成的服务成果，除了在自身后续的服务项目中继续推广外，还会被同行相同服务领域所借鉴，在社会工作服务场域中得到相应的传承，以此在专业服务质量上获得更多利益相关者的认可，使其在发展的过程中能够占据更多的优势。

“像我们机构现在也逐渐在各个服务领域推开服务了，在一些领域我们做得还是比较不错的，如家综、戒毒、社区营造的项目，所以在业界的口碑还是挺不错的。我们也会开展一些专业服务培训，比如像我们之前承接的‘禁毒社会工作专业人才培训班’‘社会工作在社区治理中的应用培训班’，这些培训活动的开展，实际上也是同行机构对我们开展的服务的肯定。”（B机构服务总监L）

通过对B机构品牌建设历程的梳理，笔者了解到B机构在前期也承接其他许多不同专业服务领域的项目，这其中的考量，实则是在政府购买社会工作服务的背景下，早期服务项目购买经费不稳定产生的结果。另外的情况在于随着B机构的发展，机构员工队伍也在不断地发展壮大，服务项目的扩张，在一定程度上能够给员工更多岗位的晋升空间。但是，这种迅速的扩张也给B机构带来了较大管理压力及发展

---

① 布迪厄：《实践感》（蒋梓骅译），南京・译林出版社，2003年版，第177页。

难题。

笔者以会议记录员的身份参与B机构的品牌战略规划会议时，机构的中层管理人员对机构迅速扩张的背景下，服务项目产出的成果及品牌效应提出过质疑。随着整个行业中许多发展较成熟的社工机构对外迅速扩张，B机构也借助原有服务团队的资源优势，参与到新的服务场域中，且B机构的资源优势依旧让其能够占有更多的优势推进专业服务。但是，B机构中层管理人员的期待与实际服务成果塑造起来的品牌效应存在着较大的落差。

因此，B机构在推进品牌建设的过程中，为提升品牌建设的成效，通过联动相同服务项目的资源，提升专业服务能力及产出相应的服务成果，以此促进服务项目成果形成客观化文化资本。同时，通过打造机构品牌服务项目，以品牌服务项目的品牌效应推进机构品牌建设进程。

“结合以前项目发展的教训，机构通过品牌战略规划之后，希望打造不同服务项目的品牌效应，能够有更充足的力量推进服务，所以现在也希望总结、提炼更多的服务成果。以后在项目的招投标上，我们才能够拿出自己实际作出的成绩让项目的购买方看看，我们承接服务项目后确实是做了很多工作的。”（B机构服务总监L）

社工机构塑造品牌服务项目，是专业服务能力真正落地的表现，能够为机构的发展积累客观化文化资本，使其获得利益相关者的认可，以及在后续的服务项目招投标中相对同行竞争者占据更为有利的优势。

3. 制度化的品牌认可助力提升发展的公信力

社工机构在提升专业服务能力和社会公信力的重要实践中推进品牌建设，需要一个客观的标准，一个品牌法理基础，这就是社会评价制度的建构。《民政部关于开展民办非企业单位塑造品牌与服务社会活动的通知》《广州市民政局关于印发广州市社会组织品牌战略实施方案的通知》，中国社会工作联合会专业指导下的“百强社会工作服务机构”评选活动等对社工机构品牌建设的制度化评价机制，能够强有力地提升社工机构的公信力。

面对社会服务资源的有限性，B机构希望在专业服务的实践场域中，通过自己的专业服务能力获得利益相关者更多的支持，以此通过品牌建设所积累的文化资本获取制度化的认可。在此基础上，B机构在发展的过程中便拥有更强的社会合法性，进而提升自身发展的社会公信力，争取到更多的发展资源，推进自身的持续发展。

“在我们机构的发展过程中，虽然前期没有很详细的品牌建设计划，但是从整个机构的持续发展的角度出发，为推进专业服务的发展，我们也做过大量的工作，如聘请香港督导成立专业督导委员会、员工成长计划的培训、服务项目的类别化管理等。所以机构获得广州市民政局评估的‘5A级社会组织’‘广东青年五四奖章集体’‘中国百强社会工作机构’等荣誉，是和我们前期的工作分不开的，并且这些内容成为我们之后申请其他服务项目的重要佐证材料。”（B机构总干事L）

随着品牌建设的推进，B机构所获取的制度化品牌认可为其发展积累了体制化文化资本（如资质、评价等级等），使其在品牌建设过程中建构起来的文化资本能够获得更多利益相关者的认可。同时，B机构品牌建设历程中积累的其他两种形态的文化资本，通过社会评价制度认可形成体制化的文化资本，实现不同形态的文化资本之间的有效转化，使其品牌建设过程中积累的文化资本具有更强的社会认可度及合法性，更有力地提升了自身发展的公信力。

（三）B机构不同品牌建设策略的实践，推进文化资本转化与再积累

1. 不同形式文化资本之间的有效转化

通过以上对B机构品牌建设形成的文化资本的分析，其中最为关键的是具体化的文化资本的形成，即人力资本的创造与积累。在布迪厄之后的研究中，人力资本的发展研究实则是在具体化文化资本基础上的不断深化，并且这种资本影响着组织的长远发展。综观B机构的品牌建设历程，从最初开始发展便依托高校背景的社会工作专业师生资源，这形成了支持B机构推进品牌建设、实现持续发展的重要人力资本。

同时，笔者通过研究B机构人才队伍的背景，发现从B机构所依托的高校的社会工作专业的毕业生，有的毕业之后直接进入B机构从业至今，也有的在行业中回流到B机构从业，其中有一部分毕业生成为B机构发展的骨干力量。这说明B机构品牌建设对其自身人力资本的积累起到一定推动作用。同时，在人力资本形成的具体化文化资本的基础上，B机构品牌建设有力地推动客观化文化资本和体制化的文化资本的积累，并且这三种不同形式的文化资本在B机构品牌建设的场域中能够进行相互转化，如图13－2所示。

由于B机构已经拥有较为扎实的人力资本，使得其推进自身品牌建设的能力不断增强，并且通过相同类型服务项目的资源整合，使其专业服务能力不断提升，服务项目输出的服务产品也获得制度化的认可。如B机构承接的“美沙酮维持治疗综合干预服务项目”，参与项目服务的社工作为参与者与其他相关单位完成了“广州市艾滋病防控模式创新与关键技术开发应用研究”，并申报了广州市科学技术奖，这是B机构服务项目服务产品获得社会认可的重要体现。同时，从整体层面来讲，B机构品牌建设过程中所拥有的具体化的文化资本（主要为人力资本）和客观化的文化资本（服务项目输出的服务成果等），为其获取体制化的文化资本（等级评估、社会荣誉等社会评价）贡献了不可或缺的力量。

另外，在政府购买社会工作服务项目的招投标活动中，品牌建设形成的体制化文化资本在招投标的竞争场域中又能有效地发挥其应有的作用。这主要在于通过社会评价制度的认可，使B机构的发展更具有制度保障的合法性，让B机构拥有更好的社会声誉，吸引了更多专业的社会工作人才加入B机构，进而为B机构的持续发展积累了扎实的人力资本，并且由此继续推动专业服务项目客观化文化资本的积累，即服务经验与服务成果的输出。品牌建设形成的不同形式的文化资本转化，更多呈现了B机构

希望通过品牌建设在社会工作场域中占据更为有利的位置，以便在未来的发展中获取更多资源。

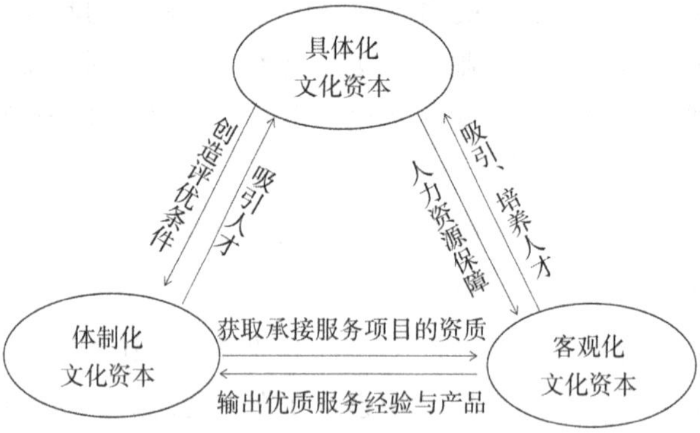

图 13－2　品牌建设形成的不同形式文化资本之间的转化

2. 品牌建设推进文化资本的再积累

社工机构作为非营利性的社会服务机构，其品牌建设和营利组织的品牌建设是截然不同的，并且社工机构更多地是向服务对象提供服务而不是兜售商品。由此，社工机构推进品牌建设无法像营利组织推进品牌建设一般能够产生实实在在的经济效益。那么，社工机构推进品牌建设形成的文化资本是否能够产生相应的经济效应，或者让文化资本直接转化成为经济资本，从而更为有效地为社工机构的长远发展积累资源。很显然，这并不是社工机构发展的初衷，并且文化资本也难以直接转化成为经济资本。然而，社工机构推进品牌建设形成的文化资本，却能够在一定程度上让社工机构得到利益相关者的认可与支持，进而让社工机构能够整合更多利益相关者的资源推进专业服务的发展。本案例认为社工机构品牌建设的过程，实则也是品牌建设形成的文化资本在机构发展中的再积累过程，是不断获取更多利益相关者各类资源的支持，实现社会公益发展的过程。

通过分析品牌建设形成的不同形式文化资本的转化，我们可以发现，社工机构品牌建设形成的文化资本转化并不仅仅在社会工作场域中进行，更需要调动不同利益相关者实践场域中的资源进入社会工作场域中。那么，在政府购买社会工作服务背景下，政府购买服务、社工机构向服务对象提供服务、评估机构评估社工机构提供的服务并进行相应的反馈，这个过程中作为社会三大部门之一的营利性组织的企业并未成为社会工作场域中的重要利益相关者，以及社工机构在推进服务的过程中较少有与营利组织寻求合作的机会。因此，社工机构品牌建设形成的文化资本并未能有效地发挥出其应有的价值。

笔者在研究 B 机构品牌建设历程中，发现 B 机构服务项目的资金来源基本上都是政府购买服务的资金，未能有效地通过品牌建设形成的文化资本的转化，撬动更多的社会资源。

“我们的服务项目经费基本是政府购买服务的，也尝试着能不能链接到企业或者基金会的资源，但是有时候会碍于企业的商业性质，对我们有其他的要求，这样的话，并不利于我们服务的开展。所以，针对如何能够链接更多的资源，我们也希望尝试能够找到其中的突破口，或者以社会企业或合理的服务收费的形式，拓宽机构发展的资源渠道。”（B机构理事长）

实际上，品牌建设的过程并不是一蹴而就的，需要长时间的积累，社工机构之所以难以获得企业、基金会等利益相关者的支持，其中最为关键的是社工机构还未获得这些利益相关者的认可。因此，社工机构通过品牌建设形成的文化资本转化，应该从原有的社会工作场域中不断扩大，以此提升社工机构的品牌效应，增进企业、基金会等利益相关者对社工机构品牌建设形成的文化资本的认可，获得这些利益相关者的各类资源支持，实现社工机构品牌建设形成的文化资本转化为其他资本，为社工机构的长远发展及社会使命的践行积累更多的资源。

四、B机构品牌建设策略的经验提炼

B机构是基于高校社会工作专业背景发起的，在其品牌建设的历程中结合自身所具备的资源优势，并借助政策的春风和行业发展机遇，逐渐在行业中形成了自己的服务特色和地位。笔者通过梳理其品牌建设的历程，结合布迪厄文化资本理论中不同形式文化资本的基本观点，对B机构品牌建设过程中形成的文化资本进行了相应的探究，同时结合B机构作为高校背景的社工机构所呈现出的行动惯习，分析B机构如何在社会工作场域中整合不同利益相关者的资源推进自身的品牌建设。通过前文的分析、总结，笔者提炼了B机构品牌建设策略五方面的经验：加强专业服务团队建设，打造品牌建设的人才基础；推动特色服务项目经验及产品输出，形成社会认可的品牌服务项目；提炼专业服务经验与成果，获取品牌建设的制度化认可；加强对外交流与传播，实现品牌建设形成的文化资本的有效转化；整合多方利益相关者的资源，形成品牌建设的合力，以期为社工机构的品牌建设提供参考。

（一）加强专业服务团队建设，打造品牌建设的人才基础

社工机构作为人力资源密集的组织，主要靠其组织成员提供服务对象所需的服务，以达到机构所定的使命、目的（总目标）和目标（分为成效和过程目标），而要达到所定的目标必须推行各项目的服务方案[①]。由此可见，在社工机构依托专业人员向服务对象提供社会工作服务的过程中，需要有稳定的专业服务团队才能为服务对象提供优质服务，以此达到组织目标及机构与服务项目购买方的合同约定，以及为社工机构持续推进品牌建设积累扎实的人才基础。

① 梁伟康：《中国社会服务机构如何成为成功的组织》，载《第三届广东社会工作本色与本土论坛论文集》（广东省社会工作师联合会编），2017年，第118页。

通过梳理B机构推进品牌建设的历程，B机构在加强专业服务团队建设，积累自身发展的人力资本方面，可以总结出如下几点的实践经验。

首先，形成完善的组织架构，保障专业服务团队的有效运作。B机构具有完善的组织架构，除理事会、监事会及管理层外，还设立了“治理委员会”作为机构的常务决策部门，其组成人员包括理事长、3名副理事长、总干事、3位副总干事以及三大职能部门（办公室、人力资源部、财务部）和部分重点项目的负责人。“治理委员会”使B机构内部决策更具代表性、更有科学性，更有利于B机构的品牌建设。通过笔者的访谈了解，B机构还通过中层管理人员收集一线员工意见的做法，使机构的决策与管理能够较为合理地反映机构整体的利益和呼声，以此确保机构的决策方案有序落实和管理运作的有效推进。同时，结合社工机构主要是向服务对象提供专业服务，那么如何保障专业服务的质量，便是机构获得利益相关者认可的重要前提。其中，品牌服务项目的质量更是社工机构品牌建设的重要落脚点。因此，B机构在组织架构中专门成立了专业督导委员会，其成员主要由机构聘请的香港督导、本土督导和机构内部培养的督导组成，通过专业督导委员会保障机构专业服务的质量，为机构品牌建设提供保护屏障。

其次，推进人才梯队建设，培育稳定的专业服务团队。行业的高流动性一直是社工机构难以避免的问题。实际上，合理的人才流动更能够有效激活员工队伍的活力，保障专业服务团队的不断发展。对于B机构而言，也存在着较高的人员流动率，但是笔者在查阅B机构内部人力资源调查报告时发现，B机构中流动率比较高的人员主要是机构的一线社工及项目点的行政人员，而中层以上管理人员的流动性是比较小的，且其中有部分管理人员是B机构所依托的高校社会工作专业的毕业生。这一现象和B机构所具有的人力资本优势、设计合理的人才梯队建设计划和职业管理团队的打造是分不开的。B机构通过不同层级的员工培养计划，为不同层级的员工设计不同的职业发展路径，培育稳定的职业管理团队，并通过管理团队的力量培育稳定的专业服务团队，以此保障机构有效运作，进而为机构品牌建设积累重要人力资本。

另外，笔者在研究B机构的组织架构时，发现B机构并没有设立专门的品牌建设部门，而B机构推进品牌建设的团队是在原有的中层管理团队的基础上，通过整合机构承接的同类型服务项目的管理人员形成“品牌服务项目建设小组”。随着B机构品牌建设工作的逐步推进，这种团队协作的方式必然会产生双重工作职责，无形中加重服务项目管理人员的工作负担，影响机构品牌建设工作的持续性和建设成效。由此，笔者认为从长远发展的思路出发，B机构可以将其原有的“宣传策划部”设置成为“品牌建设与宣传策划部”，如图13－3所示，组建起专门的工作团队，该部门由总干事直接管理，并且由该部门统筹机构整体的品牌建设工作，以此提升B机构品牌建设工作的成效。

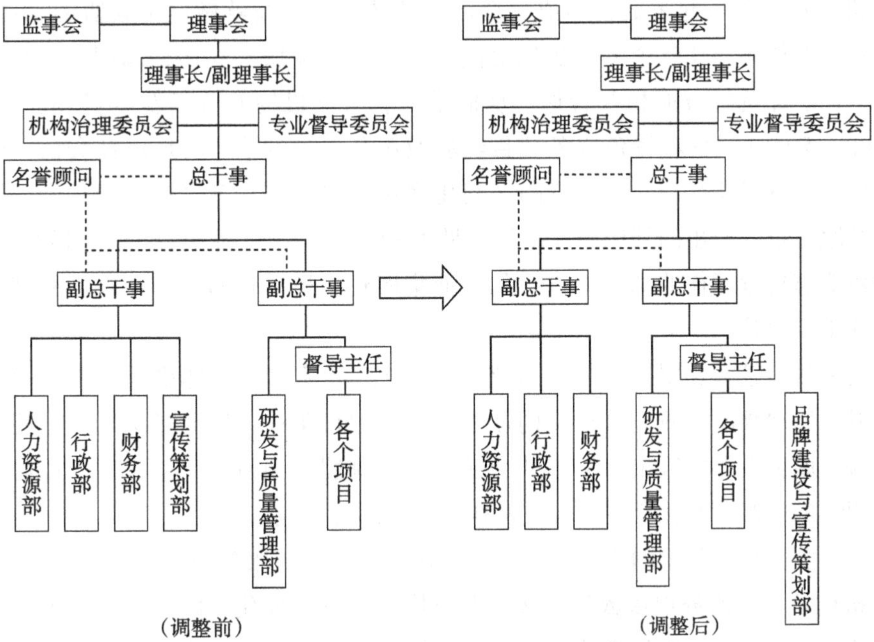

图 13-3　B 机构组织架构调整前后的对比

（二）推动特色服务项目经验及产品输出，形成社会认可的品牌服务项目

由于政府购买社会工作服务的不断推进，B 机构所承接的服务项目及服务领域呈现多样化的发展态势，并且机构的规模也不断扩大，形成了“集团化”型组织形态。这种“集团化”型组织形态指发起人先后在不同地区直接或者间接成立的名字相同、功能相近、独立运作、相互支持的三个或三个以上的独立法人身份的机构联盟或集团①。虽然当前没有明确的法律依据对这种组织形态进行相应的规范，但早在 2013 年 4 月，民政部出台的《关于开展民办非企业单位塑造品牌与服务社会活动的通知》便提出：“鼓励有条件的民办非企业单位开展集团化服务，扩大经营规模，增强服务能力。开展集团化服务的民办非企业单位，其各个服务点可以使用同一字号、商标及服务集团标识。规范名称的使用，加强对民办非企业单位品牌的保护。”这给社工机构品牌建设提供了更多的可能。随着承接的服务项目的发展，B 机构实际运作也确实是“集团化”运营的。同时，这也是社工机构发展到一定阶段后，为获取更多的发展资源，输出自身服务项目经验及服务产品、打造机构品牌效应采取的发展策略。

笔者在收集资料时，发现新华网上一篇文章直接将 B 机构当作一个社会工作服务集团进行相应的宣传报道②。在笔者访谈 B 机构理事长时，其表示：“未来随着各个地

---

① 广东省社会工作师联合会：《新时代下的专业积累与塑造——广东省本土社会工作服务机构专业形态调研报告》，2017 年 11 月。

② 新华网：http：//news. xinhuanet. com/gongyi/2016 -02/02/c_128695529. html。

区的B机构不断发展起来后，形成一个服务联盟，那么我就做这个联盟的总协调人，从中起到协调作用，让各个分支机构之间能够经常交流服务经验，调剂使用员工，在督导、培训、经费等方面相互合作，从而推动各分支机构的持续发展。”从中可以看出，B机构希望通过推动特色服务项目经验及服务产品的输出，形成社会认可的品牌服务项目，实现机构品牌建设形成的客观化文化资本（如服务经验手册、专业服务培训活动及服务过程产出的其他服务产品，见表13－1）的有效积累，而这必须是在保障服务项目能够持续运作的基础上进行的，而集团化、规模化的运作模式便是其推进品牌建设的重要保障。

在发展规模较大和服务领域多样化的基础上，B机构在具体推进品牌建设的过程中，形成了以次级品牌效应推动机构品牌发展的建设策略，即通过推动特色服务项目服务经验及服务产品的输出，形成社会认可的品牌服务项目，以服务项目品牌建设过程中所积累的客观化文化资本，增强机构整体的品牌效应。

第一，整合相同类型的服务项目资源，形成相同类型服务项目品牌建设管理团队。由于B机构承接的服务项目数量较多，并且服务领域多样化，因此导致服务项目的管理较为分散、服务项目的品牌效应不突出。鉴于此，B机构通过整合现有的服务项目的资源及人力资源团队，将相同类型的服务项目进行统一的管理，按照家庭综合服务类、禁毒服务类、长者服务类、青少年服务类、社区矫正服务类、社区营造服务类等服务项目管理类型形成专门的管理团队，精准整合机构现有资源，为提升服务项目的服务质量及成效、打造为利益相关者所认可的品牌服务项目配备强有力的管理团队。

第二，推动特色服务项目的发展，输出服务经验及服务产品。B机构通过形成责任明确的品牌服务项目建设团队，整合各方利益相关者的资源，并且通过科学、系统的服务质量管理体系，有效地提升服务项目的服务质量与成效。如B机构所承接的“W街家综”结合社区基本情况和服务购买方的工作要求，将“W街家综”一个周期三年的服务总目标定位为“初步建立一个有能社区”，并且按照“启能、聚能、展能”的步骤对家综的运营进行整体设计，并在这个过程中结合社区需求，形成了“文化敞篷车·社区文化节”“创益社区”等富有社区特色的品牌服务，这个过程实际上通过品牌建设输出了特色服务成果。

同时，在推动特色服务项目的发展过程中，B机构社区营造服务项目的服务团队通过与服务对象、社区居委会等利益相关者一同将服务项目落地社区，形成符合服务对象需求及社区文化保育的服务活动与产品，进而形成行业所认可的具有地方特色的服务项目。另外，B机构也通过服务项目的经验、产品的总结、提炼，进行对外的行业交流与举办专业服务培训活动，以及主动参与行业协会实施的为促进同行机构发展的支持计划。

表 13－1　B 机构部分服务经验及产品输出情况

家庭综合服务（社工站）类	社区营造类	矫正服务类	督导培训类
·家庭综合服务中心运营手册 ·广州市首届社会工作行业“十佳”家综之一的 H 街家综服务项目服务案例 ·W 街家综服务推进形成的“文化敞篷车·社区文化节”的特色服务	·社区营造服务手册 ·LJ 街道 SB 社区经济合作社服务，并与社区合作社共同推出为增加居民收入的社区导赏项目	·社工介入美沙酮维持治疗综合干预服务工作手册 ·2016 年、2017 年、2018 年，B 机构举办的戒毒服务工作坊	·承接广东省民政厅开展的“社工专才培训计划”系列培训中的青少年领域社工专才培训项目 ·面向同行机构的督导培训的系列课程 ·参与广东省社会工作师联合会组织实施的对同行的专项牵手支援计划

注释：B 机构输出的服务经验及产品，主要为 B 机构开展服务后形成的服务成果和对外输出的专业服务培训项目，并且这些服务经验已经形成对应的服务工作手册和系列培训课程。

第三，打造品牌服务项目，获得行业和社会的高度认可。社会工作服务项目的发展是整合各方利益相关者的力量共同推进的，服务项目质量与成效必须得到社会认可，才有可能形成品牌优势。作为一个有 10 年发展历史的 5A 级优秀社工机构，B 机构的家庭综合服务类、禁毒服务类、社区营造服务类等多种服务项目成果，都得到了上级主管部门、行业协会等利益相关者的肯定。其中，在家庭综合服务类项目方面，B 机构运营的家庭综合服务项目，每年中期及末期的第三方评估几乎都获得了良好甚至优秀等级，B 机构运营的 HP 街家综服务项目成果获得广东省社会工作学会主办的“首届全省社会工作优秀成果奖”中的服务项目类一等奖，以及广州市社会工作协会评选的“广州社工行业十佳家综服务项目”，见表 13－2。

表 13－2　B 机构部分家综项目第三方评估等级情况统计[①]

项目名称	2011 年度		2012 年度		2013 年度		2014 年度		2015 年度		2016 年度		2017 年度		承接时间
	年中	年末	年中	年末	年中	年末	年中	年末	年中	年末	年中	年末	年中	年末	
BY 街	—	—	2	2	2	1	1	1	2	1	1	2	1	1	2012 年 3 月
DJ 街	—	—	2	2	2	2	2	2	2	2	2	1	1	1	2012 年 11 月
DS 街	—	—	—	—	—	—	—	—	2	2	2	2	2	2	2015 年 3 月
HP 街	—	2	2	1	1	1	2	2	2	1	1	1	1	1	2011 年 4 月
IN 街	—	—	2	2	2	2	2	2	2	2	2	2	2	2	2012 年 9 月
TY 街	—	2	2	2	2	1	1	1	2	2	2	1	1	2	2011 年 8 月
WS 街	—	—	—	—	—	—	—	—	2	2	3	2	2	2	2015 年 8 月
XT 街	—	—	—	—	—	—	—	—	2	2	3	2	2	2	2015 年 11 月

① 数据来源：广州社工服务网项目评估栏目及 B 机构内部评估资料。

续表

项目名称	2011年度		2012年度		2013年度		2014年度		2015年度		2016年度		2017年度		承接时间
	年中	年末	年中	年末	年中	年末	年中	年末	年中	年末	年中	年末	年中	年末	
YG街	—	—	3	3	2	2	1	1	2	2	2	2	2	2	2012年7月

注释：

·项目承接时间在某一年度之后或未进行评估的，标注为“—”；

·评估等级分为：优秀（1）、良好（2）、合格（3）、基本合格（4）、达标（5）、不合格整改（6）；

·2015年度的中期评估只有“合格”“不合格”两个评估等级，所以这部分内容不纳入统计；

·评估等级结果统计：优秀占28.3%，良好占67.4%，合格占4.3%，基本合格、达标、不合格整改为0；

·评估次数总计：92次；其中优秀：26次；良好：62次；合格：4次；缺失值为7个。

在禁毒服务类项目方面，B机构运营的“社工介入美沙酮维持治疗综合干预服务项目”，多次获得社会认可，如在2014年9月，获得广州市民政局评定的“2014年度广州市优秀创新示范项目”，并且向行业推广戒毒服务经验。同时，由于在禁毒服务中的突出成绩，B机构还参与了全国首条禁毒热线（广州禁毒热线）的运营工作，负责“帮扶救助与政策咨询”专线的回应工作（见表13－3）。

表13－3 B机构部分禁毒服务类项目社会认可情况①

时间	社会认可的情况	利益相关者
2010年	中盖艾滋病项目综合排名二等奖	广东省中盖艾滋病项目管理办公室
2012年	全球艾滋病项目社区组织项目感谢奖	全球基金广东省项目执行机构
		广东省艾滋病防治协会
2013年	中盖艾滋病项目积极贡献奖	中华预防医学会
	广州市艾滋病防治工作优秀合作社会组织	广州市疾病预防控制中心
	广东省中盖艾滋病项目积极贡献感谢奖	广东省中盖艾滋病项目管理办公室
	社工服务热线项目积极贡献感谢奖	广东社工服务热线活动小组办公室
2014年	广州市优秀创新项目	广州市社会工作委员会
2015年	“羊城文化大篷车社区行暨第三届广东十大和谐社区评选活动”优秀组织奖	羊城晚报报业集团
		广东省物业管理行业协会
		广州市社会工作协会
2016年	广东省青少年法制暨禁毒原创作品大赛二等奖	共青团广东省委员会
2017年	广州市社会工作行业“十佳专项”	广州市社会工作协会

另外，在社区营造服务类项目方面，B机构承接的LJ街道SB社区营造项目形成的服务成果“微课”，获得2015年中国社会工作协会举办的全国首届社会工作微课大赛

① 资料来源：B机构官方网站、微信公众平台及宣传刊物。

"最佳实务案例"一等奖，该项目在2017年获得顺德区社工委授予的"顺德区第一批社区营造（综合）示范点"。由于成效显著，该项目在2018年又获得了广东省千禾社区公益基金会等利益相关者专项资金的支持。同时，B机构运营的CJ社会组织孵化培育项目获评2018年顺德区社区教育工作指导委员会主管的顺德区社区教育基地（见表13-4）。这些服务项目获得行业协会、主管部门等利益相关者的高度认可，是B机构品牌服务项目建设成效显著的重要体现。

表13-4　B机构部分社区营造服务类项目社会认可及评估情况①

项目名称	项目社会认可情况			项目评估年份及等级		项目承接时间
	内容	时间	单位	评估年份	评估等级	
SB社区营造项目	全国首届社会工作微课大赛"最佳实务案例"一等奖	2015年	中国社会工作协会	2015	优秀	2013年12月
	顺德镇（街）社会创新项目	2013年	顺德区社会工作委员会	2016	优秀	
	顺德区巾帼创业示范基地	2017年	顺德区妇联和农业局	2016	优秀	
	LJ街道优秀社会服务项目	2017年	LJ街道社会工作委员会	2017	优良	
	LJ街道最佳活跃社区组织	2017年	LJ街道社会工作委员会	—	—	
	顺德区第一批社区营造（综合）示范点（LJ街道SB社区获评）	2017年	顺德区委政法委员会、顺德区社会工作委员会	—	—	
CJ社会组织孵化培育项目	LJ街道优秀项目	2017年	LJ街道社工委	2017	优良	2016年7月
	顺德区社区教育基地（CJ社区学院获评）	2018年	顺德区社区教育工作指导委员会			

说明：评估等级中"优良"是介于"优秀"与"良好"之间的评估结果。

（三）提炼专业服务经验与成果，获取品牌建设的制度化认可

在政府购买社会工作服务的大力推动下，社工机构得到了迅速发展，一些具有特色的服务项目逐渐进入社会大众的视野。在这个过程中，社工机构的发展得益于政府购买社会工作服务的配套制度支持，并且随着社会工作服务的深入发展，由主管部门或行业协会等发起的各类优秀服务项目评选活动、社会组织等级评估、品牌社会组织评选等制度化的评价机制也逐渐出台，为社工机构品牌建设的发展创造了制度化的社会评价机制。

① 资料来源：B机构的内部评估资料。

针对社工机构通过品牌建设获取制度化认可，笔者在上文的分析中提到，B机构通过品牌建设获取制度化认可的等级评估和相关荣誉评价，能够为B机构的发展积累社会评价制度认可的体制化文化资本，以此让B机构的发展更具社会制度认可的合法性基础，同时也有助于机构在投标政府购买社会工作服务项目的过程中占有更多的优势。

"一般来说，政府购买服务项目的招标，除了看你在标书中所陈述的服务内容的创新性、服务方案的可行性之外，还要看你这个机构所具有的资质情况。比如说我们机构，先后被评为广州市5A级社会组织、全国百强社会工作机构、全国社会工作服务示范单位、广州市品牌社会组织等，这些便成为竞标过程中重要的得分项。"（B机构理事长Z）

表13-5　B机构获得的部分利益相关者认可的情况①

时间	社会认可情况	利益相关者
2012年	重点培育社会组织	共青团广东省委员会 广东省精神文明建设委员会办公室等
2013年	广东省社会工作专业人才重点实训基地	广东省民政厅
2014年	广州市社会工作案例评选活动优秀组织单位	广州市社会工作协会
	5A（AAAAA）级社会组织	广州市民政局
2015年	广东省2014年度社会工作宣传先进单位	广东省民政厅社会工作处 广东广播电视台新闻频道 广东省社会工作教育与实务协会
	广东青年五四奖章集体	共青团广东省委员会 广东省青年联合会
2016年	2015年度百强社会工作服务机构	国家开放大学社会工作学院 《公益时报》
2016年	全国社会工作服务示范单位	民政部
2017年	2016年度广州市异地务工人员工作先进集体	广州市来穗人员服务管理工作领导小组
2018年	2017年度百强社会工作服务机构	国家开放大学社会工作学院 《公益时报》
	全国青少年事务社会工作专业人才实训基地	共青团中央
	2018医养结合居家养老实践优秀合作单位	广州市慈善医院医养结合研究院
2019年	广州市品牌社会组织	广州市民政局
2019年	2018年度最佳社会组织	广州市社会组织联合会

实际上，社工机构通过品牌建设获取制度化认可，以此形成体制化的文化资本，

① 资料来源：B机构官方网站级微信公众平台，2015年、2017年度百强社会工作服务机构榜单。

需要社工机构拥有稳定的人力资源团队和输出优质的专业服务。同时，获取制度化认可还需要社工机构在向服务对象提供服务后，主动提炼服务经验及其他相应的服务成果进行相应的社会交代，以获得服务对象、服务购买方等利益相关者对所提供的服务的认可，才能够让机构所提供的服务更具社会效益。B机构在发展的过程中，通过专业服务团队向服务对象提供专业服务，并通过提炼专业服务经验，输出专业培训服务，为同行机构提供专业服务的经验支持，通过这样的方式将服务模式和经验进行有效推广，让社工机构为更多的服务对象提供适切的服务，以此更进一步地提升社会工作服务的社会效益。

笔者在上文提到B机构通过打造多品牌服务项目的品牌建设策略，即通过形成家庭综合服务类、禁毒服务类、长者服务类、青少年服务类、社区矫正服务类、社区营造服务类等类型的品牌服务项目，以次级品牌效应推动机构品牌建设。同时，B机构通过打造品牌服务项目，提炼各类服务项目的服务经验与服务成果，整合不同利益相关者的力量，为提升社会工作服务的专业化发展发挥重要作用。

因此，B机构通过各类服务项目输出专业服务经验，获取服务对象、服务购买方、同行等利益相关者的肯定，以及行业协会、相关主管部门等社会评价的认同，便是通过品牌建设获取制度化认可的重要表现。另外，B机构通过品牌建设获取的制度化认可，能够有效积累品牌建设形成的体制化文化资本，使之转化成为B机构未来发展的其他支持性资源。

（四）加强对外交流与传播，实现品牌建设形成的文化资本的有效转化

社工机构推动品牌建设的本质是为实现机构自身的持续发展，同时能够更加有力地向服务对象提供专业社会工作服务，践行社会服务的使命，提升社会公益。因此，社工机构推进品牌建设的过程，关键在于打造专业的服务团队，提升自己的专业服务水平，输出专业服务内容和服务产品，形成品牌建设的具体化的文化资本和客观化的文化资本，并且通过总结、提炼自身的服务经验，加强外部的传播与交流，实现机构传递的社会服务的社会效益，进而获取制度化的社会认可或其他社会资源的支持，实现品牌建设形成的文化资本的有效转化，推进社工机构的持续发展。

笔者在分析B机构品牌建设的历程时曾提及，B机构依托高校社会工作专业背景的资源，在品牌建设的过程中具有独特的优势，其中最为关键的便是其所拥有的高校社会工作专业师生的人力资源团队。同时，在政府购买社会工作服务的背景下，政府的理性行为是希望选择专业水平高、社会形象好、社会公信力强的人士承办社会服务机构。因此，高校社会工作专业教师经办的社会服务机构更为政府、社会及服务对象几方面所认可[①]。由此，这也为B机构推进品牌建设，输出专业培训服务和服务产品创

① 史柏年：《教师领办服务机构：中国社会工作专业化的理性选择》，载《华东理工大学学报（社会科学版）》2013年第3期，第35页。

造了有利条件，为B机构加强对外交流与传播打下较好的基础。

在社工机构品牌建设的过程中，笔者发现传统的品牌建设思路是通过品牌传播进行托底的，只是单纯依靠对外交流与传播，这并不能从根本上推动机构品牌建设。而B机构在推进品牌建设的历程中，主要是通过自身专业服务团队的打造，在输出更有成效的服务内容和产品之后，再进一步地加强对外交流与传播，这也是B机构能够在行业内获得较好口碑的关键所在。

另外，笔者通过B机构官方网站“媒体聚焦”版块的内容分析发现，B机构与众多的媒体有良好的合作，如B机构开展的专业服务曾被《中国青年报》《南方日报》《羊城晚报》，以及新华网、人民网（广东频道）等媒体所报道。通过媒体对B机构承接的服务项目的服务情况，特别是服务过程中创新的服务内容、服务对象的改变等的宣传报道，能够扩大相关服务项目的社会影响、提升服务项目的社会效益。同时，B机构通过总结具有一定社会影响和专业服务效益的项目，通过各类行业活动，积极加强与同行的交流、协作，以此推动自身所承接服务项目的服务经验的推广。

因此，B机构通过专业服务团队的打造，提升专业服务水平，进而加强对外的传播与交流，提升所承接的服务项目的社会效益，并有效地提升自身的社会影响力。在这个过程中，B机构在品牌建设的过程中所积累起来的具体化、客观化的文化资本，通过对外的传播与交流，获取制度化评价机制的认可，为实现品牌建设形成的不同文化资本之间的转化创造更为有利的条件。

（五）整合多方利益相关者的资源，形成品牌建设的合力

社工机构在向服务对象提供社会工作服务的过程中，除了个别项目能够向服务对象低偿收取服务费之外，并不能生产更多的发展资源支持自身的发展。根据2015年百强社会工作服务机构发展报告的统计显示，当前绝大多数社工机构发展的经费来源于政府购买服务，部分来源于市场化项目收入、捐赠收入和其他收入[①]。社工机构面临着过度依赖政府购买服务的资源支持，根本无法确保自身的长远发展。因此，社工机构推进品牌建设，只有寻求多方利益相关者的合作，整合多方利益相关者的资源，才能够更有成效地提升品牌建设的社会认可。

在社工机构发展的过程中，主要涉及的利益相关者有：政府、机构理事会、机构高中层管理人员、机构一线员工、服务对象、企业、基金会、街道社区居委会等。由于社工机构所有权的社会性，所以不同利益相关者对社工机构品牌建设都能够贡献相应的资源，关键在于社工机构品牌建设过程中，能获取哪些利益相关者的认可，使得利益相关者愿意为社工机构的发展贡献相应的资源。

前面分析了B机构品牌建设形成的文化资本的积累，以及品牌建设形成的不同形

---

① 刘京：《社会工作服务机构发展报告（2015）——以百强社会工作服务机构为例》，北京·中国社会出版社，2016年版，第32页。

式文化资本在一定条件下的相互转化情况。实际上，品牌建设形成的文化资本，能够通过获取政府购买服务、基金会的支持、服务对象低偿付费等形式的资源支持，为B机构的发展积累相应的资源，这个过程实则是社工机构品牌建设形成的文化资本的有效转化。同时，由于社工机构作为非营利性社会服务机构，推进品牌建设的过程，强调的是多方利益相关者共同参与、共享品牌建设的成果。由此，只有B机构的不同利益相关者认可其品牌建设，才会调动他们所拥有的各种不同资本（文化资本、经济资本或社会资本）参与到B机构的品牌建设中，为机构发展贡献相应的资源。

在B机构推进品牌建设的实践中，过去主要整合的是政府、理事会、机构员工等利益相关者的资源。近年来，B机构在推进品牌建设过程中，也逐渐尝试争取其他利益相关者如企业、基金会、服务对象等的支持。比如，2017年，B机构各项目与街道各部门、居委会、学校等建立了良好合作关系，积极链接热心企业、基金会、社会团体等资源共同合作开展服务，撬动多方资源支持及参与社会工作服务。各项目整合资源共计234.9733万元，其中人力、物力等资源折算价值为97.6301万元，直接资金为137.3432万元。再如，2018年3月，B机构正式与广东省千禾社区公益基金会签订协议，后者为B机构提供近20万元的经费资助，用于S村生态保育，主要为培育农民专业合作社，创新农业价值，打造和经营生态观光体验路线和特色生态产品，保育和发展S村的生态文化资产①。在确保合法性的基础上，B机构希望能够通过与企业、基金会开展相应的合作，以及向服务对象提供低偿收费的服务，整合多方利益相关者的资源，拓宽品牌建设资源渠道及自我造血功能，提升品牌建设的社会效益。

参考文献

[1] 布迪厄．实践感[M]．蒋梓骅，译．南京：译林出版社，2003：177.

[2] 布尔迪厄．文化资本与社会炼金术——布尔迪厄访谈录[M]．包亚明．译．上海：上海人民出版社，1997：189.

[3] 财政部 民政部．关于政府购买社会工作服务的指导意见[Z]．2012.11.

[4] 陈雷．品牌视角下的非营利组织核心竞争力构建研究[D]．广西师范大学，2013：7.

[5] 陈向明．质的研究方法与社会科学研究[M]．北京：教育科学出版社，2000：228.

[6] 戴维·阿克．管理品牌资产[M]．常小虹，吴进操．译．北京：机械工业出版社，2012：13.

[7] 宫留记．布迪厄的社会实践理论[M]．开封：河南大学出版社，2009：121.

[8] 广东省社会工作师联合会．新时代下的专业积累与塑造——广东省本土社会工作服务机构专业形态调研报告[Z]．2017：11.

[9] 广州市民政局．广州市社会工作十年发展报告[Z]．2016.11.

[10] 黄光，叶慧玲，周延风等．我国慈善组织品牌导向的维度构建研究[J]．管理学报，2016(9)：1296.

① 资料来源：B机构官方网站与微信公众平台。

[11] 凯勒．战略品牌管理（第4版）[M]．北京：中国人民大学出版社，2014：225.

[12] 李桂华，李晨曦，李楠．中国大陆品牌管理研究现状及发展趋势——基于国内主要期刊论文的内容分析[J]．品牌研究，2016（3）：12.

[13] 梁伟康．中国社会服务机构如何成为成功的组织[G]．广东省社会工作师联合会．第三届广东社会工作本色与本土论坛论文集，2017（11）：118.

[14] 刘京．社会工作服务机构发展报告（2015）——以百强社会工作服务机构为例[M]．北京：中国社会出版社，2016：32.

[15] 民政部．关于开展民办非企业单位塑造品牌与服务社会活动的通知[Z]．2013.4.

[16] 民政部．民办非企业单位塑造品牌参考标准[Z]．2013.4.

[17] 纳瑟莉·莱德勒－柯兰德，朱莉娅·谢波德·斯滕泽尔．品牌IDEA——非营利品牌建设的完整性、民主化与亲和力[M]．韩顺平，韩启凡，译．北京：经济管理出版社，2017：20，138.

[18] 史柏年．教师领办服务机构：中国社会工作专业化的理性选择[J]．华东理工大学学报（社会科学版），2013（3）：35.

[19] 韦鹏．浅析社工机构的利益相关者[J]．社会工作月刊，2010（11）：53.

[20] 薛晓源，曹荣湘主编．全球化与文化资本[M]．北京：社会科学文献出版社，2005：6，11，13.

[21] 中国社会工作联合会．2018年度中国社会工作发展报告[Z]．2019.3.

[22] 周如南．社会组织品牌建设[M]．北京：中国社会出版社，2017：23.

[23] Bryce H J. The Public's Trust in Nonprofit Organizations：The Role of Relationship Marketing and Management[J]．California Management Review，2007，49（4）：112.